JN495590

방언소증 3

方言疏證

Fangyan Shuzheng

지은이 양웅(揚雄) 저(著), **곽박**(郭璞) 주(注), **대진**(戴震) 소증(疏證)

옮긴이 이연주(李妍周)는 강원대학교 중문과 교수로 연구 분야는 중국어 음운론, 중국언어사, 중국어 교육론이다.

옮긴이 이연승(李妍承)은 서울대학교 종교학과 조교수로, 연구 분야는 한대사상, 유교, 중국종교 등이다.

방언소증方言疏證 **3**

1판 1쇄 인쇄 2012년 10월 5일 **1판 1쇄 발행** 2012년 10월 10일

지은이 양웅 **주** 곽박 **소증** 대진 **옮긴이** 이연주 · 이연승 **펴낸이** 박성모 **펴낸곳** 소명출판
등록 제13-522호 **주소** 137-878 서울시 서초구 서초동 1621-18 (란빌딩 1층)
대표전화 (02) 585-7840 **팩시밀리** (02) 585-7848
이메일 somyong@korea.com **홈페이지** www.somyong.co.kr

ISBN 978-89-5626-760-9 94820 값 45,000원, ⓒ 2012, 한국연구재단
ISBN 978-89-5626-757-9 (전 3권)

이 번역도서는 2007년도 정부재원(교육인적자원부 학술연구조성사업비)으로 한국연구재단의 지원에 의하여 연구되었음.

방언소증 3

方言疏證

양웅 지음 · 곽박 주 · 대진 소증
이연주 · 이연승 옮김

소명출판

일러두기

1. 『방언』과 곽박(郭璞) 「주」(『방언』 원문과 「주」는 글자 크기를 달리하였다)의 원문은 대진(戴震)이 교주(校注)한 『방언소증(方言疏證)』본을 기본 텍스트로 하였다. 청대 최초로 『방언』을 교주했던 대진의 『방언소증』은 그 후의 『방언』 연구사에서 획을 긋는 성과이므로 『방언소증』의 내용도 번역하였다.
2. 『방언』의 원문을 비교함에 있어서 대진(戴震)의 『방언소증』본(永樂大典本을 底本으로 함)을 『방언소증』본으로, 화학성(華學誠)의 『양웅방언교석회증(揚雄方言校釋滙證)』(四部叢刊 影印 宋 李孟傳 刻本을 底本으로 함)을 『사부총간』본으로 표기하였다.
3. 『방언소증』 외에 『양웅방언교석회증(揚雄方言校釋匯證)』(華學誠, 中華書局, 2006)을 참고하여 다음 주석서들의 내용을 역주에서 보충하였다. 노문초(盧文弨)의 『중교방언(重校方言)』, 단옥재(段玉裁)의 『설문해자주(說文解字注)』, 오여천(吳予天)의 『방언주상(方言注商)』, 유태공(劉台拱)의 『방언보교(方言補校)』, 왕념손(王念孫)의 『광아소증(廣雅疏證)』, 장병린(章丙麟)의 『신방언(新方言)』, 전역(錢繹)의 『방언전소(方言箋疏)』, 정유분(丁惟汾)의 『방언음석(方言音釋)』, 주조모(周祖謨)의 『방언교전(方言校箋)』, 주준성(朱駿聲)의 『설문통훈정성(說文通訓定聲)』, 학의행(郝懿行)의 『이아의소(爾雅義疏)』 등이며, 본문에서 이들 주석서를 언급할 때는 학자의 이름만을 표기했다. 관련된 주해를 모두 나열하는 식이 아니라, 대진의 『방언소증』을 중심으로 하여 『방언소증』본에 오류가 있거나 판본상 대진의 견해에 문제점이 지적되는 경우, 그리고 대진의 견해를 보완하는 내용이 있는 경우에 각 주석서들의 중복된 내용을 피하면서 정리하였다.
4. 『방언』 본문과 곽박 「주」, 『방언소증』에 대한 역자의 주해는 모두 각주로 처리하였다. 역주에서는 『방언』 본문과 곽박 「주」, 『방언소증』에서 직, 간접적으로 인용하고 있는 모든 전거를 찾아 표기하였다. 그 과정에서 인용 서적의 원문과 다소 출입이 있는 경우 지적하여 명기하였다.
5. 각 조항의 맨 마지막에 '역해'를 두어 각 어휘의 한국한자음과 방언 어휘의 의미, 사용지역 등을 표기하였으며, 곽박 「주」에서 어휘의 독음을 표기한 경우, 이에 근거한 상고음을 국제음성기호로 표기하였다. 상고음은 이방계의 상고음설을 따랐으며, 인터넷 사이트 東方語言學(http://www.eastling.org/) 上古音查詢을 참고하였다. 한국한자음은 단국대 동양학연구소에서 출간된 『漢韓大辭典』에 의거하여 독음을 표기하였다.
6. 『방언』에 등장하는 지명에 관한 설명은 『양웅방언교석회증』(하)의 부록 1 「방언지리명사석(方言地理名詞釋)」의 내용을 참조하여 정리하였으며, 역주로 처리하지 않고 부록 1 「『방언』 지리 관련 어휘 해설」로 첨부하였다.
7. 『방언』의 본문과 곽박 「주」 및 『방언소증』에 자주 나오는 성운학, 훈고학,

문자학 용어는 『중국문자훈고학사전(中國文字訓詁學辭典)』(동문선, 1993), 『중국언어학대사전(中國語言學大辭典)』(江西教育出版社, 1991), 『중국대백과전서(中國大百科全書)・언어문자(語言文字)』(中國大百科全書出版社, 1988) 등을 참조하여 정리하였으며, 「『방언』에 등장하는 언어학 용어 해설」로 첨부하였다.

8. 『방언』 관련 지도는 周祖謨의 『方言校箋』(中華書局, 1993)과 李恕豪의 『揚雄『方言』與方言地理學研究』(巴蜀書社, 2002)에서 발췌한 지명 지도, 李恕豪의 『揚雄『方言』與方言地理學研究』에 근거한 서한시대 12개 방언구역 지도, 丁啓陣의 『秦漢方言』(東方出版社, 1991)에서 발췌한 방언어휘 분포 예시도를 부록 3 「『방언』 지도 자료」로 첨부하였다.
9. 그림자료는 방언어휘의 이해를 돕기 위해 『漢代物質文化資料圖說』(上海古籍出版社), 『中國服飾通史』(中國紡織出版社), 『中國古代服飾』(商務印書館), 『中國古代的平民服裝』(商務印書館), 『漢韓大辭典』(단국대 동양학연구소), 『中華服飾藝術源流』(高等教育出版社), 『中華服飾藝術源流』(高等教育出版社), 『中國古代名物大典』(濟南出版社), 『中國青銅器 : 展覽圖錄』(王洲傳播出版社), 『圖說中國傳統農具』(學苑出版社), 『漢族風俗史』(學林出版社), 『詩經動物釋詁』(中華書局), 『中國青銅器』(上海古籍出版社), 『先秦兩漢考古論叢』(科學出版社) 등에서 발췌하여 부록 4 「『방언』 어휘 그림 참고자료」로 첨부하였다. 그러나 『방언』 어휘 그림 참고자료와 양웅 『방언』의 방언어휘가 다를 수 있음을 밝혀둔다.
10. 방언 어휘의 상고음을 이방계의 상고음설에 따라 인터넷 사이트 東方語言學(http://www.eastling.org/) 上古音查詢을 참고하여 국제음성기호로 표기하였다. 방언 어휘의 상고음은 부록 5 「『방언』 어휘 상고음」으로 첨부하였다. '역해'에서는 곽박 「주」에서 독음을 표기한 어휘에만 이 독음에 근거하여 상고음을 표기하였으나, 부록 5에서는 『방언』의 전체 방언어휘에 상고음을 표기하였으며 곽박의 독음이 있는 경우 ( ) 안에 이를 표시하였다.
11. 『방언』 어휘의 사용 지역을 12개 방언 구역에 의해 나누고 이를 부록 6 「『방언』 어휘별 사용지역」으로 첨부하였다.
12. 독자들이 본 번역서를 참고하는 데에 편의를 제공하고자 『방언』에 나오는 어휘를 항목별로 정리하여 부록 7 「『방언』어휘 색인」으로 첨부하였다.
13. 인명과 지명의 한자어는 모두 한국어 발음대로 표기하였다.
14. 원문 번역에서는 『방언소증』의 주해 내용에 따라서, 수정해야 하는 내용을 모두 반영하여 번역하였으며, 수정한 부분은 역주에서 처리하였다.
15. 『방언소증』에 있는 대진의 『輶軒使者絶代語釋別國方言疏證』 序文과 「李孟傳刻方言後序」, 「朱質跋李刻方言」 「劉歆與揚雄書」, 「揚雄答劉歆書」 외에도 곽박의 『方言・注』 自序를 번역하였다.

역자 서문

이연승 교수와 양웅 『방언』을 번역하기로 한 것이 2007년이었다. 당시 필자는 중국 소수민족의 언어와 문화에 대해 관심을 갖고 연구하고 있었고 이연승 교수는 경학자로서의 양웅의 사상에 대해 관심을 가지고 연구하고 있었는데, 우리 두 사람은 『방언』을 함께 번역하기로 하고 한국연구재단의 지원을 받아 이에 착수했다. 이후 판본의 변경이 있었지만 당초 계획에 맞추어 번역작업을 마쳤다. 그러나 출판하는 과정에서 교정작업에 많은 시간을 보내 이제야 출간하게 되었다.

잘 알려진 바와 같이 『방언』은 양웅이 살던 시기인 한나라 초기 중국의 각 지역에서 사용되던 어휘들을 채집하여 체계적으로 정리 수록한 저술로 총 13권에 달한다. 내용으로는 의복에서부터 병기에 이르기까지 당시의 생활상을 엿볼 수 있는 귀중한 자료일뿐더러 이후 『광아』, 『옥편』, 『광운』 등 중국어사에 있어 중요한 사전들이 『방언』을 토대로 의미를 수록하고 있어 『방언』은 중국어 어휘 연구와 중국어 연구의 출발점이 되었다. 국내 학계에서도 최근 이 분야에 대한 연구들이 다수 이루어지고 있는바 늦은 감이 있지만 『방언』의 번역서를 출간하게 되어 기쁘게 생각한다.

번역에 있어 판본은 당초 화학성華學誠의 『양웅방언교석회증揚雄方言校釋匯證』(2006, 中國, 中華書局)을 택하여 번역을 시작하였으나, 도중에 『방언』 원문을 이해하는 데 유용성과 가독성을 높이기 위해 대진의 『방언소증方言疏證』(1966, 臺灣, 中華書局)으로 변경하였다. 『방언소증』을 번역함으로써 『방언』에 대한 주해의 일관성을 유지하고자 했으며 지금으로부터 약 2000년 전인 한대의 방언 어휘에 대한 이해와 더불어 청대 고증학에 대해서도 엿볼 수 있다는 점에 의미를 두었다.

여러 해에 걸친 번역과 교정 과정을 통해 나름대로 번역의 완성도를 높이고자 노력하였으나 아직도 부족한 점이 많고 오류도 적지 않을 것으로 생각된다. 미흡한 번역서를 내놓으며 내심 두렵고 부끄럽기 그지없다. 아무쪼록 이 분야 연구자들과 독자들의 너그러운 이해를 부탁드리며, 조금이나마 본 번역서가 관련 분야 연구에 도움이 된다면 더 없는 영광이겠다.

본 번역 작업을 지원해준 한국연구재단에 감사드리며, 벽자와 난해한 내용으로 인해 쉽지 않았을 출판을 위해 기꺼이 수고해준 소명출판에도 진심으로 감사드린다.

방언소증 3_ 차례

4 역자 서문

9 방언 제13권(輶軒使者絕代語釋別國方言 第十三)

189 유흠이 양웅에게 보낸 서신(劉歆與揚雄書)

195 양웅이 유흠에게 보내는 답신(揚雄答劉歆書)

219 이맹전의 후서(李孟傳刻方言後序)

223 주질의 발문(朱質跋李刻方言)

부록

226 1. 『방언』 지리 관련 어휘 해설

250 2. 『방언』에 등장하는 언어학 용어 해설

258 3. 『방언』 지도 자료

276 4. 『방언』 어휘 그림 참고자료

326 5. 『방언』 어휘 상고음

440 6. 『방언』 어휘별 사용지역

540 7. 『방언』 어휘 색인

방언소증 전체 차례

방언소증 1

『방언』 해제
『방언·주』 자서(『方言·注』 自序)
『방언소증』 서(『方言疏證』 序)
방언 제1권(輶軒使者絶代語釋別國方言 第一)
방언 제2권(輶軒使者絶代語釋別國方言 第二)
방언 제3권(輶軒使者絶代語釋別國方言 第三)
방언 제4권(輶軒使者絶代語釋別國方言 第四)
방언 제5권(輶軒使者絶代語釋別國方言 第五)
방언 제6권(輶軒使者絶代語釋別國方言 第六)

방언소증 2

방언 제7권(輶軒使者絶代語釋別國方言 第七)
방언 제8권(輶軒使者絶代語釋別國方言 第八)
방언 제9권(輶軒使者絶代語釋別國方言 第九)
방언 제10권(輶軒使者絶代語釋別國方言 第十)
방언 제11권(輶軒使者絶代語釋別國方言 第十一)
방언 제12권(輶軒使者絶代語釋別國方言 第十二)

방언소증 3

방언 제13권(輶軒使者絶代語釋別國方言 第十三)
유흠이 양웅에게 보낸 서신(劉歆與揚雄書)
양웅이 유흠에게 보내는 답신(揚雄答劉歆書)
이맹전의 후서(李孟傳刻方言後序)
주질의 발문(朱質跋李刻方言)
부록

방언 제13권

輶軒使者絶代語釋別國方言 第十三

방언 1

裔①·歷②, 相③也.[1] 裔·旅④, 末⑤也.

예裔·력歷은 서로(상相)의 뜻이다. 예裔[2]·려旅[3]는 끝(말末)의 뜻이다.

1 『四部叢刊』本에는 뒷부분이 별도의 다른 조항으로 분리되어 있다.

2 裔가 末로 풀이되는 것에 대해서 華學誠은 裔란 본래 옷자락을 의미하므로 引伸하여 後代 혹은 邊緣의 지대라는 뜻이 되었고, 末 역시 본래 나무의 끝 부분을 말하는데 인신하여 末尾, 偏遠의 뜻이 되었다고 하였다. 양자는 그 인신의가 가깝기 때문에 揚雄과 韋昭가 末로써 裔를 풀이하였다고 말했다.

3 旅가 末로 풀이되는 것에 대해서는 戴震도 아무런 언급이 없으며 華學誠 역시 자세히 알 수가 없다고 하였다.

방언소증

案『爾雅・釋詁』: "艾・歷・覛・胥, 相也.[4]"『廣雅』: "裔, 末也.[5]" 「晉語」: "延及寡君之紹續昆裔."[6] 韋昭「注」云: "裔, 末也."

『이아・석고』에 "애艾・력歷・맥覛・서胥는 서로(상相)의 뜻"이라고 하였다. 『광아』에 "예裔는 끝(말末)의 뜻"이라고 하였다. 『국어・진어』에 "나의 자손 후대에 이르기까지 연장하여"라는 구절이 있는데, 위소의 「주」에 말하기를, "예裔는 끝(말末)"이라고 하였다.

역해

① 裔[예] : 후손.
② 歷[력] : 지나가다. 지나온 일.
③ 相[상] : 서로. 相은 裔, 歷의 풀이어휘.
④ 旅[려] : 무리. 많은 사람.
⑤ 末[말] : 끝. 末은 裔, 旅의 풀이어휘.

방언 2

䏶① ・緣②, 廢③也.

---

4 『爾雅・釋詁』: "艾・歷・覛・胥, 相也."
5 『廣雅・釋詁』: "梼・耑・標・顛・杓・緒・杪・流・苗・裔・㒌, 末也."
6 『國語・晉語』: "天降禍於晉國, 讒言繁興, 延及寡君之紹續昆裔, 隱悼播越, 托在草莽, 未有所依."

비魮[7] · 연緣은 그만두다, 없애다(폐廢)의 뜻이다.

방언소증

案『爾雅 · 釋詁』: "毗, 㲊樂也.[8]" 郭璞「注」云: "謂樹木葉缺落蔭疏." '緣''捐'同音. 捐, 棄也. 故皆有廢義.

『이아 · 석고』에 "비魮는 없애다(프락㲊樂)의 뜻이다."[9]라고 했다. 곽박의 「주」에 "나무 잎사귀가 떨어지고 그늘이 지는 것을 말한다"고 하였다. '연緣'과 '연捐'은 같은 음이며, 연捐은 버리다(기棄)의 뜻이다. 그래서 모두 그만두다, 없애다(폐廢)의 의미가 있는 것이다.

역해

① 魮[비] : 손상하다. 파괴하다.

② 緣[연] : 폐하다.

③ 廢[폐] : 폐하다. 그만두다. 없애다. 廢는 魮, 緣의 풀이어휘.

---

7 華學誠은 魮는 毗와 같다고 하였다.

8 『爾雅 · 釋詁』에는 "毗劉, 㲊樂也"라고 되어 있는데, 戴震은 '毗劉'의 '毗'를 '魮'라고만 썼으며 '劉'라는 글자를 빠뜨렸다.

9 역자는 『爾雅』 본문에 따라 해석한다. 『爾雅 · 釋詁』: "毗劉, 㲊樂也."

방언 3

純① · 毣②,【音沐】 好③也.【毣毣, 小好貌也】

순純[10] · 목毣【음은 목沐이다】은 예쁘다(호好)의 뜻이다.【목목毣毣은 작고 예쁜 모습이다】

방언소증

案'毣'亦作'眊'. 『廣雅』: "純 · 眊, 好也.[11]" 義本此.

'목毣'은 또 '모眊'라고도 쓴다. 『광아』에 "순純 · 모眊는 예쁘다(호好)의 뜻"이라고 하였는데, 그 의미는 여기에 근거한다.

역해

① 純[순] : 순수하다.
② 毣[목] : 좋다, 아름답다. 곽박 「주」에 발음은 沐이라고 했는데, 이에 근거한 상고음은 [*muk]이다.
③ 好[호] : 예쁘다. 好는 純, 毣의 풀이어휘.

---

10 錢繹의 『方言箋疏』에서 "이 글자는 醇이라는 글자와 통용되며, 醇으로도 쓴다. 『廣雅』에 '醇, 美也'라는 구절이 있다"고 말했다.

11 『廣雅 · 釋詁』: "娺 · 嬴 · 娃 · 嫷 · 孌 · 嬞 · 姚娧 · 純 · 珇 · 眊 · 婠 · 窔 · 窈窕 · 姅 · 忓 · 妧 · 媌 · 婩 · 嫧 · 鮮 · 頔 · 嫱 · 麗 · 佳 · 嫮 · 鈔 · 嫽 · 姣 · 袾 · 嫧 · 媉 · 灝 · 瞴 · 嫛 · 姝 · 姽 · 妴 · 嬞 · 嬇 · 婍 · 姸 · 嫮 · 嬥 · 嫙 · 娙 · 蘳 · 襸 · 袓 · 褫 · 妙 · 媄 · 媨 · 姂 · 嫣 · 嫈 · 嬰 · 覞 · 婥約 · 嫵媚 · 嬽 · 姍, 好也."

방언 4

藐【音邈】① · 素②, 廣③也.【藐藐, 曠遠貌】[12] 藐, 漸④也.

막藐[13]【음은 막邈이다】· 소素[14]는 넓다(광廣)의 뜻이다.【막막藐藐은 넓고 아득한 모습이다】 막藐은 차례를 따라서 조금씩 점점(점漸[15])의 뜻이다.

방언소증

案『楚辭 · 九章』: "藐曼曼之不可量兮."[16] 『廣雅』: "藐 · 素, 廣也.[17]" 義本此.

『초사 · 구장』에 "생각은 아득히 길게 꼬리를 물어 끝이 없다"라는 구절이 있다. 『광아』에 "막藐 · 소素는 넓다(광廣)의 뜻"이라고 하였는데, 그 의미는 여기에 근거한다.

---

12 『四部叢刊』本에는 뒷부분이 별도의 조항으로 분리되어 있다.

13 錢繹의 『方言箋疏』에서 "이 글자는 邈으로도 쓴다. 『方言』의 제6권에 '邈, 離也. 楚謂之越, 或謂之遠'이라는 구절이 있다"고 지적하였다.

14 華學誠은 素를 廣으로 풀이하는 것에 대해서는 문헌상의 용례를 자세히 알 수가 없다고 하였다.

15 錢繹의 『方言箋疏』에서는 『廣雅』에 '藐, 小也'라는 구절이 있음을 지적하였다.

16 『楚辭 · 九章 · 悲回風』: "藐蔓蔓之不可量兮, 縹綿綿之不可紆."

17 『廣雅 · 釋詁』: "旁 · 闊 · 幎 · 衍 · 藐 · 縈 · 廬, 廣也."

역해

① 藐[막] : 넓다. 조금씩. 점점. 곽박 「주」에 발음은 邈이라고 했는데, 이에 근거한 상고음은 [*mrakw]이다.

② 素[소] : 넓다.

③ 廣[광] : 넓다. 廣은 藐, 素의 풀이어휘.

④ 漸[점] : 조금씩. 점점. 漸은 藐의 풀이어휘.

방언 5

蹻①【踊躍】・抍②【拯[18]拔】, 拔③也. 出休爲抍, 出火爲蹻也.【抍, 一作椒[19]. 蹻, 一作踚】

약蹻[20]【음은 용약踊躍의 약躍이다[21]】・승抍【음은 증발拯拔의 증拯이다[22]】은 빼다, 빼어나다(발拔)의 뜻이다. 물에 빠진 것으로부터 건져내 나오도록 하는 것을 승抍이라고 하고, 불로부터 빼내 나오도록 하는 것은 약蹻이라고 한다.【승抍은 증拯이라고도 쓰며[23], 약蹻은 약踚이라고도 쓴다】

---

18 『四部叢刊』本에는 '掾'라고 되어 있으나, 戴震은 '拯'으로 고쳤다.

19 盧文弨의 『重校方言』에서는 이를 '拯'으로 고쳤는데, 華學誠은 盧文弨가 옳다고 말했다.

20 錢繹의 『方言箋疏』에 "아래 문장(역자 주 : 『方言』 제13권 107번째 조항)에 '蹻, 行也'라는 항목이 있고, 그 「注」에 '言跳躍'이라고 하였다. 『廣韻』에 蹻과 躍은 동음이라고 하였다. 『廣雅』에 '躍, 跳也', '上也'라고 하였는데, 躍과 蹻은 통한다. 제12권에 '蹻, 登也'라고 하였는데, 그 의미는 서로 비슷하다. 『說文解字』에 '爚, 爇也'라고 하였다. 불이 타오르는 것을 蹻이라고 하고, 불에서 나오는 것 역시 蹻이라고 한다. 그 의미는 서로 연관이 있다"라고 하였다.

21 戴震의 설에 따라 이와 같이 번역하였다.

22 戴震의 설에 따라 이와 같이 번역하였다.

23 盧文弨의 견해에 따라 번역하였다.

案『春秋』宣公十二年『左傳』: “目於眢井而拯之.”[24] 杜預「注」云: “出溺爲拯.” 「疏」云: “『方言』文.”[25] 『列子 · 皇帝篇[26]』: “孔子觀於吕梁, 懸水三十仞, 流沫三十里, 黿鼉魚鼈之所不能游也. 見一丈夫游之, 以有苦而欲死者也, 使弟子並流而承之.”[27] 張湛「注」云: “承, 音拯. 『方言』‘出溺爲承’, 諸家直作‘拯’, 又作‘撜’.” 『說文』云: “休, 没也. 從人從水.[28]” ‘休’‘溺’, 古通用. 『廣雅』: “蹢 · 抍, 拔也.[29]” 義本此. 「注」內‘踊躍’, ‘拯拔’當作‘音踊躍之躍’, ‘音拯拔之拯’.

『춘추』 선공 12년 『좌전』에 “말라 버린 우물을 눈여겨 보아두었다가 건져내 주시오”라는 구절이 있는데, 두예의 「주」에 말하기를 “물에 빠진 것을 나오도록 하는 것을 증拯이라고 한다”고 하였다. 「소」에 “이는 『방언』의 문장”이라고 하였다. 『열자 · 황제편』에 “공자가 여량을 구경했는데, 폭포가 삼십 인이나 되는 높이에서 떨어지고, 포말이 이는 급류가 삼십 리나 계속되고 있어서, 자라나 고기라도 헤엄칠 수가 없을 것으로 보였다. 그런데 한 남자가 물에서 헤엄을 치고 있었는데, 괴로운 일이 있어서 죽으려고 하는 것으로 여기고는 제자를 시켜서 물결을 따라 가서 그를 건져내도록 하였다”는 구절이 있다. 장담의 「주」에 말하기를, “승承의 음은 증拯이다. 『방언』에 ‘물에 빠진 것을 건져내는 것을 승承이라고 한다’고 했는데, 여러 학자들은 모두

---

24 『春秋左傳』 宣公 十二年: “目於眢井而拯之, 若爲茅絰, 哭井則已, 明日, 蕭潰, 申叔視其井, 則茅絰存焉, 號而出之.”

25 “出溺爲拯, 『方言』文.”

26 『方言疏證』에 「皇帝篇」이라고 되어 있는데, 「黃帝篇」이라고 해야 맞다.

27 『列子 · 黃帝篇』: “孔子觀於呂梁, 懸水三十仞, 流沫三十里, 黿鼉魚鱉之所不能遊也. 見一丈夫遊之. 以有苦而欲死者也. 使弟子並流而承之.”

28 『說文解字』 水部: “休, 沒也. 從水從人,”

29 『廣雅 · 釋詁』: “搴 · 夭 · 同 · 拵 · 搌 · 擢 · 拂 · 戎 · 抍, 拔也.”

직접 '증拯'이라고 했으며, '증撜'이라고도 쓴다"고 하였다. 『설문해자』에 말하기를, "닉休은 빠지다(몰没)의 뜻이다. 사람 인人 변에 물 수水를 쓴다"고 하였다. '닉休'과 '닉溺'은 옛날에는 통용되었다. 『광아』에 "약踚·증抍은 빼다, 빼내다(발拔)의 뜻"이라고 하였는데, 그 의미는 여기에 근거한다. 곽박의 「주」의 '용약踊躍', '증발拯拔'이라고 되어 있는 것은 마땅히 '음은 용약踊躍의 약躍이다.' '음은 증발拯拔의 증拯이다'라고 해야 한다.

역해

① 躪[약]: 뽑다. 빼다. 빼어내다. 곽박 「주」에 躪은 또 踚로도 쓰며 발음은 踊躍의 躍이라고 했는데, 이에 근거한 상고음은 [*rakw]이다.
② 抍[승]: 들어 올리다, 건져내다. 곽박 「주」에 抍은 또 拯으로도 쓰며, 발음은 拯拔의 拯이라고 했는데, 이에 근거한 상고음은 [*krjəŋx]이다.
③ 拔[발]: 빼다. 빼내다. 拔은 躪, 抍의 풀이어휘.

방언 6

炖①【託孫反】·烼②【音閲】·煓③【波湍】, 赫[30]④ 也.【皆火盛熾之貌】

돈炖【음은 탁손반託孫反이다】·혁烼[31]【음은 혁閲이다】·단煓[32]【음은 파단波湍의

30 『四部叢刊』本에는 '茾貌'라고 되어 있으나 戴震은 '赫'으로 고쳤다.
31 『廣雅·釋器』에 "烼, 赤也"라는 구절이 있는데, 王念孫의 『廣雅疏證』에서 "烼은 또한 赫이다. 그러므로 『方言』에서 '烼, 赫也'라고 하였다"고 말했다.
32 『玉篇』에 "煓은 불꽃이 성하다(火熾)의 뜻"이라고 하였으나, 華學誠은 문헌상의 용례를 상세히 알 수가 없다고 하였다.

단湍이다[33]】은 빛나다(혁赫)의 뜻이다.【모두 불길이 성하게 타오르는 모습이다】

방언소증

案『說文』云 : "赫, 火赤貌.[34]" 『玉篇』云 : "炖, 風與火也.[35]", "焃, 光也."[36], "煓, 火熾也."[37] 各本'赫'訛作'㶬', 下衍'貌'字, 今訂正. 前卷十二內, '赫, 怒也.'[38] '赫, 發也.'[39] 亦訛作'㶬', 「注」內'波湍'當作'音波湍之湍.'

『설문해자』에 말하기를 "혁赫은 불길이 붉은 모습"이라고 하였다. 『옥편』에 "돈炖은 바람이 불어 불길이 성한 모습", "혁焃은 빛나다(光)의 뜻", "단煓은 불꽃이 성하다(火熾)의 뜻"이라는 구절이 있다. 각 판본에 '혁赫'을 '혁㶬'으로 잘못 썼고, 그 아래 모貌라는 글자를 덧붙여 놓았는데, 지금 바르게 고친다. 앞의 제12권에 "혁赫은 성나다(노怒)의 뜻"이라는 조항이 있고, "혁赫은 일어나다(발發)의 뜻"이라는 조항이 있는데, 역시 모두 '혁㶬'으로 잘못 썼다. 곽박의 「주」에 '파단波湍'이라고 한 것은 마땅히 '음은 파단波湍의 단湍'이라고 해야 한다.

---

33 戴震의 『方言疏證』에 의거하여 이같이 번역하였다.
34 『說文解字』 赤部 : "赫, 火赤皃. 從二赤."
35 『玉篇』 火部 : "炖, 徒昆切. 風與火也. 赤色也."
36 『玉篇』 火部 : "焃, 許赤切. 光也. 又呼麥切."
37 『玉篇』 火部 : "煓, 他丸切. 火熾也."
38 『方言』 제12권의 48번째 항목을 말한다. "漢・赫, 怒也."
39 『方言』 제12권의 48번째 항목을 말한다. "赫, 發也."

역해

① 炖[돈] : 바람이 불어 불길이 성한 모습. 곽박 「주」에 발음은 託孫反이라고 했는데, 이에 근거한 상고음은 [*thən]이다.

② 焃[혁] : 빛나다. 곽박 「주」에 발음은 鬩이라고 했는데, 이에 근거한 상고음은 [*gik]이다.

③ 煓[단] : 불꽃이 성하다. 곽박 「주」에 발음은 波湍의 湍이라고 했는데, 이에 근거한 상고음은 [*thuan]이다.

④ 赫[혁] : 불길이 붉은 모습. 赫은 炖, 焃, 煓의 풀이어휘.

방언 7

憤①・竅②【孔竅】, 阨③也.【謂迫阨. 烏革反】

분憤[40]・규竅[41]【공규孔竅다】는 곤궁하다, 곤액을 당하다(액阨[42])의 뜻이다.【궁하여 곤액을 당하다(박액迫阨)의 뜻이다. 음은 오혁반烏革反이다】

---

40 憤을 迫阨의 阨이라고 풀이하는 것에 대해서 華學誠은 문헌상의 용례를 자세히 알 수가 없다고 하였다.

41 竅을 迫阨의 阨이라고 풀이하는 것에 대해서 華學誠은 문헌상의 용례를 자세히 알 수가 없다고 하였다.

42 華學誠은 "『說文解字』에서는 竅와 空이 상호 풀이하고 있다. 옛 문헌에서 憤과 竅가 阨으로 풀이되는 것에 대해서는 아마도 명확히 알 수가 없을 것"이라고 하였다.

방언소증

案「注」內'孔竅'當作'音孔竅之竅'.

곽박 「주」의 '공규孔竅'는 마땅히 '음은 공규孔竅의 규竅다'라고 해야 한다.

역해

① 憒[분] : 곤궁하다.
② 竅[규] : 좁다. 통로가 막히다.
③ 阸[액] : 곤궁하다. 곤액을 당하다. 阸는 憒, 竅의 풀이어휘. 곽박 「주」에 발음은 烏革反이라고 했는데, 이에 근거한 상고음은 [*ʔrik]다.

방언 8

杪① · 眇②, 小③也.

묘杪[43] · 묘眇는 작다(소小)의 뜻이다.

---

43 杪가 小로 풀이되는 것에 대해서는『方言』제2권의 8번째 항목에도 중복되어 나온다.

방언소증

案『漢書・律曆志』: "究其微眇."[44] 顏師古「注」云: "眇, 細也." 馬融「長笛賦」: "僬眇睢維."[45] 李善「注」引『方言』: "眇, 小也." 『廣雅』: "杪・耖, 小也.[46]" 義本此. '耖'卽'眇'之訛.

『한서・율력지』에 "그 정밀하고 미세한 곳까지 탐구하다"라는 구절이 있는데, 안사고의 「주」에 말하기를, "묘眇는 가늘다(세細)의 뜻"이라고 하였다. 마융의 「장적부」에 "눈을 떴다 가늘게 감았다 하는 모양"이라는 구절이 있는데, 이선의 「주」에서 『방언』을 인용하여 "묘眇는 작다(소小)의 뜻"이라고 하였다. 『광아』에 "묘杪・묘耖는 작다(소小)의 뜻"이라고 하였는데, 그 의미는 여기에 근거한다. 묘耖라고 쓴 것은 바로 묘眇의 오류다.

역해

① 杪[묘]: 작다.(권2-8 참조)
② 眇[묘]: 가늘다. 작다.
③ 小[소]: 작다. 小는 杪, 眇의 풀이어휘.

44 『漢書・律曆志』: "劉向總六曆列是非, 作五紀論, 向子歆究其微眇, 作三統曆及譜, 以說春秋, 推法密要故述焉."
45 『文選・賦壬・長笛賦』: "僬眇睢維, 涕洟流漫. 僬眇睢維, 目開合之貌."
46 『廣雅・釋詁』: "㜸・笙・孷・摻・蠽・稗・細・纖・微・纱・麽・㦥・私・茦・蔑・侟・葆・杪・肖・尐・區・眇・鄙, 小也." 戴震은 이 항목의 '眇'를 '耖'로 쓰고서 잘못 되어 있다고 지적하고 있다.

방언 9

讟① · 咎②, 謗③也.【謗言噂讟也. 音沓】

독讟 · 구咎는 비방하다(방謗)의 뜻이다.【방謗은 수군거리며 헐뜯다(준독噂讟)의 뜻이다. 음은 답沓이다】

방언소증

案『後漢書 · 王梁傳』: "百姓怨讟."[47] 「注」云 : "讟, 謗也." 『廣雅』 : "謗 · 咎 · 讟, 惡也." 曹憲『音釋』 : '讟, 音讀." 此「注」云 : "謗言噂讟也." '噂讟'卽'噂沓'. 『詩 · 小雅』 : "噂沓背憎."[48] 『春秋』僖公十五年『左傳』引作'僔沓背憎'[49]. '讟'字郭璞直音'沓', 與曹憲異.

『후한서 · 왕량전』에 "백성이 원망하고 비방하다"라는 구절이 있는데, 「주」에서 말하기를 "독讟은 비방하다(방謗)의 뜻"이라고 하였다. 『광아』에서는 "방謗 · 구咎 · 독讟은 미워하다(오惡)의 뜻"이라고 하였다. 조헌의 『광아음석』에서 "독讟의 음은 독讀"이라고 하였다. 곽박의 이 「주」에서 "방언謗言은 수군거리며 헐뜯다(준독噂讟)의 뜻"이라고 하였는데, '준독噂讟'은 곧 '준답噂沓'이다. 『시경 · 소아』에 "면전에서 칭찬하고 뒤에서 헐뜯고 미워한다(噂沓背憎)' 라는 구절이 있는데, 『춘추』 희공 15년 『좌전』에서는 이를 인용하여 "면전에서 좋아하고 뒤돌아서 미

47 『後漢書 · 王梁傳』: "建議開渠, 爲人興利, 旅力旣愆, 迄無成功, 百姓怨讟, 談者讙嘩."

48 『詩經 · 小雅 · 十月之交』: "噂沓背憎. 職競由人."

49 『春秋左傳』 僖公 十五年 : "『詩』曰 : 下民之孽, 匪降自天. 僔沓背憎, 職競由人.'"

워한다(僔沓背憎)"라고 말했다. '독譶'이라는 글자에 대해서 곽박은 음이 '답沓'이라고 했는데, 이는 조헌의 음과는 다르다.

역해

① 譶[독]: 비방하다. 미워하다. 곽박 「주」에 발음은 沓이라고 했으며 이에 근거한 상고음은 [*dəp]이다. 그러나 조헌은 발음이 讀이라고 하였고 이에 근거한 상고음은 [*duk]이다.
② 咎[구]: 비방하다. 미워하다.
③ 謗[방]: 비방하다. 謗은 譶, 咎의 풀이어휘.

방언 10

蕆①・敕②・戒③, 備④也.【蕆亦訓敕】

천蕆・칙敕・계戒는 경계하다, 준비하다(비備)의 뜻이다.【천蕆은 칙敕으로도 풀이한다】

방언소증

案『春秋』文公十七年『左傳』: "以蕆陳事."[50] 賈服「注」皆云: "蕆, 敕也." 張衡「東京賦」: "雖萬乘之無戒, 猶怵惕於一夫."[51] 薛綜「注」引『方

50 『春秋左傳』文公 十七年: "十四年七月, 寡君又朝, 以蕆陳事."
51 『文選・賦乙・東京賦』: "白龍魚服, 見困豫且雖萬乘之無懼, 猶怵惕於一夫."

言』: "戒, 備也." 『廣雅』: "蕆 · 飭 · 戒, 備也."[52] 義本此. '飭''敕'通.

『춘추』 문공 17년 『좌전』에 "진나라의 일을 경계하였습니다"라는 구절이 있다. 가복의 「주」에서는 모두 "천蕆은 경계하다(칙敕)의 뜻"이라고 하였다. 장형의 「동경부」에 "비록 만승의 군대라 하더라도 갖춰지지 않으면 한 사람이라도 두려워한다"라는 구절이 있는데, 설종薛綜의 「주」에서 『방언』을 인용하여 "계戒는 준비하다(비備)의 뜻"이라고 하였다. 『광아』에 "천蕆 · 칙飭 · 계戒는 경계하다, 준비하다(비備)의 뜻"이라고 하였는데, 그 의미는 여기에 근거한다. 칙飭과 칙敕은 서로 통한다.

역해

① 蕆[천] : 경계하다.
② 敕[칙] : 경계하다. 준비하다.
③ 戒[계] : 준비하다.
④ 備[비] : 준비하다. 備는 蕆, 敕, 戒의 풀이어휘.

방언 11

摵①【音縮[53]】 · 撴②【音致】, 到③也.

---

52 『廣雅 · 釋詁』: "蕆 · 飭 · 戒 · 福 · 昄 · 昊, 備也."
53 『四部叢刊』本에는 '蹜'으로 되어 있으나 戴震이 '縮'으로 고쳤다. 그러나 華學誠은 '蹜', '縮'이 발음이 같아 굳이 고칠 필요까지는 없다고 했다.

축搣[54]【음은 축縮이다】・치擿[55]【음은 치致다】는 이르다(도到)의 뜻이다.

방언소증

案『廣雅』: "徵・槭, 至也." '徵・槭'卽'擿・搣'之訛. 『玉篇』[56]『廣雅』[57]並云: "搣, 到也." 『說文』云: "擿, 刺之財至也.[58]"

『광아』에 "치徵・축槭은 이르다(지至)의 뜻"이라는 구절이 있다. '치徵・축槭'은 곧 '치擿・축搣'의 오류다. 『옥편』과 『광아』에 모두 "축搣은 이르다(도到)의 뜻"이라고 하였다. 『설문해자』에 말하기를, "치擿는 찔러서 재물이 이르는 것을 말한다"고 했다.

역해

① 搣[축] : 이르다. 곽박 「주」에 발음은 縮이라고 했는데, 이에 근거한 상고음은 [*srjəkw]이다.

② 擿[치] : 찔러서 재물이 이르는 것. 곽박 「주」에 발음은 致라고 했는데,

---

54 錢繹의 『方言箋疏』에 "家父께서 말씀하시기를 搣은 埱과 통용된다. 『說文解字』에 말하기를, '埱, 至也'라고 하였다. 埱과 搣은 소리와 뜻이 서로 같다"라고 하였다.

55 錢繹의 『方言箋疏』에서 "『方言』 제1권에 '擿, 會也. 凡會物謂之倣'라는 말이 있다. 또, 『廣雅』에 '會, 至也'라는 말이 있다. 擿와 擿는 소리가 같고 의미 또한 서로 가깝다"라고 하였다.

56 『玉篇』 手部: "搣, 子育, 所六二切. 到也."

57 『廣雅・釋詁』: "假・及・軫・礙・艾・括・致・悃・岠・搣・會・抵・薄・察・往・薦・周・望・艀・腆・緊, 至也."

58 『說文解字』 手部: "擿, 刺也. 從手致聲. 一曰刺之財至也."

이에 근거한 상고음은 [*trjidh]이다.

③ 到[도] : 이르다. 도달하다. 到는 抿, 掇의 풀이어휘.

방언 12

黯[59]① · 腆②, 忘③也.

암黯 · 전腆[60]은 잊다(망忘)의 뜻이다.

방언소증

案'黯'各本訛作'聲', 今訂正.[61] 『說文』云 : "黯者, 忘而息也.[62]" 『廣雅』: "黯 · 腆, 忘也.[63]" 義本此.

'암黯'을 각 판본에서는 '성聲'이라고 잘못 썼는데, 지금 바르게 고친다. 『설문해자』에 말하기를, "암黯이란 잊고 그만 두는 것을 말한다"고 하였다. 『광아』에 말하기를, "암黯 · 전腆은 잊다(망忘)의 뜻"이라고

59 『四部叢刊』本에는 '聲'으로 되어 있으나, 戴震이 '黯'으로 고쳤다.

60 錢繹은 『方言箋疏』에서 "『廣雅』에 '腆, 忘也'라고 하였고, 또 '腆, 久也'라고 하였다. 오래 되면 잊게 될 것이므로 또 忘이라고 풀이하는 것"이라고 하였다.

61 戴震은 본래 '聲'이었던 것을 '黯'으로 고쳤으나, 錢繹은 "만약 원본이 본래 '黯'이었다면 郭璞이 어찌 그 발음을 적지 않았겠는가?"라고 하였다. 華學誠은 굳이 꼭 '黯'이라고 할 필요는 없다고 하였으나, '聲'이었다면 忘이라는 의미로 풀이되는 것을 찾기 어려웠으리라고 하면서 앞으로의 연구를 기다린다고 하였다.

62 『說文解字』 黑部 : "黯, 黯者, 忘而息也. 從黑敢聲."

63 『廣雅 · 釋詁』 : "黯 · 俺 · 緦 · 悆 · 忽 · 㤄 · 腆 · 詄 · 悚 · 怽, 忘也."

하였는데, 그 의미는 여기에 근거한다.

역해

① 黭[암] : 잊다.
② 腆[전] : 잊다.
③ 忘[망] : 잊다. 忘은 黭, 腆의 풀이어휘.

방언 13

黮①【度感反】・黤②【莫江反】, 私③也.【皆冥闇, 故爲陰私也】

담黮【음은 도감반度感反이다】・망黤【음은 막강반莫江反이다】은 은밀히, 사사로이(사私)의 뜻이다.【모두 어둡다는 뜻이므로 은밀히(음사陰私)의 뜻이 된다】

방언소증

案『廣雅』: "黮・黤, 私也.[64]" 義本此. 『玉篇』於'黤'字云 : "冥暗, 故曰陰私也.[65]" 卽此條注文.

『광아』에 "담黮・망黤은 사사로이(사私)의 뜻"이라고 하였는데, 그 의미는 여기에 근거한다. 『옥편』에서 '망黤'이라는 글자에 대하여 말

64 『廣雅・釋詁』: "黮・黤・竊・姦, 私也."
65 『玉篇』 黑部 : "黤, 莫江切. 冥暗, 故曰陰私也."

하기를, "어둡다는 말이기 때문에 은밀히(음사陰私)의 뜻이 된다"고 하였는데, 이는 바로 이 항목에 대한 곽박 「주」의 문장이다.

역해

① 黮[담] : 사사로이. 곽박 「주」에 발음은 度感反이라고 했는데, 이에 근거한 상고음은 [*dəmx]이다.
② 黱[망] : 사사로이. 곽박 「주」에 발음은 莫江反이라고 했는데, 이에 근거한 상고음은 [*mruŋ]이다.
③ 私[사] : 사사로이. 私는 黮, 黱의 풀이어휘.

방언 14

䶢①【音堪】· 喊②【音減】· 唶③【荒麥反, 亦音郁】· 唏④【虛[66]几反】, 聲⑤也.

감䶢[67]【음은 감堪이다】· 함喊[68]【음은 감減이다】· 획唶【음은 황맥반荒麥反이며, 또 욱郁이라고도 발음한다】· 희唏[69]는【음은 허기반虛几反이다】 소리의 뜻이다.

---

66 『四部叢刊』本에는 '靈'으로 되어 있으나, 戴震은 '虛'로 고쳤다.

67 華學誠은 䶢을 聲으로 풀이하는 것은 아마도 긍정하는 소리를 지칭하는 것이리라고 하였다.

68 華學誠은 "喊은 일반적으로 동사로 이해되며, 큰 소리로 부른다는 뜻이다. 아마 그 의미가 소리와 연관이 있을 것이라 생각된다. 그러므로 『方言』에서 '聲'으로 풀이한 것"이라고 하였다.

69 『方言』 제1권의 8번째 항목에 "咺·唏·忄勺·怛, 痛也. 凡哀泣而不止曰咺, 哀而不泣曰唏. 於方則楚言哀曰唏"라는 내용이 있다.

방언소증

案『玉篇』於‘龕’, ‘喊’[70], ‘㖪’[71]並云 : “聲也.” 本此. 「注」內‘虛’各本多訛‘靈’, 今從曹毅之本.

『옥편』에서 ‘감龕’, ‘함喊’, ‘획㖪’이라는 글자에 대하여 공통적으로 말하기를, “소리(성聲)의 뜻”이라고 하였는데, 이는 여기에 근거한다. 곽박의 「주」에 ‘허虛’라고 되어 있는 것은 여러 판본에서 ‘령靈’이라고 잘못 쓴 경우가 많은데, 나는 조의지의 판본에 따른다.

역해

① 龕[감] : 소리. 곽박 「주」에 발음은 堪이라고 했는데, 이에 근거한 상고음은 [*khəm]이다.
② 喊[함] : 소리. 곽박 「주」에 발음은 減이라고 했는데, 이에 근거한 상고음은 [*kramx]이다.
③ 㖪[획] : 소리. 곽박 「주」에 발음은 荒麥反, 또 다른 음은 郁이라고 했는데, 이에 근거한 상고음은 [*hrək], [*ʔwjək]이다.
④ 唏[희] : 소리. 곽박 「주」에 발음은 虛几反이라고 했는데, 이에 근거한 상고음은 [*hjəd, *hjədx]이다.
⑤ 聲[성] : 소리. 聲은 龕, 喊, 㖪, 唏의 풀이어휘.

---

70 『玉篇』 口部 : “喊, 呼減切. 聲也.”
71 『玉篇』 口部 : “呼麥反. 聲.”

방언 15

筡①【音涂】·箄②【方婢反】, 析③也. 析竹謂之筡.【今江東呼篾竹裹爲筡, 亦名爲筤[72]也】

도筡【음은 도涂다】·비箄는【음은 방비반方婢反이다】 자르다(석析)의 뜻이다. 대나무를 쪼개는 것(석죽析竹)을 도筡라고 한다.【오늘날(곽박 당시) 강동江東 지역에서는 멸죽과篾竹裹[73]를 도筡라고 하며, 또한 그것을 민筤이라고도 한다】

방언소증

案『說文』云 : "筡, 折竹筤也.[74]", "筤, 竹膚也."[75] 『廣雅』 : "析·筡, 分也.[76]" 「注」內'筤'字, 各本訛作'筡之'二字, 今訂正.

『설문해자』에 말하기를, "도筡는 대나무 껍질을 자르는 것"이라고 하였고, 또 "민筤은 대나무의 껍질"이라고 하였다. 『광아』에 "석析·도筡는 가르다(분分)의 뜻"이라고 하였다. 곽박의 「주」에 '민筤'이라는 글자는 각 판본에 '도지筡之'라는 두 글자로 잘못되어 있는데, 지금 바르게 고친다.

---

72 『四部叢刊』本에는 '筡之'로 되어 있으나, 戴震은 '筤'으로 고쳤다.

73 錢繹의 『方言箋疏』에서 篾竹은 어쩌면 거꾸로 잘못 쓴 것이 아닐까 한다고 하였다. 즉 竹篾이 옳다고 생각하는 것이다. 華學誠은 '裹'는 '裏'의 오류가 아닐까 의심했다.

74 『說文解字』 竹部 : "筡, 折竹筤也. 從竹余聲. 讀若絮."

75 『說文解字』 竹部 : "筤, 竹膚也. 從竹民聲."

76 『廣雅·釋詁』 : "剖·判·礐·劈·擘·裂·參·離·墳·析·斯·坼·筡·副·異·劀·刏·刻·斑, 分也."

역해

① 筡[도] : 자르다. 가르다. 대나무 껍질을 자르는 것. 곽박 「주」에 발음은 涂라고 했는데, 이에 근거한 상고음은 [*drag]이다.
② 箄[비] : 자르다. 곽박 「주」에 발음은 方婢反이라고 했는데, 이에 근거한 상고음은 [*pjigx]이다.
③ 析[석] : 가르다. 析은 筡, 箄의 풀이어휘.

방언 16

儰①【音逵】·宵②【音蹃[77]】, 使③也.

규儰【음은 규逵다】·소宵[78]【음은 소蹃다】는 시키다(사使)의 뜻이다.

방언소증

案『玉篇』云 : "儰, 使也.[79]" 義本此. '宵''嗾'一聲之轉, '嗾'音'漱'. 『說

77 盧文弨의 『重校方言』에서는 曹毅之의 판본에 따라 '蕭'로 고쳤다. 劉台拱도 字書에 蹃라는 글자는 없다고 하였고, 宋本에는 '蕭'라고 썼지만 역시 근거가 없다고 하였다. 周祖謨의 『方言校箋』에서 蹃라는 글자에는 오류가 있다고 지적했다. 華學誠은 "明本에 '蕭'라고 썼다. 宵는 일반적으로 사용되는 상용자이고, 郭璞 「注」의 통례에 비추어본다면 이런 상용자에는 음을 붙이지 않는다. 여기에 음을 소개하는 蹃라는 글자는 분명히 오류가 있다. 마땅히 삭제해야 할 것"이라고 하였다.

78 錢繹의 『方言箋疏』에서 "『方言』 제7권에 '秦晉之西鄙自冀隴而西使犬曰哨'라는 구절이 있는데, 郭璞의 「注」에서 '音騷'라고 하였다. 『玉篇』에서는 『方言』을 인용하면서 哨를 嗾라고 썼다"라고 하였다.

79 『玉篇』 人部 : "儰, 奇龜切. 使也."

文』云 : "使犬聲.[80]"

『옥편』에 말하기를, "규𠑙는 시키다(사使)의 뜻"이라고 하였는데, 그 의미는 여기에 근거한다. '소宵'와 '수嗾'는 일성지전一聲之轉이다. '수嗾'의 음은 '수漱'다. 『설문해자』에 말하기를, "개를 부르는 소리"라고 하였다.

역해

① 𠑙[규] : 시키다. 곽박 「주」에 발음은 逵라고 했는데, 이에 근거한 상고음은 [*gwjiəgw]이다.
② 宵[소] : 시키다. 곽박 「주」에 발음은 蹻라고 했는데, 이에 근거한 상고음은 [*sjagw]다.
③ 使[사] : 시키다. 使는 𠑙, 宵의 풀이어휘.

방언 17

蠢①, 作② 也【謂動作也】.

준蠢은 일어나다, 무언가를 하다(작作)의 뜻이다.【움직여서 무언가를 하는 것을 말한다】

80 『說文解字』 口部 : "嗾, 使犬聲. 從口族聲."

방언소증

案『詩・小雅』: "蠢爾蠻荆."[81] 『毛傳』: "蠢, 動也." 『爾雅・釋詁』: "蠢, 作也.[82]" 郭璞「注」云: "蠢, 動作也." 「考工記」: "則春以功."[83] 鄭「注」云: "春讀爲蠢, 蠢, 作也. 出也." 『春秋』昭公二十四年『左傳』: "今王室實蠢蠢焉."[84] 杜預「注」云: "蠢蠢, 動擾貌."

『시경・소아』에 "어리석은 남만 오랑캐여"라는 구절이 있는데, 『모전』에서 말하기를, "준蠢은 움직이다(동動)의 뜻"이라고 하였다. 『이아・석고』에 "준蠢은 하다(작作)의 뜻"이라는 구절이 있는데, 곽박의 「주」에서 말하기를, "준蠢은 움직이는 것"이라고 하였다. 『주례・고공기』에 "일을 하여 공을 세운다"라는 구절이 있는데, 정현의 「주」에서 말하기를, "춘春은 준蠢이라고 읽는다. 준蠢은 하다(작作)의 뜻이고, 나오다(출出)의 뜻"이라고 하였다. 『춘추』 소공 24년 『좌전』에 "이제 왕실은 실로 움직임이 어수선하여"라는 구절이 있는데, 두예의 「주」에서 말하기를, "준준蠢蠢은 움직임이 어지러운 모습"이라고 하였다.

역해

① 蠢[준] : 움직이다. 하다.
② 作[작] : 하다. 作은 蠢의 풀이어휘.

81 『詩經・小雅・彤弓之什・采芑』: "蠢爾蠻荊, 大邦爲讎."
82 『爾雅・釋詁』: "浡・肩・搖・動・蠢・迪・俶・厲, 作也."
83 『周禮・冬官考工記』: "張皮侯而棲鵠, 則春以功. 張五采之侯, 則遠國屬."
84 『春秋左傳』 昭公 二十四年 : "今王室實蠢蠢焉, 吾小國懼矣."

방언 18

忽① · 達②, 芒③也.【謂草杪芒鉃[85]出】[86] 芒 · 濟④, 滅⑤也.【『外傳』曰 : 二帝用師以相濟也】

홀忽 · 달達은 땅위로 싹이 나오는 모양(망芒)을 뜻한다.【풀의 털끝 까끄라기가 막 나오는 것을 말한다】 망芒 · 제濟는 죽이다(멸滅)의 뜻이다.【『외전』[87]에 말하기를, "두 왕은 용병을 함에 있어서 서로 죽이기로 했다"고 하였다】

방언소증

案『詩 · 周頌』: "實函斯活, 驛驛其達."[88] 『毛傳』: "實, 種子也. 函, 含也. 活, 生也. 達, 射也." 鄭「箋」云 : "達, 出地也." 「疏」云 : "苗生達也, 則射而出." 『春秋』昭公二十九年『左傳』: "木正曰句芒."[89] 杜預「注」云 : "取木生句曲而有芒角也." '芒'又同'亡'. 『廣韻』: "亡, 滅也." 晉韋昭「注」云 : "濟當爲擠. 擠, 滅也." 『莊子 · 人間世篇』: "故其君因其脩以擠之."[90] 『釋文』引『方言』: "擠, 滅也."

---

85 華學誠은 鉃는 射와 같다고 하였다.

86 『四部叢刊』本에는 뒷부분이 별도의 다른 조항으로 분리되어 있다.

87 여기에서 『外傳』이라고 하며 인용한 내용은 『國語 · 晉語』에 있는 내용이다. 『國語 · 晉語』: "昔少典娶于有蟜氏, 生黃帝 · 炎帝. 黃帝以姬水成, 炎帝以姜水成. 成而異德, 故黃帝爲姬, 炎帝爲姜, 二帝用師以相濟也, 異德之故也."

88 『詩經 · 周頌 · 載芟』: "播厥百穀, 實函斯活. 驛驛其達, 有厭其傑."

89 『春秋左傳』 昭公 二十九年 : "社稷五祀, 是尊是奉. 木正曰句芒, 火正曰祝融, 金正曰蓐收, 水正曰玄冥, 土正曰后土."

90 『莊子 · 人間世篇』: "且昔者桀殺關龍逢, 紂殺王子比干, 是皆脩其身以下傴拊人之民, 以下拂其上者也. 故其君因其脩以擠之."

『시경・주송』에 "그 씨알 물기 머금고 자라나 뾰족 뾰족 싹이 트고"라는 구절이 있는데, 『모전』에서 말하기를, "실實이란 종자種子를 말한다. 함函은 포함하다(함含)의 뜻이다. 활活은 땅으로부터 나오는 것을 말한다"고 하였다. 「소」에서 말하기를, "새싹이 뾰족하게 자라서 나오다"라고 했다. 『춘추』 소공 29년 『좌전』에서 말하기를, "목정木正은 구망句芒이라고 한다"는 구절이 있는데, 두예의 「주」에 말하기를, "나무를 취하고자 하는데, 나무가 구부러져 있으면 그 구부러진 모서리를 없애버린다"라고 하였다. '망芒'은 또 '망亡'과 같다. 『광운』에 "망亡은 없애다(滅)의 뜻"이라고 했다. 진晉 위소의 「주」에서 말하기를, "제濟는 마땅히 살해하여 없애다(擠)의 뜻"이라고 했다. 『장자・인간세편』에 "그래서 군주는 그들의 덕행이 훌륭하기 때문에 모함하여 죽여 버린 것이다"라는 구절이 있는데, 『경전석문』에서 이 구절을 풀이하면서 『방언』의 "제擠는 죽이다(멸滅)의 뜻"이라는 구절을 인용하였다.

역해

① 忽[홀] : 까끄라기. 털끝.
② 達[달] : 까끄라기. 털끝.
③ 芒[망] : 땅위로 싹이 나오는 모양. 죽이다. 芒은 忽, 達의 풀이어휘.
④ 濟[제] : 살해하여 없애다.
⑤ 滅[멸] : 죽이다. 滅은 芒, 濟의 풀이어휘.

방언 19[91]

廓[①]【音廓】・劙[②]【音儷】, 解[③]也.

곽廓【음은 곽廓이다】・리劙【음은 려儷다】는 나누다, 가르다(해解)의 뜻이다.

방언소증

案『廣雅』: "廓・劙, 解也.[92]" 『玉篇』於'廓'[93], '劙'[94]二字並云: "解也." 義本此.

『광아』에 "곽廓・리劙는 나누다, 가르다(해解)의 뜻"이라고 하였고, 『옥편』에서는 곽廓과 리劙라는 두 글자에 대하여 모두 "가르다, 나누다(해解)의 뜻"이라고 하였는데, 그 의미는 여기에 근거한다.

역해

① 廓[곽] : 나누다. 가르다. 곽박 「주」에 발음은 廓이라고 했는데, 이에 근거한 상고음은 [*khwak]이다.

② 劙[리] : 나누다. 가르다. 곽박 「주」에 발음은 儷라고 했는데, 이에 근거한 상고음은 [*liarh]이다.

---

91 『四部叢刊』本에는 다음 조항 '방언 20'과 합해져 있다.

92 『廣雅・釋詁』: "紓・摰・蒧・呈・俙・屬・蛻・㲉・劙・袒, 解也."

93 『玉篇』 刀部 : "廓, 口號, 口郭二切. 解也."

94 『玉篇』 刀部 : "劙, 力支切. 解也. 分割也."

③ 解[해] : 나누다. 가르다. 解는 劆, 劙의 풀이어휘.

방언 20

魏①, 能②也.

위魏는 능하다, 잘하다(능能)의 뜻이다.

방언소증

案'魏'訓能未詳, 當亦是'嫢'之訛, 見前卷二. 郭「注」云 : "嫢嫢, 小成貌." 與'能'之義, 亦相因.

'위魏'를 능能이라고 풀이한 것에 대해서는 상세히 알지 못하겠다. 마땅히 '규嫢'라는 글자를 잘못 쓴 것이라고도 생각되는데, 이 글자는 앞의 제2권에 나온다.[95] 그 글자에 대하여 곽박의 「주」에서 말하기를, "규규嫢嫢는 작게 이룬 모습"이라고 하였는데, '능能'이라는 의미와도 서로 관련이 있다.

역해

① 魏[위] : 능하다. 잘하다.

95 『方言』 제2권의 6번 조항에 "自關而西秦晉之間, 凡細而有容謂之嫢"라는 구절이 있고 이에 대한 郭璞의 「注」에 "嫢嫢, 小成貌"라고 되어 있다.

② 能[능] : 능하다. 잘하다. 能은 㲊의 풀이어휘.

방언 21

㑺[96]①, 刻②也.

체㑺[97]는 새기다(각刻)의 뜻이다.

방언소증

案'㑺'諸刻訛作'㑺', 今從『永樂大典』本. 『集韻』於'㑺'字云 : "『方言』, 刻也. 謂相難折." 似兼引「注」文, 今『方言』脫此注.

'체㑺'라는 글자는 여러 판각본에 '㑺'이라고 잘못 새겨져 있다. 지금 『영락대전』본에 따라 고친다. 『집운』에서 '체㑺'라는 글자에 대하여 말하기를, "『방언』에 새기다(각刻)의 뜻이라고 하였는데, 서로 구부리기 어렵다는 것을 말한다"고 했다. 아마도 「주」의 문장을 인용한 것 같은데 지금의 『방언』에는 이 「주」의 문장이 빠져 있다.

역해

① 㑺[체] : 새기다.

---

96 『四部叢刊』本에는 '㑺'로 되어 있으나, 戴震은 '㑺'로 고쳤다.
97 華學誠은 이 글자의 문헌상 용례는 상세히 알 수가 없다고 하였다.

② 刻[각] : 새기다. 刻은 㑣의 풀이어휘.

방언 22

聳①【山頂反】, 悚②也.【謂警聳也】

송聳【음은 산항반山項反[98]이다】은 두려워하다(송悚)의 뜻이다.【공경하고 두려워하는 것을 말한다】

방언소증

案「周語」: "身聳除潔."[99] 韋昭「注」云 : "聳, 懼也." 「楚語」: "昔殷武丁能聳其德, 至于神明."[100] 「注」云 : "聳, 敬也."

『국어 · 주어』에 "몸을 삼가하고 청결하게 하여"라는 구절이 있는데, 위소의 「주」에 말하기를, "송聳은 두려워하다(구懼)의 뜻"이라고 하였다. 『국어 · 초어』에 "옛날에 상商나라에 무정武丁이 능히 덕행을 공경하여 신명의 경지에 이르렀다"는 구절이 있는데, 「주」에서 말하기를, "송聳은 공경하다(경敬)의 뜻"이라고 하였다.

---

98 『四部叢刊』本과 『方言疏證』본에는 '頂'으로 되어 있으나, 王念孫은 '項'으로 고쳤다.(『方言』 제6권의 1번째 항목을 참조할 것) 번역은 王念孫을 따랐다.

99 『國語 · 周語』: "夫宮室不崇, 器無彤鏤, 儉也. 身聳除潔, 外內齊給, 敬也."

100 『國語 · 楚語』: "昔殷武丁能聳其德, 至于神明, 以入于河, 自河徂亳, 于是乎三年, 默以思道."

역해

① 聳[송] : 두려워하다. 공경하다. 곽박 「주」에 발음은 山項反이라고 했는데, 이에 근거한 상고음은 [*sruŋx]이다.
② 悚[송] : 두려워하다. 공경하다. 悚은 聳의 풀이어휘.

방언 23

跌①, 蹷② 也.【偃地也[101]. 江東言跢. 丁賀反】

질跌은 넘어지다(궐蹷)의 뜻이다.【땅에 넘어지는 것이다. 강동江東 지역에서는 다跢라고 한다. 음은 정하반丁賀反이다】

방언소증

案『說文』: "跌, 越也.[102]", "蹶, 僵也.[103]" '蹶''蹷'同. 『玉篇』: "跌, 仆也.[104]", "跢, 小兒行貌." 「注」內'偃地也'各本'也'訛作'反', 今訂正.

『설문해자』에 "질跌은 넘다(월越)의 뜻"이라는 구절이 있고, 또 "궐蹶은 쓰러지다(강僵)의 뜻"이라는 구절이 있다. '궐蹶'과 '궐蹷'은 같다. 『옥편』에 "질跌은 넘어지다(부仆)의 뜻"이라고 했고, 또 "다跢는 어린 아이

101 『四部叢刊』本에는 '反'으로 되어 있으나, 戴震은 '也'로 고쳤다.
102 『說文解字』 足部 : "跌, 踼也. 從足失聲. 一曰越也."
103 『說文解字』 足部 : "蹶, 僵也. 從足厥聲. 一曰跳也. 亦讀若橜. 蹻, 蹶或從闕."
104 『玉篇』 足部 : "跌, 徒結切. 仆也."

가 걷는 모습"이라고 했다. 곽박의 「주」에 있는 '언지야偃地也'라는 구절이 있는데, 각 판본에서 이 구절의 '야也'를 '반反'으로 잘못 써서 '언지반偃地反'으로 했는데, 지금 바르게 고친다.

역해

① 趹[질] : 넘다. 넘어지다. 곽박 당시에 江東에서는 跢라고 하였으며 跢의 발음은 丁賀反인데, 이에 근거하면 상고음은 [*tarh]이다.
② 蹷[궐] : 쓰러지다. 넘어지다. 蹷은 趹의 풀이어휘.

방언 24

蘪①, 蕪② 也.【謂草穢蕪也. 音務[105]】

미蘪[106]는 잡초가 우거지다(무蕪)의 뜻이다.【초목이 거칠게 우거져 있는 것을 말한다. 음은 무務다】

방언소증

案'蕪'諸刻訛作'無', 今從『永樂大典』本.

'무蕪'를 여러 판본에서 '무無'라고 잘못 썼는데, 나는 『영락대전』본

105 盧文弨의 『重校方言』에서는 曹毅之의 판본에 근거하여 務를 無라고 썼다.
106 華學誠은 蘪는 蕪의 轉語일 것이라고 하였다.

에 따른다.

역해

① 蘪[미] : 잡초가 우거지다.

② 蕪[무] : 잡초가 우거지다. 蕪는 蘪의 풀이어휘. 곽박 「주」에 발음은 務라고 했는데, 이에 근거한 상고음은 [*mjugh]이다.

방언 25

漫① · 淹②, 敗③也. 溼敝爲漫, 水敝爲淹.【皆謂水潦漫澇壞物也】

만漫[107] · 엄淹[108]은 부서지다, 손상되다(패敗)의 뜻이다. 습기 때문에 물건이 상하는 것을 만漫이라고 하고, 물로 인하여 물건이 상하는 것을 엄淹이라고 한다.【모두 물기가 질펀하거나 큰 비로 인하여 물에 잠기게 되어 물건을 상하게 하는 것을 말한다】

107 『廣雅』의 "漫, 敗也"라는 항목이 있다. 王念孫은 『廣雅疏證』에서 "『荀子 · 榮辱篇』의 '汚僈突盜'이라는 구절에 대한 楊倞의 「注」에 '僈은 마땅히 漫이 되어야 한다. 漫은 또한 汚다. 물을 덮고 있는 더러운 것들을 漫이라고 한다'고 하였다"라고 말했다.

108 『廣雅』의 "淹, 敗也"라는 항목에 대한 설명에서 王念孫은 戴震이 지적한 내용에 이어서 "오늘날 속어에 물에 가라앉은 찌꺼기들을 淹이라고 하는 것과 같고, 또 소금을 어육에 베어들게 한 것을 醃이라고 하는데, 의미는 서로 가깝다"라고 덧붙였다.

방언소증

案『禮記・儒行篇』: "淹之以樂好."[109] 鄭「注」云: "淹謂浸漬之." 『廣雅』: "漫・淹, 敗也.[110]" 義本此.

『예기・유행편』에 "(재화를) 즐기고 좋아함에 젖어들게 하더라도"라는 구절이 있는데, 정현의 「주」에 말하기를 "엄淹이란 물에 가라앉아 잠기는 것"이라고 하였다. 『광아』에 "만漫・엄淹은 손상되다(패敗)의 뜻"이라는 구절이 있는데, 그 의미는 여기에 근거한 것이다.

역해

① 漫[만] : 부서지다. 손상되다. 습기에 물건이 상하다.(권3-25 참조) 습기로 인해 상한 것을 漫이라고 함.
② 淹[엄] : 부서지다. 손상되다. 물에 물건이 상하다. 물로 인해 상한 것을 淹이라고 함.
③ 敗[패] : 부서지다. 손상되다. 敗는 漫, 淹의 풀이어휘.

방언 26

䲦①【音狸】・挴②【亡改反】, 貪③也.

109 『禮記・儒行篇』: "儒有委之以貨財, 淹之以樂好, 見利不虧其義."
110 『廣雅・釋詁』: "胺・鯘・臎・伐・黲・黴・露・漫・淹・穲・殃・在・殕・腐・殄・俐・俠斯・殜・爽, 敗也."

리釐【음은 리狸다】·매㑗【음은 망개반亡改反이다】는 탐하다(탐貪)의 뜻이다.

방언소증

案『玉篇』引『方言』:“釐, 貪也.[111]” 『楚辭·天問篇』:“穆王巧梅.”[112] 王逸「注」云:“梅, 貪也.” 洪興祖『補注』云:“梅, 一作堬.” 『方言』:“梅, 貪也.” ‘梅’‘堬’皆‘㑗’之訛. 『廣雅』:“㑗·釐, 貪也.[113]” 『玉篇』[114]『廣韻』[115]並云:“㑗, 貪也.” 皆本此. 亦通作‘每’. 『漢書·敘傳』:“致死爲福, 每生作𡞫.”[116] 顔師古「注」云:“每, 貪也.”

『옥편』에서 『방언』을 인용하여 “리釐는 탐하다(탐貪)의 뜻”이라고 하였다. 『초사·천문편』에 “목왕이 교묘하게 탐하는데”라는 구절이 있는데, 왕일의 「주」에 말하기를, “머梅는 탐하다(탐貪)의 뜻”이라고 하였다. 홍흥조의 『초사보주』에서, “매梅는 달리 매堬라고도 쓴다. 『방언』에 ‘매梅는 탐하다(탐貪)의 뜻이다’라고 하였다”고 말했다. ‘매梅’와 ‘매堬’는 모두 ‘매㑗’를 잘못 쓴 것이다. 『광아』에 “매㑗·리釐는 탐하다(탐貪)의 뜻”이라고 하였으며, 『옥편』과 『광운』에서 모두 말하기를, “매㑗는 탐하다(탐貪)의 뜻”이라고 하였는데, 모두 여기에 근거한다. 이 글자들은 모두 ‘매每’라고도 쓴다. 『한서·서전』에 “장건은 죽음으로써 후侯에 봉해졌고 이광리李廣利는 목숨을 탐하다가 도리어 화를 입

111 『玉篇』 里部:“釐, 力之切. 『書傳』云:釐, 理也. 『方言』云:貪也. 『蒼頡』曰:賜也. 亦祭餘肉也. 又音禧.”

112 『楚辭·天問篇』:“穆王巧梅, 夫何爲周流? 環理天下, 夫何索求?”

113 『廣雅·釋詁』:“嫚·㨉·㑗·忨·惏·饕·飻·㱉·嗇·𣢑·欿·欲·婪·利·遴·茹·嗜·釐·惨·𩜹, 貪也.”

114 『玉篇』 手部:“㑗, 莫改切. 貪也.”

115 『廣韻』 上聲:“㑗, 貪也.”

116 『漢書·敘傳』:“致死爲福, 每生作𡞫. 又姓. 每當時, 漢人.”

었다"는 구절이 있는데, 안사고의 「주」에서 말하기를, "매每는 탐하다(탐貪)의 뜻"이라고 하였다.

역해

① 䔧[리] : 탐하다. 곽박 「주」에 발음은 貍라고 했는데, 이에 근거한 상고음은 [*ljəg]다.
② 挴[매] : 탐하다. 곽박 「주」에 발음은 亡改反이라고 했는데, 이에 근거한 상고음은 [*məgx]이다.
③ 貪[탐] : 탐하다. 貪은 䔧, 挴의 풀이어휘.

방언 27

擷①【恪穎反】・埏[117]②【音延】, 竟③也.

경擷[118]【음은 각영반恪穎反이다】・연埏[119]【음은 연延이다】은 경계, 땅의 끝(경竟)이라는 뜻이다.

117 『四部叢刊』本에는 '挻'으로 되어 있으나, 戴震은 '埏'으로 고쳤다.
118 擷이 竟으로 풀이되는 것에 대해서 華學誠은 문헌상의 용례를 알 수 없다고 하였다.
119 埏이 竟으로 풀이되는 것에 대해서 華學誠은 문헌상의 용례를 알 수 없다고 하였다.

방언소증

案'埏'各本訛作'挻', 今訂正. 『史記 · 司馬相如列傳』: "上暢九垓, 下泝八埏."[120] 『集解』駰案『漢書音義』曰: "埏若瓮埏, 地之八際也."[121] 顏師古注『漢書』云: "埏本音延, 合韻音弋戰反." 『廣雅』: "擷 · 挺, 竟也.[122]" '挺'亦'埏'之訛. '挻'與'挺'皆無'延'音.

'연埏'을 각 판본에서는 '연挻'이라고 잘못 썼는데, 지금 바르게 고친다. 『사기 · 사마상여열전』에 "덕이 위로는 구중지천九重之天에 도달하고, 아래로는 땅의 가장자리 팔방(八際)에까지 이른다"라는 구절이 있는데, 『사기집해』에서 배인은 "『한서음의』에 연埏의 음은 연延으로, 땅의 팔방 가장자리를 말한다고 했다"고 말했다. 안사고가 『한서』에 주해를 하면서 말하기를, "연埏의 본래 음은 연延이며, 합운合韻하여 음音이 익전반弋戰反"이라고 하였다. 『광아』에 "경擷 · 정挺은 경계(경竟)의 뜻"이라고 하였는데, 이때의 '정挺'도 '정埏'을 잘못 쓴 것이다. '정挻'과 '정挺'은 모두 '연延'이라는 음이 없다.

역해

① 擷[경]: 경계, 땅의 끝. 곽박「주」에 발음은 恪穎反이라고 했는데, 이에 근거한 상고음은 [*khwjiŋx]이다.

---

120 『史記 · 司馬相如列傳』: "沕潏漫衍, 旁魄四塞, 雲専霧散, 上暢九垓, 下泝八埏."

121 "駰案: 『漢書音義』曰, '暢, 達; 垓, 重也. 泝, 流也. 埏音延, 地之際也. 言其德上達於九重之天, 下流於地之八際也.'" 위의 『史記三家注』本에 나온 裴駰의 인용문과 戴震이 인용한 문장은 다소 출입이 있는데, 戴震이 기억에 의하여 이같이 인용했던 것 같다.

122 『廣雅 · 釋詁』: "擷 · 挻 · 栖 · 邃 · 釐 · 畛 · 毗 · 畢 · 殄 · 瘁, 竟也."

② 埏[연] : 땅의 팔방 가장자리. 곽박 「주」에 발음은 延이라고 했는데, 이에 근거한 상고음은 [*ran]이다.

③ 竟[경] : 경계, 땅의 끝. 竟은 㩵, 埏의 풀이어휘.

방언 28

譴喘①, 轉②也.【譴喘, 猶宛轉也】

견천譴喘은 돌리다[123](전轉)의 뜻이다.【견천譴喘은 완전宛轉과 같다】

방언소증

案『廣雅』: "讉喘, 轉也.[124]" 本此. '讉'卽'譴'之訛.

『광아』에 "회천讉喘은 돌리다(전轉)의 뜻"이라고 하였는데, 이는 여기에 근거한다. '회讉'는 바로 '견譴'을 잘못 쓴 것이다.

역해

① 譴喘[견천] : 돌다. 곽박 「주」에 譴喘은 宛轉과 같다고 함.

② 轉[전] : 돌다. 轉은 譴喘의 풀이어휘.

---

123 이때의 '돌리다'는 주로 말을 완곡하게 돌려서 표현한다는 의미로 보인다.

124 『廣雅・釋詁』: "斡・攂・運・遭・逭・逌・讉喘・移・䟚・捲, 轉也." 戴震이 보았던 『廣雅』에는 譴이 讉라고 되어 있었을 것이다.

방언 29

困① · 胎② · 偓③, 逃④也.【皆謂逃叛也. 偓, 音鞭撻】

곤困[125] · 태胎[126] · 달偓[127]은 달아나다(도逃)의 뜻이다.【이는 모두 배반하고 달아나다(도반逃叛)를 말한다. 달偓의 음은 편달鞭撻이다[128]】

방언소증

案'偓'卽'㒓'各本訛作'䠞', 今訂正. 『玉篇』引『方言』: "㒓, 逃也.[129]" 『廣雅』: "困 · 胎 · 㒓, 逃也.[130]" 義本此. '㒓'卽'㒓'之訛. 曹憲『音釋』: "㒓, 敕逵反." 舛誤不可通.

'달偓'은 바로 '달㒓'이다. 각 판본에서는 '달䠞'이라고 잘못 썼는데, 지금 바르게 고친다. 『옥편』에서 『방언』을 인용하여 "달㒓은 달아나다(도逃)의 뜻"이라고 하였다. 『광아』에 "곤困 · 태胎 · 달偓은 달아나다(도逃)의 뜻"이라고 하였는데, 그 의미는 여기에 근거한다. '달㒓'은 바로 달㒓을 잘못 쓴 것이다. 조헌의 『광아음석』에서 "달㒓의 음은 칙규반敕逵反"이라고 하였는데, 이는 옳지 않으며 의미가 통하지 않는다.

---

125 章炳麟의 『新方言』에서 "『方言』에 '困, 逃也'라는 구절이 있는데, 대개 세상을 피해 은거하는 것을 말한다"라고 하였다.

126 華學誠은 胎는 아마도 逃의 轉語일 것이라고 하였다.

127 華學誠은 偓의 음은 撻이며, 역시 逃의 轉語일 것이라고 하였다.

128 '偓은 음이 鞭撻이다(偓, 音鞭撻)'라고 되어 있는 부분은 '偓은 음이 鞭撻의 撻이다(偓, 音鞭撻之撻)'이라고 하는 것이 옳다고 판단하여, 이처럼 번역하였다.

129 『玉篇』 人部: "㒓, 他達切. 『方言』云: 逃也. 叛也."

130 『廣雅 · 釋詁』: "困 · 胎 · 㒓, 逃也."

역해

① 困[곤] : 달아나다.
② 胎[태] : 달아나다.
③ 健[달] : 달아나다. 곽박 「주」에 발음은 鞭撻의 撻이라고 했는데, 이에 근거한 상고음은 [*that]이다.
④ 逃[도] : 달아나다. 逃는 困, 胎, 健의 풀이어휘.

방언 30

隋①・毻②, 易③也.【謂解毻也. 他臥反】

타隋・타毻는 바꾸다(역易)의 뜻이다.【털이 흐트러져 털갈이하는 것을 말한다. 음은 타와반他臥反이다】

방언소증

案『廣雅』: "毻, 解也.[131]" 『廣韻』: "毻, 鳥易毛也.[132]" 枚乘「七發」: "手足惰窳."[133] 李善「注」引『方言・注』曰 : "嫷, 懈嫷也." 卽此注文而所見本不同.

---

131 『廣雅・釋詁』: "紓・摰・蕆・呈・俙・屬・蛻・毤・劀・袒, 解也."
132 『廣韻』 去聲 : "毻, 鳥易毛也."
133 『文選・七上・七發』: "今太子膚色靡曼, 四支委隨, 筋骨挺解. 血脈淫濯, 手足惰窳."

『광아』에 "타毻는 떨어지다, 벗기다(해解)의 뜻"이라고 하였다. 『광운』에 "타毻는 새가 털을 가는 것"이라고 하였다. 매승의 「칠발」에 "손발이 게을러지고 약해지다"라는 구절이 있는데, 이선의 「주」에서 곽박의 『방언 · 주』를 인용하여 말하기를, "타㢙는 게을러지다(해타懈㢙)의 뜻"이라고 하였다. 이는 곧 이 조항의 주해문인데, 지금 이 조항의 곽박 「주」에는 이 같은 문장이 보이지 않으니 이선이 보았던 판본은 이와 다른 판본이다.

역해

① 隋[타] : 허물을 벗다. 털갈이하다.
② 毻[타] : 바꾸다. 떨어지다. 벗기다. 곽박 「주」에 발음은 他臥反이라고 했는데, 이에 근거한 상고음은 [*thuarh]이다.
③ 易[역] : 바꾸다. 易은 隋, 毻의 풀이어휘.

방언 31

姚[134]【音遙】娧[135]①, 好②也.【謂姅娧[136]也】

요태姚娧【음은 遙다】는 예쁘다, 기뻐하다(호好)의 뜻이다.【기쁘다(반태姅娧)를 말한다】

---

134 『四部叢刊』本에는 '脁'로 되어 있으나, 戴震은 '姚'로 고쳤다.
135 『四部叢刊』本에는 '說'로 되어 있으나, 戴震은 '娧'로 고쳤다.
136 『四部叢刊』本에는 '悅'로 되어 있으나, 戴震은 역주 135와 같이 '娧'로 고쳤다.

방언소증

案'姚'各本訛作'晀', 曹毅之本不誤. '娧'各本訛作'說', 「注」內訛作'悅', 今訂正. 『廣雅』: "姚娧, 好也.[137]" 曹憲『音釋』: "姚, 音遙娧, 通外反." 『玉篇』云: "娧, 好貌.[138]"

'요姚'는 각 판본에서 '조晀'라고 잘못 썼는데, 조의지의 판본은 틀리지 않았다. '태娧'를 각 판본에서는 '열說'이라고 잘못 썼고, 곽박의 「주」에서는 '열悅'이라고 잘못 썼는데, 지금 바르게 고친다. 『광아』에 "요태姚娧는 예쁘다, 기뻐하다(好)의 뜻"이라고 했다. 조헌의 『광아음석』에서 "요姚의 음은 요遙이며, 태娧의 음은 통외반通外反"이라고 하였다. 『옥편』에 말하기를, "태娧는 예쁜 모습(好貌)"이라고 하였다.

역해

① 姚娧[요태] : 예쁘다. 기뻐하다. 곽박 「주」에 발음은 遙라고 했는데, 이에 근거한 상고음은 [*grjagw]이다.

② 好[호] : 예쁘다. 기뻐하다. 好는 姚娧의 풀이어휘.

---

137 『廣雅·釋詁』: "婘·嬴·娃·嫷·孌·嬥·姚娧·純·珇·旺·婠·窔·窈窕·姅·忓·妧·媌·媓·嬪·鮮·䪼·嫿·麗·佳·嫮·鈔·嫽·姣·袾·齌·媉·灦·膴·嬮·姝·姽·妃·嫿·嬻·婍·姸·婽·嬥·嫙·娙·蘣·襸·袓·褫·妙·嫖·婿·妶·嫋·嫈·嫛·覣·婥約·嫵媚·嬛·姍, 好也."

138 『玉篇』 女部: "娧(女兌), 他外切. 好皃."

방언 32

憚① · 怛②, 惡③也.【心怛懷[139], 亦惡難也】

탄憚 · 달怛은 꺼리다, 싫어하다(오惡)의 뜻이다.【마음에 꺼리는 것이며, 역시 싫어하고 비난하는 것이다】

방언소증

案『廣雅』: "憚, 惡也.[140]" 義本此.

『광아』에 "탄憚은 싫어하다(오惡)의 뜻"이라고 하였는데, 그 의미는 여기에 근거한다.

역해

① 憚[탄] : 꺼리다. 싫어하다.
② 怛[달] : 꺼리다. 싫어하다.
③ 惡[오] : 싫어하다. 惡은 憚, 怛의 풀이어휘.

---

139 盧文弨의 『重校方言』에서는 懷를 懹으로 고쳐 쓰고 말하기를, "懹을 옛 판본들은 모두 懷라고 잘못 썼다. 『方言』 제7권에 '憎 · 懹, 憚也. 陳曰懹'라는 구절이 있다.(역자 : 6번째 조항) ……" 지금 이에 근거하여 바르게 고친다"라고 하였다. 華學誠 역시 盧文弨의 교감이 의미에 부합하므로 마땅히 그의 견해에 따라 고쳐야 한다고 보았다. 戴震은 이 글자에 대해서 아무 언급이 없으나 역자 역시 이들의 견해에 동의하므로 이에 따라 번역하였다.

140 『廣雅 · 釋詁』: "畏 · 仇 · 憝 · 患 · 惎 · 凶 · 虔 · 誹 · 謗 · 訧 · 辱 · 咎 · 懟 · 讟 · 惛 · 鉗 · 憚 · 疧 · 痓 · 羸 · 嫉 · 毒 · 貉 · 倂 · 倈 · 憎 · 憎 · 孱, 惡也."

방언 33

吳①, 大②也.

오吳는 크다(대大)의 뜻이다.

방언소증

案「周頌」: "不吳不敖."[141] 『毛傳』: "吳, 譁也." 『說文』: "吳, 大言也.[142]" 『釋文』云: "何承天云, 吳字誤當爲吴, 從口下大. 故魚之大口者名. 吴, 胡化反." 此音恐驚俗也. 『史記·武帝本紀』引『詩』作"不虞不驁."[143] 『索隱』云: "案何承天云, 此虞當爲吴." 皆妄變字體以就謬說.

『시경·주송』에 "떠들지 아니하며 오만하지 아니하니"라는 구절이 있는데, 『모전』에서 "오吳는 떠들썩하다(화譁)의 뜻"이라고 하였다. 『설문해자』에서 "오吳는 크게 말하다(대언大言)의 뜻"이라고 하였다. 『경전석문』에서 말하기를, "하승천은 '오吳'라는 글자는 틀린 것이며, 마땅히 '화吴'가 되어야 하니, 구口라는 글자의 밑에 대大라고 써야 한다. 그러므로 물고기 가운데 입이 큰 것을 화吴라고 부르는데, 그 음은 호화반胡化反"이라고 하였다. 이 음은 아마도 속음인 것 같다. 『사기·무제본기』에서 『시경』을 인용하여 "근심하지도 않고 오만하지도 않다"라고 하였는데, 『사기색은』에 말하기를, "하승천이 말한 바에 따르면

---

141 『詩經·周頌·閔予小子之什·絲衣』: "不吳不敖, 胡考之休."

142 『說文解字』夨部: "吳, 姓也. 亦郡也. 一曰吳, 大言也. 從夨口. 㕦, 古文如此."

143 『史記·孝武本紀』: "「頌」云: '自堂徂基, 自羊徂牛. 鼐鼎及鼒, 不虞不驁, 胡考之休.'"

이 '우虞'는 마땅히 '화吳'가 되어야 한다"고 하였다. 이는 모두 망령되이 글자체를 변화시켜서 바르지 않은 주장으로 나아가게 된 것이다.

역해

① 吳[오] : 크다. 떠들썩하다. 크게 말하다.
② 大[대] : 크다. 大는 吳의 풀이어휘.

방언 34

灼①, 驚② 也.【猶云恐灼[144]也】

작灼은 두려워하다, 놀라다(경驚)의 뜻이다.【공작恐灼이라고 하는 것과 같다】

방언소증

案'灼'亦作'犳'. 『廣雅』: "犳, 驚也.[145]" 義本此. 曹憲『音釋』: "犳, 音灼."

'작灼'은 또 '작犳'이라고도 쓴다. 『광아』에 "작犳은 놀라다, 두려워하다(경驚)의 뜻"이라고 하였는데, 그 의미는 여기에 근거한다. 조헌의 『광아음석』에서 "작犳의 음은 작灼"이라고 하였다.

144 『四部叢刊』本에는 '熵'으로 되어 있으나, 戴震은 '灼'으로 고쳤다.
145 『廣雅 · 釋詁』: "瑀 · 懼 · 𥨷 · 愕 · 逴 · 猲 · 犳 · 怚 · 透 · 趯 · 駭 · 憚, 驚也."

역해

① 灼[작] : 놀라다. 두려워하다.
② 驚[경] : 두려워하다. 驚은 灼의 풀이어휘.

방언 35

賦①, 動②也.【賦斂[146]所以擾動民也】

부賦는 움직이다, 동원하다(동動)의 뜻이다.【부렴이란 백성들을 움직이도록 길들이는 것이다】

방언소증

案『廣雅』: "賦, 動也.[147]" 義本此.

『광아』에 "부賦는 움직이다(동動)의 뜻"이라고 하였는데, 그 의미는 여기에 근거한다.

---

146 『四部叢刊』本에는 '斂'으로 되어 있으나, 戴震은 '歛'으로 고쳤다.
147 『廣雅 · 釋詁』: "鎮傪 · 振訊 · 搖 · 抓 · 盪 · 遈 · 奮 · 勄 · 撼 · 核 · 擡 · 揌 · 掉捎 · 扮 · 揣 · 擽 · 抗 · 搈 · 衝 · 侏 · 賦 · 蝡 · 東 · 颩, 動也."

역해

① 賦[부] : 움직이다. 동원하다.

② 動[동] : 움직이다. 동원하다. 動은 賦의 풀이어휘.

방언 36

瘵[①]【巨畏反】, 極[②]也.【江東呼極爲瘵. 倦聲之轉也】

궤瘵는【음은 거외반巨畏反이다】 극에 달하다, 지치다(극極)의 뜻이다.【강동江東 지역에서는 극極을 궤瘵라고 하며, 권倦의 성지전聲之轉이다】

방언소증

案『詩·大雅』: "混夷駾矣, 維其喙矣."[148] 『毛傳』: "喙, 困也." 前卷十二內'㱩, 儽也.' 「注」云 : "今江東呼極爲㱩." 是'㱩'與'瘵'字異音義同. 『玉篇』云 : "瘵, 困極也. 亦作喙.[149]" 『廣韻』引『詩』 '昆夷瘵矣', 云: "本亦作喙."[150] 所引『詩』脫去中四字.

『시경·대아』에 "오랑캐들이 기뻐 날뛰며, 어찌 할 바를 모른다네"라는 구절이 있는데, 『모전』에서 "훼喙는 피곤하다(곤困)의 뜻"이라고 하였다. 앞의 제12권에 "훼㱩는 권儽"이라는 조항이 있다.[151] 곽박의

148 『詩經·大雅·緜』: "混夷駾矣, 維其喙矣. 虞芮質厥成, 文王厥厥生."

149 『玉篇』 疒部 : "瘵, 許穢切. 困極也. 亦作喙."

150 『廣韻』 去聲 : "瘵, 困極也. 『詩』云 : 昆夷瘵矣. 本亦作喙."

「주」에서 말하기를, "오늘날(곽박 당시) 강동江東 지역에서는 극極을 훼殨라고 한다"고 했다. 이는 '훼殨'와 '궤㱦' 두 글자가 음은 다르고 뜻은 같다. 『옥편』에서 말하기를, "궤㱦는 피로가 극에 달하다(困極)의 뜻이며, 또 훼喙자로도 쓴다"고 하였다. 『광운』에서는 『시경』의 "곤이昆夷가 극에 달했다(昆夷㱦矣)"라는 구절을 인용하며 말하기를 "본래 또 훼喙라고도 쓴다"고 하였다. 여기에서 인용한 『시경』의 문구에는 중간에 네 글자가 빠져 있다.[152]

역해

① 㱦[궤] : 피곤하다. 喙와 같다.(권12-84 참조) 곽박 「주」에 발음은 巨畏反이라고 했는데, 이에 근거한 상고음은 [*gwjadh]이다.
② 極[극] : 다하다. 극에 달하다. 極은 㱦의 풀이어휘. 곽박 당시에 江東에서는 極을 㱦라고 함. 곽박 발음은 巨畏反인데, 이에 근거한 상고음은 [*gwjadh]이다.

방언 37

煎①, 盡②也.

전煎[153]은 다하다, 없어지다(진盡)의 뜻이다.

151 『方言』 제12권 69번째 조항을 말한다.
152 "混夷駾矣, 維其喙矣"라는 구절을 "昆夷㱦矣"라고 하였으므로, 중간의 "駾矣 維其"라는 네 글자가 빠졌다는 것이다.
153 『廣雅疏證』에 "『方言』에 '煎은 盡이다'라고 하였고, 또 '煎은 불로 말리는 것, 즉 졸이거나 달이는 것이다. 대개 즙이 있다가 마르게 되는 것을 煎이라고

방언소증

案『廣雅』: "煎, 盡也.[154]" 義本此.

『광아』에 "전煎은 다하다, 없어지다(진盡)의 뜻"이라고 하였는데, 그 의미는 여기에 근거한다.

역해

① 煎[전] : 다하다. 없어지다.
② 盡[진] : 다하다. 없어지다. 盡은 煎의 풀이어휘.

방언 38

爽①, 過②也.【謂過差也】

상爽은 지나치다(과過)의 뜻이다.【지나쳐 어긋나는 것을 말한다】

한다'고 하였다"는 구절이 있는데, 華學誠은 『廣雅疏證』을 『廣雅』라고 잘못 말했다.

154 『廣雅·釋詁』: "殫·索·旣·滲·瀥·涸·急·汽·熇·湫·澌·涖·醑·殑·莾·寫·鬌·煩·鋌·央, 盡也."

방언소증

案『廣雅』: "爽, 過也."[155] 義本此. 『爾雅 · 釋言』: "爽, 差也. 爽, 忒也.[156]" 郭璞「注」云 : "皆謂用心差錯不專一."

『광아』에 "상爽은 지나치다(과過)의 뜻"이라고 하였는데, 그 의미는 여기에 근거한다. 『이아 · 석언』에 "상爽은 어긋나다(차差)의 뜻이다. 상爽은 틀리다(특忒)의 뜻"이라는 구절이 있는데, 곽박의 「주」에 말하기를, "모두 마음을 씀에 있어 어긋나고 전념하지 못함을 말한다"고 하였다.

역해

① 爽[상] : 지나치다. 어긋나다. 틀리다.
② 過[과] : 지나치다. 過는 爽의 풀이어휘.

방언 39

蟬①, 毒②也.

선蟬은 독, 해악(독毒)의 뜻이다.

---

155 『廣雅 · 釋詁』: "爽 · 曉 · 牟 · 騰 · 軼 · 渡 · 贏 · 邐 · 侄 · 歷 · 更, 過也."
156 『爾雅 · 釋言』: "靡罔, 無也. 爽, 差也. 爽, 忒也."

방언소증

案'蟬'卽'慘'聲之轉耳. 『說文』云: "慘, 毒也.[157]" 『廣雅』: "毒, 惡也.[158]"

'선蟬'은 바로 '참慘'의 성지전聲之轉이다. 『설문해자』에 말하기를, "참慘은 해악(독毒)의 뜻"이라고 하였고, 『광아』에서는 "독毒은 악惡"이라고 하였다.

역해

① 蟬[선]: 蟬은 慘의 聲之轉. 慘은 해악. 악.
② 毒[독]: 독. 해악. 毒은 蟬의 풀이어휘.

방언 40

傪[159]①, 愐②也【音酋[160]】.[161] 愐, 惡③也.【慘悴, 惡事也】

참傪은 나쁘다, 거만하다(추愐)의 뜻이다.【음은 추酋다】 추愐는 악하다, 추하다(악惡)의 뜻이다.【참졸慘悴은 나쁜 일이다】

---

157 『說文解字』 心部: "慘, 毒也. 從心參聲."
158 『廣雅·釋詁』: "畏·仇·憝·患·慝 凶·虐·誹·謫·訧·辱·咎·憋·譊·愐·鉗·憚·疚·痤·羸·嫉·毒·貉·倴·倈·憯·憎·孱, 惡也."
159 『四部叢刊』本에는 '慘'으로 되어 있으나, 戴震은 '傪'으로 썼으며, 이 두 글자는 서로 통용된다고 했다.
160 『四部叢刊』本에는 '酒'로 되어 있으나, 戴震은 '酋'로 고쳤다. 그러나 盧文弨의 『重校方言』에서는 조의지의 판본에 의거하여 遒라고 썼다.
161 『四部叢刊』本에는 뒷부분이 별도의 조항으로 분리되어 있다.

방언소증

案'傪''慘'通.『廣雅』:"愖, 惡也.[162]" 義本此.

'참傪'과 '참慘'은 서로 통한다.『광아』에 "추愖는 악하다, 추하다(악惡)의 뜻"이라고 하였는데, 그 의미는 여기에 근거한다.

역해

① 傪[참]: 나쁘다. 거만하다.
② 愖[추]: 악하다. 추하다. 愖은 傪의 풀이어휘. 곽박「주」에 발음은 酋라고 했는데, 이에 근거한 상고음은 [*dzjəgw]이다.
③ 惡[악]: 악하다. 추하다. 惡은 傪의 풀이어휘.

방언 41

還①, 積②也.

환還은 쌓다(적積)의 뜻이다.

---

162 『廣雅・釋詁』:"畏・仇・憝・患・慝・凶・虘・誹・謗・訧・辱・咎・憋・讟・愖・鉗・憚・疢・痓・羸・嫉・毒・貉・偞・倈・憎・憎・孱, 惡也."

방언소증

案此義別無可考. 『荀子·非相篇』注引『方言』云: "儇, 疾也." 『文選·南都賦·注』引『方言』曰: "儇, 急疾也." 「吳都賦·注」引『方言』曰: "儇, 佻疾也." 佻之爲疾, 見前卷十二內,[163] 而無儇疾之訓. '儇疾''還積'或字形音聲疑似而訛.

이 뜻은 따로 궁구할 만한 것이 없다. 『순자·비상편』의 「주」에서 『방언』을 인용하여 말하기를, "현儇은 빠르다(질疾)의 뜻"이라고 하였다. 『문선·남도부』에 대한 주해에서 『방언』을 인용하여 말하기를, "현儇은 빠르다(급질急疾)의 뜻"이라고 하였다. 『문선·오도부』의 주해에서 『방언』을 인용하여 말하기를, "현儇은 빠르다(조질佻疾)의 뜻"이라고 하였다. 조佻라는 글자가 질疾이라는 의미로 사용되는 것에 관하여는 앞의 제12권 안에 있는데, 현儇이 질疾이라고 풀이되는 내용은 없다. '현질儇疾'과 '환적還積'은 아마도 자형과 음이 서로 유사하기 때문에 오류가 생긴 것이 아닌가 생각된다.

역해

① 還[환]: 쌓다.
② 積[적]: 쌓다. 積은 還의 풀이어휘.

163 『方言』 제12권의 33번째 조항인 "佻, 疾也"을 가리킨다.

방언 42

宛①【音[164]婉】, 蓄②也.【謂宛樂也.[165]】

완宛【음은 완婉이다】은 쌓다, 쌓이다(축蓄)의 뜻이다.【즐겁다(완락宛樂)는 것을 말한다】

방언소증

案郭璞『葬書』言 "宛而中蓄."[166] 正合此義. 「注」內'謂宛樂也.' 其語未詳所出. 『廣韻』, '俒'[167]'宛'[168]同音. 「注」云 : "歡樂." 然'宛樂'與'宛蓄'絶不相蒙, '謂'字或'音'字之訛.

곽박의 『장서』에 "굽어 있으면서 그 가운데가 쌓여 있다"라는 구절이 있는데, 이 뜻에 부합된다. 곽박의 「주」에 "즐겁다(완락宛樂)는 것을 말한다"라는 구절이 있는데, 이 말은 어디에서 나온 것인지 모르겠다. 『광운』에서 "원俒과 완宛은 같은 음"이라고 하였으며, 「주」에서 말하기를, "환락歡樂이라는 뜻"이라고 하였다. '완락宛樂'과 '완축宛蓄'은 절대 서로 일치되지 않는다. '위謂'라는 글자는 어쩌면 '음音'이라는 글자의 오류일지도 모르겠다.

---

164 『四部叢刊』本에는 '言'으로 되어 있으나, 戴震은 '音'으로 고쳤다.

165 戴震은 이 말이 어디에서 나왔는지 모르겠다고 했는데, 盧文弨의 『重校方言』에서는 '言婉'이라는 두 글자를 삭제하고 '謂'를 '音'으로 고치고 '音宛樂也'라는 네 글자를 모두 본문의 '宛'이라는 글자에 대한 「注」로 옮겨 놓았다.

166 郭璞, 『葬書』: "宛而中蓄, 謂之龍腹, 其臍深凹, 必後世昌."

167 『廣韻』 上聲 : "(於阮切), 俒, 歡樂."

168 『廣韻』 上平聲 : "(於袁切), 宛, 屈草自覆. 又宛縣在南陽. 又音苑."

역해

① 宛[완] : 쌓다.
② 蓄[축] : 쌓다. 畜은 宛의 풀이어휘.

방언 43

類①, 法②也.

류類는 비슷하다, 본받다(법法)의 뜻이다.

방언소증

案類, 法也. 已見前卷七內, 諸刻無此三字. 『永樂大典』本及曹毅之本有之, 書內重見者多矣. 後人刪去, 非也.

"류類는 비슷하다, 본받다(법法)의 뜻"이라는 구절은 이미 앞의 제7권 안에 나왔다.[169] 여러 판각본에는 이 세 글자가 없다. 『영락대전』본 및 조의지의 판본에는 그 세 글자가 있다. 『방언』에는 중복되어 나타나는 것이 많다. 그러나 후대 사람들이 그것을 삭제한 것은 잘못이다.

169 『方言』 제7권의 5번째 조항에 "肖·類, 法也"라는 구절이 있다.

역해

① 類[류] : 비슷하다. 본받다.
② 法[법] : 본받다. 法은 類의 풀이어휘.

방언 44

翭[①]【音侯】, 本[②]也.【今以鳥羽本爲翭】

후翭[170]【음은 후侯다】는 뿌리(본本)의 뜻이다.【오늘날 새의 깃털 뿌리가 후翭다】

방언소증

案『廣雅』: "翭, 本也.[171]" 義本此.

『광아』에 "후翭는 뿌리(본本)의 뜻"이라고 하였는데, 그 의미는 여기에 근거한다.

---

170 錢繹의 『方言箋疏』에서는 『方言』의 '素, 本也'라는 구절을 인용한 용례를 들면서, '翭'의 아래 '素'라는 글자를 보충하였다. 吳予天의 『方言注商』에서도 錢繹의 견해에 동의하였다.

171 『廣雅·釋詁』: "翭·素, 本也."

역해

① 猴[후]: 뿌리, 새의 깃털 뿌리. 곽박 「주」에 발음은 侯라고 했는데, 이에 근거한 상고음은 [*gug]이다.
② 本[본]: 뿌리. 本은 猴의 풀이어휘.

방언 45

懼①, 病②也. 懼[172], 驚③也.

구懼는 병, 근심(병病)의 뜻이다. 구懼는 두려움(경驚)의 뜻이다.

방언소증

案'懼'當作'瞿', 故有病, 驚二義. 『禮記・檀弓篇』: "瞿瞿然, 如有求而弗得."[173] 「玉藻篇」: "視容瞿瞿梅梅."[174] 一爲憂悼在心, 一爲驚遽不審, 於義近之.

'구懼'는 마땅히 '구瞿'라고 써야 한다. 그래야 병, 근심(병病)과 두려움(경驚)이라는 두 가지 뜻이 있다. 『예기・단궁편』에 "마음에 근심이 있어 찾아도 찾아내지 못하니"라는 구절이 있으며, 또 『예기・옥조편』에 "보는 모양은 놀라고 뚜렷하지 않게 하고"라는 구절이 있다.

---

172 『四部叢刊』本에는 없으나, 戴震은 '懼'를 보충하였다.
173 『禮記・檀弓篇』: "旣殯, 瞿瞿如有求而弗得. 旣葬, 皇皇如有望而弗至."
174 『禮記・玉藻篇』: "喪容纍纍, 色容顚顚, 視容瞿瞿梅梅, 言容繭繭."

하나는 근심과 슬픔이 마음에 있는 것이고, 다른 하나는 놀라고 황급하여 잘 살피지 못하는 것인데, 뜻에 있어서는 서로 가깝다.

역해

① 懼[구] : 병. 근심. 두려움.
② 病[병] : 병. 근심. 病은 懼의 풀이어휘.
③ 驚[경] : 두려움. 驚은 懼의 풀이어휘.

방언 46

葯①, 纏[175]②也.【謂纏裹[176]物也. 葯猶纏也. 音約[177]】

약葯은 묶다(전纏[178])의 뜻이다.【무언가를 싸서 묶는 것을 말한다. 약葯은 전纏과 같다. 음은 약約이다】

175 『四部叢刊』本에는 '薄'으로 되어 있으나, 戴震은 '纏'으로 고쳤다.
176 『四部叢刊』本에는 '薄裹'로 되어 있으나, 戴震은 '纏裹'로 고쳤다.
177 『四部叢刊』本에는 '決的'로 되어 있으나, 戴震은 '約'으로 고쳤다.
178 戴震이 지적했듯이 다른 판본들은 '薄'이라고 한 것을 戴震이 '纏'으로 고친 것인데, 盧文弨의 『重校方言』에서는 戴震의 설을 따르지 않겠다고 하면서 말하기를, "만약에 '纏'이라면 그 의미가 쉽고 명확한데 어찌하여 이처럼 설명을 덧붙이겠는가?"라고 하였다. 그러나 華學誠은 盧文弨의 말은 추측에 속하며 徐爰이 인용한 '葯, 纏也'라는 『方言』의 구절에 의하면 戴震이 바르게 고친 것이라고 보았다.

방언소증

案'葯''約', 古通用. '纏'各本訛作'薄'. 「注」內'纏裹'訛作'薄裹', '音約'諸刻訛作'音決'. 『永樂大典』本訛作'音決的', 今訂正. 潘岳「射雉賦」: "首葯綠素."[179] 徐爰「注」云: "『方言』曰, 葯, 纏也. 猶纏裹也."

'약葯'과 '약約'은 옛날에는 통용되었다. '전纏'을 각 판본에서는 '박薄'이라고 잘못 썼다. 곽박의 「주」에 있는 '전과纏裹'를 '박과薄裹'라고 잘못 썼고, '음약音約'을 여러 판각본에서는 '음결音決'이라고 잘못 썼다. 『영락대전』본에서는 '음결적音決的'이라고 잘못 썼는데, 지금 바르게 고친다.[180] 반악의 「사치부」에 "머리는 녹색이고, 목은 흰색을 둘렀고"라는 구절이 있는데, 서원徐爰의 「주」에서 말하기를, "『방언』에서 약葯은 묶다(전纏)의 뜻이라고 하였으며, 묶어서 싸다(전과纏裹)와 같다"고 하였다.

역해

① 葯[약]: 묶다. 묶어서 싸다. 곽박 「주」에 발음은 約이라고 했는데, 이에 근거한 상고음은 [*ʔjakw]이다.
② 纏[전]: 묶다. 纏은 葯의 풀이어휘.

179 『文選・賦戊・射雉賦』: "首葯綠素, 身拕黼繪. 青鞦莎靡, 丹臆蘭綷."

180 戴震은 '音決的'을 '音約'으로 고쳤으나 錢繹의 『方言箋疏』에서 "約과 的은 옛날에는 통용되는 글자였다. 李善이 枚乘의 「七發」에 주해를 하면서 『字書』를 인용하였는데, '約은 또한 的이라는 글자로도 쓴다. 음은 都狄切이다'라고 하였다. 그러므로 葯이라는 글자의 음은 決的의 的"이라고 하였다.

방언 47

臉①, 短②也.【便旋, 庳小貌也】

선臉은 짧다(단短)의 뜻이다.【편선便旋은 작은 모습이다】

방언소증

案『廣雅』: "臉, 短也.[181]" 義本此.

『광아』에 "선臉은 짧다(단短)의 뜻"이라고 하였으니, 그 의미는 여기에 근거한다.

역해

① 臉[선] : 짧다.
② 短[단] : 짧다. 短은 臉의 풀이어휘.

방언 48

掊①, 深②也.【掊克[182], 深能】

181 『廣雅・釋詁』: "侏儒・矬㥽・婢䏭・矬・癠・蔾・闒・痔・府・臉・糴・貏・紹・孑・孓・升, 短也."

182 『四部叢刊』本에는 '剋'으로 되어 있으나, 戴震은 '克'으로 고쳤다.

부掊는 깊다, 깊숙이 하다(심深)의 뜻이다.【부극掊克은 깊은 곳에 미치다(심능深能)의 뜻이다】

방언소증

案『廣雅』: "掊, 深也.[183]" 義本此. 『詩・大雅』: "曾是掊克."[184] 『釋文』云: "聚, 斂也.[185]" 『史記・封禪書』: "見地如鉤狀, 掊視得鼎."[186] 『後漢書・百官志』「注」云: "胡廣曰: 鹽官掊坑而得鹽."

『광아』에 "부掊는 깊은 곳(심深)의 뜻"이라고 하였으니, 그 의미는 여기에 근거한다. 『시경・대아』에 "가렴주구 하는 사람"이라는 구절이 있는데, 『경전석문』에서 말하기를, "거두어들이다(취렴聚斂)의 뜻"이라고 하였다. 『사기・봉선서』에 "땅에 갈고리 모양의 물건을 보고서 손으로 파내보니 커다란 솥이 보였다"는 구절이 있으며, 『후한서・백관지・주』에 "호광胡廣이 말하기를, 염관鹽官이 깊이 구멍을 파서 소금을 얻었다고 했다"고 말했다.

---

183 『廣雅・釋詁』: "寥・垧・空・謬・崝嵤・淵・洿・彌・邃・幽・暗・窈・篠・藏・丼・掊, 深也."

184 『詩經・大雅・蕩』: "曾是彊禦, 曾是掊克."

185 『經典釋文(爾雅音義・釋訓)』: "惟逑 巨鳩反. 郭云: 迫也. 『字林』云: 斂, 聚也. 本亦作求."

186 『史記・封禪書』: "其夏六月中, 汾陰巫錦爲民祠魏脽後土營旁, 見地如鉤狀, 掊視得鼎."

역해

① 掊[부] : 깊다. 파헤치다.
② 深[심] : 깊은 곳. 深은 掊의 풀이어휘.

방언 49

涅①, 休②也.

열涅은 물에 빠지다(닉休)의 뜻이다.[187]

방언소증

案'涅'各本訛作'湟', 今訂正. 『廣雅』: "溺·涅, 没也.[188]" '休'卽古'溺'字. 曹憲『音釋』: "涅, 乃結反."

'열涅'을 각 판본에서는 '황湟'이라고 잘못 썼는데, 지금 바르게 고친다. 『광아』에 "닉溺·열涅은 물에 빠지다(没)의 뜻"이라고 했는데, '닉休'은 바로 '닉溺'이라는 옛 글자다. 조헌의 『광아음석』에 말하기를, "열涅은 음이 내결반乃結反이다"라고 하였다.

---

187 涅을 休으로 풀이하는 것에 대해서 華學誠은 『說文解字』 水部에 "休, 沒也. 從水人, 讀如溺同"이라는 구절을 들었다.
188 『廣雅·釋詁』: "潛·丞·沈·溺·涅·湮·渨·淪, 没也."

역해

① 涅[열] : 물에 빠지다.

② 休[닉] : 물에 빠지다. 休은 涅의 풀이어휘.

방언 50

撈①【音料】, 取② 也.【謂鉤撈也】

로撈【음은 료料다】는 취하다, 건져내다(취取)의 뜻이다.【잡아 건져내는 것을 말한다】

방언소증

案『廣雅』: “撈, 取也.[189]” 義本此 曹憲『音釋』: “撈, 音牢, 又力幺反.”

『광아』에 “로撈는 취하다(취取)의 뜻”이라고 하였는데, 그 의미는 여기에 근거한다. 조헌의 『광아음석』에 “로撈의 음은 뢰牢이며, 또 력요반力幺反”이라고 하였다.

---

189 『廣雅・釋詁』: “龕・岑・資・欿・采・掇・搴・摭・芼・集・摡・扱・捃・摘・擸・素・撈・撟・穌・賴・攎・摷・撩・揬・担・收・斂・捕・擠・扠・有・撤・挻・摻・銛・抍・攟・掩・竊・略・剝・剿・捋・捋, 取也.”

역해

① 撈[로] : 취하다. 곽박 「주」에 발음은 料라고 했는데, 이에 근거한 상고음은 [*liagw]다.
② 取[취] : 취하다. 건져내다. 取는 撈의 풀이어휘.

방언 51

摸[190]①【音莫】, 撫②也.【謂撫順也】

막摸【음은 막莫이다】은 어루만지다, 누르다(무撫)의 뜻이다.【어루만지며 거스르지 않는 것을 말한다】

방언소증

案'摸'各本訛作'膜'. 『廣雅』: "摸, 撫也.[191]" 義本此. 今據以訂正.

'막摸'을 각 판본에서는 '막膜'이라고 잘못 썼다. 『광아』에 "막摸은 어루만지다, 누르다(무撫)의 뜻"이라고 하였는데, 그 의미는 여기에 근거한다. 지금 이에 의거하여 바르게 고친다.

---

190 『四部叢刊』本에는 '膜'으로 되어 있으나, 戴震은 '摸'으로 고쳤다.
191 『廣雅·釋言』: "摸, 撫也."

역해

① 摸[막] : 어루만지다. 누르다. 곽박 「주」에 발음은 莫이라고 했는데, 이에 근거한 상고음은 [*mak]이다.
② 撫[무] : 누르다. 撫는 摸의 풀이어휘.

방언 52

由①, 式②也.

유由는 따르다, 본받다(식式)의 뜻이다.

방언소증

案『廣雅』: "由, 式也.[192]" 義本此.

『광아』에 "유由는 따르다, 본받다(식式)의 뜻"이라고 하였는데, 그 의미는 여기에 근거한다.

역해

① 由[유] : 따르다.
② 式[식] : 본받다. 式은 由의 풀이어휘.

192 『廣雅・釋詁』: "楷・由・品, 式也."

방언 53

猷[①], 詐[②]也.【猷者言, 故爲詐】

유猷는 속이다, 말을 꾸미다(사詐)의 뜻이다.【꾸며서 말을 하면 詐가 된다】

방언소증

案'猷'之爲'詐', 卽匿謀之謂.

'유猷'라는 글자가 말을 꾸미다, 속이다(사詐)의 뜻이 된다고 했는데, 이는 바로 숨기면서 도모함을 말하는 것이다.

역해

① 猷[유] : 속이다.
② 詐[사] : 속이다. 말을 꾸미다. 詐는 猷의 풀이어휘.

방언 54

茪[①], 隨[②]也.

광茪은 따르다(수隨)의 뜻이다.[193]

193 華學誠은 戴震의 설명은 茪과 隨를 잘 소통시켜주지 못한다고 하며, 茪이 隨

방언소증

案今人猶謂蒙窗檽櫋格曰筐, 隨者 隨其大小也.

오늘날(곽박 당시) 사람들이 창을 덮고 울짱과 격자창을 바로잡는 것을 광筐이라고 하는 것과 같다. 수隨다는 것은 그 크고 작음에 따르는 것이다.

역해

① 筐[광] : 따르다.
② 隨[수] : 따르다. 크고 작은 것을 따르다. 隨는 筐의 풀이어휘.

방언 55

揣①, 試②也.【揣度試之】

췌揣는 미루어 헤아리다, 시험해보다(시試)의 뜻이다.【헤아려 그것을 시험한다는 뜻이다】

로 풀이되는 것은 아마도 본래 고음에서 비롯된 것이 아닐까 하지만 문헌적으로는 근거가 결여되어 있으며, 억지로 근거로 삼을 수 없다고 하였다.

방언소증

案『廣雅』: "揣, 試也.[194]" 義本此. 曹憲『音釋』: "揣, 測委, 丁果二反."

『광아』에 "췌揣는 미루어 헤아리다, 시험해보다(시試)의 뜻"이라고 하였는데, 그 의미는 여기에 근거한다. 조헌의 『광아음석』에서 "췌揣는 측위반測委反, 정과반丁果反의 두 가지 음이 있다"고 하였다.

역해

① 揣[췌] : 미루어 헤아리다.
② 試[시] : 미루어 헤아리다. 試는 揣의 풀이어휘.

방언 56

頚①【巨廩反】, 怒②也【頚頚, 恚貌也】.

금頚【음은 거름반巨廩反이다】은 성내다(노怒)의 뜻이다.【금금頚頚은 성내는 모습이다】

194 『廣雅 · 釋言』: "課 · 揣, 試也."

방언소증

案『廣雅』: "顂, 怒也.[195]" 義本此.

『광아』에 "금顂은 성내다(노怒)의 뜻"이라고 하였는데, 그 의미는 여기에 근거한다.

역해

① 顂[금] : 성내다. 곽박 「주」에 발음은 巨廩反이라고 했는데, 이에 근거한 상고음은 [*gjəmx]이다.
② 怒[노] : 성내다. 화내다. 怒는 顂의 풀이어휘.

방언 57

埝①【音坫肆】, 下②也.【謂陷下也】

점埝【음은 점사坫肆다】은 내려가다(하下)의 뜻이다.【떨어져서 아래로 빠지는 것을 말한다】

195 『廣雅・釋詁』: "馮・齘・苛・媻・嫛盈・戲・憚・忿・慍・謓・怖・漢・赫・顂・悖・恚・偯・婌・忲・訮・訶・唬・啾・諎・訧・詽・哩・喤・譴・讀, 怒也."

방언소증

案『廣雅』: "埝, 下也.[196]" 義本此. 曹憲『音釋』: "埝, 乃頰反."

『광아』에 "점埝은 내려가다(하下)의 뜻"이라고 하였는데, 그 의미는 여기에 근거한다. 조헌의 『광아음석』에 "점埝은 음이 내협반乃頰反"이라고 하였다.

역해

① 埝[점] : 가라앉다. 빠지다. 곽박 「주」에 발음은 坫肆의 坫이라고 했는데, 이에 근거한 상고음은 [*tiəmh]이다. 그러나 조헌의 『광아음석』에 수록된 '乃頰反'에 따르면 상고음은 [*niəp]이다.

② 下[하] : 내려가다. 下는 埝의 풀이어휘.

방언 58

讃①, 解② 也.【讃訟, 所以解釋理物[197]也】

찬讃은 해석하다(해解)의 뜻이다.【찬송讃訟은 사물의 이치를 해석하는 것이다】

---

196 『廣雅·釋詁』: "句·降·窪·窆·窊·埋·埝·窺·墜·隤·折·按, 下也."

197 '理物'에 대해서 吳予天의 『方言注商』에서 말하기를 "『原本玉篇』의 言部에서 郭璞의 「注」를 인용하면서 '讃訟所以解釋物理也'라고 하였다. 今本의 理物이라는 두 글자는 아마 잘못하여 거꾸로 된 것이리라 생각된다"고 하였다. 周祖謨와 華學誠 역시 '理物'은 '物理'가 거꾸로 잘못 쓰인 것이라고 보았다.

방언소증

案『廣雅』: "顆, 怒也.[195]" 義本此

『광아』에 "금顆은 성내다(노怒)의 뜻"이라고 하였는데, 그 의미는 여기에 근거한다.

역해

① 顆[금] : 성내다. 곽박 「주」에 발음은 巨廩反이라고 했는데, 이에 근거한 상고음은 [*gjəmx]이다.
② 怒[노] : 성내다. 화내다. 怒는 顆의 풀이어휘.

방언 57

埝①【音坫肆】, 下②也.【謂陷下也】

점埝【음은 점사坫肆다】은 내려가다(하下)의 뜻이다.【떨어져서 아래로 빠지는 것을 말한다】

195 『廣雅・釋詁』: "馮・齡・苛・嫳・㜸盈・戲・憚・忿・慍・謓・怖・漢・赫・顆・悸・恚・傒・婯・惐・訮・訶・㹱・噉・諸・訦・訶・㖅・喤・譴・讀, 怒也."

방언소증

案『廣雅』: "埝, 下也.[196]" 義本此. 曹憲『音釋』: "埝, 乃頰反."

『광아』에 "점埝은 내려가다(하下)의 뜻"이라고 하였는데, 그 의미는 여기에 근거한다. 조헌의 『광아음석』에 "점埝은 음이 내협반乃頰反"이라고 하였다.

역해

① 埝[점] : 가라앉다. 빠지다. 곽박 「주」에 발음은 坫肆의 坫이라고 했는데, 이에 근거한 상고음은 [*tiəmh]이다. 그러나 조헌의 『광아음석』에 수록된 '乃頰反'에 따르면 상고음은 [*niəp]이다.

② 下[하] : 내려가다. 下는 埝의 풀이어휘.

방언 58

讚①, 解② 也.【讚訟, 所以解釋理物[197]也】

찬讚은 해석하다(해解)의 뜻이다.【찬송讚訟은 사물의 이치를 해석하는 것이다】

---

196 『廣雅・釋詁』: "匃・降・窪・窆・窊・埕・埝・窫・墜・隤・折・按, 下也."

197 '理物'에 대해서 吳予天의 『方言注商』에서 말하기를 "『原本玉篇』의 言部에서 郭璞의 「注」를 인용하면서 '讚訟所以解釋物理也'라고 하였다. 今本의 理物이라는 두 글자는 아마 잘못하여 거꾸로 된 것이리라 생각된다"고 하였다. 周祖謨와 華學誠 역시 '理物'은 '物理'가 거꾸로 잘못 쓰인 것이라고 보았다.

방언소증

案'讚''贊'同用. 取贊明之義.

'찬讚'과 '찬贊'은 동일하게 사용된다. 명확하게 밝히다(贊明)의 뜻을 취하였다.

역해

① 讚[찬] : 해석하다. 명확하게 밝히다.
② 解[해] : 해석하다. 解는 讚의 풀이어휘.

방언 59

賴①, 取②也.

뢰賴는 취하다(취取)의 뜻이다.

방언소증

案『廣雅』: "賴, 取也.[198]" 義本此.

---

198 『廣雅 · 釋詁』: "龕 · 岑 · 資 · 欿 · 采 · 掇 · 搴 · 摭 · 芼 · 集 · 摡 · 扱 · 扼 · 摘 · 擥 · 素 · 撈 · 撟 · 穌 · 賴 · 摣 · 摷 · 撩 · 掞 · 抯 · 收 · 斂 · 捕 · 摕 · 扱 · 有 · 撤 · 挻 · 摻 · 銛 · 抍 · 攈 · 掩 · 竊 · 略 · 剝 · 劓 · 捋 · 捊, 取也."

『광아』에 "뢰賴는 취하다(취取)의 뜻"이라고 하였는데, 그 의미는 여기에 근거한다.

역해

① 賴[뢰] : 취하다.
② 取[취] : 취하다. 取는 賴의 풀이어휘.

방언 60

拑①【音鉗】, 業②也.【謂基業[199]也】

금拑【음은 겸鉗이다】은 일(업業)이다.【기업基業을 말한다】

방언소증

案『廣雅』: "拑, 業也.[200]" 義本此.

『광아』에 "금拑은 일(업業)이라는 뜻"이라고 하였는데, 그 의미는 여기에 근거한다.

---

199 華學誠은 이 基業이라는 용어에 대하여 아마도 郭璞 당시에는 사용되었던 말이었으리라고 하였다. 丁惟汾의 『方言音釋』에서는 "拑과 基는 쌍성가차로, 拑業이 바로 基業"이라고 하였다. 華學誠은 拑과 基는 旁紐雙聲이나, 운부는 현격한 차이가 난다고 하였다.

200 『廣雅・釋詁』: "甾・拑・專・職・端・緖・紬, 業也."

역해

① 拑[금] : 일. 곽박 「주」에 발음은 鉗이라고 했는데, 이에 근거한 상고음은 [*gjiam]이다.
② 業[업] : 일. 業은 拑의 풀이어휘.

방언 61

帶①, 行② 也.【隨人行也】

대帶는 가다(행行)의 뜻이다.【사람들을 따라서 가는 것이다】

방언소증

案『廣雅』: "帶, 行也.[201]" 義本此.

『광아』에 "대帶는 가다(행行)의 뜻"이라고 하였는데, 그 의미는 여기에 근거한다.

201 『廣雅 · 釋詁』: "躔 · 歷 · 逝 · 去 · 趨 · 徥 · 流 · 步 · 遵 · 迒 · 蹠 · 遂 · 般 · 從 · 遂 · 轉 · 隨 · 巡 · 充 · 略 · 將 · 逵 · 由 · 駕 · 帶 · 貫 · 躭 · 逭 · 逌 · 踚 · 遡 · 吉, 行也."

역해

① 帶[대] : 가다.
② 行[행] : 가다. 行은 帶의 풀이어휘.

방언 62

康[202]①, 空② 也.【康寁[203]空貌. 康或作歑. 虛字也】

강康[204]은 비다(공空)의 뜻이다.【강康은 집이 텅 비어 있는 모습이다. 강康을 강歑이라고 쓴다. 허虛의 뜻이다】

방언소증

案'康'各本作'漮'. 「注」內'康寁'各本訛作'漮窘', 今訂正. '康''康', 古通用. 別作'漮', 亦作'歑'. 『說文』云 : "康, 屋康寁也.[205]", "漮, 水虛也.[206]", "歑, 饑虛也.[207]" '康寁'俗又作'㝩寶'. 『詩・小雅』: "酌彼康爵"[208] 鄭「箋」云, "康, 虛也." 『爾雅・釋詁』: "漮, 虛也." 郭璞「注」云 : "『方言』云, 漮之言空也." 『釋文』云 : "『方言』作㝩.[209]" 「疏」引『方言』: "漮

202 『四部叢刊』本에는 '漮'으로 되어 있으나, 戴震은 '康'으로 고쳤다.
203 『四部叢刊』本에는 '漮窘'으로 되어 있으나, 戴震은 '康寁'으로 고쳤다.
204 華學誠은 康, 康, 漮, 歑은 서로 통한다고 하며 戴震을 따라 글자를 고칠 필요가 없다고 하였다.
205 『說文解字』: "康, 屋康寁也. 從宀康聲."
206 『說文解字』: "漮, 水虛也. 從水康聲."
207 『說文解字』 水部 : "漮, 水虛也."(歑下曰 : 饑虛也)
208 『詩經・小雅・賓之初筵』: "賓載手仇, 室人入又. 酌彼康爵, 以奏爾時."

宮, 空貌." 司馬相如「長門賦」: "委參差以槺梁."[210] 李善「注」云: "『方言』曰, 康, 虛也. 康與槺同." 此所引改'空'爲'虛', 蓋誤憶耳.

'강康'을 각 판본에서는 '강漮'이라그 썼다. 곽박의 「주」에 있는 '강랑康㝗'을 각 판본에서는 '강군漮窘'이라고 잘못 썼는데, 지금 바르게 고친다. '강康'과 '강康'은 옛날에는 통용되었다. 그밖에 '강漮'이라고도 쓰며, 또 '강歑'이라고도 쓴다. 『설문해자』에 "강康은 집이 텅 빈 것"이라고 하였고, "강漮은 물이 빠져나간 것"이라고 하였으며, "강歑은 굶어서 뱃속이 텅 빈 것"이라고 하였다. 강랑康㝗은 또한 속자俗字로 강랑康寶으로도 쓴다. 『시경·소아』에 "저 빈 술잔에 술을 따라"라는 구절이 있는데, 정현의 『모시전』에서 말하기를, "강康은 텅 비다(허虛)의 뜻"이라고 하였다. 『이아·석고』에 "강漮은 텅 비다(허虛)의 뜻"이라고 했는데, 곽박의 「주」에 말하기를, "『방언』에 강漮은 텅 비다(공空)를 말한다"고 하였다. 『경전석문』에 말하기를 "『방언』에서는 강康이라고 썼다"고 하였다. 「소」에서는 『방언』의 "강랑漮㝗은 텅 빈 모습"이라는 말을 인용하였다. 사마상여의 「장둔부」에 "구불구불하고 가지런하지 않은 속이 빈 나무"라는 구절이 있는데, 이선의 「주」에서 말하기를 "『방언』에서 강康은 텅 비다(허虛)의 뜻이라고 하였는데, 강康과 강槺은 같다"고 했다. 이곳에서 인용한 문장에서는 '공空'을 '허虛'라고 고쳤는데, 아마도 잘못된 기억에 의한 것이었으리라 생각된다.

209 『經典釋文(爾雅音義·釋詁)』: "漮, 字又作歑同. 苦郎反. 『說文』云: 水之空也. 『方言』作康, 亦空也. 郭云: 本或作荒. 荒亦丘墟之空無."

210 『文選·賦辛·長門賦』: "施瑰木之欂櫨兮, 委參差以槺梁."

역해

① 康[강] : 텅 비다. 집이 텅 빈 것. 곽박 「주」에 康은 또 歑라고도 쓰며, 康㝩은 빈 모양이라고 했다.
② 空[공] : 비다. 空은 康의 풀이어휘.

방언 63

湛①, 安② 也.【湛然, 安貌】

담湛은 편안하다(안安)의 뜻이다.【담연湛然이란 편안한 모습이다】

방언소증

案『廣雅』: "湛, 安也.[211]" 義本此. 曹憲『音釋』: "湛, 文減反."

『광아』에 "담湛이란 편안하다(안安)의 뜻"이라고 하였는데, 그 의미는 여기에 근거한다. 조헌의 『광아음석』에 "담湛은 음이 문감반文減反"이라고 하였다.

211 『廣雅·釋詁』: "虞·宴·鎮·撫·慰·怗·懕·㥷·宓·毒·嘆·湛·抑·倓·便·䉌·眯·佅·幹·焉·媞·尼·靖·㾪·隱·集·息, 安也."

역해

① 湛[담] : 편안한 모양.
② 安[안] : 편안하다. 安은 湛의 풀이더휘.

방언 64

嘕①【音儇】, 樂②也.【嘕嘕, 歡貌】

건嘕【음은 건儇이다】은 즐기다(낙樂)의 뜻이다.【건건嘕嘕은 기뻐하는 모습이다】

방언소증

案『廣雅』: "嘕, 樂也.[212]" 義本此. 『廣韻』引『方言』曰 : "嘕嘕, 歡貌.[213]" 卽此注文, 蓋脫一'注'字.

『광아』에 "건嘕은 즐기다(낙樂)의 뜻"이라고 하였는데, 그 의미는 여기에 근거한다. 『광운』에서는 『방언』의 "건건嘕嘕이란 즐거워하는 모습"이라는 말을 인용하였는데, 바로 이 조항의 주해에 해당하는 문장이다. 아마도 '주(注)' 한 글자를 빠뜨렸을 것이다.

---

212 『廣雅·釋詁』: "嘕·養·娛·悰·歡·酣·比, 樂也."
213 『廣韻』 下平聲 : "嘕, 『方言』曰 : 嘕嘕, 歡皃."

역해

① 嗟[건] : 즐기다. 곽박 「주」에 발음은 僁이라고 했는데, 이에 근거한 상고음은 [*khjian]이다.
② 樂[락] : 즐기다. 樂은 嗟의 풀이어휘.

방언 65

俒①【音婉】, 歡② 也.【歡樂也】

원俒【음은 완婉이다】은 기뻐하다(환歡)의 뜻이다.【즐겁다는 뜻이다】

방언소증

案陸機「於承明作與士龍詩」: "婉孌居人思, 紆鬱遊子情."[214] 李善「注」云 : "『方言』曰, 俒, 歡也." '俒'與'婉'同, 古字通. 『說文』曰 : "孌, 慕也.[215]"

육기의 「어승명작여사룡시」에 "집안 가족을 그리는 마음이 뒤엉켜 있고, 외지로 떠난 관리들의 그리움이 답답하게"라는 구절이 있는데, 이선의 「주」에 말하기를 "『방언』에 원俒은 기뻐하다(낙歡)의 뜻"이라고 하였다. '원俒'과 '완婉'은 같으며, 옛 글자는 서로 통했다. 『설문해자』에

214 『文選・詩丙・於承明作與士龍詩』: "婉孌居人思, 紆鬱遊子情. 明發遺安寐, 寤言涕交纓."
215 『說文解字』 女部 : "孌, 慕也. 從女䜌聲."

"연戀은 그리워하다(모慕)의 뜻"이라고 하였다.

역해

① 侒[원] : 기뻐하다. 곽박 「주」에 발음은 婉이라고 했는데, 이에 근거한 상고음은 [*?juanx]이다.
② 歡[환] : 기뻐하다. 歡은 侒의 풀이어휘.

방언 66

衎①【音看】, 定②也.【衎然, 安定貌也】

간衎【음은 간看이다】은 안정되다(정定)의 뜻이다.【간연衎然이란 안정된 모습이다】

방언소증

案『廣雅』作'刊, 定也.[216]' 與郭本異, 義亦可通.

『광아』에 '간刊은 안정되다(정定)의 뜻이다'라는 구절이 있는데, 곽박의 판본과는 다르나, 뜻은 역시 통할 수 있다.

216 『廣雅・釋詁』: "交・贅・凝・戾・撰・質・撫・嘆・保・隱・據・刊, 定也."

역해

① 衎[간] : 안정되다. 곽박 「주」에 발음은 看이라고 했는데, 이에 근거한 상고음은 [*khanh]이다.
② 定[정] : 안정되다. 定은 衎의 풀이어휘.

방언 67

膞①【魚自反】, 腷② 也.【謂息[217]肉也】

비膞【음은 어자반魚自反이다】는 굳은살(식腷)이라는 뜻이다.【굳은살을 말한다】

방언소증

案『玉篇』[218] · 『廣韻』[219]於'息'字並云 : "腷肉."

『옥편』과 『광운』에서는 '식息'이라는 글자에 대해 모두 "굳은살"이라고 해석하였다.

217 『四部叢刊』本에는 '腷'으로 되어 있으나, 戴震은 '息'으로 고쳤다.
218 『玉篇』 肉部 : "腷, 相力切. 腷肉."
219 『廣韻』 入聲 : "腷, 腷肉."

역해

① 膞[비] : 굳은살. 곽박 「주」에 발음은 魚自反이라고 했는데, 이에 근거한 상고음은 [*ŋjidh]이다.
② 腺[식] : 굳은살. 瘜과 같다. 腺은 膞의 풀이어휘.

방언 68

讟①, 痛②也.【謗誣怨痛也. 亦音讀】

독讟은 괴롭히다, 아프다(통痛)의 뜻이다.【무고하게 비방하고 괴롭힌다는 뜻이다. 또 독讀이라고도 읽는다】

방언소증

案『漢書・五行志』: "作事不時, 怨讟動於民."[220] 顔師古「注」云 : "讟, 痛怨之言也." 『廣雅』: "讟, 痛也.[221]" 義本此. 『說文』云 : "讟, 痛怨也.[222]" 郭璞於前'讟, 謗也. 音沓.' 故此云, '亦音讀.'

『한서・오행지』에 "백성을 부리는 데 때를 어겨 원망의 소리가"라는 구절이 있는데, 안사고의 「주」에서 말하기를 "독讟은 원망의 말"이

220 『漢書・五行志』: "作事不時, 怨讟動於民, 則有非言之物而言."
221 『廣雅・釋詁』: "憯・恫・怮・怛・哀・愓・痨・荼・毒・憯・蛆・慄・瘌・蓋・疼・䀠・悲・愍・殷・惄・瘦・讟・桐, 痛也."
222 『說文解字』 誩部 : "讟, 痛怨也. 從誩賣聲. 『春秋傳』曰 : 民無怨讟."

라고 하였다. 『광아』에 "독譹은 괴롭히다(통痛)의 뜻"이라고 하였는데, 그 의미는 여기에 근거한다. 『설문해자』에 말하기를, "독譹은 매우 원망하다(통원痛怨)의 뜻"이라고 하였다. 곽박은 앞에서 '독譹은 비방하다(謗)의 뜻이다. 음은 답沓이다'[223]라고 하였다. 그러므로 여기에서 '또 독讀이라고도 읽는다'라고 한 것이다.

역해

① 譹[독] : 괴롭히다. 아프다. 비방하다. 원망. 곽박 「주」에 발음은 讀이라고 했는데, 이에 근거한 상고음은 [*duk]이다.
② 痛[통] : 아프다. 痛은 譹의 풀이어휘.

방언 69

鼻①, 始②也. 嘼之初生謂之鼻, 人之初生謂之首③. 梁益之間謂鼻爲初④, 或謂之祖⑤. 祖, 居⑥也.【鼻, 祖皆始之別名也. 轉復訓以爲居, 所謂代語者也】

비鼻는 처음(시始)의 뜻이다. 가축이 처음 생겨나는 것은 코(비鼻)며, 사람이 처음 생겨나는 것은 머리(수首)다. 양梁 익益에 걸친 지역에서는 비鼻를 초初라고 하거나, 혹은 조祖라고 한다. 조祖는 살다(거居)의 뜻이다.【비鼻와 조祖는 모두 시始의 다른 명칭이며, 또 다른 의미로 살다(거居)라고 풀이하였으니, 이는 소위 대어代語(방언어휘)라는 것이다】

---

223 같은 제13권의 9번 조항에 대한 郭璞의 주해에 이와 같은 말이 있다.

방언소증

案『廣雅』: "鼻, 始也.[224]" 義本此. 『漢書 · 食貨志』: "舜命后稷, 以黎民祖饑."[225] 孟康「注」云: "祖, 始也.' 「揚雄傳」: '或鼻祖於汾隅."[226] 「注」引劉德云: "鼻, 始也."

『광아』에 "비鼻는 처음(시始)의 뜻"이라는 구절이 있는데, 그 의미는 여기에 근거한다. 『한서 · 식화지』에 '순舜 임금이 후직后稷에게 명하여 많은 백성들이 처음으로 기근이 들어 굶주렸을 때"라는 구절이 있는데, 맹강의 「주」에 말하기를 "조祖는 처음(시始)의 뜻"이라고 하였다. 『한서 · 양웅전』에 "혹 그 시조가 분으汾隅에서 시작되었다"라는 구절이 있는데, 「주」에서 유덕이 말한 "비鼻는 처음, 시작(시始)의 뜻"이라는 말을 인용하였다.

역해

① 鼻[비] : 처음. 시작. 코.
② 始[시] : 처음. 始는 鼻의 풀이어휘.
③ 首[수] : 머리.
④ 初[초] : 처음. 梁益之間에서는 鼻를 初라고 함.
⑤ 祖[조] : 처음. 梁益之間에서는 鼻를 또 祖라고 함.
⑥ 居[거] : 처음. 居는 祖의 풀이어휘.

---

224 『廣雅 · 釋詁』: "古 · 昔 · 先 · 創 · 方 · 作 · 造 · 朔 · 萌 · 芽 · 本 · 根 · 蘖 · 鼃 · 萐 · 昌 · 孟 · 鼻 · 業, 始也."
225 『漢書 · 食貨志』: "舜命后稷, 以黎民祖饑."
226 『漢書 · 揚雄傳』: "有周氏之嬋嫣兮, 或鼻祖於汾隅."

방언 70

充[227]①, 養②也.

충充은 기르다(양養)의 뜻이다.

방언소증

案'充'各本訛作'兖', 今訂正. 『廣雅』: "充, 養也.[228]" 義本此.

'충充'을 각 판본에서는 '연兖'이라고 잘못 썼는데, 지금 바르게 고친다. 『광아』에 "충充은 기르다(양養)의 뜻"이라고 하였으니, 그 의미는 여기에 근거한다.

역해

① 充[충]: 기르다.
② 養[양]: 기르다. 養은 充의 풀이어휘.

방언 71

翳①, 掩②也.【謂掩覆也】

---

227 『四部叢刊』本에는 '兖'으로 되어 있으나, 戴震은 '充'으로 고쳤다.
228 『廣雅・釋詁』: "高・亯・庠・將・牧・穀・頤・陶・畜・旅・充, 養也."

예翳는 가리다(엄掩)의 뜻이다.【뒤덮어 가리다(掩覆)를 말한다】

방언소증

案陸機「文賦」: "理翳翳而愈伏."[229] 李善「注」引『方言』: "翳, 奄也." '奄'當作'掩'. 曹植「七啓」: "揜狡兎."[230] 「注」引『方言』: "掩, 覆也." 此語『方言』所無, 似卽此「注」文脫'注'字耳. '揜''掩'同.

육기의 「문부」에 "의리는 희미하여 명백하지 않은데다가 더욱이 은밀하게 감춰져"라는 구절이 있는데, 이선의 「주」에서 『방언』을 인용하여 "예翳는 가리다(엄奄)의 뜻"이라고 하였다. '엄奄'은 마땅히 '엄掩'이라고 써야 한다. 조식의 「칠계」에 "교활한 토끼를 습격하여"라는 구절이 나오는데, 「주」에서 『방언』을 인용하여 "엄掩은 덮다(복覆)의 뜻"이라고 하였다. 이 말은 『방언』에는 없는 것으로서, 아마도 바로 이 조항에 대한 곽박의 주해인데, '주(注)'라는 글자가 빠진 것 같다. '엄揜'과 '엄掩'은 같다.

역해

① 翳[예] : 가리다.
② 掩[엄] : 가리다. 掩은 翳의 풀이어휘.

229 『文選・賦壬・文賦』: "理翳翳而愈伏, 思乙乙其若抽."
230 『文選・七上・七啓』: "曳文狐, 揜狡兎. 捎鸕鷀, 拂振鷺."

방언 72

臺①, 支②也.

대臺는 지탱하다(지支)의 뜻이다.

방언소증

案『廣雅』: "臺, 支也.[231]" 義本此.

『광아』에 "대臺는 지탱하다(지支)의 뜻"이라고 했는데, 그 의미는 여기에 근거한다.

역해

① 臺[대] : 지탱하다.
② 支[지] : 지탱하다. 支는 臺의 풀이어휘.

방언 73

純①, 文②也.

순純은 무늬(문文)의 뜻이다.

231 『廣雅・釋言』: "泄, 漏也. 固, 陋也. 臺, 支也."

방언소증

案揚雄「羽獵賦」: "光純天地."[232] 李善「注」引『方言』: "純, 文也." 『廣雅』: "純, 文也.[233]" 義本此.

양웅의 「우렵부」에 "빛은 천지에 구늬를 놓고"라는 구절이 있는데, 이선의 「주」에서 『방언』을 인용하여 "순純은 무늬(문文)의 뜻"이라고 하였다. 『광아』에 "순純은 무늬(문文)의 뜻"이라고 하였는데, 그 의미는 여기에 근거한 것이다.

역해

① 純[순] : 무늬.
② 文[문] : 무늬. 文은 純의 풀이어휘.

방언 74

祐①, 亂②也.【亂宜訓治】

우祐[234]는 다스리다[235](란亂)의 뜻이다.【란亂은 마땅히 치治라고 풀이해야 한다】

---

232 『文選・賦丁・羽獵賦』: "皇車幽輵, 光純天地, 望舒彌轡, 翼乎徐至於上蘭."
233 『廣雅・釋詁』: "粲・彰・彪・辬・璘・虨・彬・彧・玈・純, 文也."
234 華學誠은 郭璞의 「注」에 의한다면 "祐, 亂也"는 "祐, 治也"와 같이 풀이해야 하며, 『說文解字』 示部에 "祐, 助也"라는 구절이 있는데, 朱駿聲의 『說文通訓定聲』에 "叚借爲治, 實爲理, 爲釐"라고 하였다고 지적하였다. 朱駿聲은 이 두 가지에 대해서 모두 『方言』의 이 조항을 증거로 제시했다고 한다.

방언소증

案此義別無可考.

이 뜻에 대해서는 달리 고증할 방법이 없다.

역해

① 祐[우] : 복.
② 亂[란] : 어지럽다. 亂은 祐의 풀이어휘.

방언 75

恌①【音遙】, 理②也.【謂情理也】

조恌[236]【음은 요遙다】는 다스리다(리理)의 뜻이다.【정리情理를 말한다】

방언소증

案正文與注皆別無可考.

---

235 郭璞의 「注」에 따르면 이때의 亂은 마땅히 治라고 풀이해야 한다고 하였다. 따라서 이와 같이 번역하였다.

236 丁惟汾의 『方言音釋』에 "恌와 調는 雙聲音轉이며, 恌理는 곧 調理다"라고 하였다.

본문(正文)과 주해에 대하여 모두 달리 고증할 방법이 없다.

역해

① 恌[조] : 다스리다. 곽박 「주」에 발음은 遙라고 했는데, 이에 근거한 상고음은 [*grjagw]이다.
② 理[리] : 다스리다. 理는 恌의 풀이어휘.

방언 76

蘊①, 晠②也.【蘊藹茂貌】

온蘊은 성하다(성晠)의 뜻이다.【열매가 많이 열려 무성한 모습이다】

방언소증

案『廣雅』: "薀, 盛也.[237]" 義本此. '蘊''薀', '晠''盛', 古通用.

『광아』에 "온薀은 성하다(성盛)의 뜻"이라고 하였는데, 그 의미는 여기에 근거한다. '온蘊'과 '온薀', '성晠'과 '성盛'은 옛날에는 서로 통용되었다.

---

237 『廣雅・釋詁』: "䐝・臏・僇・泡・僾・膴・韡・薀・茂・昆・渾・昌・阜・溢・腯・肥・奝・浡, 盛也."

역해

① 蘊[온] : 성하다.

② 㖃[성] : 성하다. 㖃은 蘊의 풀이어휘.

방언 77

搪①【音堂】, 張② 也.【謂彀[238]張也】

당搪【음은 당堂이다】은 펴다, 펼치다(장張)의 뜻이다.【당겨서 넓히는 것을 말한다】

방언소증

案『荀子・正論篇』: "故魯人以榶."[239] 楊倞「注」引『方言』: "榶, 張也. 謂彀張也." 『荀子』正文'榶'木旁注引此文, 亦作木旁. 據『方言』應以手旁爲正. 楊倞誤引也.

『순자・정론편』에 "그래서 노나라 사람들은 널리 사용했다"라는 구절이 있는데, 양경의 「주」에서 『방언』을 인용하여 "당榶은 펴다, 펼치다(장張)의 뜻이다. 당겨서 넓히는 것을 말한다"고 하였다. 『순자』의 원문은 목木 변의 당榶으로 되어 있는데, 양경의 「주」에서 이 조항의

238 『四部叢刊』本에는 '穀'으로 되어 있으나, 戴震은 '彀'으로 고쳤다.

239 『荀子・正論篇』: "故魯人以榶, 衛人用柯, 齊人用一革, 土地刑制不同者, 械用備飾不可不異也."

문장을 인용하였고, 역시 목木 변의 당榶이라고 썼다. 『방언』에 의하면 마땅히 수扌 변인 당搪으로 해야 올바른 것인데, 양경이 잘못 인용한 것이다.

역해

① 搪[당] : 뻗다. 펼치다. 곽박 「주」에 발음은 堂이라고 했는데, 이에 근거한 상고음은 [*daŋ]이다.
② 張[장] : 펼치다. 張은 搪의 풀이어휘.

방언 78

惲①【嘔憤反】, 謀②也.【謂[240]議也】

운惲【음은 구분반嘔憤反이다】은 꾀하다, 논의하다(모謀)의 뜻이다.【논의하는 것을 말한다】

방언소증

案『廣雅』: "惲, 謀也.[241]" 義本此.

---

240 謂라는 글자에 대해서 周祖謨의 『方言校箋』에서는 "慧琳의 『一切經音義』 제80권에서 인용하면서 謀라고 썼다"고 하였다.

241 『廣雅·釋詁』: "惟·圖·誧·議·慮·惲·計·聽·娕, 謀也."

『광아』에 "운惲은 꾀하다(모謀)의 뜻"이라는 구절이 있는데, 그 의미는 여기에 근거한다.

역해

① 惲[운]: 꾀하다. 계획하다. 곽박 「주」에 발음은 嘔憤反이라고 했는데, 이에 근거한 상고음은 [*ʔjənx]이다.
② 謀[모]: 꾀하다. 논의하다. 謀는 惲의 풀이어휘.

방언 79

陶①, 養②也.

도陶는 기르다(양養)의 뜻이다.

방언소증

案"陶, 養也", 已見前卷一內.

"도陶는 기르다(양養)의 뜻이다"라는 구절은 이미 앞의 제1권[242]에 보인다.

---

242 『方言』 제1권의 5번째 항목에 나온다.

역해

① 陶[도] : 도야하다. 화육하다.

② 養[양] : 기르다. 養은 陶의 풀이어휘

방언 80

襟[243]①, 格[244]②也.【今之竹木格是也. 音禁惡】

금襟은 격자(격格)라는 뜻이다.【오늘날(곽박 당시) 대나무로 만든 격자가 바로 이것이다. 음은 금악禁惡이다】

방언소증

案'襟'各本訛作'㩒', '格'訛作'挌', 曹毅之本不誤. 『廣韻』: "襟, 格也.[245]" 本此.

'금襟'을 여러 판본에서는 '금㩒'이라고 잘못 썼으며, '격格'을 '격挌'이라고 잘못 썼는데, 조의지의 판본은 틀리지 않았다. 『광운』에 "금襟은 격格"이라는 구절이 있는데, 여기에 근거한다.

---

243 『四部叢刊』本에는 '㩒'으로 되어 있으나, 戴震은 '襟'으로 고쳤다.
244 『四部叢刊』本에는 '挌'으로 되어 있으나, 戴震은 '格'으로 고쳤다.
245 『廣韻』 去聲 : "襟, 格也."

역해

① 襟[금] : 울짱, 사립짝. 곽박 「주」에 발음은 禁惡의 禁이라고 했는데, 이에 근거한 상고음은 [*kjiəm]이다.
② 格[격] : 격자. 格은 襟의 풀이어휘.

방언 81

䶒[①] · 曉[②], 明[③]也.

비䶒[246] · 효曉는 밝다(명明)의 뜻이다.

방언소증

案『廣雅』: "䶒 · 曉, 明也.[247]" 義本此.

『광아』에 "비䶒 · 효曉는 밝다(명明)의 뜻"이라고 했는데, 그 의미는 여기에 근거한다.

---

246 華學誠은 疕는 䶒의 예서체로서 같은 글자라고 하였으며, 䶒가 明으로 풀이되는 것에 대해서는 문헌상 자세히 알 수가 없다고 하였다.

247 『廣雅 · 釋詁』: "昍 · 曙 · 昕 · 昞 · 較 · 發 · 卓 · 離 · 旲 · 晫 · 炤 · 燿 · 囧 · 烜 · 晝 · 光 · 顯 · 耿 · 晀 · 僤 · 皎 · 彰 · 䶒 · 曉 · 睪 · 怏 · 視 · 晣 · 昱 · 曠 · 昭 · 晤 · 旳 · 旭 · 徵 · 煒 · 闓 · 陽 · 杲 · 炷 · 堂 · 彰 · 著, 明也."

역해

① 朏[비] : 밝다.

② 曉[효] : 밝다.

③ 明[명] : 밝다. 明은 朏, 曉의 풀이어휘.

방언 82

扱①, 擭② 也.【扱猶汲[248]也】

급扱은 잡다(획擭)의 뜻이다.【급扱은 급汲과 같다】

방언소증

案『說文』: "扱, 收也.[249]" 「注」內'汲'各本訛作'級', 今訂正. 『廣雅』: "扱·擸·收·入·汲·捊, 取也.[250]" 『廣韻』: "扱, 取也. 獲也. 引也.[251]", "擭, 手取也.[252]", "汲, 引也.[253]" '獲'卽'擭'之訛.

『설문해자』에 "급扱은 거두어들이는 것"이라고 하였다. 곽박의

248 『四部叢刊』本에는 '級'으로 되어 있으나, 戴震은 '汲'으로 고쳤다.

249 『說文解字』 手部 : "扱, 收也. 從手及聲."

250 『廣雅·釋詁』 : "龕·岑·資·欿·采·掇·搴·摭·芼·集·摡·捉·掜·摘·擸·素·撈·撟·穌·賴·摣·摜·撩·挨·担·收·斂·捕·擸·投·有·撤·挻·摻·銛·抍·攜·掩·羸·略·剝·剿·捋·捊, 取也."

251 『廣韻』 入聲 : "扱, 取也. 獲也. 擧也. 引也. 『說文』 : 收也."

252 『廣韻』 入聲 : "擭, 手取也. 一曰布擭也."

253 『廣韻』 入聲 : "汲, 汲引也. 又縣名, 在衛州. 又姓. 漢有中尉汲黯河東人."

「주」에 있는 '급汲'을 각 판본에서는 '급級'이라고 잘못 썼는데, 지금 바르게 고친다. 『광아』에 "급扱·람擥·수收·입入·급汲·부抙는 취하다(取)의 뜻"이라고 했다. 『광운』에 "급扱은 취하다(취取)의 뜻이고, 얻다(획獲)의 뜻이며, 끌어당기다(인引)의 뜻이다"라고 하였으며, "획攫은 손으로 취하는 것이다", 또 "급汲은 끌어들이는 것이다"라고 하였다. '획獲'은 바로 '획攫'을 잘못 쓴 것이다.

역해

① 扱[급] : 취하다. 잡다. 끌어들이다. 곽박 「주」에 扱은 汲과 같다고 했다.
② 攫[획] : 잡다. 취하다. 攫은 扱의 풀이어휘.

방언 83

扶①, 護②也.【扶挾將護.[254]】

부扶는 보호하다(호護)의 뜻이다.【옆에서 끼고 보호한다는 뜻이다】

방언소증

案『廣雅』: "護, 助也.[255]", "將, 扶也."[256] "挾, 輔也."[257] 其義交互相通.

---

254 『原本玉篇殘卷』에 '護'라는 글자 아래 郭璞의 「注」를 인용하면서 "挾將護之也"라고 하였다.

255 『廣雅·釋詁』: "儋·由·胥·佐·佑·虞·護·勸·救·吹·扇·埤·役·

『광아』에 "호護는 돕다(조助)의 뜻이다", "장將은 돕다, 붙들다(부扶)의 뜻이다", "협挾은 도움, 보좌(보輔)의 뜻이다"라고 하였는데, 그 의미는 서로 교차하여 통용된다.

역해

① 扶[부] : 보호하다.
② 護[호] : 돕다. 보호하다. 護는 扶의 풀이어휘.

방언 84

淬①, 寒②也.【淬猶淨也. 作憒反】

쉬(췌)淬는 차다, 한랭하다(한寒)의 뜻이다.【쉬(췌)淬는 맑다, 깨끗하다(정淨)와 같다. 음은 작궤반作憒反이다】

방언소증

案『玉篇』『廣韻』並云 : "淬, 寒也.[258]" 義本此. 『廣雅』作 : "淬, 寒也."[259] 曹憲『音釋』: "淬, 七碎反."

賻, 助也."

256 『廣雅・釋言』: "尯, 劵也. 將, 扶也. 抚, 擬也."

257 『廣雅・釋詁』: "頀戶, 挾, 護也."

258 『玉篇』水部 : "淬, 七內切. 深也. 染也. 寒也."

259 『廣雅・釋詁』: "滄・瀙・冷・洞・淸・巠・涷・淬, 寒乜."

『옥편』과 『광운』에서 모두 말하기를, "쉬(췌)淬는 차다, 한랭하다(한寒)의 뜻"이라고 하였는데, 그 의미는 여기에 근거한다. 『광아』에서는 "쉬淬는 차다, 한랭하다(한寒)의 뜻"이라고 하였으며, 조헌의 『광아음석』에서 "쉬(췌)淬는 음이 칠쇄반七碎反"이라고 하였다.

역해

① 淬[쉬(췌)] : 차다. 한랭하다. 곽박 「주」에 발음은 作憒反이라고 했는데, 이에 근거한 상고음은 [*tshədh]다.
② 寒[한] : 차다. 한랭하다. 寒은 淬의 풀이어휘.

방언 85

湙[260]①, 淨② 也.【皆冷貌也. 初兩, 禁[261]耕二反】

상湙은 맑다(정淨)의 뜻이다.(모두 차가운 모습이다. 음은 초량반初兩反, 초경반楚耕反이다)

역해

① 湙[상] : 싸늘한 모양. 곽박 「주」에 湙의 발음은 初兩反이라고 했는데,

260 『四部叢刊』本에는 '湙'으로 되어 있으나, 戴震은 '湙'으로 고쳤다.
261 『四部叢刊』本과 『方言疏證』본에 모두 '禁'이라고 되어 있으나, 劉台拱과 吳承仕는 이것이 '楚'의 오류라고 했다. 역자는 '楚'로 번역하였다.

이에 근거한 상고음은 [*srjaŋx]이다.

② 淨[정] : 차다. 맑다. 淨은 淶의 풀이어휘. 곽박 「주」에 淨의 발음은 楚耕反이라고 했는데, 이에 근거한 상고음은 [*tshriŋ]이다.

방언 86

漉①, 極②也.【滲漉, 極盡也】

녹漉은 다하다(극極)의 뜻이다.【삼록滲漉은 다해 없어지다(극진極盡)의 뜻이다】

방언소증

案「月令」: "仲春之月, 毋漉陂池."[262] 『釋文』云 : "漉, 竭也.[263]" 『史記 · 司馬相如列傳』: "滋液滲漉."[264] 『說文』云 : "滲, 下漉也.[265]" 『廣雅』: "漉, 滲也.[266]"

『예기 · 월령』에 "중춘의 달에는 연못을 마르게 하지 말아야 하고"라는 구절이 있는데, 『경전석문』에서 말하기를, "녹漉은 마르다(갈竭)의 뜻"이라고 하였다. 『사기 · 사마상여열전』에 "스며드는 액체를 아래로 흘려보내(滋液滲漉)"라는 구절이 있는데, 『설문해자』에서 "삼滲은 물이 아래로 흘러나오다(하록下漉)의 뜻"이라고 하였고, 『광아』에서는

262 『禮記 · 月令』: "仲春之月 …… 毋漉陂池, 毋焚山林."
263 『經典釋文(爾雅音義 · 釋詁)』: "漉, 音鹿."
264 『史記 · 司馬相如列傳』: "滋液滲漉, 何生不育. 嘉穀六穗, 我穡曷蓄."
265 『說文解字』 水部 : "滲, 下漉也. 從水參聲."
266 『廣雅 · 釋言』: "漉, 滲也."

"녹漉은 흘러나오다(삼滲)의 뜻"이라고 하였다.

역해

① 漉[록]: 물이 마르다.
② 極[극]: 다하다. 極은 漉의 풀이어휘.

방언 87

枚①, 凡②也.

매枚는 모두, 합계(범凡)의 뜻이다.

방언소증

案'枚'各本訛作'牧', 前卷十二'箇, 枚也.' 『廣雅』: "枚·箇, 凡也.[267]" 今據以訂正.

'매枚'를 각 판본에서는 '목牧'이라고 잘못 썼다. 앞의 제12권에 "개箇는 매枚를 뜻한다(箇, 枚也)"라는 조항이 있으며, 『광아』에 "매枚·개箇는 모두, 합계(범凡)의 뜻"이라고 했는데, 지금 이에 근거하여 바르게 고친다.

---

267 『廣雅·釋言』: "枚·箇, 凡也."

역해

① 枚[매] : 모두. 합계.
② 凡[범] : 모두. 합계. 凡은 枚의 풀이어휘.

방언 88

易①, 始②也.【易代更始也】

역易은 시작(시始)의 뜻이다.【조대를 바꾸어 새로 시작하는 것이다】

방언소증

案『易』, 取更新義. 『書・堯典』: "平在朔易."[268] 王肅引『詩』: "曰爲改歲"[269], 解之是也. 不必如注所說.

『주역』의 역易은 바로 새롭게 하다(更新)의 의미를 취한 것이다. 『서경・요전』에 "저녁에 정성껏 제사를 드리는데, 평균적으로 순서는 북방에"라는 구절이 있는데, 왕숙은 『시경』을 인용하여 "한해가 바뀌게 된 것을 말한다"라고 이것을 풀이하였지만, 반드시 곽박의 주해에서 말한 것과 같은 의미는 아니다.

---

268 『書經・堯典』: "申命和叔, 宅朔方, 曰幽都. 平在朔易."
269 『詩經・豳風・七月』: "曰爲改歲, 入此室處."

역해

① 易[역] : 시작. 새롭게 하다.
② 始[시] : 시작. 처음. 始는 易의 풀이어휘.

방언 89

逭①, 周②也.【謂周轉也】

환逭은 둘레, 주위(주周)의 뜻이다.【주위를 한 바퀴 도는 것을 말한다】

방언소증

案前卷十二內'逭, 轉也.' 故又爲周.

앞의 제12권에 '환逭은 전轉이다'[270]라는 조항이 있는데, 여기에서는 또 주周라고 하였다.

역해

① 逭[환] : 둘레, 주위.
② 周[주] : 주위. 周는 逭의 풀이어휘.

---

270 『方言』 제12권의 13번째 항목에 나온다.

방언 90

黷①, 色②也.【黷然, 赤黑[271]貌也. 音奭】

혁黷은 색色이다.【혁연黷然이란 붉고 검은 모습이다. 음은 석奭이다】

방언소증

案『廣雅』: "黷, 色也.[272]" 本此. 「注」內'黑'字諸刻作'毛'. 『永樂大典』本及曹毅之本作'色', 皆訛舛. 『玉篇』云: "黷, 赤黑色也.[273]" 『廣韻』於'黷'字云: "赤黑貌.[274]" 今據以訂正.

『광아』에 "혁黷은 색色"이라는 구절이 있는데, 여기에 근거한 것이다. 곽박의 「주」에 있는 '흑黑'이라는 글자를 여러 판각본에서는 '색色'이라고 잘못 썼다. 『영락대전』본과 조의지의 판본에서는 '색色'이라고 했는데 모두 잘못된 것이다. 『옥편』에서는 "혁黷은 적흑색赤黑色"이라고 하였고, 『광운』에서는 '혁黷'이라는 글자에 대하여 말하기를, "붉고 검은 모양"이라고 하였는데, 지금 이들에 근거하여 바르게 고친다.

---

271 『四部叢刊』本에는 '色'으로 되어 있으나, 戴震은 '黑'으로 고쳤다.
272 『廣雅·釋詁』: "黷·赩·艴·艳·嘔喚·䋤, 色也."
273 『玉篇』 黑部: "黷, 許極切. 赤黑色也."
274 『廣韻』 入聲: "黷, 赤黑皃."

역해

① 黷[혁] : 색. 붉고 검은 모양. 곽박 「주」에 발음은 奭이라고 했는데, 이에 근거한 상고음은 [*hjiak]이다.
② 色[색] : 색. 色은 黷의 풀이어휘.

방언 91

恬①, 靜②也.【恬淡,[275] 安靜】

염恬은 고요하다(정靜)의 뜻이다.【편안하고 담박하며 안정된 상태를 말한다】

방언소증

案張華「答何劭詩」: "恬曠苦不足, 煩促每有餘."[276] 李善「注」引『廣雅』: "恬, 靜也.[277]" 此在前矣.

장화의 「답하소시」에 "담담하고 조용하면 부족하게 되고, 답답하여 촉박하게 서두르면 매사 여유가 있다"는 구절이 있는데, 이선의 「주」에서 『광아』를 인용하여 "염恬은 고요하다(정靜)의 뜻"이라고 했다. 이것은 앞에도 나온다.[278]

---

275 『四部叢刊』本에는 '惔'으로 되어 있으나, 戴震은 '淡'으로 고쳤다.
276 『文選 · 詩丙 · 答何劭』: "恬曠苦不足, 煩促每有餘. 良朋貽新詩, 示我以遊娛."
277 『廣雅 · 釋詁』: "恬 · 倓 · 憺 · 怕 · 怗 · 嫫 · 宋 · 妠 · 安 · 情, 靜也."
278 짐작컨대, 앞에서 나온다는 것은 『方言』 제10권의 13번째 조항을 가리키는 것으로 보인다.

역해

① 恬[념] : 고요하다.
② 靜[정] : 고요하다. 靜은 恬의 풀이어휘.

방언 92

禔①【音祇】, 福②也.【謂福祚也】 禔, 喜③也.【有福卽喜】

지禔【음은 지祇다】는 복, 행복(복福)의 뜻이다.【하늘이 내린 복(복조福祚)을 말한다】 지禔는 기쁘다(희喜)의 뜻이다.【복이 있으니 기쁘다는 뜻이 된다】

방언소증

案『說文』云 : "禔, 安福也.[279]" 『廣雅』 : "禔, 福也.[280]" 『廣韻』 : "禔, 喜也.[281]" 皆本此.

『설문해자』에서 말하기를 "지禔는 편안하고 행복하다(안복安福)의 뜻"이라고 하였으며, 『광아』에서는 "지禔는 복(복福)"이라고 하였다. 『광운』에서는 "지禔는 기쁘다(희喜)의 뜻"이라고 하였는데, 모두 여기에 근거한다.

---

279 『說文解字』 示部 : "禔, 安福也. 從示是聲."
280 『廣雅·釋言』 : "靈·禔, 福也."
281 『廣韻』 上平聲 : "禔, 福也. 亦安也. 喜也. 又音支."

역해

① 禔[지] : 복. 기쁘다. 곽박「주」에 발음은 祇라고 했는데, 이에 근거한 상고음은 [*dig, tjig, djig]다.
② 福[복] : 복. 福은 禔의 풀이어휘.
③ 喜[희] : 기쁘다. 喜는 禔의 풀이어휘.

방언 93

攋①【洛旱反】· 隓②【許規[282]反】, 壞③也.

랄攋【음은 락한반洛旱反이다】· 휴隓【음은 허규반許規反이다】는 부서지다, 무너지다(괴壞)의 뜻이다.

방언소증

案潘岳「西征賦」: "豈斯宇之獨隳."[283] 李善「注」引『方言』: "隳, 壞也." 隳卽隓. 『廣雅』: "攋, 墮也.[284]", "隓, 壞也."[285] 曹憲『音釋』: "攋, 音賴." 『玉篇』[286], 『廣韻』[287]並作'禲'從示, 云 : "墮, 壞也."

---

282 『四部叢刊』本에는 '掜'으로 되어 있으나, 戴震은 '規'로 고쳤다.
283 『文選 · 賦戊 · 西征賦』: "宗祧汙而爲沼, 豈斯宇之獨隳."
284 『廣雅 · 釋言』: "輸 · 攋, 墮也."
285 『廣雅 · 釋詁』: "隓 · 敗 · 圮 · 徹 · 破 · 碎 · 隤 · 阤 · 阤 · 陊 · 殆 · 虁 · 櫢, 壞也."
286 『玉篇』 示部 : "禲, 力帶反. 墮壞也."
287 『廣韻』 去聲 : "禲, 墮壞."

반악의 「서정부」에 "설마 이 집이 구너져 내리기까지야"라는 구절이 있는데, 이선의 「주」에서 『방언』을 인용하여 "휴隳는 무너지다(괴壞)의 뜻"이라고 하였다. 휴隳는 바로 휴陮다. 『광아』에 "랄攋은 부서지다(㩳)의 뜻"이라고 했으며, "휴陮는 무너지다(괴壞)의 뜻"이라고 했다. 조헌의 『광아음석』에 "랄攋은 음이 뢰頛다"라고 하였다. 『옥편』과 『광운』에서는 모두 보일 시示 변의 '뢰襰'자로 썼으며, "부서지고 무너지다(㩳壞)의 뜻"이라고 하였다.

역해

① 攋[랄] : 부서지다. 곽박 「주」에 발음은 洛旱反이라고 했는데, 이에 근거한 상고음은 [*lanx]이지만, 攋의 상고음은 [*lat]이다.
② 陮[휴] : 무너지다. 곽박 「주」에 발음은 許規反이라고 했는데, 이에 근거한 상고음은 [*hwjar]이다.
③ 壞[괴] : 무너지다. 壞는 攋, 陮의 풀이어휘.

방언 94

息①, 歸②也.

식息은 돌아가다(귀歸)의 뜻이다.[288]

288 華學誠은 息이 歸返이라고 풀이되는 것에 대해서는 문헌상의 용례를 알 수가 없다고 하였다.

방언소증

案息者, 作勞而休止, 故有退歸之義. 『廣雅』: "息, 歸也.[289]" 義本此.

식息이란 열심히 일을 하다가 일을 그치고 쉬는 것이다. 그러므로 물러나 돌아간다는 뜻이 있다. 『광아』에 "식息은 돌아가다(귀歸)의 뜻"이라고 하였는데, 그 의미는 여기에 근거한다.

역해

① 息[식] : 쉬다.
② 歸[귀] : 돌아가다. 歸는 息의 풀이어휘.

방언 95

抑①, 安②也.

억抑은 편안하다(안安)의 뜻이다.

방언소증

案『廣雅』: "抑, 安也.[290]" 義本此.

---

289 『廣雅·釋詁』: "懷·就·息·隋·罷·還·返·退·免·迋, 歸也."
290 『廣雅·釋詁』: "虞·宴·鎮·撫·慰·慸·懕·寋·宓·毒·嘆·湛·抑·

『광아』에 "억抑은 편안하다(안安)의 듯"이라고 했는데, 그 의미는 여기에 근거한다.

역해

① 抑[억] : 편안하다.
② 安[안] : 편안하다. 安은 抑의 풀이어휘.

방언 96

潛①, 亡②也.

잠潛은 달아나다(망亡)의 뜻이다.

방언소증

案潛, 匿隱遁, 故爲逃亡之義.

'잠潛'이란 숨고 피한다는 것이다. 그러므로 도망逃亡이라는 뜻이 된다.

俠・便・寢・眯・佅・幹・焉・媞・尼・靖・瘡・隱・集・息, 安也."

역해

① 潛[잠] : 잠기다.
② 亡[망] : 달아나다. 도망하다. 亡은 潛의 풀이어휘.

방언 97

曉①, 過②也.[291] 曉, 嬴③也.

효曉는 지나치다(과過)의 뜻이다.[292] 효曉는 넘쳐나다(영嬴)의 뜻이다.[293]

방언소증

案『廣雅』: "曉, 過也.[294]" 義本此.

『광아』에 "효曉는 지나치다(과過)의 뜻"이라고 했는데, 그 의미는 여기에 근거한다.

---

291 『四部叢刊』本에는 뒷부분이 별도의 다른 조항으로 분리되어 있다.

292 華學誠은 曉가 過로 풀이되는 것에 대해서는 문헌상으로는 상세히 알 수 없다고 하였다.

293 바로 다음의 주해에서 확인할 수 있듯이 『廣雅 · 釋詁』에 曉와 嬴이 같은 조항에서 過라고 풀이되고 있다.

294 『廣雅 · 釋詁』: "爽 · 曉 · 夳 · 騰 · 軼 · 渡 · 嬴 · 邐 · 佺 · 歷 · 更, 過也."

역해

① 曉[효] : 지나치다. 넘쳐나다.
② 過[과] : 지나치다. 過는 曉의 풀이어휘.
③ 嬴[영] : 넘쳐나다. 嬴은 曉의 풀이어휘.

방언 98

䟗①, 短②也.【蹶䟗, 短小貌, 音疣贅[295].】

철䟗은 짧다(단短)의 뜻이다.【궐철蹶䟗은 짧고 작은 모습이다. 음은 우췌疣贅다】

방언소증

案『廣雅』: "䟗, 短也.[296]" 義本此. 『廣韻』於'䟗'字云 : "吳人呼短.[297]"

『광아』에 "철䟗은 짧다(단短)의 뜻"이라고 하였는데, 그 의미는 여기에 근거한다. 『광운』에 '철䟗'이라는 글자에 대하여 말하기를 "오吳 지역 사람들은 단短이라고 한다"고 하였다.

---

295 『四部叢刊』本에는 '音剟, 音肬贅'로 되어 있으나, 戴震은 '音疣贅'로 고쳤다.
296 『廣雅·釋詁』: "侏儒·矬𤸇·𥠆𪘆·矬·𤺌·𪏐·闟·痔·府·旋·䍜·䟗·䂏·孑·孓·升, 短也."
297 『廣韻』 入聲 : "䟗, 吳人呼短."

역해

① 䠗[철] : 짧다. 곽박 「주」에 발음은 疣贅의 贅라고 했는데, 이에 근거한 상고음은 [*tjuadh]다.
② 短[단] : 짧다. 短은 䠗의 풀이어휘.

방언 99

隑[298]①, 陭② 也.【江南人呼梯爲隑, 所以隑物而登者也.[299] 音剴切也】

기隑는 사다리(의陭)의 뜻이다.【강남江南 지역의 사람들은 사다리(제梯)를 기隑(사닥다리)라고 한다. 그러므로 (기隑란) 거기에 기대어 오르는 것이다. 음은 개절剴切이다】

방언소증

案『廣雅』: "隑, 陭也.[300]" 本此. 『玉篇』云 : "隑, 梯也.[301]" 『漢書・賈鄒枚路傳・贊』: "賈山自下劘上."[302] 「注」孟康曰 : "劘謂剴切之也." 師古曰 : "剴, 音工來反."

---

298 『四部叢刊』本에는 '剴切'이 있으나, 戴震은 이를 삭제하였다.
299 周祖謨의 『方言校箋』에 "이 구절을 『原本玉篇』에서 인용하면서 '所以倚物而攻者'라고 썼다"고 하였다.
300 『廣雅・釋言』: "隑, 陭也."
301 『玉篇』 阜部 : "隑, 巨慨切. 又五哀切. 梯也. 企立也. 不能行也."
302 『漢書・賈鄒枚路傳・贊』: "賈山自下劘上, 鄒陽枚乘游於危國, 然卒免刑戮者, 以其言正也."

『광아』에 "기隑는 사다리(의踦)다"라고 하였는데, 이는 여기에 근거한다. 『옥편』에 말하기를, "기隑는 사다리(제梯)다"라고 하였다. 『한서・가추매로전・찬』에 "가산이 스스로를 낮추니"라는 구절이 있는데, 그 주해에서 맹강은 "마劘란 알맞게 베고 자르다"라고 하였다. 안사고는 "개剴는 그 음이 공래반工來反"이라고 하였다.

역해

① 隑[기]: 사다리. 곽박 「주」에 발음은 剴切의 剴라고 했는데, 이에 근거한 상고음은 [*kəd]이다.(참조: 곽박 당시에 江南人들은 사다리를 隑라고 함)

② 踦[의]: 사다리. 踦는 隑의 풀이어휘.

방언 100

迒①【胡郎反】, 長②也.【謂長短也】[303] 迒, 跡③也.【『爾雅』以爲兎跡】

항迒【음은 호랑반胡郎反이다】은 길다(장長)의 뜻이다.【장단長短을 말한다】 항迒은 자취, 흔적(적跡)의 뜻이다.【『이아』에서 토끼 발자국이라고 하였다】

303 『四部叢刊』本에는 뒷부분이 별도의 다른 조항으로 분리되어 있다.

방언소증

案『廣雅』:“迒, 長也.[304]” 義本此. 『說文』云:“迒, 獸迹也.[305]”

『광아』에 “항迒은 길다(장長)의 뜻”이라고 하였는데, 그 의미는 여기에 근거한다. 『설문해자』에 말하기를, “항迒은 짐승의 발자취다”라고 하였다.

역해

① 迒[항]: 길다. 곽박 「주」에 발음은 胡郞反이라고 했는데, 이에 근거한 상고음은 [*gaŋ]이다.
② 長[장]: 길다. 長은 迒의 풀이어휘.
③ 跡[적]: 자취, 흔적. 跡은 迒의 풀이어휘.

방언 101

賦①, 臧②也.

부賦는 거두다(장臧[306])의 뜻이다.

---

304 『廣雅·釋詁』:“鬱·熈·倿·儠·檄·篃·櫥·矧·呂·僙·迒·暘·從·挻·鍣·抒·隑·脩·敻·繹·覃·尋·將·枚·袤, 長也.”
305 『說文解字』辵部:“迒, 獸迹也. 從辵亢聲. 踁, 迒或從足從更.”
306 錢繹의『方言箋疏』에서 臧은 옛날의 藏이라는 글자라고 하였다.

방언소증

案此義別無可考.

이 뜻은 달리 고증할 방법이 없다

역해

① 賦[부] : 취하다. 수렴하다.
② 臧[장] : 거두다. 臧은 賦의 풀이어휘.

방언 102

蘊①【音溫】, 饒②也.

온蘊【음은 온溫이다】은 많다, 넉넉하게 하다(요饒)의 뜻이다.

방언소증

案'蘊'亦作'縕'. 『廣雅』: "饒也.[307]" 義本此.

온蘊은 또 온縕으로도 쓴다. 『광아』에 "많다, 넉넉하게 하다(요饒)의 뜻"이라고 하였는데, 그 의미는 여기에 근거한다.

307 『廣雅·釋詁』: "雜·縕·濅, 饒也."

역해

① 蘊[온] : 쌓다. 저축하다. 곽박 「주」에 발음은 溫이라고 했는데, 이에 근거한 상고음은 [*ʔwən]이다.
② 饒[요] : 많다. 넉넉하게 하다. 饒는 蘊의 풀이어휘.

방언 103

芬①, 和②也.【芬香和調】

분芬은 조화롭다(화和)의 뜻이다.【향기가 조화롭다】

방언소증

案『廣雅』: "芬, 和也.[308]" 義本此.

『광아』에 "분芬은 조화롭다(화和)의 뜻"이라고 하였는데, 그 의미는 여기에 근거한다.

역해

① 芬[분] : 향기롭다. 부드럽다.
② 和[화] : 조화롭다. 和는 芬의 풀이어휘.

308 『廣雅・釋詁』: "龍・利・芬・尼・調・庸, 和也."

방언 104

擣①, 依②也【謂可依倚之也】.[309] 依, 祿③也.【祿位可依憑也】

도擣는 의지하다(의依)의 뜻이다.【그것에 기대어 의지할 수 있다는 것을 말한다】 의依는 녹봉, 녹을 주다(록祿)의 뜻이다.【녹위祿位는 의지하여 기댈 수 있는 것이다】

방언소증

案『廣雅』: "擣, 依也.[310]" 『廣韻』: "依, 祿也.[311]" 皆本此. '擣'即'擣'.

『광아』에 "도擣는 의지하다(의依)의 뜻"이라고 하였으며, 『광운』에 "의依는 녹봉(록祿)의 뜻"이라고 하였는데, 모두 여기에 근거한다. '도擣'는 곧 '도擣'다.

역해

① 擣[도] : 의지하다. 찧다.
② 依[의] : 의지하다. 依는 擣의 풀이어휘.
③ 祿[록] : 녹봉. 녹을 주다. 祿은 依의 풀이어휘.

309 『四部叢刊』本에는 뒷부분이 별도의 다른 조항으로 분리되어 있다.
310 『廣雅·釋詁』: "擣·溘·倚·放·寄·任·附, 依也."
311 『廣韻』 上平聲 : "依, 倚也. 祿也."

방언 105

喊[312]①, 腯②也.【腯腯, 肥充也. 音腞[313], 亦突】

성喊은 살찌다, 성하다(돌腯)의 뜻이다.【돌돌腯腯은 살쪄 있다는 뜻이다. 또 腞이라고도 쓰며, 음은 돌突이다[314]】

방언소증

案『廣雅』: "腯, 盛也.[315]" '喊''盛'通. 「曲禮」: "豚曰腯肥."[316] 鄭「注」云: "腯亦肥. 『春秋傳』作腯. 腯, 充貌也." 『釋文』云: "腯, 徒忽反." 本或作'豚'. 據『左傳』: "奉牲以告曰, 博碩肥腯."[317]「曲禮・注」當云『春秋傳』作'肥腯', 於正文'腯肥'爲異, 故引之下當云"腯腯, 充貌也." 上句脫'肥'字, 下句脫一'腯'字. '腯肥'不得作'豚肥'. 蓋不知注有脫, 誤從而妄改耳.

『광아』에 "돌腯은 성하다(성盛)의 뜻"이라고 하였는데, '성喊'과 '성盛'은 서로 통한다. 『예기』에 "작은 돼지는 돌비라고 하며"라는 구절이 있는데, 정현의 「주」에서 말하기를, "돌腯은 또한 살찌다(비肥)의 뜻이며, 『춘추전』에서는 '돌腯'이라는 글자를 썼는데, 돌腯이란 살이 쪄서

312 『四部叢刊』本에는 '喊'으로 되어 있으나, 戴震은 '喊'으로 고쳤다.

313 『四部叢刊』本에는 '腂'로 되어 있으나, 戴震은 '腞'로 고쳤다.

314 원문의 "音腞, 亦突"은 王引之 『經義述聞』 제14권의 설에 따라 "亦作腞, 音突"로 수정하여 번역하였다.

315 『廣雅・釋詁』: "腬・膿・僇・泡・褢・膞・韓・薀・茂・昆・渾・昌・阜・溢・腯・肥・奋・浡, 盛也."

316 『禮記・曲禮』: "凡祭宗廟之禮, 豚曰腯肥."

317 『春秋左傳』 桓公 6年: "故奉牲以告曰: '博碩肥腯', 謂民力之普存也."

충만한 모습"이라고 했다. 『경전석문』에서 말하기를, "돌腯은 음이 도홀반徒忽反"이라고 하였다. 본래 또 '돈豚'이라고도 쓴다. 『좌전』에 "그러므로 희생을 바치면서 고하기를 '크고 살쪘도다'라고 했습니다"라는 구절이 있다. 『예기・곡례・주』에서 "『춘추전』에서 '비돌肥腯'이라고 하였는데, 『춘추』의 경문에서 '돌비腯肥'라고 한 것과는 다르다. 그러므로 그것을 인용하고 난 다음에 마땅히 "돌돌腯腯은 살이 찐 모습"이라고 말해야 한다. 앞의 구절에서는 '비肥'자가 빠졌고, 뒤의 구절에서는 '돌腯'자가 한 자 빠졌다. '돌비腯肥'는 '돈비豚肥'라고 써서는 안 된다. 아마도 「주」에 탈자가 있다는 것을 알지 못하고, 잘못 따라서 마구 고친 것이라 생각된다.

역해

① 䫆[성] : 성하다. 살찌다.

② 腯[돌] : 살찌다. 성하다. 腯은 䫆의 풀이어휘. 곽박 「주」에 발음은 突이라고 했는데, 이에 근거한 상고음은 [*thət]이다.

방언 106

盬[1]【音古】・雜[2], 猝[3]也.【皆倉卒也】

고盬【음은 고古다】・잡雜은 갑자기(졸猝)의 뜻이다.【모두 갑작스럽다는 뜻이다】

방언소증

案『廣雅』: "鹽・雜, 猝也.[318]" 義本此.

『광아』에 "고鹽・잡雜은 갑자기(졸猝)의 뜻"이라고 하였는데, 그 의미는 여기에 근거한다.

역해

① 鹽[고] : 갑자기. 곽박「주」에 발음은 古라고 했는데, 이에 근거한 상고음은 [*kagx]이다.
② 雜[잡] : 갑자기.
③ 猝[졸] : 갑자기. 猝은 鹽, 雜의 풀이어휘.

방언 107

蹻①, 行②也.【音跳[319]蹻也.[320] 音藥】

약蹻은 다니다(행行)의 뜻이다.【도약跳蹻한다는 것을 말한다. 음은 약藥이다】

318 『廣雅・釋詁』: "慫・朴・鹽・雜・趆・屌・造・棐・突・暴・暫, 猝也."
319 『四部叢刊』本에는 '言咷'로 되어 있으나, 戴震은 '音跳'로 고쳤다.
320 바로 뒤에 음을 '藥'이라고 설명하고 있으므로 '音跳蹻也'의 音은 言의 오류인 것으로 보인다. 따라서 言으로 바꾸어 번역하였다. 王念孫의 手校明本에는 謂라고 되어 있다.

방언소증

案『廣韻』有'蹫'字與'躍'同音, 云: "出走也.[321]" 於行之義近. 『廣雅』: "踚, 行也.[322]" 曹憲『音釋』云: "倫, 音『方言』爲藥." '藥'當作'蹫'. 此『注』旣云'音跳蹫', 又云'音藥', 蓋後人所加.

『광운』에 '약蹫'이라는 글자가 있는데 '약躍'과 같은 음이며, "나가다니다(出走)의 뜻"이라고 하였으니, 행行(다니다)의 뜻에 가깝다. 『광아』에 "륜踚은 다니다(행行)의 뜻"이라고 했는데, 조헌의 『광아음석』에 "륜倫의 음은 『방언』에서 약藥이라고 하였다"고 했다. '약藥'은 마땅히 '약蹫'이라고 써야 한다. 이곳의 곽박 「주」에서도 말하기를, "음은 도약跳蹫"이라고 하였는데, 또 "음은 약藥"이라고 하였으니, 이는 아마도 후대 사람이 첨가한 것이리라 생각된다.

역해

① 蹫[약]: 다니다. 곽박 「주」에 跳蹫의 蹫은 발음이 藥이라고 했는데, 이에 근거한 상고음은 [*grjakw]이다.

② 行[행]: 다니다. 行은 蹫의 풀이어휘.

321 『廣韻』 入聲: "蹫, 出走也."

322 『廣雅·釋詁』: "趨·徥·流·步·遵·逌·蹠·遂·般·從·邌·轉·隨·巡·充·略·將·進·由·駕·帶·貫·跌·逭·道·踚·遡·古, 行也."

방언 108

䀇①, 且②也.【䀇猶𧆛[323]也】

고䀇는 잠깐, 장차(차且)의 뜻이다.【고䀇는 𧆛와 같다】

방언소증

案'䀇'讀爲姑息之姑. 『廣雅』: "嫴, 且也.[324]" 皆古字假借通用. 『禮記・內則篇』: "姑與之, 而姑使之."[325] 鄭「注」云: "姑猶且也." 「注」內'𧆛'字各本多訛作'𧆘', 曹毅之本不誤. 『玉篇』[326]『廣韻』有'𧆛'字並云: "𧆛, 息也.[327]"

'고䀇'는 고식姑息의 고姑로 읽는다. 『광아』에 "고嫴는 잠깐(차且)의 뜻"이라고 하였는데, 모두 옛 글자의 가차假借로서 서로 통용된다. 『예기・내칙편』에 "잠시 그것을 주고 잠시 그것을 사용하여"라는 구절이 있는데, 정현의 「주」에 말하기를, "고姑는 차且(잠시)와 같다"고 하였다. 곽박의 「주」에 있는 '고𧆛'라는 글자를 각 판본에서는 '𧆘'라고 쓴 경우가 많은데, 조의지의 판본은 틀리지 않았다. 『옥편』과 『광운』에는 '고𧆛'라는 글자가 있는데, 두 책에서 모두 말하기를 "고𧆛는 식息(숨 한 번 쉬는 동안)"이라고 하였다.

---

323 『四部叢刊』本에는 '𧆘'로 되어 있으나, 戴震은 '𧆛'로 고쳤다.
324 『廣雅・釋詁』: "嫴・婾・聊・苟, 且也."
325 『禮記・內則』: "加之事, 人待之, 己雖弗欲, 姑與之, 而姑使之, 而後複之."
326 『玉篇』 虍部: "𧆛, 古胡切. 𧆛息也."
327 『廣韻』 上平聲: "𧆛, 𧆛息. 『史記』作姑."

역해

① 盬[고] : 잠깐. 잠시.
② 且[차] : 잠깐, 우선, 잠시. 且는 盬의 풀이어휘.

방언 109

抽①, 讀②也.

추抽는 읽다, 뽑다(독讀)의 뜻이다.

방언소증

案『詩・鄘風』: "不可讀也."[328] 『毛傳』: "讀, 抽也." 鄭「箋」云 : "抽猶出也." 『史記・太史公自序』: "紬史記石室金匱之書."[329] 『集解』徐廣曰 : "紬, 音抽." 『索隱』: "如淳云, 抽徹舊書故事而次述之." 小顏云 : "紬謂綴集之也." 『方言』以'讀'訓抽, 兼此二義.

『시경・용풍』에 "뽑아서 그것을 강설講說할 수 없다"라는 구절이 있는데, 『모전』에서 "독讀은 뽑다(추抽)의 뜻"이라고 하였으며, 정현의 『모시전』에서는 "추抽는 출出(나오다)과 같다"고 하였다. 『사기・태사공자서』에 "돌방과 금궤 속에 들어 있던 역사책들을 뽑아 모았다"라는

---

328 『詩經・鄘風・牆有茨』: "牆有茨, 不可束也, 中冓之言, 不可讀也, 所可讀也, 言之辱也."
329 『史記・太史公自序』: "卒三歲而遷爲太史令, 紬史記石室金匱之書."

구절이 있는데, 『사기집해』에서 서광은 "주紬의 음은 추抽다"라고 하였다. 『사기색은』에서는 "여순이 말하기를, 옛 서적과 고사를 수집하고 추려 뽑은 다음에 그것을 기술하였다"고 하였고, 소안小顔(즉 안사고)은 "주紬는 묶어서 모아두는 것을 말한다"고 하였다. 『방언』에서는 '독讀'으로써 추抽를 풀이하였는데, 이 두 가지 의미를 겸한다.

역해

① 抽[추] : 뽑다.
② 讀[독] : 읽다. 讀은 抽의 풀이어휘.

방언 110

艐①, 託②也.

잉艐은 맡기다, 부탁하다(탁託)의 뜻이다.

방언소증

案『爾雅・釋言』: "媵, 送也.[330]" '媵'卽'艐'. 『釋文』引『方言』: "媵, 託也.[331]" 『廣雅』: "艐, 託也.[332]" 義本此.

---

330 『爾雅・釋言』 第二 : "媵・將, 送也."

331 『經典釋文(爾雅音義・釋言)』: "媵, 以證反. 又繩證反. 『方言』云 : 媵寄也. 託也. 送也."

『이아·석언』에 : "잉媵은 보내다(송送)의 뜻"이라고 하였는데, '잉媵'은 바로 '잉賸'이다. 『경전석문』에서는 『방언』을 인용하여 말하기를, "잉媵은 맡기다(탁託)의 뜻"이라고 하였다. 『광아』에 "잉賸은 맡기다(탁託)의 뜻"이라고 하였는데, 그 의미는 여기에 근거한다.

역해

① 賸[잉] : 媵과 같다. 보내다.
② 託[탁] : 맡기다. 託은 賸의 풀이어휘.

방언 111

適①, 牾[333]②也.【相觸迕也】

적適은 만나다, 조우하다(오牾)의 뜻이다.【서로 부딪치거나 만나는 것이다】

방언소증

案『廣雅』: "適, 牾也.[334]" 義本此. 郭璞, 曹憲皆無音以義推之, 當讀爲'適見於天'之'適'. 鄭「注」云 : "適之言責也." 『說文』: "牾, 逆也.[335]"

332 『廣雅·釋言』: "賸, 託也."
333 『四部叢刊』本에는 '牾'로 되어 있으나, 戴震은 '牾'로 고쳤다.
334 『廣雅·釋言』: "適, 悟也."
335 『說文解字』 午部 : "牾, 逆也. 從午吾聲."

『광아』에 "적適은 만나다(오啎)의 뜻"이라고 하였는데, 그 의미는 여기에 근거한다. 곽박과 조헌은 음에 대해서는 말하지 않고 의미로써 추론하였으며, 마땅히 '징조가 마침내 하늘에 나타나다'라고 할 때의 '적適'으로 읽어야 한다고 하였다. 정현의 「주」에서 말하기를 "적適이란 책責을 말한다"고 하였다. 『설문해자』에 "오啎는 역逆(맞이하다)의 뜻"이라고 하였다.

역해

① 適[적] : 만나다.
② 啎[오] : 만나다. 啎는 適의 풀이어휘.

방언 112

埤[336]①【音卑】, 予②也.【予猶與】

비埤【음은 비卑다】는 주다(여予)의 뜻이다.【여予는 주다(여與)와 같다】

방언소증

案'埤'各本訛作'捭', 今訂正. 『廣雅』: "埤, 予也.[337]" 義本此.

---

336 『四部叢刊』本에는 '捭'로 되어 있으나, 戴震은 '埤'로 고쳤다.
337 『廣雅・釋詁』: "歛・饮・匃・貸・誣・譴・授・施・裨・稟・付・載・埤・分・越・以・气・遺・予, 與也."

비埤를 각 판본에서는 패捭라고 잘못 썼는데, 지금 바르게 고친다. 『광아』에 "비埤는 주다(여予)의 뜻"이라고 하였는데, 그 의미는 여기에 근거한다.

역해

① 埤[비] : 더하다. 곽박 「주」에 발음은 卑라고 했는데, 이에 근거한 상고음은 [*pjig]이다.
② 予[여] : 주다. 予는 埤의 풀이어휘.

방언 113

䌘[338]①, 縫②也.

미䌘는 붙이다, 합하다(봉縫)의 뜻이다.

방언소증

案前卷十二內'嗇・䌘, 合也.' '縫'與'合'義相因. 『廣雅』: "繬・彌, 縫也.[339]" '繬''嗇', 古通用. '彌'卽'䌘'.

앞의 제12권에 "색嗇・미䌘는 합하다(합合)의 뜻"이라는 조항이 있

338 『四部叢刊』本에는 '彌'로 되어 있으나, 戴震은 '䌘'로 고쳤다.
339 『廣雅・釋詁』: "紉縲・組・繬・彌・緷, 縫也."

다.[340] '봉縫'과 '합合'은 뜻이 서로 중복된다. 『광아』에 "색繬·미彌는 붙이다(봉縫)의 뜻"이라고 하였다. '색繬'과 '색嗇'은 옛날에는 통용되었다. '미彌'는 바로 '미䌕'다.

역해

① 䌕[미] : 붙이다.

② 縫[봉] : 합하다. 縫은 䌕의 풀이어휘.

방언 114

譯①, 傳②也.[341] 譯, 見③也.【傳宣語, 卽相見[342]】

역譯은 전하다, 말하다(전傳)의 뜻이다. 역譯은 보이다(견見)의 뜻이다.【말을 전하는 것은 곧 서로 만나는 것이다】

방언소증

案『廣雅』: "譯, 傳也.[343]", "譯, 見也.[344]" 皆本此. 『說文』云 : "譯, 傳

340 『方言』 제12권의 81번째 항목에 나온다.

341 『四部叢刊』本에는 뒷부분이 별도의 다른 조항으로 분리되어 있다.

342 吳予天의 『方言注商』에 따르면, 『原本玉篇』에서는 郭璞의 「注」를 인용하면서 '傳宣語卽相見'이라는 구절을 '傳語卽相見也'라고 썼다고 하였다.

343 『廣雅·釋詁』: "諺·譯·膚·禪, 傳也."

344 『廣雅·釋詁』: "㒵·親·㑷·譯·覩·彤·覢·儀·皃, 見也."

譯四夷之言者.[345]"

『광아』에 "역譯은 전하다(전傳)의 뜻"이라고 했으며, 또 "역譯은 보이다(견見)의 뜻"이라고 했는데, 모두 여기에 근거한다. 『설문해자』에 말하기를 "역譯이란 사방 오랑캐들의 말을 옮겨서 전달하는 것을 말한다"고 하였다.

역해

① 譯[역] : 통역하다. 보이다.
② 傳[전] : 전하다. 傳은 譯의 풀이어휘.
③ 見[견] : 보이다. 見은 譯의 풀이어휘.

방언 115

梗①, 略②也.【梗槪, 大略也】

경梗은 대강, 대략(략略)의 뜻이다.【경개梗槪는 대략大略의 뜻이다】

방언소증

案『廣雅』: "梗, 略也.[346]" 義本此.

345 『說文解字』 言部 : "譯, 傳譯四夷之言者. 從言睪聲."
346 『廣雅 · 釋言』 : "梗, 略也."

『광아』에 "경梗은 대략(략略)의 뜻"이라는 구절이 있는데, 그 의미는 여기에 근거한다.

역해

① 梗[경] : 대강. 대개. 대략.
② 略[략] : 대략. 略은 梗의 풀이어휘.

방언 116

臆①, 滿②也.【愊臆, 氣滿之也】

억臆은 가득 차다(만滿)의 뜻이다.【픽억愊臆은 기가 가득하게 차 있는 것이다】

방언소증

案『廣雅』: "臆・溢・豐, 滿也.[347]" 『永樂大典』本'滿'作'懣'. 據『廣雅』證之, 應以作'滿'者爲正.

『광아』에 "억臆・일溢・풍豐은 가득 차다(만滿)의 뜻"이라는 구절이 있다. 『영락대전』본에서는 '만滿'을 '만懣'으로 썼다. 『광아』에 의거하여 증명하면 마땅히 '만滿'이라고 쓰는 것이 옳다.

---

347 『廣雅・釋詁』: "弸・愾・憑・悀・充・牣・匡・愊・窒・塞・盈・屯・飽・饎・篌・臆・溢・稣・豊, 滿也."

역해

① 臆[억] : 마음 . 생각.
② 滿[만] : 가득 차다. 滿은 臆의 풀이어휘.

방언 117

隅①【音罵】, 益② 也.【謂增益也】

마隅는【음은 마罵다】 보태다, 더하다(익益)의 뜻이다.【보태고 더하는 것을 말한다】

방언소증

案『廣雅』[348]『玉篇』[349] 並云 : "隅, 益也." 『廣韻』於'隅'字云 : "增益.[350]" 皆本此.

『광아』와 『옥편』에서 모두 말하기를, "마隅는 더하다(익益)의 뜻"이라고 하였다. 『광운』에서는 '마隅'라는 글자에 대하여 말하기를, "증익增益(보태고 더하다)의 뜻"이라고 하였는데, 모두 여기에 근거한다.

---

348 『廣雅 · 釋詁』 : "賆 · 貤 · 附 · 助 · 坿 · 埤 · 陪 · 䝭 · 賢 · 賭 · 饒 · 贏 · 隅 · 貳 · 斟 · 酌 · 釗 · 潤 · 沾 · 潼, 益也."
349 『玉篇』 阜部 : "隅, 亡化切. 益也."
350 『廣韻』 去聲 : "隅, 增益. 又巧也."

역해

① 隔[마] : 더하다. 곽박 「주」에 발음은 罵라고 했는데, 이에 근거한 상고음은 [*mragx]이다.
② 益[익] : 더하다. 益은 隔의 풀이어휘.

방언 118

空①, 待②也.【來則實也】

공空은 기다리다(대待)의 뜻이다.【오면 빈 것이 채워진다】

방언소증

案『廣雅』: "空, 待也.[351]" 義本此.

『광아』에 "공空은 기다리다(대待)의 뜻"이라고 하였는데, 그 의미는 여기에 근거한다.

역해

① 空[공] : 비다. 없다. 모자라다.
② 待[대] : 기다리다. 待는 空의 풀이어휘.

351 『廣雅・釋詁』: "崒・離・空・稗・臺, 待也."

방언 119

珇①【音祖】, 好②也.[352] 珇, 美③也.【美好等互見義耳】

조珇【음은 조祖다】는 예쁘다, 좋다(호好)의 뜻이다. 조珇는 아름답다(미美)의 뜻이다.【예쁘고 아름다워서 서로 바라본다는 뜻이다】

방언소증

案『廣雅』: "珇, 好也.[353]", "珇, 美也.[354]" 皆本此. 『玉篇』引『方言』曰: "珇, 好也. 美也.[355]"

『광아』에 "조珇는 예쁘다(호好)의 뜻"이라고 하였고, "조珇는 아름답다(미美)의 뜻"이라고 하였는데, 모두 여기에 근거한다. 『옥편』에서는 『방언』을 인용하여 "조珇는 예쁘다(호好)의 뜻이고, 또 아름답다(미美)의 뜻"이라고 하였다.

---

352 『四部叢刊』本에는 뒷부분이 별도의 다른 조항으로 분리되어 있다.

353 『廣雅·釋詁』: "婘·嬴·娃·嫷·孌·[illegible]·姚娧·純·珇·旺·婠·窔·窈窕·姅·忏·妧·媌·媔·嬇·鮮·頠·[illegible]·麗·佳·嫮·釥·嫽·姣·袾·嫶·媉·灦·膴·嬮·姝·媊·妃·嬘·[illegible]·婍·姘·婽·嬥·嫙·娙·蘣·襛·祖·祴·妙·嫖·婚·姟·嬶·嫈·[illegible]·覣·婥約·嫵媚·嬽·姍, 好也."

354 『廣雅·釋詁』: "腆·媾·酟·㛙·膱·[illegible]·膳·膻·醰·皇·翼·滑·黨·賁·膚·熹·琇·甘·珍·旨·甛·蒸·夸·英·暟·娥·媛·豔·珇, 美也."

355 『玉篇』 玉部: "珇, 作土切. 『方言』曰: 珇 好也. 美也. 『說文』云: 琮玉之瑑."

역해

① 珇[조] : 예쁘다. 아름답다. 곽박 「주」에 발음은 祖라고 했는데, 이에 근거한 상고음은 [*tsagx]이다.
② 好[호] : 예쁘다. 好는 珇의 풀이어휘.
③ 美[미] : 아름답다. 美는 珇의 풀이어휘.

방언 120

嫗①, 色②也.【嫗煦, 好色貌】

구嫗는 얼굴빛, 예쁜 용모(색色)라는 뜻이다.【구후嫗煦는 좋은 기색을 말한다】

방언소증

案「樂記」: "煦嫗覆育萬物."[356] 鄭「注」云 : "氣曰煦, 體曰嫗." '嫗'亦作'嘔', '煦'亦作'吺'. 『廣雅』: "嘔吺, 色也.[357]"

『예기 · 악기』에 "만물을 따뜻하게 덮어 기른다"는 구절이 있는데, 정현의 「주」에서 말하기를, "기氣에 대해서는 후煦(따뜻한 기운)라고 하고, 체體에 대해서는 구嫗라고 한다"고 하였다. '구嫗'는 '구嘔'라고도 쓰며, '후煦'는 '후吺'라고도 쓴다. 『광아』에 "구구嘔吺는 색色이다"라고 하였다.

356 『禮記 · 樂記』: "天地欣合, 陰陽相得, 煦嫗覆育萬物, 然後草木茂, 區萌達."
357 『廣雅 · 釋詁』: "䵬 · 艳 · 艴 · 艳 · 嘔吺 · 繻, 色也."

역해

① 嫗[구] : 따뜻하다.
② 色[색] : 얼굴빛, 예쁜 용모. 色은 嫗의 풀이어휘.

방언 121

閻①, 開②也.【謂開[358]門也】

염閻[359]은 열다(개開)의 뜻이다.【문을 여는 것을 말한다】

방언소증

案『廣雅』: "閻, 開也[360]" 義本此. 「注」內'開'各本訛作'關', 今改正.

『광아』에 "염閻은 열다(개開)의 뜻"이라고 하였는데, 그 의미는 여기에 근거한다. 「주」의 '개開'라는 글자를 각 판본에서는 '관關'으로 잘못 썼는데, 지금 바르게 고친다.

---

358 『四部叢刊』本에는 '關'으로 되어 있으나, 戴震은 '開'로 고쳤다.
359 華學誠은 "『方言』 제6권의 49번 항목에 '闓苦, 開也. 東齊開戶謂之閻苦, 楚謂之闓'라는 내용이 있는데, 閻苦는 聯綿詞다. 閻을 開라고 풀이하는 것에 대해서는 문헌상 증거가 없다. 郭璞의 「注」에 '謂開門也'라고 하였는데, 開門이란 아마도 당시의 속어에 있었던 말인 것 같다"고 하였다.
360 『廣雅 · 釋詁』: "捭 · 發 · 張 · 闡 · 祛 · 撦 · 坼 · 启 · 闢 · 闖 · 闓 · 磔 · 閻苦 · 閪, 開也."

역해

① 閻[염] : 문을 열다.(권6-50 참조)
② 開[개] : 열다. 開는 閻의 풀이어휘.

방언 122

摩[361]①, 滅②也.【或作攠[362]滅字. 音糜】

마摩[363]는 없애다, 제거하다(멸滅)의 뜻이다.【혹은 미멸攠滅이라고도 쓴다. 음은 미糜다】

방언소증

案『後漢書 · 文苑列傳』: "東攠烏桓."[364] 「注」云 : "『字書』攠亦摩字也. 音靡. 『方言』云, 摩, 滅也."

『후한서 · 문원열전』에 "동쪽으로 향하여 오환烏桓이라는 북방의 오랑캐를 무찌르고"라는 구절이 있는데, 「주」에서 말하기를 "『자

361 『四部叢刊』本에는 '靡'로 되어 있으나, 戴震은 '摩'로 고쳤다.
362 『四部叢刊』本에는 '摩'로 되어 있으나, 戴震은 '攠'로 고쳤다.
363 盧文弨의 『重校方言』에서는 靡라는 글자를 고치지 않고 말하기를, "靡는 敝(닳아 없어지다)의 뜻이다. 음은 麋다. 그러므로 滅의 뜻이 된다. 磨滅의 음은 마땅히 磨이며, 본래 역시 攠라고도 쓴다"고 하였다. 華學誠 역시 戴震을 따라 摩로 고칠 필요가 없다고 보았다.
364 『後漢書 · 文苑列傳』: "東攠烏桓, 蹂轔濊貊. 南羈鉤町, 水劍强越."

서』에 보이는 '미擵'도 역시 '마摩'라는 글자다. 음은 미靡다. 『방언』에서 마摩는 없애다(멸滅)의 뜻"이라고 하였다.

역해

① 摩[마] : 갈다. 곽박 「주」에 발음은 糜라고 했는데, 이에 근거한 상고음은 [*mjiar]이다.
② 滅[멸] : 없애다. 滅은 摩의 풀이어휘.

방언 123

菲①【音翡】, 薄② 也.【謂微薄也】

비菲【음은 비翡다】는 얇다(박薄)의 뜻이다.【가늘고 얇은 것을 말한다】

방언소증

案諸葛亮「出師表」: "不宜妄自菲薄."[365] 李善「注」云 : "『方言』曰, 菲薄也. 郭璞曰, 微, 薄也." 『廣雅』: "菲, 禣也.[366]" 曹憲『音釋』於'菲'字云 : "世人以此爲芳菲之菲." 失之矣. 於'禣'字云 : "世人作襌禣之禣, 艸下著溥." 亦失之矣.

365 『文選 · 表 · 出師表』: "不宜妄自菲薄, 引喩失義, 以塞忠諫之路也."
366 『廣雅 · 釋詁』: "媮 · 約 · 涼 · 緜 · 險 · 磷　禪 · 禍 · 菲 · 移 · 沾, 禣也."

제갈량의 「출사표」에 "함부로 자신을 스스로 덕이 없다고 경시하면 안 됩니다"라는 구절이 있는데, 이선의 「주」에서 "『방언』에 비菲는 얇다(박薄)의 뜻이라고 하였고, 곽박은 가늘고 얇은 것(미박微薄)이라고 하였다"고 말했다. 『광아』에 "비菲는 박薄"이라고 하였다. 조헌의 『광아음석』에서 '비菲'라는 글자에 대해서 말하기를, "사람들이 이것을 방비芳菲(향기롭다)의 비菲라고 한다"고 했으나, 이것은 잘못 이해한 것이다. 또 '박薄'이라는 글자에 대해서 말하기를, "사람들이 이것을 단박襌薄(홑옷)의 박薄이라고 하고 초艸 아래에 부溥를 쓴 것이다"라고 했는데, 이것 또한 잘못 이해한 것이다.

역해

① 菲[비] : 얇다. 곽박 「주」에 발음은 翡라고 했는데, 이에 근거한 상고음은 [*bjədh]다.
② 薄[박] : 얇다. 薄은 菲의 풀이어휘.

방언 124

腆[①], 厚[②]也.

전腆은 두텁다(후厚)의 뜻이다.

방언소증

案『春秋』昭公二十五年『公羊傳』: "寡人有不腆先君之服."[367] 何休注云: "腆, 厚也."

『춘추』 소공 25년 『공양전』에 "과인에게는 두텁지 않은 선군의 의복이 있는데"라는 구절이 있는데, 하후의 「주」에 말하기를, "전腆은 두텁다(후厚)의 뜻"이라고 하였다.

역해

① 腆[전] : 두텁다.
② 厚[후] : 두껍다. 厚는 腆의 풀이어휘.

방언 125

媟①, 狎② 也.【相親狎也】

설媟[368]은 익숙하다, 가벼이 보다(압狎)의 뜻이다.【서로 친하여 가벼이 보는 것을 말한다】

---

367 『春秋公羊傳』 昭公 二十五年 : "景公曰 : '寡人有不腆先君之服, 未之敢服. 有不腆先君之器, 未之敢用.'"

368 華學誠은 "媟의 본래 의미는 輕侮(업신여기다, 공경하지 않다)의 뜻이다. ……『方言』에서 狎(친압하다)으로 풀이하고, 郭璞의 「注」에서 서로 친압한다고 한 것은 서로 너무 친한 나머지 정중함을 잃는 것으로서, 引伸義다"라고 하였다.

방언소증

案『漢書 · 賈山傳』: "古者大臣不媟."[369] 顏師古「注」云: "媟, 狎也." 『說文』云: "媟, 嬻也.[370]" 亦通用'渫'. 『荀子 · 榮辱篇』: "憍泄者, 人之殃也."[371] 楊倞「注」云: "泄與渫同, 嫚也."

『한서 · 가산전』에 "옛날에 대신들은 장중함을 잃지 않는다"는 구절이 있는데, 안사고의 「주」에서 말하기를, "설媟은 익숙하다. 가벼이 보다(압狎)의 뜻"이라고 하였다. 『설문해자』에 말하기를 "설媟은 더럽히다. 욕보이다(독嬻)의 뜻"이라고 하였으며, 이 글자는 '설渫'과도 통용된다. 『순자 · 영욕편』에 "교만과 오만은 인간의 재앙"이라는 구절이 있는데, 양경의 「주」에 말하기를 "설泄과 설渫은 같으며, 업신여기다(만嫚)의 뜻"이라고 하였다.

역해

① 媟[설] : 깔보다. 익숙하다.
② 狎[압] : 익숙하다. 가벼이 보다. 狎은 媟의 풀이어휘.

방언 126

芋①【香于反】, 大②也.【芋猶訏耳】

---

369 『漢書 · 賈山傳』: "古者大臣不媟, 故君子不常見其齊嚴之色肅敬之容."
370 『說文解字』 女部 : "嬻, 媟嬻也. 從女賣聲."
371 『荀子 · 榮辱篇』: "憍泄者, 人之殃也. 恭儉者, 偋五兵也."

후芋는【음은 향우반香于反이다】 크다(대大)의 뜻이다.【후芋는 우訏(크다)와 같다[372]】

방언소증

案『詩・小雅』: "君子攸芋." 『毛傳』: "芋, 大也."

『시경・소아』에 "군자가 살아가는 높고 큰 집이로다"라는 구절이 있는데, 『모전』에 "후芋는 크다(대大)의 뜻"이라고 하였다.

역해

① 芋[후] : 크다. 풀이 성한 모양. 곽박 「주」에 발음은 香于反이라고 했는데, 이에 근거한 상고음은 [*hwjag]이다.
② 大[대] : 크다. 大는 芋의 풀이어휘.

방언 127

煬①【音恙】・翕②, 炙③也.【今江東呼火熾猛爲煬】[373] 煬・烈④, 暴⑤也.

양煬【음은 양恙이다】・흡翕[374]은 불에 굽다(자, 적炙)의 뜻이다.【오늘날(곽박

372 『方言』 제1권의 21번째 항목에 "碩・沈・巨・濯・訏・敦・夏・于, 大也"라는 내용이 있으며, 郭璞의 「注」에 "訏亦作芋, 音義同耳"라고 하였다.
373 『四部叢刊』本에는 뒷부분이 별도의 다른 조항으로 분리되어 있다.

당시) 강동江東 지역에서는 불길이 맹렬하게 타는 것을 일컬어 양煬이라고 한다】 양煬[375] · 열烈[376]은 햇볕에 쬐다(폭暴)의 뜻이다.

방언소증

案揚雄「甘泉賦」: "南煬丹厓."[377] 李善「注」引『方言』: "煬, 炙也." 張衡「東京賦」: "颺槱燎之炎煬."[378] 薛綜「注」云 : "郭璞『方言 · 注』曰, 火熾猛爲煬." 潘岳「西征賦」: "詩書煬而爲烟."[379] 李善「注」引『方言 · 注』曰 : "今江東呼火熾猛爲煬." '翕'亦作'熻', '㬥'亦作'曝'. 『廣雅』: "煬 · 熻 · 炙, 爇也.[380]", "煬 · 烈, 曝也."[381]

양웅의 「감천부」에 "남방의 무더운 단수丹水의 물가"라는 구절이 있는데, 이선의 「주」에서 『방언』을 인용하여 "양煬은 불에 굽다(자, 적炙)의 뜻"이라고 하였다. 장형의 「동경부」에 "유요槱燎 제사를 받들 때 활활 타오르는 불꽃이 (하늘에 다다라서 천신께 제사를 아뢴다)"라는 구절이 있는데, 설종의 「주」에 말하기를, "곽박의 『방언 · 주』에서 불이 맹렬하게 타오르는 것을 양煬"이라고 하였다. 반악의 「서정부」에 "시경과

---

374 『方言』 제12권의 80번째 항목에 "苦 · 翕, 熾也"라는 내용이 있다. 錢繹의 『方言箋疏』에 "炙와 熾은 의미가 서로 가깝다"라고 하였다.

375 華學誠은 이때의 煬은 曝曬의 뜻으로, 이런 의미는 문헌상의 용례를 상세히 알 수 없다고 하였다.

376 華學誠은 烈을 暴으로 풀이하는 것에 대해서는 문헌상의 용례를 상세히 알 수 없다고 하였다.

377 『文選 · 賦丁 · 甘泉賦』: "樵蒸焜上, 配藜四施. 北爌幽都, 南煬丹厓."

378 『文選 · 賦乙 · 東京賦』: "颺槱燎之炎煬, 致高煙乎太一."

379 『文選 · 賦戊 · 西征賦』: "儒林塡於坑穽, 詩書煬而爲煙."

380 『廣雅 · 釋詁』: "烎 · 灼 · 烔 · 焯 · 煛 · 炘 · 煆 · 焕 · 爆 · 煉 · 燒 · 炳 · 爇 · 炙 · 煬 · 烈 · 熻 · 灸 · 爟, 爇也."

381 『廣雅 · 釋詁』: "㬎 · 膊 · 昲 · 炕 · 煬 · 烈 · 晒 · 瞟 · 曬, 曝也."

서경이 활활 불에 타 연기가 되었다'라는 구절이 있는데, 이선의 「주」에서 『방언·주』를 인용하여 말하기를, "오늘날(곽박 당시) 강동 지역의 사람들은 불이 맹렬하게 타오르는 것을 양煬이라고 한다"고 했다. '흡翕'은 '흡熻'이라고도 쓰며, '폭㬥'은 '폭曝'이라고도 쓴다. 『광아』에 "양煬·흡熻·자(적)炙는 불사르다(설爇)의 뜻"이라고 하였고, 또 "양煬·열烈은 햇볕에 쬐다(曝)의 뜻"이라고 했다.

역해

① 煬[양]: 불을 때다. 말리다. 곽박 「주」에 발음은 恙이라고 했는데, 이에 근거한 상고음은 [*raŋh]이다.
② 翕[흡]: 많은 것이 한꺼번에 일어나다.
③ 炙[자(적)]: 불에 굽다. 炙는 煬, 翕의 풀이어휘.
④ 烈[렬]: 세차다.
⑤ 㬥[폭]: 햇볕에 쬐다. 㬥는 煬, 烈의 풀이어휘.

방언 128

馺①【索荅反】, 馬馳②也.【馺馺, 疾貌也】

삽馺【음은 색답반索荅反이다】은 말이 달리는 것을 뜻한다.【삽삽馺馺은 빠른 모습이다】

방언소증

案揚雄「甘泉賦」: "輕先疾雷而馺遺風."[382] 李善「注」云: "『方言』曰馺, 馳也. 郭璞曰馺, 疾也." 劉向「九歎」: "馺擧兮."[383] 洪興祖『補注』引『方言』: "馺, 馬馳也." 「注」云: "疾貌." 『廣雅』: "馺, 馳也.[384]" 義本此. 『說文』: "馺, 馬行相及也.[385]"

양웅의 「감천부」에 "갑작스런 빠른 번개에 놀라 말이 바람처럼 내달리고"라는 구절이 있는데, 이선의 「주」에서 말하기를, "『방언』에 삽馺은 달리다(치馳)의 뜻이라고 하였고, 곽박은 삽馺은 빠르다(질疾)의 뜻"이라고 하였다. 유향의 「구탄」에 "높이 들어 내달리고"라는 구절이 있는데, 홍흥조의 『초사보주』에서 『방언』을 인용하여 "삽馺은 말이 달리는 것"이라고 하였다. 「주」에서 "빠른 모습"이라고 하였다. 『광아』에 "삽馺은 달리다(치馳)의 뜻"이라고 하였는데, 그 의미는 여기에 근거한다. 『설문해자』에 "삽馺은 말이 빨리 달려서 따라 미치는 것"이라고 했다.

역해

① 馺[삽]: 말이 달리다. 곽박 「주」에 발음은 索答反이라고 했는데, 이에 근거한 상고음은 [*səp]이다.

② 馬馳[마치]: 말이 달리다. 馬馳는 馺의 풀이어휘.

382 『文選・賦丁・甘泉賦』: "聲駍隱以陸離兮, 輕先疾雷而馺遺風."

383 『楚辭・九歎』: "馺高擧兮."(다른 판본에는 "駇高擧兮"라고 되어 있다)

384 『廣雅・釋言』: "淩・馺, 馳也."

385 『說文解字』 馬部: "馺, 馬行相及也. 從馬從及. 讀若『爾雅』: '小山馺, 大山峘.'"

방언 129

選①・延②, 徧[386]③也.

선選[387]・연延[388]은 두루, 널리(편徧)의 뜻이다.

방언소증

'徧'各本訛作'偏'. 『廣雅』: "周・帀・選・延, 徧也.[389]" 今據以訂正.

'편徧'을 여러 판본에서 '편偏'이라고 잘못 썼다. 『광아』에 "주周・잡帀・선選・연延은 두루, 널리(편徧)의 뜻"이라는 구절이 있는데, 지금 이에 의거하여 바르게 고친다.

역해

① 選[선] : 두루. 모두.
② 延[연] : 두루.
③ 徧[편] : 널리. 두루. 徧은 選, 延의 풀이어휘.

---

386 『四部叢刊』本에는 '偏'로 되어 있으나, 戴震은 '徧'으로 고쳤다.

387 王念孫은 "選, 徧也"라는 『廣雅』의 구절에 대해서, 이때의 選은 宣이라고 하면서 『爾雅』에 '宣, 徧也'라는 구절을 들었다.

388 延을 徧으로 풀이하는 것에 대해서 華學誠은 이는 아마도 延의 引伸義가 蔓延이라는 의미가 된 것이고, 만연하면 주변에 널리 퍼진다는 의미가 그 안에 포함되는 것이라고 하였다.

389 『廣雅・釋詁』: "周・帀・辨・接・選・延, 徧也."

방언 130

澌①, 索②也.【盡也】

시澌는 다하다(색索)의 뜻이다.【다하다(진盡)의 뜻이다】

방언소증

案『廣雅』: "索・澌, 盡也.[390]"

『광아』에 "색索・시澌는 다하다(진盡)의 뜻이다"[391]라고 하였다.

역해

① 澌[시] : 다하다. 없어지다.
② 索[색] : 다하다. 索은 澌의 풀이어휘.

방언 131

晞①, 熯②也.

390 『廣雅・釋詁』: "殫・索・既・滲・盪・涸・急・汽・熇・湫・澌・涖・釂・殧・蕲・寫・訾・瘐・鋋・央, 盡也."

391 『方言』 제3권의 50번째 항목의 본문에도 "澌, 盡也"라는 구절이 있다.

희晞는 마르다, 말리다(조燥)의 뜻이다.

방언소증

案『廣雅』: "燥 · 晞, 乾也.[392]"

『광아』에 "조燥 · 희晞는 말리다(건乾)의 뜻"이라고 하였다.

역해

① 晞[희] : 마르다. 말리다.
② 燥[조] : 마르다. 말리다. 燥는 晞의 풀이어휘.

방언 132

梗①, 覺② 也.【謂直也】

경梗은 곧다, 바르다(각覺)의 뜻이다.【곧은 것(직直)을 말한다】

392 『廣雅 · 釋詁』: "羡 · 燥 · 熯 · 熷 · 晞 · 乾 · 熨 · 炕 · 暵 · 㶦 · 㸑 · 鏁 · 燩 · 焇 · 焚 · 殆 · 燔 · 濾 · 烼 · 焢 · 炈, 乾也."

방언소증

案『廣雅』: "梗, 覺也.[393]" 義本此. 『爾雅 · 釋詁』: "梗, 直也.[394]" 『詩 · 大雅』: "有覺德行."[395] 『毛傳』: "覺, 直也."

『광아』에 "경梗은 곧다(각覺)의 뜻"이라고 하였는데, 그 의미는 여기에 근거한다. 『이아 · 석고』에 "경梗은 곧다(직直)의 뜻"이라고 하였다. 『시경 · 대아』에 "덕행이 있고 올곧은 사람"이라는 구절이 있는데, 『모전』에 "각覺은 곧다(직直)의 뜻"이라고 하였다.

역해

① 梗[경] : 굳세다.
② 覺[각] : 곧다. 바르다. 覺은 梗의 풀이어휘.

방언 133

萃①, 集②也.

췌萃는 모이다(집集)의 뜻이다.

---

393 『廣雅 · 釋詁』: "學 · 悫 · 寣 · 害 · 梗, 覺也." 王念孫의 『廣雅疏證』에서 梗과 覺은 一聲之轉이라고 하였다.

394 『爾雅 · 釋詁』: "梏 · 梗 · 較 · 頲 · 庭 · 道, 直也."

395 『詩經 · 大雅 · 抑』: "無競維人, 四方其訓之. 有覺德行, 四國順之."

방언소증

案'萃'訓集, 已見前卷三內.

'췌萃'를 모이다(집集)라고 풀이한 것은 이미 앞의 제3권에 나왔다.[396]

역해

① 萃[췌] : 모이다.(권3-17 참조)
② 集[집] : 모이다. 集은 萃의 풀이어휘.

방언 134

睨①【俾倪】·曎②【音亦】, 明③也.

예睨[397]【흘겨보다(비예俾倪)를 말한다】·스曎은【음은 역亦이다】 밝다(명明)의 뜻이다.

396 『方言』 제3권의 18번째 항목에 "萃·雜 集也. 東齊曰聚"이라는 구절이 있다.
397 華學誠은 睨는 마땅히 晲라고 써야 한다고 하면서 『廣韻』의 薺韻에 "晲, 明也"라고 하였으며, 역시 해가 정오를 지나서 기울어가는 것을 가리킨다고 하였다.

방언소증

案『廣雅』:“睪, 明也.[398]” 曹憲『音釋』:“睪, 音亦.” 蓋‘睪’卽‘睪’之訛. 『說文』:“睪, 從橫目從㚔”, “睪, 又加目”, 『說文』無此字. 以義考之, 當作‘圛’. 「洪範」‘曰驛’, 鄭本作‘圛’, 「疏」云:“鄭以圛爲明, 言色澤光明也.”

『광아』에 “석睪은 밝다(明)의 뜻”이라는 구절이 있는데, 조헌의 『광아음석』에서 “석睪은 음이 역亦”이라고 했다. 무릇 석睪은 석睪의 오류다. 『설문해자』에 “석睪은 가로로 된 목目과 행㚔으로 구성된 글자다”, “석睪은 또 거기다 목目을 더한 글자”라고 했는데, 『설문해자』에는 이 글자(睪)가 없다. 의미로 그것을 따져보면 마땅히 ‘역圛’일 것이다. 『상서·홍범』에 “왈역曰驛”이라는 구절이 있는데, 정현의 판본에는 ‘역圛’이라고 되어 있다. 「소」에서 “정현은 역圛을 밝다(明)의 뜻으로 해석했으며, 색깔이 빛나고 광택이 나는 것”이라고 했다.

역해

① 睨[예]: 엿보다. 곽박 「주」에 발음은 俾倪의 倪라고 했는데, 이에 근거한 상고음은 [*ŋig]이다.
② 睪[역]: 눈이 밝다. 곽박 「주」에 발음은 亦이라고 했는데, 이에 근거한 상고음은 [*rak]이다.
③ 明[명]: 밝다. 明은 睨, 睪의 풀이어휘.

398 『廣雅·釋詁』:“朗·曙·昕·晒·較·發·卓·離·炅·暐·炤·燿·囧·烜·晝·光·顯·耿·晀·僤·皎·彰·朏·曉·睪·快·視·晣·昱·曠·昭·晤·旳·旭·徵·煒·闉·陽·杲·烓·堂·彰·著, 明也.”

방언 135

暟① · 臨②, 照[399]③也.[400] 暟, 美④也.【暟暟, 美德也. 呼凱反】

개暟 · 림臨은 비추다, 비치다(조照)의 뜻이다. 개暟는 아름답다(미美)의 뜻이다.【개개暟暟는 미덕(美德)이다. 음은 호개 반呼凱反이다】

방언소증

案'照'各本訛作'昭', 今訂正. 「晉語」: "臨長晉國者."[401] 韋昭「注」云: "臨, 監也." '監'卽照察之義. 『廣雅』: "暟 · 臨, 照也.[402]", "暟, 美也.[403]" 『玉篇』云: "暟, 美也. 照也.[404]" 皆本此.

'조照'는 여러 판본에서 '소昭'라고 잘못되어 있다. 지금 그것을 바로잡는다. 『국어 · 진어』에 "진나라를 이끄는 지도자를 자세히 살펴보다"라는 구절이 있는데, 위소의 「주」에 "림臨은 살피다. 보다(監)의 뜻"이라고 했다. 람監은 즉 비추어 살피다(照察)의 뜻이다. 『광아』에 "개暟 · 림臨은 비추다(照)의 뜻"이라고 했고, "개暟는 아름답다(美)의 뜻"이라고 했다. 『옥편』에 "개暟는 아름답다(美)의 뜻이고, 또 비추다(照)의 뜻"이라고 했는데, 모두 여기서 근거하였다.

---

399 『四部叢刊』本에는 '昭'로 되어 있으나, 戴震은 '照'로 고쳤다.
400 『四部叢刊』本에는 뒷부분이 별도의 다른 조항으로 분리되어 있다.
401 『國語 · 晉語』: "苟從是行也, 臨長晉國者, 非女其誰."
402 『廣雅 · 釋詁』: "鑑 · 鏡 · 烉 · 景 · 暟 · 臨 · 燿, 照也."
403 『廣雅 · 釋詁』: "腆 · 嬒 · 酏 · 裂 · 臘 · 胋 · 膪 · 膞 · 醋 · 皇 · 翼 · 滑 · 黨 · 賁 · 膚 · 熹 · 琇 · 甘 · 珍 · 旨 · 甛 · 蒸 · 將 · 英 · 暟 · 娥 · 媛 · 豔 · 珇, 美也."
404 『玉篇』 日部: "暟, 口亥切. 美也. 照也."

역해

① 暟[개] : 비추다. 비치다. 곽박 「주」에 발음은 呼凱反이라고 했는데, 이에 근거한 상고음은 [*hədx]다.

② 臨[림] : 임하다. 보다.

③ 照[조] : 비추다. 비치다. 照는 暟, 臨의 풀이어휘.

④ 美[미] : 아름답다. 美는 暟의 풀이어휘.

방언 136

箄①【方氏反】· 簍②【音縷】· 籅③【音餘】· 箬④【弓弢】, 籧⑤也.【古筥字】 江沔之間謂之籅, 趙代之間謂之箬, 淇衛之間謂之牛[405]筐⑥【淇, 水名也】. 籧, 其通語也.[406] 籧小者, 南楚謂之簍, 自關而西秦晉之間謂之箄.【今江南亦名籠爲箄】

비箄【음은 방씨반方氏反이다】· 누簍【음은 루縷다】· 여籅【음은 여餘다】· 도箬【음은 궁도弓弢의 도弢다[407]】는 광주리(거籧)의 뜻이다.【거筥의 옛 글자다】 강면江沔에 걸친 지역에서는 여籅라고 하고, 조趙 대代에 걸친 지역에서는 도箬라고 하며, 기淇 위衛에 걸친 지역에서는 우광牛筐이라고 한다.【기淇는 물 이름이다】 거籧는 이들의 통어通語다. 거籧 가운데 작은 것을 남초南楚에서는 루簍라고 하고, 함곡관으로부터 서쪽의 진秦 진晉에 걸친 지역에서는 비箄라고 한다.【오늘날 강남江南에서 역시 대그릇(농籠)을 비箄라고 부른다】

405 『四部叢刊』本에는 '井'으로 되어 있으나, 戴震은 '牛'로 고쳤다.
406 『四部叢刊』本에는 뒷부분이 별도의 다른 조항으로 분리되어 있다.
407 戴震의 『方言疏證』에 따라 이처럼 번역하였다.

방언소증

案『詩・召南』: "于以盛之, 維筐及筥."[408] 『毛傳』: "方曰筐, 圓曰筥." 「周頌」: "載筐及筥."[409] 鄭「箋」云: "筐筥所以盛黍稷也." 『說文』云: "篆, 飲牛筐也. 方曰筐, 圜曰篆.[410]", "簍, 竹籠也.[411]" '飲'乃'飤'之訛, '圓''圜', 古通用. 『玉篇』云: "篆, 飤牛筐也. 亦作筥.[412]" 江東呼小籠爲箄. 『廣韻』: "篆, 飤牛筐.[413]", "篙, 牛篆.[414]", "簍, 小筐.[415]" 『廣雅』: "簱・篙・箄・簍, 篆也.[416]" 本此. 「注」內'弓弢'當作'音弓弢之弢'.

『시경・소남』에 "어디에 담을까요? 네모진 광주리, 둥근 광주리에"라는 구절이 있는데, 『모전』에서 "네모진 것을 광筐이라 하고, 둥근 것을 여筥라고 한다"고 하였다. 『시경・주송』에 "모난 광주리, 둥근 광주리에"라는 구절이 있는데, 정현의 『모시전』에서 "광筐과 여筥는 오곡을 담는 그릇"이라고 하였다. 『설문해자』에 "거篆는 소에게 먹이를 주는 그릇이다. 네모진 것을 광筐이라 하고, 둥근 것을 거篆라고 한다"고 했으며, 또 "루簍는 대나무 광주리(竹籠)"라고 했다. '음飮'은 '사飤'의 오류다. '원圓'과 '역圜'은 옛날에는 통용되었다. 『옥편』에 "거篆는 소에게 먹이를 주는 그릇이다. 또 여筥라고도 한다"고 하였다. 강동江東 지역에서는 작은 롱籠을 비箄라고 부른다. 『광운』에 "거篆는 소 먹

---

408 『詩經・召南・采蘋』: "于以采蘋, 南澗之濱. 于以采藻, 于彼行潦. 于以盛之, 維筐及筥."

409 『詩經・周頌・良耜』: "或來瞻女, 載筐及莒, 其饟伊黍."

410 『說文解字』 竹部: "篆, 飲牛筐也. 從竹豦聲. 方曰筐, 圜曰篆."

411 『說文解字』 竹部: "簍, 竹籠也. 從竹婁聲."

412 『玉篇』 竹部: "篆, 居渚切. 養蠶器也. 又飤牛筐也. 亦作筥."

413 『廣韻』 上聲: "篆, 飤牛筐."

414 『廣韻』 下平聲: "篙, 牛篆."

415 『廣韻』 上聲: "簍, 小筐."

416 『廣雅・釋器』: "簱・篙・箄・簍, 篆也."

이를 주는 광주리"라고 했으며, "도筲는 소 광주리(구유)"라고 했고, "루簍는 작은 광주리"라고 했다. 『광아』에 "여篽·도筲·비箄·루簍는 광주리(거篆)다"라고 했는데, 여기서 근거하였다. 곽박의 『주』에 나오는 '궁도弓弢'는 마땅히 '음은 궁도弓弢의 도弢다'라고 해야 한다.

역해

① 箄[비] : 작은 대바구니. 함곡관으로부터 서쪽 秦晉之間에서는 箄라고 함. 곽박 「주」에 발음은 方氏反이라고 햇는데, 이에 근거한 상고음은 [*prjig, *prjigx]이다.(참조 : 곽박 당시에 江南에서는 籠을 箄라고 함)

② 簍[루] : 대 채롱. 篆 가운데 작은 것을 南楚에서 簍라 함. 곽박 「주」에 발음은 縷라고 했는데, 이에 근거한 상고음은 [*ljugx]다.

③ 篽[여] : 대상자. 江沔之間에서는 篽라고 함. 곽박 「주」에 발음은 餘라고 했는데, 이에 근거한 상고음은 [*rag]이다.

④ 筲[도] : 마소의 구유. 趙代之間에서는 筲라고 함. 곽박 「주」에 발음은 弓弢의 弢라고 했는데, 이에 근거한 상고음은 [*thagw]이다.

⑤ 篆[거] : 筥의 古字. 籧와 같음. 둥근 대그릇. 篆는 箄, 簍, 篽, 筲의 풀이어휘. 篆는 通語.

⑥ 牛筐[우광] : 소의 먹이광주리. 淇衛之間에서는 牛筐이라고 함.

방언 137

籠①, 南楚江沔之間謂之篣②【今零陵人呼籠爲篣, 音彭】, 或謂之笯③.
【音那墓反[417], 亦呼籃】

대그릇(농籠)을 남초南楚 강면江沔에 걸친 지역에서는 방篣[418]이라고 하거나,【오늘날 영릉零陵 지역의 사람들은 농籠을 방篣이라고 부른다. 음은 팽彭이다】 혹은 노篓라고 한다.【음은 나묘반那墓反이며, 또 람籃이라고도 부른다】

방언소증

案『廣雅』: "篣·篓, 籠也.[419]" 本此. 曹憲『音釋』: "篓, 女加, 奴慕二反." 『楚辭·懷沙篇』: "鳳皇在篓兮."[420] 王逸「注」云, "篓, 籠落也." 洪興祖「補注」引『說文』曰: "籠也. 南楚謂之篓." 今『說文』作'鳥籠也.' 無'南楚謂之篓'句. 「注」內'那墓反'各本'那'訛作'都', 脫'反'字. 今訂正.

『광아』에 "방篣·노篓는 대그릇(籠)의 뜻"이라고 했는데, 여기서 근거하였다. 조헌의 『광아음석』에 노篓의 음은 '여가반女加反'과 '노모반奴慕反'이라고 했다. 『초사·회사편』에 "봉황새가 광주리에 갇히고"라고 했다. 왕일의 「주」에 말하기를, "노篓는 농락籠落"이라고 하였다. 홍흥조의 『초사보주』에서 『설문해자』를 인용하여 말하기를, "농籠이다. 남초南楚에서는 노篓라고 한다"라고 하였다. 지금 『설문해자』에는 "새장(鳥籠)"이라고 되어 있을 뿐 '남초에서는 노篓라고 한다(南楚謂之篓)'는 구절은 없다. 곽박 「주」 안에 있는 '나묘반那墓反'을 각 판본에서는 '나那'를 '도都'로 잘못 썼고 '반反'이라는 글자를 탈락했다. 지금 바르게

---

417 『四部叢刊』本에는 '都墓'로 되어 있으나, 戴震은 '那墓'로 고쳤으며, 周祖謨와 華學誠이 戴震의 견해를 따랐다.

418 華學誠은 篣을 대그릇(籠)의 이름으로 풀이하는 것에 대해서는 문헌상 아무런 증거가 없다고 하며, 아마도 대나무의 이름에 따라 이처럼 말한 것으로 보인다고 하였다.

419 『廣雅·釋器』: "簀·篣·篓·簝·籯·篝·笭, 籠也."

420 『楚辭·懷沙篇』: "鳳皇在篓兮, 雞鶩翔舞. 同糅玉石兮, 一槩而相量."

고친다.

역해

① 籠[롱] : 대그릇.
② 篣[방] : 키. 南楚江沔之間에서는 篣이라고 함. 곽박 「주」에 발음은 彭이라고 했는데, 이에 근거한 상고음은 [*braŋ]이다.(참조 : 곽박 당시에 零陵人들도 籠을 篣이라 함)
③ 篎[뇌] : 새장. 南楚江沔之間에서 또 篎라고 함. 곽박 「주」에 발음은 那墓反이라고 했는데, 이에 근거한 상고음은 [*nagh]이다.

방언 138

㝑【盛餅筥也】, 南楚謂之筲①【今建平人呼筲, 音[421]鞭鞘】, 趙魏之郊謂之筶[422]㝑②.【今通語也】

여㝑는【떡(餅)을 담는 대그릇이다】 남초南楚에서는 소筲라고 하고,【오늘날 건평建平 지역 사람들은 소筲라고 부른다. 발음은 편초鞭鞘다】 조趙 위魏의 근교 지역에서는 거려筶㝑라고 한다.【오늘날의 통어通語다】

421 『四部叢刊』本에는 '爲'로 되어 있으나, 戴震은 '音'으로 고쳤다.
422 『四部叢刊』本에는 '去'로 되어 있으나, 戴震은 '筶'로 고쳤다.

案『廣雅』:“筲, 篆也.[423]” 『論語』:“斗筲之人.”[424] 鄭「注」云:“筲竹器容斗二升.” ‘筲’亦作‘籍’. 『說文』云:‘飯, 筥也. 受五升. 秦謂筥曰籍.[425]” 又於‘籍’字云:“一曰飯器, 容五升.[426]” ‘笶’各本通作‘去’, 曹毅之本作‘笶’. 『說文』云:“凵盧, 飯器. 以柳爲之. 凵, 或從竹厺聲.[427]” 「士昏禮」:“婦執笲棗栗.”[428] 鄭「注」云:“笲竹器而衣者其形蓋如今之筥篆蘆矣.” 『釋文』:“篆, 羌居反”, “蘆, 音盧.” ‘篆蘆’卽‘凵盧’, 又卽‘笶篆’.

『광아』에 “소筲는 대그릇(篆)”이라고 했다. 『논어』에 “한 말 두 되들이의 대그릇 같은 사람, 즉 사람의 식견이나 그릇이 좁은 것을 비유한다”라고 했는데, 정현의 「주」에 “소筲는 죽기로 한 말 두 되들이”라고 했다. 소筲는 또 소籍라고도 쓴다. 『설문해자』에 “반飯은 대광주리(여筥)다. 다섯 되들이다. 진秦에서는 거筥를 소籍라고 한다”고 했다. 또 소籍라는 글자에 대하여 “일설에는 밥그릇이라고 하였으며, 다섯 되들이 용량”이라고 하였다. 거笶는 여러 판본에서 ‘거去’와 통용되었다. 조의지의 판본에서는 ‘거笶’라고 했다. 『설문해자』에 “감로凵盧는 밥그릇이다. 버드나무로 만든다. 감凵은 혹 죽竹과 거성厺聲으로 구성된 글자다”라고 했다. 『의례·사혼례』에 “부인이 조율棗栗을 상자에 넣어 드린다고 하였으며”라는 구절이 있는데, 정현의 「주」에서 “변笲은 죽기로 옷을 입히는 것이며, 그 모양은 뚜껑이 마치 오늘날의 거거로筥

423 『廣雅·釋器』:“嵠·峡·筲, 篆也.”

424 『論語·子路』:“子曰:‘噫! 斗筲之人, 何足算也.’”

425 『說文解字』竹部:“籍, 飯筥也. 受五升. 從竹稍聲. 秦謂筥曰籍.”

426 『說文解字』竹部:“籍, 陳留謂飯帚曰籍. 從竹捎聲. 一曰飯器, 容五升. 一曰宋魏謂箸筩爲籍.”

427 『說文解字』凵部:“凵, 凵盧, 飯器. 以柳爲之. 象形. 凡凵之屬皆從凵. 笶, 凵或從竹去聲.”

428 『儀禮·士昏禮』:“婦執笲棗栗, 自門入, 升自西階, 進拜, 奠於席.”

笶蘆와 같다"고 했다. 『경전석문』에 "거蓎는 음이 강거반羌居反"이라고 했으며, "로蘆는 음이 로盧다"라고 했다. '거로蓎蘆'는 바로 '감로凵盧'이며, 또 즉 '거려笶簇'다.

역해

① 筲[소] : 대그릇. 南楚에서는 筲라고 함. 곽박 당시에 建平人들은 筲라고 함. 곽박 「주」에 발음은 鞭鞘의 鞘라고 했는데, 이에 근거한 상고음은 [*sragw]이다.
② 笶簇[거려] : 떡을 담는 대그릇. 趙魏之郊에서는 笶簇라고 함. 곽박 당시에는 통어.

방언 139

錐①謂之鍣[429]②.【『廣雅』作鉊[430]字.[431]】

송곳(추錐)을 초鍣라고 한다.【『광아』에는 '초鉊'라는 글자로 썼다】

방언소증

案'鍣'各本訛作'鍩', 「注」內'鉊'訛作'銘', 今訂正. 『廣雅』: "鍣, 錐

---

429 『四部叢刊』本에는 '鍩'으로 되어 있으나, 戴震은 '鍣'으로 고쳤다.
430 『四部叢刊』本에는 '銘'으로 되어 있으나, 戴震은 '鉊'로 고쳤다.
431 그러나 郭璞의 「注」와는 달리 『廣雅』에는 오히려 '鍣'로 되어 있다.

也.[432]" 曹憲『音釋』: "鍣, 音昭." 與此『注』云作'鉊'異.

'초鍣'는 여러 판본에서 '명鍣'이라고 잘못되어 있고, 「주」의 '초鉊'은 '명銘'으로 잘못되어 있는데, 지금 그것을 바로잡는다. 『광아』에서 "초鍣는 송곳(추錐)"이라고 했다. 조헌의 『광아음석』에 "초鍣는 음이 소昭"라고 했다. 이는 「주」에서 '초鉊'라고 한 것과 다르다.

역해

① 錐[추] : 송곳.
② 鍣[초] : 송곳. 鉊자. 곽박 「주」에 『廣雅』에는 鉊로 되어 있다고 했다.

방언 140

無升①謂之刁斗.②【謂小鈴也. 音貂. 見『漢書』】

냄비(무승無升[433])를 조두刁斗[434]라고 한다.【작은 방울을 달한다. 음은 초貂다. 『한서』에 보인다】

---

432 『廣雅·釋器』: "鑴·鍣·錂, 錐也."
433 王國維는 「書郭注方言後(三)」에서 '無升謂之刁斗'는 마땅히 '鐎斗謂之刁斗'로 고쳐야 한다고 하였는데, 華學誠은 王國維의 주장에 동의하였다.
434 華學誠은 刁斗란 고대에 行軍할 때 쓰던 도구라고 하였다.

案'無升'二字應有訛舛. '刁'本作'刀'. 『史記·李將軍列傳』: "不擊刁斗以自衛."[435] 『集解』孟康曰: "以銅作鐎器, 受一斗, 晝炊飯食夜擊持行, 名曰刁斗." 『索隱』: "刁, 音貂. 案荀悅云, 刁斗, 小鈴, 如宮中傳夜鈴也. 蘇林曰, 形如鋗, 以銅作之, 無緣, 受一斗, 故云刁斗." '鐎'即'鈴'也. 『埤蒼』云: "鐎, 温器. 有柄斗, 似銚, 無緣." 『說文』: "錢, 銚也.[436]", "銚, 温器也.[437]" 『廣韻』: "鐎, 刁斗也.[438]" 温器三足而有柄. 據此數說, 無升或無緣之訛, 上當有'銚'字.

'무승無升'이라는 두 글자에는 분명히 오류가 있다. '조刁'는 본래 '도刀'라고 되어 있다. 『사기·이장군열전』에 "조두刁斗를 치지 않아 스스로를 방어한다"라는 구절이 있는데, 『사기집해』에서 맹강이 말하기를 "동銅으로 초기鐎器를 만들었는데 용량이 한 말이며, 낮에는 밥을 하고 밤에는 그것을 쳐서 행군을 알리는 데 쓰는 그것을 조두刁斗라고 부른다"고 했다. 『사기색은』에서는 "조刁는 음이 초貂라고 했다. 순열에 따르면 조두刁斗는 작은 방울로 궁중에서 밤에 소리를 내서 알리는 방울이라고 했다. 소림은 모양이 마치 냄비처럼 생겼고 동으로 만들었으며, 가장자리가 없는 한 말들이 용량이기 때문에 조두刁斗라고 하는 것"이라고 했다. '초鐎'는 곧 '방울(령鈴)이다. 『비창』에 "초鐎는 따뜻하게 음식물을 데우는 기구로 손잡이가 있다. 냄비처럼 생겼으며, 가장자리가 없다"고 하였다. 『설문해자』에 "전錢은 냄비(銚)"라고 하였고, "조銚는 음식물을 데우는 기구"라고 하였다. 『광운』에 "초鐎는

435 『史記·李將軍列傳』: "人人自便, 不擊刁斗自衛, 莫府省文書."
436 『說文解字』 金部: "錢, 銚也. 古田器. 從金戔聲. 『詩』曰: '庤乃錢鎛.'"
437 『說文解字』 金部: "銚, 溫器也. 一曰田器. 從金兆聲."
438 『廣韻』 下平聲: "鐎, 刁斗也. 溫器三足而有柄."

조두刁斗"라고 했다. 음식을 데우는 기구로 발이 세 개 있으며, 손잡이가 있다. 이 몇 가지 설에 근거하면 '구승無升'은 아마도 '무연無緣'의 오류일 것이며, 그 앞에 마땅히 '조銚'라는 글자가 있어야 한다.

역해

① 鐎斗[초두]: 냄비. 無升.
② 刁斗[조두]: 냄비. 작은 방울로 궁중에서 밤에 소리를 내서 알리는 방울.(그림자료 13-140 참조) 곽박「주」에 刁의 발음은 貂라고 했는데, 이에 근거한 상고음은 [*tiagw]이다.

방언 141

匕①謂之匙②.【音祇[439]】

숟가락(비匕)을 시匙【음은 기祇다】라고 한다.

방언소증

案『說文』:"匕, 一名柶.[440]", "匙, 匕也.[441]"『廣雅』:"柶, 匙匕也.[442]"

---

439 『四部叢刊』本에는 없으나, 戴震은 '音祇'를 보충했다.
440 『說文解字』匕部:"匕, 相與比敘也. 從反人. 匕, 亦所以用比取飯, 一名柶. 凡匕之屬皆從匕."
441 『說文解字』匕部:"匙, 匕也. 從匕是聲."
442 『廣雅·釋器』:"柶·匙, 匕也."

『詩・小雅』: “有捄棘匕.”[443] 『毛傳』: “匕, 所以載鼎實也.” 「士昏禮」: “匕俎從設.”[444] 鄭「注」云 : “匕, 所以別出牲體也.” 「特牲饋食禮」: “棘心匕, 刻”. 「注」云 : “刻, 若今龍頭.” 「少牢饋食禮」: “雍人摡鼎・匕・俎于雍爨.” 又云 : “廩人摡甑甗匕與敦于廩爨.” 「注」云 : “匕, 所以匕黍稷者也.” 「疏」云 : “上雍人云, 匕者, 所以匕肉. 此廩人所掌米, 故云, 匕黍稷也.” 有司徹 : “覆二疏匕于其上.” 「注」云 : “疏匕, 匕柄有刻識者.” 「士冠禮」: “實勺・觶・角柶.”[445] 「注」云 : “柶狀如匕, 以角爲之者欲滑也.” 「雜記」: “枇以桑, 長三尺, 或曰五尺, 刊其柄與末.”[446] 「注」云 : “枇, 所載牲體者, 此謂喪祭也. 吉祭枇用棘.” 『釋文』: “枇, 音匕.”[447] 本亦作‘朼’, 音同.

『설문해자』에 “비匕는 사柶”라고 했으며, “시匙는 숟가락(비匕)”이라고 했다. 『광아』에 “사柶는 숟가락(匙匕)”이라고 했다. 『시경・소아』에 “(대나무 그릇 속의 수북한 밥과) 길게 굽은 대추나무 숟가락처럼 생긴 고기”라는 구절이 있는데, 『모전』에 “비匕는 솥에 실린 실체”라고 했다. 『의례・사혼례』에 “숟가락으로 세발솥에 들어있는 생체牲體를 꺼내어 조俎 위에 담아 진설해 놓는다”라는 구절이 있는데, 정현의 「주」에서 “비匕는 달리 나온 희생체다”라고 했다. 『의례・특생궤식례』에 “대추나무의 심으로 숟가락을 만드는데, 용머리를 새긴다”라는 구절이 있는데, 「주」에서 “각刻은 오늘날의 용머리와 같다.” 『의례・소뢰궤식례』에 “옹인雍人이 솥과 수저와 도마를 옹찬雍爨에서 깨끗이 닦는다”

443 『詩經・小雅・大東』: “有饛簋飧, 有捄棘匕. 周道如砥, 其直如矢.”
444 『儀禮・士昏禮』: “匕俎從設, 北面載, 執而俟.”
445 『儀禮・士冠禮』: “有篚實勺, 觶, 角柶.” 원문에는 앞부분에 ‘有篚’이라는 글자가 더 있다.
446 『禮記・雜記』: “暢臼以椈, 杵以梧. 枇以桑, 長三尺. 或曰五尺. 畢用桑, 長三尺, 刊其柄與末.”
447 『經典釋文(爾雅音義・釋木)』: “枇, 房私反, 又音毗.”

라는 구절이 있으며, “늠인廩人이 시루와 시루솥과 수저와 대(敦)를 늠찬廩爨에서 깨끗이 씻는다”라는 구절이 있는데, 「주」에서 “비匕는 기장을 숟가락질하는 것이다”라고 했다. 「소」에서 “위에서 옹인에 대하여 말할 때, 비匕란 고기를 숟가락질하는 것이라고 했는데, 이 늠인은 쌀을 다루는 자이므로 기장을 숟가락질하는 것이다”라고 했다. 『의례・유사』에 유사有司가 철거하는 대목에서 “두 개의 소비疏匕를 그 위에 엎어 놓는다”라는 구절이 있는데, 「주」에서 “소비疏匕는 비匕의 손잡이에 장식을 새긴 것”이라고 했다. 『의례・사관례』에 “(둥근 광주리에는) 작勺・치觶・각사角柶 등을 담는다”라는 구절이 있는데, 「주」에서 “사柶는 모양이 비匕와 같은데 뿔로 만든 것은 욕활欲滑”이라고 했다. 「잡기」에 “비는 뽕나무로 만든다. 그 길이는 3척이라고도 하고, 혹 5척이라고도 한다. 그 자루와 끝은 깎는다”는 구절이 있는데, 「주」에서 “비朼는 희생물의 몸을 담는 것으로서 이를 상제喪祭라고 일컫는다”라고 했다. 길제吉祭의 비朼에는 대추나무(棘)가 들어간다. 『경전석문』에 “비朼는 음이 비匕다”라고 했는데, 본래 또한 ‘비朼’라고도 쓰며, 발음은 같다.

역해

① 匕[비] : 숟가락.(그림자료 13-141 참조)

② 匙[시] : 숟가락. 곽박 「주」에 발음은 祇라고 했는데, 이에 근거한 상고음은 [*gjig]이다.

방언 142

盂①謂之櫼②【子殄反】. 河濟之間謂之盌盨③.[448] 椀④謂之盦⑤.[449] 盂謂之銚鋭⑥【謠音】, 木謂之梋抉[450]⑦.【椀亦盂屬, 江東名盂爲凱[451], 亦曰甌也. 蠲決[452]兩音】

바리(우盂)를 진櫼이라고 한다.【음은 자진반子殄反이다】 하제河濟에 걸친 지역에서는 안잔盌盨이라고 한다. 주발(완椀)을 교盦[453]라고 한다. 우盂를 요예銚鋭라고 한다.【요謠라는 음이다】 나무로 된 것을 현결梋抉이라고 한다.【완椀은 또한 바리(우盂)의 일종이다. 강동江東 지역에서는 우盂을 개凱라고 부른다. 또한 구甌라고도 한다. 이 두 글자의 음은 견결蠲決이다】

방언소증

案『廣雅』: "櫼・案盨・銚鋭・梋抉・盦椀, 盂也.[454]" 本此. '盌・銚鋭'已見前卷五内[455], '梋抉'各本訛作'涓抉', 今訂正. 『玉篇』云: "櫼, 盂也.[456]", "盌盨, 大盂也.[457]", "盌, 小盂, 亦作椀."[458] "盦, 椀也", "椀謂之

448 『四部叢刊』本에는 뒷부분이 별도의 다른 조항으로 분리되어 있다.
449 『四部叢刊』本에는 뒷부분이 별도의 다른 조항으로 분리되어 있다.
450 『四部叢刊』本에는 '涓抉'로 되어 있으나, 戴震은 '梋抉'로 고쳤다.
451 華學誠은 凱란 글자로 소리를 표기한 것으로 보이나 상세히 알 수 없다고 하였다.
452 『四部叢刊』本에는 '玦'로 되어 있으나, 戴震은 '決'로 고쳤다.
453 華學誠은 椀을 盦라고 풀이하는 것에 대해서는 문헌상 용례를 알지 못한다고 하였다.
454 『廣雅・釋器』: "盞・櫼・案盨・銚鋭・柯櫂・梋抉・盦椀, 盂也."
455 『方言』 제5권의 4번째 항목에 나온다.
456 『玉篇』 木部: "櫼, 子忍切. 盂也."
457 『玉篇』 皿部: "盌, 於干切. 盌盨大盂也."

梋, 盂屬也.[459]", "柍, 椀也." '捐''柍'雙聲, 二字合爲一名. 『玉篇』分言之誤矣.

『광아』에 "진㯸·안잔案盞·요예銚銳·현결梋柍·교완盄椀은 바리(우盂)다"라고 했는데, 여기서 근거하였다. 완盌·요예銚銳는 이미 앞의 제5권에 나왔다. '현결梋柍'은 여러 판본에서 '연결涓抉'이라고 잘못되어 있는데, 지금 그것을 바로잡는다. 『옥편』이 "진㯸은 바리(우盂)다"라고 했으며, "안잔盎盞은 큰 바리(대우大盂)다"라고 했고, "완盌은 작은 바리(소우小盂)이며, 또 완椀라고도 쓴다"고 하였다. 또, "교盄는 완椀"이라고 했으며, "완椀은 현梋이라고 하는데, 바리(우盂)의 일종"이라고 했고, "결柍은 완椀"이라고 했다. '연捐'과 '결柍'은 쌍성雙聲이며, 두 글자가 합해져 하나의 명칭이 되었다. 『옥편』에서 그것을 나누어 말한 것은 잘못되었다.

역해

① 盂[우] : 바리.(권5-4 참조)

② 㯸[진] : 바리. 곽박 「주」에 발음은 子殄反이라고 했는데, 이에 근거한 상고음은 [*tsjinx]이다.

③ 盎盞[안잔] : 주발. 바리때. 河濟之間에서는 盎盞이라고 함.

④ 椀[완] : 주발. 음식을 담는 작은 그릇.

⑤ 盄[교] : 그릇, 바리, 주발.

⑥ 銚銳[요예] : 쟁개비, 냄비.(권5-4 참조) 곽박 「주」에 銚의 발음은 謠라고 했는데, 이에 근거한 상고음은 [*grjagw]이다.

---

458 『玉篇』 皿部 : "盌, 於卵切. 小盂. 亦作椀."

459 『玉篇』 木部 : "梋, 古玄切. 椀謂之梋, 盂屬也. 又辭玄切."

⑦ 梋棙[현결] : 주발. 곽박 「주」에 발음은 鐲, 決이라고 했는데, 이에 근거한 상고음은 [*kin], [*kwiat]이다.

방언 143

餌①謂之餻②, 或謂之餈[460]③, 或謂之餎④【音鈴】, 或謂之餣⑤【央怯反】, 或謂之䬴⑥.【音元】

떡(이餌)을 고餻라고 하며, 혹은 자餈라고 하거나, 혹은 령餎[461]이라고 하거나,【음은 령鈴이다】 혹은 업餣이라고 하거나,【음은 앙겁반央怯反이다】 혹은 원䬴이라고 한다.【음은 원元이다】

방언소증

案『周禮·籩人』: "羞籩之實, 糗餌·粉餈."[462] 鄭「注」云 : "此二物, 皆粉稻米·黍米所爲也. 合蒸曰餌, 餅之曰餈, 糗者, 擣粉熬大豆, 爲餌餈之黏著, 以粉之耳. 餌言糗, 餈言粉, 互相足." 「疏」云 : "餌旣不餅, 明餅之曰餈. 今之餈餻皆餅之, 名出於此." 宋玉「招魂」: "粔籹蜜餌."[463] 洪興祖『補注』引『方言』: "餌謂之餻." 『廣雅』: "餻·饝·餎·餣·䬴, 餌也.[464]" '饝'卽'餈'之別體.

460 『四部叢刊』本에는 '粢'로 되어 있으나, 戴震은 '餈'로 고쳤다.
461 華學誠은 餎에 대해서는 문헌상 출처를 알 수가 없다고 하였다.
462 『周禮·天官·籩人』: "羞籩之實, 糗餌粉餈."
463 『楚辭·招魂』: "露雞臛蠵, 厲而不爽些. 粔籹蜜餌, 有粻餭些."
464 『廣雅·釋器』: "餻·饝·餎·餣·䬴, 餌也."

『주례·변인』에 "변두에 백미(白米)로 빚은 콩가루 무친 떡과 찹쌀로 만든 떡을 담아 올린다"는 구절이 있는데, 정현의 「주」에서 "이 두 가지는 모두 찹쌀이나 기장쌀가루로 만든 것이다. 합해서 찐 것을 이餌라고 하고, 둥글넓적하게 병餅을 빚은 것을 자餈라고 한다. 구糗라는 것은 찧어 가루를 만들고 콩을 볶은 것이고, 이餌와 자餈를 만들 때 형태를 갖추도록 끈적거리는 것은 가루를 낸 것으로 만들기 때문이다. 이餌는 볶은 쌀가루를 말하고 자餈는 찹쌀가루를 말하는데, 전자는 볶아서 가루를 낸 것이고 후자는 찧어서 볶아 가루를 낸 것이므로, 서로 같은 것이나 마찬가지다"라고 했다. 「소」에서 "이餌는 병餅으로 만들지 않으며, 명병明餅을 자餈라고 한다. 오늘날의 자고餈餻는 모두 병餅을 만든다. 그 명칭은 여기서 나온 것이다"라고 했다. 송옥의 「초혼」에 "동그란 중배끼와 달콤한 꿀떡"이라는 구절이 있는데, 홍흥조의 『초사보주』에서는 『방언』을 인용하여 "떡(이餌)을 고餻라고 한다"고 했다. 『광아』에 "고餻·자𩟄·령䬾·엽餣·원䬴은 떡(이餌)"이라고 했다. '자𩟄'는 즉 '자餈'의 별체자다.

역해

① 餌[이] : 떡.
② 餻[고] : 떡.
③ 粢[자] : 기장쌀로 만든 떡.
④ 䬾[령] : 떡. 곽박 「주」에 발음은 鈴이라고 했는데, 이에 근거한 상고음은 [*liŋ]이다.
⑤ 餣[업] : 인절미 떡. 곽박 「주」에 발음은 央怯反이라고 했는데, 이에 근거한 상고음은 [*ʔjap]이다.
⑥ 䬴[원] : 떡, 경단. 곽박 「주」에 발음은 元이라고 했는데, 이에 근거한

상고음은 [* ŋ juan]이다.

방언 144

餅①謂之飥②【音乇】, 或謂之餦餛③.【長渾兩音】

떡(병餅)을 탁飥[465]이라고 하며,【음은 탁乇이다】 혹은 장혼餦餛[466]이라고 도 한다.【두 글자의 음은 장혼長渾이다】

방언소증

案徐堅『初學記』全引此條作'或謂之餦', '或謂之餛.' 『玉篇』云: "餺·飥, 餅屬.[467]"

서견의 『초학기』에서 이 조항을 전부 인용하기를, '혹은 장餦이라고도 하고', '혹은 혼餛이라고도 한다'고 하였다. 『옥편』에 "박餺·탁飥은 떡(병餅)의 종류에 속한다"고 하였다.

465 錢繹의 『方言箋疏』에서 이 飥은 飩의 오류이고, 郭璞 「注」에서 '音乇'이라고 한 것도 '音屯'일 것이라고 하였다. 吳予天, 周祖謨 등의 학자들도 모두 이 견해에 동의하였고, 華學誠 역시 마땅히 飩으로 고쳐야 한다고 결론지었다.

466 餦餛을 餅으로 풀이하는 것에 대해서 華學誠은 문헌상의 용례를 잘 알 수 없다고 하였다.

467 『玉篇』 食部: "餺, 補各切. 餺餅, 飥屬."

역해

① 餠[병] : 떡.

② 飥[탁] : 떡, 수제비. 곽박 「주」에 발음은 乇이라고 했는데, 이에 근거한 상고음은 [*trak]이다.

③ 餦餛[장혼] : 떡, 일설에는 만두. 곽박 「주」에 발음은 長, 渾이라고 했는데, 이에 근거한 상고음은 [*trjaŋx], [*gwən]이다.

방언 145

餳①謂之餦餭.②【卽乾飴也】 飴③謂之餃④【音該】. 餫⑤謂之餹⑥【以豆屑雜餳也. 音髓】. 餳謂之餹⑦【江東皆言餹, 音唐】. 凡飴謂之餳. 自關而東陳楚宋衛之間[468]通語也.

엿(성餳)을 장황餦餭이라고 한다.【바로 마른 엿(간이乾飴)이다】 엿(이飴[469])을 개餃[470]라고 한다.【음은 해該다】 콩엿(餫)을 수餹라고 한다.【콩으로 만든 엿을 말한다. 음은 수髓다】 성餳은 당餹을 말한다.【강동江東 지역에서는 모두 당餹이라고 말하며, 음은 당唐이다】 무릇 모든 엿(이飴)을 성餳이라고 하는데, 함곡관으로부터 동쪽 진陳 초楚 송宋 위衛에 걸친 지역의 통어通語다.

---

468 『四部叢刊』本에는 없으나, 戴震은 '間'을 보충하였다.

469 쌀이나 맥아를 숙성시켜 만든 물엿을 말한다.

470 餃에 대해서 華學誠은 문헌상의 용례를 잘 알 수 없다고 하였다.

案宋玉「招魂」: "有餦餭些."[471] 洪興祖『補注』引『方言』: "餳謂之餦餭." 「注」云 : "卽乾飴也." 『後漢書 · 皇后紀』: "吾但當含飴弄孫."[472] 「注」引『方言』: "飴, 餳也. 陳楚宋衛之間通語." 『說文』云 : "餳, 飴和饊者也.[473]", "飴, 米糵煎也.[474]", "饊, 熬稻粻䅣也.[475]" '粻䅣'卽'餦餭'. 『廣雅』: "粻餭 · 飴 · 餩 · 餹, 餳也.[476]" '餚'謂之'餛'. 曹憲『音釋』: "餳, 辭精反." '餳'字『說文』從'食''易'聲.[477] 『廣雅』作'食'旁'易'. 『玉篇』'餳'與'餹'並徒當切, 而字作'食'旁'易'. 劉熙『釋名』云 : "餳, 洋也. 煮米消爛洋洋然也.[478]" 『周禮 · 小師 · 注』: "管, 如今賣飴餳所吹者." 『釋文』云 : "餳, 辭盈反. 李音唐." 辭盈, 辭精反音同, 當作'餳'. 若音'唐', 則當作'餳'. 『廣雅』'餹''餳'兩見, 自不得同音. 此字應以『說文』爲正.

송옥의 「초혼」에 "거기에 또 엿들도 있구나"라는 구절이 있는데, 홍흥조의 『초사보주』에서 『방언』을 인용하여 "엿(성餳)을 장황餦餭이라고 한다"고 했고, 곽박의 「주」에서 "바로 마른 엿(간이乾飴)"이라고 하였다. 『후한서 · 황후기』에 "나는 단지 엿과 사탕을 숨겨놓았다가 그것을 가지고 손자와 놀 뿐"이라는 구절이 있는데, 「주」에서 『방언』을 인용하여 "엿(이飴)을 성餳이라고 한다. 진陳 초楚 송宋 위衛에 걸친 지역의 통어通語"라고 하였다. 『설문해자』에 말하기를, "성餳은 엿(이飴)과

471 『楚辭 · 招魂』: "粔籹蜜餌, 有餦餭些. 瑤漿蜜勺, 實羽觴些."

472 『後漢書 · 皇后紀』: " …… 吾素剛急, 有匈中氣, 不可不順也. 若陰陽調和, 邊境淸靜, 然後行子之志. 吾但當含飴弄孫, 不能復關政矣."

473 『說文解字』 食部 : "餳, 飴和饊者也. 從食易聲."

474 『說文解字』 食部 : "飴, 米糱煎也. 從食台聲. 𩛂, 籒文飴從異省."

475 『說文解字』 食部 : "餳, 飴和饊者也. 從食易聲."

476 『廣雅 · 釋器』: "餦餭 · 飴 · 餩 · 餹, 餳也."

477 『說文解字』 食部 : "餳, 飴和饊者也. 從食易聲."

478 『釋名 · 釋飮食』: "餳洋也. 煮米消爛洋洋然也."

산자(산饊)다", "이飴는 쌀을 달인 것이다", "산饊은 쌀을 볶아 엿으로 만든 것이다"라는 구절들이 있다. 장황粻程은 바로 장황餦餭이다. 『광아』에 "장황粻餭・이飴・개餩・당餹은 엿 당餳)이다." 콩엿(수餚)을 완餫이라고 한다. 조헌의 『광아음석』에, "당餳은 음이 사정반辭精反"이라고 하였다. '성餳'이라는 글자에 대하여 『설문해자』에서는 "식食을 부수로 하며 역易이라는 소리가 난다"고 하였다. 『광아』에서는 식방食旁의 양昜으로 썼다. 『옥편』에서는 '성餳'과 '당餹'의 음을 도두 '도당절徒當切'이라고 했지만 글자는 식방食旁의 역易으로 썼다. 유희劉熙의 『석명』에 "성餳은 양洋이다. 쌀을 끓일 때의 모습이다"라고 했다. 『주례・소사』 「주」에 "관管은 마치 오늘날 이성飴餳을 파는 사람들이 불어대는 것"이라고 했다. 『경전석문』에 "성餳은 음은 사영반辭盈反이다. 이李씨의 음은 당唐이다"라고 했다. 사영반辭盈反과 사정반辭精反은 같은 음이며, 마땅히 '성餳'이라고 해야 한다. 만약 음이 '당唐'이라면 마땅히 '당餳'라고 해야 한다. 『광아』에는 '당餹'과 '당餳'의 두 가지 모두 보인다. 이것은 같은 음이 아니기 때문에 이 글자는 응당 『설문해자』가 맞다.

역해

① 餳[성] : 엿. 飴를 餳이라고 함. 함곡관으로부터 동쪽 陳楚宋衛 지역의 통어(通語).

② 餦餭[장황] : 엿, 유과.

③ 飴[이] : 엿.

④ 餩[개] : 엿. 곽박 「주」에 발음은 該이라고 했는데, 이에 근거한 상고음은 [*kəg]이다.

⑤ 餫월(울)] : 엿과 콩가루를 섞어 만든 ㅡ. 콩소.

⑥ 餚[수] : 콩엿. 곽박 「주」에 발음은 髓라고 했는데, 이에 근거한 상고음

은 [*stjarx]이다.

⑦ 餹[당] : 엿, 굳힌 엿. 곽박「주」에 발음은 唐이라고 했는데, 이에 근거한 상고음은 [*daŋ]이다.

방언 146

𪍿①【音哭】· 䴭②【音才】· 麬③【于八反[479]】· 麰④【音牟. 大麥麴】· 䴵⑤【音脾. 細[480]餅麴】· 䵄⑥【音蒙. 有衣麴】· 䴹⑦【䴵[481]音. 小麥麴爲䴹, 卽麲[482]也】, 麴⑧也. 自關而西秦豳之間曰𪍿【豳卽邠, 音斌】, 晉之舊都曰䴭【今江東[483]人呼麴爲䴭】, 齊右河濟曰麬, 或曰麰, 北鄙[484]曰䴵. 麴, 其通語也.

곡𪍿【음은 곡哭이다】· 재䴭【음은 재才다】· 할麬【음은 우팔반于八反이다】· 모麰【음은 모牟다. 대맥의 누룩이다】· 비䴵[485]【음은 비脾다. 얇은 떡 누룩이다】· 몽䵄【음은 몽蒙이다. 의국衣麴이 있다】· 화䴹는【화䴵이라는 음이다. 소맥국小麥麴이 과䴹다. 즉 혼麲이다】 누룩(국麴)이다. 함곡관으로부터 서쪽 진秦 빈豳에 걸친

479 華學誠은『廣韻』黠韻에 '麬'은 戶八切이라고 되어 있고, 戶와 乎는 古音이 모두 匣母에 속하므로 아마도 于八反은 乎八反으로 고쳐야 할 것이라고 하였다.

480 『四部叢刊』本에는 '細'로 되어 있으나, 戴震은 '細'로 고쳤다.

481 『四部叢刊』本에는 '䴵'로 되어 있으나, 戴震은 '䴵'로 고쳤다.

482 『四部叢刊』本에는 '麲'로 되어 있으나, 戴震은 '麲'으로 고쳤다.

483 江東을『太平御覽』제853권에서 인용한 부분에는 河東이라고 하였다.

484 王念孫의 手校明本에서는 '北燕'으로 고쳐 썼고, 錢繹의『方言箋疏』에서도 '北燕'으로 쓰면서 말하기를 "『집운』에서 인용한 바에 의거하여 고쳤다"고 하였다. 周祖謨의『方言校箋』에서는 "『太平御覽』제853권 및『集韻』支韻의 頻彌切 '䴵'라는 글자 아래에 모두 '北燕'이라고 되어 있으므로 마땅히 이들에 의거하여 바르게 고쳤다"라고 하였다.

485 華學誠이 말하기를 䴵는 酒母, 즉 누룩이라고 하였다.

지역에서는 곡𪍴이라고 하고,【빈豳은 즉 빈邠이다. 음은 빈斌이다】 진晉의 옛 수도에서는 재𪌂라고 하며,【오늘날 강동江東 지역 사람들은 국麴을 재𪌂라고 부른다】 제齊 지역의 오른쪽 지역의 황하河와 제濟에서는 할麧이라고 하거나, 혹은 모麰라고 하며, 북쪽 변두리北鄙에서는 비𪍿라고 한다. 국麴은 그 통어通語다.

방언소증

案『廣雅』: "𪌂 · 麧 · 𪍿 · 麰 · 𪍴 · 𪎊, 麴也.[486]" 本此. '𪎊'卽'𪎊'. 『玉篇』云: "𪍴, 餠麴也.[487]", "𪍿, 細餠麴", "𪎊, 有衣麴也", "女麴也." 「注」內'絅'卽'細', '鯉'各本訛作'鯤', '䴷'訛作'䴷', 今訂正. 『玉篇』云: "䴷, 麥麴也.[488]"

『광아』에 "재𪌂 · 할麧 · 비𪍿 · 모麰 · 극𪍴 · 몽𪎊은 누룩(국麴)"이라고 했는데, 여기서 근거하였다. '몽𪎊'은 즉 '몽𪎊'이다. 『옥편』에 "곡𪍴은 병국餠麴"이라고 했으며, "비𪍿는 가는 병국餠麴"이라고 했고, "몽𪎊은 의국衣麴이 있다"라고 했고, "여국女麴"이라고 했다. 곽박 『주』의 '세絅'는 바로 '세細'다. '과鯉'는 여러 판본에서 '곤鯤'라고 잘못되어 있고, '혼䴷'은 '䴷'이라고 잘못되어 있는데, 지금 그것을 바로잡는다. 『옥편』에 "혼䴷은 맥국麥麴"이라고 했다.

486 『廣雅 · 釋器』: "𪌂 · 䴷 · 𪍿 · 麰 · 𪍴 · 𪎊, 麴也."
487 『玉篇』 麥部: "𪍴, 古鹿切. 餠麴也."
488 『玉篇』 麥部: "䴷, 胡昆切. 麥麴也. 又戶版切."

역해

① 𪍿[곡] : 떡 누룩. 함곡관으로부터 서쪽 秦豳之間에서는 𪍿이라고 함. 麴은 通語다. 곽박 「주」에 발음은 哭이라고 했는데, 이에 근거한 상고음은 [*khuk]이다.

② 𪌂[재] : 누룩. 晉之舊都에서는 𪌂라고 함. 곽박 「주」에 발음은 才라고 했는데, 이에 근거한 상고음은 [*dzəg]이다.(참조 : 곽박 당시에 江東人들은 麴을 𪌂라고 함)

③ 麧[할] : 누룩. 齊右河濟에서는 麧이라고 함. 곽박 「주」에 발음은 于八反이라고 했는데, 이에 근거한 상고음은 [*gwjit]이다.

④ 麰[모] : 보리, 대맥. 齊右河濟에서 또 麰라고도 함. 곽박 「주」에 발음은 牟라고 했는데, 이에 근거한 상고음은 [*mjəgw]다.

⑤ 䴽[비] : 누룩, 밀가루 떡. 北鄙에서는 䴽라고 함. 곽박 「주」에 발음은 脾라고 했는데, 이에 근거한 상고음은 [*bjig]이다.

⑥ 䵆[몽] : 누룩. 곽박 「주」에 발음은 蒙이라고 했는데, 이에 근거한 상고음은 [*muŋ]이다.

⑦ 䴹[화] : 통밀로 만든 누룩. 곽박 「주」에 발음은 餜라고 했는데, 이에 근거한 상고음은 [*guarx]이다.

⑧ 麴[국] : 누룩, 술. 麴은 𪍿, 𪌂, 麧, 麰, 䴽, 䵆, 䴹의 풀이어휘.

방언 147

屋梠①謂之欞②.【雀梠卽屋檐也. 亦呼爲連綿. 音鈴】

옥려屋梠를 령欞이라고 한다.【작려雀梠는 바로 옥첨屋檐이다. 연면이라고도 부르며, 음은 령鈴이다】

방언소증

案劉熙『釋名』: "梠, 或謂之櫋. 緜連榱頭, 使齊平也. 上入曰爵頭, 形似爵頭也.[489]" '爵''雀', 古通用. 『廣雅』: "檐・櫺, 梠也.[490]" '櫺''欞'同.

유희의 『석명』에 "려梠는 혹은 만櫋이라고도 한다. 이어져 있는 서까래의 머리 부분을 평평하게 하는 것이다. 윗부분의 입구를 작두爵頭라고 하는데, 그 형태는 마치 작두爵頭와 같다"라고 했다. '작爵'과 '작雀'은 옛날에는 통용되었다. 『광아』에 "첨檐・렴櫺, 려梠다"라고 했는데, '렴櫺'과 '령欞'은 같다.

역해

① 屋梠[옥려] : 평고대, 처마 끝의 서까래를 받치기 위해 가로 놓는 나무.
② 欞[령] : 렴櫺과 같다. 격자창, 추녀, 처다. 곽박「주」에 발음은 鈴이라고 했는데, 이에 근거한 상고음은 [*liŋ]이다.

방언 148

瓴①謂之甗[491]②.【卽屋檼也. 今字作甍, 音萌. 甗音雷】

---

489 『釋名・釋宮室』: "梠, 旅也, 連旅之也. 或謂之櫋, 櫋, 綿也, 綿連榱頭, 使齊平也. 上入曰爵頭, 形似爵頭也."

490 『廣雅・釋宮』: "楣・檐・櫺, 梠也."

491 『四部叢刊』本에는 '𤭛'로 되어 있으나, 戴震은 '甗'로 고쳤다.

용마루(맹甍)를 류甋라고 한다.【이는 곧 옥은屋檼이다. 오늘날 글자를 '맹甍'이라고도 쓰며, 음은 '맹萌'이다. 류甋는 음이 류霤다】

방언소증

案『廣雅』作'甍謂之甋[492]'. 『說文』云: "甍, 屋棟也.[493]"

『광아』에 '용마루(맹甍)를 류甋라고 한다'고 했으며, 『설문해자』에서 "맹甍은 집의 용마루"라고 했다.

역해

① 甍[맹]: 용마루. 곽박 당시에 甍로도 쓰며, 발음은 萌이라고 했는데, 이에 근거한 상고음은 [*mraŋ]이다.
② 甋[류]: 용마루. 곽박 「주」에 발음은 霤라고 했는데, 이에 근거한 상고음은 [*ljəgwh]이다.

방언 149

冢①, 秦晉之間謂之墳②【取名於大防也】, 或謂之培③【音部】, 或謂之堬④【音臾】, 或謂之埰[494]⑤,【古者卿大夫有采地, 死葬之, 因名也】 或謂

492 『廣雅·釋宮』: "甍謂之甋."
493 『說文解字』 瓦部: "甍, 屋棟也. 從瓦夢省聲."
494 『四部叢刊』本에는 '采'로 되어 있으나, 戴震은 '埰'로 고쳤다.

之埌⑥【波浪】，或謂之壠⑦.【有界埒似耕壟，以[495]名之】自關而東謂之丘[496]⑧，小者謂之塿⑨，【培塿，亦堆高之皃. 洛口反】大者謂之丘，【又呼冢爲墳也】凡葬而無墳謂之墓⑩，【言不封也. 墓猶慕[497]也】所以墓謂之墲⑪.【墲謂規度墓地也. 『漢書』曰：初陵之墲，是也.】

무덤(총冢)을 진秦 진晉에 걸친 지역에서는 분墳이라고 하거나,【커다란 둑에서 명칭을 취했다】혹은 배培【음은 부部다】라고 하거나, 혹은 유埇【음은 유臾다】라고 하거나, 혹은 채埰【옛날에 경대부들이 소유한 밭은 죽으면 그곳에 묻었기 때문에 붙은 이름이다】라고 하거나, 혹은 랑埌【음은 파랑波浪의 랑浪이다[498]】이라고 하거나, 혹은 롱壠【경계가 있는 것이 마치 밭의 두둑(耕壟)과도 같아, 이로 인하여 그렇게 부르게 되었다】이라고 한다. 함곡관으로부터 동쪽 지역에서는 구丘라고 하고, 작은 것은 루塿라고 하며,【배루培塿다. 또한 높이 쌓은 모습이다. 음은 락구반洛口反이다】큰 것은 구丘라고 한다.【또한 총冢을 분墳이라고 부른다】무릇 매장을 하면서 분墳이 없는 것을 묘墓라고 한다.【봉하지 않은 것을 말한다. 묘墓는 모慕와 같다】그래서 묘墓를 무墲라고 한다.【무墲는 묘지를 헤아려 재는 것(規度墓地)을 말한다. 『한서』에 "초릉初陵의 무墲"라고 했는데, 이를 말한다】

방언소증

案'埰'各本多作'采'，'丘'訛作'甘'，從曹毅之本. 張載「七哀詩」："今爲丘山土."[499] 阮籍「詠懷詩」："丘墓蔽山岡."[500] 謝朓「暫使下都夜發新林

495 『四部叢刊』本에는 '因'으로 되어 있으나, 戴震은 '以'로 고쳤다.
496 『四部叢刊』本에는 '甘'으로 되어 있으나, 戴震은 '丘'로 고쳤다.
497 『四部叢刊』本에는 '墓'로 되어 있으나, 戴震은 '慕'로 고쳤다.
498 戴震의 『方言疏證』에 따라서 이와 같이 번역하였다.
499 『文選・詩丙・七哀詩』："昔爲萬乘君，今爲丘山土."

至京邑贈西府同僚詩」: "思見昭丘陽."[501] 李善注並引『方言』: "冢大者爲丘." 顔延之「拜陵廟詩」: "山煙冒壟生."[502] 注引『方言』: "秦晉之間塚謂之壠." 潘岳「寡婦賦」: "墓門兮肅肅, 脩壠兮峨峨."[503] 「注」引『方言』: "無墳謂之墓, 秦晉之間或謂冢爲壠." 『玉篇』引『方言』: "冢秦晉之間謂之墳冢[504]", "或謂之培[505]", "秦晉之間冢, 或謂之堬[506]", "冢或謂之埰[507]", "秦晉或謂冢曰埌.[508]", "冢秦晉之間或謂之壠. 郭璞曰, 有界埒, 似耕壠, 因名也."[509] 又引『方言』: "自關而東小冢謂之塿." '墲'字下引『方言・注』云: "規度墓地也." 『廣雅』: "墳・堬・埰・埌・壠・培・塿・丘・墓, 冢也.[510]" '采''埰', 古通用. 「注」内'波浪'當作'音波浪之浪'. 諸刻脫'墓猶慕也', 四字今從『永樂大典本』補.

'채埰'를 각 판본에서는 '채采'라고 한 경우가 많으며, '구丘'는 '감甘'이라고 잘못 썼는데, (나는) 조의지의 판본에 따른다. 장재의 「칠애시」에 "옛날에는 만승의 군주였으나 지금은 무덤 속의 한줌 흙이 되어"

500 『文選・詩丙・詠懷詩』: "丘墓蔽山岡, 萬代同一時. 千秋萬歲後, 榮名安所之."

501 『文選・詩丁・蹔使下都夜發新林至京邑贈西府同僚詩』: "柏梁災, 於是作建章宮也. 驅車鼎門外, 思見昭丘陽."

502 『文選・詩丙・拜陵廟詩』: "松風遵路急, 山煙冒壟生."

503 『文選・賦辛・寡婦賦』: "墓門兮肅肅, 脩壟兮峨峨. 孤鳥嚶兮悲鳴, 長松萋兮振柯."

504 『玉篇』 土部: "墳, 扶云切. 『爾雅』云: 墳, 大防也. 『方言』曰: 冢, 秦晉之間謂之墳."

505 『玉篇』 土部: "培, 薄回切. 益也. 『禮記』曰: 墳墓不培. 培, 猶治也. 又音部. 『方言』云: 冢或謂之培."

506 『玉篇』 土部: "堬, 庚俱切. 『方言』云: 秦晉之間冢或謂之堬."

507 『玉篇』 土部: "埰, 且載切. 『方言』曰: 冢或謂之埰. 郭璞曰: 古者卿大夫有采地. 死葬之. 因名也."

508 『玉篇』 土部: "埌, 力盎切. 『方言』曰: 秦晉或謂冢曰埌."

509 『玉篇』 土部: "壟, 力竦切. 『方言』曰: 冢, 秦晉之間或謂之壟. 郭璞曰: 有界埒, 似耕壟, 因名也. 亦作壠."

510 『廣雅・釋邱』: "墳・堬・埰・墦・埌・壟・培・塿・邱・陵・墓・封, 冢也."

라는 구절이 있고, 완적의 「영회시」에 "구묘丘墓가 산강山岡을 덮어"라는 구절이 있으며, 사조의 「잠사하도야발신림지경읍증서부동료시」에 "마음속으로 형주荊州[511]를 그리면서"라는 구절이 있는데, 이선의 「주」에서는 모두 『방언』을 인용하여 "총冢 가운데 큰 것이 구丘다"라고 하였다. 안연지의 「배능묘시」에 "산축의 연기가 무덤을 뒤덮고 생겨나"라는 구절이 있는데, 「주」에서 『방언』을 인용하여 "진秦 진晉에 걸친 지역에서는 총塚을 롱壠이라고 한다"고 하였다. 반악의 「과부부」에 "무덤은 쓸쓸하고 산세는 가파른데"라는 구절이 있는데, 「주」에서 『방언』을 인용하여 "분墳이 없는 것을 묘墓라고 하고, 진秦 진晉에 걸친 지역에서는 총冢을 혹은 롱壠이라고도 한다"고 했다. 『옥편』에서 『방언』을 인용하여 "총冢은 진秦 진晉에 걸친 지역에서 분총墳冢이라고 한다", "혹은 배培라고도 한다", "진秦 진晉에 걸친 지역에서는 총冢이라고 하며, 혹은 유堬라고도 한다", "총冢은 혹은 채埰라고 한다", "진秦 진晉에 걸친 지역에서는 총冢을 혹은 랑埌이라고도 한다", "총冢은 진秦 진晉에 걸친 지역에서 혹은 롱壠이라고 한다"고 하였다. 곽박이 말하기를 "경계가 있는 것이 마치 밭의 두둑(耕壟)과도 같아, 이로 인하여 그렇게 부르게 되었다"고 하였다. 또 『방언』을 인용하여 "함곡관으로부터 동쪽 지역에서는 작은 총冢을 루塿라고 한다"고 했다. '무墲'라는 글자 다음에 『방언』「주」를 인용하여 "묘자리를 헤아리는 것"이라고 했다. 『광아』에 "분墳·유堬·채埰·랑埌·롱壠·배培·루塿·구丘·묘墓는 총冢"이라고 했다. '채采'와 '채埰'는 옛날에는 통용되었다. 곽박 「주」의 '파랑波浪'은 마땅히 '음은 파랑波浪의 랑浪이다'라고 해야 한다. 여러 판각본에서 "묘墓는 모慕와 같다(墓猶慕也)"라는 네 글자가 탈락되었는데, 『영락대전』본에 따라 지금 이 네 글자를 보충한다.

511 昭丘陽은 昭丘의 남쪽, 荊州를 가리킨다.

역해

① 冢[총] : 무덤.

② 墳[분] : 무덤. 秦晉之間에서는 墳이라고 함.

③ 培[배] : 북돋우다. 秦晉之間에서는 또 培라고 함. 곽박 「주」에 발음은 部라고 했는데, 이에 근거한 상고음은 [*bjəgx]이다.

④ 堬[유] : 무덤. 秦晉之間에서는 또 堬라고 함. 곽박 「주」에 발음은 臾라고 했는데, 이에 근거한 상고음은 [*gwjiədh]이다.

⑤ 埰[채] : 무덤, 영지. 秦晉之間에서는 또 埰라고 함.

⑥ 埌[랑] : 무덤, 분묘. 秦晉之間에서는 또 埌이라고 함. 곽박 「주」에 발음은 波浪의 浪이라고 했는데, 이에 근거한 상고음은 [*laŋ]이다.

⑦ 壠[롱] : 언덕, 무덤. 秦晉之間에서는 또 壠이라고 함.

⑧ 丘[구] : 언덕, 무덤. 함곡관으로부터 동쪽 지역에서는 丘라고 함.

⑨ 壊[루] : 언덕, 흙. 함곡관으로부터 동쪽 지역에서는 丘라고 하는데, 작은 것을 塿라고 함. 곽박 「주」에 발음은 洛口反이라고 했는데, 이에 근거한 상고음은 [*lugx]이다.

⑩ 墓[묘] : 무덤, 묘지. 매장을 했으나 무덤이 없는 것을 墓라고 함.

⑪ 墲[무] : 묏자리, 묘지를 재어 정하다. 매장을 했으나 무덤이 없는 것을 墓라고 하는데, 그래서 墓를 墲라고 함.

유흠이 양웅에게 보낸 서신[1]

劉歆與揚雄書

案『方言』各本附劉歆書, 及雄答書云, "雄郎爲一歲, 作「繡補」「靈節」「龍骨」之銘詩三章, 及天下上計孝廉, 雄問異語, 紀十五卷, 積二十七年. 漢成帝時, 劉子駿與雄書, 從取『方言』曰" 此五十二字, 不知何人所記. 宋本已有之, 其曰, "漢成帝時"四字, 最爲謬妄. 據『漢書・揚雄傳・贊』云, "初, 雄年四十餘, 自蜀來至游京師", 又云, "年七十一, 天鳳五年卒". 使歆與書在成帝之末年甲寅, 下距天鳳五年, 凡二十五年, 由甲寅上遡二十七年, 乃元帝竟寧元年戊子, 雄年甫二十, 豈年四十餘, 自蜀來至游京師者邪. 洪邁不察"漢成帝時"四字, 係後人序入此二書者之妄辨之, 曰, "今世所傳揚子雲『輶軒使者絶代語釋别國方言』, 凡十三卷, 郭璞序而解之. 其末又有漢成帝時, 劉子駿與雄書, 從取『方言』', 及雄答書." 旣云, 成帝時, 子駿與雄書, 而其中乃云, 孝成

1 서신의 원문은 큰 글자로 쓰고 번역하였으며, 그 나머지 부분은 戴震이 주해를 가한 내용이다.

皇帝, 反覆牴牾, 是輕執後人增入者之妄, 以疑古疎, 謬甚矣. 今仍列二書, 爲逐條引證, 刪去緣起五十二字, 以免滋惑.

『방언』의 각 판본에 유흠의 편지(유흠이 양웅에게 보낸 서신) 및 양웅의 답서가 부록으로 첨부되어 있다. 양웅의 답서에 "제가 낭관이 된지 일 년이 되던 해에 「수보」, 「영절」, 「용골」이라는 명시銘詩 세 편을 지었고, 각지에서 올라온 상계와 효렴들이 모이면 저는 경사의 말과 다른 말들을 물어서 15권을 기록하였는데, 이것이 오늘날에 이르기까지 27년이 되었습니다. 한 성제 때에 유흠이 양웅에게 편지를 써서 『방언』을 얻으려 하여 말하기를"이라고 하였다. 이 52글자[2]는 어떤 사람이 기록한 것인지 알 수가 없으나, 송대의 판본에 이미 보인다. 이 가운데 "한 성제 때에(漢成帝時)"라고 한 네 글자는 가장 잘못된 것이다. 『한서·양웅전』의 찬문에 의하면, "처음에 양웅이 40여세 되었을 때, 촉도로부터 경사에 와서 유학하였다"라고 하였고, 또 "나이 71세가 되어 천봉 5년에 세상을 떠났다"고 하였다. 유흠이 서신을 보냈던 것은 성제 말년인 갑인년(기원전 7년)이니, 천봉 5년으로부터 25년이나 차이가 난다. 갑인년으로부터 거슬러 올라 27년이면 원제 경녕 원년, 즉 무자년이나, 양웅의 나이 겨우 20세밖에 되지 않으니 어찌 나이 40여 세에 촉도로부터 경사에 이르러 유학했다고 했겠는가. 홍매는 "한 성제 때에(漢成帝時)"라고 한 네 글자가 후세의 사람의 서문에 이 두 서신을 잘못 써넣은 사실을 살피지 아니하고서, "지금 전해진 양자운의 『유헌사자절대어석별국방언』은 모두 13권이며, 곽박이 서문을 달고 풀이하였다. 그 끝 부분에 '한 성제 때에 유자준(유흠)이 양웅에게 서신을 보내어 『방언』을 취하려 하였다'고 하였으므로, 이에 양웅이 답서를 썼다"고 하였다. "성제 때에 유흠이 양웅에게 서신을

2 "雄郎爲一歲, 作「繡補」「靈節」「龍骨」之銘詩三章, 及天下上計孝廉, 雄問異語, 紀十五卷, 積二十七年. 漢成帝時, 劉子駿與雄書, 從取『方言』曰." 이 대목의 글자 수는 모두 52글자이다.

보냈다"고 이미 해놓고서는 또 효성황제라고 한 것은 또 어긋난다고 하였으니, 이는 후대 사람이 잘못 덧붙여놓은 것을 가벼이 취급하여 옛 풀이를 의심한 것으로서, 그 잘못이 심하다. 나는 여기에서 두 서신을 나란히 늘어놓고 항목에 따라 인증하여, 앞의 시작하는 오십 이 글자를 삭제함으로써 의혹을 없애고자 한다.

歆叩頭. 昨受詔, 宓五官郎中田儀①與官婢陳徵·駱驛等私逋,[3] 盜刷越巾事, 即其夕竟歸府. 詔問三代周秦軒車使者, 逌人使者, 以歲八月巡路, 求代語·僮謠·歌劇, 欲頗得其最目. 因從事郝隆求之有日, 篇中但有其目, 無見文者. 歆先君數爲孝成皇帝言, 當使諸儒共集訓詁, 『爾雅』所及, 五經所詁, 不合『爾雅』者 詁[4]籀爲病, 及諸經氏之屬, 皆無證驗, 博士至以窮世之博學者, 偶有所見, 非徒無主而生是也. 會成帝未以爲意, 先君又不能獨集, 至於歆身, 脩[5]軌不暇, 何偟更創?

저 유흠은 삼가 아룁니다. 지난 번 명을 받아서 오관랑중 전의와 관비 진징, 낙역 등이 몰래 서책을 훔쳤던 일은 즉시 그날 저녁에 관부로 잡아 들였습니다. 명을 받들어 하, 은, 주 삼대와 주, 진의 헌거사자와 유인사자들은 매년 8월에 각 지방을 돌면서 대어代語, 동요, 가극(의 가사)을 구하여 상당히 일목요연한 목록을 얻고자 하였습니다. 학륭이 여러 날 그것을 구하였는데, 수집한 것 가운데 오직 목록만 있을 뿐 본문 내용이 없는 것이 있었습니다. 저의 선친께서는 여러 차례 효성제께 말씀 올리기를, 마땅히 여러 선비들로 하여금 『이아』에서 언급한 것과 오경에서 풀이한 훈고를 함께 모아야 한다고 하였습니다. 『이아』와 부합되지 않는 것은 이해하는 데 어렵다는 약

3 다른 판본에는 '私逋'가 '私通'으로 되어 있고, 戴震이 이를 고친 것이다.
4 錢繹의 『方言箋疏』에서는 이 대목의 '詁'는 '詁'이 되어야 한다고 했다.
5 '脩軌'를 盧文弨는 '循軌'로 해야 한다고 하였다.

점이 있습니다. 나아가 여러 경사들의 저작에 이르러서도 모두 증험할 만한 것이 없으니, 박사들이 이 세상에서 가장 박학한 자들인데도 어떤 때에는 그들의 견해가 옳지 않은 경우도 있었습니다. 그 당시 성제께서 아직 뜻을 두지 않았으므로, 선친 또한 홀로 수집할 수가 없었습니다. 저에 이르러서도 그것을 연구할 겨를이 없으니, 어찌 새로 지을 여유가 있겠습니까?

① 案常璩『華陽國志』, 前漢有侍郎田儀.

상거常璩의 『화양국지』에 의하면, 전한 시대에 시랑 전의田儀라는 자가 있었다.

屬聞子雲讀採集先代絕語 異國殊語, 以爲十五卷, 其所解略多矣, 而不知其目. 非子雲澹雅之才, 沈鬱之思, 不能經年銳精以成此書, 良爲勤矣[②]! 歆雖不遘過庭, 亦克識先君雅訓, 三代之書蘊藏於家, 直不計耳.

당신께서 홀로 고대의 절어와 각각 다른 나라의 말들을 채집하여 15권으로 만들었으며, 풀이한 바가 꽤 많다고 들었습니다만 그 상세한 조목을 알지 못하고 있습니다. 당신의 고담한 재주와 심오한 지혜가 아니었다면 여러 해 동안 치밀하게 연구한다고 해도 이 책을 완성할 수가 없었을 것이니, 정말로 수고가 많으셨습니다. 제가 비록 선친에게 미치지는 못하지만, 역시 선친의 올바른 훈고를 알 수 있고, 삼대의 서적들이 집에 잘 보관되어 있는 것을 다 헤아리지 못할 뿐입니다.

② 案任昉王文憲集序, 沈鬱澹雅之思, 李善『注』云: "揚雄爲『方言』, 劉歆與雄書曰; 非子雲澹雅之才, 沈鬱之志, 不能成此書", 志乃思之訛.

임방任昉이 쓴 『왕문헌집』의 서문에, "심오하고 담아한 사색(沈鬱澹雅之思)"이라는 말이 있다. 이선의 『주』에 "양웅이 『방언』을 지었는데, 유흠이 양웅에게 서신을 보내어 말하기를 '그대의 담아한 재주와 심오한 뜻(澹雅之才、沈鬱之志)이 아니라면 이 책을 이루지 못하였을 것'이라고 하였다"는 구절이 있다. 여기에서 '지志'는 '사思'의 오류다.

今聞此, 甚爲子雲嘉之已. 今聖朝留心典誥, 發精於殊語, 欲以驗考四方之事, 不勞戎馬高車之使, 坐知傜俗, 適子雲攘意之秋也. 不以是時發倉廩以振贍, 殊無爲明, 語將何獨挈之寶? 上以忠信明於上, 下以置恩於罷朽, 所謂知蓄積, 善布施也.

이제 이 소식(당신께서 이 책을 완성하셨다는 소식)을 들으니, 정말로 당신으로 인하여 기쁩니다. 지금 한 왕실에서는 경전의 해석에 주의를 기울이고, 서로 다른 말들에 힘을 쏟음으로써, 사방의 일을 살피고자 하며, 직접 사람들을 각지로 보내지 않고도 앉아서 세속의 말들을 알고자 하니, 바로 당신이 뜻을 떨치는 시기로군요. 올바른 때에 맞추어 창고를 열고 널리 베풀지 않으면 널리 알려지는 바가 없으니, 어찌 홀로 보배를 지녔다 하겠습니까? 위로는 충성과 신의로 황제께 알리고, 아래로는 하찮은 자들에게까지 은혜를 베푸는 것이 바로 지식이 쌓이는 것이고 선이 베풀어지는 것입니다.

蓋蕭何造律, 張倉[6]推曆, 皆成之於帷幕, 貢之於王門, 功列於漢室, 名流於無窮. 誠以隆秋之時, 收藏不殆, 饑春之歲, 散之不疑, 故至於此也. 今謹使密人奉手書, 願頗與其最目, 得使入籙, 令聖朝留明明之典. 歆叩頭, 叩頭.

대개 소하가 법률을 만들고, 장창이 역법을 계산한 것이 모두 막부에서 이루어졌으며, 황제에게 바침으로써 그 공이 한 왕실에 세워지

6 張蒼을 張倉으로 쓰고 있다.

고 이름이 무궁토록 전해졌습니다. 진실로 번영한 시대에는 위태롭지 않게 잘 보존되지만, 곤궁한 시기에는 틀림없이 흩어지게 되는 것이니, 그리하여 오늘날에 이르게 된 것입니다. 지금 삼가 아랫사람을 통해 편지를 보내니, 완비된 목록을 주셔서 이를 기록으로 남겨 한 왕실의 뛰어난 경전이 되도록 할 수 있기를 기원합니다. 유흠이 삼가 머리를 조아려 아룁니다.

양웅이 유흠에게 보내는 답신

揚雄答劉歆書

案劉勰『文心雕龍・書記篇』云, "漢來筆札, 辭氣紛紜. 觀史遷之報任安, 東方朔之難公孫, 楊惲之酬會宗, 子雲之答劉歆, 志氣槃桓, 各含殊采. 竝杼軸乎尺素, 抑揚乎寸心."

유협의 『문심조룡・서기편』에 말하기를, "한대 이래의 필찰 서신들은 문사의 기세가 성하고 어지럽다. 사마천의 「보임안서」, 동방삭이 공손홍을 비난한 「알공손홍서」, 양운이 손회종에게 보낸 「수손회종서」, 양웅의 「답유흠서」를 보면, 그들이 서술한 정지情志와 의기意氣는 선회하며 울려 메아리치고, 각각 특이한 문채를 가지고 있다. 마치 견직물을 짜듯이 서신에 공을 들여 내심의 사고나 감정을 밑에 깔거나 드러나게끔 한다"고 하였다.

雄叩頭, 賜命謹至, 又告以田儀事, 事窮竟白, 案顯出[1], 甚厚甚厚. 田儀與雄同鄉里, 幼稚爲鄰, 長艾相愛, 視覬動精采, 似不爲非者, 故擧至之, 雄之任也.① 不意淫迹汙[2]暴於官朝, 令擧者懷赧而低眉, 任者含聲而宛舌.② 知人之德, 堯猶病諸[3], 雄何慚焉! 叩頭叩頭.

양웅은 머리를 조아려 아룁니다. 명을 내리시니 두려움이 극에 달합니다. 또 전의의 사건(관비와 사통하고 절도를 저지른 일)이 규명을 다 마치게 되어, 완전히 명백하게 되고 안건에 붙여졌으니 실로 베풀어주신 은혜가 깊습니다. 전의와 저는 동향 사람이며, 어려서부터 이웃으로서, 자라면서 서로를 아꼈습니다. 제가 보건대 예전에 그는 행동에 절도를 갖추고 있어서, 그릇된 자라고는 생각지 않았습니다. 그리하여 그를 천거하기에 이르렀으니 이는 전부 저의 책임입니다. 뜻밖에도 조정에서 관리 노릇을 하면서 도리에 어긋난 행적이 드러나게 되었으니, 추천한 자로 하여금 부끄러움을 품고 눈썹을 내려뜨리게 하며, 임용했던 자로 하여금 할 말을 참고 혀를 놀리지 못하게 하고 있습니다. 사람을 알아보는 품덕은 요임금조차 어렵다고 여겼던 것이니, 제가 어찌 감히 부끄러워하겠습니까? 삼가 머리를 조아립니다.

① 案『舊唐書・薛登傳』, 登本名謙光, 天授中爲左補闕時, 選擧頗濫. 謙光上疏曰, "謹案漢法, 所擧之主, 終身保任. 揚雄之坐田儀, 責其冒薦. 成子之居魏相, 酬於得賢."

『구당서・설등전』에 의하면, 설등의 본명은 겸광이며, 천수년간(690-692)에 좌보궐이 되었을 때, 선거가 상당히 어지러웠다. 겸광은 상소를 올려 말하기를,

1 유흠의 「與揚雄書」에 "지난 번 명을 받아서 오관랑중 田儀와 관비 陳徵, 駱驛 등이 몰래 서책을 훔쳤던 일"이 있었다는 대목이 있다. 전의는 『華陽國志』의 「益梁寧三州先漢以來士女目錄」에 "其侍郎田儀, 楊得意, 無善事在中也"라는 구절에 보인다.

2 '迹汙'의 '汙'라는 글자가 『古文苑』에는 없다. 역자도 이를 해석하지 않았다.

3 『尙書・皐陶謨』에 "皐陶曰, 都, 在知人, 在姜民. 禹曰, 吁, 咸若時, 惟帝其難之"이라는 구절이 있고, 『論語・雍也篇』에 "요순도 오히려 그것을 근심하였다(堯舜其猶病諸!)"는 구절이 있는데, 이런 전거에 의한 것이라 생각된다.

"삼가 한조의 법을 살펴보니, 뽑힌 사람의 주인은 종신토록 그 자리를 맡습니다. 양웅이 전의를 단죄하면서 함부로 전의를 천거했던 것을 (스스로) 탓했으며, 성자成子가 위나라 재상이 된 것은 현인을 얻은 대가였습니다"라고 하였다.

② 案令各本訛作今, 遽文義改正.

'령令'이라는 글자는 각 판본에 모두 '금今'이라고 잘못 되어 있는데, 문장의 뜻에 따라 바르게 고쳤다.

又敕以殊言十五卷, 君何由知之? 謹歸誠底裏[4], 不敢違信. 雄少不師章句, 亦於五經之訓所不解. 嘗聞先代輶軒之使奏籍之書, 皆藏於周秦之室.③ 及其破也, 遺棄無見之者. 獨蜀人有嚴君平④ · 臨邛林閭翁孺者⑤[5], 深好訓詁, 猶見輶軒之使所奏言. 翁孺與雄外家牽連之親, 又君平過誤, 有以私遇, 少而與雄也. 君平財有千言耳, 翁孺梗槪之法略有. 翁孺往數歲死, 婦蜀郡掌氏子, 無子而去.⑥

또 칙명으로 『수언』 15권을 지은 것을 당신께서는 어떻게 아셨습니까? 삼가 충심으로 성의를 다하여 명령에 응하니, 결코 기대를 저버리지 않고자 합니다. 저는 어려서부터 장구를 모범으로 삼지 않고 오경의 풀이에 대해서도 이해하지 못하는 바가 있었습니다. 일찍이 제가 듣기에 선대의 유헌지사가 각지를 다니며 채집하여 상주한 서적이 모두 주나라와 진나라의 궁중에 노관되어 있었으나, 궁실이 파괴된 후에는 서적이 흩어지고 유실되어 볼 수 없다고 합니다. 오직 촉 땅의 엄군평과 임공의 임려옹유라는 자만이 훈고를 매우 좋아하

4 가슴 깊은 곳의 진심을 말한다.

5 嚴君平은 莊遵이며, 君平은 그의 字다. 후한 명제의 諱字인 '莊'을 피하여, '嚴'으로 고친 것이다. 『漢書 · 王貢兩龔鮑傳』과 『華陽國志』 제10권(상)의 「先賢士女」에 보인다. 林閭翁孺는 『華陽國志』 제10권(上)의 「先賢士女」에 역시 그와 관련된 기사가 있다.

여, 유헌지사가 상주한 말들을 볼 수 있다고 들었습니다. 옹유는 저의 외가와 가까운 친척이며, 또 엄군평에게는 과분하게도 호의를 가지고 저를 직접 만나 주었고, 어린 나이에 유헌사자의 말을 저에게 가르쳐 주었습니다. 엄군평이 가진 유헌사자의 말은 기껏 천 글자뿐이었고, 옹유는 대강 정도를 가지고 있었습니다. 옹유가 얼마 있어 사망했는데, 촉군의 장씨의 자녀를 아내로 맞았었지만 아들이 없이 죽었습니다.

③ 案嘗各本訛作常. 『文選・宣德皇后令』: "輶軒萃止"[6]. 李善『注』云; "「揚雄答劉歆書」曰, '常聞先代輶軒之使'." 亦同訛. 謝瞻「王撫軍庾西陽集別詩[7]」; "輶軒命歸僕."[8] 『注』引此句, 作嘗, 不訛.[9]

'상嘗'을 각 판본에서는 '상常'이라고 잘못 기록했다. 『문선・선덕황후령』에 "유헌췌지輶軒萃止(유헌지사들이 모두 모였다)"라는 구절이 있는데, 그에 대한 이선의 『주』에서 말하기를, "「양웅답유흠서(양웅이 유흠에게 보내는 편지)」에 '늘(常) 선대의 유헌사자에 대한 말을 들었습니다'라고 되어 있다"고 하였다. 여기에서도 역시 (상嘗이라는 글자가 상常으로) 틀리게 되어 있다. 사첨의 「왕무군유서양집별시」에 "유헌명귀복輶軒命歸僕"이라는 구절이 있다. 이에 대한 이선의 『주』에서 이 구절을 인용하였는데, '상嘗'이라고 기록하였으니 틀리지 않았다.

④ 案常璩『華陽國志』云, "高尙逸民嚴遵, 字君平, 成都人", 又云, 嚴君平經德秉哲. 『漢地理志』"後有王褒嚴遵揚雄之徒, 文章冠天下", 又「王貢兩龔鮑傳」, "蜀有嚴君平, 博覽亡不通. 揚雄少時從遊學, 蜀人愛敬, 至今稱焉." 嚴遵卽莊遵, 漢顯宗

---

6 "帝有恧焉, 輶軒萃止, 今遣某位某甲等, 率兹百辟, 人致其誠."

7 본래 『文選』에 실린 시의 제목은 「王撫軍庾西陽集別時爲豫章太守庾被征還東」이다.

8 "頽陽照通津, 夕陰曖平陸. 榜人理行艫, 輶軒命歸僕."

9 "「吳都賦」曰 : '輶軒蓼擾.' 『毛詩』曰 : '輶車鑾鑣.' 「楊雄答劉歆書」曰 : '嘗聞先代輶軒之使.'"

孝明皇帝諱莊, 始改爲嚴. 揚雄『法言·問明篇』, "蜀莊沈冥. 蜀莊之才之珍也". 吳秘『注』云, "莊遵, 字君平." 洪邁『容齋隨筆』以『法言』不諱莊字, 何獨此書而曰嚴, 不知本書不諱, 而後人改之者多矣. 此書下文蜀人有楊莊者, 不改莊字, 獨習熟於嚴君平之稱, 而妄改之與. 後石室改爲石渠同.

상거의 『화양국지』에 말하기를, "성품이 고상한 일민逸民 엄준의 자는 군평이고, 성도 사람이다"라고 하였다. 또 말하기를, "엄군평은 덕을 갖추고 있으며 명철함을 지녔다"고도 하였다. 『한서·지리지』에 "후에 왕포, 엄준, 양웅과 같은 이들은 문장이 천하에 드날렸다"고 하였다. 또 「왕공양공포전」에 "촉 땅에 엄군평이라는 자가 있는데, 널리 폭넓게 독서하여 두루 통하지 않는 바가 없었다. 양웅은 젊어서 그에게 나아가 배웠다. 촉 사람들은 그를 아끼고 존경하여 지금까지도 그를 높이 일컫곤 한다"는 기록이 있다. 엄준은 곧 장준으로, 한 현종 효명황제의 장莊이라는 글자를 휘하여 비로소 엄嚴으로 고쳤다. 양웅의 『법언·문명편』에, "촉 땅의 장 선생님께서는 깊은 생각에 빠지곤 하였으며, 촉 땅 장 선생님의 재주는 실로 진귀하다"고 하였다. 오비의 『주』에 말하기를, "장준의 자는 군평이다"라고 하였다. 홍매는 『용재수필』에서 『법언』에서 장莊이라는 글자를 피휘하지 않았는데, 어찌하여 이 서신에서는 또 엄嚴이라고 썼는지 의심하였는데, 이는 본래의 서신은 피휘하지 않았고 다만 후대 사람들이 그것을 고친 경우가 많다는 것을 그가 알지 못했기 때문이다. 이 서신의 아래 부분에 촉 사람 중에 양장이라는 자가 있다는 대목에서는 장莊이란 글자를 고치지 않았다. 오직 엄군평의 호칭에만 익숙해서 그것을 함부로 고친 것이다. 이 서신의 뒤에 나오는 석실石室을 석거石渠로 고친 것과 같다.

⑤ 案『廣韻』"林閭氏, 出自嬴姓", 『文章志』云, "後漢有蜀都林閭翁孺, 臨邛人, 博學善書而『華陽國志』乃云, "林閭, 字公孺, 臨邛人, 揚雄師之, 見『方言』". 又云, "林翁儒訓詁玄遠". 似以爲林姓閭名, 且公孺·翁留, 訛舛互異. 據此書, 林閭定是複姓. 其曰, "見『方言』"者, 與李善注『文選』引此書稱"揚雄『方言』曰"同. 然則, 此書附『方言』內其來久矣.

『광운』에 임려씨는 영성嬴姓으로부터 나왔다고 하였다. 『문장지』에 말하기를, "후한 시대 촉도에 임려옹유라는 자가 있었는데, 임공臨邛 사람이며, 양웅이 그에게 나아가 사사하였다는 기록이 『방언』에 보인다"고 하였다. 또 말하기를, "임옹유의 가르침은 현묘하고 유원하다"고 하였는데, 아마도 성이 림林이고 이름이 려閭라고 여겼던 것 같다. 또 공유, 옹류라고 한 것은 잘못 되어 서로 차이가 나는 것이다. 이 서신에 의하면, 임려는 분명히 복성이다. "『방언』에 보인다"고 말한 것은 이선이 『문선』을 주해하면서 이 서신을 인용할 때 "양웅의 『방언』에 말하기를"이라고 한 것과 같다. 그렇다면 이 서신이 『방언』의 안에 부록된 지가 오래 된 일일 것이다.

⑥ 案王應麟『姓氏急就篇』云, "掌氏, 晉有掌同, 前涼有掌據, 宋掌禹錫, 漢揚雄書林閭婦蜀郡掌氏子."

왕응린의 『성씨급취편』에 말하기를, "장씨掌氏에는 진晉에 장동이 있고, 전량前涼에 장거가 있으며, 송宋에 장우석이 있고, 한대 양웅의 서신에 임려가 촉도의 장씨掌氏 자녀를 부인으로 맞이하였다"고 하였다.

而雄始能草文, 先作「縣邸銘」「王佴頌」「階闥銘」及「成都城四隅銘」.[10] 蜀人有楊莊者, 爲郞, 誦之於成帝.⑦ 成帝好之, 以爲似相如, 雄遂以此得外見⑧[11]. 此數者皆都水君嘗見也[12], 故不

10 이 네 작품은 모두 산일되어 전하지 않는다. '王佴'는 양웅의 「감천부」와 『淮南子・本經訓』에 나오는 '王爾'라는 기술이 뛰어난 장인의 이름이리라고 洪誠의 『中國歷代語言文字學文選』에서 말했다. '階闥'은 계단과 궁중의 작은 문을 가리키며, 궁중을 의미한다.

11 『문선』 제7권, 「감천부」의 李周翰 『注』에 "양웅은 집이 가난하였으나 배우기를 좋아했다. 매번 문장을 지을 때마다 사마상여를 모방하여 지었는데, 언젠가 한 번은 「緜竹頌」을 지었다. 성제 당시에 宿郞이었던 양장이라는 자가 (성제 앞에서) 이 작품을 낭송하자 성제는 이 작품이 사마상여의 문장인 것 같다고 하였다. 양장이 답하여 말하기를 '아닙니다. 이는 저의 동향 사람인 양자운의 작품입니다'라고 하였다. 황제는 즉시 양자운을 불러 만나서는 그

復奏.⑨

제가 처음 글을 쓰게 되자, 먼저 「현저명」, 「왕이송」, 「계달명」 및 「성도성사우명」 등을 지었습니다. 촉 땅의 양장이라는 사람이 낭관이 되어 저의 작품들을 성제 앞에서 낭송하자, 성제께서 이를 좋아하시고 사마상여의 작품과 비슷하다고 여기셔서, 저는 이로 인하여 성제를 배알할 수 있게 되었습니다. 이 작품들은 당신의 선친(유향劉向)께서 일찍이 보셨던 것이기에, 다시 상주하지 않았습니다.

⑦ 案『華楊國志』云: "尙書郎楊壯, 成都人, 見揚子『方言』." 又云: "其次楊壯, 何顯, 得意之徒恂恂焉, 斯蓋華岷之靈標, 江漢之精華也." 莊之爲壯, 蓋避諱所改. 其曰, "見揚子『方言』"者, 亦卽指此書.

『화양국지』에 "상서랑 양장이라는 자는 성도 사람이며, 양웅의 『방언』에 보인다"고 하였다. 또 말하기를 "그 다음으로 양장과 하현이라는 자는 뜻을 얻은 사람들로서 매우 진실되므로, 화華 지역과 민岷 지역의 뛰어난 표지가 되며, 강江수와 한漢수 지역의 정화다"라고 하였다. 장莊을 장壯으로 쓴 것은 아마도 피휘하여 고쳤을 것이다. "양웅의 『방언』에 보인다"고 한 것은 역시 이 서신을 가리킨다.

⑧ 案『文選・甘泉賦』 李善『注』云: "雄「答劉歆書」曰: '雄作「成都城四隅銘」, 蜀人有楊莊者爲郎, 誦之于成帝, 以爲似相如, 雄遂以此得見.'" 李周翰『注』云: "揚雄家貧好學, 每製作慕相如之文, 嘗作「緜竹頌」, 成帝時直宿郎楊莊誦此, 文帝曰: '此似相如之文.' 莊曰: '非也, 此臣邑人揚子雲.' 帝卽召見, 拜爲黃門侍郎."

를 황문시랑에 제수하였다(揚雄家貧好學, 每制作慕相如之文, 嘗作緜竹頌. 成帝時直宿郎楊莊, 誦此文, 帝曰, 此似相如之文. 莊曰, 非也, 此臣邑人揚子雲. 帝卽召見, 拜爲黃門侍郎)"라고 되어 있다.

12 郡水君은 劉向을 가리킨다. 『한서』 본전에 "向以故九卿召拜爲中郎, 使領護三輔郡水"라는 구절이 있으며, 『戰國策・序錄』에 "護左郡水使者光祿大夫臣向"이라고 기록되어 있다.

『문선·감천부』의 이선 『주』에 말하기를, "양웅의 「답유흠서」에 '저 양웅이 「성도성사우명」을 지었는데, 촉 땅의 양장이라는 사람이 낭관이 되어 저의 작품들을 성제 앞에서 낭송하자, 성제께서 이를 좋아하시고 사마상여의 작품과 비슷하다고 여기셔서, 저는 이로 인하여 성제를 배알할 수 있게 되었습니다'"라고 하였다. 이주한의 『주』에 말하기를, "양웅은 집이 가난했으나 배우기를 좋아하여, 매번 사마상여의 문장을 모방하여 글을 지었다. 일찍이 「면죽송」을 지었는데, 성제 때에 숙랑宿郎이었던 양장이라는 자가 이를 읊자, 문제가 말하기를, '이는 사마상여의 문장과 흡사하다'고 하였다. 양장이 아뢰기를 '아닙니다. 이는 신과 같은 고향 사람인 양자운이 지은 것입니다'라고 하자, 황제는 곧 불러들였고, (양웅은) 황문시랑이라는 벼슬을 받게 되었다"고 하였다.

⑨ 案『古文苑』章樵『注』云:"歆父向也. 歆書多稱先君, 故此答之. 向嘗爲護左都水使者, 前所爲文, 向卽嘗見, 歆宜習知之."

『고문원』의 장초 『주』에 "유흠의 부친은 유향이다. 유흠의 서신에서 선군이라고 종종 칭하였으므로, 이렇게 답하였다. 유향은 일찍이 호좌도수사자가 되었는데, 앞에서 말한 작품들을 유향은 일찍이 본 일이 있었다. 유흠은 마땅히 이에 대하여 잘 알고 있었을 것이다"라고 하였다.

雄爲郎之歲⑩, 自奏, 少不得學, 而心好沈博絶麗之文. 願不受三歲之奉, 且休脫直事之繇, 得肆心廣意, 以自克就. 有詔, 可不奪奉. 令尙書賜筆墨錢六萬, 得觀書於石室.⑪ 如是後一歲, 作「繡補」「靈節」「龍骨」之銘詩三章⑫[13], 成帝好之, 遂得盡意.

제가 낭관이 된 해에 스스로 황제께 고하기를, 어려서 배움을 얻지

---

13 『고문원』의 章樵 『注』는 "繡補는 아마도 裀褥, 즉 요와 같은 종류로서, 거기에 수를 놓은 것이고, 靈節이란 靈壽杖이다. ……龍骨은 水車다. 禁苑의 연못 안에 있는 것으로, 간혹 이로써 물을 댄다. 銘詩는 지금 모두 일실되어 고찰할 수 없다"고 했다.

못하였으나, 마음속으로는 심오하고 뛰어난 글을 좋아하니, 원컨대 삼년간 녹봉을 받지 않고 봉직의 수고로움에서 벗어나, 마음껏 뜻을 넓혀서 학문의 길에 나아갈 수 있게 해주십사 청했습니다. 황제께서는 조서를 내리시어 녹봉을 빼앗지 않으시고, 상서로 하여금 필묵과 육만 량을 내리게 하시며 석실(옛 서적들을 모아둔 황실의 서적 창고)에서 책을 볼 수 있도록 허락하셨습니다. 그리하여 한 해가 지난 후에, 「수보」, 「영절」, 「용골」 등의 명시 세 편을 지었는데 성제께서 이를 좋아하시어, 그 뜻을 다할 수가 있었습니다.

⑩ 案『古文苑』章樵『注』云 : "雄年四十餘, 自蜀來游京師; 歲餘奏「羽獵賦」, 除爲郎; 年七十一卒于天鳳五年. 計爲郎之歲當在戎帝元延年間."

『고문원』 장초의 『주』에 말하기를 "양웅은 사십여 세가 되어서 촉 땅으로부터 경사로 오게 되었다. 한 해가 좀 지나 「우렵부」를 상주하고 낭관으로 제수받았다. 칠십일 세가 되어 천봉 5년에 사망하였다. 이를 따져보면 (양웅이) 낭관이 된 해는 마땅히 성제 원연 연간에 해당된다"고 하였다.

⑪ 案室各本訛作渠, 蓋後人所改. 左思「魏都賦」: "閱玉策于金縢, 案圖籙于石室." 劉逵『注』云 : "揚雄「遺劉歆書」曰 : '得觀書于石室.'" 『文心雕龍·事類篇』曰 : "夫以子雲之才, 而自奏不學, 及觀書石室, 乃成鴻采. 表裏相資, 古今一也." 今據以訂正.

'실室'이라는 글자는 각 판본에 '거渠'라고 잘못 되어 있는데, 아마도 후대 사람들이 고쳤을 것이다. 좌사의 「위도부」에 "금등에서 옥책을 살펴보며, 석실에서 도록을 연구한다"는 구절이 있는데, 유규의 『주』에 말하기를, "양웅의 「유유흠서」에 '석실에서 책을 볼 수 있었다'는 말이 있다"고 하였다. 『문심조룡·사류편』에 말하기를, "무릇 양웅과 같은 재능을 가지고서도 스스로 배운 바가 없다고 상주하여, 석실에서 책을 보기에 이르렀으며, 이에 훌륭한 문장을 이루었으니, 안과 밖이 서로 바탕이 되는 것은 예나 지금이나 한 가지의 이치다"라고 하였다. 지금 이에 근거하여 바르게 고친다

⑫ 案『古文苑』章樵『注』云: "繡補疑是裀褥之類加繡其上. 靈節, 靈壽杖也. 『漢書』靈壽杖『注』: 木似竹有枝龍, 長不過八九尺, 圍三四寸, 自然合杖制, 不須削治.[14] 節骨, 水庫也. 禁苑池沼中或用以引水. 銘詩今亡, 不可複考." 王應麟『玉海』引『古文苑』及此『注』.

『고문원』 장초의 『주』에 말하기를, "수보는 아마도 인욕, 즉 요와 같은 종류로서, 거기에 수를 놓은 것이고, 영절이란 영수장이다. 『한서』에 나오는 '영수장'이라는 말에 대한 『주』에 영수라는 나무는 마치 대나무처럼 생겼으며 가지에 마디가 있다. 길이는 8-9척에 불과하며 둘레는 3-4촌이다. 저절로 지팡이 모양에 맞으니[15], 깎고 다듬을 필요가 없다. 용골은 수거다. 금원의 연못 안에 있는 것으로, 간혹 이로써 물을 댄다. 명시는 지금 모두 일실되어 고찰할 수 없다"고 하였다. 왕응린의 『옥해』에서 『고문원』의 이 문장과 이 『주』를 인용하였다.

故天下上計・孝廉及內郡衛卒會者, 雄常把三寸弱翰, 齎油素四尺⑬, 以問其異語. 歸卽以鉛摘次之於槧, 二十七歲於今矣.⑭ 而語言或交錯相反, 方復論思, 詳悉集之, 燕其疑.⑮

따라서 각지에서 올라온 상계上計와 효렴孝廉 및 내군內郡의 위졸들이 모이면, 저는 언제나 세 치의 가는 붓과 기름 먹인 비단 네 척을 손에 들고 경사의 말과는 다른 말들을 물어 조사하였으며, 돌아오는 즉시 납으로 서판에 기록하였는데, 이것이 오늘날에 이르기까지 27년이 되었습니다. 그런데 지역마다 서로 말이 다르기 때문에 빠짐없이 반복하여 심사숙고하고, 모든 지식을 모아 그 의문을 풀었습니다.

---

14 『한서』 제51권 「匡張孔馬傳」에 "靈壽杖"이라는 말이 나오며 이에 대한 주해는 다음과 같으니 대진이 인용한 것과 다소 출입이 있다. "孟康曰, '扶老杖也.' 服虔曰, '靈壽, 木名.' 師古曰, '木似竹, 有枝節, 長不過八九尺, 圍三四寸, 自然有合杖制, 不須削治也.'" 예컨대, '有枝龍'은 '有枝節'으로 되어 있다. 여기에서는 新校本 『한서』에 의거하여 해석하였다.

15 본래 자라나는 모양이 지팡이의 형태로 생겼다는 뜻이다.

⑬ 案左思「吳都賦」: "鳥策篆素." 李善『注』云: "篆素, 篆書于素也. 揚雄書曰: 齎油素四尺."

좌사의 「오도부」에 "조서鳥書는 죽간에 쓰고 전서篆書는 비단에 쓴다"는 대목이 있는데, 이선의 『주』에서 "전소篆素란 비단에다 전서를 쓰는 것이다. 양웅의 서신에 '기름 먹인 비단 네 척(齎油素四尺)'이라는 말이 있다"고 하였다.

⑭ 案『漢書・成帝紀』: "永始二年春正月己丑, 大司馬車騎將軍王音薨. 三年十月庚辰, 皇太后詔, 有司復甘泉太畤, 汾陰后土. 四年春正月, 行幸甘泉, 郊泰畤. 三月行幸河東, 祠后土. 元延二年春正月, 幸甘泉, 郊泰畤. 三月行幸河東, 祠后土. 冬行幸長楊宮, 從胡客大校獵."

「揚雄傳」: "孝成帝時, 客有薦雄文似相如者, 上方郊祠甘泉泰畤, 汾陰后土, 吕求繼嗣. 召雄待詔承明之庭. 正月, 從上甘泉, 還, 奏「甘泉賦」吕風. 其三月, 將祭后土, 上乃帥群臣橫大河, 湊汾陰. 旣祭, 行游介山, 回安邑, 顧龍門, 覽鹽池, 登歷觀. 陟西岳吕望八荒, 迹殷周之虛, 眇然吕思唐虞之風. 雄以爲臨川羡魚, 不如歸而結罔. 還, 上「河東賦」吕勸.

其十二月, 羽獵, 雄從, 聊因「校獵賦」吕風. 明年, 上將大誇胡人吕多禽獸, 秋, 命右扶風發民入南山, 西自褒斜, 東至弘農, 南敺漢中, 張羅罔罝罘, 捕熊羆豪豬虎豹狖玃狐兎麋鹿, 載吕檻車, 輸長楊射熊館, 吕罔爲周阹, 縱禽獸其中, 令胡人手搏之, 自取其獲, 上親臨觀焉. 是時, 農民不得收斂. 雄從至射熊館, 還, 上「長楊賦」吕風.

「贊」曰: "初, 雄年四十餘, 自蜀來至游京師, 大司馬車騎將軍王音奇其文雅, 召吕爲門下史, 薦雄待詔, 歲餘, 奏「羽獵賦」, 除爲郎, 給事黃門, 與王莽, 劉歆竝. 哀帝之初, 又與董賢同官. 當成, 哀, 平間, 莽, 賢皆爲三公, 權傾人主, 所薦莫不拔擢, 而雄三世不徙官. 年七十一, 天鳳五年卒."

考王音薨于成帝永始二年丙午正月, 設雄至京師卽在前一年乙巳, 下至王莽天鳳五年戊寅, 凡三十四年, 時雄年三十八, 不得云"年四十餘, 始自蜀來". 至復甘泉泰畤, 汾陰后土, 在永始三年十月, 四年始有行幸甘泉, 河東事, 則王音薨巳三年. 「傳」序「甘泉賦」「河東賦」「羽獵賦」爲一年所作, 斷屬元延二年庚戌, 王音薨且五年,不得云"音薦雄待詔, 歲餘奏「羽獵賦」." 今此書言楊莊而絶不及音, 音薦雄殆出于傳聞, 失實. 故『漢書』中「紀」與「傳」已相矛盾, 大抵「紀」據策書, 年月日必詳, 而「傳」所據不一, 或作者追憶失之. 行幸長楊宮, 從胡客大校獵, 「紀」爲元延二年冬, 「傳」因雄有「長楊」「羽獵」二賦, 遂以長楊大校獵繫之羽獵後. 別云, "明年", 若以明年爲元延三年, 則「紀」於三年無其事; 若以"明年"爲元延二年, 則『紀』于元年無行幸甘泉, 河東及羽獵事. 此亦「傳」誤也.

「郊祀志」平帝時, 王莽奏稱永始元年三月, 巳未有皇孫, 復甘泉, 河東祠, 與「紀」之繫于永始三年十月庚辰不合. 此莽追憶, 以故年月參差也. 李善注『文選』引『七畧』云: "「甘泉賦」永始三年正月待詔臣雄上, 「羽獵賦」永始三年十二月上, 「長楊賦」綏和元年上." 善辯之曰: "『漢書』永始四年正月行幸甘泉, 三年無幸甘泉之文, 疑『七略』誤也. 綏和在校獵後四歲, 無容元延二年校獵綏和元年賦. 又疑『七略』誤也." 『七畧』之誤, 蓋如莽奏之一時追憶, 致年月參差. 而「甘泉」諸賦則斷宜作于元延二年, 時雄年四十三, 楊莊誦其文于成帝, 卽在此元年二年間. 所謂"年四十餘, 自蜀來至游京師"者, 語應有據依, 非空撰出.

班固未見雄『方言』及歆, 雄遺答書, 故列雄論著絶不及此. 『傳』內遺楊莊而以爲王音, 然于前云孝成帝時客有薦雄文似相如者, 上方郊祠甘泉泰畤, 汾陰後土, 巳求繼嗣, 召雄待詔承明之庭, 事在王音薨后, 與雄答書合. 不能指名楊莊, 泛目曰客. 亦不言王音, 原自謹嚴. 「贊」內擧音薦雄待詔, 不過附存異聞. 使雄由王音薦, 則"年四十餘"當改之曰"年三十餘", 其去元延二年爲久滯京師矣. 此又書言楊莊, 較之「傳・贊」內言王音者爲可信. 然則劉歆遺雄書求『方言』應在天鳳三四年之間矣. 『古文苑』章樵『注』云: "計雄是時年近七十." 葛洪『西京雜記』: "揚子雲好事, 嘗懷鉛提槧, 從諸計吏訪殊方絶域四方之語, 以爲裨補輶軒所載, 亦洪意也."

『한서・성제기』에 "영시永始 2년 춘 정월 기축己丑일에 대사마차기장군 왕음王音이 죽었다. 영시 3년 10월 경진일에 황태후가 아랫사람들에게 고하여 유사有司는 황천甘泉의 태치太畤와 분음汾陰의 후토后土를 복구하였다. 영시 4년 춘 정월, 감천궁으로 행차하였으며 태치泰畤에서 교사를 지냈다. 3월에 하동으로 행차하여 후토에 제사를 지냈다. 원연元延 2년 춘 정월에 감천궁으로 행차하여 태치에 교사를 지냈다. 3월에 하동으로 행차하여 후토에 제사를 지냈다. 그 해 겨울에 또 장양궁으로 행차하여 호胡의 빈객들을 불러 모아 크게 교렵校獵[16]을 하였다"고 하였다.

『한서 · 양웅전』에, "성제 때, 한 빈객이 양웅의 문장이 사마상여의 문장과 닮았다고 추천하여 말하였다. 성제가 막 감천궁의 태치泰畤, 분음汾陰의 후토에 가서 교제를 거행하여 후사後嗣를 기구祈求할 준비를 하고 있었는데, 양웅을 불러 승명궁에서 명령을 기다리도록 하였다. 정월, 양웅이 성제를 따라 감천궁으로 갔다가 돌아온 후에, 「감천부」를 지어 올려 풍간하였다. 그해 삼월에 후토를 제사지내려 하였다. 성제는 군신들을 이끌고 대하를 건너 분음에 다들 모였으며, 제사를 지낸 후에 개산介山에 가서 둘러보고는 안읍安邑으로 돌아가 용문龍門을 바라보고 염지鹽池를 살펴보았으며, 역관歷觀에 올랐다. 서악의 줄기에 올라 팔황을 두루 내려다보았으며, 은주의 폐허를 두루 다니다보니 묘연히 당우唐虞의 풍격이 떠오르게 되었다. 양웅은 냇가에 이르러 물고기를 바라느니, 집으로 돌아가 그물을 엮는 것이 더 낫겠다고 생각하였다. 이에 돌아와서 「하동부」를 바쳐서 군주를 권면하였다"고 하였다.

그해 12월, 우렵羽獵[17]을 하였는데 양웅은 여기에 따라갔다. 이로 인하여 「교렵부」를 바쳐서 풍간하였다. 다음 해, 황제는 호인胡人들이 금수를 많이 잡았다고 크게 칭찬하였다. 가을에 우부풍右扶風에게 명하여 백성들을 남산南山으로 들어가게 하였다. 서쪽으로는 포사褒斜로부터 동쪽으로는 홍풍弘農에 이르기까지, 또 남으로는 한중漢中까지 몰아서, 짐승 잡는 그물을 넓게 펼치게 하고는, 웅비熊羆(큰곰), 호저豪豬(종갈색의 큰 돼지), 호랑이와 표범, 꼬리 긴 원숭이와 큰 원숭이, 여우와 토끼, 큰 사슴 등을 잡아, 우리에 가두고 수레에 싣고 왔다. 장양長楊의 사웅관射熊館으로 보내어 주변에 그물을 치게 하고는 금수들 가운데

16 나무 막대로 난간을 만들어 짐승을 나가지 못하게 하고 수렵을 하는 것을 말한다.

17 제왕이 수렵을 나갈 때 사졸들은 새의 깃털로 장식한 화살을 지고 따라 가므로 우렵羽獵이라고 한다.

풀어놓고 호인胡人들로 하여금 손으로 때려잡게 하였다. 포획을 하면 황제는 친히 다가가 그것을 보았다. 이 때에 농민들은 농사지은 것을 거두지 못하였다. 양웅은 사웅관射熊館에 따라 갔다가 돌아와서 「장양부」를 바치어 풍간하였다.

『한서·양웅전·찬』에 말하기를, "처음, 양웅이 40여 세 되었을 때, 촉도로부터 경사에 와서 유학하였다. 대사마거기장군이었던 왕음이 그의 문장이 전아한 것을 보고 기이하게 여겨 양웅을 그의 속관으로 초청하였고, 그를 추천하여 대조待詔가 되게 하였다. 일 년이 넘어 양웅은 「우렵부」를 지어 바치자 낭관, 급사황문으로 제수받았으며, 왕망·유흠과 나란히 같은 지위에 서게 되었다. 애제 초년, 동현과 같은 관에서 같이 일하게 되었다. 성제, 애제, 평제 때에 왕망, 동현이 삼공의 지위에 올라, 권세가 군주를 넘어서게 되자, 그들이 추천한 사람은 한 사람도 뽑히지 않은 사람이 없게 되었으나, 양웅은 이 세 황제의 제위 기간 동안 한 번도 관위가 바뀐 적이 없었다. 71세가 되어 천봉天鳳 5년에 죽었다"라고 되어 있다.

앞뒤를 잘 따져 보니, 왕음은 성제 영시永始 2년 병오년 정월에 죽었는데, 만약 양웅이 경사에 이른 것은 바로 한 해 전인 을사년이라면, 왕망 천봉 5년 무인년까지는 34년이니, 당시 양웅의 나이는 38세가 되며, "나이가 사십여 세가 되어서 비로소 촉 땅으로부터 경사에 왔다"고는 말할 수 없다. 감천의 태치와 분음의 후토를 회복하게 된 것은 영시永始 3년 10월의 일이며, 영시 4년에 감천궁과 하동으로 행차했던 일이 있었으니, 왕음이 죽은 지 이미 3년이 지난 시기다. 『한서·양웅전』에 「감천부」, 「하동부」, 「우렵부」에 서문을 달았던 것이 한 해에 이루어진 것이었으며, 원연元延 2년 경술년이라고 하면 왕음이 죽은 지 5년이 되는 해이니, "왕음이 양웅을 대조待詔로 추천했는데, 한 해가 조금 지나 「우렵부」를 상주하였다"라고 말할 수 없는 것이다. 지금 이 서신에서 양장楊莊이라고 말하였고, 왕음을 언급하지 않았는데, 왕음이 양웅을 천거했던 것이 아마도 전해진 소문에서 말미암은 것이리라고 하는 것은 옳지 않다. 그러므로 『한서』 중의 「성제기」와 「양웅전」이 이미 서로 모순이 되는데, 대체로 「본기」는 기록된 문서에 의거하므로, 연월일이 반드시 상세할 것이나, 「열전」이 의거하는 바는 일정하지 않고, 작자가 기억을 못할 수도 있다. 장양궁으로 행차하고 호인胡人 빈객들을 따라 크게 교렵을 벌였던 것은 「성제기」에는 원연 2년 겨울이라고 되어 있고, 「양웅전」에서는 양웅이 「장양부」, 「우렵부」의 두 부를 바쳤던 것으로 말미암아, 장양의 대교렵을 우렵의 뒤에 배열하였다. 따로 "다음 해"라고 말했는데, 만약 다음 해라면 원연 3년의 일이 되는데, 「성제기」에는 원연 3년에 그런 일이 기록되어 있지 않다. 만약 '다음 해"를 원연 2년의 일이라고 한다면, 「성제기」에는 원연 원년에 감천이나 하동으로 행차한 일이나 우렵을 했던 일이 기록되어 있지 않으니, 이 역시 「양웅전」이 틀린 것이다.

『한서 · 교사지』에, 평제 때에 왕망이 영시 원년 3월에, 황손이 없으므로 감천과 하동에서의 제사를 회복시켜야 한다고 상주했던 일이 기록되어 있다. 이는 『평제기』에 이 일이 영시 3년 10월 경신일에 적혀 있는 것과는 일치하지 않는다. 이는 왕망이 옛 일을 떠올려 기록한 것이므로, 해와 월이 어긋나게 된 것이다. 이선이 『문선』에 주해를 하면서 『칠략』을 인용하여 말하기를, "「감천부」는 영시 3년 정월에 대조신 양웅이 바친 것이고, 「우렵부」는 영시 3년 12월에 바친 것이며, 「장양부」는 원화 원년에 바친 것이다"라고 하였다. 이선은 이를 분별하여 말하기를, "『한서』에는 영시 4년 정월에 감천궁으로 행차하였다고 기록하였으며 영시 3년에는 감천궁으로 행차한 일이 기록되어 있지 않다. 아마도 『칠략』이 틀렸을 것이다. 수화綏和 원년은 교렵을 벌인 후 4년 후에 해당되므로, 원연 2년에 교렵을 했는데 수화 원년에 부를 지은 것이라고는 할 수 없다. 이 역시 아마도 『칠략』이 틀렸을 것이다"라고 하였다. 『칠략』이 틀린 것은 아마도 왕망이 상주했던 것을 일시의 회상으로 연월을 틀리게 한 것과 마찬가지다. 그러므로 「감천부」 등의 여러 부 작품들은 원연 2년이 지은 것이고, 양웅이 43세 때의 일에 틀림없다. 양장이 성제 앞에서 그 작품을 암송한 것은 바로 원연 2년 때의 일이다. "사십여 세 촉 땅으로부터 경사에 왔다"고 한 것은 그 말에 분명한 의거가 있으며, 아무렇게나 만들어낸 말이 아니다.

반고는 『방언』 및 유흠과 양웅이 서신을 주고받은 것을 보지 못하였으므로, 양웅의 논저를 열거하는 것은 결코 「양웅전」에서 언급할 수 있는 것이 아니었다. 「양웅전」 안에서 양장이라고 쓰지 않고 왕음이라고 하였으나, 앞에서 '효성제 때에 빈객 가운데 양웅의 문장이 사마상여와 비슷하다고 하여 추천한 사람이 있었다'고 하였으며, '황제가 감천 태치泰畤, 분음汾陰 후토에서 교사를 바치어 후사를 구하고자 했던 일과, 양웅으로 하여금 승명承明의 정庭에서 조대하도록 부른 것은 왕음이 죽은 후의 일로서 양웅의 답서에서 말한 내용과 일치한다. 양장楊莊이라고 이름을 들어 말하지 않고 객客이라고 두루 통할 수 있는 말로 칭했다. 역시 왕음王音이라고 하지 않은 것은 본래 신중하고 엄격했기 때문이다. 『한서·양웅전·찬』에서 왕음이 양웅을 대조待詔로 추천했다고 했던 것은 달리 들었던 다른 소문을 덧붙인 것에 불과하다. 만약 양웅이 왕음으로부터 추천을 받았다고 한다면, "나이 사십여 세"라고 한 것은 마땅히 "나이 삼십여 세"라고 고쳐야 한다. 원연 2년으로부터 상당히 떨어진 때이니 경사에 오래 머문 셈이 될 것이다. 여기에서도 양장楊莊이라고 말한 것은 『한서·양웅전·찬』에서 왕음王音이라고 말한 것보다 훨씬 믿을 만하다. 그렇다면 유흠이 양우에게 서신을 보내어 『방언』을 구했던 것은 마땅히 천봉 3-4년간의 일일 것이다. 『고문원』의 장초 『주』에 말하기를, "따져보니 양웅은 이 때 거의 칠십 세에 가까웠다"라고 하였다. 갈홍은 『서경잡기』에서 "양자운은 호사가로서, 항상 백분을 품고 글씨 쓰는 나무 판을 끌고서, 전국 각지에서 올라온 여러 계리計吏들을 따라다니며 경사와는 다른 각 지역의 말들을 물어서 유현지사가 기록해놓은 바를 보충해나갔으니, 역시 큰 뜻을 품은 것이다"라고 하였다.

⑮ 案『古文苑』章樵『注』云; "會集所未聞. 使疑者得所安."

『고문원』 장초章樵의 『주』에 말하기를, "듣지 못했던 것을 모두 모으니, 의심스러워하는 자들로 하여금 안심하게 할 수 있다"고 하였다.

張伯松[18]不好雄賦頌之文, 然亦有以奇之, 常爲雄道言其父

---

18 장백송은 張竦이다. 뒤에 나오는 그의 부친은 張吉이며, 그 先君은 張敞을 가리킨다. 장창은 선제 때에 『창힐』을 공부했으며, 그 후 장길, 장송도 소학

及其先君憙典訓.⑯ 屬雄以此篇目煩示其成者, 伯松曰, 是縣諸日月不刊之書也.⑰ 又言恐雄爲太玄經,[19] 由鼠坻之與牛場[20]也. 如其用則實五稼飽邦民, 否則爲牴糞棄之於道矣, 而雄般[21]之.⑱

장백송은 저의 사부나 송 작품을 좋아하지 않았지만, 이 책만은 걸출하다고 칭찬하였습니다. 저에게 항상 그의 부친과 조부께서 훈고 전적을 좋아한다고 말했습니다. 그래서 저는 『수언』에 나오는 편목 가운데 다 된 부분을 종종 보여주었는데, 백송이 말하기를, "이는 일월과 마찬가지로 높이 걸릴 만하며 고칠 것이 없는 훌륭한 책입니다"라고 하였습니다. 또 "그대의 『태현경』은 쥐나 소의 똥과 같은 것으로서, 만약 제대로 이용된다면 오곡을 열매 맺게 하여 만민을 배부르게 하게 될 것이나, 이용될 수 없게 된다면 길거리의 똥과 같이 버려지게 될 지도 모르겠습니다"라고도 말했습니다. 그리하여 저는 재미있는 말이라고 생각했습니다.

⑯ 案『漢書・張敞傳』: "敞三子, 官皆至都尉. 敞孫竦, 王莽時至郡守, 封侯, 博學文雅過于 敞, 然政事不及也." 「杜鄴傳」: "鄴少孤, 其母張敞女. 鄴壯, 從敞子吉學問, 得其家書. 初, 鄴從張吉學, 吉子竦又幼孤, 從鄴學. 鄴子林, 清靜好古, 亦有

을 연구했다는 것을 대진의 『방언소증』에서 지적하고 있다. 『한서・유협전』에는 양웅의 「酒箴」을 둘러싼 張竦과 陳遵의 대화가 보인다.

19 『태현경』은 『한서・양웅전』과 『한서・예문지』에는 『太玄』으로 표기되어 있고 '경經'이란 글자를 더하여 스스로 『태현경』이라고 했던 유일한 예이다. 이밖에 經이라는 글자를 더한 예로는 『後漢書・張衡傳』의 『注』에서 桓譚의 『新論』의 '玄經'이라는 말을 인용한 경우와, 왕충의 『論衡・超奇』에서 '태현경太玄經'이라고 했던 예가 있다.

20 『古文苑』의 章樵 『注』에 "坻의 음은 墀, 場의 음은 傷이며, 모두 다 糞(똥)을 뜻한다. 『방언』에 '梁 宋에 걸친 지역에서는 蚍・蜉・蚸・鼠의 場(똥)을 모두 坻라고 한다'는 말이 있다"고 했다.

21 대진은 般라는 글자는 옛날의 '服'자라고 했다. 그러나 『고문원』에는 이 글자가 '般'이라고 되어 있으며, 章樵의 『注』에 "般의 발음은 蒲官切이며, 기뻐한다는 뜻이다"라고 하였다. 역자는 이에 따라 해석하였다.

雅才, 其正文字過于鄴, 竦, 故世言小學者由杜公." 『陳遵傳』: "遵少孤, 與張竦伯松俱爲京兆史. 竦博學通達, 以廉自守, 而遵放縱不拘, 操行雖異, 然相親友, 哀帝之末俱著名字, 爲後進冠. 遵爲校尉, 有功, 封嘉威侯. 凡三爲二千石. 而張竦亦至丹陽太守, 封淑德侯. 後俱免官, 以列侯歸長安. 竦居貧, 無賓客, 時時好事者從之質疑問事, 論道經書而已."「藝文志」: "倉頡多古字, 俗師失其讀, 宣帝時徵齊人能正讀者, 張敞從受之, 傳至外孫之子杜林, 爲作訓."『后漢書・杜林傳』: "父鄴, 成, 哀間爲涼州刺史. 林少好學沈深, 家旣多書, 又外氏張竦父子喜文采, 林從竦受學, 博洽多聞, 時稱通儒" 許愼『說文解字・序』云: "孝宣時, 召通倉頡讀者, 張敞從受之. 涼州刺史杜業, 沛人爰禮, 講學大夫秦近, 亦能言之. 孝平時, 徵禮等百餘人, 令說文字未央廷中, 以禮爲小學元士. 黃門侍郎揚雄采以作『訓纂篇』." 杜業卽杜鄴. 然則此書云"常爲雄道言其父"者, 卽張吉也, 云"及其先君"者, 謂張敞也.

『한서・장창전』에, "장창의 세 아들은 관이 모두 도위에 이르렀다. 장창의 손자인 장송은 왕망 때에 도수가 되었으며 제후로 봉해졌다. 박학하고 글 솜씨가 뛰어난 것은 장창을 능가했지만 정사에 있어서는 장창에게 미치지 못했다"고 하였다. 『두업전』에 "두업은 어려서 아버지를 여의었는데, 그 모친은 장창의 여식이었다. 두업이 장성하여 장창의 아들인 장길에게 나아가 배우면서, 그 가서를 얻었다. 처음에 두업이 장길에게 배웠으나, 장길의 아들인 장속도 어려서 아버지를 여의게 되어 두업에게 배웠다. 두업의 아들 두림은 천성이 맑고 조용하며 옛 것을 좋아하였으며, 역시 훌륭한 재능을 타고 났다. 문자를 바르게 함에 있어서는 두업과 장송을 능가하였다. 그리하여 세상 사람들은 소학은 두공에게서 말미암았다고 하였다"는 기록이 있다. 「진준전」에 "준遵은 어려서 아버지를 여의었다. 장송, 백송과 더불어 경조사京兆史가 되었다. 장송은 박학하고 두루 통달하였으며 청렴으로써 스스로를 단속하였다. 그런데 진준은 구속됨이 없이 마음 내키는 대로 방종하였다. 이들은 서로 품행이 비록 달랐으나 서로 친하게 사귀었으며, 애제哀帝 말에 모두 이름을 떨치게 되었다. 후에 벼슬길에 나아가서는 진준은 교위가 되었고 공을 세워 가위후嘉威侯에 봉해졌다. 이렇게 세 가지로 이천석二千石의 봉급을 받았다. 그리고 장송張竦 역시 단양태수丹陽太守의 지위에 이르렀고 숙덕후淑德侯로 봉해졌다. 후에 둘 다 관에서 물러나, 열후로서 장안으로 돌아갔다. 장송은 가난하여 빈객이 없었으나, 때때로 호사가들이 그에게 와서 어떤 일들에 관해 물으면, 도를 논하고 문자를 논할 뿐이었다"라고 하였다. 『한서 · 예문지』에 "『창힐』에는 옛 문자가 많아, 일반 경사들은 그 독음을 알지 못했다. 선제 때에 제나라 사람 중에 바르게 그것을 읽을 수 있는 사람을 초빙하였으니 장창張敞이 그에게서 배웠으며 외손자의 아들인 두림杜林에게 전하여 훈訓을 저술하도록 했다"는 말이 있다. 『후한서 · 두림전杜林傳』에 "부친인 두업杜業은 성제와 애제 때에 양주자사涼州刺史가 되었다. 두림은 어려서부터 배우기를 좋아하고 깊이 사고하였다. 집에는 또 가서가 많았으며 또 외가 쪽의 장송 부자가 학문을 좋아하여 두림은 장송에게 나아가 배웠으니 박학하여 아는 것이 많았다. 당시의 통유였던 허신의 『설문해자 · 서』에 "선제 때에 『창힐』의 독음에 밝은 자를 초빙하였는데 장창이 그에게 나아가 배웠다. 양주자사 두업과 패沛 땅의 원례爰禮, 그리고 강학대부였던 진근秦近이 역시 이를 잘 말할 수 있었다. 평제 시기에 원례 등을 비롯하여 백여 명을 불러들여 문자에 관해 미앙궁未央宮의 궁정 안에서 말하도록 하였으며, 원례를 소학원사로 삼았다. 황문시랑 양웅은 이를 채록하여 『훈찬편』을 지었다"고 기록하였다. 여기에서 말하는 두업杜業이 바로 두업杜鄴이다. 그런데 이 서신에서 "저에게 항상 그의 부친(과 조부)께서 (훈고 전적을) 좋아한다고 말했습니다"라고 했던 그 부친은 바로 장길張吉이며, "그 선군先君"이라고 한 것은 바로 장창張敞이다.

⑰ 案"煩"或作"頻", 或作"頗". "示其成者"四字或作"示之"二字. 據上云"語言或交錯相反, 方復論思, 詳悉集之", 是歆求『方言』時, 雄撰集尚未成, 此云"示其成者", 正以見有未成者耳. 今書中有僅擧其字不辨何方云, 然蓋『方言』究屬雄未成之書. 洪邁以『漢書』 本傳無所謂『方言』,『藝文志』亦不載『方言』, 遂疑非雄作. 又云"書稱'汝潁之間'先漢人無此語也". 則書內擧水名以代表其地者多矣, 何以先漢人不得稱"汝潁之間"耶? 應劭『風俗通義 · 序』云 : "周秦常以歲八月遣輶軒之使求異代方言, 還奏籍之, 藏于秘室, 及嬴氏之亡. 遺脫漏棄, 無見之者. 蜀人嚴君平有千

餘言, 林閭翁孺才有梗概之法. 揚雄好之, 天下孝廉衛卒交會, 周章質問, 以次注續, 二十七年爾乃治正, 凡九千字. 張竦以爲懸諸日月不刊之書." 任昉『南徐州蕭公行狀』: "竝勒成一家, 懸諸日月." 李善『注』云: "揚雄『方言』曰: '雄以此篇目煩示其成者, 張伯松, 伯松曰: 是懸諸日月不刊之書也.'" 此『注』重"伯松"二字, 有訛舛.

"번煩"을 어떤 판본에서는 "빈頻"이라고도 하고, 또는 "파頗"라고도 하였다. "시기성자示其成者"라는 네 글자를 어떤 판본에서는 "시지示之"라는 두 글자로 기록했다. 앞에서 "지역마다 서로 말이 다르기 때문에 빠짐없이 반복하여 심사숙고하고, 모든 지식을 모았다(語言或交錯相反, 方復論思, 詳悉集之)"고 한 것은 유흠이 『방언』을 구하고자 했을 때, 양웅의 찬집이 아직 완성되지 않았으므로, 여기에서 "시기성자示其成者, 즉 다 된 부분을 보여주었다"라고 함으로써, 이 책 전체가 아직 완성되지 않았음을 보여주는 것이다. 지금 서신 가운데 다만 이렇게만 언급하고 어떤 부분인지를 가려서 논하지 않았으니, 그렇다면 아마도 『방언』은 끝내 양웅이 온전히 완성하지 못한 책일 것이다. 홍매는 『한서』의 본전(「양웅전」)에 『방언』이라는 것을 언급하지 않았고, 『한서·예문지』에도 역시 『방언』을 기록하지 않았으므로 아마도 양웅의 저작이 아닐 것이라 의심하였다. 또 말하기를, "『방언』에서 '여영지간汝潁之間'이라고 하였는데, 한대 사람들에게는 이런 말이 없었다"고 하였다. 그렇다면 『방언』 안에서 물 이름을 들어 그 지역을 대표한 것이 많은데, 어찌하여 한대 사람들은 "여영지간汝潁之間"이라고 할 수 없다는 것인가? 응소의 『풍속통의·서』에 "주周 진秦 시대에는 매년 8월이 되면 유헌지사를 파견하여 각 지방의 서로 다른 방언을 구하게 하고, 돌아와 그것을 기록하게 하여 비실秘室에 보관하였다. 진나라가 망한 후 그것은 유실되고 버려져서 본 사람이 없게 되었다. 촉 땅의 엄군평이 그 중에 이천여 개의 말을 가지고 있었고, 임려옹유는 겨우 그 대략의 틀만을 가지고 있었다. 양웅이 그것을 좋아하여 천하의 각지에서 올라온 효렴孝廉과 내군의 위졸衛卒들이 모이면, 일일이 물어 두루 모두 기록하였고, 차서를 정하여 뜻이 통하게 엮어놓았다. 27년이 지나고서야 바르게 정리하게 되어 구천 자에 이르게 되었다. 장송은 이를 일월과 마찬가지로 높이 걸려서 영원히 사라지지 않을 훌륭한 책이라고 칭송하였다. 임방의 「남서주소공행상」에 "나란히 일가를 이루니, 일월과 같이 높이 걸렸네"라는 구절이 있다. 이선의 『주』에 "양웅의 『방언』에서 말하기를 '제가 이 책의 목차 가운데 이미 이루어진 부분을 자주 보여주었는데, 백송이 이는 일월과 마찬가지로 높이 걸려서 영원히 사라지지 않을 훌륭한 책이라고 하였다"고 말했다. 이 『주』에서 "백송伯松"이라는 두 글자를 중복한 것은 잘못된 것이다.

⑱ 案艆, 古服字.

복艆은 옛날의 복服이라는 글자다.

伯松與雄, 獨何德慧⑲[22], 而君與雄, 獨何譖隙, 而當匿乎哉. 其不勞戎馬高車, 令人君坐幃幕之中, 知絶遐異俗之語[23], 典流於昆嗣, 言列於漢籍, 誠雄心所絶極 至精之所想遘也夫. 聖朝遠照之明, 使君求此, 如君之意, 誠雄散之之會也. 死之日, 則今之榮也. 不敢有貳, 不敢有愛.

장백송이 저에게 특별히 은혜를 베풀어준 것도 아니고, 더욱이 당신께서 저에게 특별히 반목했던 것도 아닌데, 어찌 『수언』을 숨겨야 겠습니까? 준마나 큰 수레를 수고롭게 하지 않고 주군께서는 위막 안에 앉은 채 (『수언』을 통하여) 먼 지역의 다른 습속을 가진 이들의 말을 알아 전하고, 자자손손까지 전장이 이어지며, 그 말이 한조의 전적에도 나열되는 것은 저로서는 그 이상 기쁜 일이 없으며, 충심으로 바라는 바입니다. 성조께서 밝히 살피심으로 인하여 당신께서 이 책을 구하려 하시고, 또 당신의 뜻대로 이 책을 헌상하는 것은 저로서는

22 대진이 주해에 따라, 여기서는 은혜를 받았다고 해석하였다.

23 유흠의 「與揚雄書」에 "今聖朝留心典誥, 發精於殊語, 欲以驗考四方之事, 不勞戎馬高車之使, 坐知傜俗, 適子雲攘意之秋也"라는 구절이 있으니, 이 내용을 가리킨다.

『수언』을 널리 알리는 실로 절호의 기회이며, 죽어도 얻기 어려운 영광입니다. 어찌 감히 이를 어기고 『수언』을 내놓으려 하지 않겠습니까?

⑲ 案『古文苑』章樵『注』云, "漢人用慧字, 多與惠通."

『고문원』의 장초 『주』에 "한대 사람들이 '혜慧'라는 글자를 사용하는 경우, 종종 '혜惠'라는 글자와 상통한다"고 하였다.

少而不以行立於鄕里, 長而不以功顯於縣官, 著訓於帝籍, 但言詞博覽, 翰墨爲事. 誠欲崇而就之, 不可以遺, 不可以怠. 卽君必欲脅之以威, 陵之以武, 欲令入之於此, 此又未定, 未可以見. 令君又終之, 則縊死以從命也.⑳

저는 어려서 훌륭한 행동으로 인하여 향리에서 칭찬받은 적도 없고, 장성해서도 공적으로써 조정에서 드러난 일이 없습니다. 황실의 도서에 풀이를 더하여 다만 문사를 폭넓게 열람하고, 저술에 매진하고 있습니다. 진실로 『수언』의 편집을 마쳐서 완성하기를 원하고 있으며, 남기는 바가 없어야 하고, 또 나태해서도 안 된다고 생각합니다. 만약 당신께서 위엄으로써 협박하거나 무력으로써 억눌러 이 『수언』을 저록에 넣고자 하신다고 해도, 이 책은 아직 완성된 것이 아니니 보여드릴 수가 없습니다. 당신께서 또 당장 마치라고 하시면 목을 매어 죽음으로써 명령에 따르겠습니다.

⑳ 案雄以其書未成未定爲辭, 時歆爲莽國師, 故雄爲是言. 絶其終來强以勢, 求意可見矣. 洪邁乃云, 子駿只從之求書, 而答云, 必欲脅之以威, 陵之以武, 則縊死以從命也. 何至是哉. 此於知人論世, 漫置不辨, 而妄議不輕, 出其著述爲非, 亦不達於理矣. 令君之令各本訛作今, 今改正.

양웅은 그 책이 아직 다 이루어지지 않았고 최종적으로 교정을 하지도 않았다는 것을 이유로 들었다. 이때에 유흠은 왕망의 국사였으므로, 양웅이 이렇게 말한 것이다. 죽음으로써 막겠다고 함으로서 그 기세를 강하게 한 것이니, 양웅이 바라는 바(가 얼마나 간절한지)를 가히 알 수 있을 것이다. 이에 홍매가 말하기를 유흠은 오직 양웅으로부터 책을 구하고자 하기만 했기 때문에, 양웅이 답하기를 반드시 위엄으로써 협박하거나 무력으로써 억누르고자 한다면, 목을 매어 죽음으로써 명령에 따르겠다고 한 것이라고 하였다. 어찌 이렇게까지 되었는가? 이는 사람들을 이해하고 세상일을 논하는데 있어서 함부로 어지럽게 내버려 둔 채 상세히 논하지 않으니, 그 망령된 의론이 가볍지 아니하다. 그의 저작으로부터 나온 것을 틀리다고 하였으니, 역시 도리에 통달하지 못했던 것이리라. '영군令君'의 '영令'을 각 판본에서 모두 '금今'이라고 잘못 기록했으니, 이에 바르게 고친다.

而可且寬假延期, 必不敢有愛[21]. 雄之所爲, 得使君輔貢於明朝, 則雄無恨. 何敢有匿. 惟執事圖之. 長監於規, 繡之, 就死以爲小, 雄敢行之[22]. 謹因還使, 雄叩頭叩頭.

그러나 만약 관대하게도 기한을 연기해주신다면, 반드시 아낌없이 이 책을 내어드리겠습니다. 제가 하는 일로써 당신께서 조정을 도와 공헌을 세우게 된다면 저 역시 아무런 한이 없습니다. 어찌 감히 숨기겠습니까? 다만 이 일을 잘 이해하시어 배려해주시기를 바랍니다. 오랫동안 전범典範을 고찰하여 이 책을 정리하여 바칠 수 있었으니, 저는 죽음을 두려워하지 않고 감히 이같이 행하고자 합니다. 그리하여 삼가 사신을 그냥 돌려보내고자 합니다. 저는 머리를 조아려 아뢰니다.

㉑ 案而如, 古多通用.
'이而'와 '여如'는 옛날엔 많이 서로 통용되었다.

㉒ 案『古文苑』章樵『注』云, "言當長以所規爲監, 得緝成其書, 以死爲輕."

『고문원』의 장초『주』에 말하기를, "이 말의 뜻은 마땅히 '오래도록 전범을 고찰하여 이 책을 완성할 수 있다면 죽음도 오히려 가볍다'는 말일 것이다"라고 하였다.

이맹전의 후서

李孟傳刻方言後序

西漢氏古書之全者, 如『鹽鐵論』、揚子雲『方言』, 其存蓋無幾. 『鹽鐵論』, 前輩每恨其文章不稱漢氏. 唯『方言』之書最奇古. 孟傳頃聞之, 曾文淸公嘗以三詩答呂治先, 有云 : "傷心昨夜杯中物, 不對王郎對影斟." 紫微呂居仁次韻云 : "書來肯附銅魚使, 記我今年病不斟." 自「注」云 : "出子雲『方言』." 今所在鏤板, 輒誤作'病不禁'.

서한 시대의 고서 가운데 『염철론』, 양웅의 『방언』과 같이 온전한 것은 그 수가 그리 많지 않다. 전대 학자들 가운데 많은 이들이 『염철론』의 문장은 한나라 사람이 지은 것이 아닐 것이라고 의문을 품어왔다. 그렇다면 유일하게 『방언』이 가장 오래된 서적이다. 내가(맹전孟傳) 들은 바로는 증문청이 일찍이 시詩 세 수로 여치선에게 답하여 말하기를 "傷心昨夜杯中物, 不對王郎對影斟"이라고 했고, 자미 여거인이 차운시로 화답하여 말하기를 "書來肯附銅魚使, 記我今年病不斟"

이라고 했다. 그리고 스스로 「주」를 달아 "양웅의 『방언』에서 왔다"고 했다. 그러나 오늘날 판본에는 '병불금病不禁'이라고 잘못 기재되어 있다.

案王應麟『困學紀聞』云: "『方言』, 斟, 益也. 凡病少愈而加劇謂之不斟, 或謂之何斟. 呂居仁「答曾吉父詩」: 記我今年病不斟. 蓋用此, 而不知者改爲不禁." 與此所言同.

왕응린이 『곤학기문』에서 말하기를 "『방언』에 짐斟은 보태다(익益)의 뜻이다. 무릇 병이 조금 나아졌다가 더욱 심해지는 것을 부짐不斟이라고 하거나 혹은 하짐何斟이라고도 한다. 여거인이 「답증길부시」에서 '記我今年病不斟'이라고 해서 이 단어를 썼으나 이해하지 못하는 자가 '불금不禁'이라고 고쳤다"고 했다. 여기서 말한 바와 동일하다.

此書世所有, 而無與是正, 知好之者少也. 山谷詩云: "追隨富貴勞牽尾."[1] 乃用『太元經』語[2]. 紹興初, 胡少汲、洪玉父、李文若諸人校黃詩刊本, 乃誤作'榮牽尾', 自此他本遂承誤. '鬱蒼蒼'三字, 文人多愛之, 亦或鮮記其出於『太元』. 大抵子雲精於小學, 且多見先秦古書, 故『方言』多識奇字, 『太元』多有奇語. 然其用之, 亦各有宜. 子雲識賦多古字, 至『法言』、『劇秦』, 所用則無幾. 古人文章, 蓋莫不然: 西漢一書, 唯相如、子雲等諸賦; 韓退之文唯「曹成王碑」; 柳子厚自騷詞、「晉問」等, 他皆不用古字. 本朝歐文忠、王荊公、蘇長公、曾南豐諸宗工, 文章映照今古, 亦不多用古字. 得非以謂古文奇字聲形之學, 雖在

---

1 「罷姑熟寄元明用觴字韻」: "追隨富貴勞牽尾, 准擬田園略濫觴. 本與江鷗成保社, 聊隨海燕度炎涼. 未栽姑熟桃李徑, 卻入江西鴻雁行. 別後常同千裏月, 書來莫寄九回腸."

2 「勤首 · 次七」: "勞牽, 不其鼻于尾, 弊. 測曰: 勞牽之弊, 其道逆也."

所當講, 而文律之妙則不專在是; 若有意用之, 或返累正氣也耶? 學者要知所以用之, 當其可, 則盡善耳. 今『方言』自閩本外不多見, 每惜其未廣. 予來官尋陽, 有以大字本見示者, 因刊置郡齋, 而附以所聞一二, 蓋惜前輩之言久或不傳也. 慶元庚申仲春甲子會稽李孟傳書.

이 책이 세간에는 있지만 바로잡을 수 없었던 것은 그것을 알고 좋아하는 사람이 적었기 때문이다. 황정견의 시에 "追隨富貴勞牽尾"라는 구절이 있는데, 이는 『태현경』의 말을 쓴 것이다. 소흥(송 고종의 두 번째 연호, 1131-1162년) 초에 호소급胡少汲 홍옥부洪玉父, 이문약李文若 등 여러 사람이 황정견의 시 간행본을 교정하면서 '영견미縈牽尾'라고 틀리게 썼고, 이로부터 다른 판본이 이 오류를 이어나갔다. '울창창鬱蒼蒼'이라는 세 글자는 문인들이 매우 좋아하는 글귀지만 그 출처가 『태현경』이라는 것을 아는 이가 드물다. 무릇 자운은 소학에 정통하고 또 선진시대의 고서를 많이 보아 『방언』에 기이한 글자들을 많이 수록하고 있고, 『태현경』에도 역시 기이한 말들이 많다. 그러나 그것을 사용할 때는 각기 적절한 바가 있었다. 자운은 부賦에서는 고자古字들을 많이 사용하고 있지만 『법언』, 『극진미신』에서는 거의 사용하지 않았다. 고인古人들의 문장도 모두 그러했다. 서한의 책 가운데는 오로지 사마상여와 양웅의 몇몇 부 작품이 그러했고, 한유의 문장 가운데는 오로지 「조성왕비」문이 그러했으며, 유종원의 「자소사」와 「진문」 등을 제외하고 다른 곳에는 모두 고자古字를 사용하지 않았다. 송대의 구양수, 왕안석, 소식, 증공 등이 매우 뛰어나서 그들의 문장은 고금을 밝게 비추지만 역시 이들의 문장에도 고자古字를 많이 사용하지는 않았다. 고문古文, 기자奇字, 성형지학聲形之學을 능히 잘할 수 없다면 마땅히 그것을 적절히 사용해야만 하는 곳에서는 문장과 운율의 묘미가 잘 살아나지 않는다. 그러나 만약 그것을 억지로 사용한다면 도리어 정상적인 기운을 얽어맬 수도 있을 것이다. 학자들이 그

것을 적절히 활용할 줄 알면서 합당하게 그것을 사용한다면 매우 훌륭하게 빛날 것이다. 오늘날의 『방언』은 민본閩本 외에는 그다지 많이 보이지는 않는다. 늘 그것이 널리 퍼지지 못함이 애석했다. 내가 심양尋陽(군명郡名이며, 오늘날의 강서江西 구강九江이다)에 관직을 받아 와서 대자본大字本으로 보이는 것이 있어서 그것을 간행하여 군재郡齋에 보관하고자 하며, 아울러 전해들은 바 한두 가지를 첨부하였는데 이는 선인들의 말이 오래도록 전해지지 않음이 애석해서이다.

경원(송 영종의 연호) 경신년(1200) 중춘仲春 갑자甲子에 회계會稽 이맹전李孟傳이 쓰다.

案, 孟傳, 字文授, 越州上虞人. 父光, 謚莊簡. 父子皆宋名臣, 宋史有傳, 李孟傳有兩傳, 一見卷三百六十三, 一見卷四百一. 前略後詳, 後訛作孟傅.

맹전孟傳은 자字가 문수文授이며, 월주越州 상우인上虞人이다. 부친 광光은 시호가 장간莊簡이다. 부자父子가 모두 송대의 명신이다. 송사宋史에 전傳이 있으며, 이맹전李孟傳은 전傳이 두 개 있다. 하나는 권363에 보이며, 다른 하나는 권401에 보인다. 전자는 간략하고 후자는 상세하다. 후에 맹전孟傳을 맹부孟傅라고 잘못 적은 것도 있다.

주질의 발문

朱質跋李刻方言

漢儒訓詁之學惟謹, 而楊子雲尤爲洽聞. 蓋一物不知, 君子所耻, 博學詳說, 將以反約. 凡其辨名物, 析度數, 研精覃思, 毫釐必計. 下而五方之音、殊俗之語. 莫不推尋其故, 而旁通其義; 非徒猥瑣拘泥, 而爲是弗憚煩也. 世之學者忽近而慕遠, 捨實而徇名, 高談性命, 過自賢聖, 視訓詁諸書, 往往束之高閣. 盍亦思夫「周官」太平之典, 其道甚大, 百物不廢, 雖醫卜方技, 纖悉畢載; 聖門學『詩』, 不獨取其可興、可觀、可群、可怨, 而鳥獸草木之名, 亦貴多識. 本末精粗, 並行而不相悖. 故漢儒尊經重古, 純慤有守之風, 類非後人所能企及. 子雲博極群書, 於小學奇字無不通, 且遠採諸國, 以爲『方言』, 誠足備『爾雅』之遺闕. 平時所以用力於此深矣, 世知好之者蓋鮮. 前太守尚書郎李公一日語餘, 苦無善本. 質偶得諸相識, 字畫落落可觀. 因以告而鋟之木, 輒併附管見云. 慶元庚申重午日東陽朱質書.

한대 유학자들의 훈고학訓詁學은 엄격하기 그지없지만 양웅이 특히 그러하다. 무릇 하나의 사물도 알지 못하면 군자로서 부끄럽게 생각하며, 박학함과 상세함으로서 요점을 얻고자 한다. 무릇 사물의 명칭을 변별하고, 사물의 법식과 수량을 분석하며, 정밀하게 연구하고 깊이 생각하여 터럭만큼의 차이도 반드시 계산해낸다. 아래로는 오방지음五方之音과 수속지어殊俗之語에 이르러서도 그 원인을 탐구해내어 그 의미를 널리 통달하지 않음이 없다. 헛되이 자질구레한 것에 구속되지 않으며 올바름을 위해서는 번거로움을 꺼리지 않는다. 세상의 학자들이 가까운 것을 소홀하고 멀리 있는 것을 흠모하며 실질적인 것은 버리고 이름만을 좇으며, 고담준론만을 일삼으며 자기 자신을 넘어서서 현성賢聖만을 추구하느라고 훈고에 관련된 책들은 멀찌감치 버려둔다. 또한 「주관」이라는 위대한 전적을 생각해보면 그 도가 매우 크지만 수많은 사물을 폐하지 않았다. 비록 의술, 점복, 방기에 관련된 것이라 하더라도 모두 섬세하게 다 싣고 있다. 유가 성문聖門에서도 『시』를 배움에 있어서도 단지 감흥을 불러일으킬 수 있으며(可興), 풍속의 성쇠를 살필 수 있게 하며(可觀), 사람과 잘 어울릴 수 있게 하며(可群), 윗사람의 잘못을 풍자할 수 있는(可怨) 것만을 취하는 것이 아니라, 조수초목鳥獸草木의 명칭에 있어서도 또한 박식함을 중시한다. 그래서 근본과 말단, 정밀함과 거칠음이 병행한다 해도 서로 어긋나지 않는다. 그래서 경전을 존중하고 옛것을 중시하며, 순박하고 성실하게 그것을 지키고자 하는 한대 유학의 풍조는 후대인이 능히 미칠 수 있는 바가 아니다. 양웅은 박학함이 여러 서적에 두루 미치고 소학小學과 기자奇字에도 통하지 않음이 없었다. 또한 멀리 여러 나라에서도 자료를 수집하여 『방언』을 지었으니 실로 『이아』의 미비점을 보완했다고 하겠다. 나는 평소 이에 힘쓰는 바가 깊었지만, 세상 사람들은 그것을 알고 좋아하는 자가 드물었다. 전 태수상서랑 이맹전이 하루는 말끝에 나에게 말하기를 좋은 판본이 없는 것이 고충이라고 했다. 그러다가 우연히 내가(朱質) 아는 사람에게 자획이 분명하고 뚜렷한 판본을 얻게 되었다. 그래서 이것을 목판으로 새기도록 하였고, 급히 나의 얕은 지식을 몇 자 적어 첨부하게 되었다.

경원慶元(송 영종의 연호) 경신년庚申年(1200) 단오절(重午日)에 동양東陽 주질朱質이 쓰다.

부록 1. 『방언』 지리 관련 어휘 해설

Ⅰ. 내용 설명

※ 아래는 기본적으로 화학성華學誠의 『양웅방언교석회증揚雄方言校釋會證』(下冊)에 실린 「방언지리명사풀이(方言地理名詞釋)」의 내용을 해석, 정리한 것이다.

※ 정리한 순서는 한글 사전의 배열 순서를 따랐다.

※ 각 항목은 『방언』에 나오는 지리 명사를 해설한 것이며, 양웅이 어떤 지역을 묘사하기 위하여 사용했던 "~의 사이, 혹은 ~에 걸친 지역(之間)", "~의 교외(之郊)", "~의 외곽, 바깥 변두리(之外鄙)", "~의 중심부(之中)", "~이 만나는 지역(之會)", "~의 바깥 지역(之外)" 등이 포함된 용어는 여기에 나열하지 않았다.

※ 지리 관련 어휘 설명은 주로 이서호李恕豪의 『방언』 지리 연구의 성과에 힘입은 것이며, 동시에 정계진丁啓陣의 『진한 방언秦漢方言』, 주진학周振鶴의 『서한의 정치 구획 지리西漢政區地理』, 이장전李長傳의 『우공석지禹貢釋地』, 복단대학復旦大學의 역사지리 연구소歷史地理研究所에서 펴낸 『중국 역사 지명 사전中國歷史地名辭典』, 양관楊寬의 『전국사戰國史』 등을 참고한 것이다.

※ 이 해설에서 누락되었거나, 명확히 밝혀지지 않은 부분은 앞으로 보충해 나가도록 할 것이다.

※ 곽박 『주』에 나오는 지명이 많지는 않지만, 『방언』 13권이 완역된 후에 이 해설의 뒷부분에 따로 지명 해설을 해나가도록 할 것이다.

Ⅱ. 목차

〈ㄱ〉
강江
강면江沔
강상江湘
강원江沅
강호江湖
강회江淮
계림桂林
관關
관서關西
광洭
구甌
구억九嶷
기沂
기淇
기冀

〈ㄴ〉
낙洛
남초南楚
노魯
농隴

〈ㄷ〉
단양丹陽
담潭
당唐
대代
대岱

대야大野
도陶
독옥황석毒屋黃石
동남東南
동북東北
동월東越
동제東齊
동해東海

〈ㄹ〉
량涼

〈ㅁ〉
면沔

〈ㅂ〉
부瀖
북연北燕
비邳
빈邠

〈ㅅ〉
사泗
산山 :
삼보三輔 :
상湘
상담湘潭
서徐
서구西甌
서남西南
서초西楚

서하西夏
소남召南
송宋
숭악嵩嶽

〈ㅇ〉
야野
양揚
양주揚州
양梁
여汝
연燕
연兗
열수洌水
영郢
영潁
영계零桂
예澧
예豫
오吳
오국五國
오호五湖
옹雍
완宛
용湧
원沅
원상沅湘
원풍沅澧
월越
유幽
위魏

위衛
익益

〈ㅈ〉
적현翟縣
정鄭
제齊
제濟
조趙
조선朝鮮
주周
주남周南
중하中夏
진陳
진秦
진晉
진지구도晉之舊都
진진지고도晉秦之古都

〈ㅊ〉
청靑
청주靑州
초楚
촉蜀

〈ㅍ〉
패沛
평원平原
폭瀑

〈ㅎ〉
하河
하내河內
하분河汾
하음河陰
하제河濟
한韓
한漢
해대海岱
형荊
형衡
형주荊州
호湖
회계會稽

III. 지리 관련 어휘 설명

ㄱ

강江 : 장강長江을 말한다. "江濱강빈", "강으로부터 북쪽(自江而北)" 이라고 할 때를 제외하고는 『방언』 중의 강江은 모두 다른 수명과 같이 사용된다. 예컨대, "강회江淮", "강상江湘" 등이다.

강면江沔 : 강江은 장강長江을 말하고, 면沔은 면수沔水를 말하는데, 고대 한수漢水의 통칭이었다. 『방언』에는 '강한江漢'이라는 명칭이 없다. 따라서 '강면江沔'이 바로 일반적으로 말하는 '강한江漢'이며 이는 초楚 나라에 속했고, 역시 초 지역 방언의 중심이 되는 지역이다.

강상江湘 : 장강長江 가운데 상수湘水 일대로 흐르는 지역을 가리키며, 『방언』 중의 남초南楚에 속한다. '장강과 상수가 서로 만나는 지역(江湘交會)', '장강과 상수가 만나는 지역(江湘之會)'이라고 할 때는 오직 동정호洞庭湖 주위의 비교적 협소한 지역만을 가리킨다.

강원江沅 : 강원江沅은 장강長江의 중류로부터 원강沅江에 이르는 일대의 지역을 가리킨다. 대체로 서한西漢의 무릉군武陵郡과 남군南郡의 서남부, 즉 지금의 호남성湖南省 서부에 해당되며, 또한 귀주성貴州省의 동부와 호북성湖北省 서남부의 일부 지역을 포함했을 것이다.

강호江湖 : 『방언』에 나오는 강호江湖와 오吳 초楚는 서로 부합된다.

강회江淮 : 강회江淮의 일반적 의미는 마땅히 장강長江과 회하淮河 사이의 지역이지만, 『방언』에서 말하는 강회의 범위는 그보다는 조금 좁다. 주로 서한 시대 회남국淮南國 중의 구강군九江郡과 형산군衡山郡을 가리키며, 이 지역의 중심을 이루는 도시는 수춘壽春, 합비合肥다.

계림桂林 : 주대周代의 백월百粤 지역으로, 진대秦代에 계림군桂林郡을 설치했으며 치소治所는 오늘날 광서성廣西省 계평桂平의 서남 지역에 있었다.

관關 : 『방언』에서 관關이라고 하면 함곡관函谷關을 가리키며, 지금의 하남성河南省 영보현靈寶縣 동북 지역에 해당된다. '관동關東'은 함곡관 혹은 오늘날 동관潼關의 동쪽 지역을 가리킨다. '관동서關東西'는 함곡관을 중심으로 하는 동서 양측을 가리키는데, 대체로 함곡관 서쪽의 모든 지역과 함곡관 동쪽의 주周 정鄭 한韓을 포괄한다. 『방언』에서 '함곡관으로부터 동서 지역(自關東西)', '함곡관으로부터 동서 지역(自關而東西)', '함곡관의 서쪽과 함곡관의 동쪽(關西關東)', '함곡관의 동서 지역(關之東西)' 등이 대표하는 지역과 '함곡관의 동쪽과 서쪽(關東西)'은 일치한다.

관서關西 : 함곡관 혹은 지금의 동관潼關 서쪽 지역을 말한다.

광洭 : 물이름으로 일명 황수湟水라고도 한다. 오늘날의 광동廣東 북부의 연강連江이다.

구甌 : 지금의 절강성浙江省 온주시溫州市 일대를 말한다. 동구東甌는 바로 구甌이며, '동東'이라고 한 것은 서구西甌와 구별하기 위해서다. 『방언』에서 "구와 오의 외부 변두리(甌, 吳之外鄙)"라고 하는 것은 대체로 지금의 복건성福建省 북부 및 절강성浙江省 남부의 연안지대에 해당된다.

구억九嶷 : 구억九嶷 이란 구억산九嶷山을 말하며, 지금의 호남성湖南省 남부 영원현寧遠縣의 남쪽에 있다. 『방언』에서 구억九嶷은 남초南楚의 최남쪽 변경에 위치하고 있으며, 남월南越 지역과의 접경지대이다.

기沂 : 옛날의 물이름으로, 『사부총간四部叢刊』본本 『방언』에는 '기圻'라고 되어 있다. 지금은 선배 학자들이 교감校勘을 했던 견해에 의거하여 '기沂'라고 판단하였다. 기수沂水는 오늘날에는 '기하沂河'라고 부르며, 산동성山東省 경내에 있다.

기淇 : 물이름이다. 기수淇水는 오늘날 하남성河南省 북부에 있다. 『방언』에 나오는 기淇와 위衛의 지역은 서로 같다.

기冀 : 『방언』 중의 기冀는 때로는 옛날 구주九州의 하나인 기주冀州를 가리키기도 하고, 때로는 한대漢代의 기현冀縣을 가리키기도 한다. '기冀'가 '농隴'과 나란히 열거될 때는 기현을 가리키는데, 한대의 기현은 천수군天水郡에 속했고, 치소治所는 오늘날 감숙성甘肅省 천수시天水市의 서쪽에 있었다. 그 나머지는 모두 기주冀州를 가리킨다. 우공禹貢의 기주는 『이아爾雅』와 『여씨춘추呂氏春秋』 중의 기주冀州와 유주幽州다. 『방언』 중에는 기주冀州도 있고 또 유주幽州도 있다. 따라서 기주는 유주를 포함하지 않는다. 『이아 · 석지釋地』에서 말하기를 "양하兩河 사이를 기주라고 한다"고 했다. 『여씨춘추呂氏春秋 · 유시람有始覽』에서도 "양하兩河 사이를 기주라고 하며, 진晉땅이다"라고 했다. 이때의 양하兩河란 서하西河와 동하東河로서, 지금의 섬서陝西, 산서山西 사이의 황하黃河 및 당시 하남河南의 북부와 하북河北 동부를 흘렀던 옛 황하黃河를 가리킨다. 기주는 대체로 오늘날 산서성山西省, 하북성河北省 두 성의 중부와 남부에 있다.

ㄴ

낙洛 : 옛날의 물이름으로, 낙하洛河를 가리킨다. 『방언』에서는 주周 지역에 해당된다.

남초南楚 : 『사기史記 · 화식열전貨殖列傳』에 "형산衡山, 구강九江, 강남江南의 예장豫章, 장사長沙, 이것이 남초다"라고 하였다. 이 가운데 형산은 한대의 군국명으로서 대체로 지금의 환皖 악鄂 예豫 세 성省에 걸친 지방에 해당된다. 구강九江은 강량부姜亮夫의 『형초 지방의 명의 및 초의 사지(荊楚名義及楚史地)』라는 책에, "『사기』에서 말하는 남초南楚 구강九江에 대하여 후인들이 다 개 심양潯陽의 구강九江으로 오해했다"고 하였다. 또 사실 "형荊의 구강은 동정洞庭이라는 것이 분명하다"고 하였다. 강남江南이란 장강 이남의 광대한 지대를 말한다. 한대의 형산군은 『방언』에서 말하는 남초의 범위에 들지 않는다. 한대의 예장豫章은 지금의 강서성江西省에 해당되는데, 『방언』에는 해당되는 바가 없는 공백이다. 따라서 『방언』에서 남초는 주로 한대의 장사국長沙國을 가리킨다. 그 대부분이 지금의 호남성湖南省에 속하며, 호북성湖北省 장사 이남 및 광동성廣東省과 광서성廣西省 북부의 일부 지역을 포함한다. 『방언』에서 '남초의 외부 지역(南楚之外)'이라고 한 것은 '남초의 남쪽(南楚以南)'을 포함하는데, 이 지역이 바로 『사기史記 · 화식열전貨殖列傳』에서 말하는 "구억九嶷, 창오蒼梧 이남"에 해당된다. 서한 초년에 이 지역은 남월南越 왕국에 속해 있었고, 대체로 오늘날의 영남嶺南 일대에 해당된다.

노魯 : 『사기史記 · 주본기周本紀』에 "무왕武王은 동생 주공단周公旦을 곡부曲阜에 봉했으니, 노魯라고 한다"는 말이 있다. 노는 서주 초에 분봉을 받은 나라로서, 곡부(지금의 산동성山東省 곡부시曲阜市)에 도읍을 정했다. 『사기史記 · 화식열전貨殖列傳』에 "태산泰山의 남쪽)을 노魯라고 하고 태산의 북쪽을 제齊라고 한다"는 말이 있다. 『방언』 중의 노와 춘추시대의 노는 강역이 대체로 일치하니, 바로 곡부를 중심으로 하는 태산 이남에 해당되며, 지금의 산동성山東省 서남의 문汶, 사泗, 기沂, 목沐 유역을 가리킨다.

농隴 : 농현隴縣은 서한 시대에 설치되었으며, 치소治所는 지금의 감숙성甘肅省 장가천張家川에 있었다.

ㄷ

단양丹陽 : 서한 시기 한무제가 본래 있었던 장군鄣郡을 바꾸어서 단양군丹陽郡을 설치했으며, 치소治所는 완릉宛陵, 즉 오늘날의 안휘성安徽省 선성현宣城縣이다. 관할하는 지역은 지금의 안휘성安徽省 남부, 강소성江蘇省 서부 및 절강성浙江省, 강서성江西省의 일부 지역을 포함한다.

담潭 : 곽박의 『방언 · 주』에 "담潭은 물이름이며, 무릉武陵에서 나온다"고 하였다. 『설문해자』에 "담수潭水는 무릉武陵, 심성鐔成, 옥산玉山에서 나와, 동쪽 울림鬱林으로 들어간다"고 하였다. 한대 심성현鐔成縣의 치소治所는 오늘날 호남성湖南省 정현靖縣의 서남쪽에 있다. 담수潭水는 바로 현재 광서성廣西省의 융강融江이다.

당唐 : 당唐은 옛 읍명邑名이다. 곽박의 『방언 · 주』에, "당唐은 지금(곽박 당시)의 태원太原 진양현晉陽縣에 있다"고 하였다. 신찬臣瓚은 당唐이 "하동河東 영안永安에 있으며 진晉으로부터 사백리 떨어져 있다"고 하였으니, 바로 지금의 산서山西 익성현翼城縣의 서쪽이며, 이곳은 진晉의 중심 지역이었다.

대代 : 대代는 본래 융족戎族이 건립했던 국가였다. 기원전 476년 조양자趙襄子에 의하여 멸망하게 되었고, 조무령왕趙武靈王이 대군代郡을 설치했다. 진대秦代와 서한西漢 시대에 대군의 치소는 대현代縣, 즉 오늘날 하북성河北省 울현蔚縣의 동북 지역에 있었다. 『방언』 중의 대代는 대군代郡을 포함할 뿐 아니라 한대의 운중군雲中郡, 안문군雁門郡 및 태원군太原郡의 일부 지역을 포괄한다.

대岱 : 태산泰山을 가리키며 오늘날 산동성山東省의 중부에 있다. 『한서漢書 · 지리지地理志』에 "해海, 대岱가 바로 청주靑州다"라는 구절이 있는데, 안사고顏師古는 이에 대하여 "동북쪽은 해海 지역에 기대어 있고, 서남쪽은 대岱에 이른다. 대岱는 태산太山이다"라고 주해하였다. 태산太山이 바로 태산泰山이다.

대야大野 : 대야택大野澤을 가리킨다. 『이아爾雅 · 석지釋地』에 "노魯에는 대야가 있다"고 하였고, 곽박의 『주』에 "지금(곽박 당시)의 고평高平, 거록현巨鹿縣의 동북쪽에 있는 대택이 그것이다"라고 하였다. 일명 거야택巨野澤이라고도 하며, 산동성山東省 거야현巨野縣의 북쪽에 있다. 지금은 이미 말라서 평지가 되어버렸다.

도陶 : 옛날의 읍이름이다. 곽박의 『방언 · 주』에 "도당陶唐은 진晉의 도읍이 있는 곳이다"라고 하였으니, 곽박은 '도당陶唐'을 간략히 '도陶'라고 부른 것으로, 진晉 나라 초기의 봉지라고 여겼음을 알 수 있다. 그러나 화학성華學誠은 이와는 달리, 도陶는 한대漢代의 정도定陶, 즉 오늘날 산동의 정도定陶여야 한다고 생각한다. 도陶는 본래 조曹 나라의 국도였으며, 춘추 말기에는 송宋 나라에 속했고, 전국 시대에는 제齊 나라에 속했다.

독옥황석毒屋黃石 : 아마도 지금의 광서성廣西省에 있는 지역이었을 것이다.

동남東南 : 『방언』에서 '동남東南'은 '단양丹陽, 회계會稽'와 함께 나오는데, 오吳 월越 혹은 양주揚州와 대체로 일치한다.

동북東北 : 『방언』에서 '동북東北'은 '조선朝鮮 열수洌水'와 함께 나오는데, 북연北燕 조선 일대를 가리킨다.

동월東越 : 『사기史記 · 동월열전東越列傳』에 "민월閩越이 민閩 지역의 고지故地에서 왕 노릇을 하고 동야東冶에 도읍을 정했다"고 하였다. 그 후 민월은 분열되어 요繇와 동월東越의 두 부분으로 나뉘게 되었다. 동월은 오늘날 절강성浙江省 남부와 복건성福建省 북부를 가리킨다.

동제東齊 : 동제는 본래 내이萊夷의 땅에 속한다. 기원전 567년 제나라 영공靈公이 내萊(오늘날의 산동성山東省 창읍昌邑 동남쪽) 땅을 멸망시킨 이후, 제나라의 영토가 되었다. 오늘날 교동반도膠東半島 일대에 있으며, 대체로 진대秦代의 교동군膠東郡에 해당된다.

동해東海 : 동해군東海郡을 말하며, 치소治所는 담郯, 즉 오늘날의 산동성山東省 담성현郯城縣의 북쪽에 있었다. 관할하는 지역은 오늘날 산동山東의 동남부, 강소江

蘇의 동북 연해지대를 포괄한다.

ㄹ

량涼 : 주州 이름으로, 서한 시대에 설치하였다. 관할 지경은 오늘날 감숙甘肅, 영하寧夏와 청해靑海 황수湟水 유역에 해당된다.

ㅁ

면沔 : 물 이름으로, 면수沔水는 고대에는 한수漢水의 통칭이었다. 『상서尙書 · 우공禹貢』『상서尙書 · 우공禹貢』에 "[양주梁州에 대한 설명 중] 잠수潛水에 배를 띄워 면수沔水를 지나다"라는 구절이 있다. 『한서漢書 · 지리지地理志』에 "한중군漢中郡 면양沔陽"이라는 구절 아래 있는 응소應劭의 『주注』에서 말하기를, "면수沔水는 무도武都에서 나와 동남의 장강長江으로 흘러 들어간다"고 하였다. 곽박의 『방언 · 주』에서는 "면수沔水는 오늘날(곽박 당시) 양양襄陽에 있다"고 하였다. 양양襄陽은 바로 오늘날 호북성湖北省 양번시襄樊市다. 『상서尙書 · 우공禹貢』에 "파총산嶓冢山으로부터 양수漾水를 인도하여 동쪽으로 흘러들어 한수漢水를 이루고 다시 동쪽으로 나아가 창랑지수滄浪之水를 이루었다.(嶓冢導漾, 東流爲漢. 又東爲滄浪之水)"는 말이 있다. 이장전李長傳의 『우공석지禹貢釋地』에 "창랑수滄浪水란 한수漢水 중류 균현均縣으로부터 양양襄陽에 이르는 일대의 물길(水道)이다"라고 하였다. 이로부터 알 수 있듯이, 협의의 면수沔水는 양양襄陽 이하의 한수漢水를 말한다.

ㅂ

부澓 : 곽박의 『방언 · 주』에 "부수澓水는 오늘날(곽박 당시)의 계양桂陽에 있다. 음은 부扶다. 용수涌水는 오늘날의 남군南郡 화용현華容縣에 있다"고 하였다. 계양군桂陽郡은 한나라 고제古帝, 즉 유방이 세웠으며, 치소治所는 침현郴縣, 즉 지금의 호남湖南 침주시郴州市에 있었다. 오늘날의 호남성湖南省 동남부 및 광동성廣東省 북부 소관韶關, 영덕英德 일대에 해당된다.

북연北燕 : 북연은 연燕과 조선朝鮮 사이의 지역을 가리키며, 연나라 북부의 상곡上谷, 어양漁陽, 우북평右北平, 요서遼西, 요동부遼東部를 포함한다. 『방언』에서

'북연', '북연의 바깥 교외(北燕之外郊)', '연의 동북(燕之東北)', '연의 북쪽 변두리(燕之北鄙)', '연의 북쪽 교외(燕之北郊)', '연의 바깥 변두리(燕之外鄙)', '연의 바깥 교외(燕之外郊)' 등은 대체로 이와 유사한 지역을 가리킨다.

비邳 : 비현邳縣은 서한의 동해군東海郡에 속한다. 본래 춘추시대에 설薛나라의 땅이었으며 오늘날 강소江蘇 비현邳縣의 서남 지역에 있다.

빈邠 : 빈邠은 빈豳과 같다. 옛날의 읍명邑名이며, 지금의 섬서성陝西省 순읍현旬邑縣의 서쪽에 있다. 『방언』에서는 진秦에 속한다.

ㅅ

사泗 : 옛날의 물이름. 사수泗水는 지금의 산동성山東省에서 발원하여, 지금의 강소성江蘇省 안의 회하淮河로 유입한다.

산山 : 『방언』에서 '산山'이라고만 할 때에는 효산崤山 혹은 화산華山, 그밖에는 태행산太行山을 가리킨다. '산의 동서 지역(山之東西)'이란 함곡관을 중심으로 하는 동서 양측을 가리키며 대체로 관서關西의 전 지역과 관동關東의 주周 정鄭 한韓 일대를 포함한다. 『방언』에서 '산으로부터 동서 지역(自山之東西)'이라고 하면, 그것이 대표하는 지역과 같다.

삼보三輔 : 서한 시대에 경기京畿 지역에 설치된 경조윤京兆尹, 좌풍익左馮翊, 우부풍右扶風의 합칭合稱이다. 이들은 각각 군郡에 상당하는 지역으로 치소治所는 장안長安에 있었다. 삼보는 마땅히 진秦 혹은 관서關西 안에 포함되어 있어야 하며, 오늘날 섬서성陝西省 관중關中 지역에 해당된다.

상湘 : 물이름으로, 상강湘江을 말한다. 광서성廣西省에서 발원하며 호남성湖南省으로 흘러 들어간다.

상담湘潭 : 상湘은 상수湘水를 말하고, 담潭은 담수潭水를 말한다. 『방언』에서 '상수와 담수의 근원지(湘潭之原)'이라고 하면 상수와 담수의 상류를 가리키며, 오늘날의 호남성湖南省 서남부와 광서성廣西省의 북부 일대에 해당된다. 『방언』에서 '상수와 담수의 사이(湘潭之間)'라고 하는 지역과 대체로 일치한다.

서徐 : 서주徐州를 말한다. 『상서尙書 · 우공禹貢』에 "해海 대岱 및 회淮를 서주徐州라고 한다"고 하였고, 『이아爾雅 · 석지釋地』에 "제濟의 동쪽을 서주라고 한다"고 했다. '해海'란 당시의 동해東海를 말하고, '제濟'란 옛 날의 제수濟水를 말하며, '회淮'란 회수淮水를 말한다. 서주는 황해黃海, 태산泰山으로부터 회하淮河 이북에 이르는 지역으로, 청주의 변경와 전국시대의 제齊나라 장성長城과 대체로 일치한다. 『여씨춘추呂氏春秋 · 유시有始』에 "사수泗水 유역을 서주徐州라고 하는데, 노魯나라 땅이다"라고 하였다. 서주는 노나라 땅을 포함할 뿐 아니라 『방언』에서 말하는 해海, 대岱 지역도 포함한다. 『방언』에서 말하는 서주는 지금의 산동성山東省 남부, 안휘성安徽省과 강소성江蘇省의 북부 지역에 해당된다.

서구西甌 : 곽박의 『방언 · 주』에 "서구西甌는 낙월駱越의 별종이다"라고 하였다. 서구는 대체로 한대의 울림군鬱林郡과 창오군蒼梧郡을 포괄하며, 계강桂江 유역과 서강西江 중류, 즉 광서성廣西省 귀현貴縣 일대에 해당된다.

서남西南 : 『방언』에서는 대개 '양梁 익益' '촉蜀' '한漢' '량涼'과 나란히 열거된다. 지금의 사천四川 및 섬남陝南 일대를 말한다.

서초西楚 : 곽박의 『방언 · 주』에 "서초西楚는 지금(곽박 당시)의 여남汝南, 팽성彭城을 말한다"고 하였다. 『사기史記 · 화식열전貨殖列傳』에 "회수淮水로부터 북쪽의 패沛 진陳 여남汝南 남군南郡, 이것이 서초西楚다"라고 하였다. 그러나 회수의 북쪽에 있는 여러 군郡은 모두 동쪽에 있어, 남군南郡과 떨어져 있으므로 이들이 전부 서초西楚에 속해 있었을 리는 없다. 지리적인 위치로 보아 『방언』에서의 '서초西楚'는 마땅히 한대漢代 남군南郡의 내부에 있었으리라 생각된다. 『방언』에서 '서초西楚'를 언급한 것은 세 차례인데, 모두 '양梁 익益'이나 '진秦'과 나란히 열거되었다. '진秦'과 '양梁 익益'은 모두 초楚의 서쪽에 있다. 주周 나라 성왕成王 때에 초楚의 군주였던 웅역熊繹을 형만荊蠻에 봉하여 단양丹陽(지금의 호북성湖北省 자귀秭歸의 동남쪽)에 살게 하였다. 서초西楚는 분명히 영도郢都의 서쪽에 있어야 하는데, 단양丹陽은 바로 영도郢都의 서쪽에 있고, 영郢과 진秦 양梁 익益의 사이에 끼어 있다. 그러므로 서초西楚는 마땅히 단양丹陽을 가리키는 것이며, 지금의 호북성湖北省 서부 지역에 해당된다.

서하西夏 : 오늘날 섬서 동부를 가리킨다. 『방언』에서는 진秦 진晉의 방언에 속한다.

소남召南 : 『방언』에서 말하는 소남은 『시경』에서 대표하는 지역과 서로 같다. 하남성河南省 섬현陝縣으로부터 섬서성陝西省 서안西安까지의 일대 이남의 지역에 해당된다.

송宋 : 송宋은 서주 초기에 건국되었으며 수도는 수양睢陽(지금의 하남성河南省 상구시商丘市 서남쪽)이었다. 전국 시대 초기에 팽성彭城(지금의 강소성江蘇省 서주시徐州市)으로 천도했던 것 같다. 『사기史記 · 유후세가留侯世家』에, "무왕武王이 은殷의 후예를 송宋 땅에 봉했다"는 기사가 있다. 이 일대가 은殷의 고지故地

였으며, 인민들 역시 은殷 나라 사람들의 후예였다. 『한서漢書 · 지리지地理志』에 "송宋 땅은 …… 오늘날(후한 시대)의 패沛 양梁 초楚 산음山陰 제음濟陰 동평東平 및 동군東郡의 수창須昌 수장壽張은 모두 송宋에 속한다. 주周가 미자微子를 송宋에 봉했는데, 오늘날(후한 시대)의 수양睢陽이다"라고 하였다. 『방언』에 나오는 송宋은 대체로 지금의 상구시商丘市를 중심으로 하는 하남성河南省 동부 및 산동성山東省 서남부, 그리고 강소성江蘇省 서북부와 안휘성安徽省 북부 등지를 가리킨다.

숭악嵩嶽 : 숭산嵩山을 가리킨다. 오늘날 하남성河南省 등봉현登封縣의 북쪽에 있다.

○

야野 : 야野는 바로 신야新野로서, 현縣의 이름이다. 서한 시대에 설치한 현으로서, 오늘날의 하남 신야新野를 말한다.

양揚 : 주州 이름이다. 『상서尙書 · 우공禹貢』에 "회淮 해海가 양주揚州다"라고 하였다. 양주揚州는 회하淮河 이남, 그리고 동해東海, 황해黃海 이서, 장강長江 남쪽의 동남 지역까지를 가리킨다. 『이아爾雅 · 석지釋地』에, "장강長江의 남쪽을 양주라고 한다.(江南曰揚州)"고 하였다. 『주례周禮 · 직방職方』에서는 "동남쪽을 양주揚州라고 한다"고 하였다. 『여씨춘추呂氏春秋 · 유시有始』에는 "동남쪽이 양주揚州이니, 월越 땅이다"라고 하였고 하였으니, 양주揚州는 강회江淮 사이의 지역을 포함하지 않을 수도 있다. 주로 지금의 강남江南 일대를 가리킨다.

양주揚州 : '양揚'이라는 조항을 참조할 것.

양梁 : 『방언』 중에서 양梁은 때로는 옛날 구주九州의 하나인 양주梁州를 가리키기도 하고, 때로는 한대漢代의 군국郡國을 가리키기도 한다. 양梁이 익益 옹雍 등과 병렬되었을 경우엔 양주梁州를 가리키고, 송宋 초楚 등의 지명과 병렬되었을 경우에는 한대의 군국을 가리키는데 여기에서는 후자에 해당된다. 한 고조 5(기원전 202)년에 탕군碭郡을 양국梁國으로 고쳤으며 치소治所는 수양睢陽(지금의 하남성河南省 상구현商丘縣 남쪽), 즉 원래 송宋 나라의 국도소재지에 있으며 관할 구역은 지금의 하남 상구, 민권民權, 우성虞城과 안휘성安徽省의 탕산碭山 일대에 해당된다.

여汝 : 여汝는 바로 여수汝水로서, 오늘날 하남성河南省 경내의 북여하北汝河, 남녀

하南汝河, 홍하洪河를 말한다.

연燕 : 연燕은 서주 초기에 건립된 나라로, 계薊(지금의 북경시 서남쪽)를 국도로 하였다. 연소왕燕邵王 때에 또 무양武陽(지금의 하북성河北省 역현易縣 남쪽)을 하도下都라고 하였다. 전국 시대 말기에 진秦 나라에게 멸망당했다. 서한 초기에는 옛 진나라의 상곡上谷, 어양漁陽, 우북평右北平, 요서遼西, 요동遼東, 광양廣陽 등의 6개 군郡을 소유하게 되었으므로, 전국 시대의 연燕 나라와 대체로 그 영토가 맞먹게 되었다. 『방언』 중의 연燕은 연나라에 해당되는 것이 아니고, 단지 계薊 지역을 포함하는 한대의 광양군廣陽郡 및 그 주변 지역을 가리킨다.

연兗 : 연주兗州를 말한다. 『상서尙書 · 우공禹貢』에, "제수濟水와 황하黃河 사이가 연주兗州다(濟河惟兗州)"라고 하였고, 『이아爾雅 · 석지釋地』에서도 "제수濟水와 황하黃河 사이가 연주兗州다(濟河間曰兗州)"라고 하였다. 『여씨춘추呂氏春秋 · 유시有始』에서는 "황하黃河와 제수濟水 사이가 연주兗州며, 위衛땅이다"라고 하였다. 연주와 위나라는 대체로 상응한다. 제濟란 오늘날 하남河南 형양현滎陽縣의 북쪽 황하의 동북류를 가르는 곳으로부터 지금의 산동山東 이진현利津縣 남쪽에서 바다로 흘러 들어가는 옛 제수濟水를 말한다. 하河라고 한 것은 오늘날 하남河南 무척현武陟縣 동북류로부터 지금의 하북河北 창현滄縣 동북쪽에서 바다로 흘러 들어가는 옛 황하를 말한다. 연주는 지금의 산동성山東省 서부, 하남성河南省 북부 및 하북성河北省 동부의 일부를 포함하는 지역이다.

열수洌水 : 열수洌水는 열수列水라고 쓰기도 하며, 현재 한반도 북조선의 대동강大同江에 해당된다.

영郢 : 영郢은 중요한 도읍으로, 지금의 호북성湖北省 강릉현江陵縣 서북부의 기남성紀南城에 있다. 기원전 689년, 초문왕楚文王이 단양丹陽으로부터 이곳으로 도읍을 옮겼다. 그 이후 장기간 초나라의 도성이었으며, 기원전 278년 초楚의 경양왕頃襄王이 진陳으로 옮겼다.

영潁 : 영潁은 옛날의 물이름이다. 영수潁水는 오늘날 하남성河南省 등봉현登封縣 서남쪽에서 발원하여, 동남으로는 회하淮河로 흘러 들어간다. 『방언』에서는 대부분 여와 병칭된다. 여汝 영潁 유역은 주로 한대漢代의 영천군潁川郡과 여남군汝南郡을 말하며, 『방언』 중에서는 초楚의 북부 지역과 정鄭 한韓의 접경 지역을 가리킨다.

영계零桂 : 『사부총간四部叢刊』본 『방언』에는 '영계零桂'가 '영계靈桂'로 되어 있다. 전역錢繹의 『방언전소方言箋疏』에서는 창오군蒼梧郡 부천富川의 영계수靈桂水

및 계령桂嶺을 가리키는 것이라고 풀이하였다. 주조모周祖謨의 『방언교정方言校箋』에서는 『태평어람』에서 '영계鄙桂'라고 인용한 것에 의거하여, "영鄙이란 영현鄙縣이고, 계桂란 계양桂陽이다"라고 말했으니, 바로 지금의 호남湖南 형양衡陽 침현郴縣의 지역이다. 화학성華學誠은 혜림慧琳의 『일체경음의一切經音義』에서 인용한 것 및 역사서의 용례들에 의거하여 '영계零桂'라고 최종 판단하였다. 영零이란 영릉군零陵郡이고 계桂란 계양군桂陽郡으로, 모두 한나라 때에 설치된 것이며, 형주荊州에 속한다. 영릉군零陵郡과 계양군桂陽郡은 서로 인접해 있으며, 오늘날 호남 남부 및 광동에서 이들과 서로 인접한 부분 일대에 해당된다.

예澧 : 물이름이다. 호남성湖南省 서북쪽과 호북성湖北省 학봉현鶴峰縣이 서로 접하는 지역에서 발원한다. 『상서尙書 · 우공禹貢』에 "민산岷山에서 강수江水를 인도하여 동쪽으로는 따로 타수沱水를 이루었고, 또 동쪽으로 나아가서는 예수澧水에 이르렀다"고 하였다.

예豫 : 예豫는 주州의 이름이다. 『상서尙書 · 우공禹貢』에, "형荊 하河가 예주豫州다"라고 하였으며, 『주례周禮 · 직방職方』과 『이아爾雅 · 석지釋地』에, "황하의 남쪽을 예주라고 한다(河南曰豫州)"고 하였다. 『여씨춘추呂氏春秋 · 유시有始』에 "황하와 한수 사이의 지역이 예주이니 주周 땅이다(河, 漢之間爲豫州, 周也)"라고 하였다. 『방언』에서 예주豫州는 주로 오늘날 하남성河南省의 황하 이북을 제외한 지역이다.

오吳 : 오吳는 서주西周 이전에 건립되었으며 극도는 오吳(지금의 강소성江蘇省 소주시蘇州市)에 있었다. 『방언』에서 오吳는 대체로 현재 강소성江蘇省의 대부분의 지역과 안휘성安徽省, 절강성浙江省의 대부분 지역을 포함한다. 오늘날 강서 북부는 오吳 초楚가 서로 접해있는 지역으로, '오두초미吳頭楚尾'라고 부른다. 그러므로 『방언』에서 '오吳와 초楚의 바깥 교외(吳楚之外郊)'라고 하면 아마도 오늘날 강서성의 남부를 가리키는 것이라 생각된다.

오국五國 : 오국五國이란 효산崤山으로부터 동쪽에 있는 제齊 초楚 조趙 한韓 위魏의 다섯 나라를 말한다.

오호五湖 : 선진시대의 사적史籍에 오吳 월越 지역에 오호五湖가 있다는 기록이 있으나 이에 대한 후대 사람들의 해석은 분분하다. 『국어國語 · 조어趙語』와 『사기史記 · 하거서河渠書』를 통해서 보자면, 오호五湖는 최초에는 태호太湖를 가리키는 것이었고, 그 후에 태호 유역 일대의 모든 호박湖泊[1]을 광범위하게 지칭하기도 하였다. 곽박의 『방언 · 주』에 "오호五湖는 오늘날(곽박 당시) 오흥吳興 태호太湖다"라고 하였으니, 오호가 오吳 땅에 속해 있었다는 것을 알 수 있다.

옹雍 : 『상서尙書 · 우공禹貢』에 "흑수黑水, 서하西河가 옹주雍州다"라고 하였다. 『이아爾雅 · 석지釋地』에 "하서河西를 옹주雍州라고 한다"고 하였다. 『주례周禮 · 직방職方』에 "정서향의 땅을 가리켜 옹주雍州라고 한다"고 하였다. 『여씨춘추呂氏春秋 · 유시有始』에 "서방이 옹주雍州이니 진秦 땅이다"라고 하였다. 『상서尙書 · 우공禹貢』에 '흑수黑水'란 대체로 오늘날 감숙甘肅 서부의 한 강줄기를 말하는 것이다. '서하西河'란 산서山西, 섬서陝西 사이를 흐르는 황하黃河다. 『방언』에 나오는 옹주雍州란 대체로 오늘날 섬서陝西, 감숙甘肅 일대였다.

완宛 : 완현宛縣은 지금의 하남성河南省河南省河南省 남양시南陽市를 말한다. 본래 전국 시대에는 초나라의 도읍이었고, 후에는 한韓 나라에 속하게 되었다. 진秦 소양왕昭襄王이 완현을 설치하였으며, 진대秦代 이후에는 계속 남양군南陽郡의 치소治所였다.

용湧 : '용湧'은 바로 '용涌'으로, 옛날의 물이름이다. 이 용수湧水는 하수夏水의 지류로, 장강長江으로 통하며, 대체로 오늘날 호북 감리현監利縣 변경에 있었는데, 이미 물이 흐르지 않는다. 『좌전左傳』 장공莊公 18년에 "염오가 용수를 헤엄쳐 도망했다(閻敖游涌而逸)"는 구절이 있는데, 양백준楊伯峻의 『주』에 "『수경水經 · 강수(삼)江水(三)』의 『주注』 및 『방여기요方輿紀要』에 의하면, 바로 지금의 호북성湖北省 감리현監利縣 동남쪽의 속칭 건항호乾港湖다"라고 하였다.

원沅 : 물이름으로 호남성湖南省 서부의 원강沅江을 가리킨다. 그 상류 지역을 청수강淸水江이라고 하며, 귀주성貴州省 운무산雲霧山에서 발원한다. 호남성湖南省 검성진黔城鎭 이하로부터를 원강이라고 한다.

원상沅湘 : '원沅, 상湘'은 원수沅水와 상수湘水 사이의 지역으로 『방언』에서는 남초南楚에 속한다. 곽박은 '원수와 상수가 만나는 지역(沅湘之會)'은 '두 물줄기가 합해지는 지역(兩水合處)'을 가리킨다고 했다. 따라서 동정洞庭 이남의 비교적 좁은 지대만을 가리키는 것이라고 보았다. '원수와 상수의 남쪽 지역(沅湘以南)'은 오늘날 호남성湖南省 남부, 광서성廣西省의 동북부 및 귀주성貴州省의 일부 지대를 말한다.

원풍沅澧 : '원沅, 풍澧'은 남초南楚에 속하며 한대의 무릉군 안에, 즉 상서湘西 일대

1 호박湖泊 : 호수湖水 가운데 물 밖으로 드러나 있는 땅.

에 있었다. '원, 풍의 근원(沅澧之原)'은 원沅, 풍澧 두 물줄기의 상류이며, 오늘날 호남성湖南省의 가장 서쪽에 있다. 아마도 귀주성貴州省의 일부 지역을 포함했을 것이다.

월越 : 월越은 오래된 국가로서, 회계會稽(지금의 절강성浙江省 소흥시紹興市)에 도읍을 세웠다. 『방언』에서의 월越은 대체로 오늘날의 절강성浙江省에 해당된다.

유幽 : 주州의 이름이다. 본래는 옛날의 기주冀州 땅이다. 『이아爾雅 · 석지釋地』에 "연燕을 유주幽州라고 한다"고 하였다. 『주례周禮 · 직방職方』에 "동북쪽을 일컬어 유주幽州라고 한다"고 하였으며, 『여씨춘추呂氏春秋 · 유시有始』에 "북방을 유주幽州라고 하니, 바로 연燕이다"라고 하였다. 유주는 전국시대 연燕 나라의 강역에 해당된다. 대체로 지금의 하북 북부 및 요령遼寧 일대를 가리킨다.

위魏 : 위魏는 본래 서주 시대의 제후국이었다. 『한서漢書 · 지리지地理志』에 "위魏 나라도 역시 희성姬姓이다. 진晉의 남쪽 하곡河曲에 있다"고 하였으니, 바로 오늘날 산서성山西省의 예성芮城을 가리킨다. 진晉 나라 헌공獻公이 위魏를 멸망한 후에 이 지대를 대부인 필만畢萬에게 봉해주었다. 필만의 후대에 위문후魏文侯가 조趙 한韓과 더불어 진晉 나라를 나누어 차지한 후에 도읍을 안읍安邑(지금의 산서성山西省 하현夏縣 서북의 우왕촌禹王村)에 정했다. 기원전 361년 위魏는 도읍을 대량大梁(지금의 하남성河南省 개봉시開封市)으로 옮겼다. 『방언』에서 위魏라고 하면 대량大梁을 중심으로 하는 지역을 말한다.

위衛 : 위衛는 서주 시대 초기에 건국하였으며 최초에는 조가朝歌(오늘날 하남성河南省 기현淇縣의 동북쪽)에 도읍을 정했다가, 문공文公이 초구楚丘(지금의 하남성河南省 활현滑縣 동쪽)로, 또 성공成公이 제구帝丘(지금의 하남성河南省河南省 복양濮陽 서남쪽) 옮겨갔다. 『사기史記 · 노주공세가魯周公世家』에 "은의 유민을 받아들였으며, 강숙康叔을 위衛 땅에 봉했다"고 하였다. 위衛 나라의 소재지는 보내 은殷 왕기王畿의 지역이었고, 인민들도 주로 은殷의 후예들이었다. 『한서漢書 · 지리지地理志』에, "위衛 땅은 …… 지금(후한 시대)의 동군東郡 및 위군衛郡 여양黎陽, 하내河內의 야왕野王, 조가朝歌가 모두 위衛에 속한다"고 하였다. 『방언』에서 위衛의 지역은 오늘날 하남성河南省 북부 및 하북성河北省 남부, 산동성山東省 서부 일대에 해당되었다.

익益 : 서한 시대에 설치한 군郡으로서, 익주군益州郡은 서남 이夷 지역에 가장 마지막으로 설치된 군郡이다. 서이西夷와 남이南夷, 전滇 등의 지역을 겸하고 있었다.

적현翟縣 : 곽박의 『방언 · 주』에서 "오늘날의 상당上黨, 노현潞縣이 바로 옛날의 적국翟國이다"라고 했다. 노潞는 본래 춘추春秋, 적추赤秋, 노씨潞氏의 나라로, 한 왕조가 그곳에 현縣을 설치했으며 치소治所는 오늘날 산서山西 여성黎城의 서남쪽에 있었다.

정鄭 : 『사기史記 · 정세가鄭世家』에 선왕宣王이 이복동생인 우友를 정鄭 땅에 봉했다고 기록했다.[2] 정鄭은 서주 시대에 세워진 나라로 처음에는 역림棫林(지금의 섬서성陝西省 화현華縣)에 봉해졌다가 서주 말기에 동괵東虢(지금의 하남성河南省 형현滎縣)과 회檜(지금의 하남성河南省 밀현密縣 동북쪽)의 사이로 옮겼다. 동주 초기에 신정新鄭(지금의 하남성河南省 신정현新鄭縣)에 도읍을 세웠고 기원전 375년 한韓에게 멸망당했다. 『한서漢書 · 지리지地理志』에 "정나라는 지금(후한 시대)의 하남河南에 있는 신정新鄭으로, 본래 고신씨高辛氏의 화관火官 축융성祝融星과 관계가 있었던 옛 나라의 자리(高辛氏火官祝融之虛)였다. 성고成皐, 형양滎陽, 영주潁州의 숭고崇高, 양성陽城은 모두 정鄭 나라에 속한다"라고 되어 있다. 『방언』에서 정鄭은 대체로 하남河南 중부 일대를 포함한다.

제齊 : 임치臨淄(지금의 산동성山東省 치박시淄博市 동쪽의 임치 북부)를 중심으로 하는 가장 이른 시기의 제나라 영토를 가리킨다. 대체로 진대秦代의 임치臨淄, 제북濟北의 두 군郡에 해당되며, 지금의 산동성山東省 북부(교동반도膠東半島는 포함하지 않음)와 하북河北 동남부에 해당된다.

제濟 : 옛날의 물이름으로, 오늘날의 하남 형양현滎陽縣 북쪽, 황하의 동북 지역으로부터 지금의 산동 이진현利津縣 남쪽으로 흘러서 동해東海로 들어가는 옛 제수濟水를 가리킨다.

조趙 : 조趙는 최초에는 도읍을 진양晉陽(지금의 산서성山西省 태원시太原市 서남쪽)에 세웠으며, 기원전 425년 중모中牟(지금의 하남성河南省 학벽시鶴壁市 서

2 화학성華學誠의 「방언 지리 명사 해석(方言地理名詞釋)」에는 『한서漢書 · 정세가鄭世家』라고 잘못 되어 있을 뿐 아니라, "宣王封庶弟友於鄭"이 직접 인용문으로 되어 있는데, 우선 『한서』는 『사기』로 바꾸어야 하며, 『한서』나 『사기』의 아무 데도 이 같은 인용문이 발견되지 않았다. 『사기 · 정세가』에는 위의 인용문과 동일하지는 않지만 "정鄭 나라 환공桓公 우友는 주周 여왕厲王의 작은 아들이고, 주 선왕宣王의 서제庶弟다. 주 선왕이 왕위에 오른 지 22년 만에 우는 비로소 정鄭 땅에 봉지를 받았다"는 기록이 있다.

쪽)로 천도하였고, 기원전 386년에는 다시 한단邯鄲(지금의 하북성河北省 한단시邯鄲市)으로 천도하였다. 『방언』에서 조趙라고 하면 한단邯鄲을 중심으로 하는 전국시대 조나라 일대를 말한다. 주로 지금의 하북성河北省 동부와 산서성山西省의 동부 일대를 포함한다.

조선朝鮮 : 조선은 서주 초년에 건국하였고, 전국시대에는 연燕 나라에 속했다. 진대秦代에는 조선이 요동의 변두리(遼東外徼)에 속했으니 진 제국 영토의 일부였다. 서한 초기에 연나라의 위만衛滿이라는 사람이 조선으로 망명하여 들어가 나중에는 조선을 점거하였다. 기원전 109년 한무제는 위씨의 정권을 멸망시키고, 거기에 낙랑樂浪, 현토玄免, 임둔臨屯, 진번眞番이라는 네 군을 설치하였다. 『방언』 중의 '조선'은 대체로 지금의 요녕遼寧과 길림吉林의 일부 지역 및 한반도의 북부 일대를 가리킨다.

주周 : 『한서漢書 · 지리지地理志』에 "주周의 땅은, …… 오늘날(후한 시대)의 하남 낙양雒陽, 곡성穀成, 평음平陰, 언사偃師, 공鞏, 구씨緱氏 등이 여기에 속한다"라고 하였다. 주周는 바로 동주 시대의 수도 낙양洛陽 및 그 주위의 협소한 지역이다.

주남周南 : 서광徐廣의 『사기주史記注』에서 지우摯虞의 『기복경畿服經』을 인용하여 말하기를, "옛날의 주남은 오늘날의 낙양이다"라고 하였다. 『방언』에서 말하는 주남은 『시경』에서 대표하는 지역과 서로 같다. 지금으로 말하자면 낙양 이남으로부터 곧바로 강江, 한漢에 이르는 지역이다.

중하中夏 : 하夏 땅의 중부를 말하는 것으로, 대개 낙양洛陽 주위의 지역을 가리킨다.

진陳 : 『한서漢書 · 지리지地理志』에 "진陳 나라는 지금의 회양淮陽 땅이다. 진陳은 본래 태호성太昊星과 관계가 있던 옛 나라의 자리이고[3] 주나라 무왕武王이 순舜의 후예인 규만嬀滿을 진陳에 봉했다"라고 기록되어 있다. 진陳의 수도는 완구宛丘(오늘날의 하남성河南省 회양시淮陽市)였으며, 기원전 478년 초나라에 의하여 멸망당했다. 진陳 나라의 강역은 오늘날의 회양淮陽을 중심으로 하는 하남성河南省 동부, 안휘성安徽省 북부의 일부 지역을 포함했다.

진秦 : 『한서漢書 · 지리지地理志』에 "진秦 땅은 「우공禹貢」의 시대에는 옹雍과 양梁이라는 두 주州에 걸쳐 있었다"라고 하였다. 『방언』 중의 진秦은 대체로 전국시대의 진秦나라 영토에 해당된다. 지금의 지역으로 보면, 대체로 섬서陝西, 사천四

3 『한서漢書 · 지리지地理志』에는 '태호지허太昊之虛'라고 되어 있는데, 『춘추좌전春秋左傳』의 소공昭公 17년 조에는 '대호지허大皞之虛'라고 되어 있다.

川 및 감숙성甘肅省의 동부를 포함한다.

진晉 : 서주 초년에 주周나라 성왕成王이 그의 아우였던 숙우叔虞를 당唐(지금의 산서성山西省 익성翼城의 서쪽)에 봉했다. 당唐에는 진수晉水가 있었으므로, 그 후에 숙우의 아들인 섭燮을 진후晉侯라고 불렀다. 진晉은 처음 봉해졌을 때에는 영토가 매우 작았으나 후일 점차 강대해져서 강역도 넓어지게 되었다. 처음 봉해진 땅은 지금의 산서성山西省 서남부였다. 기원전 4세기 중엽, 한韓 조趙 위魏 세 가家가 진晉을 분할하게 되자, 진晉 나라는 다시는 존재하지 않게 되었다. 한韓 조趙 위魏는 모두 대대적으로 각자의 토지를 확장하였다. 따라서 후대의 한韓 조趙 위魏는 진晉 나라의 원래 강역과는 일치하지 않게 되었다. 『방언』에서 진晉이라고 하면 일반적으로 모두 지금의 산서성山西省 서남부를 중심으로 하는 비교적 협소한 지역을 말하며, 한대漢代의 하동군河東郡 및 그 주위 일대를 가리킨다.

진지구도晉之舊都 : 곽박의 『방언 · 주』에 "진晉의 옛 도읍은 오늘날(곽박 당시)의 태원太原 진양현晉陽縣이다"라고 하였다. 진양晉陽은 지금의 산서성山西省 태원시太原市의 남쪽에 있다. 화학성華學誠은 '진지구도晉之舊都'란 마땅히 진晉 나라 초기에 봉해졌던 당唐, 즉 지금의 산서山西 익성翼城의 서쪽을 가리키는 것이어야 한다고 여긴다.

진진지고도晉秦之古都 : 진진지고도晉秦之古都는 『방언』에서는 섬서성陝西省 봉상鳳翔의 남쪽 및 산서성山西省 익성翼城의 서쪽을 포함하는 지역이다.

ㅊ

청青 : 청주青州를 말한다. 『상서尙書 · 우공禹貢』에 "해海 대岱를 청주라고 한다"고 하였다. 『주례周禮 · 직방職方』에 "정동 방향을 청주青州라고 한다"고 하였다. 『여씨춘추呂氏春秋 · 유시有始』에 "동방을 청주青州라고 하니 제齊 나라 땅이다"고 하였다. 청주青州는 전국시대의 제齊나라 강역에 해당되니, 바로 지금의 산동 북부와 동부다.

청주青州 : '청青'이라는 항목을 참조할 것.

초楚 : 초나라는 은상殷商 시기에 세워졌으며 서주 초기에 형산荊山에 봉해졌다. 도성이 자주 바뀌어 초장왕楚莊王 시기에 이르러서는 초나라 강역 서쪽으로는 무관武關(오늘날 섬서성陝西省 상현商縣의 동쪽)에서 시작하여 동쪽으로 소관昭關(오늘날 안휘성安徽省 함산含山의 북쪽)에 이르렀고, 북으로는 오늘날 하남성河

南省 남양시南陽市로부터 시작하여 남쪽으로는 동정洞庭 이남에까지 이르렀다. 전국시대에 초나라의 영토는 점차 오늘날 산동山東 동부와 강소江蘇, 절강浙江 일대로까지 확대되었다. 『방언』에서 말하는 초楚는 전국시대 초楚 지역의 범위보다 상당히 협소하며 주로 영도(郢都)를 중심으로 하는 長江장강, 한수漢水 일대의 평원 및 그 주위 일대를 가리킨다. '초의 북쪽 교외(楚之北郊)'란 대개 정鄭 한韓 위魏의 접경에 있는 여영汝潁, 진陳 일대를 가리킨다.

촉蜀 : 촉蜀은 본래 옛 나라의 이름으로, 기원전 316년 진秦이 파巴와 촉蜀을 멸망시킨 후에 파군巴郡과 촉군蜀郡을 설치하였다. 촉군蜀郡의 치소治所는 성도成都(지금의 사천성四川省 성도시成都市)였다. 서한 초기에 촉군蜀郡의 북부로부터 광한군廣漢郡이 갈라져 나왔고, 무제 시기에 또 그 남부로부터 건위군犍爲郡이 갈라져 나왔다. 『방언』에서 나오는 촉蜀은 대체로 성도成都를 중심으로 하는 고대 촉蜀 나라의 범위, 즉 사천분지四川盆地의 서부에 해당된다.

ㅍ

패沛 : 서한 시대 고제高帝가 사수군泗水郡을 바꾸어 패군沛郡을 설치했다. 치소治所는 상현相縣(지금의 안휘 수계현濉溪縣의 서북쪽)에 있었고, 관할 지역은 오늘날의 안휘성安徽省 회하淮河 이북, 서쪽으로는 비수肥水의 동쪽 및 강소성江蘇省의 서북, 하남성河南省 동부의 좁은 일부 지대였다.

평원平原 : 한대의 평원군平原郡은 오늘날 산동성山東省 평원平原, 우성禹城, 능현陵縣, 제하齊河, 임읍臨邑, 상하商河, 혜하惠河, 혜민惠民, 양신陽信 등의 현을 포함한다.

폭瀑 : 옛날의 폭瀑 자다. 폭瀑은 폭대수瀑帶水를 가리킨다. 『청일통지淸一統志』에 폭대수는 호남湖南 영주부永州府 영명현永明縣의 남쪽에 있으며, 신광神光 우료산遇廖山에서 발원한다고 기록되어 있다. 영명현永明縣은 바로 오늘날의 강영현江永縣이다.

ㅎ

하河 : 하河는 바로 황하黃河다. 『방언』에서는 하河와 병렬되는 물이름(水名)으로 '하제河濟', '하분河汾' 등이 있다. 하河와 관련된 지명으로는 '하음河陰', '하내의 북쪽(河內之北)', '황하로부터 북쪽 지역(自河以北)' 등이 있다. '황하로부터 북쪽 지역(自河以北)'에는 황하 중하류 이북의 연燕 조趙 및 위魏의 하북 지역이 포함된다.

하내河內 : 『주례周禮 · 직방職方』에 "하내河內란 기주冀州다"라고 하였다. 하내는 광범위하게 말하자면 오늘날의 산서山西, 하북河北 및 하남성河南省 황하黃河 이북의 지역을 가리키며, 보다 정확히 말하면 오늘날 하남성河南省 황하 이북의 지역을 말한다. "하내의 북쪽(河內之北)"이란 오늘날 하남성河南省 황하 이북의 지역을 말하니, 기주冀州에 해당되며, 오늘날의 하북성河北省과 산서성山西省을 포함한다.

하분河汾 : 『방언』 중의 하분河汾이란 진晉에 해당된다.

하음河陰 : 곽박의 『방언 · 주』에서 말하기를, "요사이(즉 곽박 당시) 풍익馮翊, 합양郃陽, 하동河東, 용문龍門이 바로 이 지역에 해당된다"고 하였다. 하음은 바로 현재의 산서성山西省 하진현河津縣 서북의 우문구禹門口다.

하제河濟 : 여기에서 하河는 황하黃河로,『방언』 중에서 하제河濟 지역이란 바로 연주兗州를 말하며 위衛 지역에 해당된다.

한韓 : 『전국책戰國策 · 한책韓策』에 "한韓 나라의 북쪽으로는 공鞏, 낙洛, 성고成皋 등의 견고한 지역이 있고, 서쪽으로는 의양宜陽, 상판常阪이라는 요새가 있으며, 동쪽으로는 완宛, 양穰, 유수洧水가 있으며, 남쪽으로는 형산陘山이 있으니, 그 지역이 천리가 된다"고 하였다. 지금의 하남성河南省 서북부는 모두 한韓 나라의 옛 땅이었다. 한韓의 도읍은 여러 차례 바뀌었는데, 기원전 375년에 한애후韓哀侯가 정鄭 나라를 멸망한 후에 신정新鄭(지금의 하남성河南省 신정新鄭)으로 천도하였다. 『방언』에 한韓이 있으면서도 또 정鄭이 있는데, 한韓 나라와 정鄭 나라가 지역적으로 중첩되게 하지 않게 위해서 우리는 원래 정나라에 속해 있던 지역을 나누어냈다. 『방언』 중의 한韓은 전국시대 한韓 나라의 서부 영토에 해당되는 지역을 말한다.

한漢 : 『방언』에서는 균현均縣으로부터 위쪽에 있는 한수漢水 상류를 가리킨다. 즉 서한 시대의 한중군漢中郡에 해당된다.

해대海岱 : 『방언』 중의 대岱는 늘 해海와 병렬되어 '해대海岱'라고 나온다. '해海'는 당시(양웅 당시)의 동해東海, 즉 오늘날의 동해東海와 황해黃海를 가리킨다. 해海대岱는 황해로부터 태산의 남쪽 산기슭(南麓)까지이며 회淮 사泗를 포함하는 광대한 지역이다. 기본적으로는 진대秦代의 낭야군琅邪郡과 동해군東海郡의 회하淮

河 이북의 지역에 해당된다.

형荊 : 주州 이름이다. 『상서尙書 · 우공禹貢』에 "형荊 및 형양衡陽이 형주荊州다"라고 하였다. 『이아爾雅 · 석지釋地』에 "한수의 남쪽을 형주라고 한다(漢南曰荊州)"라고 하였다. 『주례周禮 · 직방職方』에 "정남향의 땅을 가리켜 형주荊州라고 한다"고 하였다. 『여씨춘추呂氏春秋 · 유시有始』에서는 "남방은 형주荊州이니 초楚 땅이다"라고 하였다. '형荊'은 '형산荊山'을 가리키며, 지금의 호북성湖北省 남장현南漳縣의 서쪽, 무당산武當山의 동남쪽, 한수漢水의 서안에 있다. '형衡'은 호남의 형산衡山을 가리키는 것이다. 형주荊州는 형산荊山으로부터 형산衡山 남면의 광대한 지역까지를 포함한다. 『방언』에 나오는 형주荊州는 대체로 호북성湖北省과 호남성湖南省을 포함한다.

형衡 : 형산衡山을 가리키며, 오늘날 호남성湖南省 중부에 있다.

형주荊州 : '형荊'이라는 항목을 참조할 것.

호湖 : 오호五湖를 간단히 부르는 칭호다. '오호五湖'라는 항목을 참조할 것.

회계會稽 : 회계군會稽郡은 진시황 25년(기원전 222년)에 설치되었으며, 본래의 오吳 월越 땅을 포함한다. 치소治所는 오현吳縣(지금의 강소성江蘇省 소주시蘇州市)에 있었으며, 서한 시대의 범위는 그보다 조금 더 광대하여, 지금의 모산茅山으로부터 동쪽의 소남蘇南과 절강浙江의 대부분 및 복건성福建省 전체에 해당된다.

부록 2. 『방언』에 등장하는 언어학 용어 해설

본 부록에서는 양웅 『방언』과 곽박 「주」 및 대진 『방언소증』에 나오는 언어학 용어들을 해설하였다. 이들 각각의 저술에서 빈번하게 사용되는 언어학 용어들이 조금씩 다르고, 의미하는 바도 조금 차이가 나며, 또한 개념상으로도 명확하지 못한 부분이 있는 관계로 여기서는 이들 용어들에 대해 정확한 개념 정의보다는 그 용어가 『방언』, 곽박 「주」, 『방언소증』에서 사용된 용례에 바탕하여 해설하였다. 용어에 대한 정리는 『中國文字訓詁學辭典』(동문선,1993), 『中國語言學大辭典』(江西教育出版社, 1991), 『中國大百科全書 · 語言文字』(中國大百科全書出版社,1988) 등을 참조하였다.

1. 通語는 凡語, 凡通語, 通名 등과 같은 의미로 사용되었으며, 모두 양웅 『방언』에 처음 등장한다. 『방언』 제1권에 나오는 "娥 · 영은 好(아름답다)의 뜻이다. …… 好(아름답다)는 통어다"라는 구절이 이에 속하며, 통어라는 용어는 양웅의 『방언』과 곽박 「주」에 자주 보인다. 『방언』에 통어가 나오는 권수와 조항은 다음과 같다. 1-4(제1권의 4번째 조항. 항목 번호는 대진의 『방언소증』에 따라 정리한 본 번역본에 따랐다), 1-6, 1-9, 1-21, 2-2, 2-32, 3-15, 3-53, 4-40, 4-41, 5-5, 5-10, 7-13, 7-17, 7-34, 10-3, 10-9, 10-28, 10-35, 10-45, 13-136, 13-145, 13-146 등이다. 곽박 「주」에 통어가 나오는 권수와 조항은 다음과 같다. 1-2, 3-12, 3-13, 5-35, 10-15, 10-35, 13-138 등이다. 통어를 당시의 공통어로 보는 경우, 통어는 광대한 지역에 걸쳐 공통적으로 사용되는 어휘로 각 지역에서 사용되는 방언에 대한 상대적인 개념이다. 그러나 『방언』을 깊이 검토해보면, 『방언』에서 통어는 일부 학자들의 주장처럼 공통어의 개념으로 사용된 것이 아니라 해당 어휘의 일상적 의미, 즉 "통용되는 어휘"라는 뜻으로 사용되었으며, 어떤 단어의 통용되는 정도를 해석하기 위해 사용된 것으로 보인다.

2. 凡語는 또 凡通語라고도 하며, 통어를 말하는데, 각지에서 일반적으로 그리고 보편적으로 사용되는 단어를 말한다. 양웅 『방언』에 처음으로 등장하는 용어인데, 예를 들면 제1권에 "가嫁 · 서逝 · 조徂 · 적適은 왕往(가다)이다. 집으로부터 나오는 것을 가嫁라고 하니, 여자가 출가하는 것을 가嫁라고 하는 것과 같다. 서逝는 秦진과 진晉 지역의 말이다. 조徂는 제齊 지역 말이다. 적適은 송宋과 노魯 지역 말이다. 왕往은 범어(널리 통용되는 일반적인 말)다"를 들 수 있다. 여기서 말하는 범어는 바로 일반적으로 통용되는 어휘를 지칭하는 용어다. 양웅은 범어를 통어와 같은 의미로 사용하였다. 범어와 범통어는 양웅 『방언』에 각기 한 번씩 나오며, 통명은 곽박 「주」에 두 번 나온다. 범어가 나오는 『방언』의 권수와 조항은 1-14이다. 凡通語가 나오는 권수와 조항은 2-1이다. 通名이 나오는 곽박 「주」의 권수와 조항은 5-20, 8-2이다.

3. 四方(之)通語는 흔히 통용지역이 비교적 광범위한 방언을 말하는 것으로 해석된다. 그러나 양웅 『방언』을 검토해보면, 이는 통용지역을 명확히 밝히기 어려워 사용한 용어로 보인다. 『방언』과 곽박 「주」에 각 1회 사용되었다. 통용지역이 구체적인 경우에는 某地某地之間通語, 中國之通語, 楚通語, 趙魏之間通語, 秦晉之通語, 南楚之外通語, 揚楚通語, 北方通語, 楚郢以南東揚之郊通語, 西楚與秦通名, 北方常語, 齊趙之總語 등의 용어가 사용되었다. 이런 용어들이 나타나는 『방언』과 곽박 「주」의 권수와 항목은 다음과 같다.

四方(之)通語 : 1-4(곽박 「주」), 3-27(『방언』)
中國之通語 : 3-50(곽박 「주」), 10-10(곽박 「주」)
楚通語 : 3-51(『방언』), 4-36(『방언』), 10-32(『방언』)
趙魏之間通語 : 4-39(『방언』)
秦晉之通語 : 9-24(『방언』)
南楚之外通語 : 10-8(『방언』)
揚楚通語 : 10-18(『방언』)
北方通語 : 10-27(곽박 「주」)
楚郢以南東揚之郊通語 : 10-33(『방언』)
西楚與秦通名 : 11-1(『방언』)
北方常語 : 10-18(곽박 「주」)
齊趙之總語 : 6-43(『방언』)

4. 廣異語, 廣異名은 널리 쓰이는 다른 단어, 혹은 명칭이라는 뜻인데, 해당 조항의 단어와 같은 의미를 갖는 다른 단어들을 말한다. 이런 용어들은 모두 곽박 「주」에 나온다.

廣異語 : 2-30(곽박 「주」), 5-4(곽박 「주」)

廣異名 : 4-27(곽박 「주」)

5. 지역 방언은 某地語 또는 某地某地之間語라고 칭해졌으며, 서로 다른 지역의 방언을 말한다. 예를 들면, 제10권 24조항에 "埡, 封, 場也. 楚郢以南蟻土謂之埡. 埡, 中齊語也"라고 되어있다. 楚語, 宋語, 秦晉語, 齊語, 宋魯語, 秦語, 中齊語, 中夏語, 周南召南衛之語, 揚州會稽之語, 沅涌幽之語 등은 양웅 『방언』에만 나오고, 關西語, 中州語, 江東語, 中國語, 方國之語 등은 곽박 「주」에만 나온다. 이런 용어가 나온 권수와 조항은 다음과 같다.

楚語 : 1-13(『방언』), 10-27(『방언』)

宋語 : 1-13(『방언』)

秦晉語 : 1-14(『방언』)

齊語 : 1-14(『방언』), 1-21(『방언』)

宋魯語 : 1-14(『방언』)

秦語 : 1-31(『방언』)

中齊語 : 10-24(『방언』)

中夏語 : 10-45(『방언』)

周南召南衛之語 : 1-20(『방언』)

揚州會稽之語 : 10-9(『방언』)

沅涌幽之語 : 10-41(『방언』)

關西語 : 1-8(곽박 「주」), 4-4(곽박 「주」), 10-30(곽박 「주」)

中州語 : 1-27(곽박 「주」)

江東語 : 7-30(곽박 「주」)

中國語 : 10-5(곽박 「주」)

方國之語 : 1-13(곽박 「주」)

6. 古今語는 또 古雅之別語라고도 한다. 양웅의 『방언』에 나오는 용어로 당시의 각 지역 방언에 남아있던 고어 또는 고대 방언을 말한다. 예를 들면, 제1권 12조항에

"돈敦·풍豐·방厖·개夰·무幠·반般·하嘏·혁奕·융戎·경京·장奘·장將은 대大(크다)다. 무릇 사물이 큰 모습을 풍豐이라고 한다. 방厖은 깊은 것이 매우 큰 것이다. 동제東齊 해대海岱 지역에서는 개夰라고 하거나 혹은 무幠라고 한다. 송宋 노魯 진陳 위衛 지역에서는 하嘏라고 하거나 혹은 융戎이라고 한다. 진秦 진晉 지역에서는 무릇 사물이 장대한 것을 하嘏라고 하거나 혹은 하夏라고 한다. 진秦 진晉 지역에서는 무릇 사람이 큰 것을 장奘이라고 하거나 혹은 장壯이라고 한다. 연의 북비北鄙 지역이나 제齊 초楚의 교외에서는 경京이라고 하거나 혹은 장將이라고 하는데, 모두 古今語다."라고 한 것이 그 예이다. 古今語와 古雅之別語가 나온 권수와 조항은 다음과 같다.

古今語 : 1-12(『방언』)

古雅之別語 : 1-13(『방언』)

7. 方俗語는 역대로 내려오는 각종 문헌에 보이는 방언과 속어를 통칭한다. 이런 용어로, 俗語와 鄙語는 『방언』에 나오며, 今俗語는 곽박 「주」에 나오고, 方俗語는 대진의 『방언소증』에 나온다. 이런 용어들이 사용된 권수와 조항은 다음과 같다.

俗語 : 1-12(『방언』)

鄙語 : 1-32(『방언』)

今俗語 : 7-2(곽박 「주」)

方俗語 : 2-1(『방언소증』)

8. 代語는 독립적으로 '代語'라고 쓰이거나 '某지역의 代語'라는 식으로 사용되었다. 곽박의 해석에 따르면 "다른 단어지만 서로 바꿔 사용할 수 있는 것을 대어라고 한다(異語相易謂之代也)"고 하였다. 대어는 『방언』에도 나오고 곽박 「주」에도 나온다.

南鄙之代語 : 10-7(곽박 「주」)

南楚江湘之間代語 : 10-40(『방언』)

代語 : 13-69(곽박 「주」)

9. 轉語는 『방언』에서 '轉語' 또는 '某지역 轉語'라는 용어로 사용되었고, 대진의 『방언소증』에서는 轉語라는 용어로 사용되었다. 한 단어의 음이 변화됨으로 인해 다른 단어로 변화된 것을 전어라고 한다. 이러한 단어의 변화는 시간의 흐름으로 인한

것도 있고, 지역의 차이에 따라 다른 것도 있기 때문에 전어는 시간적으로는 고금의 차이를, 지역적으로는 방언의 차이를 반영하고 있다. 전어라는 명칭은 양웅 『방언』에서 처음으로 등장하였다. 『방언』 제3권에 "庸謂之倯, 轉語也"라는 조항이 있다. 이후 진晉나라의 곽박이 주를 단 『이아』와 『방언』에는 '語聲轉', '語轉', '성전聲轉'과 같은 용어들이 자주 등장하였다. 이는 이후 청대학자들에 의해 훈고의 개념으로 널리 사용되었으며, 독음이 같거나 비슷하면 의미가 서로 통할 수 있다는 '轉語'의 개념으로 古書의 낱말들을 풀이하였다. 그래서 '轉語'를 낱말의 파생 원리, 즉 넓은 의미의 어원으로 간주하는 학자도 있다.

轉語 : 3-48(『방언』), 8-2(『방언소증』), 10-9(『방언』)

楚轉語 : 10-6(『방언』), 10-44(『방언』)

10. 聲轉은 聲之轉, 語聲轉 등의 용어로도 사용되었다. 고서를 풀이하는데 있어서 두 낱말의 독음이 같거나 혹은 독음 가운데 성모나 운모의 어느 한 쪽이 같을 경우 그 낱말들의 의미가 서로 통하는 현상을 전어라고 하며, 전어 가운데 단어의 성모가 같은 것, 즉 쌍성 관계인 것을 성전이라고 한다. 성지전과 성전은 곽박 「주」에 사용되었고, 어성전은 곽박 「주」와 『방언소증』에 사용되었다.

聲之轉 : 2-37(곽박 「주」), 3-6(곽박 「주」), 5-35(곽박 「주」), 10-4(곽박 「주」), 13-36(곽박 「주」), 13-39(곽박 「주」)

語聲轉 : 1-12(곽박 「주」), 8-9(『방언소증』)

聲轉 : 5-26(곽박 「주」), 5-30(곽박 「주」), 7-28(곽박 「주」), 8-9(곽박 「주」)

11. 一聲之轉은 聲轉과 같은 개념으로, 청대 훈고학자들이 사용하던 용어다. 轉語 가운데 단어의 성모가 같은 것, 즉 쌍성 관계인 것을 말한다. 예를 들자면, 『광아 · 석고』에 "撈 · 略은 취하다의 뜻이다"라는 구절에서 王念孫은 '로撈'와 '략略'은 一聲之轉으로 뜻이 통한다고 했다. 一聲之轉은 두 낱말의 쌍성 관계를 통해 낱말의 뜻이 통하는 것을 말한다. 대진의 『방언소증』에 一聲之轉이라는 용어가 자주 나온다.

2-14(『방언소증』), 2-37(『방언소증』), 5-18(『방언소증』), 6-17(『방언소증』), 6-18(『방언소증』), 6-25(『방언소증』), 6-49(『방언소증』), 6-58(『방언소증』), 9-26(『방언소증』), 10-16(『방언소증』), 10-37(『방언소증』), 10-45(『방언소증』), 12-23(『방언소증』), 13-16(『방언소증』)

12. 語轉은 語之轉이라고도 하며, 轉語 가운데 두 낱말이 첩운의 관계인 것을 말한다. 한 낱말의 음이 변화되어 다른 낱말로 된 轉語는 고금의 차이와 방언의 차이를 반영하며, 전어라는 이 명칭은 양웅 『방언』에 처음으로 등장하여 이후 진晉대 곽박의 『이아 · 주』와 『방언 · 주』에서 자주 사용되었다. 이후 두 낱말이 첩운의 관계인 어전語轉과 두 낱말이 쌍성 관계인 성전聲轉은 청대 훈고학자들에 의해 널리 사용되었다. 어전은 곽박 「주」에 사용되었고, 어지전은 『방언』과 『방언소증』에서 사용되었다.

語轉 : 3-8(곽박 「주」), 5-27(곽박 「주」), 11-24(곽박 「주」)

語之轉 : 1-4(『방언소증』), 1-26(『방언소증』) 3-50(『방언』), 10-33(『방언소증』), 11-18(『방언』)

13. '類隔'과 '音和'는 서로 상대되는 개념으로 반절에 있어서 반절상자와 피절자의 성모가 重唇과 輕唇, 또는 舌頭와 舌上의 차이를 보일 때 '類隔切'이라고 한다. '隔'은 서로 어긋남을 말하며 성모가 유사하지만 불일치함을 의미한다. 그러나 옛날 사람들은 반절을 만들 때 모두 음이 잘 화합되도록 만들었다. 이것을 '音和'라고 한다. 예를 들면 篇은 芳連切인데, 篇은 重唇音 '滂'p[ph]성모에 속하지만, 芳은 輕唇音 '敷'[fh]성모에 속해서 '類隔'이다. 그러나 고대에는 輕唇音이 없었기 때문에 '篇'과 '芳'은 모두 '滂'p[ph]성모에 속해서 '音和'다. 類隔과 音和는 대진 『방언소증』 제10권 23조항과 제12권 8조항에서 사용한 용어다.

14. 雙聲과 疊韻은 두 글자 가운데 성모가 같은 것을 쌍성이라고 하고, 운모가 같은 것을 첩운이라고 한다. 雙聲과 疊韻은 모두 대진『방언소증』에서 사용한 용어다.

雙聲 : 2-1(『방언소증』), 6-59(『방언소증』), 10-23(『방언소증』), 12-2(『방언소증』), 12-26(『방언소증』), 12-45(『방언소증』), 12-53(『방언소증』), 13-142(『방언소증』)

疊韻 : 1-1(『방언소증』), 1-16(『방언소증』), 12-2(『방언소증』), 12-31(『방언소증』)

15. 古通用은 사용에 있어 서로 바꾸어 쓸 수 있는 한자를 말하는 것으로, 이것은 同音 통용, 同義 통용, 古今 통용을 포괄하는 개념이다. 동음통용은 음이 같거나 비슷한 글자로 통용되는 것을 말하고, 동의통용은 뜻이 같은 글자들끼리의 통용을 말하며, 고금통용이란 고금자 간의 통용을 말하는 것으로 古字로써 今字를 대체시킨 것

을 일컫는다. 통용자와 被換用字의 의미가 완전히 같은 것은 아니고 단지 일정한 조건하에서 통용이 가능할 따름이다. 만약 두 글자의 의미가 완전히 같다면 異體字라고 한다.

16. '當爲', '當作'은 한대 훈고학자들에 의하여 창안된 이래 역대로 사용되어 온 용어로, 어떤 글자가 틀린 글자이므로 마땅히 어떤 글자로 써야 한다는 뜻이다. 단옥재(『周禮漢讀考』의 서문)는 "當爲라는 것은 글자가 잘못되었거나 음이 잘못되어서 그것을 바로잡는다는 뜻이다. 바른 것을 구한다는 말이다." 또 "글자가 잘못된 것을 바로잡는 것과 음이 잘못된 것을 바로 잡는 것 모두를 當爲라고 한다"고 설명하였다.

17. '讀若'과 '讀如'는 '讀若某', '讀如某' 등으로 사용되었다. 이러한 용어들은 한대 학자들에 의하여 창안되어 역대로 계속해서 사용되어 왔다. 이들 용어 중에서 '讀如'는 經을 풀이한 傳이나 注에 자주 등장하고, 그 나머지는 모두 『설문해자』에서 처음으로 쓰인 것들이다. 단옥재(『周禮漢讀考』)는 "讀如, 讀若이라는 것은 그 글자의 음을 헤아려서 한 말이다. 예전에는 반절이 없었으므로 견주어서 설명하였던 것"이라고 하였다.

18. '讀爲'와 '讀曰'은 한대 훈고학자들이 창안한 용어로 역대로 계속해서 사용되었다. 주로 經을 풀이한 傳이나 注에서 흔히 쓰이며 어떤 글자로 읽는다는 의미를 지니고 있어 글자의 독음을 설명하는 용어다.

19. '謂之'는 『방언』에 매우 자주 나오는 용어로 흔히 '某地謂之某' 또는 '某謂之某'의 형식으로 사용되며 '某地에서는 某라고 말한다.' 또는 '某를 某라고 말한다.'로 풀이된다. 그러나 『방언』의 제4권 9번째 조항으로부터 43번 조항에 나오는 '某謂之某'는 '某는 某를 말한다'로 풀이해야만 한다.

20. 博異義는 넓은 의미의 다른 뜻을 말하며, 제10권 38번째 조항의 곽박 「주」에 사용되었다.

21. 轉相訓은 서로 바꿔서 서로의 의미를 풀이할 수 있는 것을 말하며, 제12권 13조항

의 곽박 「주」에 사용되었다.

22. 別異訓은 또 다른 의미로 풀이되는 것을 말하며, 제12권 22조항의 곽박 「주」에 사용되었다.

23. 轉復訓은 전하여 다시 풀이한 파생의미를 말하며, 제13권 69조항의 곽박 「주」에 사용되었다.

부록 3. 『방언』 지도 자료

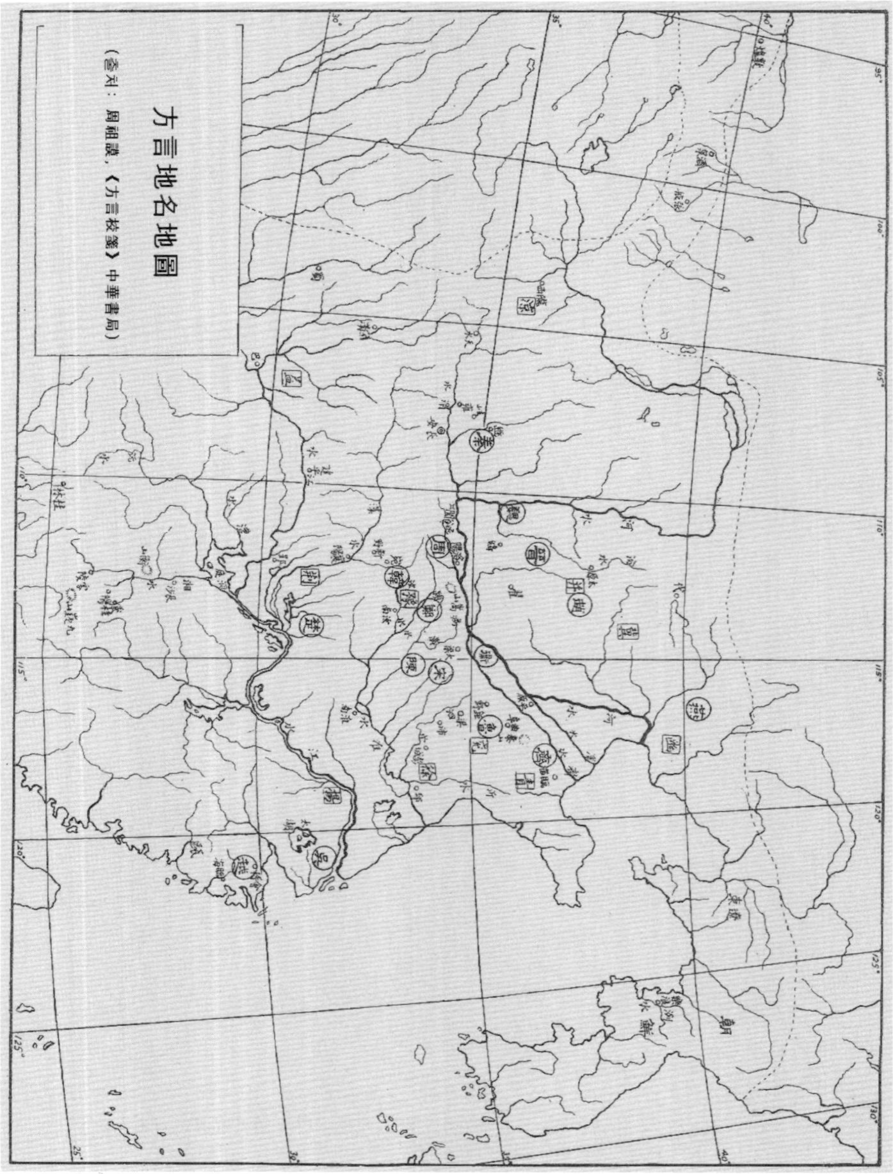

지도 1 : 『방언』 지명 지도

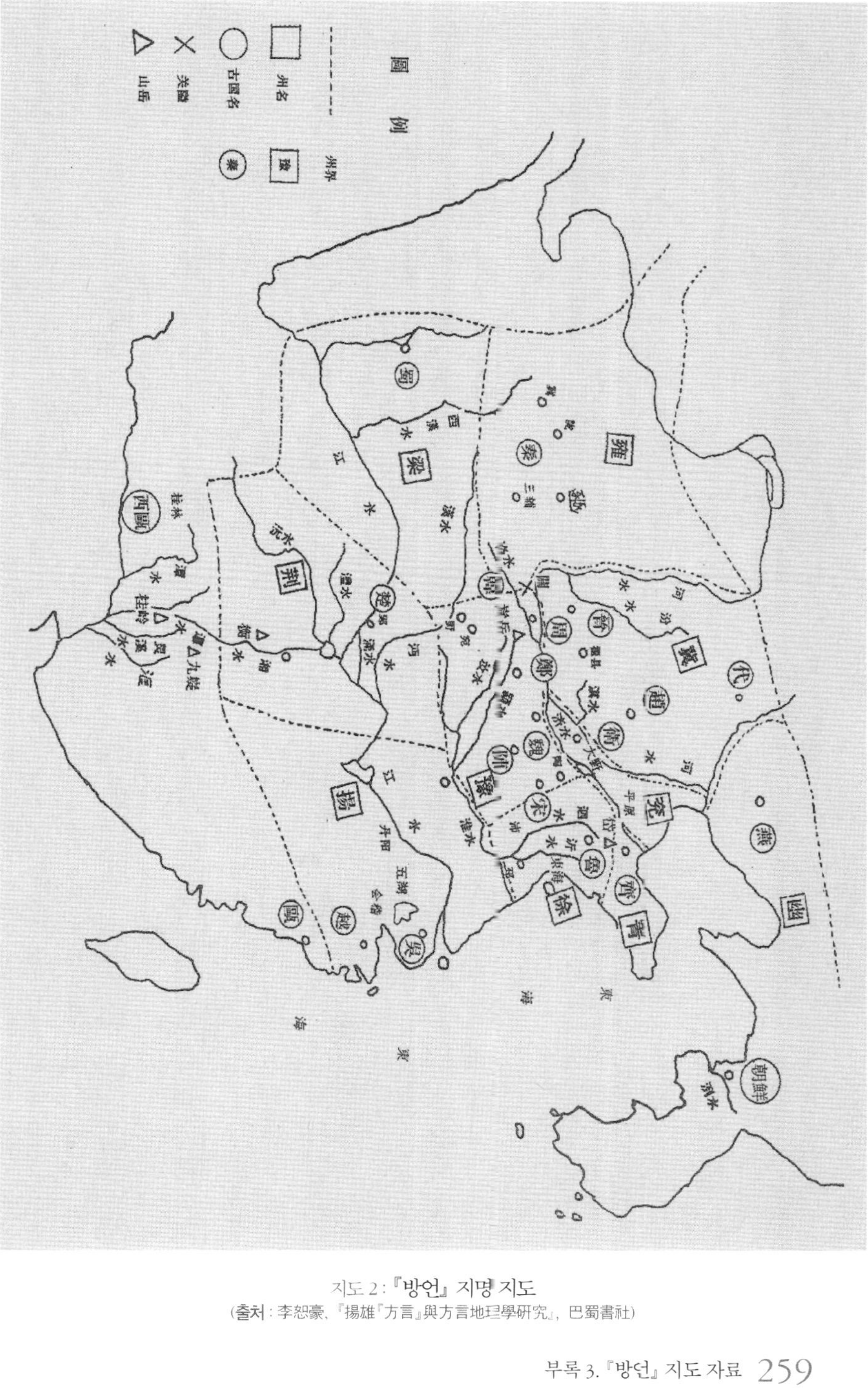

지도 2 : 『방언』 지명 지도
(출처 : 李恕豪, 『揚雄『方言』與方言地理學硏究』, 巴蜀書社)

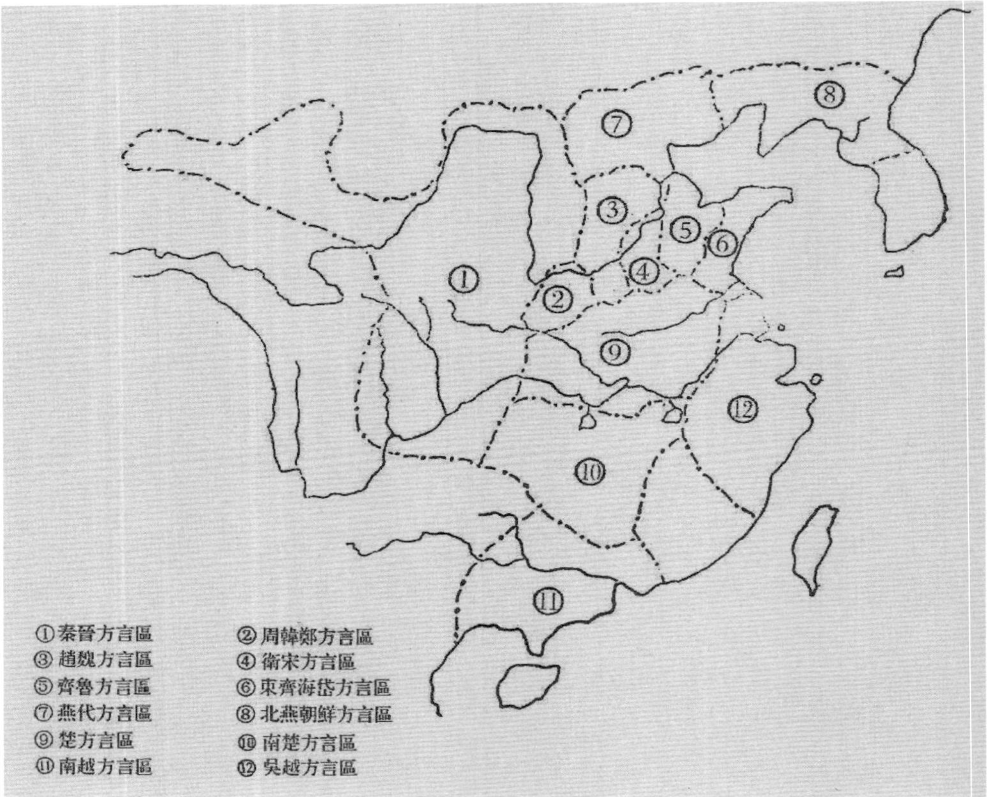

지도 3: 西漢方言區劃圖

(출처 : 李恕豪, 『揚雄『方言』與方言地理學硏究』, 巴蜀書社)

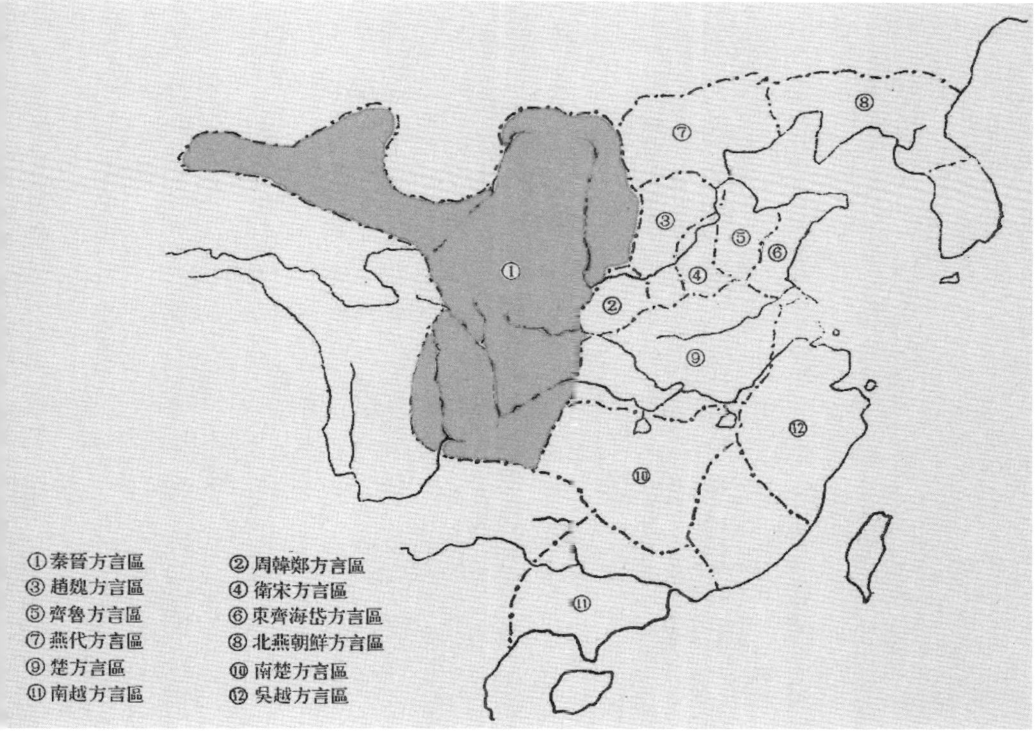

지도 3-1 : 秦晉方言區(秦, 晉, 梁益)

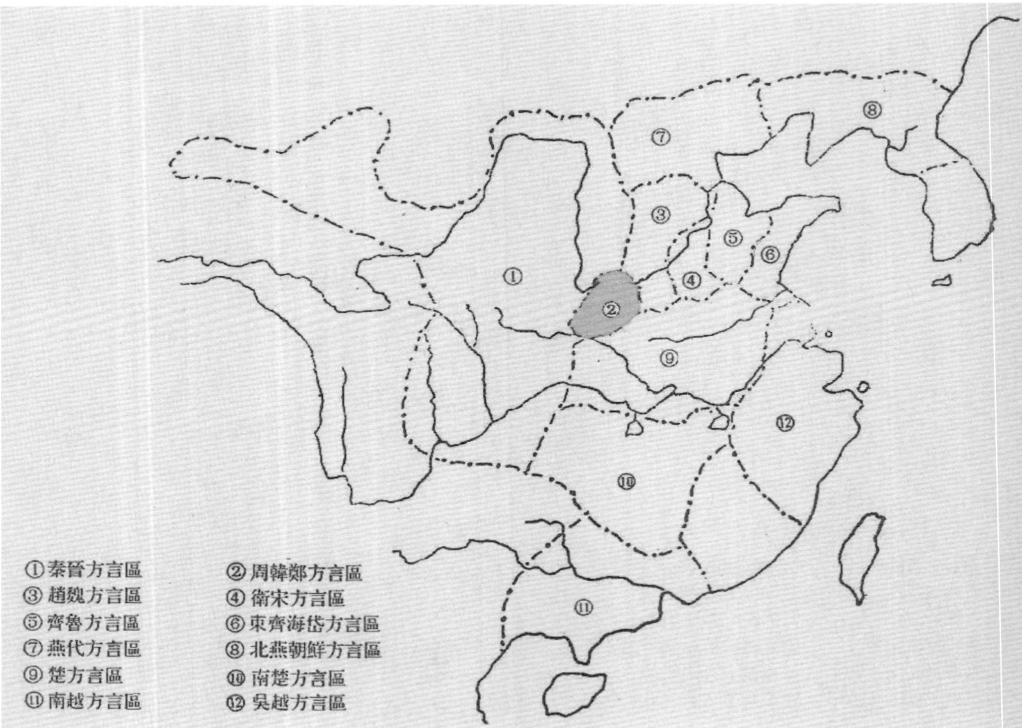

지도 3-2 : 周韓鄭方言區(周, 韓, 鄭)

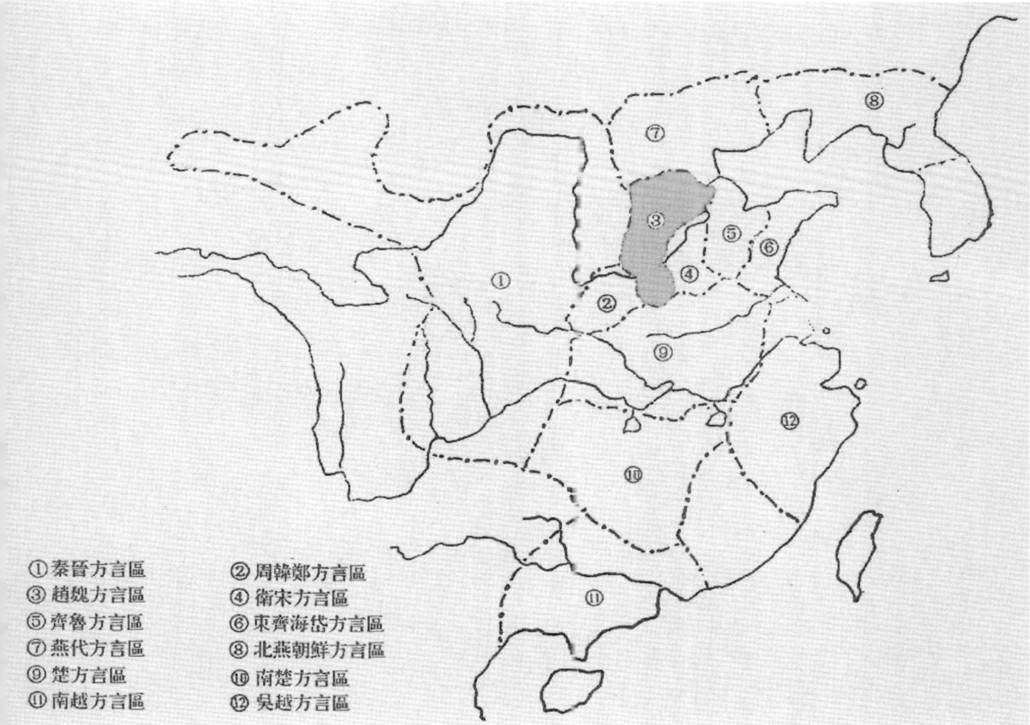

지도 3-3 : 趙魏方言區(趙, 魏)

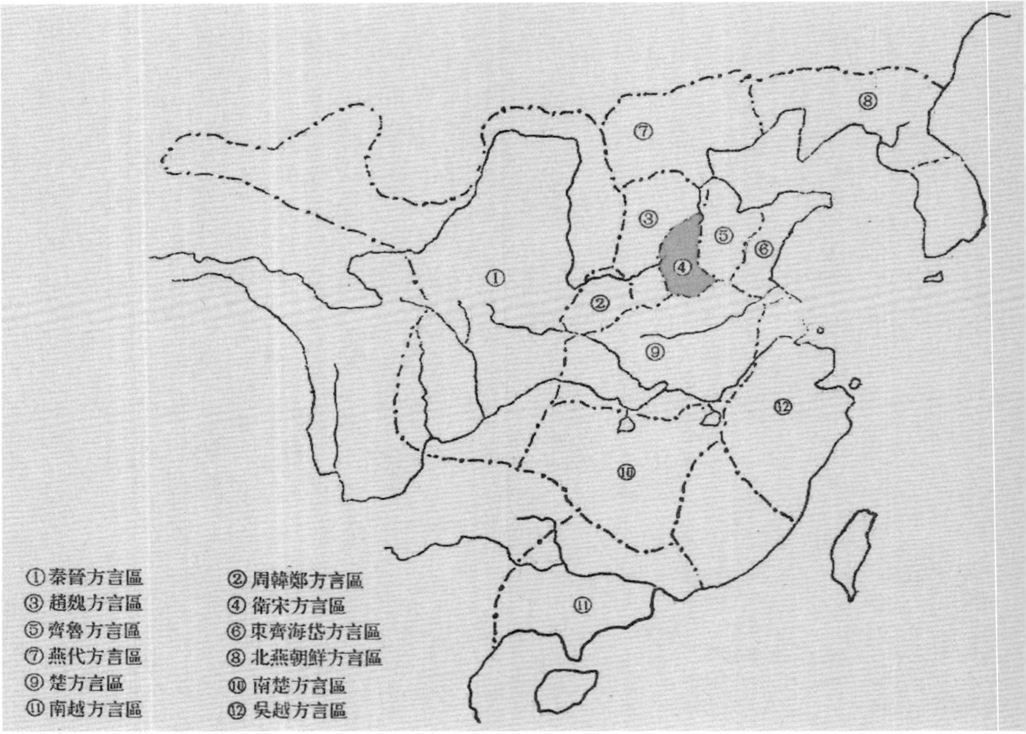

지도 3-4 : 衛宋方言區(宋, 衛)

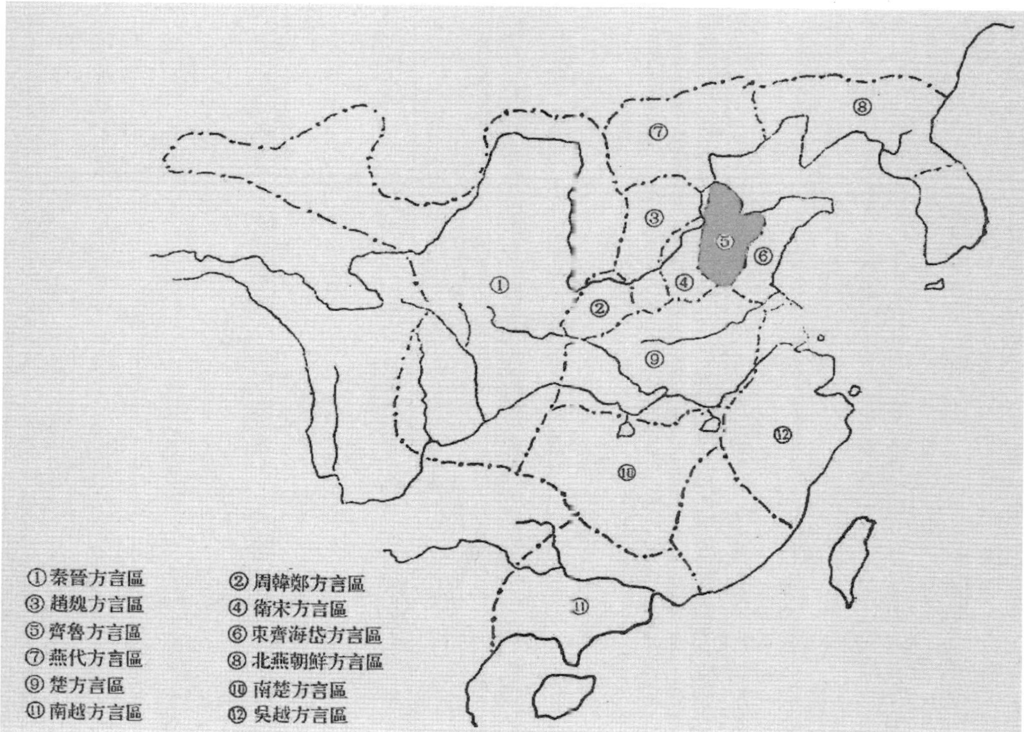

지도 3-5 : 齊魯方言區(齊, 魯)

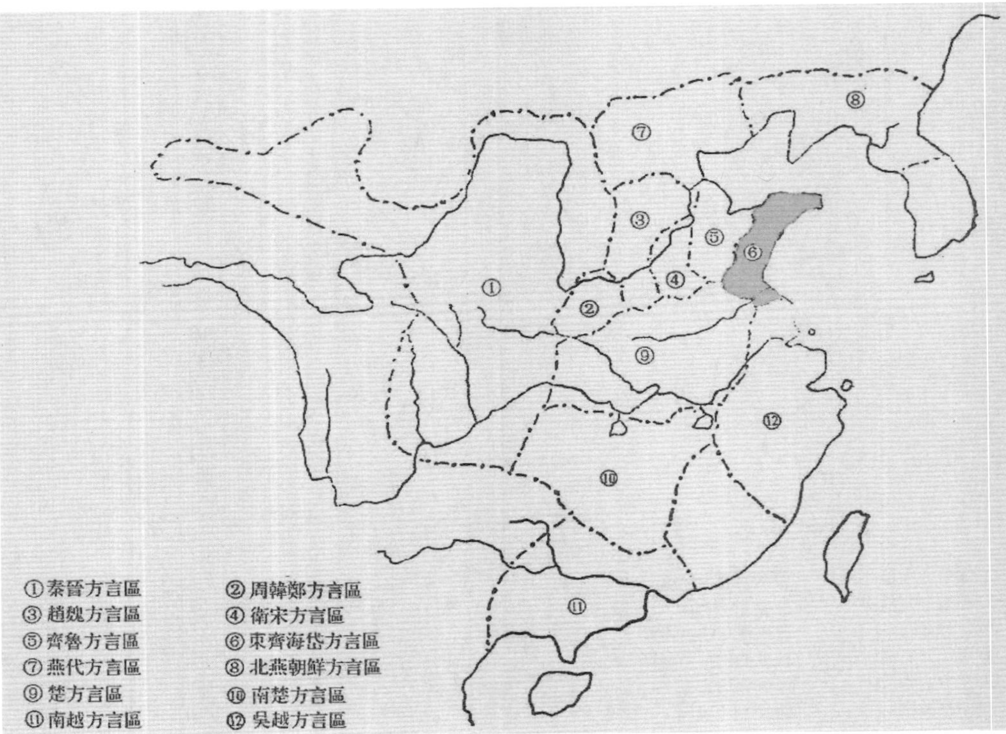

지도 3-6 : 東齊海岱方言區(東齊, 海岱)

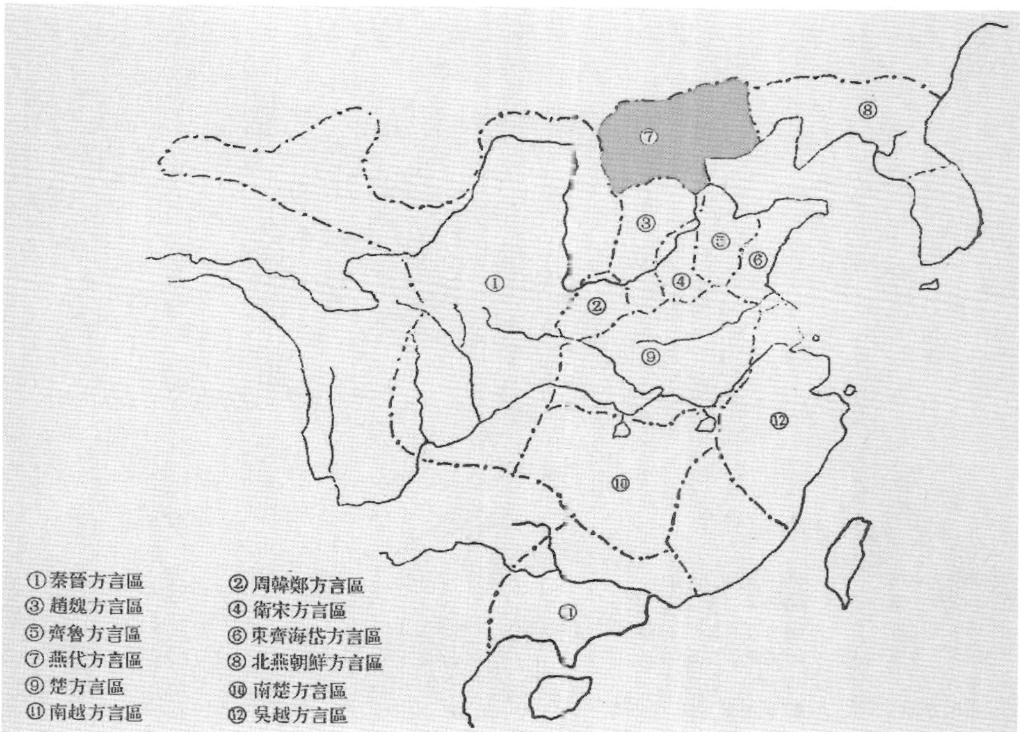

지도 3-7 : 燕代方言區(燕, 代)

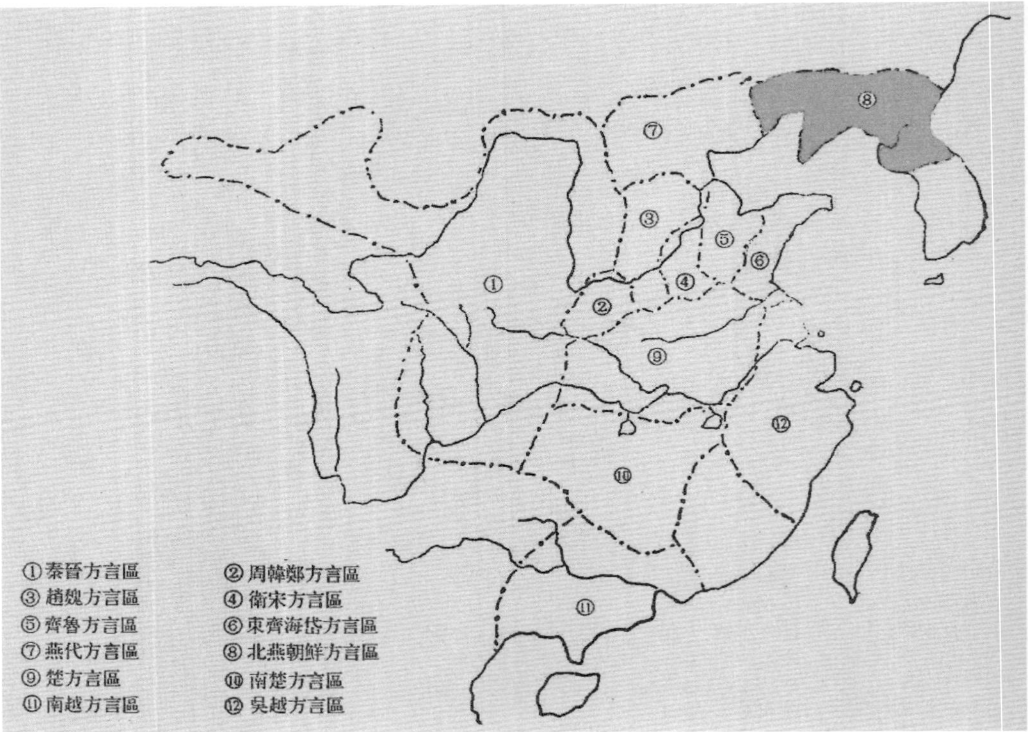

지도 3-8 : 北燕朝鮮方言區(北燕, 朝鮮)

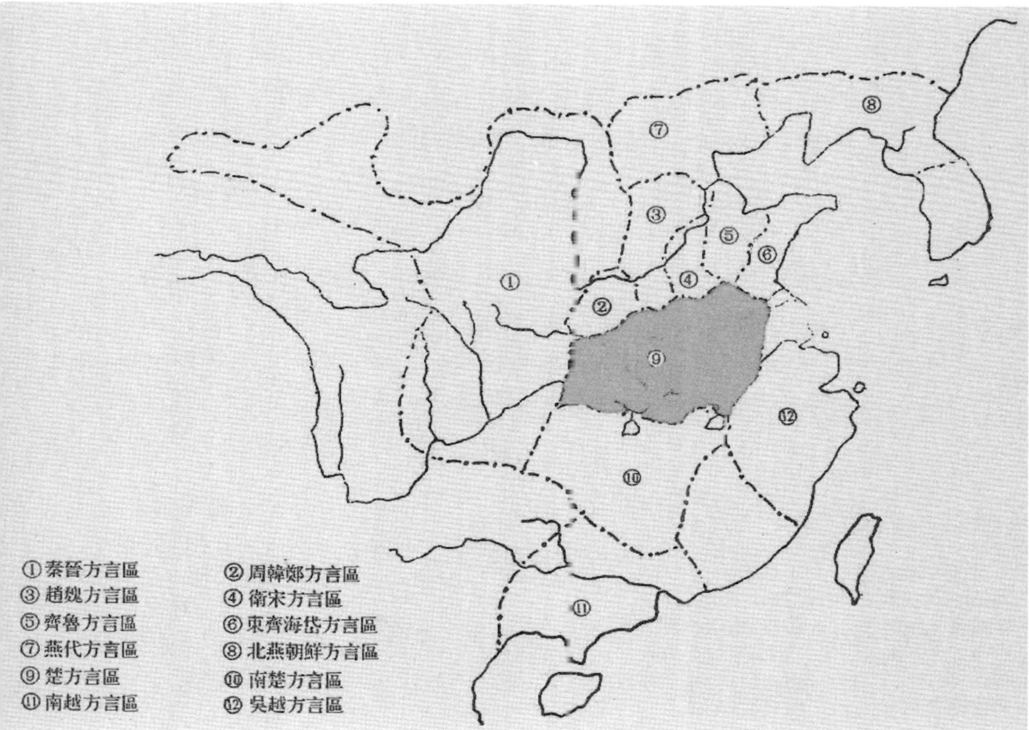

지도 3-9 : 楚方言區(楚뫼 , 北楚, 江淮)

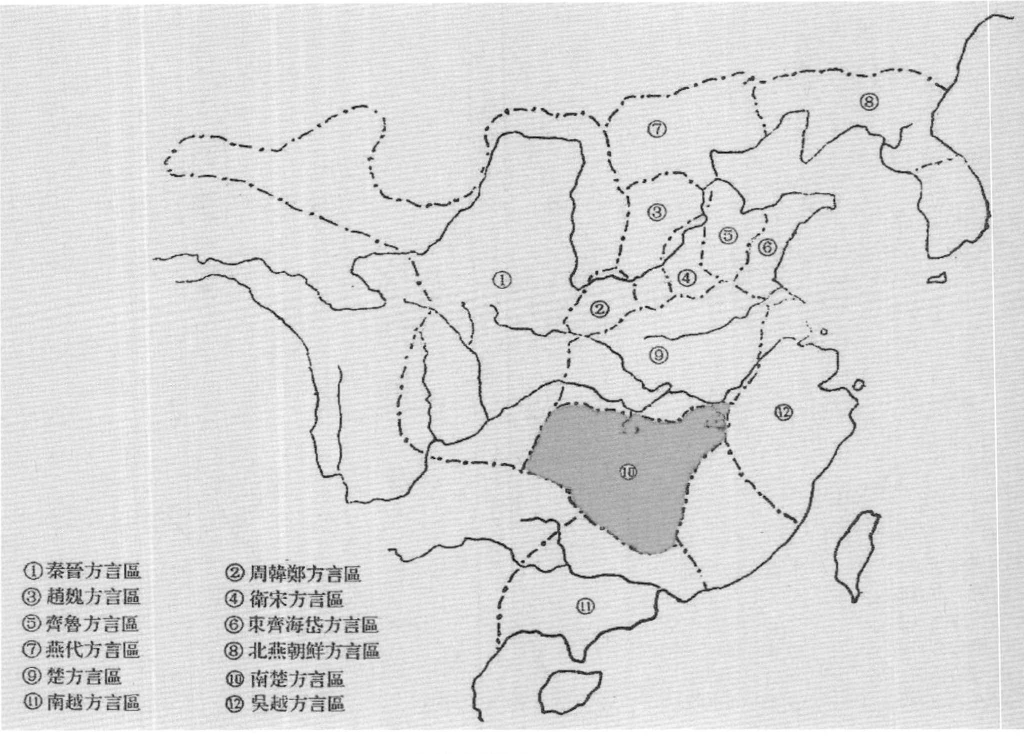

지도 3-10 : 南楚方言區(江湘, 沅澧, 九嶷湘潭)

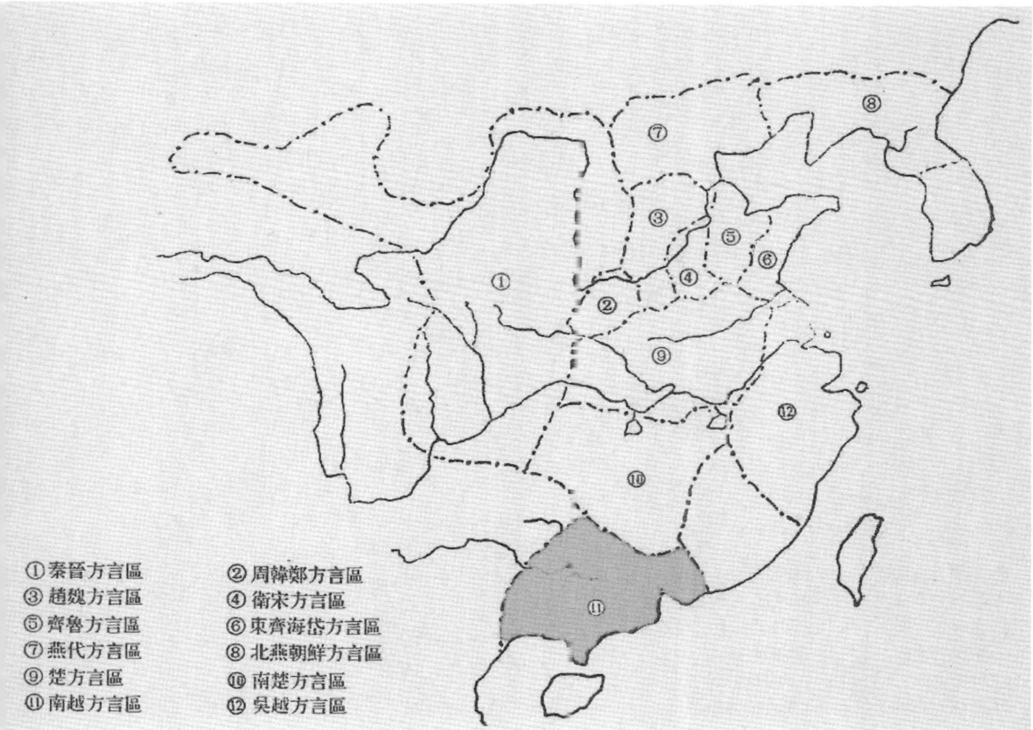

지도 3-11 : 南越方言區(南越)

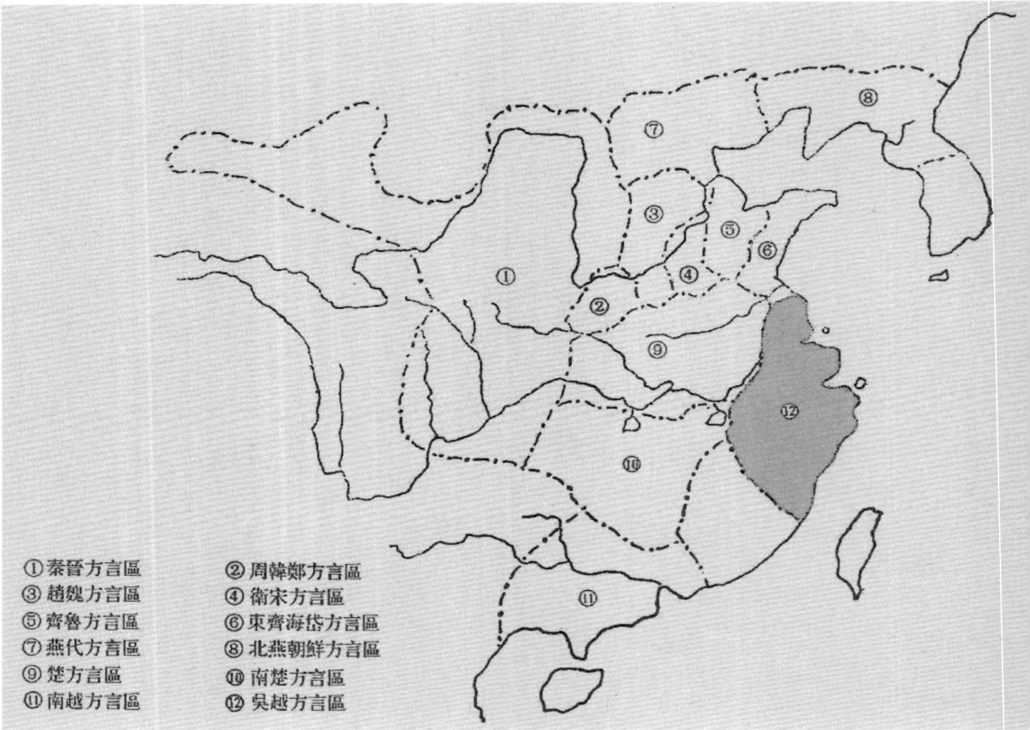

지도 3-12 : 吳越方言區(吳, 越, 甌)

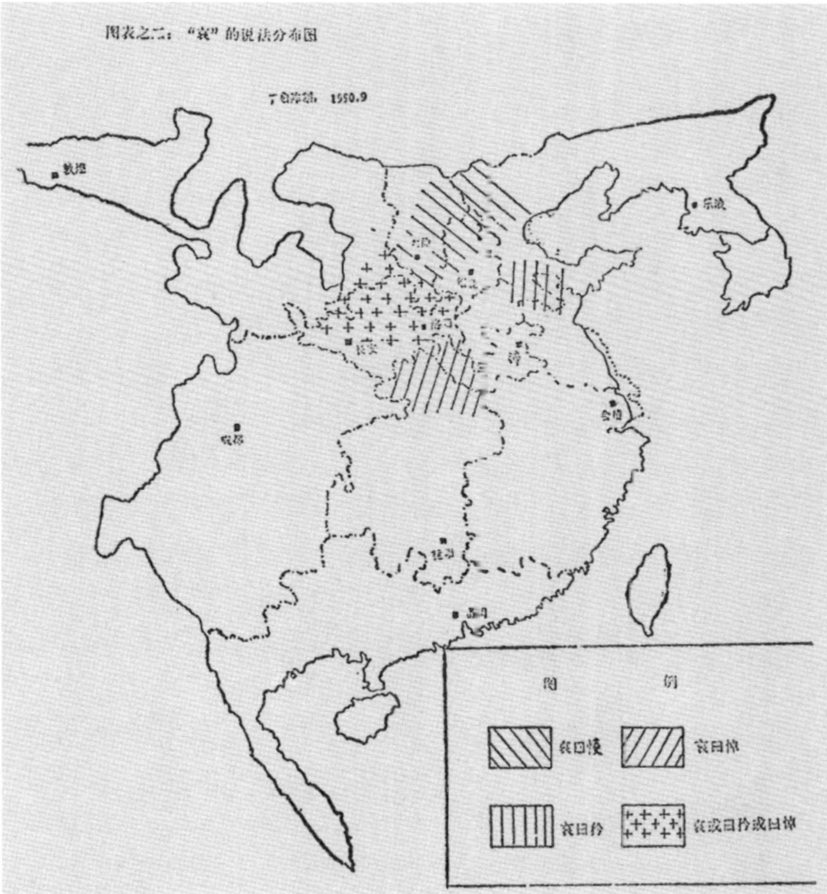

지도 4-1 :『방언』 권1-7 '哀' 방언 어휘 분포도
(출처 :『秦漢方言』, 東方出版社)

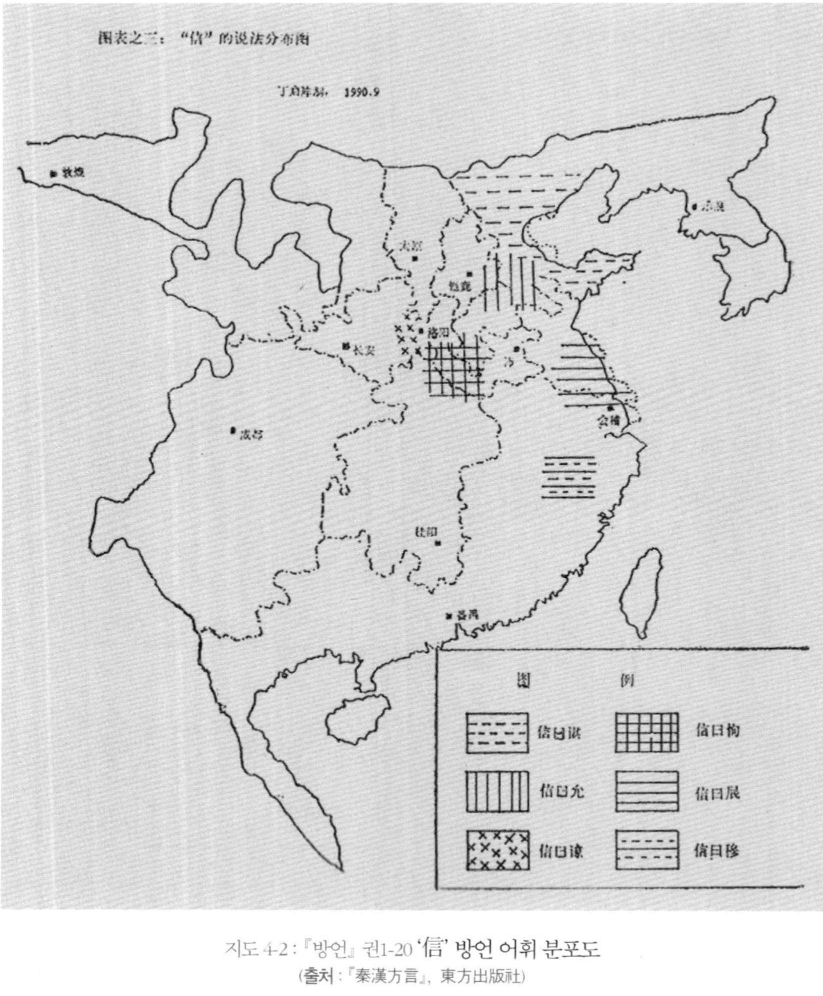

지도 4-2 : 『방언』 권1-20 '信' 방언 어휘 분포도
(출처 : 『秦漢方言』, 東方出版社)

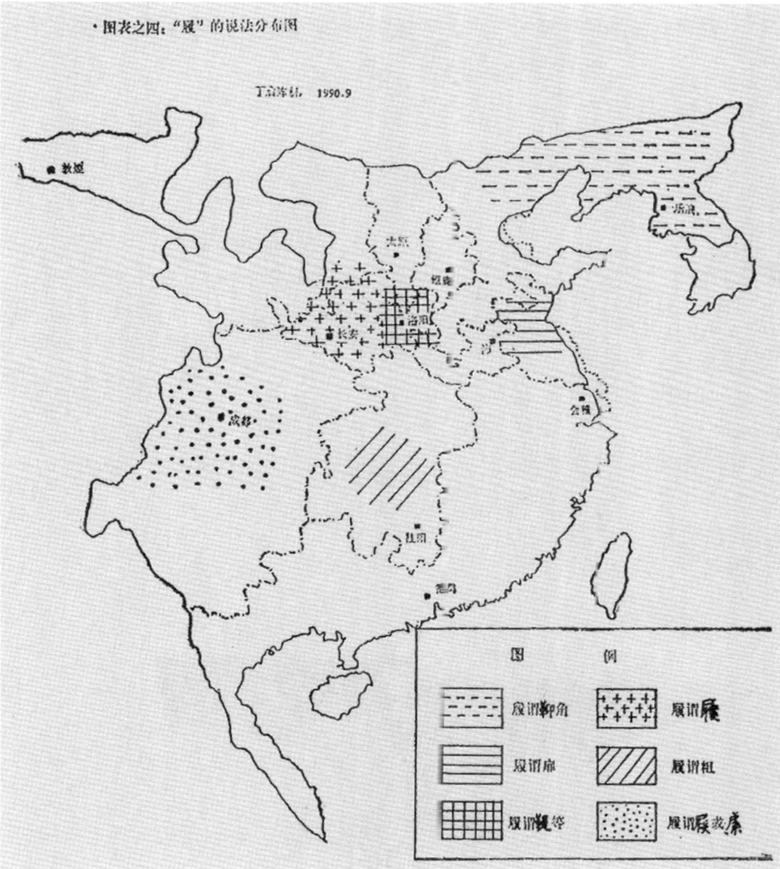

지도 4-3 : 『방언』 권4-40 '履' 방언 어휘 분포도
(출처 : 『秦漢方言』, 東方出版社)

부록 4. 『방언』 어휘 그림 참고자료

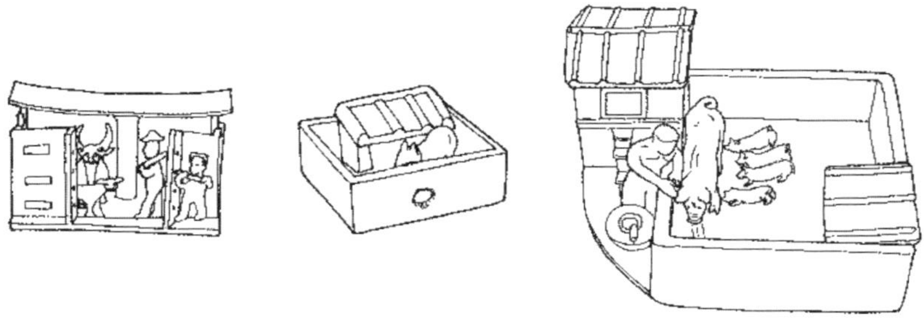

권3-43 圂[혼]
(출처 : 『漢代物質文化資料圖說』, 上海古籍出版社)

권4-1 襌衣[단의]
(출처 : 『中國服飾通史』, 中國紡織出版社)

권4-1 深衣[심의] 1
(출처 : 『中國古代服飾』, 商務印書館)

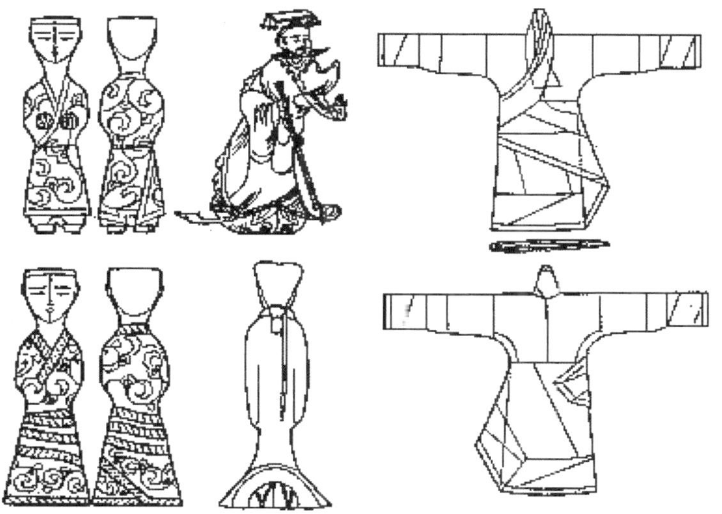

권4-1 深衣[심의] 2
(출처 : 『漢代物質文化資料圖說』, 上海古籍出版社)

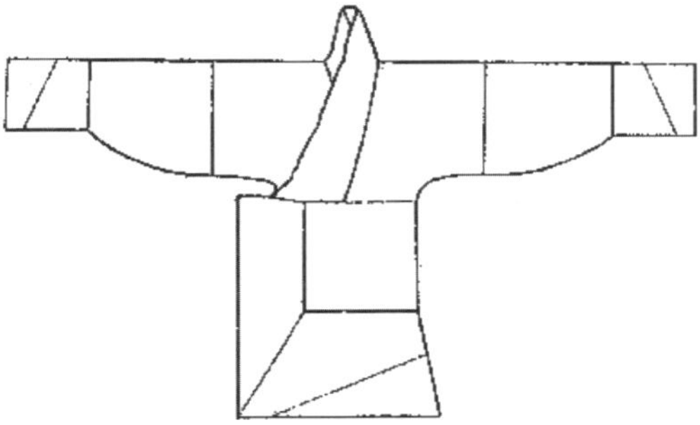

권4-2 襜褕[첨유] 1
(출처 : 『中國古代的平民服裝』, 商務印書館)

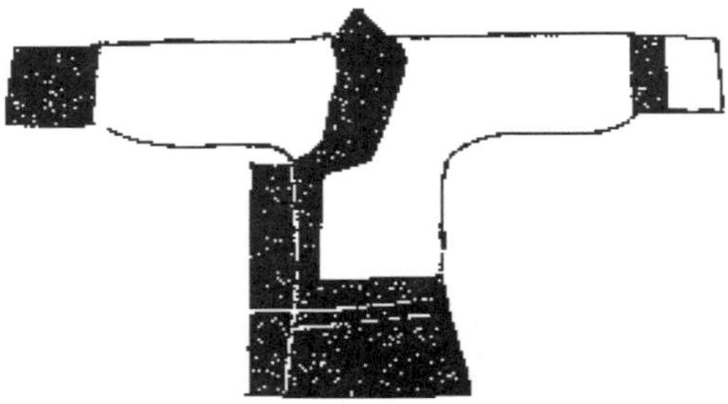

권4-2 襜褕[첨유] 2
(출처 : 『中國古代服飾』, 商務印書館)

권4-2 襜褕[첨유] 3
(출처 : 『漢代物質文化資料圖說』, 上海古籍出版社)

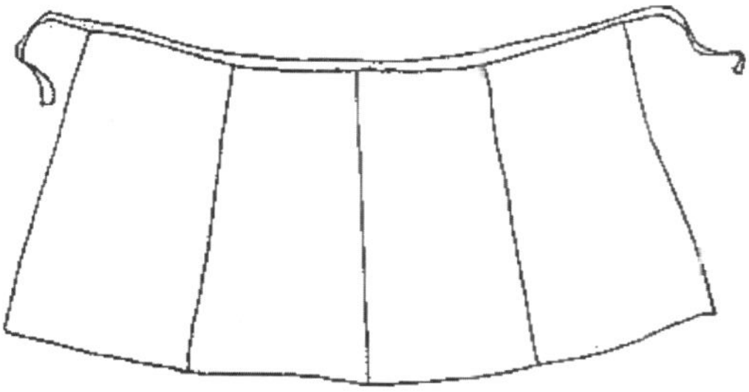

권4-4 裙[군]
(출처 :『中國古代的平民服裝』, 商務印書館)

권4-6 襦[유]
(출처 :『中國服飾通史』, 中國紡織出版社)

권4-7 褌[곤]
(출처 : 『漢代物質文化資料圖說』, 上海古籍出版社)

권4-8 袴[고] 1
(출처 : 『漢韓大辭典』, 단국대 동양학연구소)

권4-8 袴[고] 2
(출처 : 『漢代物質文化資料圖說』, 上海古籍出版社)

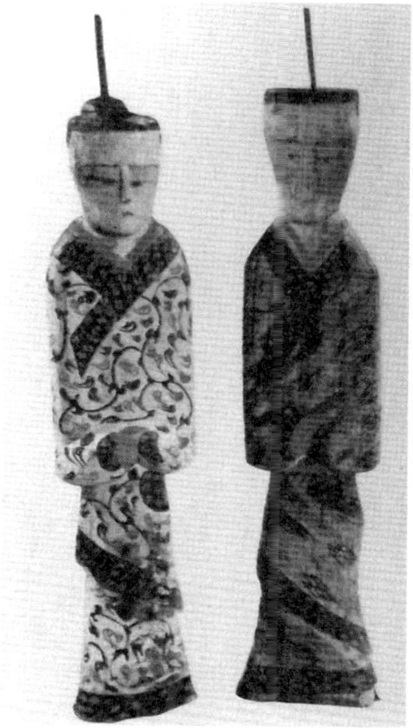

권4-11 曲裾[곡거] 1
(출처 : 『中國服飾通史』, 中國紡織出版社)

권4-11 曲裾[곡거] 2
(출처 : 『中國服飾通史』, 中國紡織出版社)

권4-11 直裾[직거] 1
(출처 :『中國服飾通史』, 中國紡織出版社)

권4-11 直裾[직거] 2
(출처 :『中國服飾通史』, 中國紡織出版社)

권4-12 衽[임] : 右衽
(출처 : 『中國服飾通史』, 中國紡織出版社)

권4-14 犢鼻褌[독비곤]
(출처 : 『中國古代的平民服裝』, 商務印書館)

권4-16 交領[교령] 1
(출처 :『中華服飾藝術源流』, 高等教育出版社)

권4-16 交領[교령] 2
(출처 :『中國服飾通史』, 中國紡織出版社)

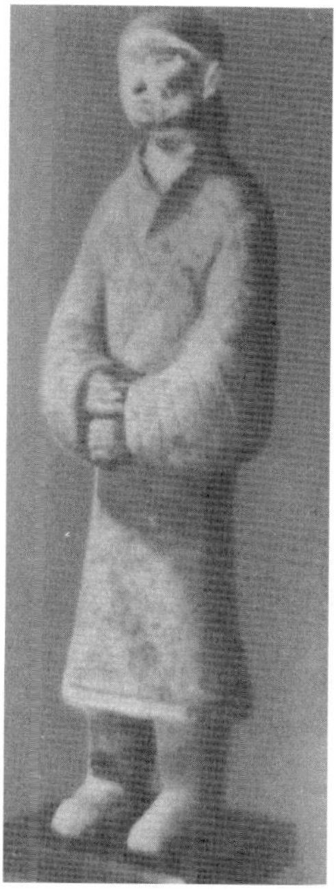

권4-16 交領[교령] 3
(출처 : 『中國服飾通史』, 中國紡織出版社)

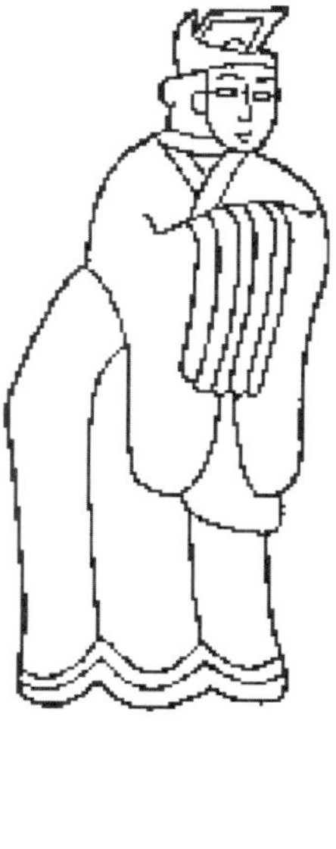

권4-24 袍[포] 1
(출처 : 『漢代物質文化資料圖說』, 上海古籍出版社)

권4-24 袍[포] 2
(출처 :『中國服飾通史』, 中國紡織出版社)

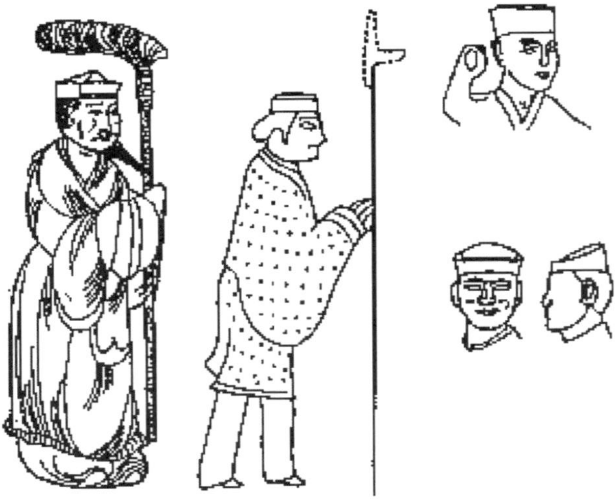

권4-39 幘[책] 1
(출처 :『漢代物質文化資料圖說』, 上海古籍出版社)

권4-39 幘[책]을 쓰고 있는 모습 2
(출처 :『中華服飾藝術源流』, 高等教育出版社)

권4-40 屝[비]
(출처 :『中國古代名物大典』, 濟南出版社)

권4-40 屨[구]
(출처 :『中國古代名物大典』, 濟南出版社)

권4-40 麤[추]
(출처 : 『漢代物質文化資料圖說』, 上海古籍出版社)

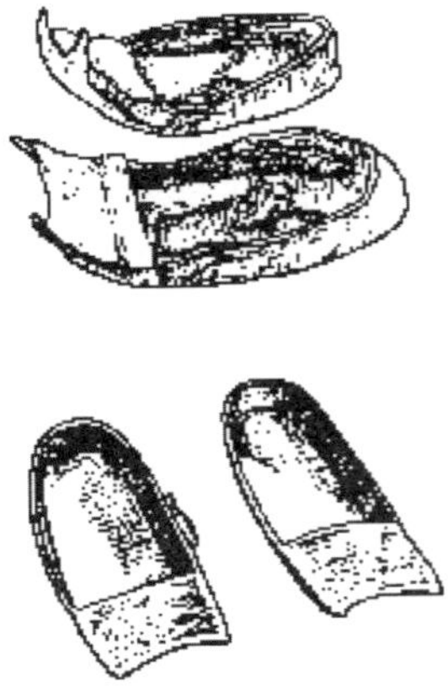

권4-40 履[리] 1
(출처 : 『漢代物質文化資料圖說』, 上海古籍出版社)

권4-40 履[리]를 신고 있는 모습 2
(출처 : 『中華服飾藝術源流』, 高等教育出版社)

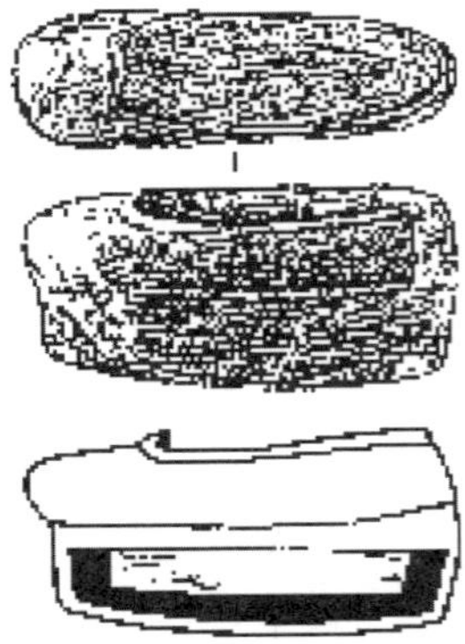

권4-40 複舃[복석]
(출처 : 『漢代物質文化資料圖說』, 上海古籍出版社)

권4-40 鞮[제]
(출처 : 『漢代物質文化資料圖說』, 上海古籍出版社)

권4-40 屨[퇴]
(출처 : 『漢代物質文化資料圖說』, 上海古籍出版社)

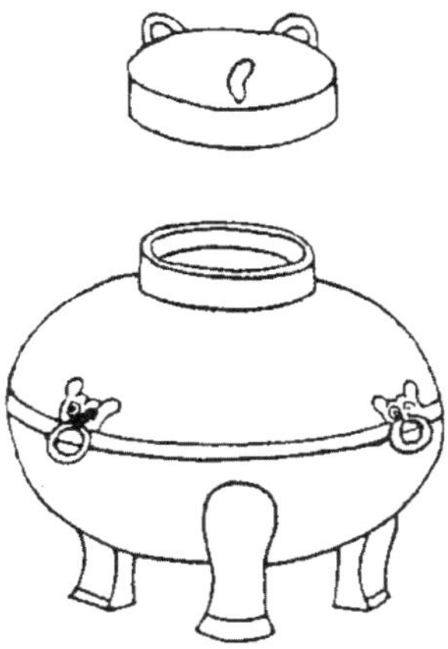

권5-1 鍑[복] 1
(출처 : 『中國古代名物大典』, 濟南出版社)

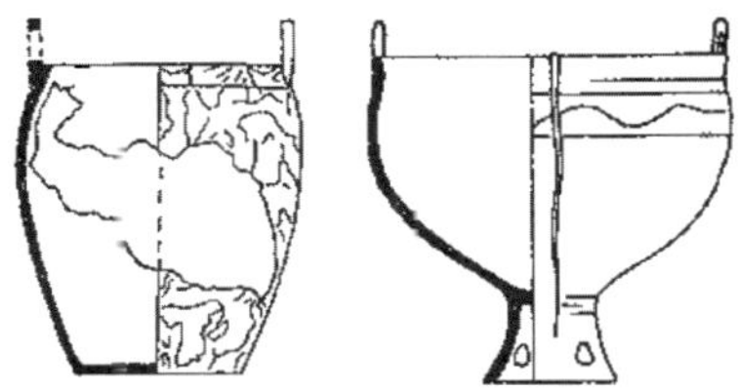

권5-1 鍑[복] 2 : 흉노의 복(좌), 선비의 복(우)
(출처 : 『漢代物質文化資料圖說』, 上海古籍出版社)

권5-1 鬲[역] 1
(출처 :『中國青銅器 : 展覽圖錄』,
五洲傳播出版社)

권5-1 鬲[역] 2
(출처 :『中國青銅器 : 展覽圖錄』,
五洲傳播出版社)

권5-2 釜[부]
(출처 :『圖說中國傳統農具』,
學苑出版社)

권5-3 甑[증] 1
(출처 : 『中國青銅器 : 展覽圖錄』,
五洲傳播出版社)

권5-3 甑[증] 2
(출처 : 『中國青銅器 : 展覽圖錄』,
五洲傳播出版社)

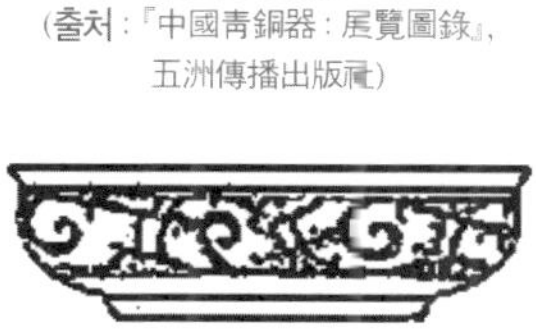

권5-4 盂[우] 1
(출처 : 『漢代物質文化資料圖說』,
上海古籍出版社)

권5-4 盂[우] 2
(출처 : 『中國青銅器 : 展覽圖錄』, 五洲傳播出版社)

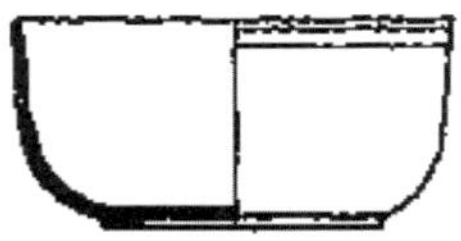

권5-4 盌[완]
(출처 :
『漢代物質文化資料圖說』,
上海古籍出版社)

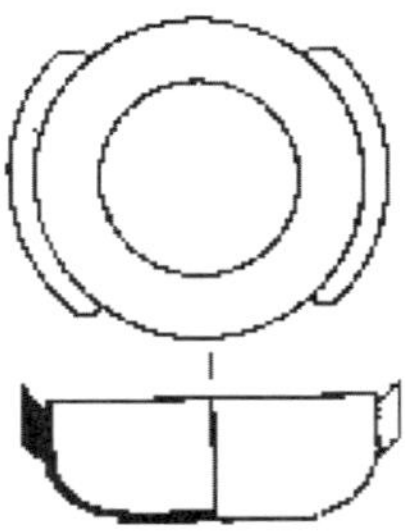

권5-5 閜[하]
(출처 : 『漢代物質文化資料
圖說』, 上海古籍出版社)

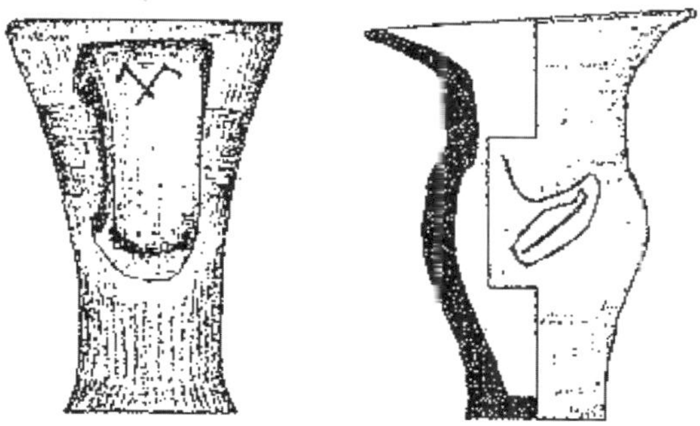

권5-5 桮[배]
(출처 : 『漢代物質文化資料圖說』, 上海古籍出版社)

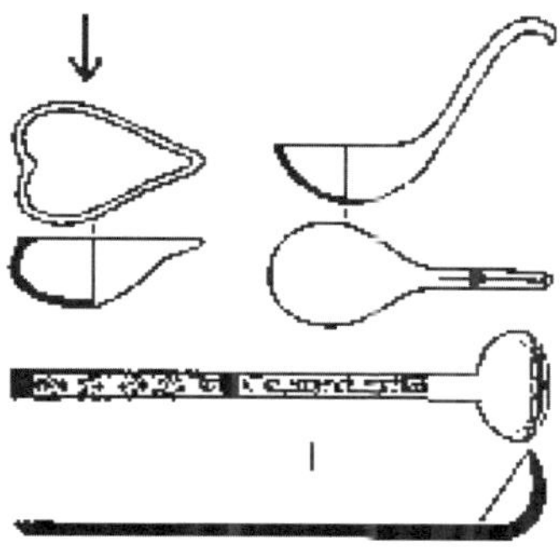

권5-6 瓢[표]
(출처 : 『漢代物質文化資料圖說』,
上海古籍出版社)

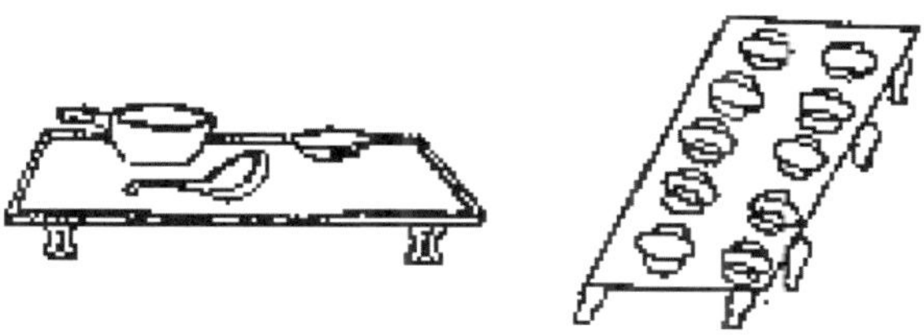

권5-7 案[안]
(출처 : 『漢代物質文化資料圖說』, 上海古籍出版社)

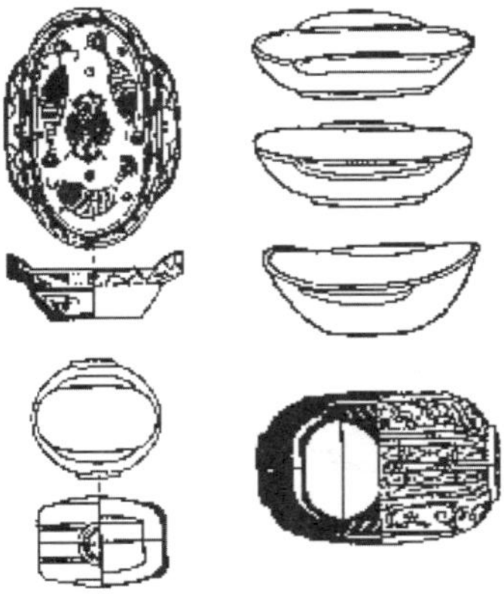

권5-8 桮落[배락]
(출처 : 『漢代物質文化資料圖說』,
上海古籍出版社)

권5-9 箸筩[저통]
(출처 : 『漢代物質文化資料圖說』, 上海古籍出版社)

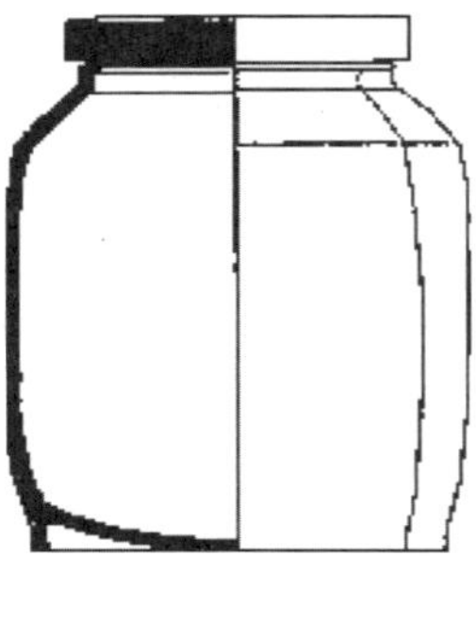

권5-10 瓮[옹]
(출처 : 『漢代物質文化資料圖說』,
上海古籍出版社)

권5-10 瓿[부]
(출처 : 『中國靑銅器 : 展覽圖錄』, 五洲傳播出版社)

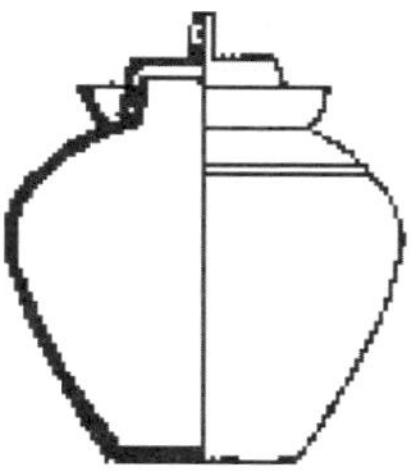

권5-10 罃[앵]
(출처 : 『漢代物質文化資料圖說』,
上海古籍出版社)

권5-15 盆[분]
(출처 : 『圖說中國傳統農具』, 學苑出版社)

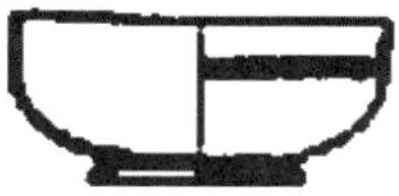

권5-16 甌[구]
(출처 : 『漢代物質文化資料圖說』,
上海古籍出版社)

권5-17 箕[기]
(출처 :『圖說中國傳統農具』, 學苑出版社)

권5-17 籮[라] 1
(출처 :『圖說中國傳統農具』, 學苑出版社)

권5-17 籮[라] 2
(출처 :『圖說中國傳統農具』, 學苑出版社)

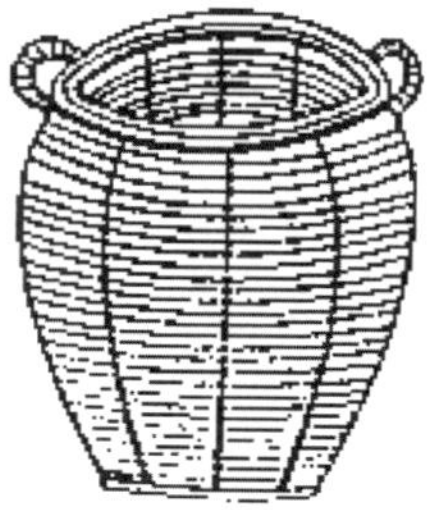

권5-17 籮[라] 3
(출처 : 『漢韓大辭典』, 단국대 동양학연구소)

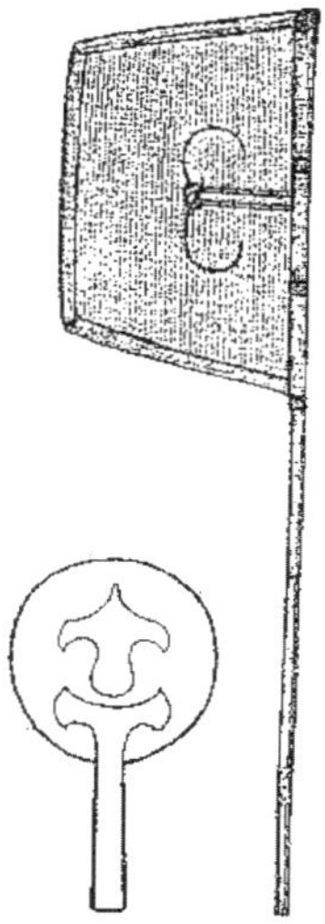

권5-20-1 扇[선]
(출처 : 『漢代物質文化資料圖說』, 上海古籍出版社)

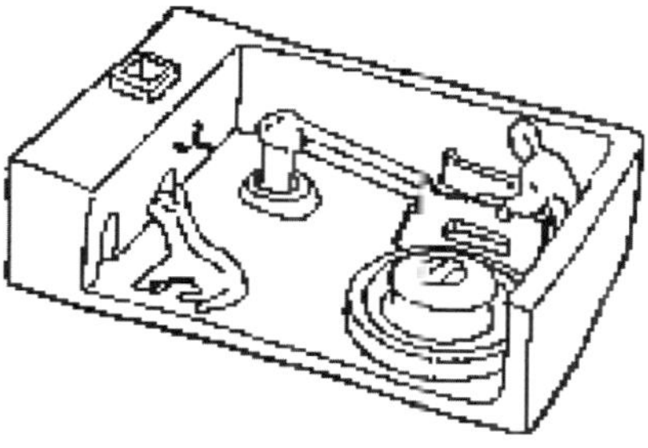

권5-21 碓[대]
(출처 : 『漢代物質文化資料圖說』, 上海古籍出版社)

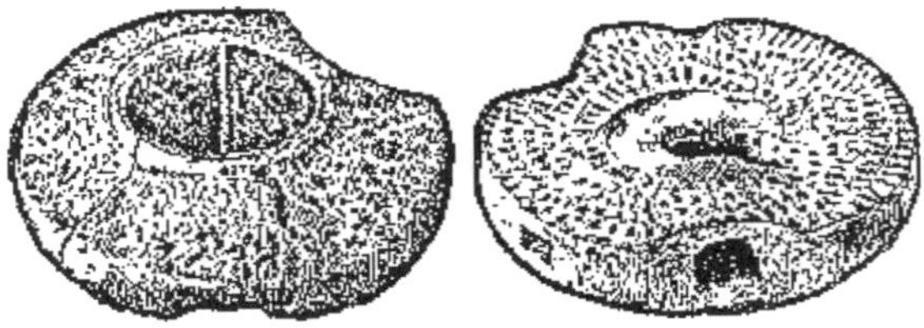

권5-21 磑[애] 1
(출처 :『漢代物質文化資料圖說』, 上海古籍出版社)

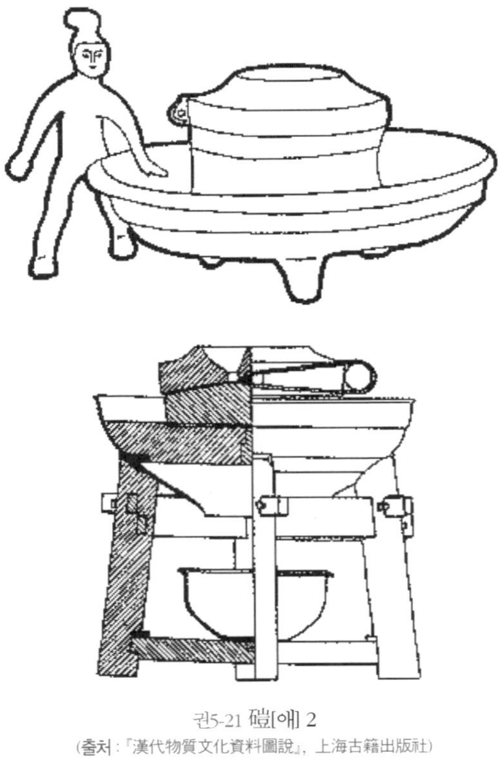

권5-21 磑[애] 2
(출처 :『漢代物質文化資料圖說』, 上海古籍出版社)

권5-24 裺篼[암드]
(출처 : 『漢代物質文化資料圖說』, 上海古籍出版社)

권5-25 鉤[구]
(출처 : 『圖說中國傳統農具』,
學苑出版社)

권5-26 臿[삽]과 鐅[별]
(출처 : 『漢代物質文化資料圖說』,
上海古籍出版社)

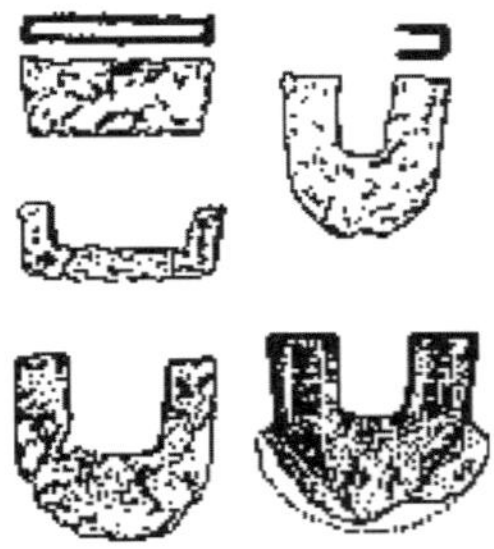

권5-26 鐅[별]
(출처 : 『漢代物質文化資料圖說』, 上海古籍出版社)

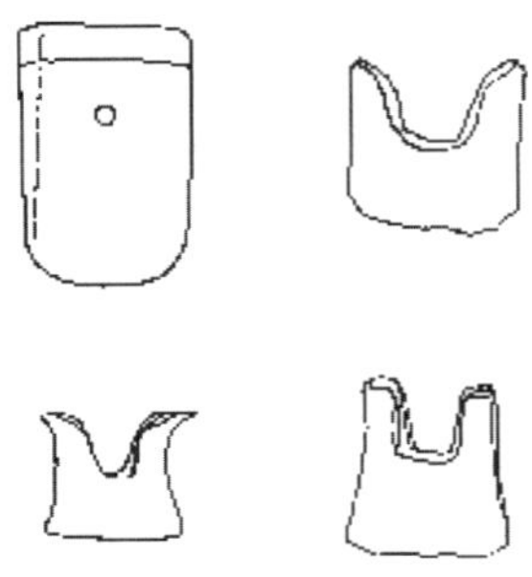

권5-26 臿[삽] 2
(출처 : 『中國青銅器』, 上海古籍出版社)

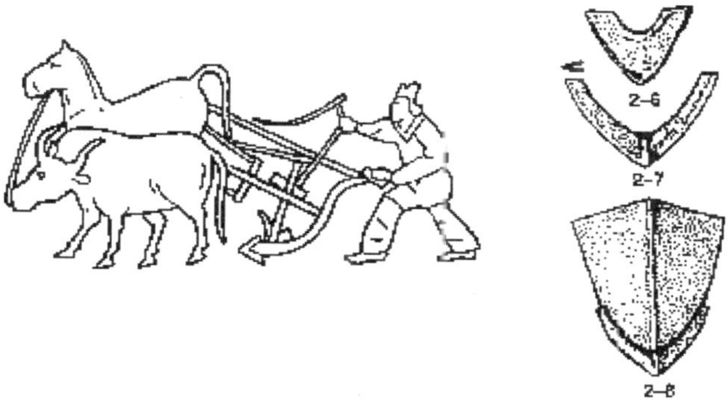

권5-26 鏵[화]
(출처 :『漢代物質文化資料圖說』, 上海古籍出版社)

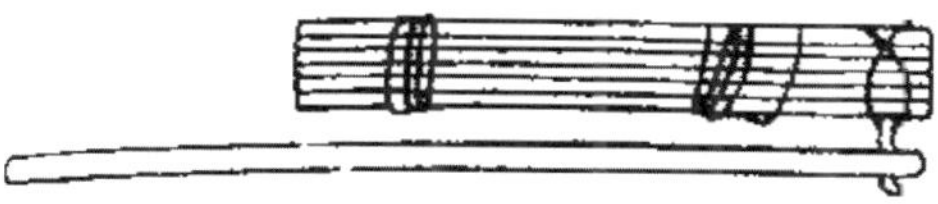

권5-28 連枷[연가] 1
(출처 :『中國古代名物大典』, 濟南出版社)

권5-29 刈鉤[예구]
(출처 :『中國古代名物大典』, 濟南出版社)

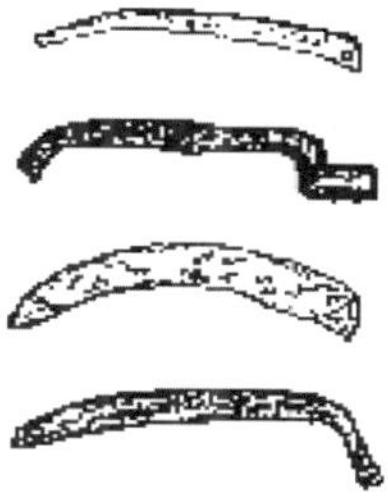

권5-29 鎌[겸]
(출처 :『漢代物質文化資料圖說』, 上海古籍出版社)

권5-30 薄[박]
(출처 : 『漢韓大辭典』, 단국대 동양학연구소)

권5-33 簟[점]
(출처 : 『漢代物質文化資料圖說』, 上海古籍出版社)

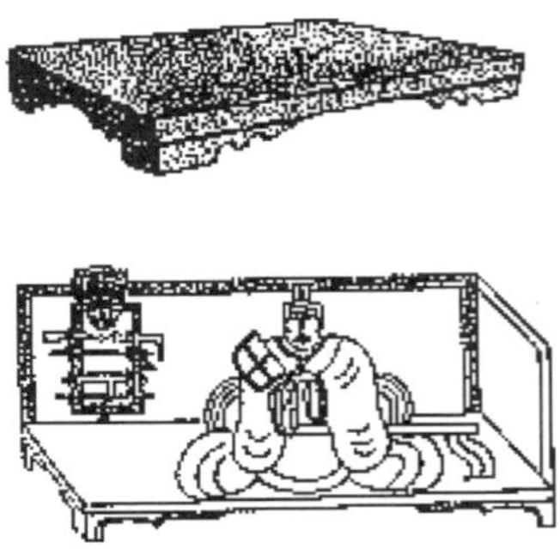

권5-35 牀[상]
(출처 : 『漢代物質文化資料圖說』, 上海古籍出版社)

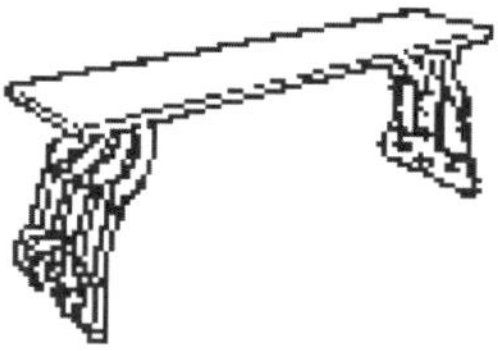

권5-36 几[궤] 1
(출처 : 『漢代物質文化資料圖說』,
上海古籍出版社)

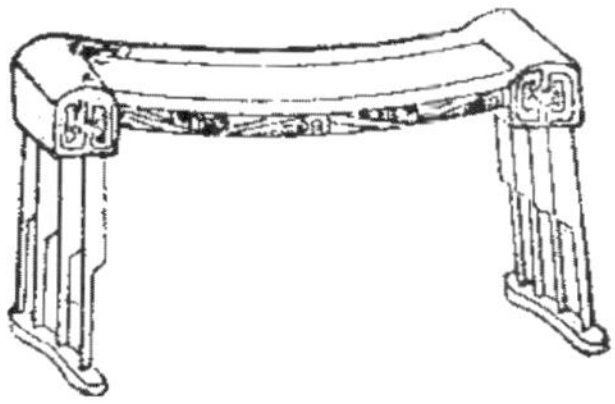

권5-36 几[궤] 2
(출처 : 『漢族風俗史』, 學林出版社)

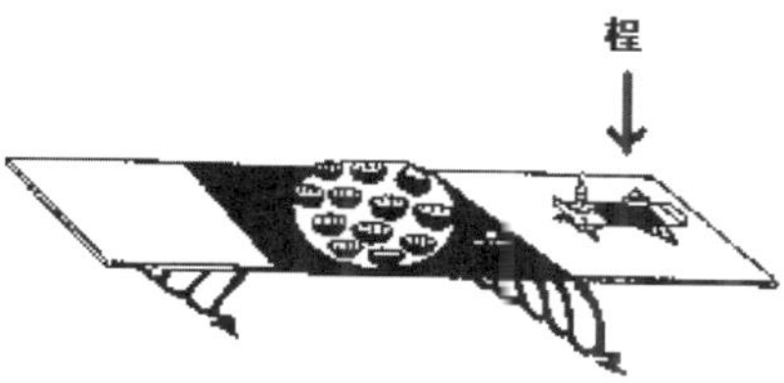

권5-36 桯[정(형)]
(출처 : 『漢代物質文化資料圖說』, 上海古籍出版社)

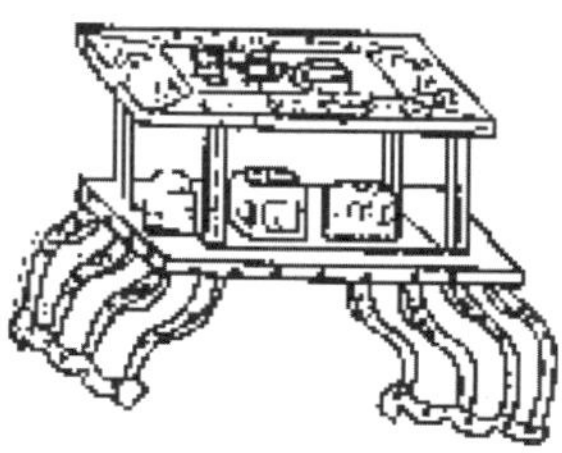

권5-36 虡[거]
(출처 : 『漢代物質文化資料圖說』,
上海古籍出版社)

권5-37 篗[확]
(출처 : 『漢代物質文化資料圖說』, 上海古籍出版社)

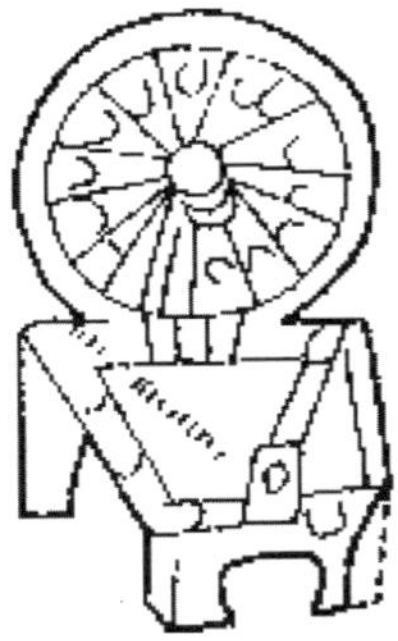

권5-38 繀車[쇄거]
(출처 : 『漢代物質文化資料圖說』,
上海古籍出版社)

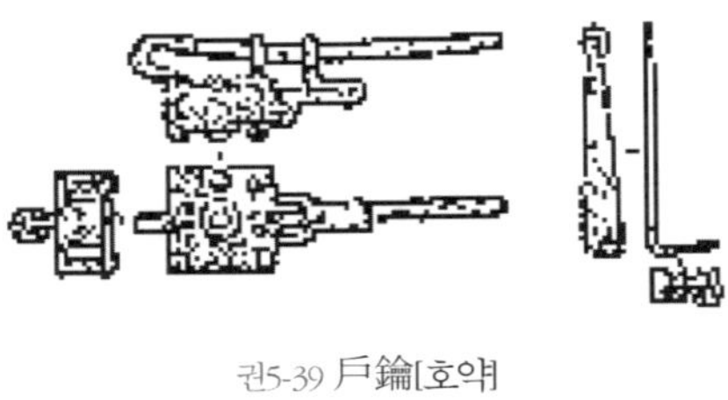

권5-39 戶鑰[호약]
(출처 : 『漢代物質文化資料圖說』, 上海古籍出版社)

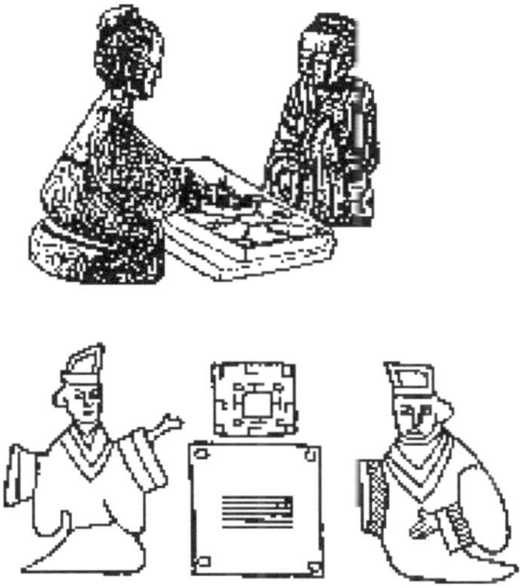

권5-40 簙[박] 1
(출처 : 『漢代物質文化資料圖說』, 上海古籍出版社)

권5-40 弈[혁]
(출처 : 『中國古代名物大典』, 濟南出版社)

권8-2 貔[비](『詩經・大雅・韓奕』)
(출처 : 『漢韓大辭典』, 단국대 동양학연구소)

권8-2 狸[리](『詩經・豳風・七月』)
(출처 : 『詩經動物釋詁』, 中華書局)

권8-6 鳲鳩[시구](『詩經 · 曹風 · 鳲鳩』)
(출처 : 『詩經動物釋詁』, 中華書局)

권8-8 鳩[구](『詩經 · 召南 · 鵲巢』)
(출처 : 『詩經動物釋詁』, 中華書局)

권8-11 鴈[안](『詩經 · 邶風 · 匏有苦葉』)
(출처 : 『詩經動物釋詁』, 中華書局)

권8-12 鷦鷯[초료](『詩經・周頌・小毖』)
(출처 : 『詩經動物釋詁』, 中華書局)

권8-13 黃鳥[황조](『詩經・邶風・凱風』),
倉庚[창경](『詩經・豳風・七月』)
(출처 : 『詩經動物釋詁』, 中華書局)

권8-14 鳧[부](『詩經・鄭風・女日鷄鳴』)
(출처 : 『詩經動物釋詁』, 中華書局)

권8-15 蜥易[석역],
蠑螈[영원](『詩經・小雅・正月』)
(출처 :『詩經動物釋詁』, 中華書局)

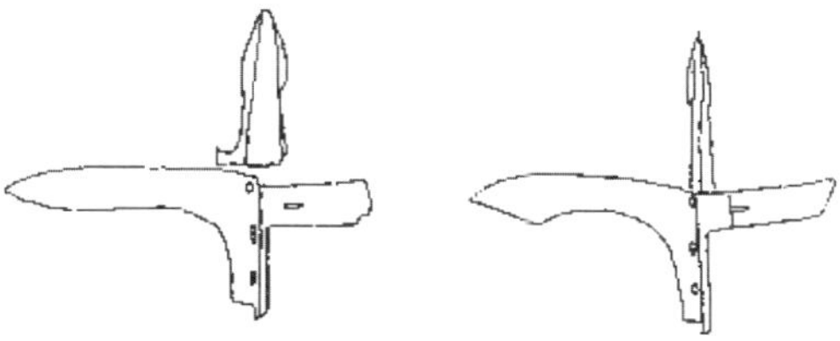

권9-1 戟[극] 1
(출처 :『中國青銅器』, 上海古籍出版社)

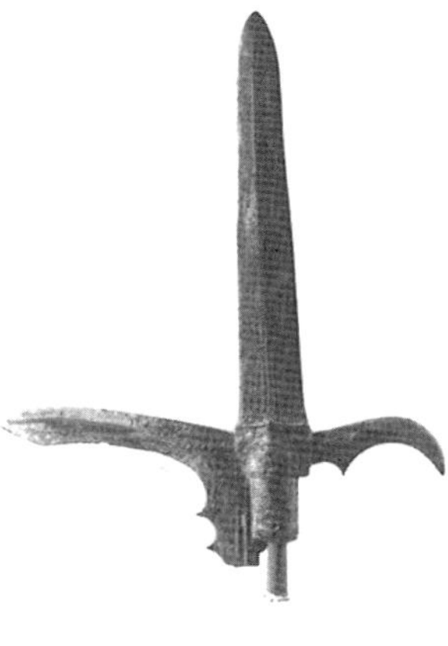

권9-1 戟[극] 2
(출처 :『中國青銅器 : 展覽圖錄』,
五洲傳播出版社)

권9-1 戟[극] 3
(출처 : 『漢代物質文化資料圖說』,
上海古籍出版社)

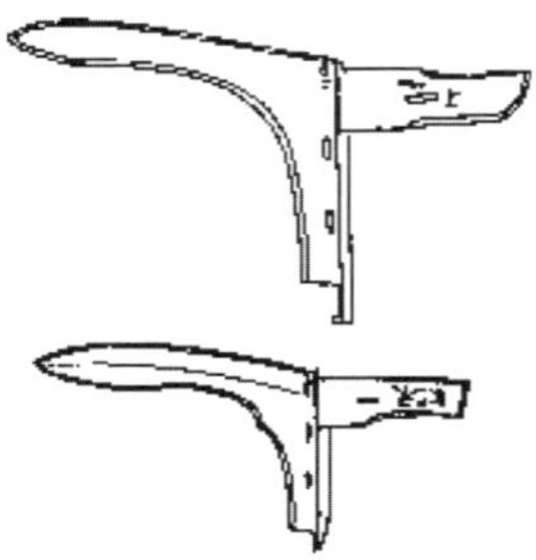

권9-1 戈[과] 1
(출처 : 『中國青銅器』, 上海古籍出版社)

권9-1 戈[과] 2
(출처 : 『中國青銅器 : 展覽圖錄』,
五洲傳播出版社)

권9-1 戈[과]를 들고 있는 모습 3
(출처 : 『漢代物質文化資料圖說』,
上海古籍出版社)

권9-2 匽戟[언극]을 들고 있는 모습
(출처 : 漢代物質文化資料圖說』,
上海古籍出版社)

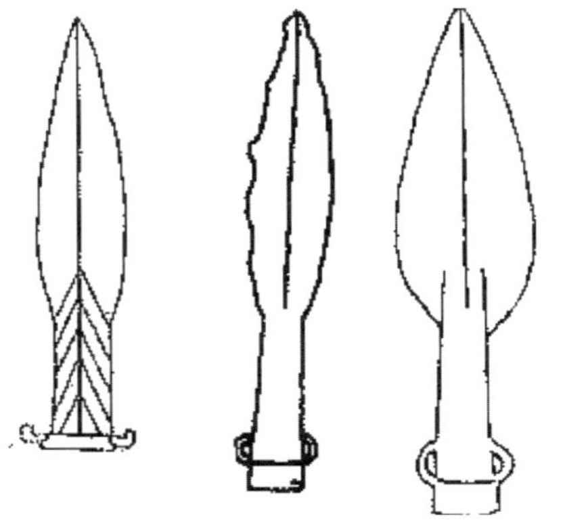

권9-3 矛[모] 1
(출처 :『中國靑銅器』, 上海古籍出版社)

권9-3 矛[모] 2
(출처 :『中國靑銅器 : 展覽圖錄』,
五洲傳播出版社)

권9-3 鋋[선(연)]
(출처 : 『漢代物質文化資料圖說』, 上海古籍出版社)

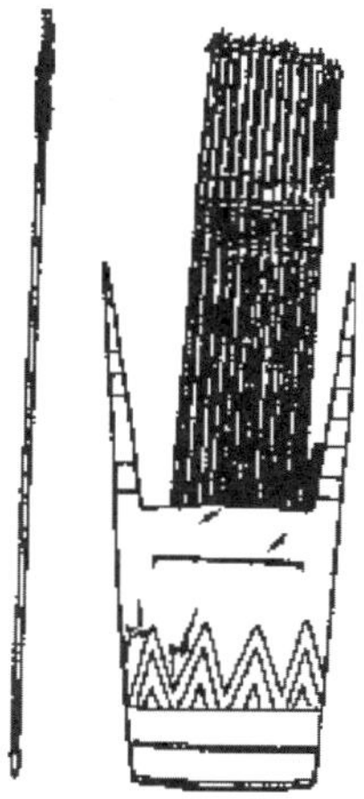

권9-4 箭[전]
(출처 : 『漢代物質文化資料圖說』, 上海古籍出版社)

권9-4 矢鏃[시촉]
(출처 :『中國靑銅器』, 上海古籍出版社)

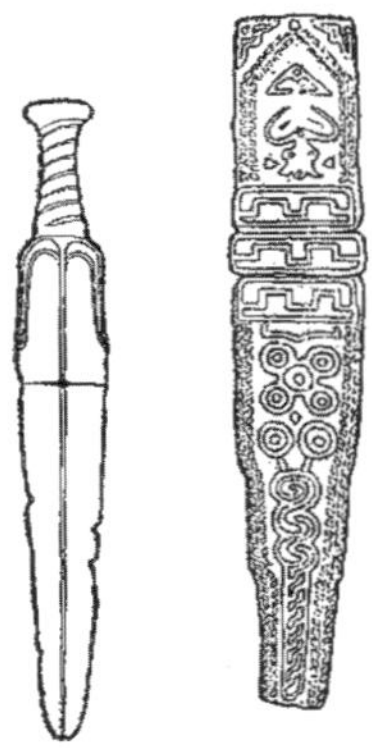

권9-7 劍鞘[검초]
(출처 :『漢代物質文化資料圖說』,
上海古籍出版社)

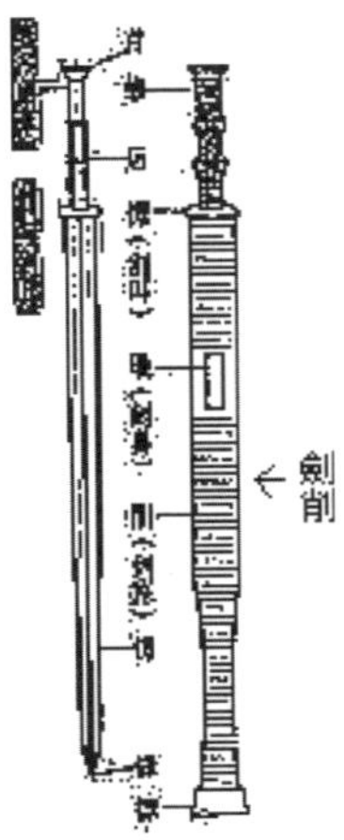

권9-7 劍削[검삭]
(출처 :『漢代物質文化資料圖說』,
上海古籍出版社)

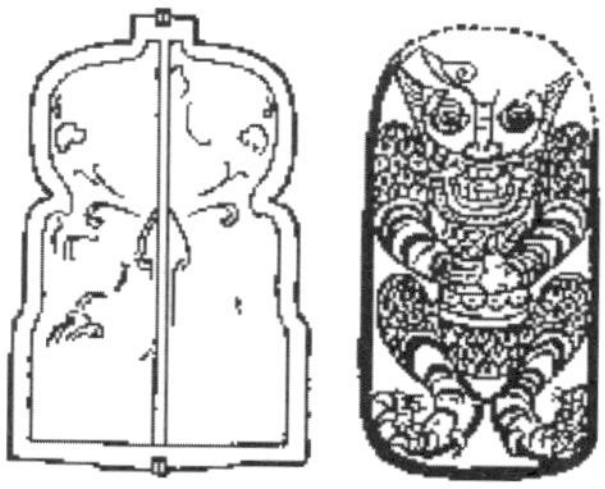

권9-8 盾[순]
(출처 : 『漢代物質文化資料圖說』, 上海古籍出版社)

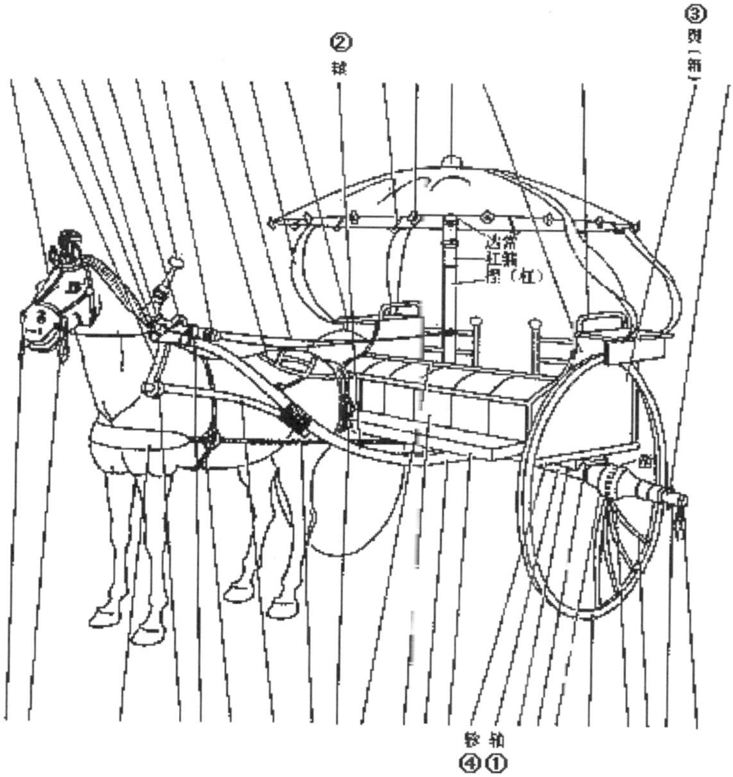

권9-11～19 ① 軸[축], ② 轅[원] ③ 箱[상], ④ 軫[진]
(출처 : 『漢代物質文化資料圖說』, 上海古籍出版社)

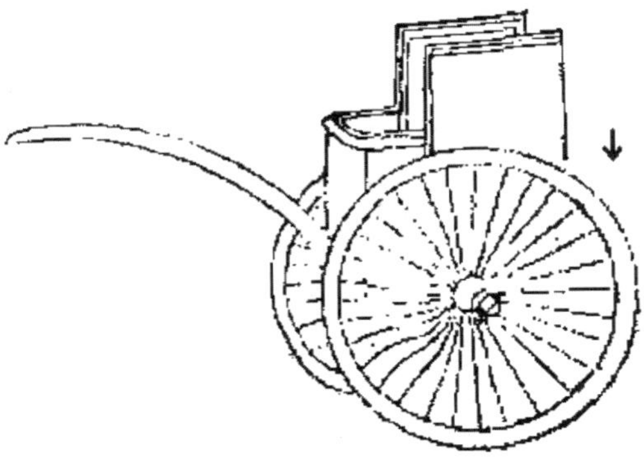

권9-12 輪[륜] 1
(출처 :『先秦兩漢考古論叢』, 科學出版社)

권9-12 輪[륜]을 제작하는 모습 2
(출처 :『漢代物質文化資料圖說』,
上海古籍出版社)

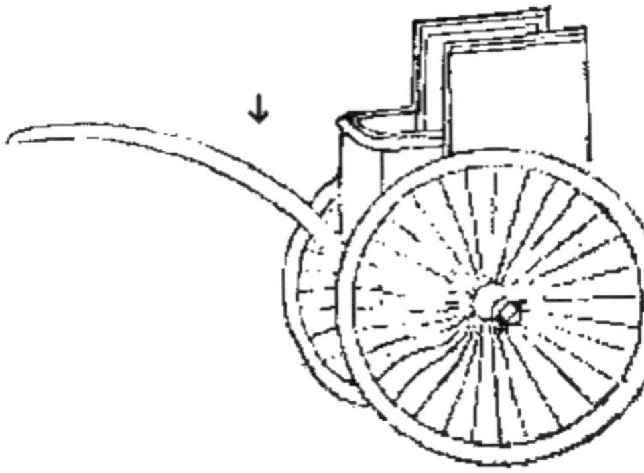

권9-14 輈[주]
(출처 :『先秦兩漢考古論叢』, 科學出版社)

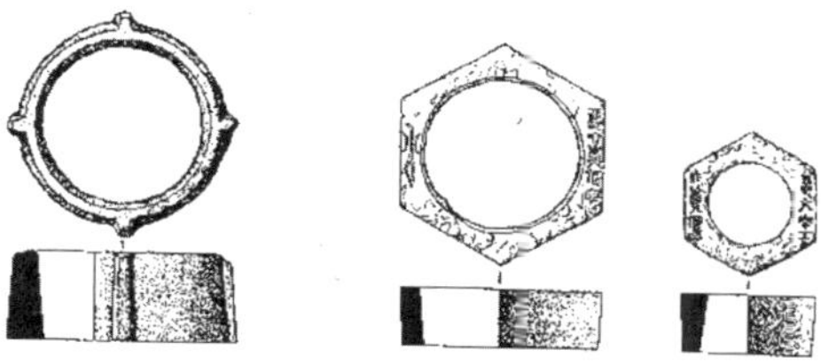

권9-19 釭[강]
(출처 : 『漢代物質文化資料圖說』, 上海古籍出版社)

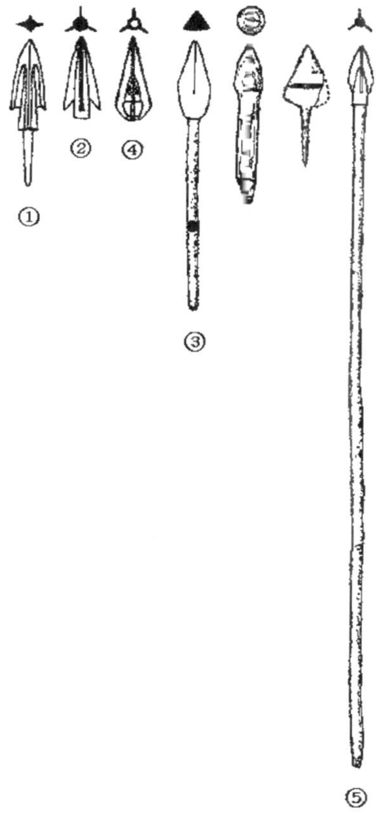

권9-20 ① 四鐮[사겸(렴)], ② 鉤腸[구장], ③ 羊頭[양두], ④ 鉀鑪[갑로], ⑤ 飛宦[비맹]
(출처 : 『漢代物質文化資料圖說』, 上海古籍出版社)

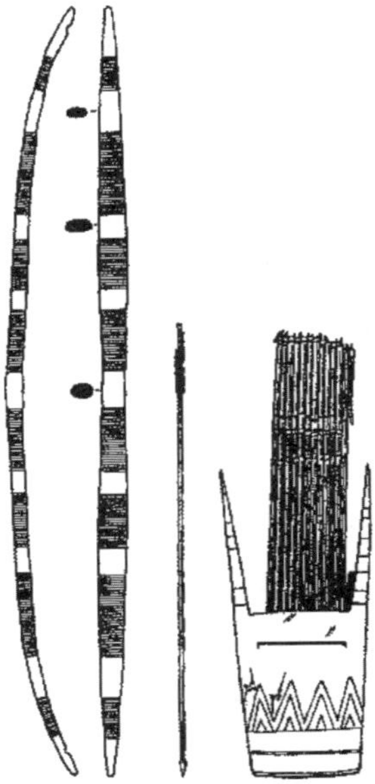

권9-21 箙[복]과 弓[궁]
(출처 : 『漢代物質文化資料圖說』, 上海古籍出版社)

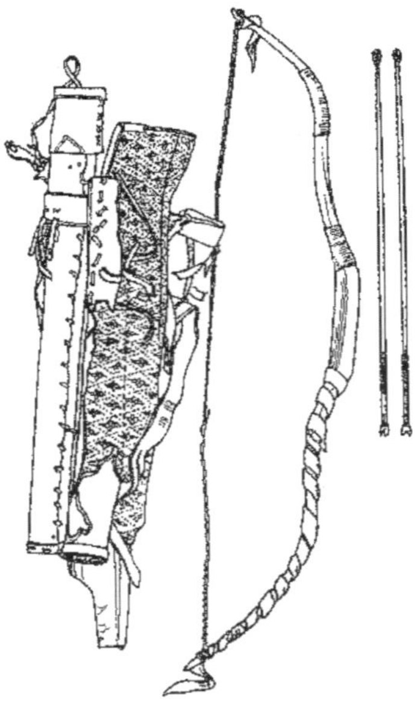

권9-21 弓[궁]과 전[箭]
(출처 : 『漢代物質文化資料圖說』, 上海古籍出版社)

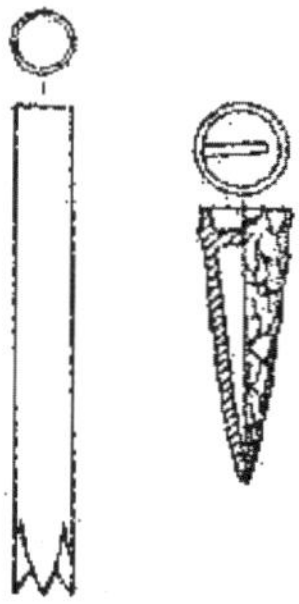

권9-22 矛鐏[모준]
(출처 : 『漢代物質文化資料圖說』, 上海古籍出版社)

권9-22 矛[모]와 鐏[준]
(출처 : 『漢代物質文化資料圖說』, 上海古籍出版社)

권9-22 錟[담]
(출처 : 『漢代物質文化資料圖說』, 上海古籍出版社)

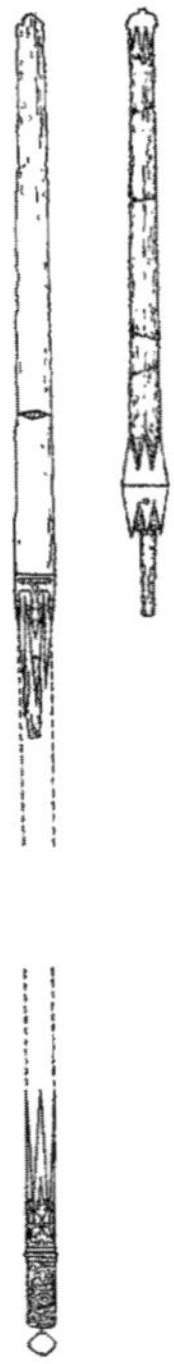

권9-22 鈹[피] 1
(출처 : 『漢代物質文化資料圖說』,
上海古籍出版社)

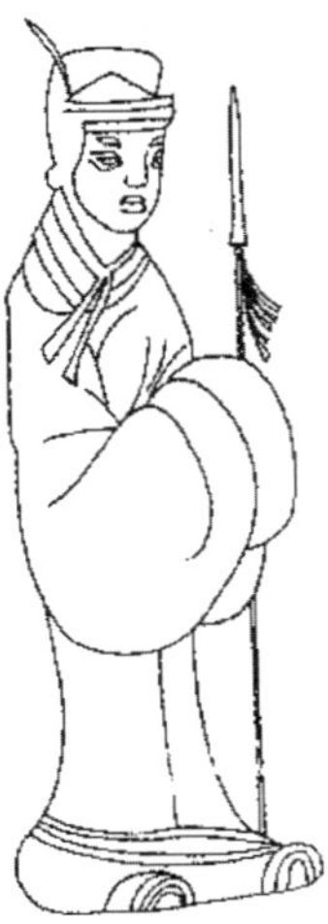

권9-22 鈹[피]를 들고 있는 모습 2
(출처 : 『漢代物質文化資料圖說』,
上海古籍出版社)

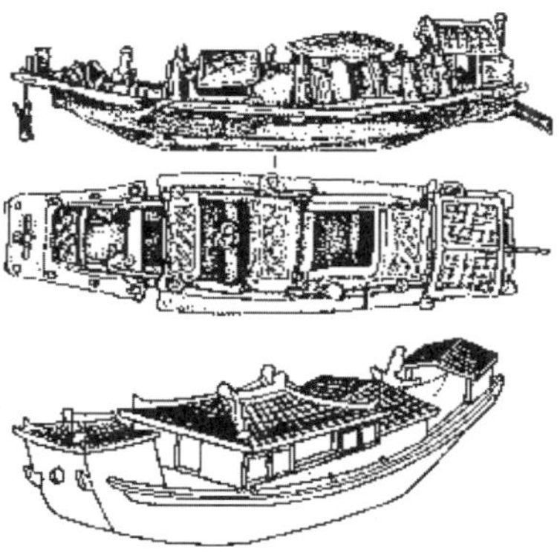

권9-23 船[선]
(출처 : 『漢代物質文化資料圖說』,
上海古籍出版社)

권9-23 艇[정]
(출처 : 『漢代物質文化資料圖說』,
上海古籍出版社)

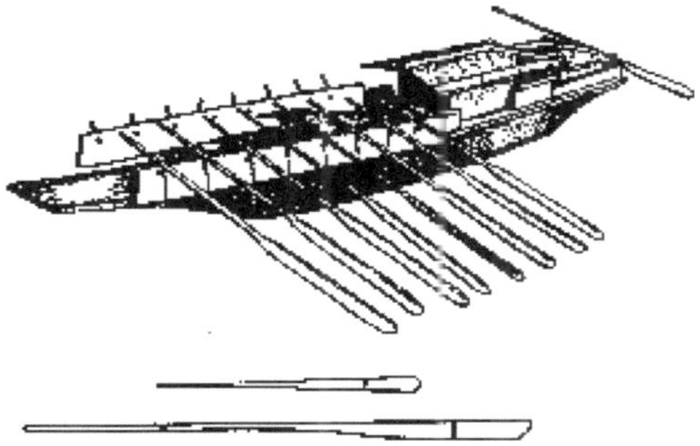

권9-26 橈[요], 櫂[도]
(출처 : 『漢代物質文化資料圖說』, 上海古籍出版社)

권11-2 蜩[조](『詩經・豳風・七月』)
(출처 :『詩經動物釋詁』, 中華書局)

권11-2 蜻蜻[정정](『詩經・衛風・碩人』)
(출처 :『詩經動物釋詁』, 中華書局

권11-5 螻蛄[루고](『詩經・小雅・大田』)
(출처 :『詩經動物釋詁』, 中華書局)

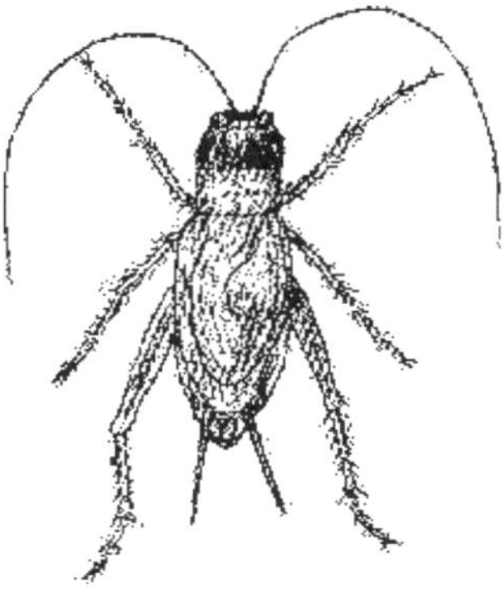

권11-6 蟋蟀[실솔](『詩經・唐風・蟋蟀』)
(출처 : 『詩經動物釋詁』, 中華書局)

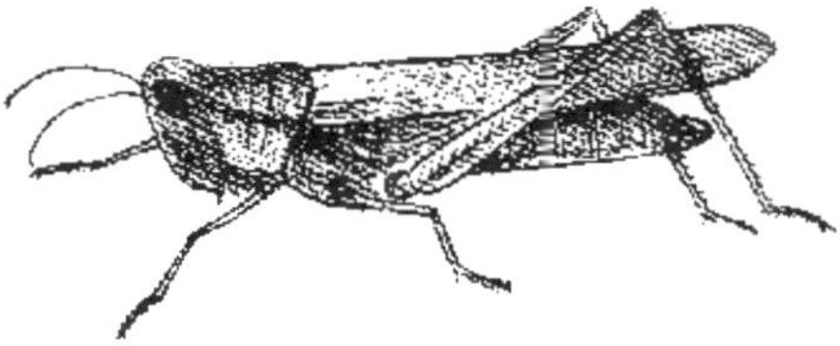

권11-9 螣[등](『詩經・召南・草蟲』)
(출처 : 『詩經動物釋詁』, 中華書局)

권11-13 蠭[봉](『詩經・周頌・小毖』)
(출처 : 『詩經動物釋詁』, 中華書局)

권11-14 蠅[승](『詩經・齊風・鷄鳴』)
(출처 : 『詩經動物釋詁』, 中華書局)

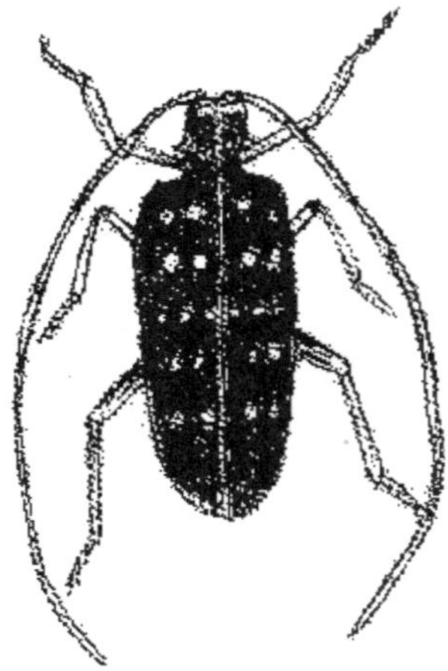

권11-16 蝤蠐[유제](『詩經・衛風・碩人』)
(출처 : 『詩經動物釋詁』, 中華書局)

권11-16 蝎[갈](『詩經・小雅・都人士』)
(출처 : 『詩經動物釋詁』, 中華書局)

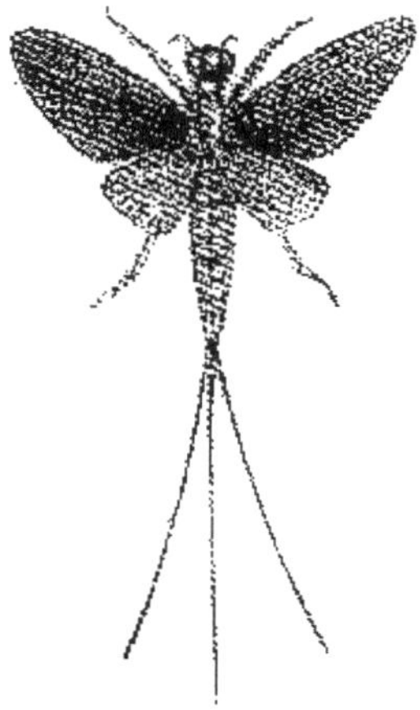

권11-19 蜉蝣[부류](『詩經·曹風·蜉蝣』)
(출처 : 『詩經動物釋詁』, 中華書局)

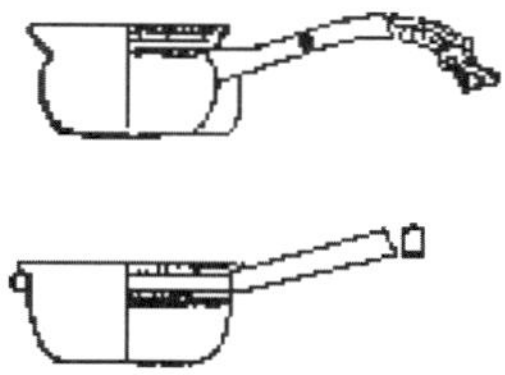

권13-140 刁斗[조두]
(출처 : 『漢代物質文化資料圖說』,
上海古籍出版社)

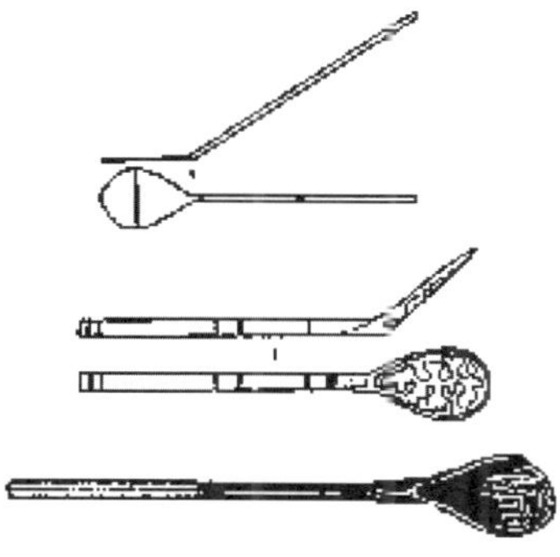

권13-141 匕[비]
(출처 : 『漢代物質文化資料圖說』,
上海古籍出版社)

부록 5. 『방언』 어휘 상고음

卷一

1-1-1 黨[당] : 端 / 陽 [*taŋx]
1-1-2 曉[효] : 曉 / 宵 [*hŋiagwx]
1-1-3 哲[철] : 端 / 祭(月) [*trjat]
1-1-4 知[지] : 端 / 支 [*trjig]

1-2-1 虔[건] : 羣 / 元 [*gjian]
1-2-2 儇[현] : 曉 / 元 [*hwjian]
1-2-3 慧[혜] : 匣 / 祭 [*gwiadh]
1-2-4 謾[만] : 明 / 元 [*mruan](곽음 : 亡山反)
1-2-5 㦟[매] : 明 / 之, 來 / 之 [*mrjəg, *ljəgx](곽음 : 悝, 莫佳反)
1-2-6 倢[첩] : 從 / 葉 [*dzjap]
1-2-7 譎[태] : 透 / 歌 [*thuar](곽음 : 他和反)
1-2-8 黠[힐] : 匣 / 脂(質) [*grit]
1-2-9 鬼[귀] : 見 / 微 [*kwjədx]

1-3-1 娥[아] : 疑 / 歌 [*ŋar]
1-3-2 㜲[영] : 余 / 耕 [*riŋ]
1-3-3 好[호] : 曉 / 幽 [*həgwx, *həgwh]
1-3-4 媌[묘] : 明 / 宵 [*mragw](곽음 : 莫交反)

1-3-5 姣[교] : 見 / 宵 [*kragwx](곽음 : 狡)
1-3-6 姝[주] : 昌 / 侯 [*thjug, *trjug](곽음 : 昌朱反, 株)
1-3-7 妦[봉] : 滂 / 東 [*buŋ, *phjuŋ](곽음 : 蜂)
1-3-8 姸[연] : 疑 / 元 [*ŋjan](곽음 : 五千反)

1-4-1 烈[렬] : 來 / 祭(月) [*ljat]
1-4-2 枿[얼] : 疑 / 祭(月) [*ŋat](곽음 : 五割反)
1-4-3 餘[여] : 余 / 魚 [*rag]
1-4-4 肄[이] : 船 / 脂(質) [*djidh](곽음 : 謚)

1-5-1 台[이] : 余 / 之 [*rəg](곽음 : 怡)
1-5-2 胎[태] : 透 / 之 [*thəg]
1-5-3 陶[도] : 定 / 幽 [*dəgw]
1-5-4 鞠[국] : 見 / 幽(覺) [*kjəkw]
1-5-5 養[양] : 余 / 陽 [*raŋx, *raŋh]
1-5-6 艾[애] : 疑 / 祭 [*ŋadh, *ŋjadh]

1-6-1 憮[무] : 明 / 魚 [*mjagx](곽음 : 亡輔反)
1-6-2 俺[엄] : 影 / 談 [*ʔjiam](곽음 : 淹)
1-6-3 憐[련] : 來 / 眞 [*lin]
1-6-4 牟[모] : 明 / 幽 [*mjəgw]
1-6-5 愛[애] : 影 / 微 [*ʔədh]

1-7-1 倰[릉] : 來 / 蒸 [*ljəŋ](곽음 : 陵)
1-7-2 憮[무] : 明 / 魚 [*mjag, *mjagx]
1-7-3 矜[긍] : 見 / 蒸 [*kjəŋ]
1-7-4 悼[도] : 定 / 宵 [*diagwh]
1-7-5 憐[련] : 來 / 眞 [*lin]
1-7-6 哀[애] : 影 / 微 [*ʔəd]

1-8-1 咺[훤] : 曉 / 元 [*hjuanx](곽음 : 香遠反)

1-8-2 唏[희] : 曉 / 微 [*hjədx, *hjədh](곽음 : 虛几反)

1-8-3 忭[작(적)] : 端 / 宵(藥), 章 / 宵(藥) [*tiakw, *tjakw](곽음 : 的, 灼)

1-8-4 怛[달] : 端 / 祭(月) [*tat]

1-8-5 痛[통] : 透 / 東 [*thuŋh]

1-8-6 哓[강] : 溪 / 陽 [*khjaŋ, *khjaŋh](곽음 : 丘尚反)

1-8-7 哓哴[강량] : 哓[강] 溪 / 陽 [*khjaŋh]

哴[량] 來 / 陽 [*laŋ, *ljaŋh]

1-8-8 噭咷[교도] : 噭[교] 見 / 幽 [*kiəgwh](곽음 : 叫)

咷[도] 定 / 宵 [*dagw](곽음 : 逃)

1-8-9 喑[암(음)] : 影 / 侵 [ʔjiəmh](곽음 : 蔭)

1-8-10 惄[녁] : 泥 / 幽(覺) [*niəkw](곽음 : 奴歷反)

1-9-1 悼[도] : 定 / 宵 [*diagwh]

1-9-2 惄[녁] : 泥 / 幽(覺) [*niəkw]

1-9-3 悴[췌] : 從 / 微 [*dzjədh]

1-9-4 憖[은] : 疑 / 文 [*ŋjiənh](곽음 : 魚吝反)

1-9-5 傷[상] : 書 / 陽 [*hrjaŋ, *hrjaŋh]

1-10-1 愼[신] : 禪 / 眞 [*djinh]

1-10-2 濟[제] : 精 / 脂 [*tsidx, *tsidh]

1-10-3 瞥[잠] : 從 / 談 [*dziamh](곽음 : 作念反)

1-10-4 惄[닉] : 泥 / 宵(藥) [*niakw]

1-10-5 溼[습] : 書 / 緝 [*sthəp]

1-10-6 桓[환] : 匣 / 元 [*gwan]

1-10-7 憂[우] : 影 / 幽 [*ʔjəgw, *ʔjəgwx]

1-10-8 惄[녁] : 泥 / 幽(覺) [*niəkw]

1-11-1 鬱[울] : 影 / 微(物) [*ʔwjət]

1-11-2 鬱悠[울유] : 鬱[울] 影 / 微(物) [*ʔwjət]

悠[유] 余 / 幽 [*rəgw]

1-11-3 懷[회] : 匣 / 微 [*gwrəd]

1-11-4 惄[녁] : 泥 / 幽(覺) [*niəkw]
1-11-5 惟[유] : 余 / 脂 [*rwjid]
1-11-6 慮[려] : 來 / 魚 [*ljagh]
1-11-7 願[원] : 疑 / 元 [*ŋjuanh]
1-11-8 念[념] : 泥 / 侵 [*niəmh]
1-11-9 靖[정] : 從 / 耕 [*dzjiŋx]
1-11-10 愼[신] : 禪 / 眞 [*djinh]
1-11-11 思[사] : 心 / 之 [*sjəg, *sjəgh]

1-12-1 敦[돈] : 端 / 文 [*tən, *tənh]
1-12-2 豐[풍] : 滂 / 東, 滂 / 冬 [*phjuŋ, *phjəŋw]
1-12-3 厖[방] : 明 / 東 [*mruŋ](곽음 : 鵝)
1-12-4 夰[개] : 見 / 祭 [*kriadh](곽음 : 介)
1-12-5 幠[무] : 曉 / 魚 [*hnag](곽음 : 海狐反)
1-12-6 般[반] : 幫 / 元 [*pran, *pan](곽음 : 般)
1-12-7 嘏[하] : 見 / 魚 [*kragx](곽음 : 賈)
1-12-8 奕[혁] : 余 / 魚(鐸) [*rak]
1-12-9 戎[융] : 日 / 冬 [*njəŋw]
1-12-10 京[경] : 見 / 陽 [*kjiaŋ]
1-12-11 奘[장] : 從 / 陽 [*dzaŋx](곽음 : 在朗反)
1-12-12 將[장] : 精 / 陽 [*tsjaŋ, *tsjaŋh]
1-12-13 大[대] : 定 / 祭 [*dadh]
1-12-14 夏[하] : 匣 / 魚 [*gragx, *gragh]
1-12-15 壯[장] : 莊 / 陽[*tsrjaŋh]

1-13-1 假[가] : 見 / 魚 [*krarh](곽음 : 駕)
1-13-2 㓢[격] : 見 / 魚(鐸) [*kak, *krak]
1-13-3 懷[회] : 匣 / 微 [*gwrəd]
1-13-4 摧[최] : 淸 / 微 [*sthəd]
1-13-5 詹[첨] : 章 / 談 [*tjam]
1-13-6 戾[려] : 來 / 微 [*liədh]

1-13-7 艐[계] : 見 / 微(質) [*krədh]
1-13-8 至[지] : 章 / 脂(質) [*tjidh]

1-14-1 嫁[가] : 見 / 魚 [*kragh]
1-14-2 逝[서] : 禪 / 祭 [*djadh]
1-14-3 徂[조] : 從 / 魚 [*dzag]
1-14-4 適[적] : 章 / 支(錫), 書 / 支(錫), 端 / 支(錫) [*tjik, *hrjik, *tik]
1-14-5 往[왕] : 云 / 陽 [*gwjaŋx]

1-15-1 謾台[만이] : 謾[만] 明 / 元 [*mruan](곽음 : 蠻)
台[이] 余 / 之 [*rəg](곽음 : 怡)
1-15-2 脅鬩[협혁] : 脅[협] 曉 / 葉 [*hjamh, *hjap]
鬩[혁] 曉 / 支(錫) [*gik]
1-15-3 懼[구] : 群 / 魚 [*gwjagh]
1-15-4 嘽咺[천훤] : 嘽[천] 昌 / 元 [*thjanx]
咺[훤] 曉 / 元 [*hjuanx](곽음 : 香遠反)

1-16-1 虔[건] : 羣 / 元 [*gjian]
1-16-2 劉[류] : 來 / 幽 [*ljəgw]
1-16-3 慘[참] : 淸 / 侵 [*tshəmx]
1-16-4 綝[림] : 來 / 侵 [*ljəmx, *ləmx](곽음 : 廩, 洛感反)
1-16-5 殺[살] : 山 / 祭(月) [*sriadh, *sriat]
1-16-6 殘[잔] : 從 / 元 [*dzan, *dzanh]
1-16-7 貪[탐] : 透 / 侵 [*thəm]
1-16-8 歁[감] : 溪 / 侵 [*khəmx]

1-17-1 亟[극] : 見 / 之(職) [*khrək](곽음 : 欺革反)
1-17-2 憐[련] : 來 / 眞 [*lin]
1-17-3 憮[무] : 明 / 魚 [*mjag, *mjagx]
1-17-4 俺[엄] : 影 / 談 [*ʔjiamx]
1-17-5 愛[애] : 影 / 微 [*ʔədh]

1-18-1 眉[미] : 明 / 脂 [*mjid]

1-18-2 梨[리] : 來 / 脂 [*ljid]

1-18-3 耋[질] : 定 / 脂(質) [*dit](곽음 : 絰)

1-18-4 鮐[태(이)] : 透 / 之 [*thəg, *rəg]

1-18-5 老[로] : 來 / 幽 [*ləgwx]

1-18-6 耇鮐[구태(이)] : 耇[구] 見 / 侯 [*kugx](곽음 : 垢)

鮐[태(이)] 透 / 之, 余 / 之 [*thəg, *rəg]

1-19-1 脩[수] : 心 / 幽 [*stjəgw]

1-19-2 駿[준] : 精 / 文 [*tsjənh]

1-19-3 融[융] : 余 / 冬 [*rə ŋ w]

1-19-4 繹[역] : 余 / 魚(鐸) [*rak]

1-19-5 尋[심] : 邪 / 侵 [*rjəm]

1-19-6 延[연] : 余 / 元 [*ran, *ranh]

1-19-7 長[장] : 端 / 陽, 定 / 陽 [*trja ŋ x, *drja ŋ , *drja ŋ h]

1-19-8 充[충] : 昌 / 冬 [*thjə ŋ w]

1-19-9 永[영] : 云 / 陽 [*gwjia ŋ x]

1-20-1 允[윤] : 余 / 文 [*rənx]

1-20-2 訦[심] : 禪 / 侵 [*djəm](곽음 : 諶)

1-20-3 恂[순] : 心 / 眞 [*skwjin](곽음 : 荀)

1-20-4 展[전] : 端 / 元 [*trjanx, *trjanh]

1-20-5 諒[량] : 來 / 陽 [*lja ŋ h](곽음 : 亮)

1-20-6 穆[목] : 明 / 幽(覺) [*mjəkw]

1-20-7 信[신] : 心 / 眞 [*sjinh]

1-21-1 碩[석] : 禪 / 魚(鐸) [*djiak]

1-21-2 沈[침] : 定 / 侵 [*drjəm, *drjəmh]

1-21-3 巨[거] : 羣 / 魚 [*gjagx]

1-21-4 濯[탁] : 定 / 宵(藥) [*dragwh, *drakw]

1-21-5 訏[우] : 曉 / 魚 [*hwjag](곽음 : 香于反)

1-21-6 敦[돈] : 端 / 文 [*tən, *tənh]
1-21-7 夏[하] : 匣 / 魚 [*gragx, *gragh]
1-21-8 于[우] : 云 / 魚 [*gwjag]
1-21-9 大[대] : 定 / 祭 [*dadh]
1-21-10 寇[구] : 溪 / 侯 [*khugh]
1-21-11 夥[화] : 匣 / 歌 [*guarx](곽음 : 禍)
1-21-12 過[화] : 匣 / 歌 [*guarx](곽음 : 于果反)
1-21-13 僉[첨] : 清 / 談 [*skhjam]
1-21-14 劍[검] : 見 / 談 [*kjamh]
1-21-15 駑[노] : 泥 / 魚 [*nagx]
1-21-16 齫[하] : 見 / 魚 [*kragx](곽음 : 賈)
1-21-17 郴[람] : 透 / 侵 [*hləm](곽음 : 洛含反)

1-22-1 牴[저] : 端 / 脂 [*tidx](곽음 : 牴)
1-22-2 倣[치] : 端 / 脂(質) [*trjidh](곽음 : 致)
1-22-3 會[회] : 匣 / 祭 [*gwadh]

1-23-1 華[화] : 曉 / 魚 [*hwrag]
1-23-2 荂[과] : 溪 / 魚 [*khwrag](곽음 : 誇)
1-23-3 晠[성] : 禪 / 耕 [*dji ŋ]

1-24-1 墳[분] : 並 / 文 [*bjən, *bjənx]

1-25-1 廓[곽] : 溪 / 魚(鐸) [*khwak]
1-25-2 摸[막] : 明 / 魚(鐸) [*mak](곽음 : 莫)

1-26-1 嬛[현] : 曉 / 元 [*hwjian](곽음 : 火全反)
1-26-2 蟬[선] : 禪 / 元 [*djan]
1-26-3 繝[염] : 余 / 談, 船 / 談 [*ramx, *djamx](곽음 : 剡)
1-26-4 撚[년] : 泥 / 元 [*nianx](곽음 : 諾典反)
1-26-5 未[미] : 明 / 微 [*mjədh]

1-26-6 續[속] : 邪 / 侯(屋) [*sdjugh, *sdjuk]
1-26-7 出[출] : 昌 / 微(物)[*thjədh, *thjət]
1-26-8 及[급] : 群 / 緝 [*gjəp]

1-27-1 蹹[답] : 透 / 緝 [*thrəp](곽음 : 他匣反)
1-27-2 䠀[요] : 余 / 宵 [*grjagw](곽음 : 遙)
1-27-3 𨁎[불] : 滂 / 微(物) [*phjət](곽음 : 拂)
1-27-4 跳[도] : 定 / 宵 [*diagw]
1-27-5 踬[체] : 透 / 祭(月) [*thjadh](곽음 : 敕厲反)
1-27-6 蹠[척] : 章 / 魚(鐸) [*tjiak]

1-28-1 躡[섭(녑)] : 泥 / 葉 [*snrjap]
1-28-2 郅[질] : 章 / 脂(質) [*tjit](곽음 : 質)
1-28-3 跂[기] : 溪 / 支 [*khjigx, *khjigh](곽음 : 企)
1-28-4 佫[격] : 見 / 魚(鐸) [*kak, *krak]
1-28-5 躋[제] : 精 / 脂 [*tsidx, *tsidh](곽음 : 濟)
1-28-6 踚[약] : 余 / 宵(藥) [*rakw](곽음 : 躍)
1-28-7 登[등] : 端 / 蒸 [*tə ŋ]

1-29-1 逢[봉] : 並 / 東 [*bju ŋ]
1-29-2 逆[역] : 疑 / 魚(鐸) [* ŋ jak]
1-29-3 迎[영] : 疑 / 陽 [* ŋ jia ŋ , * ŋ jia ŋ h]

1-30-1 撏[심(섬)] : 禪 / 侵 [*djəm](곽음 : 常含反)
1-30-2 攓[건] : 見 / 元 [*kjianx, *khjian](곽음 : 蹇, 騫)
1-30-3 摭[척] : 章 / 魚(鐸) [*tjiak](곽음 : 蹠)
1-30-4 挻[연] : 余 / 元 [*rjan](곽음 : 羊羶反)
1-30-5 取[취] : 淸 / 侯 [*tshugx, *tshjugx]
1-30-6 篡[찬] : 從 / 元 [*dzruanx, *dzrjuanh](곽음 : 饌)

1-31-1 蘴[비] : 幫 / 微[*pjəd](곽음 : 非)

1-31-2 飵[작] : 從 / 魚(鐸) [*dzak](곽음 : 昨)

1-31-3 食[식] : 余 / 之(職), 禪 / 之(職) [*rəgh, *djək]

1-31-4 飴[념] : 泥 / 談 [*nrjam](곽음 : 黏)

1-31-5 餼饙[은안] : 餼[은] 影 / 文 [*ʔənh](곽음 : 惡恨反)

饙[안] 疑 / 文 [*ŋənh](곽음 : 五恨反)

1-32-1 釗[교] : 見 / 宵 [*kiagw](곽음 : 居遼反)

1-32-2 薄[박] : 並 / 魚(鐸) [*bak]

1-32-3 勉[면] : 明 / 元 [*mjianx]

1-32-4 薄努[박노] : 薄[박] 並 / 魚(鐸) [*bak]

努[노] 泥 / 魚 [*nagx]

1-32-5 勉努[면노] : 勉[면] 明 / 元 [*mjianx]

努[노] 泥 / 魚 [*nagx]

1-32-6 勔釗[면교] : 勔[면] 明 / 元 [*mjianx](곽음 : 湎)

釗[교] 見 / 宵 [*kiagw]

1-32-7 勖茲[욱자] : 勖[욱] 曉 / 侯(屋) [*hjuk]

茲[자] 精 / 之 [*tsjəg, *dzjəg]

卷二

2-1-1 鈔[초] : 淸 / 宵 [*tshjiagwx](곽음 : 錯眇反)

2-1-2 嫽[료] : 來 / 宵 [*lagwx, *ljiagw, *ljiagwx](곽음 : 洛夭反)

2-1-3 好[호] : 曉 / 幽 [*həgwx, *həgwh]

2-2-1 朦[몽] : 明 / 東 [*muŋ](곽음 : 忙紅反)

2-2-2 厖[방] : 明 / 東 [*mruŋ](곽음 : 鵝)

2-2-3 豐[풍] : 滂 / 東, 滂 / 冬 [*phjuŋ, *phjəŋw]

2-2-4 伃[서] : 邪 / 魚 [*rjagx](곽음 : 序)

2-2-5 杼[저] : 定 / 魚 [*drjagx]

2-3-1 娃[왜] : 影 / 支 [*ʔrig](곽음 : 烏佳反)

2-3-2 嫷[타] : 透 / 歌 [*thuarh](곽음 : 託過反)

2-3-3 窕[조] : 定 / 宵 [*diagwx](곽음 : 途了反)

2-3-4 豔[염] : 余 / 談 [*ramh]

2-3-5 美[미] : 明 / 脂 [*mjidx]

2-3-6 好[호] : 曉 / 幽 [*həgwx, *həgwh]

2-3-7 娥[아] : 疑 / 歌 [*ŋar]

2-3-8 窈[요] : 影 / 幽 [*ʔiəgwx]

2-4-1 奕[혁] : 余 / 魚(鐸) [*rak]

2-4-2 偞[엽] : 余 / 葉 [*rap](곽음 : 葉)

2-4-3 容[용] : 余 / 東 [*grjuŋ]

2-5-1 鬗[면] : 明 / 元 [*mjian](곽음 : 綿)

2-5-2 鑠[삭] : 書 / 宵(藥) [*hrjakw](곽음 : 舒灼反)

2-5-3 盱[우] : 曉 / 魚 [*hwjag](곽음 : 香于反)

2-5-4 揚[양] : 余 / 陽 [*raŋ]

2-5-5 滕[등] : 定 / 蒸 [*dəŋ](곽음 : 滕)

2-5-6 雙[쌍] : 山 / 東 [*sruŋ]

2-5-7 順[순] : 禪 / 文 [*djənh]

2-5-8 矊[면] : 明 / 元 [*mjian](곽음 : 綿)

2-6-1 嫢[규] : 溪 / 脂, 群 / 脂 [*khwjid, *khwjidx](곽음 : 羌箠反)

2-6-2 笙[생] : 山 / 耕 [*sriŋ]

2-6-3 揫[추] : 精 / 幽, 從 / 幽 [*tsjəgw, *dzjəgw](곽음 : 遒)

2-6-4 摻[섬(삼)] : 山 / 侵 [*srəm, *srəmx](곽음 : 素檻反)

2-6-5 細[세] : 心 / 微 [*siədh]

2-6-6 徥[시(지)] : 禪 / 支, 定 / 支 [*djigx, *drjigx]

2-7-1 傀(傀)[괴] : 見 / 微 [*kwəd]

2-7-2 渾[혼] : 匣 / 文 [*gwənx](곽음 : 狐本反)

2-7-3 膞[비] : 並 / 脂(質) [*bjidh](곽음 : 匹四反)

2-7-4 臁[양] : 日 / 陽 [*nja ŋ x](곽음 : 壤)

2-7-5 僇[교] : 來 / 幽, 幫 / 幽 [*liəgwx, *piəgwx](곽음 : 恪膠反[*khrəgw])

2-7-6 泡[포] : 並 / 幽 [*brəgw](곽음 : 庖)

2-7-7 盛[성] : 禪 / 耕 [*dji ŋ , *dji ŋ h]

2-8-1 私[사] : 心 / 脂 [*sjid]

2-8-2 策[책] : 初 / 支(錫) [*tshrik]

2-8-3 纖[섬] : 心 / 談 [*sjam]

2-8-4 葆[예] : 余 / 祭(月) [*ruadh](곽음 : 銳)

2-8-5 稺[치] : 定 / 脂 [*drjidh]

2-8-6 杪[묘] : 明 / 宵 [*mjagwh](곽음 : 莫召反)

2-8-7 小[소] : 心 / 宵 [*sjagwx]

2-8-8 綾[릉] : 來 / 蒸 [*ljə ŋ](곽음 : 淩)

2-8-9 靡[미] : 明 / 歌 [*mjiarx]

2-8-10 篾[멸] : 明 / 祭(月) [*miat]

2-8-11 葼[종] : 精 / 東 [*tsu ŋ]

2-9-1 殗殜[업엽] : 殗[업] 影 / 葉 [*ʔjap](곽음 : 於怯反)

殜[엽] 余 / 葉 [*rap](곽음 : 葉)

2-9-2 微[미] : 明 / 微[*mjəd]

2-10-1 臺[대] : 定 / 之 [*dəg]

2-10-2 臺敵[대적] : 臺[대] 定 / 之 [*dəg]

敵[적] 定 / 支(錫) [*dik]

2-10-3 匹[필] : 滂 / 脂(質) [*phjit]

2-11-1 抱嬎[포찬] : 抱[1][포] 滂 / 侯 [*phjugh](곽음 : 赴)

嬎[찬] 端 / 元 [*trjanh](곽음 : 追萬反))

---

1 抱의 원래 상고음은 並 / 幽 [*bəgwx]이지만, 곽박음 '赴'에 따라서 滂 / 侯 [*phjugh]라고 표기했다.

2-11-2 嬔[찬] 端 / 元 [*trjanx]

2-11-3 耦[우] : 疑 / 侯 [* ŋ ugx]

2-12-1 倚[의] : 影 / 歌 [*ʔjiarh](곽음 : 於寄反)

2-12-2 踦[기] : 見 / 歌, 溪 / 歌 [*kjiar, *khjiar](곽음 : 郤奇反)

2-12-3 奇[기] : 見 / 歌 [*kjiar]

2-13-1 逴[탁] : 透 / 宵(藥) [*thrjakw](곽음 : 勑略反)

2-13-2 獡[삭] : 書 / 宵(藥) [*hrjakw](곽음 : 鑠)

2-13-3 透[숙] : 書 / 幽(覺) [*hrjəkw](곽음 : 式六反)

2-13-4 驚[경] : 見 / 耕 [*kji ŋ]

2-14-1 儀[의] : 疑 / 歌 [* ŋ jiar]

2-14-2 佫[격] : 見 / 魚(鐸) [*kak, *krak]

2-14-3 來[래] : 來 / 之 [*ləg]

2-14-4 懷[회] : 匣 / 微 [*gwrəd]

2-15-1 昵[닐] : 泥 / 脂(質) [*nrjit](곽음 : 昵)

2-15-2 㣽[여] : 日 / 魚 [*njagx](곽음 : 汝)

2-15-3 黏[점(념)] : 泥 / 談 [*nrjam]

2-16-1 餬[호] : 匣 / 魚 [*gag](곽음 : 胡)

2-16-2 託[탁] : 透 / 魚(鐸) [*thak]

2-16-3 庇[비] : 幫 / 脂 [*pjidh](곽음 : 庇)

2-16-4 寓[우] : 疑 / 侯 [* ŋ jugh]

2-16-5 媵[잉] : 余 / 蒸 [*rə ŋ h](곽음 : 孕)

2-16-6 寄[기] : 見 / 歌 [*kjiarh]

2-17-1 逞[령(정)] : 透 / 耕 [*thrji ŋ x]

2-17-2 苦[고] : 溪 / 魚 [*khagx, *khagh]

2-17-3 了[료] : 來 / 宵 [*liagw](곽음 : 相緣反)

2-17-4 快[쾌] : 溪 / 祭 [*khwradh]

2-18-1 挴[매] : 明 / 之 [*məgx]
2-18-2 惬[닉] : 泥 / 之(職) [*nrjək](곽음 : 匿)
2-18-3 赧[난] : 泥 / 元 [*nranx]
2-18-4 愧[괴] : 見 / 微 [*kwjiədh]

2-19-1 叨[도] : 透 / 宵 [*thagw](곽음 : 託高反)
2-19-2 惏[람] : 來 / 侵 [*ləm](곽음 : 洛含反)
2-19-3 殘[잔] : 從 / 元 [*dzan, *dzanh]

2-20-1 馮[빙] : 並 / 蒸 [*bjiəŋ, *bjəŋ]
2-20-2 齘[계] : 匣 / 祭 [*griadh]
2-20-3 苛[가] : 匣 / 歌 [*gar]
2-20-4 怒[노] : 泥 / 魚 [*nagx, *nagh]

2-21-1 憡[책] : 初 / 支(錫) [*tshrik](곽음 : 策)
2-21-2 剌[랄] : 來 / 祭(月) [*lat]
2-21-3 痛[통] : 透 / 東 [*thuŋh]

2-22-1 撟捎[교소] : 撟[교] 見 / 宵 [*kjagwx](곽음 : 矯)
捎[2][소] 心 / 幽 [*səgw](곽음 : 騷)
2-22-2 選[선] : 心 / 元 [*sjuanx, *sjuanh]

2-23-1 撊[한] : 曉 / 元 [*ganx](곽음 : 呼旱反)
2-23-2 梗[경] : 見 / 陽 [*kraŋx](곽음 : 鯁)
2-23-3 爽[상] : 山 / 陽 [*srjaŋx]
2-23-4 猛[맹] : 明 / 陽 [*mraŋx]

2 捎의 원래 상고음은 心 / 宵 [*sragw, sjagw]이지만, 곽박음 '騷'에 따라서 [*səgw]으로 표기했다.

2-24-1 瞯[한(간)] : 匣 / 元 [*grian](곽음 : 閑)
2-24-2 睇[제] : 定 / 脂 [*didx, *didh](곽음 : 悌)
2-24-3 睎[희] : 曉 / 微 [*hjəd]
2-24-4 略[락(략)] : 來 / 魚(鐸) [*ljak](곽음 : 略)
2-24-5 眄[면] : 明 / 元 [*mianx, *mianh]

2-25-1 餲[식] : 心 / 職 [*sjək]
2-25-2 喙[훼] : 曉 / 祭 [*hjuadh]
2-25-3 呬[희] : 曉 / 脂(質) [*hjidh](곽음 : 許四反)
2-25-4 息[식] : 心 / 之(職) [*sjək]

2-26-1 銸[벽] : 滂 / 錫 [*phik]
2-26-2 摫[규] : 見 / 歌 [*kwjar](곽음 : 規)
2-26-3 裁[재] : 從 / 之 [*dzəg, *dzəgh]
2-26-4 斵[착] : 端 / 侯(屋) [*truk]
2-26-5 銸銸[벽벽] : 滂 / 錫 [*phik]

2-27-1 鐫[전] : 精 / 元 [*tsjuan, *tsjuanh](곽음 : 子旋反)
2-27-2 琢[탁] : 端 / 侯(屋) [*truk]

2-28-1 鍇[개] : 見 / 脂, 溪 / 脂 [*krid, *khridx](곽음 : 楷)
2-28-2 鐕[계] : 溪 / 支 [*khigx](곽음 : 啓)
2-28-3 堅[견] : 見 / 眞 [*kin]

2-29-1 揄鋪[유포] : 揄[유] 余 / 幽, 余 / 侯 [*rəgw, *rug]
鋪[포] 滂 / 魚 [*phjag](곽음 : 敷)
2-29-2 艦極[람무] : 艦[람] 來 / 談 [*lam](곽음 : 藍)
極[무] 明 / 魚 [*mjag]
2-29-3 帗縷[불루] : 帗[불] 並 / 微(物) [*phjət](곽음 : 拂)
縷[루] 來 / 侯 [*ljugx]
2-29-4 葉褕[엽유] : 葉[엽] 余 / 葉 [*rap]

褕[유] 余 / 侯 [*rug](곽음 : 臾)

2-29-5 毳[취] : 淸 / 祭 [*tshjuadh](곽음 : 脆)

2-30-1 孑[혈] : 見 / 祭(月) [*kjiat]

2-30-2 藎[신] : 邪 / 眞 [*rjinh](곽음 : 昨吝反)

2-30-3 餘[여] : 余 / 魚 [*rag]

2-30-4 俊[준] : 精 / 文 [*tsjənh]

2-30-5 遵[준] : 精 / 文 [*tsjən]

2-31-1 翿[도] : 定 / 幽 [*dəgw](곽음 : 濤)

2-31-2 幢[당] : 定 / 東 [*druŋ](곽음 : 徒江反)

2-31-3 翳[예] : 影 / 脂 [*ʔidh, *ʔid]

2-32-1 捜[수] : 山 / 幽 [*srjəgw]

2-32-2 略[략] : 來 / 魚(鐸) [*ljak]

2-32-3 求[구] : 群 / 幽 [*gjəgw]

2-32-4 攟[군] : 見 / 文 [*kjənh]

2-32-5 摭[척] : 章 / 魚(鐸) [*tjiak](곽음 : 蹠)

2-32-6 取[취] : 淸 / 侯 [*tshugx, *tshjugx]

2-33-1 茫[망] : 明 / 陽 [*maŋ](곽음 : 莫光反)

2-33-2 矜[긍] : 見 / 蒸 [*kjəŋ]

2-33-3 奄[엄] : 影 / 談 [*ʔjiamx]

2-33-4 遽[거] : 羣 / 魚 [*gjagh]

2-34-1 速[속] : 心 / 侯(屋) [*suk]

2-34-2 逞[령(정)] : 透 / 耕 [*thrjiŋx]

2-34-3 搖扇[요선] : 搖[요] 余 / 宵 [*grjagw]

扇[선] 書 / 元 [*hrjan, *hrjanh]

2-34-4 疾[질] : 從 / 脂(質) [*dzjit]

2-35-1 予[여] : 余 / 魚 [*rag, *ragx]
2-35-2 賴[뢰] : 來 / 祭 [*ladh]
2-35-3 讎[수] : 禪 / 幽 [*djəgw]

2-36-1 恒慨[항개] : 恒[항] 匣 / 蒸 [*gə ŋ]
　　　　　　慨[개] 溪 / 微 [*khədh]
2-36-2 蔘綏[삼수] : 蔘[삼] 山 / 侵 [*səm](곽음 : 宾含反)
　　　　　　綏[수] 心 / 微 [*sjəd]
2-36-3 羞繹[수역] : 羞[수] 心 / 幽 [*snjəgw]
　　　　　　繹[역] 余 / 魚(鐸) [*rak](곽음 : 奕)
2-36-4 紛母[분모] : 紛[분] 滂 / 文 [*phjən]
　　　　　　母[모] 明 / 之 [*məgx]

2-37-1 剿[초] : 精 / 宵 [*tsagwx, *tsiagwx](곽음 : 雀潦反, 子了反)
2-37-2 蹶[궐] : 見 / 祭(月), 群 / 祭(月) [*kwjiat, *kjuat, *gjuat](곽음 : 蹶)
2-37-3 獪[회] : 見 / 祭 [*kwadh, *kwradh]
2-37-4 蔿[화] : 曉 / 歌 [*hwjar](곽음 : 撝)
2-37-5 姡[활] : 匣 / 祭(月) [*gruat, *guat](곽음 : 胡婚切)

卷三

3-1-1 釐孳[리재] : 釐[리] 來 / 之 [*ljəg]
　　　　　　孳[재] 精 / 之 [*tsjəg](곽음 : 兹)
3-1-2 健子[련재] : 健[련] 來 / 元 [*ljanx](곽음 : 輦)
　　　　　　子[재] 精 / 之 [*tsjəgx]
3-1-3 孿生[산(련)생] : 孿[산(련)] 山 / 元 [*suan, *srjuanh](곽음 : 蘇官反)
　　　　　　生[생] 山 / 耕 [*sri ŋ , *srji ŋ h]
3-1-4 嫁子[가재] : 嫁[가] 見 / 魚 [*kragh]
　　　　　　子[재] 精 / 之 [*tsjəgx]

3-2-1 壻[서] : 心 / 魚 [*sjag]

3-2-2 倩[천] : 淸 / 耕 [*tshianh, *tshjiŋh]

3-3-1 娠[진(신)] : 章 / 文 [*tjiən](곽음 : 振)

3-4-1 亭父[정보] : 亭[정] 定 / 耕 [*diŋ]
父[보] 幫 / 魚, 並 / 魚 [*pjagx, *bjagx]
3-4-2 亭公[정공] : 亭[정] 定 / 耕 [*diŋ]
公[공] 見 / 東 [*kuŋ]
3-4-3 卒[졸] : 精 / 微(物), 淸 / 微(物) [*tsət, *tshət, *tsjət]
3-4-4 弩父[노부] : 弩[노] 泥 / 魚 [*nagx]
父[부] 幫 / 魚, 並 / 魚 [*pjagx, *bjagx]
3-4-5 褚[재] : 章 / 魚 [*tjiagx](곽음 : 赭)

3-5-1 臧[장] : 精 / 陽 [*tsaŋ]
3-5-2 甬[용] : 余 / 東 [*ruŋx](곽음 : 勇)
3-5-3 侮[모] : 明 / 之 [*məgx]
3-5-4 獲[획] : 匣 / 魚(鐸) [*gwrak]
3-5-5 奴婢[노비] : 奴[노] 泥 / 魚 [*nag]
婢[비] 並 / 支 [*bjigx]
3-5-6 保庸[보용] : 保[보] 幫 / 幽 [*pəgwx]
庸[용] 余 / 東 [*ruŋ]

3-6-1 蔿[화] : 曉 / 歌 [*hŋwrag](곽음 : 花)
3-6-2 譌[와] : 疑 / 歌 [*ŋwar](곽음 : 訛)
3-6-3 譁[와] : 疑 / 魚 [*ŋwrag](곽음 : 五瓜反)
3-6-4 涅[녈] : 泥 / 脂(質) [*nit]
3-6-5 化[화] : 曉 / 歌 [*hŋwrarh]

3-7-1 斟[짐] : 章 / 侵 [*tjəm]
3-7-2 協[협] : 匣 / 葉 [*giap]
3-7-3 汁[즙] : 章 / 緝 [*tjəp]

3-8-1 蘇[소] : 心 / 魚 [*sag]
3-8-2 芥[개] : 見 / 祭 [*kriadh]
3-8-3 草[초] : 淸 / 幽 [*tshəgwx]
3-8-4 莽[무(망)] : 明 / 之, 明 / 陽 [*məgx, *maŋx](곽음 : 嫫母反)

3-9-1 蘇[소] : 心 / 魚 [*sag]
3-9-2 荏[임] : 日 / 侵 [*njəmx]
3-9-3 公蕡[공비] : 公[공] 見 / 東 [*kuŋ]
蕡[비] 並 / 微 [*bjədh](곽음 : 翡)
3-9-4 蘩[할] : 匣 / 祭(月)[*grat](곽음 : 轄)
3-9-5 蘘荽[양유] : 蘘[양] 泥 / 陽 [*nrjaŋh]
荽[유] 日 / 幽 [*njəgw, *njəgwx]

3-10-1 蘴[풍] : 並 / 東, 滂 / 東 [*buŋ, *phjuŋ](곽음 : 蜂)
3-10-2 蕘[요] : 泥 / 宵 [*nragw](곽음 : 鐃)
3-10-3 蕪菁[무청] : 蕪[무] 明 / 魚 [*mjag]
菁[청] 精 / 耕 [*tsjiŋ]
3-10-4 大芥[대개] : 大[대] 定 / 祭(月) [*dadh]
芥[개] 見 / 祭(月) [*kriadh]
3-10-5 辛芥[신개] : 辛[신] 心 / 眞 [*sjin]
芥[개] 見 / 祭(月) [*kriadh]
3-10-6 幽芥[유개] : 幽[유] 影 / 幽 [*ʔjiəgw]
芥[개] 見 / 祭(月) [*kriadh]
3-10-7 蘆菔[로복] : 蘆[3][로] 來 / 歌 [*lar](곽음 : 羅)
菔[복] 並 / 之(職) [*bək, *bjək](곽음 : 匐)
3-10-8 菈蘧[랍답] : 菈[랍] 來 / 緝 [*ləp](곽음 : 洛荅反)
蘧[답] 定 / 緝 [*dəp](곽음 : 大合反)

3-11-1 蓚[역] : 余 / 支(錫) [*gwrjik]

---

3 蘆의 상고음은 來 / 魚 [*lag, *ljag]이지만, 곽박음 '羅'에 따르면 [*lar]이다.

3-11-2 芡[검] : 羣 / 談 [*gjiamx](곽음 : 儉)

3-11-3 鷄頭[계두] : 雞[계] 見 / 支 [*kig]

頭[두] 定 / 侯 [*dug]

3-11-4 鴈頭[안두] : 鴈[안] 疑 / 元 [*ŋranh]

頭[두] 定 / 侯 [*dug]

3-11-5 烏頭[오두] : 烏[오] 影 / 魚 [*ʔag]

頭[두] 定 / 侯 [*dug]

3-12-1 茦[자] : 淸 / 支 [*tshjigh]

3-12-2 壯[장] : 莊 / 陽 [*tsrjaŋh]

3-12-3 梗[경] : 見 / 陽 [*kraŋx]

3-12-4 劌[귀] : 見 / 祭 [*kwjiadh](곽음 : 鱖)

3-12-5 刺[자] : 淸 / 支(錫) [*tshjigh, *tshjik]

3-12-6 棘[극] : 見 / 之(職) [*kjək](곽음 : 己力反)

3-13-1 瘌[랄] : 來 / 祭(月) [*lat]

3-13-2 癆[4][로] : 來 / 幽 [*liəgw](곽음 : 聊)

3-13-3 眠[면] : 明 / 眞 [*min]

3-13-4 眩[현] : 匣 / 元 [*gwian, *gwianh]

3-13-5 毒[독] : 定 / 幽(覺) [*dəkw]

3-13-6 痛[통] : 透 / 東 [*thuŋh]

3-14-1 逞[령(정)] : 透 / 耕 [*thrjiŋx]

3-14-2 曉[효] : 曉 / 宵 [*hŋiagwx]

3-14-3 恔[교] : 見 / 宵 [*kiagwx]

3-14-4 苦[고] : 溪 / 魚 [*khagx, *khagh]

3-14-5 快[쾌] : 溪 / 祭 [*khwradh]

3-15-1 膠[교] : 見 / 幽 [*krəgw, *krəgwh]

---

4 癆의 상고음은 來 / 宵 [*lagw, *lagwh]이지만, 곽박음 '聊'에 따르면 [*liəgw]이다.

3-15-2 譎[휼] : 見 / 脂(質) [*kwit]
3-15-3 詐[사] : 莊 / 魚 [*tsragh]

3-16-1 揠[알] : 影 / 祭(月) [*ʔriat](곽음 : 烏拔反)
3-16-2 擢[탁] : 定 / 宵(藥) [*drakw]
3-16-3 拂[불] : 滂 / 微(物) [*phjət]
3-16-4 戎[융] : 日 / 冬 [*njə ŋ w]
3-16-5 拔[발] : 並 / 微(物), 並 / 祭 [*brət, *buat, *bjat]

3-17-1 慰[위] : 影 / 微 [*ʔwjədh]
3-17-2 廛[전] : 定 / 元 [*drjan]
3-17-3 度[택] : 定 / 魚(鐸) [*dak]
3-17-4 凥[거] : 見 / 魚, 見 / 之 [*kjag, kjəg]
3-17-5 踐[천] : 從 / 元 [*dzjanx]

3-18-1 萃[췌] : 從 / 微 [*dzjədh]
3-18-2 雜[잡] : 從 / 緝 [*dzəp]
3-18-3 集[집] : 從 / 緝 [*dzjəp]
3-18-4 聚[취] : 從 / 侯 [*dzjugx, *dzjugh]

3-19-1 迨[태] : 定 / 之 [*dəgx](곽음 : 殆)
3-19-2 遝[답] : 定 / 緝 [*dəp]
3-19-3 及[급] : 群 / 緝 [*gjəp]

3-20-1 荄[해] : 見 / 之 [*kəg, *krəg]
3-20-2 杜[두] : 定 / 魚 [*dagx]
3-20-3 根[근] : 見 / 文 [*kən]
3-20-4 茇[발] : 並 / 祭(月) [*puat](곽음 : 撥)

3-21-1 班[반] : 幫 / 元 [*pran]
3-21-2 徹[철] : 透 / 祭(月) [*thrjat]

3-21-3 列[렬] : 來 / 祭(月) [*ljat]

3-22-1 瘼[막] : 明 / 魚(鐸) [*mak](곽음 : 莫)
3-22-2 瘦[복] : 並 / 幽(覺) [*bjəkw]
3-22-3 病[병] : 並 / 陽 [*bjia ŋ h]
3-22-4 瘎[심] : 定 / 侵, 余 / 談 [*drjəm, *ram](곽음 : 闍, 湛)

3-23-1 掩[엄] : 影 / 談 [*ʔjiamx]
3-23-2 醜[추] : 昌 / 幽 [*hnrjəgwx, *thjəgwx]
3-23-3 掍[5][혼] : 見 / 文 [*kwənx](곽음 : 衮)
3-23-4 綷[졸] : 精 / 微(物) [*tsədh](곽음 : 作憒反)
3-23-5 同[동] : 定 / 東 [*du ŋ]

3-24-1 裕[유] : 余 / 屋 [*grjugh]
3-24-2 猷[유] : 余 / 幽 [*rəgw]
3-24-3 道[도] : 定 / 幽 [*dəgwx]

3-25-1 虔[건] : 羣 / 元 [*gjian]
3-25-2 散[산] : 心 / 元 [*sanx, *sanh]
3-25-3 殺[살] : 山 / 祭(月) [*sriadh, *sriat]

3-26-1 氾[범] : 滂 / 談 [*phjamh](곽음 : 汎)
3-26-2 浼[6][만] : 明 / 元 [*muanh](곽음 : 漫)
3-26-3 澗[염] : 余 / 談 [*ram](곽음 : 澗)
3-26-4 洼[와] : 影 / 支 [*ʔrig, *ʔwrag, *ʔwrag](곽음 : 烏蛙反)
3-26-5 洿[오] : 影 / 魚 [*ʔwag]

3-27-1 庸[용] : 余 / 東 [*ru ŋ]

---

5 掍의 상고음은 匣 / 文 [*gwənx]이지만, 곽박음 '衮'에 따르면 [*kwənx]이다.
6 浼의 상고음은 明 / 微 [*mədx]이지만, 곽박음 '漫'에 따르면 [*muanh]이다.

3-27-2 恣[자] : 精 / 脂 [*tsjidh]
3-27-3 比[비] : 幫 / 脂 [*pjidx](곽음 : 比)
3-27-4 侹[정] : 定 / 耕 [*diŋ](곽음 : 挺)
3-27-5 更[경(갱)] : 見 / 陽 [*kraŋ, *kraŋh]
3-27-6 佚[질] : 定 / 脂(質) [*dit](곽음 : 跌)
3-27-7 代[대] : 定 / 之 [*dəgh]

3-28-1 氓[맹] : 明 / 陽 [*mraŋ](곽음 : 萌)
3-28-2 民[민] : 明 / 眞 [*mjin]

3-29-1 杭[구] : 群 / 幽, 見 / 幽 [*gjəgw, *kwjiəgwx]
3-29-2 仇[구] : 群 / 之 [*gwjəgh](곽음 : 舊)

3-30-1 寓[우] : 疑 / 侯 [*ŋjugh]
3-30-2 寄[기] : 見 / 歌 [*kjiarh]

3-31-1 露[로] : 來 / 魚 [*lagh]
3-31-2 敗[패] : 幫 / 祭, 並 / 祭 [*pradh, *bradh]

3-32-1 別[별] : 幫 / 祭(月) [*pjiat, *bjiat]
3-32-2 治[치] : 定 / 之 [*drjəg, *drjəgh]

3-33-1 棖[정] : 定 / 陽 [*draŋ]
3-33-2 法[법] : 幫 / 葉 [*pjap]

3-34-1 謫[적] : 從 / 支(錫) [*dzrik](곽음 : 賾)
3-34-2 怒[노] : 泥 / 魚 [*nagx, *nagh]

3-35-1 間[간] : 見 / 元 [*krian, *krianh]
3-35-2 非[비] : 幫 / 微 [*pjəd]

3-36-1 格[격] : 見 / 魚(鐸) [*kak, *krak]
3-36-2 正[정] : 章 / 耕 [*tjiŋ, *tjiŋh]

3-37-1 礪[례] : 來 / 歌 [*liarh]
3-37-2 數[수] : 山 / 侯 [*srjugx, *srjugh]

3-38-1 軫[진] : 章 / 文 [*tjiənx]
3-38-2 戾[려] : 來 / 微 [*liədh]

3-39-1 屑[설] : 心 / 祭(月) [*sjat](곽음 : 薛)
3-39-2 潔[결] : 見 / 祭(月) [*kiat]

3-40-1 諄[순] : 章 / 文 [*tjənh](곽음 : 章順反)
3-40-2 罪[죄] : 從 / 微 [*dzədx]

3-41-1 俚[리] : 來 / 之 [*ljəgh](곽음 : 吏)
3-41-2 聊[료] : 來 / 幽 [*liəgw]

3-42-1 梱[곤] : 溪 / 文 [*khənx](곽음 : 恪本反)
3-42-2 就[취] : 從 / 幽 [*dzjəgwh]

3-43-1 苙[립] : 來 / 緝 [*ljəp](곽음 : 立)
3-43-2 圂[혼] : 匣 / 文 [*gwənh]

3-44-1 廋[수] : 山 / 幽 [*srjəgw](곽음 : 搜)
3-44-2 隱[은] : 影 / 文 [*ʔjənx, *ʔjənh]

3-45-1 銛[첨] : 透 / 侵 [*thiəmx](곽음 : 忝)
3-45-2 取[취] : 淸 / 侯 [*tshugx, *tshjugx]

3-46-1 棖[정] : 定 / 陽 [*draŋ]

3-46-2 隨[수] : 邪 / 歌 [*sdjar]

3-47-1 儓[대] : 定 / 之, 端 / 之 [*dəg, *thəg](곽음 : 臺)
3-47-2 服[복] : 並 / 之(職) [*bək](곽음 : 僰)
3-47-3 田儓[전대] : 田[전] 定 / 眞 [*din]
儓[대] 定 / 之 [*dəg]
3-47-4 辟[벽] : 幫 / 支(錫) [*prik](곽음 : 擘)

3-48-1 庸[용] : 余 / 東 [*ru ŋ]
3-48-2 倯[송] : 心 / 東 [*skju ŋ](곽음 : 相容反)

3-49-1 褸裂[루렬] : 褸[루] 來 / 侯 [*ljugx](곽음 : 縷)
裂[렬] 來 / 祭(月) [*ljat]
3-49-2 須捷[수첩] : 須[수] 心 / 侯 [*sjug]
捷[첩] 從 / 葉 [*dzjap]
3-49-3 挾斯[협새] : 挾[협] 匣 / 葉 [*giap]
斯[새] 心 / 支 [*sjig]
3-49-4 敗[패] : 幫 / 祭(月), 並 / 祭(月) [*pradh, *ㅂradh]
3-49-5 襤褸[람루] : 襤[람] 來 / 談 [*lam]
褸[루] 來 / 侯 [*lug, *ljugx]

3-50-1 撲[박] : 滂 / 侯(屋) [*phuk]
3-50-2 鋌[정] : 定 / 耕 [*di ŋ](곽음 : 挺)
3-50-3 澌[시] : 心 / 支 [*sjig, *sjigh]
3-50-4 盡[진] : 從 / 眞 [*dzjinx]
3-50-5 賜[사] : 心 / 支 [*sjigh]
3-50-6 空[공] : 溪 / 東 [*khu ŋ , *khu ŋ h]

3-51-1 撲[박] : 滂 / 侯(屋) [*phuk](곽음 : 撲)
3-51-2 翕[흡] : 曉 / 緝 [*hjəp]
3-51-3 葉[엽] : 余 / 葉 [*rap]

3-51-4 聚[취] : 從 / 侯 [*dzjugx, *dzjugh]

3-52-1 斟[짐] : 章 / 侵 [*tjəm]
3-52-2 嗌[익] : 影 / 支(錫) [*ʔjik]
3-52-3 不斟[불짐] : 不[불] 幫 / 之 [*pjət]
斟[짐] 章 / 侵 [*tjəm]
3-52-4 何斟[하짐] : 何[하] 匣 / 歌 [*gar, *garx]
斟[짐] 章 / 侵 [*tjəm]

3-53-1 差[차] : 初 / 歌 [*tshrar, *tshrarh, *tshrjar]
3-53-2 閒[간] : 見 / 元 [*krian, *krianh]
3-53-3 知[지] : 端 / 支 [*trjig]
3-53-4 愈[유] : 余 / 侯 [*rugx]
3-53-5 慧[혜] : 匣 / 祭 [*gwiadh]
3-53-6 憭[료] : 來 / 宵 [*ljagwx, *liagw, *liagwx]
3-53-7 瘳[추] : 透 / 幽 [*hljəgw]
3-53-8 蠲[견] : 見 / 真 [*kin](곽음 : 涓, 圭)
3-53-9 除[제] : 定 / 魚 [*drjag, *drjagh]

卷四

4-1-1 襌衣[단의] : 襌[단] 端 / 元 [*tan]
衣[의] 影 / 微 [*ʔjəd]
4-1-2 褋[접] : 定 / 葉 [*diap]
4-1-3 裎衣[정의] : 裎[정] 透 / 耕 [*thrjiŋx](곽음 : 逞)
衣[의] 影 / 微 [*ʔjəd]
4-1-4 袏衣[좌의] : 袏[좌] 精 / 歌 [*tsarh]
衣[의] 影 / 微 [*ʔjəd]
4-1-5 褝衣[심의] : 褝[심] 書 / 侵 [*hrjəm, *hrjəmh]
衣[의] 影 / 微 [*ʔjəd]

4-2-1 襜褕[첨유] : 襜[첨] 昌 / 談 [*thjam, *thjamh]
褕[유] 余 / 宵, 余 / 侯 [*ragw, *rug]
4-2-2 襣褣[충용] : 襣[충] 禪 / 東 [*drju ŋ](곽음 : 寔凶反)
褣[용] 余 / 東 [*grju ŋ]
4-2-3 裋褕[수유] : 裋[수] 禪 / 侯 [*djugx]
褕[유] 余 / 宵, 余 / 侯 [*ragw, *rug]
4-2-4 襤褸[람루] : 襤[람] 來 / 談 [*lam]
褸[루] 來 / 侯 [*lug, *ljugx]
4-2-5 裗褔[충굴] : 裗[충] 昌 / 冬 [*thjə ŋ w]
褔[굴] 群 / 微(物) [*gwjət](곽음 : 倔)
4-2-6 緻[치] : 端 / 脂 [*trjidh](곽음 : 丁履反)

4-3-1 汗襦[한유] : 汗[한] 匣 / 元 [*gan, *ganh]
襦[유] 日 / 侯 [*njug]
4-3-2 襘[증] : 精 / 蒸 [*tsə ŋ](곽음 : 甑)
4-3-3 袛裯[저도] : 袛[저] 端 / 脂 [*tid]
裯[도] 端 / 幽 [*təgw](곽음 : 丁牢反)
4-3-4 甲襦[갑유] : 甲[갑] 見 / 葉 [*krap]
襦[유] 日 / 侯 [*njug]
4-3-5 襜襦[첨유] : 襜[첨] 昌 / 談 [*thjam, *thjamh]
襦[유] 日 / 侯 [*njug]
4-3-6 襌襦[단유] : 襌[단] 端 / 元 [*tan]
襦[유] 日 / 侯 [*njug]

4-4-1 帬[군] : 羣 / 文 [*gjən]
4-4-2 帔[피] : 滂 / 歌 [*phjiar, *phjiarh](곽음 : 披)
4-4-3 襬[피] : 幫 / 歌 [*pjiar](곽음 : 碑)

4-5-1 蔽厀[폐슬] : 蔽[폐] 幫 / 祭(月) [*pjiadh]
膝[슬] 心 / 脂(質) [*sjit]
4-5-2 褘[휘] : 群 / 微, 曉 / 微 [*gwjədx, *hwjəd](곽음 : 韋, 暉)

4-5-3 袚[발] : 幫 / 祭(月) [*puat](곽음 : 沸)
4-5-4 大巾[대건] : 大[대] 定 / 祭[*dadh]
巾[건] 見 / 文 [*kjiən]
4-5-5 袡[염] : 日 / 談 [*njam](곽음 : 昌詹反)

4-6-1 襦[유] : 日 / 侯 [*njug]
4-6-2 曲領[곡령] : 曲[곡] 溪 / 侯(屋) [*khjuk]
領[령] 來 / 耕 [*lji ŋ x]

4-7-1 褌[곤] : 見 / 文 [*kwən]
4-7-2 褈[종] : 淸 / 東 [*tshju ŋ](곽음 : 錯勇反)

4-8-1 袴[고] : 溪 / 魚 [*khwagh]
4-8-2 襃[건] : 溪 / 元 [*khjian](곽음 : 蹇)
4-8-3 襱[롱] : 來 / 東 [*lu ŋ , *lu ŋ x](곽음 : 鮦)

4-9-1 褕[유] : 余 / 宵, 余 / 侯 [*ragw, *rug]
4-9-2 袖[수] : 邪 / 幽 [*rjəgwh, *sdjəgwh]

4-10-1 衱[겁] : 見 / 葉 [*kjap](곽음 : 劫)
4-10-2 褗[언] : 影 / 元 [*ʔjanx, *ʔjanh](곽음 : 偃)

4-11-1 袿[규] : 見 / 支 [*kwig]
4-11-2 裾[거] : 見 / 魚 [*kjag]
4-11-3 袪[거] : 溪 / 魚 [*khjag]

4-12-1 褸[루] : 來 / 侯 [*lug, *ljugx]
4-12-2 衽[임] : 日 / 侵 [*njəmh]

4-13-1 褸[루] : 來 / 侯 [*lug, *ljugx]
4-13-2 緻[치] : 端 / 脂 [*trjidh]

4-14-1 裯[도] : 端 / 幽 [*təgw]

4-14-2 襤[람] : 來 / 談 [*lam]

4-14-3 裺[타] : 定 / 歌 [*duarx](곽음 : 蓺)

4-14-4 襣[비] : 並 / 脂 [*bjidh]

4-15-1 褙[조] : 山 / 宵 [*tshiagw](곽음 : 千苕反)

4-15-2 袩[첩] : 章 / 葉 [*tiap](곽음 : 丁俠反)

4-16-1 衿[금] : 見 / 侵 [*kjiəm]

4-16-2 交[교] : 見 / 宵 [*kragw]

4-17-1 裺[암] : 影 / 談 [*ʔjiamx, *ʔjamh](곽음 : 央劍反)

4-17-2 襦[유] : 日 / 侯 [*njug]

4-18-1 襜[첨] : 昌 / 談 [*thjam, *thjamh]

4-18-2 被[액] : 余 / 魚(鐸) [*rak]

4-19-1 佩紟[패금] : 佩[패] 並 / 之 [*bəgh]
紟[금] 見 / 侵 [*kjiəm](곽음 : 禁)

4-19-2 裎[정] : 定 / 耕 [*drji ŋ]

4-20-1 褸[루] : 來 / 侯 [*lug, *ljugx]

4-20-2 袩[점] : 章 / 談 [*tjam, *tjamh]

4-21-1 覆裕[복수] : 覆[복] 滂 / 幽(覺), 滂 / 之(職) [*phjəkw, *phək]
裕[수] 精 / 微(物) [*tsuədh](곽음 : 作憒反)

4-21-2 禪衣[단의] : 襌[단] 端 / 元 [*tan]
衣[의] 影 / 微 [*ʔjəd]

4-21-3 偏禪[편단] : 偏[편] 滂 / 元 [*phjian, *phjianh]
襌[단] 端 / 元 [*tan]

4-21-4 襌襦[단유] : 襌[단] 端 / 元 [*tan]

襦[유] 日 / 侯 [*njug]

4-22-1 衿纏[작전] : 衿[작] 章 / 宵(藥) [*tjakw](곽음 : 灼)
纏[전] 定 / 元 [*drjan](곽음 : 纏)

4-22-2 襌[단] : 端 / 元 [*tan]

4-23-1 袒餙[단희] : 袒[단] 定 / 元 [*dan](곽음 : 但])
餙[희] 曉 / 微 [*hjəd]

4-23-2 直衿[직령] : 直[직] 定 / 之(職) [*drjək]
衿[령] 來 / 耕 [*ljiŋx]

4-24-1 褒明[포명] : 褒[포] 幫 / 幽 [*pəgw]
明[명] 明 / 陽 [*mjiaŋ]

4-24-2 袍[포] : 並 / 幽 [*bəgw]

4-25-1 繞衿[요령] : 繞[요] 日 / 宵 [*ŋrjagwx, *ŋrjagwh]
衿[령] 來 / 耕 [*ljiŋx]

4-25-2 帬[군] : 羣 / 文 [*gjən]

4-26-1 懸褗[현엄] : 懸[현] 匣 / 元 [*gwian]
褗[엄] 影 / 談 [*ʔjiamx](곽음 : 掩)

4-26-2 緣[연] : 余 / 元 [*ruan, *ruanh]

4-27-1 絜襦[결유] : 絜[결] 見 / 祭(月) [*kiat]
襦[유] 日 / 侯 [*njug]

4-27-2 蔽膝[폐슬] : 蔽[폐] 幫 / 祭(月) [*pjiadh]
膝[슬] 心 / 脂(質) [*sjit]

4-28-1 裯襭[도결] : 裯[도] 定 / 幽 [*dəgw]
襭[결] 見 / 脂(質) [*kwjit](곽음 : 橘)

4-28-2 袖[수] : 邪 / 幽 [*sdjəgwh, *rjəgwh]

4-29-1 扈褾[호표] : 扈[호] 匣 / 魚 [*gagx]

褾[표] 幫 / 宵 [*pjiagw, pjiag-vx](곽음 : 方廟反)

4-29-2 帔巾[피건] : 帔[피] 並 / 歌 [*bjiarx, *bjiarh]

巾[건] 見 / 文 [*kjiən]

4-30-1 繞緍[요순] : 繞[요] 日 / 宵 [*ŋrjagwx, *ŋrjagwh]

緍[순] 邪 / 文 [*sdjən](곽음 : 循)

4-30-2 襢裺[독엄] : 襢[독] 端 / 幽(覺) [*təkw]

裺[엄] 影 / 談 [*ʔjiamx, *ʔjamh]

4-31-1 厲[려] : 來 / 祭 [*ljadh]

4-31-2 帶[대] : 端 / 祭 [*tadh]

4-32-1 襎裷[번권] : 襎[번] 並 / 元 [*bjan](곽음 : 煩)

裷[권] 影 / 元 [*ʔjuan](곽음 : 冤)

4-32-2 幭[멸] : 明 / 祭(月) [*miat](곽음 : 亡別反)

4-33-1 繄袼[예각] : 繄[예] 影 / 脂 [*ʔid, *ʔidh]

袼[각] 見 / 魚(鐸) [*kak]

4-33-2 褔[우] : 影 / 侯 [*ʔug, *ʔugx](곽음 : 嘔)

4-34-1 襤[람] : 來 / 談 [*lam]

4-34-2 褸[루] : 來 / 侯 [*lug, *ljugx]

4-34-3 緻[치] : 端 / 脂 [*trjidh]

4-34-4 袸裾[충굴] : 袸[충] 昌 / 冬 [*thjəŋw]

裾[굴] 群 / 微(物) [*gwjət](곽음 : 倔)

4-35-1 複襦[복유] : 複[복] 並 / 幽(覺), 幫 / 幽(覺) [*pjəkw, *bjəkw]

襦[유] 日 / 侯 [*njug]

4-35-2 襡[수] : 禪 / 侯 [*djugx](곽음 : 豎)

4-35-3 筩褹[통예] : 筩[통] 定 / 東 [*duŋ, *duŋh]

襼[예] 疑 / 祭 [*ŋjiadh]

4-36-1 倒頓[도돈] : 倒[도] 端 / 宵 [*tagwx, *tagwh]
頓[돈] 端 / 文 [*tənh]

4-36-2 裗袎[교료] : 裗[교] 見 / 宵 [*kragw](곽음 : 皎)
袎[료] 來 / 宵 [*liagwx, *liagw](곽음 : 了)

4-37-1 幏[몽] : 明 / 東 [*muŋ, *muŋx]

4-37-2 巾[건] : 見 / 文 [*kjiən]

4-37-3 㡠[분] : 幫 / 文, 並 / 文 [*pjən, *bjənh]

4-37-4 帤[녀] : 泥 / 魚 [*nrjag](곽음 : 奴豬反)

4-38-1 絡頭[락두] : 絡[락] 來 / 魚(鐸) [*lak]
頭[두] 定 / 侯[*dug]

4-38-2 帞頭[맥두] : 帞[맥] 明 / 魚(鐸) [*mrak](곽음 : 貊)
頭[두] 定 / 侯[*dug]

4-38-3 紗繢[사궤] : 紗[사] 山 / 歌 [*srar]
繢[궤] 匣 / 微 [*gwədh]

4-38-4 鬠帶[귀대] : 鬠[귀] 溪 / 微(物) [*khwjədh](곽음 : 羌位反)
帶[대] 端 / 祭[*tadh]

4-38-5 髤帶[채대] : 髤[채] 淸 / 之 [*tshəgx](곽음 : 菜)
帶[대] 端 / 祭[*tadh]

4-38-6 帑[천] : 淸 / 元 [*tshianh, *tshjan](곽음 : 綪, 千)

4-38-7 幨[엽] : 影 / 葉 [*ʔjap](곽음 : 於怯反)

4-38-8 幧頭[조두] : 幧[조] 淸 / 宵 [*tshagw, *tshjagw]
頭[두] 定 / 侯[*dug]

4-39-1 覆結[복결] : 覆[복] 滂 / 幽(覺), 滂 / 之(職) [*phjəkw, *phək]
結[결] 見 / 脂(質) [*kit]

4-39-2 幘巾[책건] : 幘[책] 莊 / 支(錫) [*tsrik]
巾[건] 見 / 文 [*kjiən]

4-39-3 承露[승로] : 承[승] 禪 / 蒸 [*grjəŋ]
露[로] 來 / 魚 [*lagh]
4-39-4 覆槩[복채] : 覆[복] 滂 / 幽(覺), 滂 / 之(職) [*phjəkw, *phək]
槩[채] 淸 / 之 [*tshəgx]

4-40-1 屝[비] : 並 / 微 [*bjədh](곽음 : 翡)
4-40-2 屨[구] : 見 / 侯 [*kjugh]
4-40-3 麤[추] : 淸 / 魚 [*tshag]
4-40-4 履[리] : 來 / 脂 [*ljidx]
4-40-5 複舃[복석] : 複[복] 並 / 幽(覺), 幫 / 幽(覺) [*bjəkw, *pjəkw]
舃[석] 心 / 魚(鐸) [*sjiak]
4-40-6 複履[복리] : 複[복] 並 / 幽(覺), 幫 / 幽(覺) [*bjəkw, *pjəkw]
履[리] 來 / 脂 [*ljidx]
4-40-7 靴下[완하] : 靴[완] 影 / 元 [*ʔjuanx](곽음 : 婉)
下[하] 匣 / 魚[*gragx]
4-40-8 鞮[제] : 端 / 支 [*tig]
4-40-9 不借[불차] : 不[불] 幫 / 微(物) [*pjət]
借[차] 精 / 魚(鐸), 從 / 魚(鐸) [*tsiagh, *dziagh]
4-40-10 鞅角[앙각] : 鞅[앙] 疑 / 陽 [*ŋaŋ](곽음 : 卬)
角[각] 見 / 侯[*kruk]
4-40-11 屦[퇴] : 透 / 微 [*thuəd](곽음 : 他回反)
4-40-12 屐[호] : 匣 / 魚, 匣 / 支 [*gwragx, *gwragh, *gwrigh](곽음 : 下瓦反, 畫)

4-41-1 緉[량] : 來 / 陽 [*ljaŋx](곽음 : 兩)
4-41-2 緛[상] : 山 / 陽 [*srjaŋx](곽음 : 爽)
4-41-3 絞[교] : 見 / 宵 [*kragwh](곽음 : 校)

4-42-1 纑[로] : 來 / 魚 [*lag]
4-42-2 縝[진] : 章 / 文, 章 / 眞 [*tjiən, *tjinx](곽음 : 振)

5-1-1 鍑[복] : 幫 / 幽(覺) [*pjəkwh]
5-1-2 錪[전] : 透 / 文 [*thiənx](곽음 : 腆)
5-1-3 鉼[병] : 幫 / 耕 [*pjiŋx]
5-1-4 錡[기] : 羣 / 歌 [*gjigx](곽음 : 技)
5-1-5 鏤[루] : 來 / 侯 [*lugh, *ljug]
5-1-6 鬲[력] : 來 / 支(錫) [*lik](곽음 : 歷)

5-2-1 釜[부] : 並 / 魚 [*bjagx]
5-2-2 鍑[복] : 幫 / 幽(覺) [*pjəkwh]

5-3-1 甑[증] : 精 / 蒸 [*tsjəŋh]
5-3-2 甗[언] : 疑 / 元 [*ŋjan](곽음 : 言)
5-3-3 鬵[심] : 崇 / 侵 [*dzrjəm](곽음 : 岑)
5-3-4 酢餾[초류] : 酢[초] 淸 / 魚, 從 / 魚(鐸) [*tshagh, *dzak]
餾[류] 來 / 幽 [*ljəgw, *ljəgwh]

5-4-1 盂[우] : 云 / 魚 [*gwjag](곽음 : 于)
5-4-2 盌[완] : 影 / 元 [*ʔuanx](곽음 : 烏管反)
5-4-3 銚鋭[요예] : 銚[요] 余 / 宵 [*grjagw, *ragw](곽음 : 謠)
鋭[예] 余 / 祭 [*ruadh]
5-4-4 櫂[도] : 定 / 宵 [*dragwh]
5-4-5 柯[가] : 見 / 歌 [*kar]
5-4-6 盞[권] : 群 / 元, 見 / 元 [*gwjan, *kwjan](곽음 : 卷)

5-5-1 盉[아] : 疑 / 魚 [*ŋragx](곽음 : 雅)
5-5-2 椷[감] : 見 / 侵 [*kram](곽음 : 緘)
5-5-3 盞[잔] : 莊 / 元 [*tsrianx, *tjanx](곽음 : 醆)
5-5-4 温[범] : 並 / 談 [*bram, *bjam, *bjiam, *bjamh](곽음 : 薄淹反)
5-5-5 閜[하] : 曉 / 歌 [*hrarx](곽음 : 呼雅反)

5-5-6 㰘[양] : 余 / 陽 [*raŋ](곽음 : 又章反)
5-5-7 㦄[마] : 明 / 歌 [*mar](곽음 : 摩)
5-5-8 桮[배] : 幫 / 之 [*pəg]

5-6-1 䰐[례] : 來 / 歌 [*liarh](곽음 : 麗)
5-6-2 箪[단] : 端 / 元 [*tan]
5-6-3 㰅[희] : 曉 / 歌 [*hŋjiar](곽음 : 羲)
5-6-4 瓢[표] : 並 / 宵 [*bjiagw]

5-7-1 案[안] : 影 / 元 [*ʔanh]
5-7-2 櫖[사] : 心 / 魚 [*sjiagx]

5-8-1 桮落[배락] : 桮[배] 幫 / 之 [*pəg]
落[락] 來 / 魚(鐸) [*lak]
5-8-2 豆筥[두거] : 豆[두] 定 / 侯 [*dugh]
筥[거] 見 / 魚 [*kjagx]

5-9-1 箸筩[저통] : 箸[저] 定 / 魚 [*trjagh, *drjagh]
筩[통] 定 / 東 [*duŋ, *duŋh]
5-9-2 筲[소] : 山 / 宵 [*sragw, *sjagwh](곽음 : 鞘)
5-9-3 籯[영] : 余 / 耕 [*riŋ](곽음 : 盈)
5-9-4 桶檧[통송] : 桶[통] 透 / 東, 定 / 東 [*thuŋx, *duŋx]
檧[송] 心 / 東 [*suŋx](곽음 : 蘇勇反)

5-10-1 瓬[강] : 見 / 陽 [*kaŋ](곽음 : 岡)
5-10-2 㼒[담] : 端 / 侵 [*təmx](곽음 : 都感反, 沈)
5-10-3 甒[무] : 明 / 魚 [*mjagx](곽음 : 舞)
5-10-4 㽱[요] : 余 / 幽 [*rəgw](곽음 : 由)
5-10-5 㽀[정] : 定 / 耕 [*drjiŋh](곽음 : 鄭)
5-10-6 甇[장] : 崇 / 東 [*dzruŋ](곽음 : 胙江反)
5-10-7 甀[추] : 定 / 歌 [*drjarh](곽음 : 度睡反)

5-10-8 瓮[옹] : 影 / 東 [*ʔuŋh]

5-10-9 瓿甊[부루] : 瓿[부] 並 / 之 [*bjəgx](곽음 : 部)

甊[루] 來 / 侯 [*lugx](곽음 : 洛口反)

5-10-10 甈[의] : 疑 / 之 [*ŋjəgh](곽음 : 牛志反)

5-10-11 甖[앵] : 影 / 耕 [*ʔriŋ](곽음 : 於庚反)

5-11-1 罃[앵] : 影 / 耕 [*ʔriŋ]

5-11-2 甋[유] : 余 / 侯 [*rug](곽음 : 臾)

5-11-3 甀[수] : 禪 / 侯 [*trjug](곽음 : 殊)

5-11-4 瓺[장] : 透 / 陽 [*thrjaŋh, *drjaŋ](곽음 : 暢, 腸)

5-11-5 儋[담] : 儋[담] 端 / 談 [*tam](곽음 : 儋)

甔[담] 端 / 談 [*tam, *tamh]

5-11-6 甄[추] : 定 / 歌 [*drjar, *drjarh]

5-12-1 罃[앵] : 影 / 耕 [*ʔriŋ]

5-12-2 甈[비] : 並 / 支 [*big](곽음 : 鼙)

5-13-1 甕[옹] : 影 / 東 [*ʔuŋh]

5-13-2 甂[새] : 心 / 支 [*sjig]

5-14-1 缶[부] : 幫 / 幽 [*pjəgwx]

5-14-2 瓿甌[부우] : 瓿[부] 並 / 之 [*bjəgx, *bjəg]

甌[우] 疑 / 侯 [*ŋugx](곽음 : 偶)

5-14-3 瓶[병] : 並 / 耕 [*biŋ]

5-15-1 罃甈[앵계] : 罃[앵] 影 / 耕 [*ʔriŋ]

甈[계] 溪 / 祭 [*khjiadh](곽음 : 郤罽反)

5-15-2 盎[앙] : 影 / 陽 [*ʔaŋx, *ʔaŋh]

5-15-3 盆[분] : 並 / 文 [*bən]

5-15-4 升甌[승구] : 升[승] 書 / 蒸 [*hrjəŋ]

甌[구] 影 / 侯 [*ʔjug, *ʔjəgw](곽음 : 惡牟反, 憂)

5-16-1 甂[변] : 幫 / 元 [*pian](곽음 : 邊)

5-16-2 題[제] : 定 / 支 [*dig](곽음 : 杜啟反)

5-16-3 甌[구] : 影 / 侯 [*ʔug]

5-17-1 注斛[주곡] : 注[주] 章 / 侯 [*tjugh]

斛[곡] 匣 / 侯(屋) [*guk]

5-17-2 篙[격] : 匣 / 支(錫) [*gik](곽음 : 覡)

5-17-3 注箕[주기] : 注[주] 章 / 侯 [*tjugh]

箕[기] 見 / 之 [*kjəg]

5-17-4 籮[라] : 來 / 歌 [*lar]

5-18-1 炊薁[취욱] : 炊[취] 昌 / 歌 [*thjar]

薁[욱] 影 / 幽(覺) [*ʔəkw]

5-18-2 縮[축] : 山 / 幽(覺) [*srjəkw]

5-18-3 篗[수] : 心 / 幽 [*sugx](곽음 : 藪)

5-18-4 匛[선] : 邪 / 元 [*rjuan](곽음 : 旋)

5-19-1 篝[구] : 見 / 侯 [*kug]

5-19-2 牆居[장거] : 牆[장] 從 / 陽 [*dzja ŋ]

居[거] 見 / 魚 [*kjag]

5-20-1 扇[선] : 書 / 元 [*hrjan, *hrjanh]

5-20-2 箑[삽] : 山 / 葉 [*sriap, *srjap](곽음 : 篓)

5-21-1 碓機[대기] : 碓[대] 端 / 微 [*tədh]

機[기] 見 / 脂, 見 / 微 [*kjid, *kjidx, *kjəd]

5-21-2 梴[7][천] : 余 / 元 [*ran](곽음 : 延)

5-21-3 磑[애] : 疑 / 微 [* ŋ əd, * ŋ wəd, * ŋ wədh]

5-21-4 磧[채] : 淸 / 脂 [*tshid, *tshidh](곽음 : 錯碓反)

7 梴의 상고음은 透 / 元 [*thrjan]이지만, 곽박음 '延'에 따르면 [*ran]이다.

5-22-1 繘[굴] : 見 / 脂(質) [*kwjit](곽음 : 橘)
5-22-2 綆[경] : 見 / 陽 [*kraŋx]
5-22-3 絡[락] : 來 / 魚(鐸) [*lak](곽음 : 洛)

5-23-1 櫪[력] : 來 / 支(錫) [*lik]
5-23-2 樎[숙] : 山 / 幽(覺) [*srjəkw](곽음 : 縮)
5-23-3 阜[조] : 從 / 幽 [*dzəgwx]

5-24-1 飼馬橐[사마탁] : 飼[사] 邪 / 之 [*sdjəgh]
馬[마] 明 / 魚 [*mragx]
橐[탁] 透 / 魚(鐸) [*thak]
5-24-2 裺囊[암낭] : 裺[암] 影 / 談 [*ʔjiamx, *ʔjamh](곽음 : 鷂)
囊[낭] 泥 / 陽 [*naŋ]
5-24-3 裺篼[암두] : 裺[암] 影 / 談 [*ʔjiamx, *ʔjamh]
篼[두] 端 / 侯 [*tug]
5-24-4 樓篼[루두] : 樓[루] 來 / 侯 [*lug](곽음 : 樓)
篼[두] 端 / 侯 [*tug]
5-24-5 帪[진] : 章 / 文 [*tjiən](곽음 : 振)

5-25-1 鉤[구] : 見 / 侯 [*kug]
5-25-2 鹿觡[록격] : 鹿[록] 來 / 侯(屋) [*luk]
觡[격] 見 / 魚(鐸) [*krak]
5-25-3 鉤格[구격] : 鉤[구] 見 / 侯 [*kug]
格[격] 見 / 魚(鐸) [*kak, *krak]
5-25-4 钀[미] : 明 / 微 [*mjəd](곽음 : 微)

5-26-1 臿[삽] : 初 / 葉 [*tshriap]
5-26-2 斛[조] : 透 / 宵 [*thiagw](곽음 : 湯料反)
5-26-3 鏵[화] : 匣 / 魚 [*gwrag]
5-26-4 鍏[위] : 云 / 微 [*gwjəd](곽음 : 韋)
5-26-5 畚[분] : 幫 / 文 [*pənx]

5-26-6 梟[소] : 心 / 宵 [*sagwh]

5-26-7 梩[리] : 來 / 之 [*ljəg]

5-27-1 杷[파] : 並 / 魚 [*brag, *bragh]

5-27-2 渠拏[거나] : 渠[거] 羣 / 魚 [*gjag]

拏[나] 泥 / 魚 [*nrjag](곽음 : 諾豬反)

5-27-3 渠疏[거소] : 渠[거] 羣 / 魚 [*gjag]

疏[소] 山 / 魚 [*srjag, *srjagh]

5-28-1 僉[첨] : 淸 / 談 [*skhjam]

5-28-2 欇殳[섭수] : 欇[섭] 章 / 葉, 昌 / 葉, 禪 / 葉 [*tjap, *thjap, *djap, *hnjap]

殳[수] 端 / 侯, 禪 / 侯 [trjug, *djug](곽음 : 殊)

5-28-3 度[도] : 定 / 魚 [*dagh](곽음 : 度)

5-28-4 棓[방(봉)] : 並 / 之 [*bjiə ŋ x, *brəgx](곽음 : 蒲項反)

5-28-5 柫[불] : 滂 / 微(物) [*phjət](곽음 : 拂)

5-28-6 柍[앙] : 影 / 陽 [*ʔja ŋ x, *ʔja ŋ](곽음 : 快, 鞅)

5-28-7 桲[발] : 並 / 微(物) [*bət](곽음 : 勃)

5-29-1 刈鉤[예구] : 刈[예] 疑 / 祭 [* ŋ jadh]

鉤[구] 見 / 侯 [*kug]

5-29-2 鉊[초] : 章 / 宵 [*tjagw](곽음 : 昭)

5-29-3 鍋[과] : 見 / 歌 [*kuarx](곽음 : 果)

5-29-4 鉤[구] : 見 / 侯 [*kug]

5-29-5 鎌[겸(렴)] : 來 / 談 [*ljam]

5-29-6 鍥[결] : 見 / 脂(質) [*kit](곽음 : 結)

5-30-1 薄[박] : 並 / 魚(鐸) [*bak]

5-30-2 苗[곡] : 溪 / 屋 [*khjuk]

5-30-3 麴[국] : 溪 / 幽(覺) [*khjəkw]

5-30-4 蓬薄[봉박] : 蓬[봉] 並 / 東 [*bu ŋ]

薄[박] 並 / 魚(鐸) [*bak]

5-31-1 橛[궐] : 羣 / 祭(月) [*gjuat]
5-31-2 椴[단] : 定 / 元 [*duanh](곽음 : 段)

5-32-1 槌[추] : 定 / 微 [*drjərh](곽음 : 度畏反)
5-32-2 植[치] : 定 / 之 [*drjəgh](곽음 : 值)
5-32-3 样[양] : 余 / 陽 [*raŋ](곽음 : 陽)
5-32-4 栚[짐] : 定 / 侵 [*drjəmx](곽음 : 朕)
5-32-5 檑[대] : 端 / 祭(月) [*tadh](곽음 : 帶)
5-32-6 杙[적] : 端 / 職 [*trək](곽음 : 丁革反)
5-32-7 籢[렴] : 來 / 談 [*ljamx, *ljam](곽음 : 力冉反)
5-32-8 繏[선] : 心 / 元 [*sjianh](곽음 : 相卞反)
5-32-9 繯[환(현)] : 匣 / 元 [*gwranh](곽음 : 擐)
5-32-10 環[환)] : 匣 / 元 [*gwran]

5-33-1 簟[점] : 定 / 侵 [*diəmx]
5-33-2 笙[생] : 山 / 耕 [*sriŋ]
5-33-3 籧䈏[거곡] : 籧[거] 群 / 魚 [*gjag]
䈏[곡] 溪 / 屋 [*khjuk]
5-33-4 䈩[제] : 端 / 祭(月) [*tadh]
5-33-5 籧篨[거제] : 籧[거] 群 / 魚 [*gjag]
篨[저] 定 / 魚 [*drjag]
5-33-6 簦棪[합염] : 簦[합] 匣 / 葉 [*gap]
棪[염] 余 / 談 [*djamx](곽음 : 剡)

5-34-1 笐篖[행당] : 笐[행] 匣 / 陽 [*gaŋ, *graŋ]
篖[당] 定 / 陽 [*daŋ]
5-34-2 倚佯[의양] : 倚[의] 影 / 歌 [*ʔjiarx, *ʔjiarh]
佯[양] 余 / 陽 [*raŋ](곽음 : 羊)
5-34-3 篖[당] : 定 / 陽 [*daŋ]

5-35-1 牀[상] : 崇 / 陽 [*dzrjaŋ]

5-35-2 簀[책] : 精 / 魚(鐸) [*tsak, *tsrak](곽음 : 迮)
5-35-3 笫[재] : 精 / 脂 [*tsrjəgx, *tsjidx](곽음 : 滓, 姊)
5-35-4 樹[수] : 禪 / 侯 [*djugx, *djugh]
5-35-5 杠[강] : 見 / 東 [*kruŋ]
5-35-6 趙[조] : 定 / 宵 [*drjagwx]
5-35-7 榫[신] : 山 / 文 [*srjiən](곽음 : 詵)
5-35-8 牒[첩] : 定 / 葉 [*diap](곽음 : 牒)
5-35-9 牑[편] : 幫 / 元 [*pian]

5-36-1 俎[조] : 莊 / 魚 [*tsrjagx]
5-36-2 几[궤] : 見 / 脂, 見 / 微 [*kjidx, *kjəd, *kjədx]
5-36-3 杫[시] : 心 / 支 [*sjigh](곽음 : 賜)
5-36-4 桯[정(형)] : 匣 / 耕 [*giŋ](곽음 : 刑)
5-36-5 椸[이] : 余 / 支 [*righ](곽음 : 易)
5-36-6 虡[거] : 羣 / 魚 [*gjagx](곽음 : 巨)

5-37-1 籰[확] : 匣 / 魚(鐸) [*gwjak, *gwjiak](曹憲音 : 于縛反, 榮碧反)
5-37-2 榬[원] : 云 / 元 [*gwjan](곽음 : 爰)
5-37-3 絡[락] : 來 / 魚(鐸) [*lak]
5-37-4 格[격] : 見 / 魚(鐸) [*kak, *krak]

5-38-1 繀車[쇄거] : 繀[쇄] 心 / 微 [*stədh](곽음 : 蘇對反)
車[거] 昌 / 魚, 見 / 魚 [*khrjiag, *kjag]
5-38-2 轣轆[력록] : 轣[력] 來 / 支(錫)[*lik]
轆[록] 來 / 侯(屋) [*luk]
5-38-3 道軌[도궤] : 道[도] 定 / 幽 [*dəgwx]
軌[궤] 見 / 幽 [*kwjiəgwx]

5-39-1 戶鑰[호약] : 戶[호] 匣 / 魚 [*gagx]
鑰[약] 余 / 宵(藥) [*rakw]
5-39-2 鍵[건] : 羣 / 元 [*gjianx, *gjanx](곽음 : 巨蹇反)

5-39-3 鑰[약] : 余 / 宵(藥) [*rakw]

5-40-1 簙[박] : 幫 / 魚(鐸) [*pak]
5-40-2 蔽[폐] : 幫 / 祭 [*pjiadh]
5-40-3 箘[균] : 溪 / 文 [*khjiən](곽음 : 困)
5-40-4 箭裏[전리] : 箭[전] 精 / 元 [*tsjanh]
裏[리] 來 / 之 [*ljəgx]
5-40-5 簙毒[박독] : 簙[박] 幫 / 魚(鐸) [*pak]
毒[독] 定 / 幽(覺) [*dəkw]
5-40-6 夗專[원전] : 夗[원] 影 / 元 [*ʔjianx](곽음 : 於辯反)
專[전] 章 / 元 [*trjuanx](곽음 : 轉)
5-40-7 匴璇[전선] : 匴[전] 淸 / 元 [*tshjuan](곽음 : 銓)
璇[선] 邪 / 元 [*rjuan, *rjuanh](곽음 : 旋)
5-40-8 棊[기] : 羣 / 之 [*gjəg]
5-40-9 枰[평] : 並 / 耕 [*bjiŋ](곽음 : 評)
5-40-10 廣平[광평] : 廣[광] 見 / 陽, 疑 / 談 [*kwaŋx, *ŋjiamx, *ŋjamx]
平[평] 並 / 耕 [*bjiŋ]
5-40-11 局[국] : 羣 / 侯(屋) [*gjuk]
5-40-12 曲道[곡도] : 曲[곡] 溪 / 侯(屋) [*khjuk]
道[도] 定 / 幽 [*dəgwx]
5-40-13 圍棊[위기] : 圍[위] 云 / 微 [*gwjəd, *gwjədh]
棊[기] 羣 / 之 [*gjəg]
5-40-14 弈[혁] : 余 / 魚(鐸) [*rak]

卷六

6-1-1 聳[송] : 心 / 東 [*sruŋx](곽음 : 山項反)
6-1-2 㯋[장] : 精 / 陽 [*tsjaŋ]
6-1-3 欲[욕] : 余 / 侯(屋) [*grjuk]

6-2-1 聳[송] : 心 / 東 [*sjuŋx]

6-2-2 䏁[재] : 精 / 之 [*tsəgx](곽음 : 宰)

6-2-3 聾[롱] : 來 / 東 [*lu ŋ]

6-2-4 聉[알] : 疑 / 脂 [* ŋ ruat, * ŋ wriat](곽음 : 五刮反)

6-2-5 聏[왈] : 疑 / 脂[* ŋ ruat, * ŋ wriat](곽음 : 五刮反)

6-3-1 陂[피] : 滂 / 歌 [*phar](곽음 : 頗)

6-3-2 傜[요] : 余 / 宵 [*grjagw](곽음 : 遙)

6-3-3 袤[사] : 邪 / 魚 [*rjiag]

6-4-1 由迪[유적] : 由[유] 余 / 幽 [*rəgw]

迪[적] 定 / 幽(覺) [*diəkw]

6-4-2 正[정] : 章 / 耕 [*tji ŋ , *tji ŋ h]

6-5-1 㥏[전] : 透 / 文 [*thiənx](곽음 : 腆)

6-5-2 恧[뉵] : 日 / 之(職), 泥 / 之(職) [*njək, *nrjəkw](곽음 : 人力反, 女六反)

6-5-3 慙[참] : 從 / 談 [*dzam]

6-5-4 毖[밀(비)] : 幫 / 脂(質) [*mjit, *pjidh](곽음 : 密, 祕)

6-6-1 謇[건] : 見 / 元 [*kjianx](곽음 : 蹇)

6-6-2 展[전] : 端 / 元 [*trjanx, trjanh]

6-6-3 難[난] : 泥 / 元 [*nan, *nanh]

6-6-4 憚[탄] : 定 / 元 [*danh]

6-6-5 燀[천] : 昌 / 元 [*thjanh](곽음 : 昌羨反)

6-7-1 胥[서] : 心 / 魚 [*sjag, *sjagx]

6-7-2 由[유] : 余 / 幽 [*rəgw]

6-7-3 輔[보] : 並 / 魚 [*bjagx]

6-8-1 蛩烘[공공] : 蛩[공] 見 / 東 [*kju ŋ x](곽음 : 鞏)

烘[공] 見 / 東 [*kju ŋ](곽음 : 恭)

6-8-2 戰慄[전률] : 戰[전] 章 / 元 [*tjanh]

慄[률] 來 / 脂(質) [*ljit]

6-8-3 恐[공] : 溪 / 東 [*khjuŋx, *khjuŋh]

6-9-1 鈍[돈] : 端 / 文, 透 / 文 [*thənx](곽음 : 吐本反)

6-9-2 錘[추] : 定 / 歌 [*drjarh](곽음 : 直睡反)

6-9-3 重[중] : 定 / 東 [*drjuŋ, *drjuŋx, *drjuŋh]

6-10-1 鋡[함] : 匣 / 侵 [*gəm](곽음 : 含)

6-10-2 龕[감] : 溪 / 侵 [*khəm]

6-10-3 受[수] : 端 / 幽, 禪 / 幽 [*təgwh, *djəgwx]

6-10-4 盛[성] : 禪 / 耕 [*djiŋ, *djiŋh]

6-10-5 容盛[용-성] : 容[용] 余 / 東 [*grjuŋ]

盛[성] 禪 / 耕 [*djiŋ, *djiŋh]

6-11-1 矔[관] : 見 / 元 [*kruanh](곽음 : 慣)

6-11-2 眮[동] : 透 / 東 [*thuŋ](곽음 : 侗)

6-12-1 逴[탁] : 透 / 宵(藥) [*thrjakw](곽음 : 勑略反)

6-12-2 騷[소] : 心 / 幽 [*səgw](곽음 : 先牢反)

6-12-3 㝈[조] : 透 / 宵(藥) [*thiagwh]

6-12-4 蹇[건] : 見 / 元 [*kjianx, *kjanx]

6-13-1 㽄[시] : 心 / 支 [*sjig](곽음 : 斯)

6-13-2 嗌[애] : 影 / 支 [*ʔrjigh](곽음 : 惡介反)

6-13-3 噎[예] : 影 / 脂 [*ʔid](곽음 : 翳)

6-14-1 怠[태] : 定 / 之 [*dəgx]

6-14-2 陁[치] : 定 / 支 [*drigx](곽음 : 豸)

6-14-3 壞[괴] : 匣 / 微 [*gwrədh]

6-15-1 埕[녈] : 泥 / 脂(質) [*nit](곽음 : 涅)

6-15-2 墊[점] : 端 / 侵, 定 / 侵 [*tiəmh](곽음 : 丁念反)
6-15-3 下[하] : 匣 / 魚, 見 / 元 [*gragx, *kwjanx]

6-16-1 㑌[문] : 明 / 文 [*mjənx](곽음 : 刎)
6-16-2 邈[막] : 明 / 宵(藥) [*mrakw]
6-16-3 離[리] : 來 / 歌 [*liarh, *ljar, *ljarh, *hljar]
6-16-4 越[월] : 匣 / 祭(月), 云 / 祭(月) [*gwat, *gʷjat]
6-16-5 遠[원] : 云 / 元 [*gwjanx, *gwjanh]

6-17-1 顛[전] : 端 / 眞, 透 / 眞 [*tin, *thinh]
6-17-2 頂[정] : 端 / 耕 [*tiŋx]
6-17-3 上[상] : 禪 / 陽 [*djaŋx, *djaŋh]

6-18-1 誣[무] : 明 / 魚 [*mjag]
6-18-2 𧫴與[엄여] : 𧫴[엄] 影 / 談 [*ʔjamh](곽음 : 於劍反)
與[여] 余 / 魚 [*ragx, *rag, *ragh]
6-18-3 阿與[아여] : 阿[아] 影 / 歌 [*ʔar]
與[여] 余 / 魚 [*ragx, *rag, *ragh]

6-19-1 掩[엄] : 影 / 談 [*ʔjiamx]
6-19-2 索[색] : 心 / 魚(鐸), 山 / 魚(鐸) [*sak, *srak]
6-19-3 取[취] : 淸 / 侯 [*tshugx, *tshjugx]
6-19-4 扭[저] : 精 / 魚, 邪 / 魚, 莊 / 魚 [*tsjiagx, *rjiagx, *tsrag]

6-20-1 睍[언] : 影 / 元 [*ʔanh, *ʔranh](곽음 : 烏拔反[*ʔwat])
6-20-2 略[락(략)] : 來 / 魚(鐸) [*ljak](곽음 : 略)
6-20-3 視[시] : 禪 / 脂 [*grjidx, *grjidh]

6-21-1 遙[요] : 余 / 宵 [*grjagw]
6-21-2 廣[광] : 見 / 陽, 疑 / 談 [*kwaŋx, *ŋjiamx]
6-21-3 遠[원] : 云 / 元 [*gwjanx, *gwjanh]

6-22-1 汩[율] : 匣 / 微(物) [*gwjiət](곽음 : 于筆反)
6-22-2 遙[요] : 余 / 宵 [*grjagw]

6-23-1 蹇[건] : 見 / 元 [*kjianx kjanx]
6-23-2 妯[축] : 定 / 幽(覺) [*diəkw](곽음 : 迪)
6-23-3 擾[요] : 日 / 幽 [*njəgwx]

6-24-1 絓[괘] : 見 / 微 [*kwrəd](곽음 : 乖)
6-24-2 挈[알] : 溪 / 祭(月) [*khriat](곽음 : 口八反)
6-24-3 儝[경] : 群 / 耕 [*gwji ŋ].
6-24-4 介[개] : 見 / 祭 [*kriadh]
6-24-5 特[특] : 定 / 之(職) [*dək]
6-24-6 雙[쌍] : 山 / 東 [*sru ŋ]
6-24-7 乘[승] : 船 / 蒸 [*djə ŋ , *djə ŋ h]

6-25-1 台[이] : 透 / 之, 定 / 之, 余 / 之 [*thəg, *dəg, *rəg]
6-25-2 既[기] : 見 / 微 [*kjədh]
6-25-3 失[실] : 書 / 脂(質) [*hrjit]

6-26-1 既[기] : 見 / 微 [*kjədh]
6-26-2 隱[은] : 影 / 文 [*ʔjənx, *ʔjənh]
6-26-3 據[거] : 見 / 魚 [*kjag, *kjagh]
6-26-4 定[정] : 定 / 耕 [*ti ŋ h, *di ŋ h]

6-27-1 稟[품] : 幫 / 侵 [*pjiəmx]
6-27-2 浚[준] : 心 / 文 [*sjənh]
6-27-3 敬[경] : 見 / 耕 [*kji ŋ h]

6-28-1 悛[전] : 淸 / 元 [*tshjuan](곽음 : 銓)
6-28-2 懌[역] : 余 / 魚(鐸) [*rak](곽음 : 奕)
6-28-3 改[개] : 見 / 之 [*kəgx]

6-29-1 坻[지] : 定 / 脂 [*drjid](곽음 : 泜)
6-29-2 坥[저] : 淸 / 魚 [*tshjag](곽음 : 疽)
6-29-3 塲[상] : 書 / 陽 [*hrjaŋ](곽음 : 傷)

6-30-1 徥[시(지)] : 定 / 支, 船 / 支 [*drjigx, *djigx](곽음 : 度揩反)
6-30-2 用[용] : 余 / 東 [*ruŋh]
6-30-3 行[행] : 匣 / 陽 [*gaŋ, *gaŋh, *graŋ, *grɛŋh]

6-31-1 鋪頒[포반] : 鋪[포] 滂 / 魚 [*phjag](곽음 : 敷)
頒[반] 幫 / 元, 並 / 文 [*pran *bjən]
6-31-2 索[색] : 心 / 魚(鐸), 山 / 魚(鐸) [*sak, *srɛk]
6-31-3 抖藪[두수] : 抖[두] 端 / 侯 [*tugx]
藪[수] 心 / 侯 [*sugx]

6-32-1 參[참] : 淸 / 侵 [*tshəm]
6-32-2 蠡[려] : 來 / 歌 [*liarh](곽음 : 麗)
6-32-3 分[분] : 幫 / 文, 並 / 文 [*pjən, *bjənh]
6-32-4 離[리] : 來 / 歌 [*liarh, *ljar, *ljarh, *hljar]

6-33-1 𢴤[시] : 心 / 支 [*sjig](곽음 : 斯)
6-33-2 披[피] : 滂 / 歌 [*phjiar, *phjiarx]
6-33-3 散[산] : 心 / 元 [*sanx, *sanh]
6-33-4 璺[문] : 明 / 文 [*mjənh](곽음 : 問)
6-33-5 敀[비] : 滂 / 脂 [*phjidx, *bjiədx](곽음 : 娓美反, 圮)

6-34-1 緡[민] : 明 / 眞 [*mjiən](곽음 : 旻)
6-34-2 緜[면] : 明 / 元 [*mjian]
6-34-3 施[시] : 書 / 歌 [*hrjar, *hrjarh]
6-34-4 緡緜[민면] : 緡[민] 明 / 眞 [*mjiən]
緜[면] 明 / 元 [*mjian]

6-35-1 悀[용] : 余 / 東 [*ruŋx](곽음 : 踊)
6-35-2 偪[핍] : 滂 / 之(職) [*phjiək](곽음 : 妨逼反)
6-35-3 滿[만] : 明 / 元 [*muanx]

6-36-1 傒醯[혜혜] : 傒[혜] 曉 / 支 [*həgx](곽음 : 醯)
醯[혜] 曉 / 支 [*hig]
6-36-2 冉鎌[염렴(겸)] : 冉[염] 日 / 談 [*njam](곽음 : 髯)
鎌[렴(겸)] 來 / 談 [*ljam]
6-36-3 危[위] : 疑 / 歌 [*ŋjiar]

6-37-1 紕[비] : 並 / 脂 [*bjid](곽음 : 毗)
6-37-2 繹[역] : 余 / 魚(鐸) [*rak](곽음 : 亦)
6-37-3 督[독] : 端 / 幽(覺) [*təkw]
6-37-4 雉[치] : 定 / 脂 [*drjidx]
6-37-5 理[리] : 來 / 之 [*ljəgx]

6-38-1 矤[신] : 書 / 眞 [*hrjinx]
6-38-2 呂[려] : 來 / 魚 [*ljagx]
6-38-3 長[장] : 端 / 陽, 定 / 陽 [*trjaŋx, *drjaŋ, *drjaŋh]

6-39-1 蹶[궐] : 群 / 微(物), 見 / 微(物) [*gwjət, *kwjət]
6-39-2 膐[려] : 來 / 魚 [*ljagx]
6-39-3 力[력] : 來 / 之(職) [*ljək]

6-40-1 瘱[예] : 影 / 祭, 影 / 脂 [*ʔiadh, *ʔid](곽음 : 瘗, 翳)
6-40-2 諦[체] : 端 / 祭(月) [*tiadh](곽음 : 蔕)
6-40-3 審[심] : 書 / 侵 [*hrjəmx]

6-41-1 譩諦[예체] : 譩[예] 影 / 脂 [*ʔid](곽음 : 翳)
諦[체] 端 / 祭(月) [*tiadh](곽음 : 蔕)
6-41-2 諟[체] : 端 / 支 [*tigh](곽음 : 帝)

6-42-1 揞[암] : 影 / 侵 [*ʔəmx](곽음 : 烏感反)

6-42-2 揜[엄] : 影 / 談 [*ʔamx, *ʔjiamx]

6-42-3 錯[조] : 淸 / 魚(鐸) [*tshah](곽음 : 酢)

6-42-4 摩[마] : 明 / 歌 [*mar, *marh]

6-42-5 藏[장] : 從 / 陽 [*dzaŋ, *dzaŋh]

6-43-1 抾摸[겁모] : 抾[겁] 溪 / 葉 [*khjap]

摸[모] 明 / 魚 [*mag]

6-43-2 去[거] : 溪 / 魚 [*khjagx, *khjagh]

6-44-1 舒勃[서발] : 舒[서] 書 / 魚 [*hrjag]

勃[발] 並 / 微(物) [*bət]

6-44-2 展[전] : 端 / 元 [*trjanx, *trjanh]

6-45-1 摳揄[구유] : 摳[구] 溪 / 侯 [*khug, *khjug

揄[유] 余 / 幽 [*rəgw]

6-45-2 旋[선] : 邪 / 元 [*rjuan]

6-46-1 絙[긍] : 見 / 蒸 [*kəŋh](곽음 : 岡鄧反)

6-46-2 筳[정] : 定 / 耕 [*thiŋ](곽음 : 湯丁反)

6-46-3 竟[경] : 見 / 陽 [*kjiaŋh]

6-47-1 纇[염] : 余 / 談 [*ram](곽음 : 剡)

6-47-2 剿[첩] : 淸 / 葉 [*tshjap](곽음 : 妾)

6-47-3 續[속] : 邪 / 侯(屋) [*sdjuk]

6-47-4 擱[염] : 余 / 談 [*ram]

6-48-1 擘[벽] : 幫 / 支(錫) [*prik](곽음 : 檗)

6-48-2 紉[인] : 日 / 文 [*njiənh](곽음 : 刃)

6-49-1 閻苦[염고] : 閻[염] 余 / 談 [*ram]

苦[고] 溪 / 魚 [*khagx, *khagh]

6-49-2 開[개] : 溪 / 微 [*khəd]

6-49-3 闓[개] : 溪 / 微 [*khədx, *khədh]

6-50-1 杼[저] : 定 / 魚 [*drjagx]

6-50-2 柚[유] : 余 / 幽 [*rəgwh]

6-50-3 作[작] : 精 / 魚(鐸) [*tsak]

6-51-1 厲[려] : 來 / 祭 [*ljadh]

6-51-2 印[인] : 影 / 眞 [*ʔjinh]

6-51-3 爲[위] : 云 / 歌 [*gwjar, *gwjarh]

6-52-1 戲[희] : 曉 / 魚 [*hjag, *hjagh, *hag]

6-52-2 憚[탄] : 定 / 元 [*danh]

6-52-3 怒[노] : 泥 / 魚 [*nagx, *nagh]

6-53-1 爰[원] : 云 / 元 [*gwjan]

6-53-2 嗳[환] : 曉 / 元 [*hwanh, *hwjan]

6-53-3 恚[에] : 影 / 支 [*ʔwjigh]

6-54-1 傁[수] : 心 / 幽 [*səgwx]

6-54-2 艾[애] : 疑 / 祭 [*ŋadh, *ŋjadh]

6-54-3 公[공] : 見 / 東 [*kuŋ]

6-54-4 翁[옹] : 影 / 東 [*ʔuŋ]

6-54-5 父[부(보)] : 幫 / 魚, 並 / 魚 [*pjagx, *bjagx]

6-54-6 父老[부로] : 父[부] 幫 / 魚, 並 / 魚 [*pjagx, *bjagx]

老[로] 來 / 幽 [*ləgwx]

6-54-7 媓[황] : 匣 / 陽 [*gwaŋ]

6-54-8 母姼[모제] : 母[모] 明 / 元 [*məgx]

姼[제] 端 / 歌 [tar](곽음 : 多)

6-54-9 父姼[부제] : 父[부] 幫 / 魚, 並 / 魚 [*pjagx, *bjagx]

姼[제] 端 / 歌 [tar](곽음 : 多)

6-55-1 巍[외] : 疑 / 微 [*ŋwjəd]
6-55-2 嶢[요] : 疑 / 宵 [*ŋiagw]
6-55-3 崝[쟁] : 崇 / 耕 [*dzriŋ]
6-55-4 嶮[험(엄)] : 曉 / 談, 疑 / 談 [*hjiamx, *ŋjiamx]
6-55-5 高[고] : 見 / 宵 [*kagw]

6-56-1 猒[염] : 影 / 談 [*ʔjiam, *ʔjiamh]
6-56-2 塞[색] : 心 / 之(職) [*sək]
6-56-3 安[안] : 影 / 元 [*ʔan]

6-57-1 倰[릉] : 來 / 蒸 [*ljəŋ](곽음 : 麥)
6-57-2 悞[무(모)] : 明 / 之 [*mjəgx](곽음 : 亡主反)
6-57-3 憐[련] : 來 / 眞 [*lin]

6-58-1 掩[엄] : 影 / 談 [*ʔjiamx]
6-58-2 翳[예] : 影 / 脂 [*ʔid, *ʔidh]
6-58-3 薆[애] : 影 / 微 [*ʔədh](곽음 : 愛)

6-59-1 佚惕[질탕] : 佚[질] 定 / 脂(質) [*dit](곽음 跌)
惕[탕] 定 / 陽 [*daŋ](곽음 : 唐)
6-59-2 婬[음] : 余 / 侵 [*rəm]

卷七

7-1-1 諄憎[순증] : 諄[순] 章 / 文 [*tjənh](곽음 : 之潤反)
憎[증] 精 / 蒸 [*tsəŋ]
7-1-2 疾[질] : 從 / 脂(質) [*dzjit]
7-1-3 可惡[가오] : 可[가] 溪 / 歌 [*kharx]
惡[오] 影 / 魚 [*ʔag]

7-2-1 杜[두] : 定 / 魚 [*dagx]

7-2-2 蹻[학] : 曉 / 宵(藥) [*h ŋ jakw](곽음 : 謔)

7-2-3 蹀[삽] : 山 / 緝 [*srjəp]

7-3-1 佻[조] : 透 / 宵, 定 / 宵 [*tjagwx](곽음 : 丁小反)

7-3-2 抗[항] : 溪 / 陽 [*kha ŋ h, *ga ŋ]

7-3-3 縣[현] : 匣 / 元 [*gwian, *gwianh]

7-4-1 發[발] : 幫 / 祭(月) [*pjat]

7-4-2 稅[탈] : 書 / 祭 [*hrjuadh]

7-4-3 舍車[사거] : 舍[사] 書 / 魚 [*sjiagx](곽음 : 寫)
車[거] 昌 / 魚, 見 / 魚 [*khrjiag, *kjag]

7-5-1 肖[초] : 心 / 宵 [*sjagw]

7-5-2 類[류] : 來 / 微 [*lədh, *ljədh]

7-5-3 法[법] : 幫 / 葉 [*pjap]

7-5-4 哨[소] : 心 / 宵 [*səgw](곽음 : 騷)

7-6-1 憎[증] : 精 / 蒸 [*tsə ŋ]

7-6-2 懹[양] : 日 / 陽 [*nja ŋ h]

7-6-3 憚[탄] : 定 / 元 [*danh]

7-7-1 譙[초] : 從 / 宵 [*dzjagw]

7-7-2 讙[환] : 曉 / 元 [*hwjan](곽음 : 火袁反)

7-7-3 讓[양] : 日 / 陽 [*nja ŋ h]

7-7-4 譙讓[초양] : 譙[초] 從 / 宵 [*dzjagw]
讓[양] 日 / 陽 [*nja ŋ h]

7-8-1 僉[첨] : 淸 / 談 [*skhjam]

7-8-2 胥[서] : 心 / 魚 [*sjag, *sjagx]

7-8-3 皆[개] : 見 / 脂 [*krid]

7-9-1 侔莫[모막] : 侔[모] 明 / 幽 [*mjəgw]

莫[막] 明 / 魚(鐸) [*mak]

7-9-2 強[강] : 群 / 陽 [*gjaŋ, *gjaŋx]

7-10-1 傑慫[공송] : 傑[공] 群 / 東 [*gjuŋ](곽음 : 邛)

慫[송] 心 / 東 [*skjuŋ]

7-10-2 罵[매] : 明 / 魚 [*mragx, *mragh]

7-11-1 展[전] : 端 / 元 [*trjanx, *trjanh]

7-11-2 惇[돈] : 端 / 文 [*tən]

7-11-3 信[신] : 心 / 眞 [*sjinh]

7-12-1 斯[사] : 心 / 支 [*sjig]

7-12-2 掬[국] : 見 / 幽(覺) [*kjəkw]

7-12-3 離[리] : 來 / 歌 [*liarh, *ljar, *ljarh, *hljar]

7-13-1 蝎[할] : 匣 / 祭(月) [*gat](곽음 : 曷)

7-13-2 噬[서] : 禪 / 祭 [*djadh](곽음 : 筮)

7-13-3 逮[체] : 定 / 微 [*dədh, *diədh]

7-14-1 皮傅[피부] : 皮[피] 並 / 歌 [*bjiar]

傅[부] 幫 / 魚 [*pjagh]

7-14-2 彈憸[탄섬] : 彈[탄] 定 / 元 [*dan, *danh]

憸[섬] 淸 / 談 [*skhjam](곽음 : 僉)

7-14-3 強[강] : 群 / 陽 [*gjaŋ, *gjaŋx]

7-15-1 膊[박] : 滂 / 魚(鐸) [*phak](곽음 : 膊)

7-15-2 曬[쇄] : 山 / 歌 [*srjarh](곽음 : 霜智反)

7-15-3 晞[희] : 曉 / 微 [*hjəd]

7-15-4 曓[포] : 並 / 宵 [*bagwh]

7-16-1 熬[오] : 疑 / 宵, 影 / 宵 [*ŋagw, *ʔagw]

7-16-2 聚[초] : 初 / 侯 [*tshrugx](곽음 : 創眇反)

7-16-3 煎[전] : 精 / 元 [*tsjan, *tsjanh]

7-16-4 憊[픽] : 並 / 之 [*bjək](곽음 : 皮力反)

7-16-5 鞏[공] : 見 / 東 [*kjuŋx](곽음 : 拱)

7-16-6 火乾[화건] : 火[화] 曉 / 微 [*hwərx]

乾[건] 見 / 元, 群 / 元 [*kan, *gjian]

7-17-1 胹[이] : 日 / 之 [*njəg](곽음 : 而)

7-17-2 飪[임] : 日 / 侵 [*njəmx](곽음 : 荏)

7-17-3 亨[팽] : 滂 / 陽 [*phraŋ]

7-17-4 爛[란] : 來 / 元 [*lanh]

7-17-5 糦[치] : 昌 / 之 [*thjəgh](곽음 : 熾)

7-17-6 酋[8][추] : 邪 / 幽 [*rjəgw](곽음 : 囚)

7-17-7 酷[혹] : 溪 / 幽(覺) [*khəkw]

7-17-8 熟[숙] : 禪 / 幽(覺) [*djəkw]

7-18-1 嫢盈[규영] : 嫢[규] 群 / 脂 [*gwjidx]

盈[영] 余 / 耕 [*riŋ]

7-18-2 怒[노] : 泥 / 魚 [*nagx, *nagh]

7-19-1 蹑踒[장무] : 蹑[장] 定 / 陽 [*drjaŋ]

踒[무] 明 / 侯 [*mjugh](곽음 : 務)

7-19-2 隑企[애기] : 隑[애] 疑 / 微 [*ŋəd]

企[기] 溪 / 支 [*khjigh](곽음 : 欺豉反)

7-19-3 立[립] : 來 / 緝 [*ljəp]

7-20-1 瀧涿[롱탁] : 瀧[롱] 山 / 東, 來 / 東[*luŋ](곽음 : 籠)

涿[탁] 端 / 侯(屋) [*truk]

---

8 酋는 상고음이 從 / 幽 [dzjəgw]이지만, 곽박음 '囚'에 따르면 [*rjəgw]이다.

7-20-2 霑漬[점지] : 霑[점] 端 / 談 [*trjam]
漬[지] 從 / 支 [*dzjigh]

7-21-1 希[희] : 曉 / 微 [*hjəd]
7-21-2 鑠[삭] : 書 / 宵(藥) [*hrjakw]
7-21-3 摩[마] : 明 / 歌 [*mar]
7-21-4 磨鋁[마려] : 磨[마] 明 / 歌 [*mar, *marh]
鋁[려] 來 / 魚 [*ljagh](곽음 : 慮)

7-22-1 平均[평균] : 平[평] 並 / 耕 [*bjiŋ]
均[균] 見 / 眞 [*kwjin]
7-22-2 賦[부] : 幫 / 魚 [*pjagh]

7-23-1 羅[라] : 來 / 歌 [*lar]
7-23-2 離[리] : 來 / 歌 [*liarh, *ljar, *ljarh], *hljar]

7-24-1 釗[소] : 章 / 宵, 見 / 宵 [*tjagw, *kiagw]
7-24-2 超[초] : 透 / 宵 [*thrjagw]
7-24-3 遠[원] : 云 / 元 [*gwjanx, *gwjanh]

7-25-1 漢漫[한만] : 漢[한] 曉 / 元 [*hanh]
漫[만] 明 / 元 [*muanh]
7-25-2 賑眩[진현] : 賑[진] 昌 / 眞 [*thjin](곽음 : 瞋)
眩[현] 匣 / 元 [*gwian](곽음 : 懸)
7-25-3 濍[만] : 明 / 元 [*muanx]
7-25-4 煩濍[번만] : 煩[번] 並 / 元 [*bjan]
濍[만] 明 / 元 [*muanx]
7-25-5 顛眴[전현] : 顛[전] 端 / 眞, 透 / 眞 [*tin, *-hinh]
眴[현] 曉 / 眞, 匣 / 眞 [*hwinn, *gwinh]

7-26-1 憐職[련직] : 憐[련] 來 / 眞 [*lin]

職[직] 章 / 之(職) [*tjək]

7-26-2 愛[애] : 影 / 微 [*ʔədh]

7-27-1 茹[여] : 日 / 魚 [*njag](곽음 : 如)

7-27-2 食[식] : 船 / 之(職) [*djək]

7-28-1 竘[구] : 溪 / 侯 [*khugx](곽음 : 恪垢反)

7-28-2 貌[모] : 明 / 宵(藥) [*mragwh, *mrakw]

7-28-3 治[치] : 定 / 之, 定 / 脂 [*drjəg, *drjəgh, *drjidh]

7-29-1 煦[후] : 曉 / 魚 [*hwjag](곽음 : 吁)

7-29-2 煆[하] : 曉 / 魚 [*hragx, *hragh](곽음 : 呼夏反)

7-29-3 熱[열] : 日 / 祭(月) [*njat]

7-29-4 乾[건] : 見 / 元, 群 / 元 [*kan, *gjian]

7-29-5 煦煆[후하] : 煦[후] 曉 / 魚 [*hwjag, *gwjagh, *rugh]

煆[하] 曉 / 魚 [*hragx, *hragh]

7-30-1 攍[영] : 余 / 耕 [*riŋ](곽음 : 盈)

7-30-2 膂[려] : 來 / 魚 [*ljagx]

7-30-3 賀[하] : 匣 / 歌 [*garh]

7-30-4 艜[등] : 定 / 蒸 [*dəŋh](곽음 : 鄧)

7-30-5 儋[담] : 端 / 談 [*tam]

7-30-6 負他[부타] : 負[부] : 並 / 之 [*bjəgx]

他[9][타] : 定 / 祭 [*dadh](곽음 : 大)

7-31-1 樹植[수식] : 樹[수] 禪 / 侯 [*djugx, *djugh]

植[식] 禪 / 之(職) [*djək]

7-31-2 立[립] : 來 / 緝 [*ljəp]

---

9 他는 상고음이 透 / 歌 [*thar]이지만, 곽박음 '大'에 따르면 [*dadh]이다.

7-32-1 過度[과도] : 過[과] 見 / 歌 [*kuar, *kuarh]

度[도] 定 / 魚 [*dagh]

7-32-2 涉濟[섭제] : 涉[섭] 禪 / 葉 [*djap]

濟[제] 精 / 脂 [*tsidx, *tsidh]

7-33-1 福祿[복록] : 福[복] 幫 / 之(職) [*pjək]

祿[록] 來 / 侯(屋) [*luk]

7-33-2 袚戩[폐전] : 袚[폐] 幫 / 祭 [*pjadh](곽음 : 廢)

戩[전] 精 / 元 [*tsjanh](곽음 : 箭)

7-34-1 傺[제] : 精 / 祭 [*tsjadh](곽음 : 際)

7-34-2 眙[치] : 透 / 之 [*thrjəgh](곽음 : 敕吏反)

7-34-3 逗[두] : 定 / 侯 [*dugh, *drjugh]

卷八

8-1-1 虎[호] : 曉 / 魚 [*hagx]

8-1-2 李父[리부] : 李[리] 來 / 之 [*ljəgx]

父[부] 幫 / 魚, 並 / 魚 [*pjagx, *bjagx]

8-1-3 李耳[리이] : 李[리] 來 / 之 [*ljəgx]

耳[이] 日 / 之 [*njəgx]

8-1-4 於䖘[오토] : 於[오] 影 / 魚 [*ʔag](곽음 : 烏)

䖘[토] 定 / 侯 [*dugh](곽음 : 竇)

8-1-5 伯都[백도] : 伯[백] 幫 / 魚(鐸) [*prak]

都[도] 端 / 魚 [*tag]

8-2-1 貔[비] : 並 / 脂 [*bjid](곽음 : 毗)

8-2-2 貍[래(리)] : 來 / 之 [*ləg](곽음 : 來)

8-2-3 貊[비] : 滂 / 之 [*phjiəg](곽음 : 丕])

8-2-4 狸[리] : 來 / 之 [*ljəg]

8-3-1 貛[환] : 曉 / 元 [*huan](곽음 : 歡)

8-3-2 貒[단] : 透 / 元 [*thuan](곽음 : 湍)

8-4-1 雞[계] : 見 / 支 [*kig]

8-4-2 鸊鷉[벽치] : 鸊[10][벽] 並 / 支(錫) [*bik](곽음 : 避)

鷉[11][치] 群 / 支 [*gjig](곽음 : 祇)

8-4-3 割雞[할계] : 割[할] 見 / 祭(月) [*kat]

雞[계] 見 / 支 [*kig]

8-4-4 鏦[종] : 從 / 東 [*dzju ŋ](곽음 : 從)

8-4-5 抱[포] : 並 / 幽 [*bəgwh](곽음 : 央富反)

8-4-6 豰[구] : 溪 / 屋 [*kugx, *khugh](곽음 : 狗, 恪遘反)

8-4-7 涅[녈] : 泥 / 脂(質) [*nit]

8-5-1 豬[저] : 端 / 魚 [*trjag]

8-5-2 豭[가] : 見 / 魚 [*krag]

8-5-3 彘[체] : 定 / 祭 [*drjadh]

8-5-4 豕[시] : 書 / 脂 [*hrjidx]

8-5-5 豨[희] : 曉 / 微 [*hjəd, *hjədx]

8-5-6 豚[돈] : 定 / 文 [*dən]

8-5-7 豯[해] : 匣 / 支 [*gig](곽음 : 奚)

8-5-8 豬子[저재] : 豬[저] 端 / 魚 [*trjag]

子[재] 精 / 之 [*tsjəgx]

8-5-9 橧[증] : 精 / 蒸 [*tsə ŋ](곽음 : 繒)

8-6-1 布穀[포곡] : 布[포] 幫 / 魚 [*pagh]

穀[곡] 見 / 侯(屋) [*kuk]

8-6-2 結誥[결고] : 結[결] 見 / 脂(質) [*kit]

---

10 鸊은 상고음이 並 / 支(錫) [*bik]이지만, 곽박음 '避'에 따르면 [*bjigh]이다. 그러나 대진의 『소증』에는 '鸊'을 또 '辟'이라고 쓴다고 되어있는데, 이에 따르면 [*bjik]이다.

11 鷉의 상고음은 昌 / 支 [*thjig]이지만, 곽박음 '祇'에 따르면 [*gjig]이다.

誥[고] 見 / 幽 [*kəgwh]

8-6-3 擊穀[격곡] : 擊[격] 見 / 支(錫) [*kik]

穀[곡] 見 / 侯(屋) [*kuk]

8-7-1 鶾鴠[한단] : 鶾[12][한] 溪 / 元 [*khanx](곽음 : 侃)

鴠[단] 端 / 元 [*tanh](곽음 : 旦)

8-7-2 定甲[정갑] : 定[정] 定 / 耕 [*tiŋh, *diŋh]

甲[갑] 見 / 葉 [*krap]

8-7-3 獨舂[독용] : 獨[독] 定 / 侯(屋) [*duk]

舂[용] 書 / 東 [*hrjuŋ]

8-7-4 城旦[성단] : 城[성] 禪 / 耕 [*djiŋ]

旦[단] 端 / 元 [*tanh]

8-7-5 倒懸[도현] : 倒[도] 端 / 宵 [*tagwx]

懸[현] 匣 / 元 [*gwian]

8-7-6 鶡鴠[갈단] : 鶡[갈] 匣 / 祭(月) [*gat]

鴠[단] 端 / 元 [*tanh]

8-8-1 鳩[구] : 見 / 幽 [*kjəgw]

8-8-2 鶶鵴[랑고] : 鶶[랑] 來 / 陽 [*laŋ](곽음 : 郎)

鵴[고] 見 / 幽 [*kəgw](곽음 : 皋)

8-8-3 鸊鵴[벽고] : 鸊[벽] 並 / 錫 [*bik]

鵴[고] 見 / 幽 [*kəgw]

8-8-4 鵴鳩[국구] : 鵴[국] 見 / 幽(覺) [*kjəkw](곽음 : 菊)

鳩[구] 見 / 幽 [*kjəgw]

8-8-5 鳻鳩[반구] : 鳻[반] 幫 / 元 [*pran](곽음 : 斑)

鳩[구] 見 / 幽 [*kjəgw]

8-8-6 鷊鳩[역구] : 鷊[역] 余 / 錫 [*gwrjik]

鳩[구] 見 / 幽 [*kjəgw]

8-8-7 鶟鳩[규구] : 鶟[규] 群 / 脂 [*gwjid](곽음 : 葵)

12 鶾의 상고음은 匣 / 元 [*ganx]이지만, 곽박음 '侃'에 따르면 [*khanx]이다.

鳩[구] 見 / 幽 [*kjəgw]

8-8-8 鴉鳩[부구] : 鴉[부] 並 / 幽 [*bjəgw](곽음 : 浮)

鳩[구] 見 / 幽 [*kjəgw]

8-8-9 鶻鳩[골구] : 鶻[골] 見 / 微(物) [*kwət]

鳩[구] 見 / 幽 [*kjəgw]

8-8-10 鷦[초] : 精 / 宵 [*tsjagw]

8-9-1 鳲鳩[시구] : 鳲[시] 書 / 脂 [*hrjid](곽음 : 尸)

鳩[구] 見 / 幽 [*kjəgw]

8-9-2 鶝鴀[복부] : 鶝[복] 幫 / 之(職) [*pjək](곽음 : 福)

鴀[부] 滂 / 之 [*phjiəg](곽음 : 丕)

8-9-3 戴鵀[대임] : 戴[대] 端 / 之 [*təgh]

鵀[임] 日 / 侵 [*njəm, *njəmh]

8-9-4 戴南[대남] : 戴[대] 端 / 之 [*təgh]

南[남] 泥 / 侵 [*nəm]

8-9-5 鵟鸅[방택] : 鵟[방] 滂 / 陽 [*phjaŋx]

鸅[택] 定 / 魚(鐸) [*drak]

8-9-6 戴鳻[대반] : 戴[대] 端 / 之 [*təgh]

鳻[반] 幫 / 元, 並 / 文 [*pran, *bjən]

8-9-7 戴勝[대승] : 戴[대] 端 / 之 [*təgh]

勝[승] 書 / 蒸 [*siŋ, *hrjəŋ, *hrjəŋh]

8-9-8 鵀[임] : 日 / 侵 [*njəm, *njəmh]

8-9-9 服鶝[복복] : 服[복] 並 / 之(職) [*bjək]

鶝[복] 幫 / 之(職) [*pjək]

8-9-10 鷑鶝[복복] : 鷑[복] 並 / 幽(覺) [*bjəkw]

鶝[복] 幫 / 之(職) [*pjək]

8-9-11 鵯[역] : 匣 / 之(職) [*gwək](곽음 : 或)

8-10-1 蝙蝠[편복] : 蝙[편] 幫 / 元 [*pian](곽음 : 邊)

蝠[복] 幫 / 之(職) [*pjək](곽음 : 福)

8-10-2 服翼[복익] : 服[복] 並 / 之(職) [*bjək]

翼[익] 余 / 之(職) [*rək]

8-10-3 飛鼠[비서] : 飛[비] 幫 / 微 [*pjəd]

鼠[서] 書 / 魚 [*hrjagx]

8-10-4 老鼠[로서] : 老[로] 來 / 幽 [*ləgwx]

鼠[서] 書 / 魚 [*hrjagx]

8-10-5 僊鼠[선서] : 仙[선] 心 / 元 [*sjan]

鼠[서] 書 / 魚 [*hrjagx]

8-10-6 蠘螺[직묵] : 蠘[직] 章 / 之(職) [*tjək](곽음 : 職)

螺[묵] 明 / 之(職) [*mək](곽음 : 墨)

8-11-1 鴈[안] : 疑 / 元 [*ŋranh]

8-11-2 駕鵝[가아] : 駕[가] 見 / 歌 [*krar](곽음 : 加)

鵝[아] 疑 / 歌 [*ŋar]

8-11-3 鵝[아] : 疑 / 歌 [*ŋar]

8-11-4 倉駕[창가] : 倉[창] 淸 / 陽 [*tshaŋ]

駕[가] 見 / 歌 [*kar]

8-12-1 桑飛[상비] : 桑[상] 心 / 陽 [*saŋ]

飛[비] 幫 / 微 [*pjəd]

8-12-2 工爵[공작] : 工[공] 見 / 東 [*kuŋ]

爵[작] 精 / 宵(藥) [*tsjakw]

8-12-3 過鸁[과라] : 過[과] 見 / 歌 [*kuar, *kuarh]

鸁[라] 來 / 歌 [*luar](곽음 : 螺)

8-12-4 女鴎[녀장] : 女[녀] 泥 / 魚 [*nrjagx, *nrjagh]

鴎[장] 從 / 陽 [*dzjaŋ]

8-12-5 鸋鴂[녕결] : 鸋[녕] 泥 / 耕 [*niŋ](곽음 : 寧)

鴂[결] 見 / 祭(月) [*kwiat](곽음 : 玦)

8-12-6 懱爵[멸작] : 懱[멸] 明 / 祭(月) [*miat]

爵[작] 精 / 宵(藥) [*tsjakw]

8-13-1 鸝黃[리황] : 鸝[리] 來 / 歌 [*liarh]

黃[황] 匣 / 陽 [*gwa ŋ]
8-13-2 倉庚[창경] : 倉[창] 淸 / 陽 [*tsha ŋ]
庚[경] 見 / 陽[*kra ŋ]
8-13-3 黃鳥[황조] : 黃[황] 匣 / 陽 [*gwa ŋ]
鳥[조] 端 / 幽 [*tiəgwx]
8-13-4 楚雀[초작] : 楚[초] 初 / 魚 [*tshrjagx, *tshrjagh]
雀[작] 精 / 宵(藥) [*tsjakw]

8-14-1 野鳧[야부] : 野[야] 余 / 魚, 禪 / 魚 [*ragx, *djagx]
鳧[부] 並 / 魚 [*bjag]
8-14-2 鷿鷉[벽체] : 鷿[벽] 幫 / 支(錫) [*pjik](곽음 : 辟)
鷉[체] 透 / 支 [*thig](곽음 : 他奚反)
8-14-3 鶻蹏[활제] : 鶻[활] 匣 / 微(物) [*gwrət](곽음 : 滑)
蹏[제] 定 / 支 [*dig](곽음 : 蹄)

8-15-1 守宮[수궁] : 守[수] 書 / 幽 [*hrjəgwx, *hrjəgwh]
宮[궁] 見 / 冬 [*kjə ŋ w]
8-15-2 蠦蝘[로전] : 蠦[로] 來 / 魚 [*lag](곽음 : 盧)
蝘[전] 定 / 元 [*drjan](곽음 : 纏)
8-15-3 蜥易[석역] : 蜥[석] 心 / 支(錫) [*sik]
易[역] 余 / 支(錫) [*rik]
8-15-4 易蜴[역석] : 易[역] 余 / 支(錫) [*rik]
蜴[13][석] 心 / 支(錫) [*sik](곽음 : 析)
8-15-5 蛇醫[사의] : 蛇[사] 船 / 歌 [*djar]
醫[의] 影 / 脂, 影 / 之 [*ʔidh, *ʔjəg]
8-15-6 蠑螈[영원] : 蠑[영] 云 / 耕 [*gwji ŋ](곽음 : 榮)
蚖[원] 疑 / 元 [* ŋ juan](곽음 : 元)
8-15-7 蟀蟣[시후] : 蟀[시] 余 / 支 [*sjig](곽음 : 斯)

---

13 蜴[척(역)]은 상고음이 以 / 支(錫) [*rik]이고 『한한대사전』에도 '척'이라고 되어있지만, 곽박음 '析'에 따르면 [*sik]이다.

蟦[후] 匣 / 侯 [*gug](곽음 : 侯)
8-15-8 祝蜒[축연] : 祝[축] 章 / 幽(覺) [*tjəkw]
蜒[연] 余 / 元 [*ran](곽음 : 延)
8-15-9 蛤解[합해] : 蛤[합] 見 / 緝 [*kəp]
解[해] 見 / 支 [*krigh](곽음 : 懈)

8-16-1 鼠[서] : 書 / 魚 [*hrjagx]
8-16-2 鼪[추] : 章 / 微 [*tjəd](곽음 : 錐)

8-17-1 雞雛[계추] : 雞[계] 見 / 支 [*kig]
雛[추] 崇 / 侯 [*dzrjug]
8-17-2 鶖子[추재] : 鶖[추] 精 / 幽 [*tsjiəgw](곽음 : 子幽反)
子[재] 精 / 之 [*tsjəgx]

卷九

9-1-1 戟[극] : 見 / 魚(鐸) [*kjak]
9-1-2 釨[걸] : 見 / 祭(月) [*kjiat]
9-1-3 鏔[인] : 余 / 脂, 余 / 眞 [*rid, *rin](곽음 : 寅)
9-1-4 戈[과] : 見 / 歌 [*kuar]
9-1-5 鏝胡[만호] : 鏝[만] 明 / 元 [*muan](곽음 : 鏝)
胡[호] 匣 / 魚 [*gag]
9-1-6 鉤釨鏝胡[구걸만호] : 鉤[구] 見 / 侯 [*kug]
釨[걸] 見 / 祭(月) [*kjiat]
鏝[만] 明 / 元 [*muan, *muanh]
胡[호] 匣 / 魚 [*gag]

9-2-1 匽戟[언극] : 匽[언] 影 / 元 [*ʔjanx](곽음 : 偃)
戟[극] 見 / 魚(鐸) [*kjak]
9-2-2 柲[비] : 幫 / 脂(質) [*pjidh](곽음 : 祕)
9-2-3 殳[수] : 端 / 侯, 禪 / 侯 [*trjug, *djug](곽음 : 殊)

9-3-1 矛[모] : 明 / 幽 [*mjəgw]

9-3-2 鍦[사] : 禪 / 歌 [*djar](곽음 : 嘗蛇反)

9-3-3 鋋[선(연)] : 禪 / 元, 余 / 元 [*djan, *ran](곽음 : 蟬)

9-3-4 鏦[창(총)] : 淸 / 東 [*tshu ŋ](곽음 : 錯工反)

9-3-5 矜[긍] : 群 / 眞 [*gjiən](곽음 : 巨巾反)

9-4-1 箭[전] : 精 / 元 [*tsjanh]

9-4-2 矢[시] : 書 / 脂 [*hrjidx]

9-4-3 鍭[후] : 匣 / 侯 [*gug, *gugh]

9-5-1 鑽[찬] : 精 / 元 [*tsuan, *tsuanh]

9-5-2 鍴[단] : 端 / 元 [*tuan](곽음 : 端)

9-6-1 矜[긍] : 群 / 眞 [*gjiən]

9-6-2 杖[장] : 定 / 陽 [*drja ŋ x]

9-7-1 劍削[검삭] : 劍[검] 見 / 談 [*kjamh]
削[삭] 心 / 宵(藥) [*sjakw]

9-7-2 室[실] : 書 / 脂(質) [*hrjit]

9-7-3 廓[곽] : 溪 / 魚(鐸) [*khwak]

9-7-4 削[삭] : 心 / 宵(藥) [*sjakw]

9-7-5 韓[14][병] : 幫 / 耕 [*pi ŋ x]

9-8-1 盾[순] : 定 / 文, 禪 / 文 [*dənx, *djənx]

9-8-2 瞂[벌] : 並 / 祭(月) [*bjat](곽음 : 伐)

9-8-3 干[간] : 見 / 元, 群 / 元 [*kan, *kanh, *gjian]

---

14 鞞은 『漢韓大辭典』에서 발음이 [병]이라고 했으며, 鞞[병]과 같은 글자라고 했다. 鞞의 상고음은 幫 / 耕 [*pi ŋ x]이다. 그러나 곽박음 '方婢反'에 따르면 [*pjigx]다. 여기서는 [병]음을 따른다.

9-9-1 畢[필] : 幫 / 脂(質) [*pjit]
9-9-2 綦[기] : 群 / 之 [*gjəg]

9-10-1 轊[예] : 云 / 祭 [*gwjadh](곽음 : 于厲反)
9-10-2 轆[롱] : 來 / 東 [*lju ŋ]

9-11-1 枸簍[구루] : 枸[구] 見 / 侯 [*kug, *kugx, *kjugx]
簍[루] 來 / 侯 [*ljugx](곽음 : 褸)
9-11-2 篏[궤] : 見 / 之 [*kwəgh, *kwrək](곽음 : 國)
9-11-3 篕籠[공룡] : 篕[공] 溪 / 東 [*khwjə ŋ](곽음 : 穹)
籠[롱] 來 / 東 [*ljə ŋ w](곽음 : 隆)
9-11-4 箹[착(박)] : 章~並 / 宵(藥) [*tjakw, *brakw](곽음 : 瓝)
9-11-5 篾[멱] : 明 / 錫 [*mrik](곽음 : 覛)
9-11-6 楄[반] : 並 / 元 [*bjanx](곽음 : 薄晩反)
9-11-7 篷[봉] : 並 / 東 [*bu ŋ]
9-11-8 隆屈[륭굴] : 隆[륭] 來 / 冬 [*ljə ŋ w]
屈[굴] 見 / 微(物), 溪 / 微(物) [*kwjət, *khwjət]

9-12-1 輪[륜] : 來 / 文 [*ljən]
9-12-2 軑[대] : 定 / 祭 [*dadh](곽음 : 大)
9-12-3 軧[기] : 端 / 支~脂 [*gjig](곽음 : 祇)
9-12-4 輟[종] : 精 / 東 [*tsu ŋ x](곽음 : 總)

9-13-1 輑[윤] : 疑 / 文, 溪 / 文 [* ŋ wjənx](곽음 : 牛忿反)
9-13-2 軸[축] : 定 / 幽(覺) [*drjəkw]

9-14-1 轅[원] : 云 / 元 [*gwjan]
9-14-2 輈[주] : 端 / 幽 [*trjəgw].

9-15-1 箱[상] : 心 / 陽 [*sja ŋ]
9-15-2 棐[배] : 並 / 微 [*brəd](곽음 : 俳)

9-16-1 袗[진] : 章 / 文 [*tjiənx]

9-16-2 枕[침] : 定 / 侵, 章 / 侵 [*drjəm, *tjəmx, *tjəmh]

9-17-1 紂[주] : 定 / 幽 [*drjəgwx]

9-17-2 緧[추] : 淸 / 幽 [*tshjəgw](곽음 : 秋[*tshjəgw])

9-17-3 曲綯[곡도] : 曲[곡] 溪 / 侯(屋) [*khjuk]

綯[도] 定 / 幽 [*dəgw]

9-17-4 曲綸[곡륜] : 曲[곡] 溪 / 侯(屋) [*khjuk]

綸[륜] 來 / 文 [*ljən](곽음 : 倫)

9-18-1 輨[관] : 見 / 元 [*kuanx](곽음 : 管)

9-18-2 軑[대] : 定 / 祭 [*dadh](곽음 : 大)

9-18-3 鍊鏅[간대] : 鍊[간] 見 / 元 [*krianx](곽음 : 柬)

鏅[대] 定 / 歌 [*duarx](곽음 : 度果反)

9-19-1 鍋[과] : 見 / 歌 [*kuar](곽음 : 戈)

9-19-2 錕[곤] : 見 / 文 [*kwənx](곽음 : 袞)

9-19-3 釭[강] : 見 / 東, 見 / 冬 [*kruŋ, *kuŋ, *kəŋw]

9-20-1 四鐮[사겸(렴)] : 四[사] 心 / 脂 [*sjidh]

鐮[겸(렴)] 來 / 談 [*ljam]

9-20-2 鉤腸[구장] : 鉤[구] 見 / 侯 [*kug]

腸[장] 定 / 陽 [*drjaŋ]

9-20-3 羊頭[양두] : 羊[양] 余 / 陽 [*raŋ]

頭[두] 定 / 侯 [*dug]

9-20-4 錍[비] : 幫 / 支 [*phig](곽음 : 普蹄反)

9-20-5 鈀[파] : 滂 / 魚 [*phrag](곽음 : 葩)

9-20-6 鉀鑪[갑로] : 鉀[갑] 見 / 葉 [*kap](곽음 : 嗑)

鑪[로] 來 / 魚 [*lag](곽음 : 嚧)

9-20-7 飛寅[비맹] : 飛[비] 幫 / 微 [*pjəd]

寅[맹] 明 / 陽 [*mraŋ]

9-20-8 平題[평제] : 平[평] 並 / 耕 [*bjiŋ]

題[제] 定 / 支 [*dig, *digh]

9-21-1 箙[복] : 並 / 之(職) [*bjək]

9-21-2 弓[궁] : 見 / 蒸 [*kwjəŋ]

9-21-3 鞬[건] : 群 / 元 [*gjian](곽음 : 犍)

9-21-4 韇丸[독환] : 韇[독] 定 / 屋 [*duk](곽음 : 犢)

丸[환] 匣 / 元 [*guan]

9-22-1 鶴厀[학슬] : 鶴[학] 匣 / 宵(藥), 匣 / 幽(覺) [*gakw, *gəkw]

厀[슬] 心 / 脂(質) [*sjit]

9-22-2 鉤釨[구걸] : 鉤[구] 見 / 侯 [*kug]

釨[걸] 見 / 祭(月) [*kjiat]

9-22-3 矛[모] : 明 / 幽 [*mjəgw]

9-22-4 釨[걸] : 見 / 祭(月) [*kjiat]

9-22-5 錟[담] : 透 / 談 [*hnam](곽음 : 聃)

9-22-6 鈹[피] : 幫 / 歌 [*pjiarx](곽음 : 彼)

9-22-7 骹[교] : 溪 / 宵 [*khragw]

9-22-8 銎[흉(공)] : 曉 / 東, 溪 / 東 [*hjuŋ, *khjuŋ](곽음 : 凶)

9-22-9 鐏[준] : 從 / 文 [*dzənh]

9-22-10 釬[한] : 匣 / 元 [*ganh](곽음 : 扞)

9-23-1 船[선] : 船 / 元 [*djuan]

9-23-2 舟[주] : 章 / 幽 [*tjəgw]

9-23-3 航[항] : 匣 / 陽 [*gaŋ](곽음 : 行)

9-23-4 舸[가] : 見 / 歌 [*karx](곽음 : 姑可反)

9-23-5 艖[차] : 初 / 歌 [*tshrar](곽음 : 叉)

9-23-6 艒縮[목숙] : 艒[목] 明 / 幽(覺) [*mjəkw](곽음 : 目)

縮[숙] 心 / 幽(覺) [*sjəkw](곽음 : 宿)

9-23-7 艇[정] : 定 / 耕 [*diŋx]

9-23-8 艜[대] : 端 / 祭 [*tadh](곽음 : 帶)

9-23-9 艄[보(부)] : 並 / 侯 [*bagh](곽음 : 步)
9-23-10 艂[공] : 群 / 東 [*gju ŋ](곽음 : 邛)
9-23-11 欚[례] : 來 / 支 [*lidx](곽음 : 禮)

9-24-1 泭[부] : 滂 / 侯 [*phjag](곽음 : 敷)
9-24-2 箄[패] : 滂 / 支 [*phrigh]
9-24-3 筏[벌] : 並 / 祭(月) [*bjat](곽음 : 伐)
9-24-4 薦[천] : 從 / 文 [*dziənh](곽음 : 荐)

9-25-1 方舟[방주] : 方[방] 幫 / 陽, 並 / 陽 [*pja ŋ , *bja ŋ]
舟[주] 章 / 幽 [*tjəgw]
9-25-2 潢[황] : 匣 / 陽 [*gwra ŋ](곽음 : 橫)
9-25-3 艁舟[조주] : 艁[조] 從 / 幽 [*skhəgwh, *sgəgwx]
舟[주] 章 / 幽 [*tjəgw]
9-25-4 浮梁[부량] : 浮[부] 並 / 幽 [*bjəgw]
梁[량] 來 / 陽 [*lja ŋ]

9-26-1 楫[즙] : 精 / 緝 [*tsjap]
9-26-2 橈[요] : 日 / 宵 [*njiagw](곽음 : 如寮反)
9-26-3 櫂[도] : 定 / 宵 [*dragwh]
9-26-4 槳[장] : 精 / 陽 [*tsja ŋ x](곽음 : 獎)
9-26-5 緝[집] : 淸 / 緝 [*tshjəp]
9-26-6 橋[고] : 見 / 宵 [*kagw](곽음 : 高)
9-26-7 維[유] : 余 / 脂～微 [*rwjid]
9-26-8 鼎[정] : 端 / 耕 [*ti ŋ x]
9-26-9 首[수] : 書 / 幽 [*hrjəgwx, *hrjəgwh]
9-26-10 閤閭[합려] : 閤[합] 見 / 緝, 匣 / 緝 [*kəp, *gəp]
閭[려] 來 / 魚 [*ljag]
9-26-11 艗艏[익수] : 艗[익] 余 / 支(錫) [*rak](곽음 : 亦)
艏[수] 書 / 幽 [*hrjəgwx, *hrjəgwh]
9-26-12 舳[축] : 定 / 幽(覺) [*drjəkw](곽음 : 軸)

9-26-13 僞[와] : 疑 / 歌 [* ŋ war](곽음 : 訛)
9-26-14 扤[올] : 疑 / 微(物) [* ŋ wət](곽음 : 吾勃反)

卷十

10-1-1 媱[요] : 余 / 宵 [*grjagw]
10-1-2 惕[양] : 余 / 陽 [*ra ŋ](곽음 : 羊)
10-1-3 遊[유] : 余 / 幽 [*rəgw]
10-1-4 嬉[희] : 曉 / 之 [*hjəg](곽음 : 香其反)

10-2-1 曾[증] : 精 / 蒸, 從 / 蒸 [*tsə ŋ , *dzə ŋ]
10-2-2 訾[자] : 精 / 支 [*tsjig, *tsjigx]
10-2-3 何[하] : 匣 / 歌 [*gar, *garx]
10-2-4 何爲[하위] : 何[하] 匣 / 歌 [*gar, *garx]
　　　　　　　　爲[위] 云 / 歌 [*gwjar, *gwjarh]

10-3-1 央亡[앙망] : 央[앙] 影 / 陽 [*ʔja ŋ]
　　　　　　　　亡[망] 明 / 陽 [*mja ŋ]
10-3-2 嘿杘[묵치] : 嘿[묵] 明 / 之(職) [*mjəkw](곽음 : 目)
　　　　　　　　杘[치] 透 / 脂 [*thjid](곽음 : 丑夷反)
10-3-3 姡[활] : 匣 / 祭(月) [*gruat](곽음 : 胡刮反)
10-3-4 獪[회(괴)] : 見 / 祭 [*kwadh, *kwradh]
10-3-5 無賴[무뢰] : 無[무] 明 / 魚 [*mag, *mjag]
　　　　　　　　賴[뢰] 來 / 祭 [*ladh]
10-3-6 㺒[교] : 溪 / 幽 [*khragw](곽음 : 恪交反)
10-3-7 娗[전] : 定 / 耕 [*dianh]
10-3-8 猾[활] : 匣 / 微 [*gwrət](곽음 : 滑)

10-4-1 崽[재] : 山 / 支 [*sjəgx](곽음 : 枲)
10-4-2 子[자] : 精 / 之 [*tsəgx](곽음 : 宰)

10-5-1 誺[치] : 透 / 之 [*thrjəg](곽음 : 癡)

10-5-2 不知[불지] : 不[불] 幫 / 之(職) [*pjət]

知[지] 端 / 支 [*trjig]

10-5-3 吂[망] : 明 / 陽 [*maŋ](곽음 : 茫)

10-5-4 䚡[비] : 幫 / 脂 [*pjidx]

10-6-1 煤[회] : 曉 / 微 [*hwədx](곽음 : 呼隗反)

10-6-2 火[화] : 曉 / 微 [*hwərx]

10-6-3 焜[훼] : 明 / 微 [*hmjiarx](곽음 : 毁)

10-7-1 嘳[귀(괴)] : 溪 / 微 [*khwrədh](곽음 : 蒯)

10-7-2 無寫[무사] : 無[무] 明 / 魚 [*mag, *mjag]

寫[사] 心 / 魚 [*sjiagx]

10-7-3 憐[련] : 來 / 眞 [*lin]

10-7-4 恖[사] : 心 / 之 [*sjəg, *sjəgh]

10-7-5 人兮[인혜] : 人[인] 日 / 眞 [*njin]

兮[혜] 匣 / 支 [*gig]

10-8-1 嫣[안] : 疑 / 元 [*ŋjanx](곽음 : 魚踐反)

10-8-2 嫧[책] : 初 / 支(錫) [*tshrik](곽음 : 策)

10-8-3 鮮[선] : 心 / 元 [*sjan, *sjanx, *sjanh]

10-8-4 好[호] : 曉 / 幽 [*həgwx, *həgwh]

10-9-1 㘓哰[란로] : 㘓[란] 來 / 元 [*lan](곽음 : 蘭)

哰[로] 來 / 幽 [*ləgw](곽음 : 牢)

10-9-2 謰謱[련루] : 謰[련] 來 / 元 [*ljan](곽음 : 連)

謱[루] 來 / 侯 [*lugx](곽음 : 力口反)

10-9-3 拏[나] : 泥 / 歌 [*nrar](곽음 : 奴加反)

10-9-4 支註[지주] : 支[지] 見 / 支 [*trjigh](곽음 : 之豉反)

註[주] 章 / 侯 [*tjugh](곽음 : 注)

10-9-5 詀謕[잠제] : 詀[잠] 透 / 談 [*thiam, *thiamh](곽음 : 託兼反)

褫[제] 定 / 支 [*dig](곽음 : 啼)

10-9-6 惹[약(야)] : 日 / 魚(鐸) [*njiag, *njiak](곽음 : 汝邪反, 若)

10-9-7 讘[엄] : 影 / 談 [*ʔjiamx]

10-10-1 㱃[의] : 影 / 脂 [*ʔjidh](곽음 : 懿)

10-10-2 嗇[색] : 山 / 之(職) [*srjək]

10-10-3 貪[탐] : 透 / 侵 [*thəm]

10-10-4 悋[린] : 來 / 眞 [*ljinh]

10-10-5 恨[한] : 匣 / 文 [*gənh]

10-11-1 遙[요] : 余 / 宵 [*grjagw]

10-11-2 窕[조] : 定 / 宵 [*diagwx]

10-11-3 淫[음] : 余 / 侵 [*rəm]

10-12-1 潛[잠] : 從 / 談 [*dzjam, *dzjamh]

10-12-2 涵[함] : 匣 / 侵 [*gəm, *kəm](곽음 : 含, 古南反)

10-12-3 沉[침] : 定 / 侵 [*drjəm]

10-12-4 遊[유] : 余 / 幽 [*rəgw]

10-13-1 家[적] : 邪 / 幽(覺) [*sdiəkw]

10-13-2 安[안] : 影 / 元 [*ʔan]

10-13-3 靜[정] : 從 / 耕 [*dzjiŋx]

10-14-1 拌[반] : 滂 / 元, 並 / 元 [*phan, *banx](곽음 : 伴, 普槃反)

10-14-2 棄[기] : 溪 / 脂 [*khjidh]

10-14-3 敲[고] : 溪 / 宵 [*khragwh](곽음 : 恪校反)

10-14-4 投[투] : 定 / 侯 [*dug]

10-15-1 諑[착] : 端 / 侯(屋) [*truk]

10-15-2 愬[소] : 心 / 魚, 山 / 支(錫) [*sagh, *srik]

10-16-1 戱[희] : 曉 / 魚 [*hjag](곽음 : 義[*ŋjiarh])
10-16-2 泄[설] : 余 / 祭(月), 心 / 祭 [*rabh, *stjat]
10-16-3 歇[헐] : 曉 / 祭(月) [*hjat]
10-16-4 奄[엄] : 影 / 談 [*ʔjiamx]
10-16-5 息[식] : 心 / 之(職) [*sjək]

10-17-1 攓[건] : 溪 / 元 [*khjian](곽음 : 騫)
10-17-2 取[취] : 淸 / 侯 [*tshugx, *tshjugx]

10-18-1 咈[비] : 幫 / 微 [*pjiədh](곽음 : 瞟, 費)
10-18-2 曬[쇄] : 山 / 歌 [*srarh, *srjarh]
10-18-3 乾物[건물] : 乾[건] 見 / 元, 群 / 元 [*kan, *gjian]
物[물] 明 / 微 [*mjət]

10-19-1 蘪[비] : 幫 / 微 [*pjəd](곽음 : 斐)
10-19-2 猝[졸] : 淸 / 微(物) [*tshət]
10-19-3 突[돌] : 透 / 微 [*thuət](곽음 : 他骨反)

10-20-1 跡跡[적적] : 精 / 魚(鐸) [*tsjiak]
10-20-2 屑屑[설설] : 心 / 脂(質) [*sit, *sət]
10-20-3 不安[불안] : 不[불] 幫 / 之(職) [*pjət]
安[안] 影 / 元 [*ʔan]
10-20-4 塞塞[색색] : 心 / 之 [*səgh]
10-20-5 省省[성성] : 山 / 耕, 心 / 耕 [*sriŋx, *sjiŋx]

10-21-1 潿沭[혁술] : 潿[혁] 匣 / 支(錫) [*gik](곽음 : 閾)
沭[술] 禪 / 微 [*djət]
10-21-2 征伀[정종] : 征[정] 章 / 耕 [*tjiŋ]
伀[종] 章 / 東 [*tjuŋ]
10-21-3 遑遽[황거] : 遑[황] 匣 / 陽 [*gwaŋ]
遽[거] 羣 / 魚 [*gjagh]

10-22-1 翥[저] : 章 / 魚 [*tjagh]

10-22-2 擧[거] : 見 / 魚, 余 / 魚 [*kjagx, *rag]

10-23-1 忸怩[뉴(뉵)니] : 忸[뉴(뉵)] 泥 / 幽(覺) [*nrjəgwx, *nrjəkw]

怩[니] 泥 / 脂 [*nrjid]

10-23-2 慙歰[참삽] : 慙[참] 從 / 談 [*dzam]

歰[삽] 從 / 談, 山 / 緝 [*dzam, srjəp]

10-23-3 𪗍咨[축자] : 𪗍[축] 精 / 談 [*tsjəkw](곽음 : 子六反)

咨[자] 精 / 脂 [*tsjid](곽음 : 莊伊反)

10-24-1 垤[질] : 定 / 脂(質) [*dit]

10-24-2 封[봉] : 幫 / 東 [*pjuŋ, *pjuŋh]

10-24-3 塲[장] : 定 / 陽, 書 / 陽 [*drjaŋ, *hrjaŋ]

10-25-1 讁[적(석)] : 崇 / 支(錫), 端 / 支(錫) [*dzrik, *tjik](곽음 : 賾, 適)

10-25-2 過[과] : 見 / 歌 [*kuar, *kuarh]

10-25-3 䀢[맥] : 明 / 支(錫) [*mrik](곽음 : 脈)

10-25-4 慧[혜] : 匣 / 祭 [*gwiadh]

10-26-1 膊[박] : 滂 / 魚(鐸) [*phak]

10-26-2 兄[형] : 曉 / 陽 [*hwjiaŋ]

10-27-1 謇[건] : 見 / 元 [*kjianx]

10-27-2 極[극] : 群 / 之(職) [*gjək]

10-27-3 吃[흘] : 見 / 微(物) [*kjət]

10-27-4 軋[알] : 影 / 脂(質) [*ʔrit](곽음 : 烏八反)

10-27-5 歰[삽] : 山 / 緝 [*srjəp]

10-28-1 𪗋[재] : 從 / 支 [*dzigx](곽음 : 昨啟反)

10-28-2 矲[패] : 並 / 歌 [*brarx](곽음 : 蒲揩反)

10-28-3 短[단] : 端 / 元 [*tuanx]

10-28-4 鮆[제] : 精 / 支 [*dzigx, *tsjig]

10-28-5 癠[제] : 從 / 脂 [*dzidx](곽음 : 薺)

10-28-6 短罷[단패] : 短[단] 端 / 元 [*tuanx]

罷[패] 並 / 歌 [*brarx]

10-28-7 府[부] : 幫 / 侯 [*pjugx]

10-29-1 鉗[겸] : 群 / 談 [*gjiam]

10-29-2 疲[반] : 滂 / 元 [*phjan](곽음 : 妨反反)

10-29-3 憋[별] : 滂 / 祭 [*phjiat](곽음 : 妨滅反)

10-29-4 惡[악] : 影 / 魚(鐸) [*ʔak]

10-30-1 癡[치] : 透 / 之 [*thrjəg]

10-30-2 騃[애] : 疑 / 之 [* ŋ rəgx](곽음 : 吾駭反)

10-30-3 眲[약] : 泥 / 之(職) [*nrək](곽음 : 諾革反)

10-30-4 斫[작] : 章 / 魚(鐸) [*tjak]

10-31-1 惃[곤] : 見 / 文 [*kwənx](곽음 : 袞)

10-31-2 惒[발] : 並 / 微(物) [*bət](곽음 : 教)

10-31-3 頓愍[돈민] : 頓[돈] 端 / 文 [*tənh]

愍[민] 明 / 眞 [*mjinx]

10-31-4 惛[혼] : 曉 / 文 [*hnən, *hnənx, *hnənh]

10-31-5 氐惆[저추] : 氐[저] 端 / 脂 [*tidx, *tidh](곽음 : 丁弟反)

惆[추] 透 / 幽 [*təgw](곽음 : 丁牢反)

10-31-6 眠眩[면현] : 眠[면] 明 / 眞 [*min]

眩[현] 匣 / 元 [*gwian, *gwianh]

10-32-1 悅[열] : 余 / 祭(月) [*ruat]

10-32-2 舒[서] : 書 / 魚 [*hrjag]

10-32-3 蘇[소] : 心 / 魚 [*sag]

10-33-1 眠娗[면전] : 眠[면] 明 / 眞 [*minx](곽음 : 莫典反)

娗[전] 定 / 文 [*diənx](곽음 : 塗殄反)

10-33-2 脈蜴[맥석] : 脈[맥] 明 / 支(錫) [*mrik]

蜴[석] 心 / 支(錫) [*sik](곽음 : 析)

10-33-3 賜施[사시] : 賜[사] 心 / 支 [*sjigh]

施[시] 書 / 歌 [*hrjar, *hrja-h]

10-33-4 茭媞[교제] : 茭[교] 溪 / 宵 [*khragwh](곽음 : 恪校反)

媞[제] 端 / 支 [*trigh](곽음 : 得懈反)

10-33-5 譠謾[탄만] : 譠[탄] 透 / 元 [*than](곽음 : 託蘭反)

謾[만] 明 / 元 [*man](곽음 : 莫蘭反)

10-33-6 慴忚[려혜] : 慴[려] 來 / 歌 [*liarh](곽음 : 麗)

忚[혜] 曉 / 歌 [*hiar](곽음 : 醯)

10-33-7 欺謾[기만] : 欺[기] 溪 / 之 [*khjəg]

謾[만] 明 / 元 [*man]

10-34-1 顚[전] : 章 / 元 [*tjan]

10-34-2 頟[액] : 疑 / 魚(鐸) [* ŋ rak]

10-34-3 顔[안] : 疑 / 元 [* ŋ ran]

10-34-4 顙[상] : 心 / 陽 [*sa ŋ x]

10-35-1 頷[함] : 匣 / 侵 [*gəm, *gəmx]

10-35-2 頤[이] : 余 / 之 [*rəg]

10-35-3 頜[합] : 匣 / 侵, 見 / 緝 [*gəmx, *kəp]

10-36-1 紛怡[분이] : 紛[분] 滂 / 文 [*phjən]

怡[이] 余 / 之 [*rəg]

10-36-2 喜[희] : 曉 / 之 [*hjəgx]

10-36-3 已[이] : 余 / 之 [*hjəg, *rəg](곽음 : 嬉, 怡)

10-37-1 㬎[감] : 匣 / 談 [*gam](곽음 : 酣)

10-37-2 或[혹] : 匣 / 之(職) [*gwək]

10-38-1 愮[요] : 余 / 宵 [*ragwh](곽음 : 曜)
10-38-2 療[료] : 來 / 宵 [*ljagwh]
10-38-3 治[치] : 定 / 之, 定 / 脂 [*drjəg, *drjəgh, *drjidh]

10-39-1 𣬈[훼] : 曉 / 微 [*hwjədh](곽음 : 凶位反)
10-39-2 莽[무(망)] : 明 / 之, 明 / 陽 [*məgx, *maŋx](곽음 : 嫫母反)
10-39-3 草[초] : 淸 / 幽 [*tshəgwx]

10-40-1 悈鰓[극새] : 悈[극] 見 / 之(職) [*kjək](곽음 : 愅)
鰓[새] 心 / 之 [*səg](곽음 : 鰓)
10-40-2 乾都[건도] : 乾[건] 見 / 元 [*kan](곽음 : 干)
都[도] 端 / 魚 [*tag]
10-40-3 耇[구] : 見 / 侯 [*kugh](곽음 : 垢)
10-40-4 革[혁] : 見 / 之(職) [*krək]
10-40-5 老[로] : 來 / 幽 [*ləgwx]

10-41-1 柲[비] : 幫 / 脂(質) [*pjidh](곽음 : 祕)
10-41-2 抌[담(심)] : 端 / 侵, 船 / 侵 [*təmx, *djəmx](곽음 : 都感反, 甚)
10-41-3 推[추] : 昌 / 微 [*thəd, *thjəd]
10-41-4 揔[골] : 溪 / 微(物) [*khwət] (곽음 : 苦骨反)
10-41-5 攩[황] : 匣 / 陽 [*gwaŋx](곽음 : 晃[*gwaŋx])

10-42-1 食閻[식염] : 食[식] 船 / 之(職) [*djək]
閻[염] 余 / 談 [*ram](곽음 : 鹽)
10-42-2 慫慂[종용] : 慫[종] 精 / 東 [*tsjuŋx](곽음 : 子竦反)
慂[용] 余 / 東 [*ruŋx](곽음 : 涌)
10-42-3 勸[권] : 溪 / 元 [*khjuanh]

10-43-1 欸[애] : 影 / 脂, 影 / 之 [*ʔidh, *ʔəg](곽음 : 醫, 埃)
10-43-2 譼[예] : 影 / 脂 [*ʔid](곽음 : 翳)
10-43-3 然[연] : 日 / 元 [*njan]

10-44-1 緤[설] : 心 / 祭(月)[*sjat](곽음 : 薛)

10-44-2 末[말] : 明 / 祭(月) [*mat]

10-44-3 紀[기] : 見 / 之 [*kjəgx]

10-44-4 緒[서] : 邪 / 魚 [*rjagx]

10-44-5 端[단] : 端 / 元 [*tuan]

10-45-1 瞍[종] : 精 / 東 [*tsu ŋ x](곽음 : 總)

10-45-2 䫉[려] : [*liarh](곽음 : 麗)

10-45-3 闚[규] : 溪 / 歌 [*khwjar]

10-45-4 貼[점] : 昌 / 談 [*thjam](곽음 : 敕纖反)

10-45-5 占[점] : 章 / 談, 端 / 談 [*tjam, *tjamh, *tiam]

10-45-6 伺[사] : 心 / 之 [*stjəg, *stjəgh]

10-45-7 視[시] : 禪 / 脂 [*grjidx, *grjidh]

10-45-8 覗[사] : 心 / 之 [*stjəg, *stjəgh]

10-46-1 鎓[옹] : 影 / 東 [*ʔu ŋ x](곽음 : 惡孔反)

10-46-2 穠[농] : 泥 / 冬 [*nə ŋ wx](곽음 : 奴動反)

10-46-3 䁕[성] : 禪 / 耕 [*dji ŋ]

10-46-4 多[다] : 端 / 歌 [*tar]

10-47-1 扭[저] : 莊 / 魚 [*tsrag](곽음 : 柤)

10-47-2 摣[사] : 莊 / 魚 [*tsrag](곽음 : 仄加反)

10-47-3 取[취] : 淸 / 侯 [*tshugx, *tshjugx]

10-48-1 侃[범] : 滂 / 談 [*phjamh](곽음 : 汎)

10-48-2 僄[표] : 滂 / 宵 [*phjiagw](곽음 : 飄)

10-48-3 輕[경] : 溪 / 耕 [*khji ŋ , *khji ŋ h]

卷十一

11-1-1 蛥蚗[설결] : 蛥[설] 船 / 祭(月) [*djat](곽음 : 折[*djat])

蚗[결] 見 / 祭(月) [*kwiat](곽음 : 於列反, 玦)

11-1-2 螇蠦[혜록] : 螇[혜] 匣 / 支 [*gig](곽음 : 奚)

蠦[록] 來 / 侯(屋) [*luk](곽음 : 鹿)

11-1-3 蟪蛄[혜고] : 蟪[혜] 匣 / 脂(質) [*gwidh]

蛄[고] 見 / 魚 [*kag]

11-1-4 蛉蛄[령고] : 蛉[령] 來 / 耕 [*li ŋ](곽음 : 零)

蛄[고] 見 / 魚 [*kag]

11-1-5 蛁蟧[조료] : 蛁[조] 端 / 宵 [*tiagw](곽음 : 貂)

蟧[료] 來 / 宵 [*liagw](곽음 : 料)

11-1-6 蝭蟧[제료] : 蝭[제] 定 / 支 [*tigh](곽음 : 帝)

蟧[료] 來 / 宵 [*lagw, *liagw]

11-1-7 蜓蚞[정목] : 蜓[정] 定 / 耕 [*di ŋ](곽음 : 廷)

蚞[목] 明 / 侯(屋) [*muk](곽음 : 木)

11-2-1 蟬[선] : 禪 / 元 [*djan]

11-2-2 蜩[조] : 定 / 幽 [*diəgw](곽음 : 調)

11-2-3 螗蜩[당조] : 螗[당] 定 / 陽 [*da ŋ]

蜩[조] 定 / 幽 [*diəgw]

11-2-4 蜋蜩[랑조] : 蜋[랑] 來 / 陽 [*lja ŋ](곽음 : 良)

蜩[조] 定 / 幽 [*diəgw]

11-2-5 蚑[기] : 群 / 支 *gjigx(곽음 : 技)

11-2-6 蟧[료] : 來 / 宵 [*lagw, *liagw]

11-2-7 蝒馬[면마] : 蝒[면] 明 / 元 [*mjian]

馬[마] 明 / 魚 [*mragx]

11-2-8 麥蚻[맥찰] : 麥[맥] 明 / 之(職) [*mrək](곽음 : 癥)

蚻[찰] 莊 / 脂(質) [*tsrit]

11-2-9 蜻蜻[정정] : 精 / 耕, 淸 / 耕 [*tsji ŋ , *tshi ŋ]

11-2-10 䗖[질] : 精 / 祭(月) [*tsjat](곽음 : 祖一反)

11-2-11 蝬[잔] : 崇 / 元 [*dzrianx](곽음 : 棧)

11-2-12 蜺[예] : 疑 / 支 [* ŋ ig](곽음 : 霓)

11-3-1 蜩蟧[조료] : 蜩[조] 定 / 幽 [*diəgw]

蟧[료] 來 / 宵 [*lagw, *liagw]

11-3-2 蟊蜩[모조] : 蟊[모] 明 / 幽 [*mrəgw]

蜩[조] 定 / 幽 [*diəgw]

11-4-1 螗[응] : 影 / 蒸 [*ʔjə ŋ](곽음 : 應)

11-4-2 寒蜩[한조] : 寒[한] 匣 / 元 [*gan]

蜩[조] 定 / 幽 [*diəgw]

11-4-3 瘖蜩[음조] : 瘖[음] 影 / 侵 [*ʔjiəm]

蜩[조] 定 / 幽 [*diəgw]

11-5-1 蛄詣[고예] : 蛄[고] 見 / 魚 [*kag]

詣[예] 疑 / 脂 [* ŋ idh]

11-5-2 杜蛒[두객] : 杜[두] 定 / 魚 [*dagx]

蛒[객] 見 / 魚(鐸) [*kak](곽음 : 格)

11-5-3 螻螲[루질] : 螻[루] 來 / 侯 [*lug]

螲[질] 端 / 脂(質) [*tit](곽음 : 窒)

11-5-4 螻蛄[루고] : 螻[루] 來 / 侯 [*lug]

蛄[고] 見 / 魚 [*kag]

11-5-5 蟓蛉[상령] : 蟓[상] 邪 / 陽 [rja ŋ x](곽음 : 象)

蛉[령] 來 / 耕 [*li ŋ](곽음 : 鈴)

11-5-6 杜狗[두구] : 杜[두] 定 / 魚 [*dagx]

狗[구] 見 / 侯 [*kugx]

11-5-7 蛞螻[괄루] : 蛞[괄] 溪 / 祭(月) [*khuat]

螻[루] 來 / 侯 [lug]

11-6-1 蜻蛚[청렬] : 蜻[청] 精 / 耕 [*tsji ŋ](곽음 : 精)

蛚[렬] 來 / 祭(月) [*ljat](곽음 : 列)

11-6-2 蟋蟀[실솔] : 蟋[실] 心 / 脂(質), 山 / 脂(質) [*sjit, *srjit]

蟀[솔] 山 / 微 [*srjət]

11-6-3 蛬[공] : 見 / 東 [*kju ŋ x](곽음 : 鞏)

11-6-4 虹孫[왕손] : 虹[왕] 云 / 陽 [*gwja ŋ]
孫[손] 心 / 文 [*sən]

11-7-1 螳螂[당랑] : 螳[당] 定 / 陽 [*da ŋ]
螂[랑] 來 / 陽 [*la ŋ]

11-7-2 髦[모] : 明 / 宵 [*magw]

11-7-3 虰[정] : 定 / 耕, 透 / 耕, 端 / 耕 [*dri ŋ , *thrji ŋ , *ti ŋ]

11-7-4 蛘蛘[양양] : 明 / 支 [*mjigx]

11-8-1 姑䗐[고시] : 姑[고] 見 / 魚 [*kag]
䗐[시] 書 / 歌 [*hrjar]

11-8-2 強蛘[강양] : 強[강] 群 / 陽 [*gja ŋ , *gja ŋ x]
蛘[양] 明 / 支 [*mjigx](곽음 : 芈)

11-9-1 蛨蛨[맹맹] : 明 / 陽 [*mra ŋ x](곽음 : 莫鯁反)

11-9-2 蟘[대] : 透 / 之, 定 / 之 [*thəgh, *dəgh](곽음 : 貸)

11-9-3 蟅蛨[자맹] : 蟅[자] 莊 / 魚 [*tsragh](곽음 : 詐)
蛨[맹] 明 / 陽 [*ma ŋ x]

11-9-4 蛨[맹] : 明 / 陽 [*ma ŋ x]

11-9-5 螣[등] : 定 / 蒸 [*də ŋ](곽음 : 滕)

11-10-1 蜻蛉[청령] : 蜻[청] 清 / 耕 [*tshi ŋ]
蛉[령] 來 / 耕 [*li ŋ](곽음 : 靈)

11-10-2 蝍蛉[즉령] : 蝍[즉] 精 / 之(職) [*tsjək]
蛉[령] 來 / 耕 [*li ŋ]

11-11-1 舂黍[용서] : 舂[용] 書 / 東 [*hrju ŋ]
黍[서] 書 / 魚 [*hrjagx]

11-11-2 䗥蝑[종서] : 䗥[종] 從 / 東 [*dzju ŋ](곽음 : 蘩[*dzu ŋ])
蝑[서] 心 / 魚 [*sjiagh, *sjag](곽음 : 墻沮反[*dzjag])

11-12-1 蠀蠋[즉축] : 蠀[즉] 精 / 之(職) [*tsjək](곽음 : 卽[*tsjək])
蠋[축] 定 / 幽(覺) [*diəkw](곽음 : 踧[*diəkw])

11-12-2 蚇蠖[척확] : 蚇[척] 昌 / 魚(鐸) [*thjiak]
蠖[확] 影 / 魚(鐸) [*ʔwak](곽음 : 烏郭反)

11-13-1 蠭[봉] : 滂 / 東 [*phjuŋ]

11-13-2 蠓蠮[몽옹] : 蠓[몽] 明 / 東 [*muŋ](곽음 : 蒙)
蠮[옹] 影 / 東 [*ʔuŋ](곽음 : 翁)

11-13-3 蠮螉[열옹] : 蠮[열] 影 / 質 [*ʔit](곽음 : 壹)
螉[옹] 影 / 東 [*ʔuŋ]

11-13-4 蚴蜺[유열] : 蚴[유] 影 / 幽 [*ʔjiəgw](곽음 : 幽)
蜺[열] 余 / 祭(月) [*ruat](곽음 : 悅)

11-13-5 壺蠭[호봉] : 壺[호] 匣 / 魚 [*gag]
蠭[봉] 滂 / 東 [*phjuŋ]

11-14-1 蠅[승] : 余 / 蒸 [*rəŋ]

11-14-2 羊[양] : 余 / 陽 [*raŋ]

11-15-1 蚍蜉[비부] : 蚍[비] 並 / 脂 [*bjid](곽음 : 毗)
蜉[부] 並 / 幽 [*bjəgw](곽음 : 浮)

11-15-2 蚼蟓[구양] : 蚼[구] 見 / 侯 [*kjug](곽음 : 駒)
蟓[양] 余 / 陽 [*raŋx](곽음 : 養[*raŋx])

11-15-3 玄蚼[현구] : 玄[현] 匣 / 元 [*gwian]
蚼[구] 曉 / 侯, 群 / 侯 [*hugx, gjug]

11-15-4 蛾蛘[의양] : 蛾[의] 疑 / 歌 [*ŋjiarx](곽음 : 蟻)
蛘[양] 余 / 陽 [*raŋx](곽음 : 養[*raŋx])

11-15-5 坻[지] : 定 / 脂 [*drjid](곽음 : 直尸反)

11-15-6 垤[질] : 定 / 脂(質) [*dit]

11-16-1 蠀螬[자조] : 蠀[자] 清 / 脂 [*tshjid]
螬[조] 從 / 幽 [*dzəgw]

11-16-2 蟦[비] : 並 / 微 [*bjədh](곽음 : 翡)

11-16-3 蝤蟦[유재] : 蝤[15][유] 余 / 幽 [*rəgw](곽음 : 猶)

蟦[재] 從 / 脂 [*dzjid](곽음 : 齋)

11-16-4 蠸蠋[권촉] : 蠸[권] 群 / 元 [*gwjan](곽음 : 卷)

蠋[촉] 章 / 侯(屋), 船 / 侯(屋) [*tjuk, *djuk]

11-16-5 蝖蟄[훤곡] : 蝖[훤] 曉 / 元 [*hjuan](곽음 : 喧)

蟄[곡] 匣 / 侯(屋) [*guk](곽음 : 斛)

11-16-6 蛒[격] : 見 / 魚(鐸) [*kak](곽음 : 格)

11-16-7 蝎[갈] : 匣 / 祭(月) [*gat]

11-16-8 蛭蛒[질격] : 蛭[질] 章 / 脂(質) [*trjit](곽음 : 質)

蛒[격] 見 / 魚(鐸) [*krak]

11-16-9 蠹[두] : 端 / 魚 [*tagh]

11-16-10 天螻[천루] : 天[천] 透 / 文 [*thiən]

螻[루] 來 / 侯 [*lug]

11-17-1 蚰蜒[유연] : 蚰[유] 余 / 幽 [*rəgw](곽음 : 由)

蜒[연] 余 / 元 [*ran](곽음 : 延)

11-17-2 螾蜑[인연] : 螾[인] 余 / 眞 [*rinx](곽음 : 引)

蜑[연] 余 / 元 [*ranx, *ranh]

11-17-3 入耳[입이] : 入[입] 日 / 緝 [*njəp]

耳[이] 日 / 之 [*njəgx]

11-17-4 蛝蠦[장려] : 蛝[장] 端 / 陽 [*trjaŋ]

蠦[려] 來 / 歌 [*liarh](곽음 : 麗)

11-17-5 蚨虶[부우] : 蚨[부] 幫 / 魚 [*pjag](곽음 : 扶)

虶[우] 影 / 魚 [*ʔag](곽음 : 於)

11-17-6 蚰蜿[뉵니] : 蚰[뉵] 泥 / 幽 [*nrjəkw](곽음 : 奴六反)

蜿[니] 泥 / 脂 [*nrjid](곽음 : 尼)

15 蝤[유]는 『漢韓大辭典』에는 발음이 '추'라고 되어있으나, 곽박음 '猶[유]'에 따르면 상고음은 余 / 幽 [*rəgw]이다.

11-18-1 䵹鼄[지주] : 䵹[지] 端 / 支 [*trjig](곽음 : 知)
鼄[주] 端 / 侯 [*trjug](곽음 : 株)

11-18-2 鼄蝥[주모] : 鼄[주] 端 / 侯 [*trjug]
蝥[모] 明 / 魚 [*mag](곽음 : 無)

11-18-3 蠾蝓[촉유] : 蠾[촉] 章 / 侯(屋) [*tjuk](곽음 : 燭)
蝓[유] 余 / 侯 [*rug](곽음 : 臾)

11-18-4 蝳蜍[독여] : 蝳[독] 定 / 覺 [*dəkw](곽음 : 毒)
蜍[여] 余 / 魚 [*rag](곽음 : 餘)

11-19-1 蜉蝣[부유] : 蜉[부] 並 / 幽 [*bjəgw](곽음 : 浮)
蝣[유] 余 / 幽 [*rəgw](곽음 : 由)

11-19-2 蟝蠚[거략] : 蟝[거] 群 / 魚 [*gjag]
蠚[략] 來 / 魚(鐸) [*ljak]

11-20-1 馬蚿[마현] : 馬[마] 明 / 魚 [*mragx]
蚿[현] 匣 / 元 [*gian](곽음 : 弦)

11-20-2 蛆蟝[저거] : 蛆[저] 精 / 魚 [*tsjag]
蟝[거] 群 / 魚 [*gjag]

11-20-3 馬蚰[마축] : 馬[마] 明 / 魚 [*mragx]
蚰[축] 定 / 幽(覺) [*drjəkw](곽음 : 逐)

卷十二

12-1-1 爰[원] : 云 / 元 [*gwjan]

12-1-2 暖[환] : 曉 / 元 [*hwanh, *hwjan](곽음 : 段[16])

12-1-3 哀[애] : 影 / 微 [*ʔəd]

12-2-1 儒輸[유수] : 儒[유] 日 / 侯 [*njug]
輸[수] 書 / 侯 [*hrjug, *hrjugh]

16 곽박은 음이 '段'[*duanh]이라고 했지만, 대진의 설은 아직 논란이 되고 있어서 여기서는 환暖의 상고음 [*hwanh, *hwjan]을 그대로 따른다.

12-2-2 愚[우] : 疑 / 侯 [* ŋ jug]

12-3-1 愋[훤] : 曉 / 元 [*hwjan]
12-3-2 諒[량] : 來 / 陽 [*lja ŋ h]
12-3-3 知[지] : 端 / 支 [*trjig]

12-4-1 拊[부] : 幫 / 侯 [*pjugx](곽음 : 府)
12-4-2 撫[무] : 滂 / 魚 [*phjagx]
12-4-3 疾[질] : 從 / 脂(質) [*dzjit]

12-5-1 菲[비] : 並 / 微 [*bjədh](곽음 : 翡)
12-5-2 惄[녁] : 泥 / 幽(覺) [*niəkw]
12-5-3 悵[창] : 透 / 陽 [*thrja ŋ h]

12-6-1 鬱巸[울이] : 鬱[울] 影 / 微(物), [*ʔwjət]
巸[이] 余 / 之 [rəg](곽음 : 怡)
12-6-2 長[장] : 端 / 陽, 定 / 陽 [*trja ŋ x, *drja ŋ , *drja ŋ h]

12-7-1 娋[초] : 山 / 宵 [*sragw, *sragwh]
12-7-2 孟[맹] : 明 / 陽 [*mra ŋ h]
12-7-3 姊[자] : 精 / 脂 [*tsjidx]

12-8-1 築娌[축리] : 築[축] 定 / 幽(覺) [*drjəkw](곽음 : 度六反)
娌[리] 來 / 之 [*ljəgx]
12-8-2 匹[필] : 滂 / 脂(質) [*phjit]

12-9-1 娌[리] : 來 / 之 [*ljəgx]
12-9-2 耦[우] : 疑 / 侯 [* ŋ ugx]

12-10-1 䃕[영] : 余 / 耕 [*ri ŋ](곽음 : 盈)
12-10-2 裔[예] : 余 / 祭[*radh]

12-10-3 習[습] : 邪 / 緝 [*rjəp]

12-11-1 躔[전] : 定 / 元 [*drjanx](곽음 : 度展反)
12-11-2 逡[준] : 淸 / 文 [*tshjən](곽음 : 逡)
12-11-3 循[순] : 邪 / 文 [*sdjən]

12-12-1 躔歷[전력] : 躔[전] 定 / 元 [*drjan]
歷[력] 來 / 支(錫) [*lik]
12-12-2 行[행] : 匣 / 陽 [*gaŋ, *gaŋh, *graŋ, *ɜraŋh]

12-13-1 逭[환] : 匣 / 元, 見 / 元 [*guanh, *kuanx](곽음 : 換, 管)
12-13-2 逌[육] : 余 / 幽(覺) [*rjəkw](곽음 : 陽六反)
12-13-3 轉[전] : 端 / 元 [*trjuanx, *trjuanh]
12-13-5 逌[육] : 余 / 幽(覺) [*rəkw]
12-13-6 步[보] : 並 / 魚 [*bagh]

12-14-1 㷭[봉] : 並 / 東 [*bjuŋ]
12-14-2 虞[우] : 疑 / 魚 [*ŋwjag]
12-14-3 望[망] : 明 / 陽 [*mjaŋ, *mjaŋh]

12-15-1 揄[유] : 余 / 侯 [*rug]
12-15-2 㣙[타] : 透 / 歌 [*thuarx]
12-15-3 脫[탈] : 透 / 祭(月), 定 / 祭(月) [*thuat *duat]

12-16-1 解[해] : 匣 / 支 [*grigx, *grigh]
12-16-2 輸[수] : 書 / 侯 [*hrjug, *hrjugh]
12-16-3 挩[탈] : 透 / 祭(月), 透 / 微(物) [*thuat *thət]

12-17-1 賦[부] : 幫 / 魚 [*pjagh]
12-17-2 與[여] : 余 / 魚 [*ragx, *rag, *ragh]
12-17-3 操[조] : 淸 / 宵 [*tshagw, *tshagwh]

12-18-1 漉[록] : 來 / 侯(屋)[*luk](곽음 : 鹿)
12-18-2 歇[헐] : 曉 / 祭(月) [*hjat]
12-18-3 涸[학] : 匣 / 魚(鐸) [*gakw](곽음 : 鶴)

12-19-1 潎[폐] : 滂 / 祭 [*phjiadh](곽음 : 妨計反)
12-19-2 澂[징] : 定 / 蒸 [*dəŋh](곽음 : 澄)
12-19-3 清[청] : 淸 / 耕 [*tshjiŋ]

12-20-1 逯[록] : 來 / 侯(屋) [*luk, *ljuk](곽음 : 鹿, 錄)
12-20-2 遡[소] : 心 / 魚 [*sagh](곽음 : 素)
12-20-3 行[행] : 匣 / 陽 [*gaŋ, *gaŋh, *graŋ, *graŋh]

12-21-1 墾[간] : 溪 / 文 [*khənx]
12-21-2 牧[목] : 明 / 之(職) [*mjək]
12-21-3 司[사] : 心 / 之 [*stjəg]
12-21-5 力[력] : 來 / 之(職) [*ljək]
12-21-7 飤[사] : 邪 / 之 [*rjəgh]
12-21-8 監[감] : 見 / 談 [*kram, *kramh]
12-21-10 察[찰] : 初 / 祭(月) [*tshriat]

12-22-1 貛[환] : 曉 / 元 [*huan](곽음 : 歡)
12-22-2 始[시] : 書 / 之 [*hrjəgx]
12-22-4 化[화] : 曉 / 歌 [*hŋwrarh]

12-23-1 鋪[포] : 滂 / 魚 [*phag](곽음 : 妨孤反)
12-23-2 脾[비] : 並 / 支 [*bjig]
12-23-3 止[지] : 章 / 之 [*tjəgx]

12-24-1 攘[양] : 日 / 陽 [*njaŋ, *njaŋx, *njaŋh]
12-24-2 掩[엄] : 影 / 談 [*ʔjiamx]
12-24-3 止[지] : 章 / 之 [*tjəgx]

12-25-1 幕[막] : 明 / 魚(鐸) [*mak]
12-25-2 覆[부] : 滂 / 幽, 並 / 幽 [*phjəgwh, *bjəgwh]

12-26-1 侗[통] : 透 / 東 [*thuŋx](곽음 : 他動反)
12-26-2 胴[동] : 定 / 東 [*duŋ](곽음 : 挏)
12-26-3 狀[상] : 崇 / 陽 [*dzrjaŋh]

12-27-1 尐[절] : 精 / 祭(月) [*tsjat]
12-27-2 杪[묘] : 明 / 宵 [*mjiagwx]
12-27-3 小[소] : 心 / 宵 [*sjagwx]

12-28-1 屑[설] : 心 / 脂(質), 心 / 微 [*sit, *sət]
12-28-2 往[왕] : 云 / 陽 [*gwjaŋ](곽음 : 王)
12-28-3 勞[로] : 來 / 宵 [*lagw, *lagwh]
12-28-5 惟[왕] : 云 / 陽 [*gwjaŋx]
12-28-6 獪[회] : 見 / 祭 [*kwadh](곽음 : 儈)

12-29-1 效[17][효] : 見 / 宵 [*kiagwx](곽음 : 皎)
12-29-2 烓[계] : 溪 / 支 [*khwigh](곽음 : 口類反)
12-29-3 明[명] : 明 / 陽 [*mjiaŋ]

12-30-1 漛[주] : 淸 / 侯 [*tshugh]
12-30-2 將[장] : 精 / 陽 [*tsjaŋ, *tsjaŋh]
12-30-3 威[위] : 影 / 微 [*ʔwjəd]

12-31-1 嬀[귀] : 見 / 歌 [*kwjarh](곽음 : 居僞反)
12-31-2 娗[정][18] : 定 / 耕 [*diŋ](곽음 : 挺)

---

17 效[효]의 상고음은 匣 / 宵 [*gragwh]이지만, 곽박음 '皎'에 따르면 [*kiagwx]이다.
18 『漢韓大辭典』에는 발음이 '전'이라고 되어 있지만, 곽박 주에는 발음이 挺[정]이라고 되어있다.

12-31-3 傷[변] : 幫 / 元 [*pan](곽음 : 博丹反)

12-32-1 儇[현] : 曉 / 元 [*hwjian]
12-32-2 虔[건] : 群 / 元 [*gjian]
12-32-3 謾[만] : 明 / 元 [*mjan, *mjanx](곽음 : 莫錢反)

12-33-1 佻[조] : 透 / 宵 [*thiagwh](곽음 : 糶)
12-33-2 疾[질] : 從 / 脂(質) [*dzjit]

12-34-1 鞅[앙] : 影 / 陽 [*ʔjaŋ, *ʔjaŋx, *ʔjaŋh]
12-34-2 侼[발] : 並 / 微(物) [*bədh](곽음 : 教)
12-34-3 強[강] : 群 / 陽 [*gjaŋ, *gjaŋx]
12-34-6 懟[대] : 端 / 緝 [*tuəph]

12-35-1 追[추] : 端 / 微 [*trjər]
12-35-2 末[말] : 明 / 微(物) [*mjədh]
12-35-3 隨[수] : 邪 / 歌 [*sdjar]

12-36-1 僉[첨] : 清 / 談 [*skhjam]
12-36-2 怚[저] : 精 / 魚, 從 / 魚 [*tsjiag, *tsjagh, *dzjagx]
12-36-3 劇[극] : 群 / 魚(鐸) [*gjagh, *gjak]
12-36-5 夥[화] : 匣 / 歌 [*guarx](곽음 : 禍)

12-37-1 夸[과] : 溪 / 魚 [*khwrag]
12-37-2 烝[증] : 見 / 蒸 [*krjəŋ, *krjəŋh]
12-37-3 婬[음] : 余 / 侵 [*rəm]

12-38-1 毗[비] : 並 / 脂 [*bjid]
12-38-2 顮[빈] : 並 / 眞 [*bjin](곽음 : 頻)
12-38-3 懣[만] : 明 / 元, 明 / 文 [*muanx, *mənx, *mənh]

12-39-1 煢[경] : 群 / 耕 [*gwji ŋ]
12-39-2 激[격] : 見 / 宵(藥) [*kiagwh, *kiakw]
12-39-3 清[청] : 淸 / 耕 [*tshji ŋ]

12-40-1 紓[서] : 書 / 魚 [*hrjag](곽음 : 舒)
12-40-2 退[퇴] : 透 / 緝 [*thuəph]
12-40-3 緩[완] : 匣 / 元 [*gwanx]

12-41-1 清[청] : 淸 / 耕 [*tshji ŋ]
12-41-2 躡[섭] : 泥 / 葉 [*nrjap]
12-41-3 急[급] : 見 / 緝 [*kjəp]

12-42-1 抒[서] : 邪 / 魚 [*rjagx](곽음 : 抒)
12-42-2 癒[혜] : 匣 / 祭(月) [*giadh](곽음 : 胡計反)
12-42-3 解[해] : 匣 / 支 [*grigx, *grigh]
12-42-4 蕆[천] : 端 / 元 [*trjanx](곽음 : 展)
12-42-5 逞[령(정)] : 透 / 耕 [*thrji ŋ x]

12-43-1 扺[저] : 端 / 脂 [*tidx](곽음 : 抵)
12-43-2 柲[비] : 幫 / 脂(質) [*pjidh]
12-43-3 刺[자(척)] : 淸 / 支(錫) [*tshjigh, *tshjik]

12-44-1 倩[천] : 淸 / 元, 淸 / 耕 [*tshianh, *tshji ŋ h]
12-44-2 茶[도] : 定 / 魚 [*drag, *djiag, *dag]
12-44-3 借[차] : 精 / 魚(鐸), 從 / 魚(鐸) [*tsiagh *dziagh]

12-45-1 䟤朴[벽박] : 䟤[벽] 滂 / 支(錫) [*phik](곽음 : 劈)
樸[박] 滂 / 侯(屋) [*phuk](곽음 : 撲)
12-45-2 猝[졸] : 淸 / 微(物) [*tshət]

12-46-1 麋[미] : 明 / 脂 [*mjid]

12-46-2 梨[리] : 來 / 脂 [*ljid]
12-46-3 老[로] : 來 / 幽 [*ləgwx]

12-47-1 萃[취] : 從 / 微 [*dzjədh]
12-47-2 離[리] : 來 / 歌 [*liarh, *ljar, *ljarh, *hljar]
12-47-3 待[대] : 定 / 之 [*dəgx]

12-48-1 漢[한] : 曉 / 元 [*hanh]
12-48-2 赫[혁] : 曉 / 魚(鐸) [*hrak]
12-48-3 怒[노] : 泥 / 魚 [*nagx, *nagh]
12-48-5 發[발] : 幫 / 祭(月) [*pjat]

12-49-1 謣[화] : 曉 / 魚 [*hwrag](곽음 : 呼瓜反)
12-49-2 吁[우] : 影 / 魚 [*ʔag](곽음 : 於)
12-49-3 然[연] : 日 / 元 [*njan]

12-50-1 猜[시(채)] : 淸 / 之 [*tshəg]
12-50-2 忦[개] : 見 / 祭(月) [*kriat]
12-50-3 恨[한] : 匣 / 文 [*gənh]

12-51-1 艮[간] : 見 / 文 [*kənh]
12-51-2 磑[애] : 疑 / 微 [* ŋ wədh](곽음 : 五碓反)
12-51-3 堅[견] : 見 / 眞 [*kin]

12-52-1 㶣[임] : [*rəm](곽음 : 淫)
12-52-2 眼[안] : 疑 / 文 [* ŋ rənx]
12-52-3 明[명] : 明 / 陽 [*mjia ŋ]

12-53-1 怤愉[부유] : 怤[부] 滂 / 魚 [*phjag](곽음 : 敷)
愉[유] 余 / 侯 [*rug]
12-53-2 悅[열] : 余 / 祭(月) [*ruat]

12-54-1 卽[즉] : 精 / 之(職) [*tsjək]
12-54-2 圍[위] : 云 / 微 [*gwjəd, *gwjədh]
12-54-3 就[취] : 從 / 幽 [*dzjəgwh]
12-54-4 即[즉] : 精 / 之(職) [*tsjək]
12-54-5 半[반] : 幫 / 元 [*panh]

12-55-1 惙[철] : 端 / 祭(月) [*trjuat]
12-55-2 怞[출(줄)] : 端 / 微(物), 透 / 微(物) [*-rjət, *thjət]
12-55-3 中[중] : 端 / 冬 [*trjə ŋ w, *trjə ŋ wh]

12-56-1 懤[주] : 定 / 幽 [*dəgw](곽음 : 濤)
12-56-2 蒙[몽] : 明 / 東 [*mu ŋ , *mu ŋ x]
12-56-3 覆[부] : 滂 / 幽, 並 / 幽 [*phjəgwh, *bəgwh]
12-56-4 戴[대] : 端 / 之 [*təgh]

12-57-1 堪[감] : 溪 / 侵 [*khəm]
12-57-2 輂[국] : 見 / 侯(屋) [*kjuk](곽음 : 鋦)
12-57-3 載[재] : 精 / 之 [*tsəgx, *tsəgh]

12-58-1 搖[요] : 余 / 宵 [*grjagw]
12-58-2 祖[조] : 精 / 魚 [*tsagx]
12-58-3 上[상] : 禪 / 陽 [*dja ŋ x, *dja ŋ h]
12-58-4 轉[전] : 端 / 元 [*trjuanx, *trjuanh]

12-59-1 括[괄] : 見 / 祭(月) [*kuat](곽음 : 活)
12-59-2 關[관] : 見 / 元 [*kruan]
12-59-3 閉[폐] : 幫 / 脂 [*pidh]

12-60-1 衝[충] : 昌 / 東 [*thju ŋ]
12-60-2 俶[숙] : 昌 / 幽(覺) [*thjəkw]
12-60-3 動[동] : 定 / 東 [*du ŋ x]

12-61-1 羞[수] : 心 / 幽 [*snjəgw]
12-61-2 厲[려] : 來 / 祭 [*ljadh]
12-61-3 熟[숙] : 禪 / 幽(覺) [*djəkw]
12-61-4 今(矜)[긍] : 見 / 蒸 [*kjə ŋ]

12-62-1 備[비] : 並 / 之 [*bjiəgh]
12-62-2 該[해] : 見 / 之 [*kəg]
12-62-3 咸[함] : 匣 / 談 [*gram]

12-63-1 噬[서] : 禪 / 祭 [*djadh]
12-63-2 食[식] : 禪 / 之(職) [*djək]
12-63-4 憂[우] : 影 / 幽, 影 / 之, 云 / 之 [*ʔjəgw, *ʔjəgwx, *gwjəgh]

12-64-1 愱[구] : 群 / 脂 [*gwjidx]
12-64-2 悸[계] : 群 / 脂(質) [*gwjidh]

12-65-1 虜[로] : 來 / 魚 [*lagx]
12-65-2 鈔[초] : 初 / 宵 [*tshragw, *tshragwh]
12-65-3 強[강] : 群 / 陽 [*gja ŋ , *gja ŋ x]
12-65-4 鹵[로] : 來 / 魚, 心 / 微 [*lagx, *siəd]
12-65-5 奪[탈] : [*]

12-66-1 鑈[녑] : 泥 / 葉 [*niap](곽음 : 奴俠反)
12-66-2 正[정] : 章 / 耕 [*tji ŋ , *tji ŋ h]

12-67-1 蒔[시] : 禪 / 之 [*djəgh](곽음 : 侍)
12-67-2 植[식] : 禪 / 之(職) [*djək]
12-67-3 立[립] : 來 / 緝 [*ljəp]
12-67-5 更[경(갱)] : 見 / 陽 [*kra ŋ , *kra ŋ h]

12-68-1 鬌[추] : 定 / 歌 [*drjar, *drjarh](곽음 : 除爲反)

12-68-2 尾[미] : 明 / 微 [*mjədx]

12-68-3 梢[초] : 山 / 宵 [*sragw]

12-68-4 盡[진] : 精 / 眞, 從 / 眞 [*tsjinx, *dzjinx]

12-69-1 殧[훼] : 曉 / 祭(月) [*hjuadh](곽음 : 喙)

12-69-2 傄[각(극)] : 群 / 魚(鐸), 見 / 魚(鐸), 溪 / 焦(鐸)[*gjak, *kjak, *khjak]

12-69-3 倦[권] : 溪 / 元 [*khjuanh]

12-70-1 鼃[와] : 影 / 魚 [*ʔwrag](곽음 : 蛙)

12-70-2 律[률] : 來 / 微 [*ljət]

12-70-3 始[시] : 書 / 之 [*hrjəgx]

12-71-1 蓐[욕] : 日 / 侯(屋) [*njuk]

12-71-2 臧[장] : 精 / 陽 [*tsa ŋ]

12-71-3 厚[후] : 匣 / 侯 [*gugx, *gugh]

12-72-1 遵[준] : 精 / 文 [*tsjən]

12-72-2 遂[언] : 疑 / 元 [* ŋ jianx](곽음 : 魚晚反)

12-72-3 行[행] : 匣 / 陽 [*ga ŋ , *ga ŋ h, *gra ŋ , *gra ŋ h]

12-73-1 鑴[휴] : 匣 / 支 [*gwig](곽음 : 攜)

12-73-2 餟[체] : 端 / 祭(月) [*trjuadh](곽음 : 醊)

12-73-3 餽[궤] : 見 / 微 [*kwjiədh](곽음 : 愧)

12-74-1 餼[희] : 曉 / 微 [*hjədh](곽음 : 香既反)

12-74-2 饃[영] : 影 / 陽 [*ʔa ŋ x](곽음 : 映)

12-74-3 飽[포] : 幫 / 幽 [*prəgwx]

12-75-1 慄[접] : 定 / 葉 [*diap](곽음 : 度協反)

12-75-2 耇[구] : 見 / 侯 [*kugx](곽음 : 垢)

12-75-3 嬴[영] : 余 / 耕 [*ri ŋ](곽음 : 盈)

12-76-1 趙[조] : 定 / 宵 [*drjagwx]
12-76-2 肖[초] : 心 / 宵 [*sjagw, *sjagwh]
12-76-3 小[소] : 心 / 宵 [*sjagwx]

12-77-1 蚩[치] : 昌 / 之 [*thjəg]
12-77-2 愮[요] : 余 / 宵 [*grjagw](곽음 : 遙)
12-77-3 悖[패] : 並 / 微 [*bədh]

12-78-1 吹[취] : 昌 / 歌 [*thjar, *thjarh]
12-78-2 扇[선] : 書 / 元 [*hrjan, *hrjanh]
12-78-3 助[조] : 崇 / 魚 [*dzrjagh]

12-79-1 焜[혼] : 匣 / 文 [*gwənx]
12-79-2 爗[엽] : 云 / 葉 [*gwjap]
12-79-3 晠[성] : 禪 / 耕 [*dji ŋ]

12-80-1 苦[고] : 溪 / 魚 [*khagx, *khagh]
12-80-2 翕[흡] : 曉 / 緝 [*hjəp]
12-80-3 熾[치] : 昌 / 之 [*thjəgh]

12-81-1 蘊[온] : 影 / 文 [*ʔjən, *ʔjənx, *ʔjənh]
12-81-2 崇[숭] : 崇 / 冬 [*dzrjə ŋ w]
12-81-4 嗇[색] : 山 / 之(職) [*srjək]
12-81-5 積[적] : 精 / 支(錫) [*tsjigh, *tsjik]
12-81-6 嗇[색] : 山 / 之(職) [*srjək]
12-81-7 瓕[미] : 明 / 歌 [*mjiar]
12-81-8 合[합] : 匣 / 緝 [*gəp]

12-82-1 翬[휘] : 曉 / 微 [*hwjəd](곽음 : 揮)
12-82-2 翹[교] : 見 / 宵, 群 / 宵 [*kjagw, *gjagw]
12-82-3 飛[비] : 幫 / 微 [*pjəd]

12-83-1 憤[분] : 並 / 文 [*bjənx]
12-83-2 自[자] : 從 / 質 [*dzjidh]
12-83-3 盈[영] : 余 / 耕 [*ri ŋ]

12-84-1 譟[조] : 心 / 宵 [*sagwh](곽음 : 譟)
12-84-2 諻[횡] : 匣 / 陽 [*gwra ŋ](곽음 : 橫)
12-84-3 音[음] : 影 / 侵 [*ʔjiəm]

12-85-1 攎[로] : 來 / 魚 [*lag](곽음 : 攎)
12-85-2 遬[칙] : 透 / 之(職) [*thrjək](곽음 : 敕)
12-85-3 張[장] : 端 / 陽 [*trja ŋ , *trja ŋ h]

12-86-1 岑[잠] : 崇 / 侵 [*dzrjəm]
12-86-2 夤[인] : 余 / 眞 [*rin]
12-86-3 大[대] : 定 / 祭 [*dadh]
12-86-5 高[고] : 見 / 宵 [*kagw]

12-87-1 效[효] : 匣 / 宵 [*gragwh]
12-87-2 眆[호] : 匣 / 魚 [*gagx](곽음 : 戶)
12-87-3 文[문] : 明 / 文 [*mjən]

12-88-1 鋲[병] : 幫 / 陽 [*pjia ŋ x](곽음 : 柄)
12-88-2 董[동] : 端 / 東 [*tu ŋ x]
12-88-3 固[고] : 見 / 魚 [*kagh]

12-89-1 扞[한] : 匣 / 元 [*ganh]
12-89-2 搷[전] : 定 / 眞 [*din](곽음 : 填)
12-89-3 揚[양] : 余 / 陽 [*ra ŋ]

12-90-1 洲[주] : 章 / 幽 [*tjəgw]
12-90-2 淤[어] : 影 / 魚 [*ʔjagh](곽음 : 瘀)

12-90-3 鞞[비] : 幫 / 支 [*pjigh](곽음 : 臂)

12-91-1 殹[예] : 影 / 脂 [*ʔidh](곽음 : 醫)
12-91-2 幕[막] : 明 / 魚(鐸) [*mak]

12-92-1 刳[고] : 溪 / 魚 [*khag](곽음 : 枯)
12-92-2 狄[척] : 透 / 支(錫) [*thik](곽음 : 剔)

12-93-1 揣[췌][19] : 禪 / 元 [*djianh](곽음 : 常絹反)

12-94-1 跬[규] : 溪 / 支 [*khwjigx](곽음 : 羌箠反)

12-95-1 睺[후] : 匣 / 侯 [*hug, *gug](곽음 : 呼鉤反, 猴)

12-96-1 蟠龍[반룡] : 蟠[반] 並 / 元 [*ban, *bjan]
龍[룡] 來 / 東 [*ljuŋ]

12-97-1 裔[예] : 余 / 祭 [*radh]

12-98-1 考[고] : 溪 / 幽 [*khəgwx]
12-98-2 引[인] : 余 / 眞 [*rinx, *rinh]

12-99-1 弼[필] : 並 / 微 [*bjiət]
12-99-2 高[고] : 見 / 宵 [*kagw]

12-100-1 上[상] : 禪 / 陽 [*djaŋx, *djaŋh]
12-100-2 重[중] : 定 / 東 [*drjuŋh]

---

19 揣는 곽박음에 따르면 '常絹反'라고 되어있으나, 『漢韓大辭典』에 발음이 '췌' 라고 되어있다.

12-101-1 箇[개] : 見 / 歌 [*karh](곽음 : 古餓反)
12-101-2 枚[매] : 明 / 微 [*məd]

12-102-1 一[일] : 影 / 脂(質) [*ʔjit]
12-102-2 蜀[촉] : 禪 / 侯(屋) [*djuk]
12-102-3 獨[독] : 定 / 侯(屋) [*duk]

卷十三

13-1-1 裔[예] : 余 / 祭 [*radh]
13-1-2 歷[력] : 來 / 支(錫) [*lik]
13-1-3 相[상] : 心 / 陽 [*sjaŋ, *sjaŋh]
13-1-4 旅[려] : 來 / 魚 [*ljagx]
13-1-5 末[말] : 明 / 祭(月) [*mat]

13-2-1 紕[비] : 並 / 脂 [*bjid]
13-2-2 緣[연] : 余 / 元 [*ruan, *ruanh]
13-2-3 廢[폐] : 幫 / 祭 [*pjadh]

13-3-1 純[순] : 章 / 文 [*tjənx, *djən]
13-3-2 毣[목] : 明 / 侯(屋) [*muk](곽음 : 沐)
13-3-3 好[호] : 曉 / 幽 [*həgwx, *həgwh]

13-4-1 藐[막] : 明 / 宵(藥) [*mrakw](곽음 : 邈)
13-4-2 素[소] : 心 / 魚 [*sagh]
13-4-3 廣[광] : 見 / 陽 [*kwaŋx]
13-4-4 漸[점] : 精 / 談, 從 / 談 [*tsjam, *dzjamx]

13-5-1 躍[약] : 余 / 宵 [*rakw](곽음 : 躍)
13-5-2 抍[승] : 章 / 蒸, 書 / 蒸 [*krjəŋx, *hrjəŋ](곽음 : 拯)
13-5-3 拔[발] : 並 / 微(物), 並 / 祭(月) [*brət, *buat, *bjat]

13-6-1 炖[돈] : 透 / 文 [*thən](곽음 : 託孫反)
13-6-2 烼[혁] : 匣 / 支(錫) [*gik](곽음 : 鬩)
13-6-3 煓[단] : 透 / 元 [*thuan](곽음 : 湍)
13-6-4 赫[혁] : 曉 / 魚(鐸) [*hrak]

13-7-1 憤[분] : 並 / 文 [*bjənx]
13-7-2 竅[규] : 溪 / 宵 [*khiagwh]
13-7-3 阨[액] : 影 / 支(錫) [*ʔrik](곽음 : 烏革反)

13-8-1 杪[묘] : 明 / 宵 [*mjiagwx]
13-8-2 眇[묘] : 明 / 宵 [*mjiagwx]
13-8-3 小[소] : 心 / 宵 [*sjagwx]

13-9-1 譶[독] : 定 / 緝, 定 / 侯(屋) [*dəp, *duk](곽음 : 沓, 조헌음 : 讀)
13-9-2 咎[구] : 見 / 幽, 群 / 幽 [*kəgw, *gjəgwx]
13-9-3 謗[방] : 幫 / 陽 [*pa ŋ h]

13-10-1 蕆[천] : 透 / 元 [*thrjanx]
13-10-2 敕[칙] : 透 / 之(職) [*thrjək]
13-10-3 戒[계] : 見 / 之 [*krəgh]
13-10-4 備[비] : 並 / 之 [*bjiəgh]

13-11-1 摵[축] : 山 / 幽(覺) [*srjəkw](곽음 : 縮)
13-11-2 撴[치] : 端 / 脂(質) [*trjidh](곽음 : 致)
13-11-3 到[도] : 端 / 宵 [*tagwh]

13-12-1 黯[암] : 疑 / 談 [* ŋ ram]
13-12-2 腆[전] : 透 / 文 [*thiənx]
13-12-3 忘[망] : 明 / 陽 [*mja ŋ , *mja ŋ h]

13-13-1 黮[담] : 定 / 侵 [*dəmx](곽음 : 度感反)

13-13-2 𪐗[망] : 明 / 東 [*mruŋ](곽음 : 莫江反)
13-13-3 私[사] : 心 / 脂 [*sjid]

13-14-1 龕[감] : 溪 / 侵 [*khəm](곽음 : 堪)
13-14-2 喊[함] : 見 / 談 [*kramx](곽음 : 減)
13-14-3 啯[획] : 曉 / 之(職) [*hrək](곽음 : 荒麥反)
13-14-4 唏[희] : 曉 / 微 [*hjədx, *hjəd](곽음 : 虛几反)
13-14-5 磬[성] : 書 / 耕 [*hrjiŋ]

13-15-1 箊[도] : 定 / 魚 [*drag](곽음 : 涂)
13-15-2 箄[비] : 幫 / 支 [*pjigx](곽음 : 方婢反)
13-15-3 析[석] : 心 / 支(錫) [*sik]

13-16-1 㑷[규] : 群 / 幽 [*gwjiəgw](곽음 : 逵)
13-16-2 宵[소] : 心 / 宵 [*sjagw](곽음 : 蹫)
13-16-3 使[사] : 山 / 之 [*srjəgx, *srjəgh]

13-17-1 蠢[준] : 昌 / 文 [*thjənx]
13-17-2 作[작] : 精 / 魚(鐸) [*tsak]

13-18-1 怱[홀] : 曉 / 微 [*hmət]
13-18-2 達[달] : 定 / 祭(月) [*dat]
13-18-3 芒[망] : 明 / 陽 [*maŋ, *mjaŋ]
13-18-4 濟[제] : 精 / 脂 [*tsidx, *tsidh]
13-18-5 滅[멸] : 明 / 祭(月) [*mjiat]

13-19-1 劆[곽] : 溪 / 魚(鐸) [*khwak](곽음 : 廓)
13-19-2 劙[리] : 來 / 歌 [*liarh](곽음 : 儷)
13-19-3 解[해] : 匣 / 支 [*grigx, *grigh]

13-20-1 魏[위] : 疑 / 微 [*ŋwjədh]

13-20-2 能[능] : 泥 / 蒸 [*nəŋ]

13-21-1 傺[체] : 透 / 祭(月) [*thjadh]
13-21-2 刻[각] : 溪 / 之(職) [*khək]

13-22-1 聳[송] : 山 / 東 [*sruŋx](곽음 : 山項反)
13-22-2 悚[송] : 心 / 東 [*sjuŋx]

13-23-1 跌[질] : 定 / 脂(質) [*dit]
13-23-2 蹷[궐] : 見 / 祭(月), 群 / 祭(月) [*kwjiat, *kjuat, *gjuat]

13-24-1 蘼[미] : 明 / 脂 [*mjid]
13-24-2 蕪[무] : 明 / 侯 [*mjugh](곽음 : 務)

13-25-1 漫[만] : 明 / 元 [*muanh]
13-25-2 淹[엄] : 影 / 談 [*ʔram, *ʔjiam, *ʔjam, *ʔjamh]
13-25-3 敗[패] : 幫 / 祭, 並 / 祭 [*pradh, *bradh]

13-26-1 釐[리] : 來 / 之 [*ljəg](곽음 : 狸)
13-26-2 挴[매] : 明 / 之 [*məgx](곽음 : 亡改反)
13-26-3 貪[탐] : 透 / 侵 [*thəm]

13-27-1 擷[경] : 溪 / 耕 [*khwjiŋx](곽음 : 恪穎反)
13-26-2 挻[연] : 余 / 元 [*ran](곽음 : 延)
13-26-3 竟[경] : 見 / 陽 [*kjiaŋh]

13-28-1 譴喘[견천] : 譴[견] 溪 / 元 [*khjianh]
喘[천] 昌 / 元 [*thjuanx]
13-28-2 轉[전] : 端 / 元 [*trjuanx, *trjuanh]

13-29-1 困[곤] : 溪 / 文 [*khwənh]

13-29-2 胎[태] : 透 / 之 [*thəg]
13-29-3 𨁽[달] : 透 / 祭(月) [*that](곽음 : 撻)
13-29-4 逃[도] : 定 / 宵 [*dagw]

13-30-1 隋[타] : 透 / 歌, 定 / 歌, 邪 / 歌 [*thuarx, *duarx, *sdjar]
13-30-2 毻[타] : 透 / 歌 [*thuarh](곽음 : 他臥反)
13-30-3 易[역] : 余 / 支(錫) [*rik]

13-31-1 姚[요] : 余 / 宵 [*grjagw](곽음 : 遙)
13-31-2 娧[태] : 透 / 祭(月) [*thuadh]
13-31-3 好[호] : 曉 / 幽 [*həgwx]

13-32-1 憚[탄] : 定 / 元 [*danh]
13-32-2 怛[달] : 端 / 祭(月) [*tat]
13-32-3 惡[오] : 影 / 魚 [*ʔag, *ʔagh]

13-33-1 吳[오] : 疑 / 魚 [*ŋwag]
13-33-2 大[대] : 定 / 祭 [*dadh]

13-34-1 灼[작] : 章 / 宵(藥) [*tjakw]
13-34-2 驚[경] : 見 / 耕 [*kjiŋ]

13-35-1 賦[부] : 幫 / 魚 [*pjagh]
13-35-2 動[동] : 定 / 東 [*duŋx]

13-36-1 瘃[궤] : 群 / 祭(月) [*gwjadh](곽음 : 巨畏反)
13-36-2 極[극] : 群 / 之(職) [*gjək]

13-37-1 煎[전] : 精 / 元 [*tsjan, *tsjanh]
13-37-2 盡[진] : 精 / 眞, 從 / 眞 [*tsjinx, *dzjinx]

13-38-1 爽[상] : 山 / 陽 [*srjaŋx]
13-38-2 過[과] : 見 / 歌 [*kuar, *kuarh]

13-39-1 蟬[선] : 禪 / 元 [*djan]
13-39-2 毒[독] : 定 / 幽(覺) [*dəkw]

13-40-1 慘[참] : 淸 / 侵 [*tshəm, *tshəmx]
13-40-2 慆[추] : 從 / 幽 [*dzjəgw](곽음 : 酉)
13-40-3 惡[악] : 影 / 魚(鐸) [*ʔak]

13-41-1 還[환] : 匣 / 元, 邪 / 元 [*gwran, *sgwjan]
13-41-2 積[적] : 精 / 支(錫) [*tsjigh, *tsjik]

13-42-1 宛[완] : 影 / 元 [*ʔjuan, *ʔjuanx]
13-42-2 蓄[축] : 透 / 幽(覺) [*thrjəkw]

13-43-1 類[류] : 來 / 微 [*lədh, *ljədh]
13-43-2 法[법] : 幫 / 葉 [*pjap]

13-44-1 猴[후] : 匣 / 侯 [*gug](곽음 : 侯)
13-44-2 本[본] : 幫 / 文 [*pənx]

13-45-1 懼[구] : 群 / 魚 [*gwjagh]
13-45-2 病[병] : 並 / 陽 [*bjiaŋh]
13-45-3 驚[경] : 見 / 耕 [*kjiŋ]

13-46-1 葯[약] : 影 / 宵(藥) [*ʔjakw](곽음 : 約)
13-46-2 纏[전] : 定 / 元 [*drjan, *drjanh]

13-47-1 旋[선] : 邪 / 元 [*rjuan, *rjuanh]
13-47-2 短[단] : 端 / 元 [*tuanx]

13-48-1 掊[부] : 並 / 幽, 幫 / 之, 並 / 之 [*brəgw, *pjəgx, *bjəg]
13-48-2 深[심] : 書 / 侵 [*hrjəm, *hrjəmh]

13-49-1 涅[녈] : 泥 / 脂(質) [*nit]
13-49-2 休[닉] : 泥 / 支(錫) [*nik]

13-50-1 撈[로] : 來 / 宵 [*liagw](곽음 : 料)
13-50-2 取[취] : 淸 / 侯 [*tshugx, *tshjugx]

13-51-1 摸[막] : 明 / 魚(鐸) [*mak](곽음 : 莫)
13-51-2 撫[무] : 滂 / 魚 [*phjagx]

13-52-1 由[유] : 余 / 幽 [*rəgw]
13-52-2 式[식] : 書 / 之(職) [*hrjək]

13-53-1 猷[유] : 余 / 幽 [*rəgw]
13-53-2 詐[사] : 莊 / 魚(鐸) [*tsragh]

13-54-1 筐[광] : 溪 / 陽 [*khwjaŋ]
13-54-2 隨[수] : 邪 / 歌 [*sdjar]

13-55-1 揣[췌] : 端 / 歌, 初 / 歌 [*tuarx, *tshrjarx]
13-55-2 試[시] : 書 / 之 [*hrjəgh]

13-56-1 顉[금] : 群 / 侵 [*gjəmx](곽음 : 巨廩反)
13-56-2 怒[노] : 泥 / 魚 [*nagx, *nagh]

13-57-1 埝[점] : 端 / 侵 [*tiəmh](곽음 : 坫)
13-57-2 下[하] : 匣 / 魚 [*gragx]

13-58-1 讚[찬] : 精 / 元 [*tsanh]

13-58-2 解[해] : 匣 / 支 [*grigx, *grigh]

13-59-1 賴[뢰] : 來 / 祭(月) [*ladh]
13-59-2 取[취] : 淸 / 侯 [*tshugx, *tshjugx]

13-60-1 拑[금] : 群 / 談 [*gjiam](곽음 : 鉗)
13-60-2 業[업] : 疑 / 葉 [*ŋjap]

13-61-1 帶[대] : 端 / 祭 [*tadh]
13-61-2 行[행] : 匣 / 陽 [*gaŋ, *gaŋh]

13-62-1 康[강] : 溪 / 陽 [*khaŋ]
13-62-2 空[공] : 溪 / 東 [*khuŋ, *khuŋh]

13-63-1 湛[담] : 定 / 侵 [*dəmx]
13-63-2 安[안] : 影 / 元 [*ʔan]

13-64-1 嗟[건] : 溪 / 元 [*khjian](곽음 : 營)
13-64-2 樂[락] : 來 / 宵(藥) [*lakw]

13-65-1 俛[원] : 影 / 元 [*ʔjuanx](곽음 : 婉)
13-65-2 歡[환] : 曉 / 元 [*huan]

13-66-1 衎[간] : 溪 / 元 [*khanh](곽음 : 看)
13-66-2 定[정] : 定 / 耕 [*diŋh]

13-67-1 膞[이] : 魚 / 質 [*ŋjidh](곽음 : 魚自反)
13-67-2 腮[식] : 心 / 之(職) [*sjək]

13-68-1 讟[독] : 定 / 侯(屋) [*duk](곽음 : 讀)
13-68-2 痛[통] : 透 / 東 [*thuŋh]

13-69-1 鼻[비] : 並 / 脂 [*bjidh]
13-69-2 始[시] : 書 / 之 [*hrjəgx]
13-69-3 首[수] : 書 / 幽 [*hrjəgwx, *hrjəgwh]
13-69-4 初[초] : 初 / 魚 [*tshrjag]
13-69-5 祖[조] : 精 / 魚 [*tsagx]
13-69-6 居[거] : 見 / 之, 見 / 魚 [*kjəg, *kjag]

13-70-1 充[충] : 昌 / 冬 [*thjəŋw]
13-70-2 養[양] : 余 / 陽 [*raŋx, *raŋh]

13-71-1 翳[예] : 影 / 脂 [*ʔid, *ʔidh]
13-71-2 掩[엄] : 影 / 談 [*ʔjiamx]

13-72-1 臺[대] : 定 / 之 [*dəg]
13-72-2 支[지] : 見 / 支 [*krjig]

13-73-1 純[순] : 禪 / 文 [*djən]
13-73-2 文[문] : 明 / 文 [*mjən]

13-74-1 祐[우] : 云 / 之 [*gwjəgh]
13-74-2 亂[란] : 來 / 元 [*luanh]

13-75-1 恌[요] : 余 / 宵 [*grjagw](곽음 : 遙)
13-75-2 理[리] : 來 / 之 [*ljəgx]

13-76-1 蘊[온] : 影 / 文 [*ʔjən, *ʔjənx, *ʔjənh]
13-76-2 晠[성] : 禪 / 耕 [*djiŋ]

13-77-1 搪[당] : 定 / 陽 [*daŋ](곽음 : 堂)
13-77-2 張[장] : 端 / 陽 [*trjaŋ, *trjaŋh]

13-78-1 惲[운] : 影 / 文 [*ʔjənx](곽음 : 嘔憤反)
13-78-2 謀[모] : 明 / 之 [*mjəg]

13-79-1 陶[도] : 定 / 幽 [*dəgw]
13-79-2 養[양] : 余 / 陽 [*raŋx, *raŋh]

13-80-1 襟[금] : 見 / 侵 [*kjiəm](곽음 : 禁)
13-80-2 格[격] : 見 / 魚(鐸) [*krak]

13-81-1 毗[비] : 並 / 脂 [*bjid]
13-81-2 曉[효] : 曉 / 宵 [*hŋiagwx]
13-81-3 明[명] : 明 / 陽 [*mjiaŋ]

13-82-1 扱[급] : 初 / 緝 [*tshrəp]
13-82-2 擭[획] : 影 / 魚(鐸) [*ʔwrak]

13-83-1 扶[부] : 幫 / 魚, 並 / 魚 [*pjag, *bjag]
13-83-2 護[호] : 匣 / 魚 [*gwragh]

13-84-1 淬[쉬(쵀)] : 淸 / 微 [*tshədh](곽음 : 作憤反)
13-84-2 寒[한] : 匣 / 元 [*gan]

13-85-1 漺[상] : 山 / 陽 [*srjaŋx](곽음 : 初兩反)
13-85-2 淨[쟁] : 初 / 耕 [*tshriŋ](곽음 : 楚耕反)

13-86-1 漉[록] : 來 / 侯(屋) [*luk]
13-86-2 極[극] : 群 / 之(職) [*gjək]

13-87-1 枚[매] : 明 / 微 [*məd]
13-87-2 凡[범] : 並 / 談 [*bjam]

13-88-1 易[역] : 余 / 支(錫) [*rik]
13-88-2 始[시] : 書 / 之 [*hrjəgx]

13-89-1 逭[환] : 匣 / 元 [*guanh]
13-89-2 周[주] : 章 / 幽 [*tjəgw]

13-90-1 虩[혁] : 曉 / 魚(鐸) [*hjiak](곽음 : 奭)
13-90-2 色[색] : 山 / 之(職) [*srjək]

13-91-1 恬[념] : 定 / 談 [*diam]
13-91-2 靜[정] : 從 / 耕 [*dzji ŋ x]

13-92-1 禔[지] : 定 / 支, 章 / 支 [*dig, *tjig, *djig](곽음 : 祇)
13-92-2 福[복] : 幫 / 之(職) [*pjək]
13-92-3 喜[희] : 曉 / 之 [*hjəgx]

13-93-1 攋[랄] : 來 / 祭(月) [*lat][20](곽음 : 洛旱反)
13-93-2 隓[휴] : 曉 / 歌 [*hwjar](곽음 : 許規反)
13-93-3 壞[괴] : 匣 / 微 [*gwrədh]

13-94-1 息[식] : 心 / 之(職) [*sjək]
13-94-2 歸[귀] : 見 / 微 [*kwjər]

13-95-1 抑[억] : 影 / 之(職) [*ʔjək]
13-95-2 安[안] : 影 / 元 [*ʔan]

13-96-1 潛[잠] : 從 / 談 [*dzjam, *dzjamh]

---

20 곽박음 '洛旱反'에 따르면 상고음은 [*lanx]이지만, 攋의 상고음은 [*lat]이며, 조헌도 '攋'의 음이 '賴'라고 했는데 이에 근거한 상고음은 [*ladh]으로 [*lat]과 유사하다. 곽박음이 어디에 근거했는지 모르겠다.

13-96-2 亡[망] : 明 / 陽 [*mja ŋ]

13-97-1 曉[효] : 曉 / 宵 [*h ŋ iagwx]
13-97-2 過[과] : 見 / 歌 [*kuar, *kuarh]
13-97-3 嬴[영] : 余 / 耕 [*ri ŋ]

13-98-1 黜[철] : 端 / 祭(月) [*tuat](곽음 : 剟)
13-98-2 短[단] : 端 / 元 [*tuanx]

13-99-1 隑[개] : 見 / 微 [*kəd](곽음 : 剴)
13-99-2 陭[의] : 影 / 歌 [*ʔjiar, *ʔjiarh]

13-100-1 迒[항] : 匣 / 陽 [*ga ŋ](곽음 : 胡郎反)
13-100-2 長[장] : 端 / 陽, 定 / 陽 [*trja ŋ x, *drja ŋ , *drja ŋ h]
13-100-3 跡[적] : 精 / 魚(鐸) [*tsjiak]

13-101-1 賦[부] : 幫 / 魚 [*pjagh]
13-101-2 臧[장] : 精 / 陽 [*tsa ŋ]

13-102-1 蘊[온] : 影 / 文 [*ʔwən](곽음 : 溫)
13-102-2 饒[요] : 疑 / 宵 [* ŋ rjagw, * ŋ rjagwh]

13-103-1 芬[분] : 滂 / 文 [*phjən]
13-103-2 和[화] : 匣 / 歌 [*guar, *guarh]

13-104-1 擣[도] : 定 / 幽 [*dəgw, *dəgwh]
13-104-2 依[의] : 影 / 微 [*ʔjəd]
13-104-3 祿[록] : 來 / 侯(屋) [*luk]

13-105-1 晠[성] : 禪 / 耕 [*dji ŋ]
13-105-2 腯[돌] : 定 / 微 [*thət](곽음 : 突[*thət])

13-106-1 盬[고] : 見 / 魚 [*kagx](곽음 : 古)
13-106-2 雜[잡] : 從 / 緝 [*dzəp]
13-106-3 猝[졸] : 淸 / 微 [*tshət]

13-107-1 躪[약] : 余 / 宵 [*grjakw](곽음 : 藥)
13-107-2 行[행] : 匣 / 陽 [*gaŋ, *gaŋh]

13-108-1 盬[고] : 見 / 魚 [*kag, *kagx]
13-108-2 且[차] : 淸 / 魚, 精 / 魚 [*tshjiagx, *tsjag]

13-109-1 抽[추] : 透 / 幽 [*thrjəgw]
13-109-2 讀[독] : 定 / 侯(屋) [*duk]

13-110-1 媵[잉] : 余 / 蒸 [*djəŋh, *rəŋh]
13-110-2 託[탁] : 透 / 魚(鐸) [*thak]

13-111-1 適[적] : 章 / 支, 書 / 錫 [*tjik, *hrjik, *tik]
13-111-2 悟[오] : 疑 / 魚 [*ŋagh]

13-112-1 埤[비] : 幫 / 支 [*pjig](곽음 : 卑)
13-112-2 予[여] : 余 / 魚 [*rag, *ragx]

13-113-1 彌[미] : 明 / 歌 [*mjiar]
13-113-2 縫[봉] : 並 / 東 [*bjuŋ, *bjuŋh]

13-114-1 譯[역] : 余 / 魚(鐸) [*rak]
13-114-2 傳[전] : 定 / 元 [*drjuan]
13-114-3 見[견] : 見 / 元 [*kianh]

13-115-1 梗[경] : 見 / 陽 [*kraŋx]
13-115-2 略[략] : 來 / 魚(鐸) [*ljak]

13-116-1 臆[억] : 影 / 之(職) [*ʔjək]
13-116-2 滿[만] : 明 / 元 [*muanx]

13-117-1 陽[마] : 明 / 魚 [*mragx](곽음 : 罵)
13-117-2 嗌[익] : 影 / 支(錫) [*ʔjik]

13-118-1 空[공] : 溪 / 東 [*khuŋ, *khuŋh]
13-118-2 待[대] : 定 / 之 [*dəgx]

13-119-1 珇[조] : 精 / 魚 [*tsagx](곽음 : 祖)
13-119-2 好[호] : 曉 / 幽 [*həgwx, *həgwh]
13-119-3 美[미] : 明 / 脂 [*mjidx]

13-120-1 嫗[구] : 影 / 侯 [*ʔjugh]
13-120-2 色[색] : 山 / 之(職) [*srjək]

13-121-1 閻[염] : 余 / 談 [*ram]
13-121-2 開[개] : 溪 / 微 [*khəd]

13-122-1 摩[마] : 明 / 歌 [*mjiar](곽음 : 糜)
13-122-2 滅[멸] : 明 / 祭(月) [*mjiat]

13-123-1 菲[비] : 並 / 微 [*bjədh](곽음 : 翡)
13-123-2 薄[박] : 並 / 魚(鐸) [*bak]

13-124-1 腆[전] : 透 / 文 [*thiənx]
13-124-2 厚[후] : 匣 / 侯 [*gugx, *gugh]

13-125-1 媟[설] : 心 / 祭(月) [*stjat]
13-125-2 狎[압] : 匣 / 葉 [*grap]

13-126-1 芋[후] : 曉 / 魚 [*hwjag](곽음 : 香于反)
13-126-2 大[대] : 定 / 祭 [*dadh]

13-127-1 煬[양] : 余 / 陽 [*raŋh](곽음 : 恙)
13-127-2 翕[흡] : 曉 / 緝 [*hjəp]
13-127-3 炙[자(적)] : 章 / 魚(鐸) [*tjiagh, *tjiak]
13-127-4 烈[렬] : 來 / 祭(月) [*ljat]
13-127-5 暴[폭] : 並 / 侯(屋) [*buk]

13-128-1 馺[삽] : 心 / 緝 [*skəp](곽음 : 索答反)
13-128-2 馬馳[마치] : 馬[마] 明 / 魚 [*mragx]
馳[치] 定 / 歌 [*drjar]

13-129-1 選[선] : 心 / 元 [*sjuanx, *sjuanh]
13-129-2 延[연] : 余 / 元 [*ran, *ranh]
13-129-3 遍[편] : 幫 / 元 [*pianh]

13-130-1 澌[시] : 心 / 支 [*sjig, *sjigh]
13-130-2 索[색] : 心 / 魚(鐸), 山 / 魚(鐸), 山 / 支(錫) [*sak, *srak, *srik]

13-131-1 晞[희] : 曉 / 微 [*hjəd]
13-131-2 燥[조] : 心 / 宵 [*sagwx, *sagwh]

13-132-1 梗[경] : 見 / 陽 [*kraŋx]
13-132-2 覺[각] : 見 / 幽(覺) [*krəgwh, *krəkw]

13-133-1 萃[췌] : 從 / 微 [*dzjədh]
13-133-2 集[집] : 從 / 緝 [*dzjəp]

13-134-1 睨[예] : 疑 / 支 [*ŋig](곽음 : 倪)
13-134-2 睪[역] : 余 / 魚(鐸) [*rak](곽음 : 亦)

13-134-3 明[명] : 明 / 陽 [*mjiaŋ, *mjiaŋ]

13-135-1 暟[개] : 曉 / 微 [*hədx](곽음 : 呼凱反)
13-135-2 臨[림] : 來 / 侵 [*ljəm, *ljəmh]
13-135-3 照[소] : 章 / 宵 [*tjagw]
13-135-4 美[미] : 明 / 脂 [*mjidx]

13-136-1 箄[비] : 幫 / 支 [*prjig, *prjigx](곽음 : 方氏反)
13-136-2 簍[루] : 來 / 侯 [*ljugx](곽음 : 縷)
13-136-3 籅[여] : 余 / 魚 [*rag](곽음 : 餘)
13-136-4 箈[도] : 透 / 宵 [*thagw](곽음 : 弢)
13-136-5 籧[거] : 見 / 魚 [*kjag]
13-136-6 牛筐[우광] : 牛[우] 疑 / 之 [*ŋwjəg]
筐[광] 溪 / 陽 [*khwjaŋ]

13-137-1 籠[롱] : 來 / 東 [*luŋ, *luŋx, *ljuŋ]
13-137-2 篣[방] : 並 / 陽 [*braŋ](곽음 : 彭)
13-137-3 籹[노] : 泥 / 魚 [*nagh](곽음 : 那墓反)

13-138-1 篪[려] : 來 / 魚 [*ljagx]
13-138-2 筲[소] : 山 / 宵 [*sragw]
13-138-3 筀篪[거려] : 筀[거] 溪 / 魚 [*khjagx, *khjagh]
篪[려] 來 / 魚 [*ljagx]

13-139-1 錐[추] : 章 / 微 [*tjəd]
13-139-2 鍣[조] : 章 / 宵 [*tjagw]

13-140-1 無升[무승] : 無[무] 明 / 魚 [*mag, *mjag]
升[승] 書 / 蒸 [*hrjəŋ]
13-140-2 刁斗[조두] : 刁[조] 端 / 宵 [*tiagw](곽음 : 貂)
斗[두] 端 / 侯 [*tugx, *tugh]

13-141-1 匕[비] : 幫 / 脂 [*pjidx]

13-141-2 匙[시] : 禪 / 支 [*djig](곽음 : 祇)

13-142-1 盂[우] : 云 / 魚 [*gwjag]

13-142-2 槾[진] : 精 / 眞 [*tsjinx](곽음 : 子殄反)

13-142-3 盌䀇[안잔] : 盌[안] 影 / 元 [*ʔan]

䀇[잔] 從 / 元 [*dzan, *dzanh]

13-142-4 椀[완] : 影 / 元 [*ʔuanx]

13-142-5 盉[교] : 見 / 宵, 群 / 宵 [*kjagw, *gjagw]

13-142-6 銚鋭[요예] : 銚[요] 余 / 宵 [*grjagw](곽음 : 謠)

鋭[예] 余 / 祭 [*ruadh]

13-142-7 梋柍[견결] : 梋[견] 見 / 元 [*kin](곽음 : 鐲)

抉[결] 見 / 祭(月) [*kwiɑt](곽음 : 玦)

13-143-1 餌[이] : 日 / 之 [*njəgh]

13-143-2 餻[고] : 見 / 幽 [*kəgw]

13-143-3 粢[자] : 精 / 脂 [*tsjid]

13-143-4 餎[령] : 來 / 耕 [*liŋ](곽음 : 鈴)

13-143-5 餣[엽] : 影 / 葉 [*ʔjap](곽음 : 央怯反)

13-143-6 飥[원] : 疑 / 元 [*ŋjuan](곽음 : 元)

13-144-1 餅[병] : 幫 / 耕 [*pjiŋx]

13-144-2 飥[탁] : 端 / 魚(鐸) [*trak](곽음 : 乇)

13-144-3 餦餛[장혼] : 餦[장] 端 / 陽 [*trjaŋx](곽음 : 長)

餛[혼] 匣 / 文 [*gwən](곽음 : 渾)

13-145-1 餳[성] : 邪 / 陽 [*rjaŋ]

13-145-2 餦餭[장황] : 餦[장] 端 / 陽 [*trjaŋ]

餭[황] 匣 / 陽 [*gwaŋ]

13-145-3 飴[이] : 余 / 之 [*rəg]

13-145-4 餩[개] : 見 / 之 [*kəg](곽음 : 該)

13-145-5 餫[월(울)] : 影 / 微(物) [*ʔwjət]

13-145-6 饍[수] : 邪 / 歌 [*stjarx](곽음 : 髓)

13-145-7 餹[당] : 定 / 陽 [*da ŋ](곽음 : 唐)

13-146-1 麴[곡] : 溪 / 侯(屋) [*khuk](곽음 : 哭)

13-146-2 麳[재] : 從 / 之 [*dzəg](곽음 : 才)

13-146-3 麧[할] : 云 / 支(質) [*gwjit](곽음 : 于八反)

13-146-4 麰[모] : 明 / 幽 [*mjəgw](곽음 : 牟)

13-146-5 麴[비] : 並 / 支 [*bjig](곽음 : 脾)

13-146-6 麷[몽] : 明 / 東 [*mu ŋ](곽음 : 蒙)

13-146-7 麯[21][화] : 匣 / 歌 [*guarx](곽음 : 鰈)

13-146-8 麹[국] : 溪 / 幽(覺) [*khjəkw]

13-147-1 屋梠[옥려] : 屋[옥] 影 / 侯(屋) [*ʔuk]
梠[려] 來 / 魚 [*ljagx]

13-147-2 櫺[령] : 來 / 耕 [*li ŋ](곽음 : 鈴)

13-148-1 甂[와] : 疑 / 歌 [* ŋ wrar]

13-148-2 甌[류] : 來 / 幽 [*ljəgwh](곽음 : 霤)

13-149-1 冢[총] : 端 / 東 [*trju ŋ x]

13-149-2 墳[분] : 並 / 文 [*bjən, *bjənx]

13-149-3 培[배] : 並 / 之 [*bjəgx](곽음 : 部)

13-149-4 堬[유] : 余 / 侯 [*gwjiədh](곽음 : 臾)

13-149-5 埰[채] : 淸 / 之 [*tshəgx]

13-149-6 埌[랑] : 來 / 陽 [*la ŋ](곽음 : 浪)

13-149-7 壠[롱] : 來 / 東 [*lju ŋ x]

---

21 麯의 음은 '艉'로 되어있었으나 대진은 '鰈'로 고쳤다. 『漢韓大辭典』에는 발음이 [화] 또는 [혼]으로 되어있다. 여기서는 대진의 수정에 의거해 麯의 음을 [화], 상고음을 匣 / 歌 [*guarx]으로 한다.

13-149-8 丘[구] : 溪 / 之 [*khwjəg]

13-149-9 塿[루] : 來 / 侯 [*lugx](곽음 : 洛口反)

13-149-10 墓[묘] : 明 / 魚 [*magh]

13-149-11 墲[무] : 明 / 魚 [*mag, *mjag]

부록 6. 『방언』 어휘별 사용지역

* 12개 방언구에 의거한 구분

卷一

1-1-1 黨[당] : 楚方言區
1-1-2 曉[효] : 楚方言區
1-1-3 哲[철] : 齊魯方言區~衛宋方言區
1-1-4 知[지] : 黨, 曉, 哲의 풀이어

1-2-1 虔[건] :
1-2-2 儇[현] :
1-2-3 慧[혜] : 虔, 儇의 풀이어
1-2-4 謾[만] : 秦晉方言區
1-2-5 㦟[매] : 秦晉方言區
1-2-6 倢[첩] : 衛宋方言區~楚方言區
1-2-7 譎[태] : 楚方言區. 곽박 당시의 通語
1-2-8 黠[힐] : 周韓鄭方言區~趙魏方言區
1-2-9 鬼[귀] : 周韓鄭方言區~趙魏方言區

1-3-1 娥[아] : 秦晉方言區
1-3-2 嬴[영] : 趙魏方言區~衛宋方言區,
1-3-3 好[호] : 通語. 娥, 嬴의 풀이어.
1-3-4 媌[묘] : 周韓鄭方言區~(趙魏方言區)~衛宋方言區

1-3-5 姣[교] : 周韓鄭方言區～(趙魏方言區)～衛宋方言區
1-3-6 姝[주] : 趙魏方言區～燕代方言區. 곽박 당시 四方의 通語
1-3-7 妦[봉] : 趙魏方言區～燕代方言區
1-3-8 妍[연] : 秦晉方言區

1-4-1 烈[렬] : 秦晉方言區～衛宋方言區, 秦晉方言區
1-4-2 枿[얼] : 周韓鄭方言區～楚方言區
1-4-3 餘[여] : 烈, 枿의 풀이어
1-4-4 肄[이] : 秦晉方言區

1-5-1 台[이] : 秦晉方言區～趙魏方言區～衛宋方言區～燕代方言區
1-5-2 胎[태] : 衛宋方言區～楚方言區
1-5-3 陶[도] : 秦晉方言區
1-5-4 鞠[국] : 周韓鄭方言區～楚方言區
1-5-5 養[양] : 台, 胎, 陶, 鞠의 풀이어
1-5-6 艾[애] : 衛宋方言區～楚方言區

1-6-1 憮[무] : 周韓鄭方言區, 楚方言區
1-6-2 俺[엄] : 秦晉方言區～衛宋方言區
1-6-3 憐[련] : 楚方言區, 衛宋方言區～齊魯方言區, 通語
1-6-4 牟[모] : 衛宋方言區～齊魯方言區
1-6-5 愛[애] : 憮, 俺, 憐, 牟의 풀이어

1-7-1 悛[릉] : 趙魏方言區～燕代方言區
1-7-2 憮[무] : 楚方言區
1-7-3 矜[긍] : 齊魯方言區, 秦晉方言區
1-7-4 悼[도] : 楚方言區, 秦晉方言區
1-7-5 憐[련] :
1-7-6 哀[애] : 悛, 憮, 矜, 悼, 憐의 풀이어

1-8-1 咺[훤] : 北燕朝鮮方言區

1-8-2 唏[희] : 楚方言區

1-8-3 灼[작(적)] :

1-8-4 怛[달] :

1-8-5 痛[통] : 咺, 唏, 灼, 怛의 풀이어

1-8-6 唴[강] : 秦晉方言區

1-8-7 唴哴[강량] : 齊魯方言區

1-8-8 噭咷[교도] : 楚方言區

1-8-9 喑[암(음)] : 衛宋方言區 ~ 齊魯方言區

1-8-10 惄[녁] : 衛宋方言區 ~ 齊魯方言區

1-9-1 悼[도] : 秦晉方言區
周韓鄭方言區 ~ (趙魏方言區 ~ 衛宋方言區) ~ 楚方言區의 通語

1-9-2 惄[녁] : 楚方言區
周韓鄭方言區 ~ (趙魏方言區 ~ 衛宋方言區) ~ 楚方言區의 通語

1-9-3 悴[췌] : 衛宋方言區
周韓鄭方言區 ~ (趙魏方言區 ~ 衛宋方言區) ~ 楚方言區의 通語

1-9-4 慭[은] : 楚方言區
周韓鄭方言區 ~ (趙魏方言區 ~ 衛宋方言區) ~ 楚方言區의 通語

1-9-5 傷[상] : 悼, 惄, 悴, 慭의 풀이어

1-10-1 愼[신] : 趙魏方言區 ~ 衛宋方言區

1-10-2 濟[제] : 楚方言區

1-10-3 曆[잠] : 趙魏方言區 ~ 衛宋方言區

1-10-4 惄[닉] :

1-10-5 溼[습] : 楚方言區, 秦晉方言區

1-10-6 桓[환] :

1-10-7 憂[우] : 愼, 濟, 曆, 溺, 溼, 桓의 풀이어

1-10-8 惄[녁] : 秦晉方言區

1-11-1 鬱[울] :

1-11-2 鬱悠[울유] : 秦晉方言區 ~ 衛宋方言區 ~ 齊魯方言區

1-11-3 懷[회] :

1-11-4 惄[녁] : 秦晉方言區

1-11-5 惟[유] :

1-11-6 慮[려] :

1-11-7 願[원] :

1-11-8 念[념] :

1-11-9 靖[정] : 東齊海岱方言區

1-11-10 慎[신] : 秦晉方言區

1-11-11 思[사] : 鬱, 悠, 懷, 惄, 惟, 慮, 願, 念, 靖, 慎의 풀이어

1-12-1 敦[돈] :

1-12-2 豐[풍] :

1-12-3 厖[방] : 秦晉方言區

1-12-4 夼[개] : 東齊海岱方言區

1-12-5 幠[무] : 東齊海岱方言區

1-12-6 般[반] :

1-12-7 嘏[하] : 秦晉方言區, 衛宋方言區~齊魯方言區~楚方言區

1-12-8 奕[혁] :

1-12-9 戎[융] : 衛宋方言區~齊魯方言區~楚方言區

1-12-10 京[경] : 齊魯方言區~北燕朝鮮方言區~楚方言區

1-12-11 奘[장] : 秦晉方言區

1-12-12 將[장] : 齊魯方言區~北燕朝鮮方言區~楚方言區

1-12-13 大[대] : 敦, 豐, 厖, 夼, 幠, 般, 嘏, 奕, 戎, 京, 奘, 將의 풀이어

1-12-14 夏[하] : 秦晉方言區

1-12-15 壯[장] : 秦晉方言區

1-13-1 假[가] : 秦晉方言區~衛宋方言區

1-13-2 佫[격] : 秦晉方言區~衛宋方言區

1-13-3 懷[회] : 齊魯方言區~楚方言區

1-13-4 摧[최] : 楚方言區

1-13-5 詹[첨] : 楚方言區

1-13-6 戾[려] : 楚方言區
1-13-7 艐[계] : 衛宋方言區
1-13-8 至[지] : 假, 佫, 懷, 摧, 詹, 戾, 艐의 풀이어

1-14-1 嫁[가] :
1-14-2 逝[서] : 秦晉方言區
1-14-3 徂[조] : 齊魯方言區
1-14-4 適[적] : 衛宋方言區 ~ 齊魯方言區
1-14-5 往[왕] : 凡語. 嫁, 逝, 徂, 適의 풀이어

1-15-1 謾台[만이] : 燕代方言區
1-15-2 脅鬩[협혁] : 衛宋方言區, 齊魯方言區 ~ 楚方言區
1-15-3 懼[구] : 謾台, 脅鬩의 풀이어
1-15-4 嘽咺[천훤] : 南楚方言區

1-16-1 虔[건] : 秦晉方言區 ~ 北燕朝鮮方言區
1-16-2 劉[류] : 秦晉方言區 ~ 衛宋方言區, 秦晉方言區
1-16-3 慘[참] :
1-16-4 綝[림] :
1-16-5 殺[살] : 虔, 劉, 慘, 綝의 풀이어
1-16-6 殘[잔] : 秦晉方言區 ~ 趙魏方言區 ~ 燕代方言區
1-16-7 貪[탐] : 楚方言區
1-16-8 歁[감] : 南楚方言區

1-17-1 亟[극] : 秦晉方言區, 東齊海岱方言區
1-17-2 憐[련] : 楚方言區
1-17-3 憮[무] : 衛宋方言區 ~ 秦晉方言區
1-17-4 惓[엄] : 衛宋方言區 ~ 秦晉方言區
1-17-5 愛[애] : 亟, 憐, 憮, 惓의 풀이어

1-18-1 眉[미] : 東齊海岱方言區

1-18-2 梨[리] : 燕代方言區～北燕朝鮮方言區
1-18-3 耋[질] : 衛宋方言區
1-18-4 鮐[태(이)] :
1-18-5 老[로] : 眉, 梨, 耋, 鮐의 풀이어
1-18-6 耇鮐[구태(이)] : 秦晉方言區～衛宋方言區～楚方言區

1-19-1 脩[수] : 楚方言區
1-19-2 駿[준] :
1-19-3 融[융] : 衛宋方言區～楚方言區～吳越方言區
1-19-4 繹[역] :
1-19-5 尋[심] : 東齊海岱方言區, 秦晉方言區
1-19-6 延[연] :
1-19-7 長[장] : 脩, 駿, 融, 繹, 尋, 延의 풀이어
1-19-8 充[충] :
1-19-9 永[영] :

1-20-1 允[윤] : 齊魯方言區
1-20-2 訦[심] : 燕代方言區～東齊海岱方言區
1-20-3 恂[순] : 衛宋方言區～楚方言區
1-20-4 展[전] : 楚方言區～南楚方言區～吳越方言區
1-20-5 諒[량] : 周韓鄭方言區～衛宋方言區
1-20-6 穆[목] : 南越方言區
1-20-7 信[신] : 允, 訦, 恂, 展, 諒, 穆의 풀이어

1-21-1 碩[석] : 衛宋方言區～齊魯方言區
1-21-2 沈[침] :
1-21-3 巨[거] : 衛宋方言區～齊魯方言區
1-21-4 濯[탁] : 楚方言區～南楚方言區～吳越方言區
1-21-5 訏[우] : 齊魯方言區～楚方言區
1-21-6 敦[돈] : 周韓鄭方言區～楚方言區
1-21-7 夏[하] : 秦晉方言區

1-21-8 于[우] : 通語
1-21-9 大[대] : 碩, 沈, 巨, 濯, 訏, 敦, 夏, 于의 풀이어휘
1-21-10 寇[구] :
1-21-11 夥[화] : 衛宋方言區～齊魯方言區～趙魏方言區～楚方言區
1-21-12 過[화] : 秦晉方言區
1-21-13 僉[첨] : 秦晉方言區
1-21-14 劍[검] : 東齊海岱方言區
1-21-15 弩[노] : 東齊海岱方言區
1-21-16 嘏[하] : 周韓鄭方言區
1-21-17 郴[람] : 齊魯方言區

1-22-1 秖[저] : 秦晉方言區
1-22-2 儆[치] :
1-22-3 會[회] : 秖, 儆의 풀이어

1-23-1 華[화] : 齊魯方言區～楚方言區
1-23-2 荂[과] : 齊魯方言區～楚方言區
1-23-3 晠[성] : 華, 荂의 풀이어

1-24-1 墳[분] : 齊魯方言區～東齊海岱方言區

1-25-1 廓[곽] :
1-25-2 摸[막] : 楚方言區

1-26-1 嬛[현] : 楚方言區
1-26-2 蟬[선] : 楚方言區
1-26-3 繝[염] :
1-26-4 撚[년] :
1-26-5 未[미] : 楚方言區
1-26-6 續[속] : 嬛, 蟬, 繝, 撚, 未의 풀이어
1-26-7 出[출] : 蟬의 풀이어

1-26-8 及[급] : 未의 풀이어

1-27-1 踏[답] : 秦晉方言區
1-27-2 䍃[요] : 周韓鄭方言區～楚方言區
1-27-3 跸[불] :
1-27-4 跳[도] : 秦晉方言區. 踏, 䍃, 跸의 풀이어.
1-27-5 踬[체] : 楚方言區
1-27-6 蹠[척] : 楚方言區

1-28-1 躡[섭(녑)] : 秦晉方言區
1-28-2 郅[질] : 衛宋方言區～齊魯方言區
1-28-3 跂[기] : 秦晉方言區
1-28-4 狢[격] : 秦晉方言區
1-28-5 躋[제] : 東齊海岱方言區
1-28-6 躍[약] :
1-28-7 登[등] : 躡, 郅, 跂, 狢, 躋, 躍의 풀이어

1-29-1 逢[봉] : 周韓鄭方言區
1-29-2 逆[역] : 秦晉方言區
1-29-3 迎[영] : 秦晉方言區. 逢, 逆의 풀이어.

1-30-1 撏[심(섬)] : 衛宋方言區～齊魯方言區～東齊海岱方言區～楚方言區～南楚方言區
1-30-2 攓[건] : 南楚方言區
1-30-3 摭[척] : 衛宋方言區～楚方言區
1-30-4 挻[연] : 楚方言區
1-30-5 取[취] : 撏, 攓, 摭, 挻의 풀이어
1-30-6 篡[찬] : 秦晉方言區

1-31-1 餥[비] : 楚方言區
1-31-2 飵[작] : 楚方言區, 南越方言區

1-31-3 食[식] : 饕, 飵의 풀이어.
1-31-4 鮎[념] : 南越方言區
1-31-5 饐饑[은안] : 秦晉方言區
1-31-6 飧[손] : 南越方言區

1-32-1 釗[교] : 秦晉方言區
1-32-2 薄[박] : 秦晉方言區
1-32-3 勉[면] : 釗, 薄의 풀이어
1-32-4 薄努[박노] : 南越方言區
1-32-5 勉努[면노] :
1-32-6 勔釗[면교] : 周韓鄭方言區
1-32-7 勖兹[욱자] : 齊魯方言區

卷二

2-1-1 鈔[초] : 齊魯方言區～東齊海岱方言區
2-1-2 嫽[료] : 齊魯方言區～東齊海岱方言區
2-1-3 好[호] : 凡通語. 鈔, 嫽의 풀이어

2-2-1 朦[몽] : 秦晉方言區
2-2-2 厖[방] : 秦晉方言區
2-2-3 豐[풍] : 通語. 朦, 厖의 풀이어. 趙魏方言區～燕代方言區
2-2-4 伃[서] : 楚方言區
2-2-5 杼[저] : 燕代方言區

2-3-1 娃[왜] : 楚方言區～南楚方言區～吳越方言區
2-3-2 嫷[타] : 南越方言區
2-3-3 窕[조] : 周韓鄭方言區～楚方言區, 秦晉方言區
2-3-4 豔[염] : 秦晉方言區～周韓鄭方言區～衛宋方言區, 秦晉方言區
2-3-5 美[미] : 娃, 嫷, 窕, 豔의 풀이어
2-3-6 好[호] : 秦晉方言區

2-3-7 娥[아] : 秦晉方言區

2-3-8 窈[요] : 秦晉方言區

2-4-1 奕[혁] : 秦晉方言區, 楚方言區

2-4-2 偞[엽] : 秦晉方言區, 衛宋方言區,

2-4-3 容[용] : 奕, 偞의 풀이어

2-5-1 鬢[면] : 楚方言區~南楚方言區

2-5-2 鑠[삭] : 周韓鄭方言區~衛宋方言區,

2-5-3 盱[우] : 燕代方言區~北燕朝鮮方言區

2-5-4 揚[양] : 燕代方言區~北燕朝鮮方言區

2-5-5 賸[등] : 楚方言區~南楚方言區

2-5-6 雙[쌍] : 鬢, 鑠, 盱, 揚, 賸의 풀이어

2-5-7 順[순] :

2-5-8 矊[면] :

2-6-1 嫢[규] : 秦晉方言區

2-6-2 笙[생] :

2-6-3 揫[추] :

2-6-4 摻[섬(삼)] :

2-6-5 細[세] : 嫢, 笙, 揫, 摻의 풀이어

2-6-6 徥[시(지)] : 秦晉方言區

2-7-1 傀[괴] : 秦晉方言區

2-7-2 渾[혼] :

2-7-3 膞[비] :

2-7-4 膿[양] : 秦晉方言區

2-7-5 僇[교] : 衛宋方言區~楚方言區

2-7-6 泡[포] : 楚方言區

2-7-7 盛[성] : 傀, 渾, 膞, 膿, 僇, 泡의 풀이어

2-8-1 私[사] : 秦晉方言區
2-8-2 策[책] : 北燕朝鮮方言區
2-8-3 纖[섬] : 秦晉方言區
2-8-4 莜[예] :
2-8-5 稺[치] :
2-8-6 杪[묘] :
2-8-7 小[소] : 私, 策, 纖, 莜, 稺, 杪의 풀이어
2-8-8 綾[릉] : 東齊海岱方言區
2-8-9 䕷[미] : 秦晉方言區
2-8-10 篾[멸] : 楚方言區
2-8-11 葼[종] : 衛宋方言區～齊魯方言區～東齊海岱方言區

2-9-1 殗殜[업엽] : 秦晉方言區, 衛宋方言區
2-9-2 微[미] : 殗殜의 풀이어

2-10-1 臺[대] : 東齊海岱方言區
2-10-2 臺敵[대적] : 秦晉方言區
2-10-3 匹[필] : 臺, 敵의 풀이어

2-11-1 抱嬎[포찬] : 楚方言區～吳越方言區
2-11-2 嬎[찬] : 衛宋方言區～楚方言區
2-11-3 耦[우] : 抱嬎의 풀이어

2-12-1 倚[의] : 秦晉方言區
2-12-2 踦[기] : 秦晉方言區～楚方言區, 衛宋方言區
2-12-3 奇[기] : 倚, 踦의 풀이어

2-13-1 逴[탁] : 秦晉方言區
2-13-2 獡[삭] : 衛宋方言區～南楚方言區
2-13-3 透[숙] : 衛宋方言區～南楚方言區
2-13-4 驚[경] : 逴, 獡, 透의 풀이어

2-14-1 儀[의] : 楚方言區

2-14-2 佫[격] : 周韓鄭方言區～(趙魏方言區～衛宋方言區)～齊魯方言區

2-14-3 來[래] : 儀, 佫의 풀이어

2-14-4 懷[회] : 周韓鄭方言區～(趙魏方言區～衛宋方言區)～齊魯方言區

2-15-1 翻[닐] : 周韓鄭方言區～趙魏方言區～衛宋方言區, 齊魯方言區～東齊海岱方言區

2-15-2 㲂[여] : 周韓鄭方言區～趙魏方言區～衛宋方言區, 齊魯方言區～東齊海岱方言區

2-15-3 黏[점(넘)] : 翻, 㲂의 풀이어

2-16-1 餬[호] :

2-16-2 託[탁] :

2-16-3 庇[비] : 秦晉方言區～衛宋方言區～齊魯方言區～楚方言區～南楚方言區

2-16-4 寓[우] : 秦晉方言區～衛宋方言區～齊魯方言區～楚方言區～南楚方言區

2-16-5 媵[잉] :

2-16-6 寄[기] : 餬, 託, 庇, 寓, 媵의 풀이어

2-17-1 逞[령(정)] : 周韓鄭方言區

2-17-2 苦[고] : 楚方言區

2-17-3 了[료] : 秦晉方言區

2-17-4 快[쾌] : 逞, 苦, 了의 풀이어

2-18-1 挴[매] : 秦晉方言區

2-18-2 惄[닉] : 秦晉方言區, 秦晉方言區～衛宋方言區

2-18-3 赧[난] : 秦晉方言區

2-18-4 愧[괴] : 挴, 惄, 赧의 풀이어

2-19-1 叨[도] :

2-19-2 惏[람] : 楚方言區

2-19-3 殘[잔] : 叨, 惏의 풀이어

2-20-1 凭[빙] : 楚方言區
2-20-2 齘[계] :
2-20-3 苛[가] : 楚方言區
2-20-4 怒[노] : 凭, 齘, 苛의 풀이어

2-21-1 憡[책] : 秦晉方言區
2-21-2 剌[랄] :
2-21-3 痛[통] : 憡, 剌의 풀이어

2-22-1 撟捎[교소] : 秦晉方言區
2-22-2 選[선] : 撟捎의 풀이어

2-23-1 撊[한] : 秦晉方言區～趙魏方言區
2-23-2 梗[경] : 周韓鄭方言區～趙魏方言區
2-23-3 爽[상] : 秦晉方言區～齊魯方言區
2-23-4 猛[맹] : 撊, 梗, 爽의 풀이어

2-24-1 瞯[한(간)] : 楚方言區～吳越方言區
2-24-2 睇[제] : 楚方言區～南越方言區
2-24-3 睎[희] : 齊魯方言區～東齊海岱方言區
2-24-4 略[락(략)] : 楚方言區～吳越方言區
2-24-5 眄[면] : 秦晉方言區. 瞯, 睇, 睎, 略의 풀이어

2-25-1 餼[식] : 周韓鄭方言區～衛宋方言區, 秦晉方言區
2-25-2 喙[훼] : 秦晉方言區
2-25-3 呬[희] : 東齊海岱方言區
2-25-4 息[식] : 餼, 喙, 呬의 풀이어

2-26-1 鋠[벽] : 秦晉方言區
2-26-2 摫[규] : 秦晉方言區
2-26-3 裁[재] : 鋠, 摫의 풀이어

2-26-4 斲[착] : 鉳의 풀이어

2-26-5 鉳鉳[벽벽] : 秦晉方言區～趙魏方言區

2-27-1 鐫[전] : 秦晉方言區～趙魏方言區

2-27-2 琢[탁] : 鐫의 풀이어

2-28-1 鍇[개] : 秦晉方言區

2-28-2 鐕[계] : 楚方言區～吳越方言區

2-28-3 堅[견] : 鍇, 鐕의 풀이어

2-29-1 揄鋪[유포] : 楚方言區～南楚方言區～吳越方言區

2-29-2 艦極[람무] : 楚方言區

2-29-3 帗縷[불루] : 周韓鄭方言區～衛宋方言區～楚方言區

2-29-4 葉褕[엽유] : 北燕朝鮮方言區

2-29-5 毳[취] : 揄鋪, 艦極, 帗縷, 葉褕의 풀이어

2-30-1 孑[혈] : 周韓鄭方言區, 齊魯方言區～東齊海岱方言區～楚方言區

2-30-2 藎[신] : 周韓鄭方言區, 秦晉方言區

2-30-3 餘[여] : 孑, 藎의 풀이어

2-30-4 俊[준] : 遵의 풀이어, 孑의 풀이어

2-30-5 遵[준] :

2-31-1 翿[도] : 楚方言區

2-31-2 幢[당] : 秦晉方言區

2-31-3 翳[예] : 翿, 幢의 풀이어

2-32-1 捜[수] : 秦晉方言區

2-32-2 略[략] : 秦晉方言區

2-32-3 求[구] : 捜, 略의 풀이어

2-32-4 攈[군] :

2-32-5 摭[척] :

2-32-6 取[취] : 通語. 攈, 摭의 풀이어

2-33-1 茫[망] : 吳越方言區
2-33-2 矜[긍] : 秦晉方言區
2-33-3 奄[엄] : 楚方言區
2-33-4 遽[거] : 秦晉方言區. 茫, 矜, 奄의 풀이어

2-34-1 速[속] : 東齊海岱方言區
2-34-2 逞[령(정)] : 楚方言區
2-34-3 搖扇[요선] : 北燕朝鮮方言區
2-34-4 疾[질] : 速, 逞, 搖扇의 풀이어

2-35-1 予[여] :
2-35-2 賴[뢰] : 南越方言區
2-35-3 讎[수] : 秦晉方言區. 予, 賴의 풀이어

2-36-1 恒慨[항개] : 楚方言區 ~ 南楚方言區 ~ 吳越方言區
2-36-2 蔘綏[삼수] : 吳越方言區
2-36-3 羞繹[수역] : 吳越方言區
2-36-4 紛毋[분모] : 吳越方言區

2-37-1 剿[초] : 楚方言區
2-37-2 蹶[궐] : 楚方言區
2-37-3 獪[회] : 秦晉方言區. 剿, 蹶의 풀이어
2-37-4 蔿[화] : 周韓鄭方言區 ~ 楚方言區
2-37-5 婩[활] : 周韓鄭方言區 ~ 楚方言區

卷三

3-1-1 釐孶[리재] : 楚方言區
3-1-2 健子[련재] : 秦晉方言區

3-1-3 孿生[산(련)생] : 周韓鄭方言區～趙魏方言區
3-1-4 媄子[가재] :

3-2-1 壻[서] : 倩의 풀이어
3-2-2 倩[천] : 東齊海岱方言區

3-3-1 娠[진(신)] : 齊魯方言區～燕代方言區

3-4-1 亭父[정보] : 亭公의 풀이어
3-4-2 亭公[정공] : 東齊海岱方言區～楚方言區
3-4-3 卒[졸] : 弩父, 褚의 풀이어
3-4-4 弩父[노부] : 東齊海岱方言區～楚方言區
3-4-5 褚[저] : 東齊海岱方言區～楚方言區

3-5-1 臧[장] : 齊魯方言區～東齊海岱方言區～楚方言區～南楚方言區. 齊魯方言區～北燕朝鮮方言區
3-5-2 甬[용] : 周韓鄭方言區～趙魏方言區～衛宋方言區～楚方言區
3-5-3 侮[모] : 秦晉方言區
3-5-4 獲[획] : 齊魯方言區～東齊海岱方言區～楚方言區～南楚方言區. 齊魯方言區～北燕朝鮮方言區
3-5-5 奴婢[노비] : 臧, 甬, 侮, 獲의 풀이어

3-6-1 蔿[화] :
3-6-2 譌[와] :
3-6-3 譁[와] : 北燕朝鮮方言區
3-6-4 涅[녈] : 北燕朝鮮方言區
3-6-5 化[화] : 蔿, 譌, 譁, 涅의 풀이어

3-7-1 斟[짐] : 北燕朝鮮方言區
3-7-2 協[협] : 周韓鄭方言區
3-7-3 汁[즙] : 秦晉方言區. 斟, 協의 풀이어

3-8-1 蘇[소] : 楚方言區～南楚方言區, 秦晉方言區
3-8-2 芥[개] : 秦晉方言區
3-8-3 草[초] : 秦晉方言區. 蘇, 芥의 풀이어
3-8-4 莽[무(망)] : 南楚方言區

3-9-1 蘇[소] : 秦晉方言區～周韓鄭方言區
3-9-2 荏[임] : 秦晉方言區～周韓鄭方言區. 蘇의 풀이어
3-9-3 公蕡[공비] : 周韓鄭方言區
3-9-4 薔[할] : 南楚方言區
3-9-5 蘱葇[양유] : 南楚方言區

3-10-1 蘴[풍] : 楚方言區
3-10-2 蕘[요] : 齊魯方言區
3-10-3 蕪菁[무청] : 秦晉方言區～周韓鄭方言區. 蘴, 蕘의 풀이어
3-10-4 大芥[대개] : 趙魏方言區
3-10-5 辛芥[신개] : 趙魏方言區
3-10-6 幽芥[유개] : 趙魏方言區
3-10-7 蘆菔[로복] : 趙魏方言區
3-10-8 菈遠[랍답] : 齊魯方言區

3-11-1 䓈[역] : 北燕朝鮮方言區
3-11-2 芡[검] : 齊魯方言區～東齊海岱方言區
3-11-3 鷄頭[계두] : 南楚方言區. 䓈, 芡의 풀이어
3-11-4 鴈頭[안두] : 南楚方言區
3-11-5 烏頭[오두] : 南楚方言區

3-12-1 茦[재] : 北燕朝鮮方言區
3-12-2 壯[장] : 北燕朝鮮方言區
3-12-3 梗[경] : 周韓鄭方言區
3-12-4 劌[귀] : 周韓鄭方言區
3-12-5 刺[자] : 秦晉方言區

3-12-6 棘[극] : 南楚方言區

3-13-1 瘌[랄] : 南越方言區
3-13-2 癆[로] : 北燕朝鮮方言區
3-13-3 眠[면] : 東齊海岱方言區
3-13-4 眩[현] : 東齊海岱方言區. 곽박 당시에는 通語.
3-13-5 毒[독] : 秦晉方言區
3-13-6 痛[통] : 瘌의 풀이어

3-14-1 逞[령(정)] : 周韓鄭方言區, 楚方言區
3-14-2 曉[효] : 周韓鄭方言區
3-14-3 恔[교] : 東齊海岱方言區
3-14-4 苦[고] : 周韓鄭方言區～衛宋方言區～衛宋方言區
3-14-5 快[쾌] : 秦晉方言區. 逞, 曉, 恔, 苦의 풀이어

3-15-1 膠[교] : 秦晉方言區, 周韓鄭方言區
3-15-2 譎[휼] : 秦晉方言區～周韓鄭方言區
3-15-3 詐[사] : 通語. 膠, 譎의 풀이어

3-16-1 揠[알] : 東齊海岱方言區
3-16-2 擢[탁] : 秦晉方言區
3-16-3 拂[불] :
3-16-4 戎[융] : 周韓鄭方言區～(趙魏方言區～衛宋方言區)～楚方言區～南楚方言區
3-16-5 拔[발] : 秦晉方言區. 揠, 擢, 拂, 戎의 풀이어

3-17-1 慰[위] : 齊魯方言區～東齊海岱方言區～楚方言區
3-17-2 廛[전] : 東齊海岱方言區
3-17-3 度[택] : 東齊海岱方言區
3-17-4 凥[거] : 慰, 廛, 度의 풀이어
3-17-5 踐[천] : 東齊海岱方言區

3-18-1 萃[췌] :
3-18-2 雜[잡] :
3-18-3 集[집] : 萃, 雜의 풀이어
3-18-4 聚[취] : 東齊海岱方言區

3-19-1 迨[태] : 東齊海岱方言區
3-19-2 遝[답] : 秦晉方言區～周韓鄭方言區
3-19-3 及[급] : 秦晉方言區～周韓鄭方言區. 迨, 遝의 풀이어

3-20-1 荄[해] :
3-20-2 杜[두] : 東齊海岱方言區
3-20-3 根[근] : 荄, 杜의 풀이어
3-20-4 茇[발] : 東齊海岱方言區

3-21-1 班[반] : 北燕朝鮮方言區
3-21-2 徹[철] : 東齊海岱方言區
3-21-3 列[렬] : 班, 徹의 풀이어

3-22-1 瘼[막] : 東齊海岱方言區
3-22-2 癁[복] : 東齊海岱方言區
3-22-3 病[병] : 瘼, 癁의 풀이어
3-22-4 瘎[심] : 秦晉方言區

3-23-1 掩[엄] : 楚方言區～南楚方言區
3-23-2 醜[추] : 東齊海岱方言區
3-23-3 掍[혼] : 衛宋方言區
3-23-4 綷[졸] : 衛宋方言區
3-23-5 同[동] : 掩, 醜, 掍, 綷의 풀이어

3-24-1 裕[유] : 東齊海岱方言區
3-24-2 猷[유] : 東齊海岱方言區

3-24-3 道[도] : 裕, 猷의 풀이어

3-25-1 虔[건] : 齊魯方言區～東齊海岱方言區 ～楚方言區
3-25-2 散[산] : 東齊海岱方言區
3-25-3 殺[살] : 虔, 散의 풀이어

3-26-1 氾[범] : 周韓鄭方言區
3-26-2 浼[매] : 東齊海岱方言區
3-26-3 澗[염] : 東齊海岱方言區
3-26-4 洼[와] : 周韓鄭方言區
3-26-5 洿[오] : 氾, 浼, 澗, 洼의 풀이어

3-27-1 庸[용] : 四方의 通語
3-27-2 恣[자] : 四方의 通語
3-27-3 比[비] : 四方의 通語
3-27-4 侹[정] : 楚方言區
3-27-5 更[경(갱)] : 四方의 通語
3-27-6 佚[질] : 齊魯方言區
3-27-7 代[대] : 庸, 恣, 比, 侹, 更, 佚의 풀이어

3-28-1 氓[맹] :
3-28-2 民[민] : 氓의 풀이어

3-29-1 杌[구] :
3-29-2 仇[구] : 杌의 풀이어

3-30-1 寓[우] :
3-30-2 寄[기] : 寓의 풀이어

3-31-1 露[로] :
3-31-2 敗[패] : 露의 풀이어

3-32-1 別[별] :
3-32-2 治[치] : 別의 풀이어

3-33-1 棖[정] :
3-33-2 法[법] : 棖의 풀이어

3-34-1 謫[적] :
3-34-2 怒[노] : 謫의 풀이어

3-35-1 間[간] :
3-35-2 非[비] : 間의 풀이어

3-36-1 格[격] :
3-36-2 正[정] : 格의 풀이어

3-37-1 䰜[례] :
3-37-2 數[수] : 䰜의 풀이어

3-38-1 軫[진] :
3-38-2 戾[려] : 軫의 풀이어

3-39-1 屑[설] :
3-39-2 潔[결] : 屑의 풀이어

3-40-1 諄[순] :
3-40-2 罪[죄] : 諄의 풀이어

3-41-1 俚[리] :
3-41-2 聊[료] : 俚의 풀이어

3-42-1 梱[곤] :

3-42-2 就[취] : 稇의 풀이어

3-43-1 笠[립] :
3-43-2 圂[혼] : 笠의 풀이어

3-44-1 廋[수] :
3-44-2 隱[은] : 廋의 풀이어

3-45-1 銛[첨] :
3-45-2 取[취] : 銛의 풀이어

3-46-1 棖[정] :
3-46-2 隨[수] : 棖의 풀이어

3-47-1 儓[대] :
3-47-2 菔[복] : 南楚方言區
3-47-3 田儓[전대] : 南楚方言區
3-47-4 辟[벽] : 南楚方言區

3-48-1 庸[용] : 倯의 풀이어
3-48-2 倯[송] :

3-49-1 褸裂[루렬] : 南楚方言區
3-49-2 須捷[수첩] : 南楚方言區
3-49-3 挾斯[협사] : 南楚方言區
3-49-4 敗[패] : 褸裂, 須捷, 挾斯의 풀이어
3-49-5 襤褸[람루] : 南楚方言區

3-50-1 撲[박] : (撲生[박생] : 南楚方言區)
3-50-2 鋌[정] : 南楚方言區. 곽박 당시에는 中國의 通語
3-50-3 澌[시] :

3-50-4 盡[진] : 撲, 鋌, 賜, 澌의 풀이어
3-50-5 賜[사] : 鋌의 풀이어
3-50-6 空[공] : 鋌의 풀이어

3-51-1 撲[박] : 楚方言區
3-51-2 翕[흡] : 楚方言區
3-51-3 葉[엽] : 楚通語
3-51-4 聚[취] : 撲, 翕, 葉의 풀이어

3-52-1 斟[짐] :
3-52-2 益[익] : 斟의 풀이어
3-52-3 不斟[불짐] : 南楚方言區
3-52-4 何斟[하짐] :

3-53-1 差[차] : 南楚方言區
3-53-2 間[간] : 南楚方言區
3-53-3 知[지] : 南楚方言區, 通語
3-53-4 愈[유] : 差, 間, 知의 풀이어
3-53-5 慧[혜] :
3-53-6 憭[료] :
3-53-7 瘳[추] :
3-53-8 蠲[견] :
3-53-9 除[제] :

卷四

4-1-1 襌衣[단의] : 秦晉方言區~周韓鄭方言區, 褋의 풀이어
4-1-2 褋[접] : 楚方言區~南楚方言區
4-1-3 裎衣[정의] : 趙魏方言區
4-1-4 袏衣[좌의] : 趙魏方言區
4-1-5 深衣[심의] :

4-2-1 襜褕[첨유] : 秦晉方言區. 襣褣의 풀이어
4-2-2 襣褣[충용] : 楚方言區～南楚方言區
4-2-3 裋褕[수유] : 秦晉方言區
4-2-4 襤褸[람루] : 秦晉方言區
4-2-5 裗褔[충굴] : 秦晉方言區
4-2-6 緻[치] : 秦晉方言區

4-3-1 汗襦[한유] : 褶, 袛裯, 掩汗, 甲襦, 襜襦의 풀이어
4-3-2 褶[중] : 楚方言區～南楚方言區
4-3-3 袛裯[저도] : 秦晉方言區
4-3-4 甲襦[갑유] : 周韓鄭方言區
4-3-5 襜襦[첨유] : 趙魏方言區～衛宋方言區～楚方言區
4-3-6 襌襦[단유] : 趙魏方言區～衛宋方言區～楚方言區

4-4-1 帬[군] : 帔, 襬의 풀이어
4-4-2 帔[피] : 趙魏方言區～楚方言區
4-4-3 襬[피] : 周韓鄭方言區

4-5-1 蔽厀[폐슬] : 秦晉方言區～周韓鄭方言區. 褘, 袚, 大巾, 袡의 풀이어
4-5-2 褘[휘] : 楚方言區
4-5-3 袚[발] : 楚方言區
4-5-4 大巾[대건] : 趙魏方言區～衛宋方言區～南楚方言區
4-5-5 袡[염] : 齊魯方言區

4-6-1 襦[유] : 秦晉方言區. 曲領, 襦의 풀이어
4-6-2 曲領[곡령] : 秦晉方言區

4-7-1 褌[곤] : 㯶의 풀이어
4-7-2 㯶[종] : 楚方言區

4-8-1 袴[고] : 秦晉方言區. 襱, 襱의 풀이어

4-8-2 䙝[건] : 齊魯方言區

4-8-3 襱[롱] : 齊魯方言區

4-9-1 褕[유] :

4-9-2 袖[수] :

4-10-1 衱[겁] :

4-10-2 褗[언] :

4-11-1 袿[규] :

4-11-2 裾[거] :

4-12-1 褸[루] :

4-12-2 衽[임] :

4-13-1 褸[루] :

4-13-2 緻[치] :

4-14-1 裯[도] :

4-14-2 襤[람] :

4-14-3 𧝓[타] :

4-14-4 襣[비] :

4-15-1 綃[초] :

4-15-2 袩[점] :

4-16-1 衿[금] :

4-16-2 交[교] :

4-17-1 裺[암] :

4-17-2 襦[유] :

4-18-1 襜[첨] :
4-18-2 掖[액] :

4-19-1 佩紟[패금] :
4-19-2 裎[정] :

4-20-1 褸[루] :
4-20-2 袩[점] :

4-21-1 覆祽[복수] :
4-21-2 襌衣[단의] :
4-21-3 偏襌[편단] :
4-21-4 襌襦[단유] :

4-22-1 礿纏[작전] :
4-22-2 襌[단] :

4-23-1 袒飾[단희] :
4-23-2 直衿[직령] :

4-24-1 褒明[포명] :
4-24-2 袍[포] :

4-25-1 繞衿[요령] :
4-25-2 帬[군] :

4-26-1 懸裺[현엄] :
4-26-2 緣[연] :

4-27-1 絜襦[결유] :
4-27-2 蔽膝[폐슬] :

4-28-1 裪襟[도결] :
4-28-2 袖[수] :

4-29-1 帍裱[호표] :
4-29-2 被巾[피건] :

4-30-1 繞緍[요순] :
4-30-2 襩裺[독엄] :

4-31-1 厲[려] :
4-31-2 帶[대] :

4-32-1 襎裷[번권] :
4-32-2 幭[멸] :

4-33-1 緊袼[예각] :
4-33-2 褔[우] :

4-34-1 襤[람] : 楚方言區
4-34-2 褸[루] : 楚方言區
4-34-3 緻[치] : 秦晉方言區
4-34-4 裗褔[충굴] : 秦晉方言區

4-35-1 複襦[복유] : 襚, 筩褹의 풀이어
4-35-2 襚[수] : 南楚方言區
4-35-3 筩褹[통예] : 南楚方言區

4-36-1 倒頓[도돈] : 楚方言區(楚通語)
4-36-2 裷衧[교료] : 楚方言區(楚通語)

4-37-1 幏[몽] : 周韓鄭方言區, 楚方言區

4-37-2 巾[건] : 幏의 풀이어

4-37-3 帉[분] :

4-37-4 帤[녀] : 周韓鄭方言區～楚方言區

4-38-1 絡頭[락두] : 秦晉方言區

4-38-2 帞頭[맥두] : 南楚方言區. 絡頭의 풀이어

4-38-3 紗繢[사궤] :

4-38-4 鬢帶[귀대] : 趙魏方言區

4-38-5 㚇帶[채대] : 趙魏方言區

4-38-6 帑[천] : 趙魏方言區

4-38-7 帷[업] : 趙魏方言區

4-38-8 幧頭[조두] : 趙魏方言區. 紗繢, 鬢帶, 㚇帶, 帑, 帷의 풀이어

4-39-1 覆結[복결] : 趙魏方言區(趙魏之間 通語).

4-39-2 幘巾[책건] : 趙魏方言區(趙魏之間 通語)

4-39-3 承露[승로] : 趙魏方言區(趙魏之間 通語)

4-39-4 覆㚇[복채] : 趙魏方言區(趙魏之間 通語)

4-40-1 屝[비] : 衛宋方言區～齊魯方言區～東齊海岱方言區

4-40-2 屨[구] : 秦晉方言區

4-40-3 麤[추] : 楚方言區～南楚方言區

4-40-4 履[리] : 通語. 屝, 屨, 麤의 풀이어

4-40-5 複舃[복석] :

4-40-6 複履[복리] : 周韓鄭方言區

4-40-7 鞔下[완하] :

4-40-8 鞮[제] :

4-40-9 不借[불차] :

4-40-10 䩕角[앙각] : 北燕朝鮮方言區, 齊魯方言區～東齊海岱方言區

4-40-11 屩[퇴] : 秦晉方言區

4-40-12 屫[호] : 秦晉方言區

4-41-1 緉[량] : 秦晉方言區～周韓鄭方言區
4-41-2 緛[상] : 秦晉方言區～周韓鄭方言區
4-41-3 絞[교] : 通語. 緉, 緛의 풀이어

4-42-1 纑[로] :
4-42-2 縝[진] :

卷五

5-1-1 鍑[복] : 鏔, 鉼, 錡, 鏤, 鬲의 풀이어
5-1-2 鏔[전] : 北燕朝鮮方言區
5-1-3 鉼[병] : 北燕朝鮮方言區
5-1-4 錡[기] : 楚方言區
5-1-5 鏤[루] : 楚方言區
5-1-6 鬲[력] : 吳越方言區

5-2-1 釜[부] : 秦晉方言區. 풀이어
5-2-2 鍑[복] : 秦晉方言區

5-3-1 甑[증] : 甗, 鬵, 酢餾의 풀이어
5-3-2 甗[언] : 周韓鄭方言區
5-3-3 鬵[심] : 周韓鄭方言區
5-3-4 酢餾[초류] : 周韓鄭方言區

5-4-1 盂[우] : 盌, 銚鋭, 櫂, 柯, 盞의 풀이어
5-4-2 盌[완] : 趙魏方言區～衛宋方言區～楚方言區
5-4-3 銚鋭[요예] :
5-4-4 櫂[도] :
5-4-5 柯[가] :
5-4-6 盞[권] : 東齊海岱方言區～北燕朝鮮方言區

5-5-1 盄[야] : 秦晉方言區
5-5-2 椷[감] : 周韓鄭方言區～趙魏方言區
5-5-3 盞[잔] : 周韓鄭方言區～趙魏方言區
5-5-4 温[범] : 周韓鄭方言區～趙魏方言區
5-5-5 閜[하] :
5-5-6 㼜[양] : 吳越方言區
5-5-7 㾊[마] : 齊魯方言區
5-5-8 桮[배] : 通語. 盄, 椷, 盞, 温, 閜, 㼜, 㾊의 풀이어

5-6-1 𧄼[례] : 箪, 㰅, 瓢의 풀이어
5-6-2 箪[단] : 趙魏方言區～衛宋方言區～楚方言區
5-6-3 㰅[희] : 趙魏方言區～衛宋方言區～楚方言區
5-6-4 瓢[표] : 趙魏方言區～衛宋方言區～楚方言區

5-7-1 案[안] : 秦晉方言區～周韓鄭方言區
5-7-2 㰺[사] : 趙魏方言區～衛宋方言區～楚方言區

5-8-1 桮落[배락] : 衛宋方言區～楚方言區, 秦晉方言區～周韓鄭方言區. 풀이어
5-8-2 豆筥[두거] : 衛宋方言區～楚方言區

5-9-1 箸筩[저통] : 筲, 籯, 桶檧의 풀이어
5-9-2 筲[소] : 衛宋方言區～楚方言區
5-9-3 籯[영] : 衛宋方言區～楚方言區
5-9-4 桶檧[통송] : 秦晉方言區

5-10-1 瓬[강] : 南越方言區
5-10-2 瓭[담] : 南越方言區
5-10-3 甒[무] : 周韓鄭方言區～趙魏方言區
5-10-4 䍃[요] : 楚方言區
5-10-5 甑[정] : 秦晉方言區
5-10-6 甕[장] : 南楚方言區

5-10-7 甀[추] : 秦晉方言區

5-10-8 瓮[옹] : 周韓鄭方言區～趙魏方言區

5-10-9 瓿甊[부루] : 秦晉方言區

5-10-10 甇[의] : 東齊海岱方言區

5-10-11 罌[앵] : 周韓鄭方言區～趙魏方言區. 通語. 瓬, 㼚, 甒, 甈, 甄, 甇, 甀, 瓮, 瓿甊, 甇의 풀이어

5-11-1 甇[앵] : 周韓鄭方言區. 瓺, 甁, 瓺, 甔, 甀의 풀이어

5-11-2 瓺[유] : 趙魏方言區～衛宋方言區～楚方言區

5-11-3 甁[수] : 趙魏方言區～衛宋方言區～楚方言區

5-11-4 瓺[장] : 北燕朝鮮方言區

5-11-5 甔[담] : 齊魯方言區～東齊海岱方言區

5-11-6 甀[추] : 周韓鄭方言區

5-12-1 甇[앵] : 甈의 풀이어

5-12-2 甈[비] :

5-13-1 甕[옹] : 甂의 풀이어

5-13-2 甂[사] :

5-14-1 缶[부] : 瓿甌의 풀이어

5-14-2 瓿甌[부우] :

5-14-3 瓶[병] :

5-15-1 甇甈[앵계] : 盎, 盆의 풀이어

5-15-2 盎[앙] : 秦晉方言區

5-15-3 盆[분] : 秦晉方言區

5-15-4 升甌[승구] :

5-16-1 甂[변] : 秦晉方言區

5-16-2 題[제] : 趙魏方言區～衛宋方言區～楚方言區

5-16-3 甌[구] : 秦晉方言區

5-17-1 注䚨[주곡] : 篙, 注箕, 籮의 풀이어
5-17-2 篙[격] : 趙魏方言區～衛宋方言區～楚方言區
5-17-3 注箕[주기] : 秦晉方言區
5-17-4 籮[라] : 趙魏方言區～衛宋方言區～楚方言區

5-18-1 炊䉍[취욱] : 縮, 篗, 匧의 풀이어
5-18-2 縮[축] :
5-18-3 篗[수] :
5-18-4 匧[선] :

5-19-1 篝[구] : 牆居의 풀이어
5-19-2 牆居[장거] : 趙魏方言區～衛宋方言區～楚方言區

5-20-1 扇[선] : 秦晉方言區. 箑의 풀이어
5-20-2 箑[삽] : 周韓鄭方言區

5-21-1 碓機[대기] : 梴의 풀이어
5-21-2 梴[천] : 周韓鄭方言區～趙魏方言區～衛宋方言區～楚方言區
5-21-3 磑[애] : 磚의 풀이어
5-21-4 磚[채] :

5-22-1 繘[귤] : 綆, 絡의 풀이어. 秦晉方言區
5-22-2 綆[경] : 周韓鄭方言區～趙魏方言區
5-22-3 絡[락] : 周韓鄭方言區～趙魏方言區

5-23-1 櫪[력] : 樎, 皁의 풀이어
5-23-2 樎[숙] : 秦晉方言區～衛宋方言區～楚方言區～齊魯方言區～北燕朝鮮方言區
5-23-3 皁[조] : 秦晉方言區～衛宋方言區～楚方言區～齊魯方言區～北燕朝鮮方言

區

5-24-1 飼馬橐[사마탁] : 裺囊, 裺篼, 嶁篼, 帳의 풀이어
5-24-2 裺囊[암낭] : 秦晉方言區
5-24-3 裺篼[암두] : 秦晉方言區
5-24-4 嶁篼[루두] : 秦晉方言區
5-24-5 帳[진] : 燕代方言區~齊魯方言區

5-25-1 鉤[구] : 秦晉方言區. 鹿觡, 鉤格, 鑞의 풀이어
5-25-2 鹿觡[록격] : 趙魏方言區~衛宋方言區~楚方言區
5-25-3 鉤格[구격] : 趙魏方言區~衛宋方言區~楚方言區
5-25-4 鑞[미] : 秦晉方言區

5-26-1 臿[삽] : 楚方言區~南楚方言區. 斛, 鏵, 鍏, 畚, 喿, 梩의 풀이어
5-26-2 斛[조] : 北燕朝鮮方言區
5-26-3 鏵[화] : 趙魏方言區~衛宋方言區,
5-26-4 鍏[위] : 趙魏方言區~衛宋方言區,
5-26-5 畚[분] : 南楚方言區
5-26-6 喿[소] : 趙魏方言區
5-26-7 梩[리] : 東齊海岱方言區

5-27-1 杷[파] : 渠挐, 渠疏의 풀이어
5-27-2 渠挐[거나] : 趙魏方言區~衛宋方言區,
5-27-3 渠疏[거소] : 趙魏方言區~衛宋方言區,

5-28-1 僉[첨] : 欇殳, 度, 棓, 柫, 柍, 桲의 풀이어
5-28-2 欇殳[섭수] : 趙魏方言區~衛宋方言區,
5-28-3 度[도] : 趙魏方言區~衛宋方言區,
5-28-4 棓[방(봉)] : 秦晉方言區
5-28-5 柫[불] : 秦晉方言區
5-28-6 柍[앙] : 齊魯方言區~楚方言區

5-28-7 桲[발] : 齊魯方言區～楚方言區

5-29-1 刈鉤[예구] : 鉊, 鐹, 鉤, 鎌, 鍥의 풀이어
5-29-2 鉊[초] : 楚方言區
5-29-3 鐹[과] : 楚方言區
5-29-4 鉤[구] : 秦晉方言區
5-29-5 鎌[겸(렴)] : 秦晉方言區
5-29-6 鍥[결] : 秦晉方言區

5-30-1 薄[박] : 秦晉方言區. 苗, 麴, 蓬薄의 풀이어
5-30-2 苗[곡] : 趙魏方言區～衛宋方言區～楚方言區
5-30-3 麴[국] : 趙魏方言區～衛宋方言區～楚方言區
5-30-4 蓬薄[봉박] : 南楚方言區

5-31-1 橛[궐] : 椴의 풀이어
5-31-2 椴[단] : 北燕朝鮮方言區

5-32-1 槌[추] : 秦晉方言區. 植, 样의 풀이어
5-32-2 植[치] : 趙魏方言區～衛宋方言區～楚方言區
5-32-3 样[양] : 齊魯方言區
5-32-4 栚[짐] : 秦晉方言區
5-32-5 檽[대] : 趙魏方言區～衛宋方言區～楚方言區
5-32-6 樀[적] : 齊魯方言區
5-32-7 縌[렴] : 秦晉方言區
5-32-8 繏[선] : 東齊海岱方言區
5-32-9 繯[환(현)] : 趙魏方言區～衛宋方言區～楚方言區
5-32-10 環[환] : 趙魏方言區～衛宋方言區～楚方言區

5-33-1 簟[점] : 秦晉方言區. 笙, 籧苗, 笲의 풀이어
5-33-2 笙[생] : 趙魏方言區～衛宋方言區,
5-33-3 籧苗[거곡] : 趙魏方言區～衛宋方言區,

5-33-4 䈕[제] : 秦晉方言區
5-33-5 籧篨[거저] : 䈢𥰭의 풀이어
5-33-6 䈢𥰭[합염] : 周韓鄭方言區

5-34-1 筕篖[행당] : 秦晉方言區. 倚佯, 篖의 풀이어
5-34-2 倚佯[의양] : 周韓鄭方言區～趙魏方言區～楚方言區
5-34-3 篖[당] : 南越方言區

5-35-1 牀[상] : 簀, 笫의 풀이어
5-35-2 簀[책] : 齊魯方言區
5-35-3 笫[재] : 楚方言區
5-35-4 樹[수] : 北燕朝鮮方言區
5-35-5 杠[강] : 秦晉方言區
5-35-6 趙[조] : 南楚方言區. 곽박 당시 中國 通語
5-35-7 榡[신] : 東齊海岱方言區
5-35-8 牒[첩] : 趙魏方言區～衛宋方言區,
5-35-9 牑[편] : 趙魏方言區～衛宋方言區,

5-36-1 俎[조] :
5-36-2 几[궤] : 俎의 풀이어
5-36-3 枇[시] : 秦晉方言區
5-36-4 桯[정(형)] : 楚方言區
5-36-5 椸[이] : 趙魏方言區
5-36-6 虡[거] :

5-37-1 篗[확] : 榬의 풀이어
5-37-2 榬[원] : 衛宋方言區
5-37-3 絡[락] : 格의 풀이어
5-37-4 格[격] :

5-38-1 繀車[쇄거] : 䡾轣車, 道軌의 풀이어

5-38-2 轣轆車[력록거] : 趙魏方言區

5-38-3 道軌[도궤] : 東齊海岱方言區

5-39-1 戶鑰[호약] : 鍵, 鑰의 풀이어

5-39-2 鍵[건] : 周韓鄭方言區～楚方言區

5-39-3 鑰[약] : 秦晉方言區

5-40-1 簙[박] : 秦晉方言區. 蔽, 箘, 箭裏, 簙毒, 夗專, 匳璇, 棊의 풀이어

5-40-2 蔽[폐] : 楚方言區～吳越方言區

5-40-3 箘[균] :

5-40-4 箭裏[전리] : 楚方言區～吳越方言區

5-40-5 簙毒[박독] : 楚方言區～吳越方言區

5-40-6 夗專[원전] : 楚方言區～吳越方言區

5-40-7 匳璇[전선] : 楚方言區～吳越方言區

5-40-8 棊[기] : 楚方言區～吳越方言區

5-40-9 枰[평] :

5-40-10 廣平[광평] :

5-40-11 局[국] :

5-40-12 曲道[곡도] :

5-40-13 圍棊[위기] : 弈의 풀이어

5-40-14 弈[혁] : 周韓鄭方言區～(趙魏方言區～衛宋方言區)～齊魯方言區

卷六

6-1-1 聳[송] : 楚方言區～南楚方言區～吳越方言區, 秦晉方言區

6-1-2 㢢[장] : 秦晉方言區～趙魏方言區, 秦晉方言區

6-1-3 欲[욕] : 聳, 㢢의 풀이어

6-2-1 聳[송] : 楚方言區, 楚方言區～南楚方言區～吳越方言區～秦晉方言區～周韓鄭方言區

6-2-2 睾[재] : 秦晉方言區

6-2-3 聾[롱] : 聳, 睥의 풀이어
6-2-4 䁥[알] : 秦晉方言區, 南越方言區
6-2-5 聉[왈] : 秦晉方言區

6-3-1 陂[피] : 楚方言～南楚方言區～吳越方言區
6-3-2 傜[요] : 秦晉方言區
6-3-3 衺[사] : 陂, 傜의 풀이어

6-4-1 由迪[유적] : 齊魯方言區～東齊海岱方言區
6-4-2 正[정] : 由迪의 풀이어

6-5-1 㥏[전] : 齊魯方言區～東齊海岱方言區～楚方言區～南楚方言區～吳越方言區
6-5-2 恧[뉵] : 秦晉方言區～周韓鄭方言區
6-5-3 慙[참] : 秦晉方言區. 㥏, 恧의 풀이어
6-5-4 䀣[밀(비)] : 趙魏方言區

6-6-1 謇[건] : 秦晉方言區～齊魯方言區
6-6-2 展[전] : 秦晉方言區～周韓鄭方言區, 南楚方言區～吳越方言區
6-6-3 難[난] : 謇, 展의 풀이어
6-6-4 憚[탄] : 秦晉方言區
6-6-5 燀[천] : 齊魯方言區

6-7-1 胥[서] : 吳越方言區
6-7-2 由[유] : 北燕朝鮮方言區
6-7-3 輔[보] : 胥, 由의 풀이어

6-8-1 蛩烘[공공] : 楚方言區～南楚方言區～吳越方言區
6-8-2 戰慄[전률] : 蛩烘의 풀이어
6-8-3 恐[공] : 蛩烘의 다른 의미 풀이어

6-9-1 錪[돈] : 東齊海岱方言區
6-9-2 錘[추] : 衛宋方言區～齊魯方言區
6-9-3 重[중] : 錪, 錘의 풀이어

6-10-1 鋡[함] : 齊魯方言區～楚方言區
6-10-2 龕[감] : 吳越方言區
6-10-3 受[수] : 鋡, 龕의 풀이어
6-10-4 盛[성] : 受의 풀이어
6-10-5 容盛[용성] : 秦晉方言區

6-11-1 矔[관] : 秦晉方言區
6-11-2 眮[동] : 楚方言區～吳越方言區

6-12-1 逴[탁] : 齊魯方言區～楚方言區～秦晉方言區
6-12-2 騷[소] : 楚方言區～吳越方言區
6-12-3 𧿫[조] :
6-12-4 蹇[건] : 逴, 騷, 𧿫의 풀이어

6-13-1 㒋[시] : 楚方言區
6-13-2 嗌[애] : 秦晉方言區
6-13-3 噎[예] : 秦晉方言區. 㒋, 嗌의 풀이어

6-14-1 怠[태] :
6-14-2 陁[치] :
6-14-3 壞[괴] : 怠, 陁의 풀이어

6-15-1 埕[녈] :
6-15-2 墊[점] :
6-15-3 下[하] : 埕, 墊의 풀이어

6-16-1 伆[문] : 吳越方言區

6-16-2 邈[막] :
6-16-3 離[리] : 伆, 邈의 풀이어
6-16-4 越[월] : 楚方言區
6-16-5 遠[원] : 楚方言區

6-17-1 顚[전] :
6-17-2 頂[정] :
6-17-3 上[상] : 顚, 頂의 풀이어

6-18-1 誣[무] : 吳越方言區
6-18-2 譁與[엄여] : 齊魯方言區～楚方言區～南楚方言區
6-18-3 阿與[아여] : 秦晉方言區

6-19-1 掩[엄] : 周韓鄭方言區
6-19-2 索[색] : 秦晉方言區
6-19-3 取[취] : 掩, 索의 풀이어
6-19-4 担[저] : 秦晉方言區

6-20-1 晙[언] : 東齊海岱方言區
6-20-2 略[락(략)] : 吳越方言區
6-20-3 視[시] : 晙, 略의 풀이어

6-21-1 遙[요] : 衛宋方言區～楚方言區
6-21-2 廣[광] :
6-21-3 遠[원] : 遙, 廣의 풀이어

6-22-1 汩[율] : 南越方言區
6-22-2 遙[요] : 南越方言區

6-23-1 蹇[건] : 秦晉方言區
6-23-2 妯[축] : 齊魯方言區～衛宋方言區,

6-23-3 擾[요] : 蹇, 妯의 풀이어

6-24-1 絓[괘] : 秦晉方言區
6-24-2 挈[알] : 秦晉方言區
6-24-3 儝[경] : 楚方言區
6-24-4 介[개] :
6-24-5 特[특] : 絓, 挈, 儝, 介의 풀이어
6-24-6 雙[쌍] :
6-24-7 乘[승] :

6-25-1 台[이] : 衛宋方言區～齊魯方言區
6-25-2 既[기] :
6-25-3 失[실] : 台, 既의 풀이어

6-26-1 既[기] :
6-26-2 隱[은] :
6-26-3 據[거] :
6-26-4 定[정] : 既, 隱, 據의 풀이어

6-27-1 稟[품] : 秦晉方言區, 楚方言區～吳越方言區
6-27-2 浚[준] : 齊魯方言區
6-27-3 敬[경] : 稟, 浚의 풀이어

6-28-1 悛[전] : 周韓鄭方言區
6-28-2 懌[역] : 周韓鄭方言區
6-28-3 改[개] : 悛, 懌의 풀이어

6-29-1 坻[지] : 衛宋方言區
6-29-2 坥[저] : 衛宋方言區
6-29-3 場[상] : 坻, 坥의 풀이어

6-30-1 徥[시(지)] : 北燕朝鮮方言區
6-30-2 用[용] :
6-30-3 行[행] : 徥, 用의 풀이어

6-31-1 鋪頒[포반] : 東齊海岱方言區
6-31-2 索[색] : 鋪頒의 풀이어
6-31-3 抖藪[두수] : 秦晉方言區

6-32-1 參[참] : 齊魯方言區
6-32-2 蠡[려] : 楚方言區
6-32-3 分[분] : 參, 蠡의 풀이어
6-32-4 離[리] : 秦晉方言區

6-33-1 廝[시] : 東齊海岱方言區, 秦晉方言區
6-33-2 披[피] : 東齊海岱方言區
6-33-3 散[산] : 廝, 披의 풀이어
6-33-4 璺[문] : 秦晉方言區
6-33-5 敗[비] : 南楚方言區

6-34-1 緡[민] : 秦晉方言區
6-34-2 緜[면] : 趙魏方言區
6-34-3 施[시] : 緡, 緜의 풀이어
6-34-4 緡緜[민면] : 吳越方言區

6-35-1 慂[용] :
6-35-2 偪[핍] :
6-35-3 滿[만] : 慂, 偪의 풀이어

6-36-1 傒醯[혜혜] : 東齊海岱方言區
6-36-2 冉鎌[염렴(겸)] : 東齊海岱方言區
6-36-3 危[위] : 傒醯, 冉鎌의 풀이어

6-37-1 紕[비] : 秦晉方言區
6-37-2 繹[역] :
6-37-3 督[독] :
6-37-4 雉[치] :
6-37-5 理[리] : 紕, 繹, 督, 雉의 풀이어

6-38-1 矤[신] : 東齊海岱方言區
6-38-2 呂[려] : 衛宋方言區~齊魯方言區
6-38-3 長[장] : 矤, 呂의 풀이어

6-39-1 踊[굴] : 東齊海岱方言區
6-39-2 欚[려] : 衛宋方言區~齊魯方言區
6-39-3 力[력] : 踊, 欚의 풀이어

6-40-1 瘛[예] : 齊魯方言區~楚方言區
6-40-2 諦[체] : 秦晉方言區
6-40-3 審[심] : 瘛, 諦의 풀이어

6-41-1 譩諦[예체] : 吳越方言區
6-41-2 諟[체] : 譩諦의 풀이어

6-42-1 揞[암] : 楚方言區~南楚方言區
6-42-2 揜[엄] : 吳越方言區
6-42-3 錯[조] : 秦晉方言區~周韓鄭方言區
6-42-4 摩[마] : 楚方言區
6-42-5 藏[장] : 揞, 揜, 錯, 摩의 풀이어

6-43-1 抾摸[겁모] : 趙魏方言區~齊魯方言區
6-43-2 去[거] : 抾摸의 풀이어

6-44-1 舒勃[서발] : 東齊海岱方言區

6-44-2 展[전] : 舒勃의 풀이어

6-45-1 摳揄[구유] : 燕代方言區～齊魯方言區
6-45-2 旋[선] : 秦晉方言區. 摳揄의 풀이어

6-46-1 緪[긍] : 秦晉方言區
6-46-2 筳[정] : 楚方言區
6-46-3 竟[경] : 秦晉方言區. 緪, 筳의 풀이어

6-47-1 纙[염] :
6-47-2 剿[첩] : 秦晉方言區
6-47-3 續[속] : 纙, 剿의 풀이어
6-47-4 擱[염] : 秦晉方言區

6-48-1 擘[벽] : 紉의 풀이어
6-48-2 紉[인] : 楚方言區

6-49-1 閻苦[염고] : 東齊海岱方言區
6-49-2 開[개] : 閻苦의 풀이어
6-49-3 闓[개] : 楚方言區

6-50-1 杼[저] : 東齊海岱方言區
6-50-2 柚[유] : 東齊海岱方言區
6-50-3 作[작] : 杼, 柚의 풀이어

6-51-1 厲[려] : 吳越方言區
6-51-2 印[인] : 吳越方言區
6-51-3 爲[위] : 厲, 印의 풀이어

6-52-1 戲[희] : 齊魯方言區
6-52-2 憚[탄] : 楚方言區

6-52-3 怒[노] : 戱, 憚의 풀이어

6-53-1 爰[원] : 楚方言區
6-53-2 喛[환] : 秦晉方言區
6-53-3 恚[에] : 爰, 喛의 풀이어

6-54-1 傁[수] : 齊魯方言區～東齊海岱方言區～衛宋方言區
6-54-2 艾[애] : 齊魯方言區～東齊海岱方言區～衛宋方言區
6-54-3 公[공] : 秦晉方言區～周韓鄭方言區
6-54-4 翁[옹] : 秦晉方言區～周韓鄭方言區
6-54-5 父[부(보)] : 南楚方言區
6-54-6 父老[부로] : 南楚方言區
6-54-7 媓[황] : 南楚方言區
6-54-8 母姼[모제] : 南楚方言區
6-54-9 父姼[부제] : 南楚方言區

6-55-1 巍[외] :
6-55-2 嶢[요] :
6-55-3 崝[쟁] :
6-55-4 嶮[험(엄)] :
6-55-5 高[고] : 巍, 嶢, 崝, 嶮의 풀이어

6-56-1 猒[염] :
6-56-2 塞[색] :
6-56-3 安[안] : 猒, 塞의 풀이어

6-57-1 倰[릉] :
6-57-2 憮[무(모)] :
6-57-3 憐[련] : 倰, 憮의 풀이어

6-58-1 掩[엄] :

6-58-2 翳[예] :
6-58-3 薆[애] : 掩, 翳의 풀이어

6-59-1 佚惕[질탕] :
6-59-2 媱[음] : 佚婸의 풀이어

卷七

7-1-1 諄憎[순증] : 衛宋方言區～齊魯方言區
7-1-2 疾[질] : 풀이어
7-1-3 可惡[가오] : 秦晉方言區

7-2-1 杜[두] : 趙魏方言區
7-2-2 蹻[학] : 秦晉方言區～周韓鄭方言區
7-2-3 歰[삽] : 杜, 蹻의 풀이어

7-3-1 佻[조] : 趙魏方言區, 燕代方言區～趙魏方言區
7-3-2 抗[항] : 秦晉方言區～周韓鄭方言區
7-3-3 縣[현] : 佻, 抗의 풀이어

7-4-1 發[발] : 東齊海岱方言區
7-4-2 稅[탈] : 趙魏方言區～衛宋方言區～楚方言區
7-4-3 舍車[사거] : 發, 稅의 풀이어

7-5-1 肖[초] : 秦晉方言區～楚方言區, 秦晉方言區
7-5-2 類[류] : 齊魯方言區
7-5-3 法[법] : 肖, 類의 풀이어
7-5-4 哨[소] : 秦晉方言區

7-6-1 憎[증] :
7-6-2 懷[양] : 楚方言區

7-6-3 憚[탄] : 惛, 慎의 풀이어

7-7-1 譙[초] : 衛宋方言區～齊魯方言區～楚方言區～南楚方言區
7-7-2 讙[환] : 北燕朝鮮方言區
7-7-3 讓[양] : 譙, 讙의 풀이어
7-7-4 譙讓[초양] : 秦晉方言區

7-8-1 僉[첨] : 周韓鄭方言區～趙魏方言區
7-8-2 胥[서] : 東齊海岱方言區
7-8-3 皆[개] : 僉, 胥의 풀이어

7-9-1 侔莫[모막] : 北燕朝鮮方言區
7-9-2 強[강] : 侔莫의 풀이어

7-10-1 傑慫[공송] : 北燕朝鮮方言區
7-10-2 罵[매] : 傑慫의 풀이어

7-11-1 展[전] : 東齊海岱方言區
7-11-2 惇[돈] : 燕代方言區
7-11-3 信[신] : 展, 惇의 풀이어

7-12-1 斯[사] : 齊魯方言區～楚方言區
7-12-2 掬[국] : 北燕朝鮮方言區
7-12-3 離[리] : 斯, 掬의 풀이어

7-13-1 蝎[할] : 東齊海岱方言區
7-13-2 噬[서] : 北燕朝鮮方言區
7-13-3 逮[체] : 通語. 蝎, 噬의 풀이어.

7-14-1 皮傅[피부] : 秦晉方言區
7-14-2 彈憸[탄섬] : 衛宋方言區～東齊海岱方言區～楚方言區

7-14-3 強[강] : 皮傅, 彈憸의 풀이어

7-15-1 膊[박] : 秦晉方言區～東齊海岱方言區, 北燕朝鮮方言區
7-15-2 曬[쇄] : 秦晉方言區
7-15-3 晞[희] : 東齊海岱方言區～北燕朝鮮方言區
7-15-4 暴[포] : 膊, 曬, 晞의 풀이어

7-16-1 熬[오] : 周韓鄭方言區～(趙魏方言區～衛宋方言區)～齊魯方言區～楚方言區
7-16-2 聚[초] : 秦晉方言區
7-16-3 煎[전] :
7-16-4 㷉[픽] : 秦晉方言區
7-16-5 鞏[공] : 東齊海岱方言區
7-16-6 火乾[화건] : 熬, 聚, 煎, 㷉, 鞏의 풀이어

7-17-1 胹[이] : 秦晉方言區
7-17-2 飪[임] : 齊魯方言區～東齊海岱方言區～楚方言區～吳越方言區
7-17-3 亨[팽] : 周韓鄭方言區～楚方言區
7-17-4 爛[란] : 趙魏方言區
7-17-5 糦[치] : 趙魏方言區
7-17-6 酋[추] : 趙魏方言區
7-17-7 酷[혹] : 趙魏方言區
7-17-8 熟[숙] : 通語. 胹, 飪, 亨, 爛, 糦, 酋, 酷의 풀이어.

7-18-1 嫢盈[규영] : 北燕朝鮮方言區
7-18-2 怒[노] : 嫢盈의 풀이어

7-19-1 踞斄[장무] : 東齊海岱方言區～北燕朝鮮方言區
7-19-2 隑企[애기] : 東齊海岱方言區～北燕朝鮮方言區
7-19-3 立[립] : 踞斄, 隑企의 풀이어

7-20-1 瀧涿[롱탁] : 霑漬의 풀이어

7-20-2 霑漬[점지] :

7-21-1 希[희] : 燕代方言區 ~ 齊魯方言區

7-21-2 鑠[삭] :

7-21-3 摩[마] : 希, 鑠의 풀이어

7-21-4 磨鋁[마려] :

7-22-1 平均[평균] : 東齊海岱方言區 ~ 北燕朝鮮方言區

7-22-2 賦[부] : 平均의 풀이어

7-23-1 羅[라] : 離의 풀이어

7-23-2 離[리] : 羅의 풀이어

7-24-1 釗[소] : 北燕朝鮮方言區

7-24-2 超[초] : 東齊海岱方言區

7-24-3 遠[원] : 釗, 超의 풀이어

7-25-1 漢漫[한만] : 北燕朝鮮方言區

7-25-2 賑眩[진현] : 北燕朝鮮方言區

7-25-3 懣[만] : 漢漫, 賑眩의 풀이어

7-25-4 煩懣[번만] : 漢漫의 풀이어

7-25-5 顛眴[전현] : 賑眩의 풀이어

7-26-1 憐職[련직] : 吳越方言區

7-26-2 愛[애] : 憐職의 풀이어

7-27-1 茹[여] : 吳越方言區

7-27-2 食[식] : 茹의 풀이어

7-28-1 竘[구] : 吳越方言區

7-28-2 貌[모] :

7-28-3 治[치] : 竘, 貌의 풀이어

7-29-1 煦[후] :

7-29-2 煆[하] :

7-29-3 熱[열] : 煦, 煆의 풀이어

7-29-4 乾[건] :

7-29-5 煦煆[후하] : 吳越方言區

7-30-1 攍[영] : 衛宋方言區～齊魯方言區～楚方言區, 南楚方言區

7-30-2 膂[려] : 北燕朝鮮方言區～吳越方言區

7-30-3 賀[하] : 秦晉方言區

7-30-4 艜[등] :

7-30-5 儋[담] : 攍, 膂, 賀, 艜의 풀이어

7-31-6 負他[부타] :

7-31-1 樹植[수식] : 北燕朝鮮方言區

7-31-2 立[립] : 樹植의 풀이어

7-32-1 過度[과도] : 涉濟의 풀이어

7-32-2 涉濟[섭제] :

7-33-1 福祿[복록] : 祓戩의 풀이어

7-33-2 祓戩[폐전] :

7-34-1 傺[제] : 南楚方言區

7-34-2 眙[치] : 秦晉方言區

7-34-3 逗[두] : 通語. 傺, 眙의 풀이어.

8-1-1 虎[호] : 李父, 李耳, 於䖘, 伯都의 풀이어
8-1-2 李父[리부] : 趙魏方言區～衛宋方言區～楚方言區
8-1-3 李耳[리이] : 楚方言區～南楚方言區
8-1-4 於䖘[오토] : 楚方言區～南楚方言區
8-1-5 伯都[백도] : 秦晉方言區～周韓鄭方言區

8-2-1 貔[비] : 貅, 豾, 狸의 풀이어
8-2-2 貅[래(리)] : 楚方言區
8-2-3 豾[비] : 北燕朝鮮方言區
8-2-4 狸[리] : 秦晉方言區

8-3-1 貛[환] :
8-3-2 貒[단] : 秦晉方言區

8-4-1 雞[계] : 鸊鷈, 割雞, 鏦의 풀이어
8-4-2 鸊鷈[벽치] : 趙魏方言區～衛宋方言區～楚方言區
8-4-3 割雞[할계] : 南越方言區
8-4-4 鏦[종] : 南越方言區
8-4-5 抱[포] : 北燕朝鮮方言區
8-4-6 𪉳[구] : 北燕朝鮮方言區
8-4-7 涅[녈] : 北燕朝鮮方言區

8-5-1 豬[저] : 豭, 彘, 豕, 豨의 풀이어
8-5-2 豭[가] : 北燕朝鮮方言區
8-5-3 彘[체] : 秦晉方言區～周韓鄭方言區
8-5-4 豕[시] : 秦晉方言區～周韓鄭方言區
8-5-5 豨[희] : 南楚方言區
8-5-6 豚[돈] : 南楚方言區
8-5-7 豯[해] : 南楚方言區

8-5-8 豬子[저자] : 吳越方言區
8-5-9 橧[증] :

8-6-1 布穀[포곡] : 秦晉方言區. 結誥, 擊穀의 풀이어
8-6-2 結誥[결고] : 周韓鄭方言區 ~ 衛宋方言區 ~ 楚方言區
8-6-3 擊穀[격곡] : 周韓鄭方言區 ~ 趙魏方言區

8-7-1 鶡鴠[한단] : 周韓鄭方言區. 定甲, 獨舂, 城旦, 倒懸, 鶡鴠의 풀이어
8-7-2 定甲[정갑] : 周韓鄭方言區 ~ 趙魏方言區 ~ 衛宋方言區 ~ 齊魯方言區 ~ 楚方言區
8-7-3 獨舂[독용] : 周韓鄭方言區 ~ 趙魏方言區 ~ 衛宋方言區 ~ 齊魯方言區 ~ 楚方言區
8-7-4 城旦[성단] : 周韓鄭方言區
8-7-5 倒懸[도현] : 周韓鄭方言區
8-7-6 鶡鴠[갈단] : 秦晉方言區

8-8-1 鳩[구] : 鵖鷎, 鷗鷎, 鵴鳩의 풀이어
8-8-2 鵖鷎[랑고] : 周韓鄭方言區 ~ 趙魏方言區
8-8-3 鷗鷎[벽고] : 周韓鄭方言區 ~ 趙魏方言區
8-8-4 鵴鳩[국구] : 秦晉方言區
8-8-5 鳻鳩[반구] : 秦晉方言區
8-8-6 鷁鳩[역구] : 秦晉方言區
8-8-7 鳺鳩[규구] : 秦晉方言區
8-8-8 鵓鳩[부구] : 秦晉方言區
8-8-9 鶻鳩[골구] : 秦晉方言區
8-8-10 鷦[초] : 衛宋方言區

8-9-1 鳲鳩[시구] : 鶝鵖, 戴鵀, 戴南, 鵟鸅, 戴鳻, 戴勝, 鵀, 服鶝, 鵖鶝, 鶇의 풀이어
8-9-2 鶝鵖[복부] : 北燕朝鮮方言區
8-9-3 戴鵀[대임] : 周韓鄭方言區
8-9-4 戴南[대남] : 東齊海岱方言區

8-9-5 鴋鸅[방택] : 東齊海岱方言區
8-9-6 戴鳻[대반] : 東齊海岱方言區
8-9-7 戴勝[대승] : 東齊海岱方言區
8-9-8 鳻[임] : 東齊海岱方言區~吳越方言區
8-9-9 服鶝[복복] : 秦晉方言區
8-9-10 鵖鶝[복복] : 秦晉方言區
8-9-11 鶂[역] : 北燕朝鮮方言區

8-10-1 蝙蝠[편복] : 秦晉方言區. 服翼, 飛鼠, 老鼠, 僊鼠, 蟙蠌의 풀이어
8-10-2 服翼[복익] : 周韓鄭方言區
8-10-3 飛鼠[비서] : 周韓鄭方言區
8-10-4 老鼠[로서] : 周韓鄭方言區
8-10-5 僊鼠[선서] : 周韓鄭方言區
8-10-6 蟙蠌[직묵] : 北燕朝鮮方言區

8-11-1 鴈[안] : 駕鵝, 鵝, 倉鴚의 풀이어
8-11-2 駕鵝[가아] : 周韓鄭方言區
8-11-3 鵝[아] : 南越方言區
8-11-4 倉鴚[창가] : 南越方言區

8-12-1 桑飛[상비] : 秦晉方言區. 工爵, 過鸁, 女匠, 桑飛, 鸋鴂, 懱爵의 풀이어
8-12-2 工爵[공작] : 周韓鄭方言區
8-12-3 過鸁[과라] : 周韓鄭方言區
8-12-4 女鴎[녀장] : 周韓鄭方言區
8-12-5 鸋鴃[녕결] : 周韓鄭方言區
8-12-6 懱爵[멸작] : 秦晉方言區

8-13-1 驪黃[리황] : 秦晉方言區. 倉庚, 黃鳥 楚雀의 풀이어
8-13-2 倉庚[창경] : 周韓鄭方言區
8-13-3 黃鳥[황조] : 秦晉方言區
8-13-4 楚雀[초작] : 秦晉方言區

8-14-1 野鳧[야부] : 鷿鷉, 鶻蹏의 풀이어
8-14-2 鷿鷉[벽제] : 南越方言區
8-14-3 鶻蹏[활제] : 南越方言區

8-15-1 守宮[수궁] : 秦晉方言區. 蠦蝘, 蜥易, 易蜴, 蛇醫, 蠑螈, 蜤蜴, 祝蜒, 蛤解의 풀이어
8-15-2 蠦蝘[로전] : 秦晉方言區
8-15-3 蜥易[석역] : 秦晉方言區
8-15-4 易蜴[역석] : 秦晉方言區
8-15-5 蛇醫[사의] : 南楚方言區
8-15-6 蠑螈[영원] : 南楚方言區
8-15-7 蜤蜴[시후] : 東齊海岱方言區
8-15-8 祝蜒[축연] : 北燕朝鮮方言區
8-15-9 蛤解[합해] : 南越方言區.

8-16-1 鼠[서] : 鼬의 풀이어
8-16-2 鼬[추] : 周韓鄭方言區

8-17-1 雞雛[계추] : 鶵子의 풀이어
8-17-2 鶵子[추재] : 齊魯方言區~東齊海岱方言區

卷九

9-1-1 戟[극] : 釨, 鏔, 戈, 鏝胡, 鉤釨鏝胡의 풀이어
9-1-2 釨[결] : 秦晉方言區, 楚方言區
9-1-3 鏔[인] : 秦晉方言區
9-1-4 戈[과] : 吳越方言區
9-1-5 鏝胡[만호] : 秦晉方言區~東齊海岱方言區
9-1-6 鉤釨鏝胡[구결만호] : 秦晉方言區~東齊海岱方言區

9-2-1 匽戟[언극] : 南楚方言區~楚方言區

9-2-2 柲[비] : 秦晉方言區

9-2-3 殳[수] : 秦晉方言區

9-3-1 矛[모] : 鍦, 鋋, 鏦의 풀이어

9-3-2 鍦[사] : 楚方言區~南楚方言區~吳越方言區

9-3-3 鋋[선(연)] : 楚方言區~南楚方言區~吳越方言區

9-3-4 鏦[창(총)] : 楚方言區~南楚方言區~吳越方言區

9-3-5 矜[긍] :

9-4-1 箭[전] : 秦晉方言區. 矢, 鍭의 풀이어

9-4-2 矢[시] : 周韓鄭方言區

9-4-3 鍭[후] : 楚方言區

9-5-1 鑽[찬] : 鍴의 풀이어

9-5-2 鍴[단] :

9-6-1 矜[긍] : 杖의 풀이어

9-6-2 杖[장] :

9-7-1 劍削[검삭] : 室, 廓, 削, 鞞의 풀이어

9-7-2 室[실] : 趙魏方言區~燕代方言區

9-7-3 廓[곽] : 周韓鄭方言區

9-7-4 削[삭] : 周韓鄭方言區

9-7-5 鞞[병] : 秦晉方言區

9-8-1 盾[순] : 秦晉方言區. 瞂, 干의 풀이어

9-8-2 瞂[벌] : 周韓鄭方言區

9-8-3 干[간] : 周韓鄭方言區

9-9-1 畢[필] : 衛宋方言區~楚方言區

9-9-2 綦[기] :

9-10-1 轊[예] : 轆의 풀이어
9-10-2 轆[롱] : 齊魯方言區

9-11-1 枸簍[구루] : 秦晉方言區. 簇, 篷籠, 㯮, 篷, 隆屈의 풀이어
9-11-2 簇[궤] : 趙魏方言區～衛宋方言區～楚方言區
9-11-3 篷籠[공롱] : 趙魏方言區～衛宋方言區～楚方言區
9-11-4 箹[착(박)] :
9-11-5 篾[멱] :
9-11-6 㯮[반] : 秦晉方言區
9-11-7 篷[봉] : 南越方言區
9-11-8 隆屈[룽굴] : 南越方言區

9-12-1 輪[륜] : 軑, 軝, 轂의 풀이어
9-12-2 軑[대] : 周韓鄭方言區～楚方言區
9-12-3 軝[기] : 周韓鄭方言區～楚方言區
9-12-4 轂[종] : 秦晉方言區

9-13-1 軺[윤] : 軸의 풀이어
9-13-2 軸[축] :

9-14-1 轅[원] : 輈의 풀이어
9-14-2 輈[주] : 衛宋方言區～楚方言區

9-15-1 箱[상] : 輫의 풀이어
9-15-2 輫[배] :

9-16-1 軫[진] : 枕의 풀이어
9-16-2 枕[침] :

9-17-1 紂[주] : 秦晉方言區. 緧, 曲綯, 曲綸의 풀이어
9-17-2 緧[추] : 周韓鄭方言區～楚方言區

9-17-3 曲綯[곡도] : 周韓鄭方言區～楚方言區
9-17-4 曲綸[곡륜] : 周韓鄭方言區～楚方言區

9-18-1 輨[관] : 秦晉方言區～周韓鄭方言區
9-18-2 軑[대] : 南楚方言區
9-18-3 錬鏅[간대] : 趙魏方言區. 輨, 軑의 풀이어

9-19-1 鍋[과] : 齊魯方言區～東齊海岱方言區～燕代方言區
9-19-2 錕[곤] : 齊魯方言區～東齊海岱方言區～燕代方言區
9-19-3 釭[강] : 秦晉方言區

9-20-1 四鎌[사겸(렴)] :
9-20-2 鉤腸[구장] :
9-20-3 羊頭[양두] :
9-20-4 錍[비] :
9-20-5 鈀[파] :
9-20-6 鉀鑪[갑로] :
9-20-7 飛寅[비맹] :
9-20-8 平題[평제] :

9-21-1 箙[복] :
9-21-2 弓[궁] :
9-21-3 鞬[건] :
9-21-4 櫝丸[독환] :

9-22-1 鶴䣛[학슬] :
9-22-2 鉤釨[구걸] :
9-22-3 矛[모] :
9-22-4 釨[걸] :
9-22-5 錟[담] :
9-22-6 鈹[피] :

9-22-7 骹[교] :

9-22-8 銎[흉(공)] :

9-22-9 鐏[준] :

9-22-10 釬[한] :

9-23-1 船[선] : 秦晉方言區

9-23-2 舟[주] : 周韓鄭方言區

9-23-3 航[항] : 周韓鄭方言區

9-23-4 舸[가] : 南楚方言區

9-23-5 艖[차] : 南楚方言區

9-23-6 艒䑿[목숙] :

9-23-7 艇[정] :

9-23-8 艜[대] :

9-23-9 艀[보(부)] :

9-23-10 𣘦[공] :

9-23-11 欚[례] : 吳越方言區

9-24-1 泭[부] : 䈟의 풀이어

9-24-2 䈟[패] :

9-24-3 筏[벌] : 秦晉方言區(秦晉의 通語)

9-24-4 薦[천] : 楚方言區

9-25-1 方舟[방주] : 潢의 풀이어

9-25-2 潢[황] :

9-25-3 艁舟[조주] : 浮梁의 풀이어

9-25-4 浮梁[부량] :

9-26-1 楫[즙] : 橈, 櫂의 풀이어

9-26-2 橈[요] :

9-26-3 櫂[도] :

9-26-4 籐[장] :

9-26-5 緝[집] :
9-26-6 橋[고] :
9-26-7 維[유] :
9-26-8 鼎[정] :
9-26-9 首[수] :
9-26-10 閤閭[합려] :
9-26-11 艗艏[익수] :
9-26-12 舳[축] :
9-26-13 僞[와] :
9-26-14 扤[올] :

卷十

10-1-1 媱[요] : 南楚方言區
10-1-2 愓[양] : 南楚方言區
10-1-3 遊[유] : 媱, 愓의 풀이어
10-1-4 嬉[희] : 南楚方言區

10-2-1 曾[증] : 南楚方言區
10-2-2 訾[재] : 南楚方言區
10-2-3 何[하] : 曾, 訾의 풀이어
10-2-4 何爲[하위] : 周韓鄭方言區

10-3-1 央亡[앙망] : 通語
10-3-2 嚜杘[묵치] : 通語
10-3-3 姡[활] : 通語
10-3-4 獪[회(괴)] : 央亡, 嚜杘, 婚의 풀이어
10-3-5 無賴[무뢰] : 南楚方言區
10-3-6 㺒[교] : 南楚方言區
10-3-7 娗[전] : 姡의 풀이어
10-3-8 猾[활] : 通語

10-4-1 崽[재] : 南楚方言區
10-4-2 子[자] : 東齊海岱方言區. 崽의 풀이어

10-5-1 誺[치] : 南楚方言區
10-5-2 不知[불지] : 誺, 秕의 풀이어
10-5-3 㝠[망] : 南楚方言區
10-5-4 秕[비] :

10-6-1 煤[회] : 楚方言區
10-6-2 火[화] : 煤의 풀이어
10-6-3 焜[훼] : 齊魯方言區

10-7-1 嘳[귀(괴)] : 南楚方言區
10-7-2 無寫[무사] : 南楚方言區
10-7-3 憐[련] : 嘳, 無寫의 풀이어
10-7-4 思[사] : 楚方言區
10-7-5 人兮[인혜] : 南楚方言區

10-8-1 婩[안] : 南越方言區(南越의 通語)
10-8-2 嫧[책] : 南越方言區(南越의 通語)
10-8-3 鮮[선] : 南越方言區(南越의 通語)
10-8-4 好[호] : 婩, 嫧, 鮮의 풀이어

10-9-1 嘫哰[란로] : 秦晉方言區～周韓鄭方言區～東齊海岱方言區. 通語
10-9-2 謰謱[련루] : 南楚方言區
10-9-3 拏[나] : 吳越方言區. 嘫哰, 謰謱의 풀이어
10-9-4 支註[지주] : 南楚方言區
10-9-5 詀謕[잠제] : 南楚方言區
10-9-6 惹[약(야)] : 吳越方言區
10-9-7 諵[엄] : 吳越方言區

10-10-1 䖒[의] : 楚方言區～南楚方言區. 곽박 당시 中國 通語
10-10-2 嗇[색] : 楚方言區～南楚方言區
10-10-3 貪[탐] : 䖒, 嗇의 풀이어
10-10-4 悋[린] : 楚方言區～南楚方言區
10-10-5 恨[한] : 悋의 풀이어

10-11-1 遙[요] : 楚方言區～南楚方言區
10-11-2 窕[조] : 南楚方言區
10-11-3 淫[음] : 遙, 窕의 풀이어

10-12-1 潛[잠] : 南楚方言區
10-12-2 涵[함] : 南楚方言區
10-12-3 沉[침] : 潛, 涵의 풀이어
10-12-4 遊[유] : 潛의 다른 풀이어

10-13-1 宊[적] : 南楚方言區
10-13-2 安[안] :
10-13-3 靜[정] : 宊, 安의 풀이어

10-14-1 拌[반] : 楚方言區
10-14-2 棄[기] : 拌의 풀이어
10-14-3 敲[고] : 楚方言區
10-14-4 投[투] : 楚方言區

10-15-1 諑[착] : 南楚方言區
10-15-2 愬[소] : 諑의 풀이어

10-16-1 戲[희] : 楚方言區
10-16-2 泄[설] : 楚方言區～吳越方言區
10-16-3 歇[헐] : 戲, 泄의 풀이어
10-16-4 奄[엄] :

10-16-5 息[식] : 泄, 奄의 풀이어

10-17-1 攓[건] : 楚方言區
10-17-2 取[취] : 攓의 풀이어

10-18-1 晞[비] : 楚方言區～吳越方言區(揚楚의 通語)
10-18-2 曬[쇄] : 楚方言區～吳越方言區(揚楚의 通語)
10-18-3 乾物[건물] : 晞, 曬의 풀이어

10-19-1 蘗[비] : 南楚方言區
10-19-2 猝[졸] : 蘗의 풀이어
10-19-3 突[돌] : 南楚方言區

10-20-1 跡跡[적적] : 南楚方言區
10-20-2 屑屑[설설] : 秦晉方言區
10-20-3 不安[불안] : 迹迹, 屑屑의 풀이어
10-20-4 塞塞[색색] : 秦晉方言區
10-20-5 省省[성성] : 秦晉方言區

10-21-1 潤沭[혁술] : 南楚方言區
10-21-2 佂伀[정종] : 南楚方言區
10-21-3 遑遽[황거] : 潤沭, 佂伀의 풀이어

10-22-1 翥[저] : 楚方言區
10-22-2 舉[거] : 翥의 풀이어

10-23-1 忸怩[뉴(뉵)니] : 楚方言區～南楚方言區
10-23-2 慚澀[참삽] : 忸怩의 풀이어
10-23-3 暋咨[축자] : 楚方言區～南楚方言區

10-24-1 垤[질] : 南楚方言區, 齊魯方言區

10-24-2 封[봉] :
10-24-3 埸[장] : 垤, 封의 풀이어

10-25-1 譎적(석)] : 南越方言區
10-25-2 過[과] : 譎의 풀이어
10-25-3 䀡[맥] : 南越方言區
10-25-4 慧[혜] : 䀡의 다른 풀이어

10-26-1 膊[박] : 楚方言區 ~ 南楚方言區 ~ 吳越方言區
10-26-2 兄[형] : 膊의 풀이어

10-27-1 謇[건] : 楚方言區. 곽박 당시 北方 通語
10-27-2 極[극] : 楚方言區
10-27-3 吃[흘] : 謇, 極의 풀이어
10-27-4 軋[알] :
10-27-5 澀[삽] :

10-28-1 呰[자] : 南楚方言區
10-28-2 矲[패] : 通語
10-28-3 短[단] : 呰, 矲의 풀이어
10-28-4 𪏮[제] :
10-28-5 㡇[제] :
10-28-6 短矲[단패] : 南越方言區
10-28-7 㾈[부] : 吳越方言區

10-29-1 鉗[겸] : 南楚方言區
10-29-2 疲[반] : 南楚方言區
10-29-3 憋[별] :
10-29-4 惡[악] : 鉗, 疲, 憋의 풀이어

10-30-1 癡[치] :

10-30-2 騃[애] : 癡의 풀이어
10-30-3 眲[약] : 吳越方言區
10-30-4 斫[작] : 吳越方言區

10-31-1 惃[곤] : 楚方言區～吳越方言區
10-31-2 憗[발] : 楚方言區～吳越方言區
10-31-3 頓愍[돈민] : 南楚方言區
10-31-4 惛[혼] : 惃, 憗, 頓愍의 풀이어
10-31-5 氐惆[저추] : 南楚方言區
10-31-6 眠眩[면현] : 齊魯方言區

10-32-1 悅[열] : 楚方言區(楚의 通語)
10-32-2 舒[서] : 楚方言區(楚의 通語)
10-32-3 蘇[소] : 悅, 舒의 풀이어

10-33-1 眠娗[면전] : 南楚方言區～吳越方言區(이 지역 通語)
10-33-2 脈蜴[맥석] : 南楚方言區～吳越方言區(이 지역 通語)
10-33-3 賜施[사시] : 南楚方言區～吳越方言區(이 지역 通語)
10-33-4 茭媞[교제] : 南楚方言區～吳越方言區(이 지역 通語)
10-33-5 譠謾[탄만] : 南楚方言區～吳越方言區(이 지역 通語)
10-33-6 㥏忚[려혜] : 南楚方言區～吳越方言區(이 지역 通語)
10-33-7 欺謾[기만] : 眠娗, 脈蜴, 賜施, 茭媞, 譠謾, 㥏忚의 풀이어

10-34-1 㒹[전] : 南楚方言區
10-34-2 頟[액] : 周韓鄭方言區
10-34-3 顏[안] : 東齊海岱方言區～楚方言區
10-34-4 顙[상] : 東齊海岱方言區. 㒹, 頟, 顏의 풀이어

10-35-1 頷[함] : 南楚方言區. 곽박 당시 通語
10-35-2 頤[이] : 通語
10-35-3 頜[합] : 秦晉方言區. 頷, 頤의 풀이어

10-36-1 紛怡[분이] : 南楚方言區
10-36-2 喜[희] : 紛怡의 풀이어
10-36-3 已[이] : 南楚方言區

10-37-1 潮[감] : 南楚方言區
10-37-2 或[혹] : 潮의 풀이어

10-38-1 愮[요] : 南楚方言區
10-38-2 療[료] :
10-38-3 治[치] : 愮, 療의 풀이어

10-39-1 芔[훼] : 吳越方言區
10-39-2 莽[무(망)] : 南楚方言區
10-39-3 草[초] : 芔, 莽의 풀이어

10-40-1 㤓鰓[극새] : 南楚方言區
10-40-2 乾都[건도] : 南楚方言區
10-40-3 耇[구] : 南楚方言區
10-40-4 革[혁] : 南楚方言區
10-40-5 老[로] : 㤓鰓, 乾都, 耇, 革의 풀이어

10-41-1 拯[비] : 南楚方言區
10-41-2 抌[담(심)] :
10-41-3 推[추] : 拯, 抌의 풀이어
10-41-4 揔[골] : 南楚方言區
10-41-5 攩[황] : 楚方言區～南楚方言區

10-42-1 食閻[식염] : 南楚方言區
10-42-2 慫慂[종용] : 南楚方言區
10-42-3 勸[권] : 食閻, 慫慂의 풀이어

10-43-1 欸[애] : 南楚方言區
10-43-2 瞖[예] : 南楚方言區
10-43-3 然[연] : 欸, 瞖의 풀이어

10-44-1 緤[설] : 南楚方言區
10-44-2 末[말] : 楚方言區
10-44-3 紀[기] : 楚方言區
10-44-4 緖[서] : 緤, 末, 紀의 풀이어
10-44-5 端[단] : 楚方言區

10-45-1 睃[종] : 南楚方言區
10-45-2 貂[려] : 南楚方言區, 周韓鄭方言區
10-45-3 闚[규] : 南楚方言區. 通語
10-45-4 貼[점] : 南楚方言區, 楚方言區
10-45-5 占[점] : 南楚方言區
10-45-6 伺[사] :
10-45-7 視[시] : 睃, 貂, 闚, 貼, 占, 伺의 풀이어
10-45-8 覗[사] : 楚方言區

10-46-1 䅵[옹] : 南楚方言區
10-46-2 穠[농] : 南楚方言區
10-46-3 晠[성] :
10-46-4 多[다] : 䅵, 穠, 晠의 풀이어

10-47-1 抯[저] : 南楚方言區
10-47-2 摣[사] : 南楚方言區
10-47-3 取[취] : 抯, 摣의 풀이어

10-48-1 仉[범] : 楚方言區
10-48-2 僄[표] : 楚方言區
10-48-3 輕[경] : 仉, 僄의 풀이어

11-1-1 蛥蚗[설결] : 秦晉方言區
11-1-2 蟪蟧[혜록] : 齊魯方言區
11-1-3 蟪蛄[혜고] : 楚方言區
11-1-4 蛉蛄[령고] : 楚方言區
11-1-5 蛁蟧[조료] : 周韓鄭方言區
11-1-6 蝭蟧[제료] : 周韓鄭方言區
11-1-7 蜓蚞[정목] : 周韓鄭方言區, 秦晉方言區～楚方言區

11-2-1 蟬[선] : 秦晉方言區. 蜩, 螗蜩, 蜋蜩, 蛴의 풀이어
11-2-2 蜩[조] : 楚方言區
11-2-3 螗蜩[당조] : 衛宋方言區
11-2-4 蜋蜩[랑조] : 周韓鄭方言區～楚方言區
11-2-5 蛴[기] : 東齊海岱方言區
11-2-6 蟧[료] :
11-2-7 蝒馬[면마] :
11-2-8 麥蚻[맥찰] :
11-2-9 蜻蜻[정정] :
11-2-10 蚻[질] :
11-2-11 蟣[잔] :
11-2-12 蜺[예] :

11-3-1 蜩蟧[조료] : 蓋蜩의 풀이어
11-3-2 蓋蜩[모조] :

11-4-1 蟪[응] : 寒蜩의 풀이어
11-4-2 寒蜩[한조] :
11-4-3 瘖蜩[음조] : 寒蜩의 풀이어

11-5-1 蛄詣[고예] : 杜蛒의 풀이어

11-5-2 杜蛒[두객] :
11-5-3 螻蛭[루질] : 螻蛄의 풀이어
11-5-4 螻蛄[루고] :
11-5-5 蟓蛉[상령] :
11-5-6 杜狗[두구] : 南楚方言區
11-5-7 蛞螻[괄루] : 南楚方言區

11-6-1 蜻蛚[청렬] : 蟋蟀, 蛬, 蚟孫의 풀이어
11-6-2 蟋蟀[실솔] : 楚方言區
11-6-3 蛬[공] : 楚方言區
11-6-4 蚟孫[왕손] : 南楚方言區

11-7-1 螳螂[당랑] : 髦, 虰, 蛘蛘의 풀이어
11-7-2 髦[모] :
11-7-3 虰[정] :
11-7-4 蛘蛘[양양] :

11-8-1 姑螿[고시] : 強蛘의 풀이어
11-8-2 強蛘[강양] :

11-9-1 蟒[맹] : 蛍, 蟅蟒, 蟒, 螣의 풀이어
11-9-2 蛍[대] : 趙魏方言區～衛宋方言區
11-9-3 蟅蟒[자맹] : 南越方言區
11-9-4 蟒[맹] : 南越方言區
11-9-5 螣[등] : 南越方言區

11-10-1 蜻蛉[청령] : 蝍蛉의 풀이어
11-10-2 蝍蛉[즉령] :

11-11-1 舂黍[용서] : 蜙蝑의 풀이어
11-11-2 蜙蝑[종서] :

11-12-1 蠀蝛[즉축] : 蚇蠖의 풀이어
11-12-2 蚇蠖[척확] :

11-13-1 蠭[봉] : 蠓螉의 풀이어
11-13-2 蠓螉[몽옹] : 趙魏方言區～燕代方言區
11-13-3 蠮螉[열옹] :
11-13-4 蚴蜺[유열] :
11-13-5 壺蠭[호봉] :

11-14-1 蠅[승] : 楚方言區. 羊의 풀이어
11-14-2 羊[양] : 東齊海岱方言區, 秦晉方言區

11-15-1 蚍蜉[비부] : 蚼蟓, 玄蚼, 蛾蛘의 풀이어
11-15-2 蚼蟓[구양] : 齊魯方言區
11-15-3 玄蚼[현구] : 秦晉方言區
11-15-4 蛾蛘[의양] : 燕代方言區
11-15-5 坻[지] :
11-15-6 垤[질] :

11-16-1 蠀螬[자조] : 蟦의 풀이어
11-16-2 蟦[비] :
11-16-3 蝤蠀[유재] : 秦晉方言區
11-16-4 蜷蠾[권촉] : 秦晉方言區
11-16-5 蝖蟄[훤곡] : 秦晉方言區
11-16-6 蛒[격] : 秦晉方言區
11-16-7 蝎[갈] : 秦晉方言區
11-16-8 蛭蛒[질격] : 秦晉方言區
11-16-9 蠹[두] : 秦晉方言區
11-16-10 天螻[천루] : 秦晉方言區

11-17-1 蚰蜒[유연] : 螾蜇, 入耳, 蛝蠼, 蛈蚜, 蚰蚭의 풀이어

11-17-2 螾蜓[인연] : 周韓鄭方言區
11-17-3 入耳[입이] : 周韓鄭方言區
11-17-4 蝭蠟[장려] : 周韓鄭方言區
11-17-5 蚨虷[부우] : 趙魏方言區
11-17-6 蚰蜒[뉵니] : 北燕朝鮮方言區

11-18-1 鼅鼄[지주] : 周韓鄭方言區～趙魏方言區
11-18-2 鼄蝥[주모] : 秦晉方言區. 鼅鼄의 풀이어
11-18-3 蠾蝓[촉유] : 周韓鄭方言區～趙魏方言區
11-18-4 蝳蜍[독여] : 北燕朝鮮方言區

11-19-1 蜉蝣[부유] : 蟝蠪의 풀이어
11-19-2 蟝蠪[거략] : 秦晉方言區

11-20-1 馬蚿[마현] : 蛆蟝의 풀이어
11-20-2 蛆蟝[저거] : 北燕朝鮮方言區
11-20-3 馬蚰[마축] :

卷十二

12-1-1 爰[원] :
12-1-2 喛[환] :
12-1-3 哀[애] : 爰, 喛의 풀이어

12-2-1 儒輸[유수] :
12-2-2 愚[우] : 儒輸의 풀이어

12-3-1 愋[훤] :
12-3-2 諒[량] :
12-3-3 知[지] : 愋, 諒의 풀이어

12-4-1 拊[부] :
12-4-2 撫[무] :
12-4-3 疾[질] : 拊, 撫의 풀이어

12-5-1 菲[비] :
12-5-2 惄[녁] :
12-5-3 悵[창] : 菲, 惄의 풀이어

12-6-1 鬱熙[울이] :
12-6-2 長[장] : 鬱熙의 풀이어

12-7-1 娋[초] :
12-7-2 孟[맹] :
12-7-3 姊[자] : 娋, 孟의 풀이어

12-8-1 築娌[축리] :
12-8-2 匹[필] : 築娌의 풀이어

12-9-1 娌[리] :
12-9-2 耦[우] : 娌의 풀이어

12-10-1 礹[영] :
12-10-2 裔[예] :
12-10-3 習[습] : 礹, 裔의 풀이어

12-11-1 躔[전] :
12-11-2 逡[준] :
12-11-3 循[순] : 躔, 逡의 풀이어

12-12-1 躔歷[전력] :
12-12-2 行[행] : 躔歷의 풀이어

12-13-1 逭[환]:
12-13-2 遁[육]:
12-13-3 轉[전]: 逭, 遁의 풀이어
12-13-5 遁[육]:
12-13-6 步[보]: 逭, 遁의 다른 풀이어

12-14-1 羕[봉]:
12-14-2 虞[우]:
12-14-3 望[망]: 羕, 虞의 풀이어

12-15-1 揄[유]:
12-15-2 墒[타]:
12-15-3 脫[탈]: 揄, 墒의 풀이어

12-16-1 解[해]:
12-16-2 輸[수]:
12-16-3 挩[탈]: 解, 輸의 풀이어

12-17-1 賦[부]:
12-17-2 與[여]:
12-17-3 操[조]: 賦, 與의 풀이어

12-18-1 盝[록]:
12-18-2 歇[헐]:
12-18-3 涸[학]: 盝, 歇의 풀이어

12-19-1 瀲[폐]:
12-19-2 澂[징]:
12-19-3 清[청]: 瀲, 澂의 풀이어

12-20-1 逯[록]:

12-20-2 遡[소] :
12-20-3 行[행] : 逯, 遡의 풀이어

12-21-1 墾[간] :
12-21-2 牧[목] :
12-21-3 司[사] : 墾, 牧의 풀이어
12-21-5 力[력] : 墾의 다른 풀이어
12-21-7 飤[사] : 牧의 풀이어
12-21-8 監[감] :
12-21-10 察[찰] : 監, 牧의 다른 풀이어

12-22-1 雚[환] :
12-22-2 始[시] : 雚의 풀이어
12-22-4 化[화] : 雚의 다른 풀이어

12-23-1 鋪[포] :
12-23-2 脾[비] :
12-23-3 止[지] : 鋪, 脾의 풀이어

12-24-1 攘[양] :
12-24-2 掩[엄] :
12-24-3 止[지] : 攘, 掩의 풀이어

12-25-1 幕[막] :
12-25-2 覆[부] : 幕의 풀이어

12-26-1 侗[통] :
12-26-2 胴[동] :
12-26-3 狀[상] : 侗, 胴의 풀이어

12-27-1 㞕[절] :

12-27-2 杪[묘] :
12-27-3 小[소] : 尐, 杪의 풀이어

12-28-1 屑[설] :
12-28-2 往[왕] :
12-28-3 勞[로] : 屑, 往의 풀이어
12-28-5 惶[왕] :
12-28-6 獪[회] : 屑, 惶의 다른의미의 풀이어

12-29-1 效[효] :
12-29-2 烓[계] :
12-29-3 明[명] : 效, 烓의 풀이어

12-30-1 㵭[주] :
12-30-2 將[장] :
12-30-3 威[위] : 㵭, 將의 풀이어

12-31-1 嬀[규] :
12-31-2 娗[정] :
12-31-3 㑢[변] : 嬀, 娗의 풀이어

12-32-1 儇[현] :
12-32-2 虔[건] :
12-32-3 謾[만] : 儇, 虔의 풀이어

12-33-1 佻[조] :
12-33-2 疾[질] : 佻의 풀이어

12-34-1 鞅[앙] :
12-34-2 侼[발] :
12-34-3 強[강] : 鞅, 侼의 풀이어

12-34-6 懟[대] : 鞅, 侼의 다른 의미의 풀이어

12-35-1 追[추] :
12-35-2 末[말] :
12-35-3 隨[수] : 追, 末의 풀이어

12-36-1 僉[첨] :
12-36-2 怚[저] :
12-36-3 劇[극] : 僉, 怚의 풀이어
12-36-5 夥[화] : 僉의 다른 풀이어

12-37-1 夸[과] :
12-37-2 烝[증] :
12-37-3 婬[음] : 誇, 烝의 풀이어

12-38-1 毗[비] :
12-38-2 顇[빈] :
12-38-3 懣[만] : 毗, 顇의 풀이어

12-39-1 熒[경] :
12-39-2 激[격] :
12-39-3 清[청] : 熒, 激의 풀이어

12-40-1 紓[서] :
12-40-2 退[퇴] :
12-40-3 緩[완] : 紓, 退의 풀이어

12-41-1 清[청] :
12-41-2 躡[섭] :
12-41-3 急[급] : 淸, 躡의 풀이어

12-42-1 抒[서] :
12-42-2 瘛[계] :
12-42-3 解[해] : 抒, 瘛의 풀이어
12-42-4 蕆[천] :
12-42-5 逞[령(정)] :
12-42-6 解[해] : 蕆, 逞의 풀이어

12-43-1 抵[저] :
12-43-2 柲[비] :
12-43-3 刺[자(척)] : 抵, 柲의 풀이어

12-44-1 倩[천] : 倩, 荼의 풀이어
12-44-2 荼[도] :
12-44-3 借[차] :

12-45-1 㦿朴[벽박] :
12-45-2 猝[졸] : 㦿樸의 풀이어

12-46-1 麋[미] :
12-46-2 梨[리] :
12-46-3 老[로] : 麋, 梨의 풀이어

12-47-1 萃[취] :
12-47-2 離[리] :
12-47-3 待[대] : 萃, 離의 풀이어

12-48-1 漢[한] :
12-48-2 赫[혁] :
12-48-3 怒[노] : 漢, 赫의 풀이어
12-48-5 發[발] : 赫의 풀이어

12-49-1 謣[화] :
12-49-2 吁[우] :
12-49-3 然[연] : 謣, 顲의 풀이어

12-50-1 猜[시(채)] :
12-50-2 忦[개] :
12-50-3 恨[한] : 猜, 忦의 풀이어

12-51-1 艮[간] :
12-51-2 磑[애] :
12-51-3 堅[견] : 艮, 磑의 풀이어

12-52-1 烎[임] :
12-52-2 眼[안] :
12-52-3 明[명] : 烎, 眼의 풀이어

12-53-1 怤愉[부유] :
12-53-2 悅[열] : 怤愉의 풀이어

12-54-1 即[즉] :
12-54-2 圍[위] :
12-54-3 就[취] : 即, 圍의 풀이어
12-54-4 即[즉] :
12-54-5 半[반] : 即의 다른 풀이어

12-55-1 惙[철] :
12-55-2 怞[출(줄)] :
12-55-3 中[중] : 惙, 怞의 풀이어

12-56-1 薵[주] :
12-56-2 蒙[몽] :

12-56-3 覆[부] : 幬, 蒙의 풀이어
12-56-4 戴[대] : 幬의 다른 풀이어

12-57-1 堪[감] :
12-57-2 輂[국] :
12-57-3 載[재] : 堪, 輂의 풀이어

12-58-1 搖[요] : 祖의 풀이어
12-58-2 祖[조] :
12-58-3 上[상] : 搖, 祖의 다른 풀이어
12-58-4 轉[전] : 祖의 다른 풀이어

12-59-1 括[괄] :
12-59-2 關[관] :
12-59-3 閉[폐] : 括, 關의 풀이어

12-60-1 衝[충] :
12-60-2 俶[숙] :
12-60-3 動[동] : 衝, 俶의 풀이어

12-61-1 羞[수] :
12-61-2 厲[려] :
12-61-3 熟[숙] : 羞, 厲의 풀이어
12-61-5 今(矜)[긍] : 厲의 다른 풀이어

12-62-1 備[비] :
12-62-2 該[해] :
12-62-3 鹹(咸)[함] : 備, 該의 풀이어

12-63-1 噬[서] :
12-63-2 食[식] : 噬의 풀이어

12-63-4 憂[우] : 噬의 다른 풀이어

12-64-1 愱[구] :
12-64-2 悸[계] : 愱의 풀이어

12-65-1 虜[로] :
12-65-2 鈔[초] :
12-65-3 強[강] : 虜, 鈔의 풀이어
12-65-4 鹵[로] :
12-65-5 奪[탈] : 鹵의 풀이어

12-66-1 鑈[녑] :
12-66-2 正[정] : 鑈의 풀이어

12-67-1 蒔[시] :
12-67-2 植[식] :
12-67-3 立[립] : 蒔, 植의 풀이어
12-67-5 更[경(갱)] : 蒔의 다른 풀이어

12-68-1 鬐[추] :
12-68-2 尾[미] :
12-68-3 梢[초] :
12-68-4 盡[진] : 鬐, 尾, 梢의 풀이어

12-69-1 豫[훼] :
12-69-2 俶[각(극)] :
12-69-3 倦[권] : 豫, 俶의 풀이어

12-70-1 鼃[와] :
12-70-2 律[률] :
12-70-3 始[시] : 鼃, 律의 풀이어

12-71-1 蓐[욕] :
12-71-2 臧[장] :
12-71-3 厚[후] : 蓐, 臧의 풀이어

12-72-1 遵[준] :
12-72-2 遂[언] :
12-72-3 行[행] : 遵, 遂의 풀이어

12-73-1 鑴[휴] :
12-73-2 餟[체] :
12-73-3 餽[궤] : 鑴, 餟의 풀이어

12-74-1 餼[희] :
12-74-2 饋[영] :
12-74-3 飽[포] : 餼, 饋의 풀이어

12-75-1 惵[접] :
12-75-2 耇[구] :
12-75-3 嬴[영] : 惵, 耇의 풀이어

12-76-1 趙[조] :
12-76-2 肖[초] :
12-76-3 小[소] : 趙, 肖의 풀이어

12-77-1 蚩[치] :
12-77-2 愮[요] :
12-77-3 悖[패] : 蚩, 愮의 풀이어

12-78-1 吹[취] :
12-78-2 扇[선] :
12-78-3 助[조] : 吹, 扇의 풀이어

12-79-1 焜[혼] :
12-79-2 爗[엽] :
12-79-3 晠[성] : 焜, 爗의 풀이어

12-80-1 苦[고] :
12-80-2 翕[흡] :
12-80-3 熾[치] : 苦, 翕의 풀이어

12-81-1 藴[온] :
12-81-2 崇[숭] : 藴의 풀이어
12-81-4 嗇[색] :
12-81-5 積[적] : 藴, 嗇의 다른 풀이어
12-81-6 嗇[색] :
12-81-7 彌[미] :
12-81-8 合[합] : 嗇, 彌의 다른 풀이어

12-82-1 翬[휘] :
12-82-2 翩[고] :
12-82-3 飛[비] : 翬, 翩의 풀이어

12-83-1 憤[분] :
12-83-2 自[재] :
12-83-3 盈[영] : 憤, 自의 풀이어

12-84-1 譟[조] :
12-84-2 諻[횡] :
12-84-3 音[음] : 譟, 諻의 풀이어

12-85-1 攄[로] :
12-85-2 遫[칙] :
12-85-3 張[장] : 攄, 遫의 풀이어

12-86-1 岑[잠] :
12-86-2 夤[인] :
12-86-3 大[대] : 岑, 夤의 풀이어
12-86-5 高[고] : 岑의 다른 풀이어

12-87-1 效[효] :
12-87-2 㫚[호] :
12-87-3 文[문] : 效, 㫚의 풀이어

12-88-1 鈵[병] :
12-88-2 董[동] :
12-88-3 固[고] : 鈵, 董의 풀이어

12-89-1 扞[한] :
12-89-2 搷[전] :
12-89-3 揚[양] : 扞, 搷의 풀이어

12-90-1 洲[주] :
12-90-2 淤[어] : 秦晉方言區
12-90-3 䰦[비] : 秦晉方言區

12-91-1 殹[예] :
12-91-2 幕[막] : 殹의 풀이어

12-92-1 刳[고] :
12-92-2 狄[적] : 刳의 풀이어

12-93-1 揣[단] :

12-94-1 跬[규] :

12-95-1 睺[후] :

12-96-1 蟠龍[반룡] :

12-97-1 裔[예] :

12-98-1 考[고] :
12-98-2 引[인] : 考의 풀이어

12-99-1 弼[필] :
12-99-2 高[고] : 弼의 풀이어

12-100-1 上[상] :
12-100-2 重[중] : 上의 풀이어

12-101-1 箇[개] :
12-101-2 枚[매] : 箇의 풀이어

12-102-1 一[일] :
12-102-2 蜀[촉] : 一의 풀이어
12-102-3 獨[독] : 南楚方言區

卷十三

13-1-1 裔[예] :
13-1-2 歷[력] :
13-1-3 相[상] : 裔, 歷의 풀이어
13-1-4 旅[려] :
13-1-5 末[말] : 裔, 旅의 다른 풀이어

13-2-1 毗[비] :

13-2-2 緣[연] :
13-2-3 廢[폐] : 䚡, 緣의 풀이어

13-3-1 純[순] :
13-3-2 毣[목] :
13-3-3 好[호] : 純, 毣의 풀이어

13-4-1 藐[막] :
13-4-2 素[소] :
13-4-3 廣[광] : 藐, 素의 풀이어
13-4-4 漸[점] : 藐의 다른 풀이어

13-5-1 躍[약] :
13-5-2 拼[승] :
13-5-3 拔[발] : 躍, 拼의 풀이어

13-6-1 炖[돈] :
13-6-2 焃[혁] :
13-6-3 煓[단] :
13-6-4 赫[혁] : 炖, 焃, 煓의 풀이어

13-7-1 憤[분] :
13-7-2 竅[규] :
13-7-3 阨[액] : 憤, 竅의 풀이어

13-8-1 杪[묘] :
13-8-2 眇[묘] :
13-8-3 小[소] : 杪, 眇의 풀이어

13-9-1 讟[독] :
13-9-2 咎[구] :

13-9-3 謗[방] : 讟, 咎의 풀이어

13-10-1 蕆[천] :
13-10-2 敕[칙] :
13-10-3 戒[계] :
13-10-4 備[비] : 蕆, 敕, 戒의 풀이어

13-11-1 摵[축] :
13-11-2 撤[치] :
13-11-3 到[도] : 摵, 撤의 풀이어

13-12-1 黤[암] :
13-12-2 腆[전] :
13-12-3 忘[망] : 黤, 腆의 풀이어

13-13-1 黮[담] :
13-13-2 黱[망] :
13-13-3 私[사] : 黮, 黱의 풀이어

13-14-1 龕[감] :
13-14-2 喊[함] :
13-14-3 唬[획] :
13-14-4 唏[희] :
13-14-5 聲[성] : 龕, 喊, 唬, 唏의 풀이어

13-15-1 筡[도] :
13-15-2 箄[비] :
13-15-3 析[석] : 筡, 箄의 풀이어

13-16-1 儲[귀] :
13-16-2 宵[소] :

13-16-3 使[사] : 儡, 胥의 풀이어

13-17-1 蠢[준] :
13-17-2 作[작] : 蠢의 풀이어

13-18-1 忽[홀] :
13-18-2 達[달] :
13-18-3 芒[망] : 忽, 達의 풀이어
13-18-4 濟[제] :
13-18-5 滅[멸] : 芒, 濟의 다른 풀이어

13-19-1 廓[곽] :
13-19-2 劙[리] :
13-19-3 解[해] : 廓, 劙의 풀이어

13-20-1 魏[위] :
13-20-2 能[능] : 魏의 풀이어

13-21-1 㑷[체] :
13-21-2 刻[각] : 㑷의 풀이어

13-22-1 聳[송] :
13-22-2 悚[송] : 聳의 풀이어

13-23-1 跌[질] :
13-23-2 蹷[궐] : 跌의 풀이어

13-24-1 䕷[미] :
13-24-2 無[무] : 䕷의 풀이어

13-25-1 漫[만] :

13-25-2 淹[엄] :
13-25-3 敗[패] : 漫, 淹의 풀이어

13-26-1 釐[리] :
13-26-2 梅[매] :
13-26-3 貪[탐] : 釐, 梅의 풀이어

13-27-1 擷[경] :
13-27-2 挻[연] :
13-27-3 竟[경] : 擷, 挻의 풀이어

13-28-1 譴喘[견천] :
13-28-2 轉[전] : 譴喘의 풀이어

13-29-1 困[곤] :
13-29-2 胎[태] :
13-29-3 健[달] :
13-29-4 逃[도] : 困, 胎, 健의 풀이어

13-30-1 隋[타] :
13-30-2 毻[타] :
13-30-3 易[역] : 隋, 毻의 풀이어

13-31-1 姚[요] :
13-31-2 娧[태] :
13-31-3 好[호] : 姚, 娧의 풀이어

13-32-1 憚[탄] :
13-32-2 怛[달] :
13-32-3 惡[오] : 憚, 怛의 풀이어

13-33-1 吳[오] :
13-33-2 大[대] : 吳의 풀이어

13-34-1 灼[작] :
13-34-2 驚[경] : 灼의 풀이어

13-35-1 賦[부] :
13-35-2 動[동] : 賦의 풀이어

13-36-1 瘵[궤] :
13-36-2 極[극] : 瘵의 풀이어

13-37-1 煎[전] :
13-37-2 盡[진] : 煎의 풀이어

13-38-1 爽[상] :
13-38-2 過[과] : 爽의 풀이어

13-39-1 蟬[선] :
13-39-2 毒[독] : 蟬의 풀이어

13-40-1 傪[참] :
13-40-2 惆[추] : 傪의 풀이어
13-40-3 惡[악] : 惆의 풀이어

13-41-1 還[환] :
13-41-2 積[적] : 還의 풀이어

13-42-1 宛[완] :
13-42-2 蓄[축] : 宛의 풀이어

13-43-1 類[류] :
13-43-2 法[법] : 類의 풀이어

13-44-1 猴[후] :
13-44-2 本[본] : 猴의 풀이어

13-45-1 懼[구] :
13-45-2 病[병] : 懼의 풀이어
13-45-3 驚[경] : 懼의 다른 풀이어

13-46-1 葯[약] :
13-46-2 纏[전] : 葯의 풀이어

13-47-1 旋[선] :
13-47-2 短[단] : 旋의 풀이어

13-48-1 掊[부] :
13-48-2 深[심] : 掊의 풀이어

13-49-1 涅[녈] :
13-49-2 休[닉] : 涅의 풀이어

13-50-1 撈[로] :
13-50-2 取[취] : 撈의 풀이어

13-51-1 摸[막] :
13-51-2 撫[무] : 摸의 풀이어

13-52-1 由[유] :
13-52-2 式[식] : 由의 풀이어

13-53-1 猷[유] :
13-53-2 詐[사] : 猷의 풀이어

13-54-1 莖[광] :
13-54-2 隨[수] : 莖의 풀이어

13-55-1 揣[췌] :
13-55-2 試[시] : 揣의 풀이어

13-56-1 類[금] :
13-56-2 怒[노] : 類의 풀이어

13-57-1 埝[점] :
13-57-2 下[하] : 埝의 풀이어

13-58-1 讚[찬] :
13-58-2 解[해] : 讚의 풀이어

13-59-1 賴[뢰] :
13-59-2 取[취] : 賴의 풀이어

13-60-1 扲[금] :
13-60-2 業[업] : 扲의 풀이어

13-61-1 帶[대] :
13-61-2 行[행] : 帶의 풀이어

13-62-1 康[강] :
13-62-2 空[공] : 康의 풀이어

13-63-1 湛[담] :

13-63-2 安[안] : 湛의 풀이어

13-64-1 嘕[건] :
13-64-2 樂[락] : 嘕의 풀이어

13-65-1 俒[원] :
13-65-2 歡[환] : 俒의 풀이어

13-66-1 衎[간] :
13-66-2 定[정] : 衎의 풀이어

13-67-1 膞[이] :
13-67-2 腮[식] : 膞의 풀이어

13-68-1 讟[독] :
13-68-2 痛[통] : 讟의 풀이어

13-69-1 鼻[비] :
13-69-2 始[시] : 鼻의 풀이어
13-69-3 首[수] :
13-69-4 初[초] : 秦晉方言區
13-69-5 祖[조] : 秦晉方言區
13-69-6 居[거] : 祖의 다른 풀이어

13-70-1 充[충] :
13-70-2 養[양] : 充의 풀이어

13-71-1 翳[예] :
13-71-2 掩[엄] : 翳의 풀이어

13-72-1 臺[대] :

13-72-2 支[지] : 臺의 풀이어

13-73-1 純[순] :
13-73-2 文[문] : 純의 풀이어

13-74-1 祐[우] :
13-74-2 亂[란] : 祐의 풀이어

13-75-1 恌[요] :
13-75-2 理[리] : 恌의 풀이어

13-76-1 蘊[온] :
13-76-2 晠[성] : 蘊의 풀이어

13-77-1 搪[당] :
13-77-2 張[장] : 搪의 풀이어

13-78-1 惲[운] :
13-78-2 謀[모] : 惲의 풀이어

13-79-1 陶[도] :
13-79-2 養[양] : 陶의 풀이어

13-80-1 㩒[금] :
13-80-2 格[격] : 㩒의 풀이어

13-81-1 䚭[비] :
13-81-2 曉[효] :
13-81-3 明[명] : 䚭, 曉의 풀이어

13-82-1 扱[급] :

13-82-2 擭[획] : 扱의 풀이어

13-83-1 扶[부] :
13-83-2 護[호] : 扶의 풀이어

13-84-1 淬[쉬( )] :
13-84-2 寒[한] : 淬의 풀이어

13-85-1 漺[상] :
13-85-2 淨[쟁] : 漺의 풀이어

13-86-1 漉[록] :
13-86-2 極[극] : 漉의 풀이어

13-87-1 枚[매] :
13-87-2 凡[범] : 枚의 풀이어

13-88-1 易[역] :
13-88-2 始[시] : 易의 풀이어

13-89-1 洹[환] :
13-89-2 周[주] : 洹의 풀이어

13-90-1 䵳[혁] :
13-90-2 色[색] : 䵳의 풀이어

13-91-1 恬[념] :
13-91-2 靜[정] : 恬의 풀이어

13-92-1 禔[지] :
13-92-2 福[복] : 禔의 풀이어

13-92-3 喜[희] : 禔의 다른 풀이어

13-93-1 攋[랄] :
13-93-2 隓[휴] :
13-93-3 褱[괴] : 攋, 隓의 풀이어

13-94-1 息[식] :
13-94-2 歸[귀] : 息의 풀이어

13-95-1 抑[억] :
13-95-2 安[안] : 抑의 풀이어

13-96-1 潛[잠] :
13-96-2 亡[망] : 潛의 풀이어

13-97-1 曉[효] :
13-97-2 過[과] : 曉의 풀이어
13-97-3 嬴[영] : 曉의 다른 풀이어

13-98-1 䵵[철] :
13-98-2 短[단] : 䵵의 풀이어

13-99-1 隑[개] :
13-99-2 陭[의] : 隑의 풀이어

13-100-1 迒[항] :
13-100-2 長[장] : 迒의 풀이어
13-100-3 跡[적] : 迒의 다른 풀이어

13-101-1 賦[부] :
13-101-2 臧[장] : 賦의 풀이어

13-102-1 蘊[온] :
13-102-2 饒[요] : 蘊의 풀이어

13-103-1 芬[분] :
13-103-2 和[화] : 芬의 풀이어

13-104-1 擣[도] :
13-104-2 依[의] : 擣의 풀이어
13-104-3 祿[록] : 依의 풀이어

13-105-1 㖃[성] :
13-105-2 腯[돌] : 㖃의 풀이어

13-106-1 盬[고] :
13-106-2 雜[잡] :
13-106-3 猝[졸] : 盬, 雜의 풀이어

13-107-1 躍[약] :
13-107-2 行[행] : 躍의 풀이어

13-108-1 盬[고] :
13-108-2 且[차] : 盬의 풀이어

13-109-1 抽[추] :
13-109-2 讀[독] : 抽의 풀이어

13-110-1 媵[잉] :
13-110-2 託[탁] : 媵의 풀이어

13-111-1 適[적] :
13-111-2 牾[오] : 適의 풀이어

13-112-1 埤[비] :
13-112-2 予[여] : 埤의 풀이어

13-113-1 彌[미] :
13-113-2 縫[봉] : 彌의 풀이어

13-114-1 譯[역] :
13-114-2 傳[전] : 譯의 풀이어
13-114-3 見[견] : 譯의 다른 풀이어

13-115-1 梗[경] :
13-115-2 略[략] : 梗의 풀이어

13-116-1 臆[억] :
13-116-2 滿[만] : 臆의 풀이어

13-117-1 隅[마] :
13-117-2 益[익] : 隅의 풀이어

13-118-1 空[공] :
13-118-2 待[대] : 空의 풀이어

13-119-1 珇[조] :
13-119-2 好[호] : 珇의 풀이어
13-119-3 美[미] : 珇의 다른 풀이어

13-120-1 嫗[구] :
13-120-2 色[색] : 嫗의 풀이어

13-121-1 閻[염] :
13-121-2 開[개] : 閻의 풀이어

13-122-1 摩[마] :
13-122-2 滅[멸] : 摩의 풀이어

13-123-1 菲[비] :
13-123-2 薄[박] : 菲의 풀이어

13-124-1 腆[전] :
13-124-2 厚[후] : 腆의 풀이어

13-125-1 媟[설] :
13-125-2 狎[압] : 媟의 풀이어

13-126-1 芋[후] :
13-126-2 大[대] : 芋의 풀이어

13-127-1 煬[양] :
13-127-2 翕[흡] :
13-127-3 炙[자(적)] : 煬, 翕의 풀이어
13-127-4 烈[렬] :
13-127-5 暴[폭] : 煬, 烈의 다른 풀이어

13-128-1 馺[삽] :
13-128-2 馬馳[마치] : 馺의 풀이어

13-129-1 選[선] :
13-129-2 延[연] :
13-129-3 遍[편] : 選, 延의 풀이어

13-130-1 澌[시] :
13-130-2 索[색] : 澌의 풀이어

13-131-1 晞[희] :
13-131-2 燥[조] : 晞의 풀이어

13-132-1 梗[경] :
13-132-2 覺[각] : 梗의 풀이어

13-133-1 萃[췌] :
13-133-2 集[집] : 萃의 풀이어

13-134-1 睨[예] :
13-134-2 瞲[역] :
13-134-3 明[명] : 睨, 瞲의 풀이어

13-135-1 暟[개] :
13-135-2 臨[림] :
13-135-3 照[소] : 暟, 臨의 풀이어
13-135-4 美[미] : 暟의 다른 풀이어.

13-136-1 箄[비] : 秦晉方言區
13-136-2 篓[루] : 南楚方言區
13-136-3 篽[여] : 楚方言區
13-136-4 箚[도] : 趙魏方言區~燕代方言區
13-136-5 籐[거] : 通語. 箄, 篓, 篽, 箚의 풀이어.
13-136-6 牛筐[우광] : 衛宋方言區

13-137-1 籠[롱] : 篣, 筊의 풀이어
13-137-2 篣[방] : 楚方言區~南楚方言區
13-137-3 筊[뇨] : 楚方言區~南楚方言區

13-138-1 篪[려] : 筲, 去篪의 풀이어
13-138-2 筲[소] : 南楚方言區

13-138-3 筀篨[거려] : 趙魏方言區

13-139-1 錐[추] : 鍣의 풀이어
13-139-2 鍣[조] :

13-140-1 無升[무승] : 刁斗의 풀이어
13-140-2 刁斗[조두] :

13-141-1 匕[비] : 匙의 풀이어
13-141-2 匙[시] :

13-142-1 盂[우] : 櫼의 풀이어
13-142-2 櫼[진] :
13-142-3 盌䀇[안잔] : 衛宋方言區
13-142-4 椀[완] : 盉의 풀이어
13-142-5 盉[괴] :
13-142-6 銚鋭[요예] :
13-142-7 梋抉[견결] :

13-143-1 餌[이] : 餻, 粢, 飴, 餣, 餌의 풀이어
13-143-2 餻[고] :
13-143-3 粢[자] :
13-143-4 飴[령] :
13-143-5 餣[업] :
13-143-6 餌[원] :

13-144-1 餅[병] : 飥, 餦餛의 풀이어
13-144-2 飥[탁] :
13-144-3 餦餛[장혼] :

13-145-1 餳[성] : 周韓鄭方言區∼趙魏方言區∼衛宋方言區∼楚方言區. 이 지역通

語. 餦餭의 풀이어. 餹의 풀이어

13-145-2 餦餭[장황] :

13-145-3 飴[이] : 餩의 풀이어. 餳의 풀이어

13-145-4 餩[개] :

13-145-5 餵[월(울)] : 餚의 풀이어

13-145-6 餚[수] :

13-145-7 餹[당] :

13-146-1 麴[곡] : 秦晉方言區

13-146-2 麲[재] : 秦晉方言區

13-146-3 麧[할] : 衛宋方言區～齊魯方言區

13-146-4 麰[모] : 衛宋方言區～齊魯方言區

13-146-5 麳[비] : 北燕朝鮮方言區

13-146-6 麷[몽] :

13-146-7 麫[화] :

13-146-8 麹[국] : 通語. 麴, 麲, 麧, 麰, 麳, 麷, 麫의 풀이어.

13-147-1 屋梠[옥려] : 櫺의 풀이어

13-147-2 櫺[령] :

13-148-1 瓺[와] : 甂의 풀이어

13-148-2 甂[류] :

13-149-1 冢[총] : 墳, 培, 堬, 埰, 埌, 壠, 丘의 풀이어

13-149-2 墳[분] : 秦晉方言區

13-149-3 培[배] : 秦晉方言區

13-149-4 堬[유] : 秦晉方言區

13-149-5 埰[채] : 秦晉方言區

13-149-6 埌[랑] : 秦晉方言區

13-149-7 壠[롱] : 秦晉方言區

13-149-8 丘[구] : 周韓鄭方言區

13-149-9 塿[루] : 周韓鄭方言區

13-149-10 墓[묘] :

13-149-11 墲[무] :

부록 7. 『방언』 어휘 색인

1-1-1 黨[당] : 알다. 깨닫다.
1-1-2 曉[효] : 밝다. 명백하다. 이해하다. 정통하다.
1-1-3 哲[철] : 알다. 이해하다. 밝게 알다. 지혜가 있다.
1-1-4 知[지] : 알다.

1-2-1 虔[건] : 총명하다. 교활하다. 약다. 영리하다.
1-2-2 儇[현] : 총명하다. 빠르다. 날래다.
1-2-3 慧[혜] : 영리하다
1-2-4 謾[만] : 속이다. 헐뜯다.
1-2-5 㥯[매] : 영리하다. 똑똑하다.
1-2-6 倢[첩] : 빠르다.
1-2-7 譎[태] : 총명하다. 깨닫다.
1-2-8 黠[힐] : 약다. 영리하다. 교활하다. 간교하다.
1-2-9 鬼[귀] : 지혜롭다. 교활하다.

1-3-1 娥[아] : 예쁘다.
1-3-2 嬴[영] : 좋다. 아름답다.
1-3-3 好[호] : 아름답다.
1-3-4 媌[묘] : 눈매가 곱다.
1-3-5 姣[교] : 예쁘다. 요염하다. 깨끗하다.
1-3-6 姝[주] : 예쁘다. 연약하다. 꾸미다.

1-3-7 妦[봉] : 아름답다.
1-3-8 姸[연] : 곱다.

1-4-1 烈[렬] : 수목이 잘리고 난 후에 다시 자라난 새싹.
1-4-2 枿[얼] : 수목이 잘리고 난 후에 남은 그루터기. 수목이 잘린 후에 새로 나는 새싹.
1-4-3 餘[여] : 나머지.
1-4-4 肄[이] : 수목이 새로 자라나는 여린 가지. 나머지.

1-5-1 台[이] : 기르다. 양육하다.
1-5-2 胎[태] : 양육하다. 기르다.
1-5-3 陶[도] : 도야하다. 화육하다.
1-5-4 鞠[국] : 낳아 기르다. 잘 돌보아 사랑하여 기르다.
1-5-5 養[양] : 기르다.
1-5-6 艾[애] : 양육하다. 보조하다.

1-6-1 憮[무] : 사랑하다.
1-6-2 惓[엄] : 사랑하다.
1-6-3 憐[련] : 사랑하다. 좋아하다.
1-6-4 牟[모] : 사랑하다.
1-6-5 愛[애] : 좋아하다.

1-7-1 悛[릉] : 슬퍼하다.
1-7-2 憮[무] : 슬퍼하다. 가엾이 여기다.
1-7-3 矜[긍] : 불쌍히 여기다.
1-7-4 悼[도] : 슬퍼하다. 떨다. 두려워서 떨다.
1-7-5 憐[련] : 불쌍히 여기다. 가엾게 생각하다.
1-7-6 哀[애] : 슬퍼하다.

1-8-1 咺[훤] : 쉽게 울다. 두려워하다.
1-8-2 唏[희] : 슬퍼하다. 한탄하여 울다. 탄식하며 울다.

1-8-3 㣿[작(적)] : 비통하다.
1-8-4 怛[달] : 슬프다. 슬퍼하다. 놀라다. 두려워하다.
1-8-5 痛[통] : 아프다.
1-8-6 哴[강] : 어린아이가 울다. 울음을 그치지 않거나 혹은 지나치게 슬퍼하여 울다가 목이 쉬다.
1-8-7 咣哴[강량] : 울음을 그치지 않거나 혹은 지나치게 슬퍼하여 울다가 목이 쉬다.
1-8-8 嗷咷[교도] : 어린아이가 울음을 그치지 않다.
1-8-9 喑[암(음)] : 목이 메다. 오열하다.
1-8-10 惄[녁] : 근심하다. 걱정하다. 마음 아프게 생각하다.

1-9-1 悼[도] : 슬퍼하다. 떨다. 두려워서 떨다.
1-9-2 惄[녁] : 근심하다. 걱정하다. 마음 아프게 생각하다.
1-9-3 悴[췌] : 근심하다. 마음 아파하다.
1-9-4 慭[은] : 근심으로 괴로워하다. 근심하고 슬퍼하다.
1-9-5 傷[상] : 다치다. 상하다.

1-10-1 慎[신] : 근심하고 두려워하다.
1-10-2 濟[제] : 근심하다. 걱정하다.
1-10-3 曆[잠] : 근심하다.
1-10-4 愵[닉] : 근심하다. 근심하는 모양.
1-10-5 溼[습] : 근심하다. 실망하다.
1-10-6 桓[환] : 우려하다.
1-10-7 憂[우] : 근심하다.

1-11-1 鬱悠[울유] : 분노나 원한을 품다. 근심을 품다.
1-11-2 懷[회] : 생각을 품다. 마음을 품다.
1-11-3 惄[녁] : 생각하다. 마음 아프게 생각하다.
1-11-4 惟[유] : 생각하다.
1-11-5 慮[려] : 생각하다. 꾀하다. 근심하다.
1-11-6 願[원] : 마음에 품다.
1-11-7 念[념] : 생각하다. 읊다.

1-11-8 靖[정] : 꾀하다. 좋은 계책을 생각하다.

1-11-9 愼[신] : 근신하다. 진실된 마음을 품다.

1-11-10 思[사] : 생각하다.

1-12-1 敦[돈] : 도탑다.

1-12-2 豐[풍] : 크다 높고 크다.

1-12-3 厖[방] : 크다. 도탑다.

1-12-4 夰[개] : 크다.

1-12-5 幠[무] : 덮다. 크다.

1-12-6 般[반] : 크다.

1-12-7 嘏[하] : 크다. 장대하다.

1-12-8 奕[혁] : 크다. 아름답다.

1-12-9 戎[융] : 크다. 확대하다.

1-12-10 京[경] : 크다. 높다.

1-12-11 奘[장] : 크다. 몸집이 크다. 성하다. 튼튼하다. 건강하다.

1-12-12 將[장] : 크다. 장대하다. 성하다. 왕성하다.

1-12-13 大[대] : 크다.

1-12-14 夏[하] : 크다.

1-12-15 壯[장] : 크다. 큼직하다.

1-13-1 假[가] : 이르다.

1-13-2 佫[격] : 이르다.

1-13-3 懷[회] : 오다. 이리로 오다.

1-13-4 摧[최] : 이르다.

1-13-5 詹[첨] : 이르다. 도달하다.

1-13-6 戾[려] : 이르다. 도착하다.

1-13-7 艐[계] : 이르다. 도달하다.

1-13-8 至[지] : 이르다.

1-14-1 嫁[가] : 시집가다. 가다. 향하여 가다.

1-14-2 逝[서] : 가다. 떠나다.

1-14-3 徂[조] : 가다. 일정한 곳으로 나아가다.
1-14-4 適[적] : 가다. 이르다. 도달하다. 시집가다.
1-14-5 往[왕] : 가다.

1-15-1 謾台[만이] : 두려워하다.
1-15-2 脅鬩[협혁] : 두려워하다.
1-15-3 懼[구] : 두려워하다.
1-15-4 嘽咺[천훤] : 두려워하다.

1-16-1 虔[건] : 살육하다. 탈취하다. 재단하다. 베다.
1-16-2 劉[류] : 죽이다.
1-16-3 慘[참] : 참혹하다. 무자비하다. 아프게 하다.
1-16-4 䢭[림] : 죽이다. 치다. 쇠잔하다.
1-16-5 殺[살] : 죽이다.
1-16-6 殘[잔] : 해치다. 죽이다.
1-16-7 貪[탐] : 탐하다. 욕심 부리다.
1-16-8 歁[감] : 탐내다.

1-17-1 亟[극] : 사랑하다.
1-17-2 憐[련] : 어여삐 여기다.
1-17-3 憮[무] : 사랑하다. 어루만져주다. 불쌍히 여기다.
1-17-4 俺[엄] : 사랑하다.
1-17-5 愛[애] : 사랑하다.

1-18-1 眉[미] : 노인. 장수하여 눈썹이 긴 사람.
1-18-2 梨[리] : 늙은이. 늙은이의 살갗의 빛깔.
1-18-3 耋[질] : 늙은이. 여든 살. 일흔 살. 예순 살.
1-18-4 鮐[태(이)] : 늙다. 늙은이.
1-18-5 老[로] : 늙다.
1-18-6 耇鮐[구태(이)] : 늙다.

1-19-1 脩[수] : 길다. 멀다. 오래다.
1-19-2 駿[준] : 빠르다. 높다. 크다.
1-19-3 融[융] : 길다.
1-19-4 繹[역] : 풀다. 풀어놓다. 늘어놓다. 끌어내다.
1-19-5 尋[심] : 길다. 잇다.
1-19-6 延[연] : 끌다. 끌어들이다. 늘이다.
1-19-7 長[장] : 길다.
1-19-8 充[충] : 기르다.
1-19-9 永[영] : 길다. 오래다.

1-20-1 允[윤] : 진실로. 정말로. 믿을 만하다.
1-20-2 訦[심] : 성실하다. 미쁘다. 진실로 참되다.
1-20-3 恂[순] : 믿을 만하다. 믿다. 진실하다. 정확하다.
1-20-4 展[전] : 실제로. 진정으로.
1-20-5 諒[량] : 믿다. 진실. 하찮은 의리를 묵수하는 일.
1-20-6 穆[목] : 진실로 참되다.
1-20-7 信[신] : 믿다. 진실하다. 믿음.

1-21-1 碩[석] : 크다. 머리가 크다. 가득하다.
1-21-2 沈[침] : 크다. 무겁다. 또는 느낌이 무겁다.
1-21-3 巨[거] : 크다. 많다.
1-21-4 濯[탁] : 크다. 빛나다.
1-21-5 訏[우] : 크다. 과장하다. 큰소리치다.
1-21-6 敦[돈] : 크다. 크게.
1-21-7 夏[하] : 크다.
1-21-8 于[우] : 크다. 광대하다.
1-21-9 大[대] : 크다.
1-21-10 寇[구] : 많다. 풍성하다.
1-21-11 夥[화] : 많다.
1-21-12 過[화] : 말이 지나치다. 또는 지나친 말.
1-21-13 僉[첨] : 여럿. 모두

1-21-14 劒[검] : 지나치다.
1-21-15 奴[노] : 지나치다. 성내다. 화내다.
1-21-16 嘏[하] : 크다. 장대하다.
1-21-17 郴[람] : 크다.

1-22-1 牴[저] : 닿다. 만나다. 부딪치다.
1-22-2 倣[치] : 모아 합치다.
1-22-3 會[회] : 모이다.

1-23-1 華[화] : 꽃. 꽃이 피다.
1-23-2 荂[과] : 꽃. 꽃모양. 무성하다.
1-23-3 晠[성] : 밝다. 화려하다.

1-24-1 墳[분] : 크다.

1-25-1 廓[곽] : 넓다. 크다. 광대하다.
1-25-2 摸[모] : 크다.

1-26-1 嬛[현] : 잇닿다. 이어지다.
1-26-2 蟬[선] : 연속하다.
1-26-3 纙[염] : 잇다.
1-26-4 撚[년] : 접속하다. 연결하다.
1-26-5 未[미] : 이르다. 미치다.
1-26-6 續[속] : 잇다. 계속 이어지다.
1-26-7 出[출] : 나가다.
1-26-8 及[급] : 이르다.

1-27-1 踏[답] : 뛰다.
1-27-2 䠥[요] : 뛰다.
1-27-3 蹳[불] : 뛰다.
1-27-4 跳[도] : 뛰다. 도약하다. 빨리 가다. 달아나다.

1-27-5 踶[체] : 뛰다. 또는 뛰는 모양.
1-27-6 蹠[척] : 밟다. 나아가다.

1-28-1 躡[섭(녑)] : 오르다.
1-28-2 郅[질] : 오르다. 올라가다.
1-28-3 跂[기] : 발돋움하다. 오르다.
1-28-4 狢[격] : 오르다.
1-28-5 躋[제] : 오르다.
1-28-6 蹻[약] : 오르다. 뛰다.
1-28-7 登[등] : 오르다.

1-29-1 逢[봉] : 만나다. 맞이하다. 영합하다.
1-29-2 逆[역] : 맞이하다. 마중하다. 불러들이다. 받다.
1-29-3 迎[영] : 맞이하다. 마음으로 따르다.

1-30-1 撏[심(섬)] : 따다. 달려 있는 것을 붙잡아 따다.
1-30-2 攓[건] : 취하다. 손에 잡다.
1-30-3 摭[척] : 줍다. 주워 모으다. 습득하다.
1-30-4 挻[연] : 빼앗아 취하다. 탈취하다.
1-30-5 取[취] : 취하다.
1-30-6 篡[찬] : 빼앗다. 빼앗아 취하다.

1-31-1 餥[비] : 보리죽으로 손님을 대접하다. 일종의 밀가루로 만든 식품.
1-31-2 飵[작] : 보리죽으로 손님을 대접하다. 손님을 대접할 보리죽.
1-31-3 食[식] : 먹다.
1-31-4 飴[념] : 손님에게 보리죽을 대접하다.
1-31-5 餦餭[은안] : 보리밥으로 손님을 대접하다. 배부르다.

1-32-1 釗[교] : 힘쓰다. 권면하다.
1-32-2 薄[박] : 노력하다. 애쓰다. 권면하다.
1-32-3 勉[면] : 힘쓰다.

1-32-4 薄努[박노] :

1-32-5 勉努[면노] :

1-32-6 勔釗[면교] : 힘씀. 노력함.

1-32-7 勖茲[욱자] :

2-1-1 釥[초] : 작고 예쁘다.

2-1-2 嫽[료] : 예쁘다. 아름답다.

2-1-3 好[호] : 아름답다.

2-2-1 朦[몽] : 풍부하다. 큰 모양

2-2-2 厖[방] : 크다. 두텁다.

2-2-3 豐[풍] : 풍성하다.

2-2-4 伃[여] : 아름다운 모양.

2-2-5 杼[저] : 길다. 펴다.

2-3-1 娃[왜] : 예쁘다. 미녀. 아가씨.

2-3-2 嫷[타] : 곱다. 아름답다.

2-3-3 窕[조] : 예쁘다. 아름답다. 가볍다. 작다.

2-3-4 豔[염] : 아름답다. 곱다. 요염하고 아름답다.

2-3-5 美[미] : 아름답다.

2-3-6 好[호] : 예쁘다.

2-3-7 娥[아] : 예쁘다. 미녀.

2-3-8 窈[요] : 아름답다. 고상하다. 그윽하다.

2-4-1 奕[혁] : 크다. 아름답다.

2-4-2 僷[엽] : 아름답다.

2-4-3 容[용] : 용모.

2-5-1 矊[면] : 쌍둥이. 쌍의 의미. 눈가가 미세하고 조밀한 모양.

2-5-2 鑠[삭] : 빛나다. 뜨겁다. 끄다.

2-5-3 盱[우] : 쳐다보다. 검고 아름다운 눈.
2-5-4 揚[양] : 눈썹과 그 아래위 주변을 가리킴. 용모가 아름답다.
2-5-5 滕[등] : 아름다운 눈의 모습.
2-5-6 雙[쌍] : 쌍.
2-5-7 順[순] : 예쁘고 빛나는 눈.
2-5-8 矊[면] : 『광운』에 '면矊'으로 되어있음.

2-6-1 嫢[규] : 가는 허리. 가늘고 아름다운 모습.
2-6-2 笙[생] : 작고 가늘다. 관악기의 일종인 생황. 대자리.
2-6-3 揫[추] : 모으다. 모아들이다.
2-6-4 摻[섬(삼)] : 섬섬하다. 가늘다. 여리고 가냘프다.
2-6-5 細[세] : 가늘다.
2-6-6 徥[시] : 가냘프고 아름다운 걸음걸이. 슬슬 걷다.

2-7-1 傀[괴] : 크다.
2-7-2 渾[혼] : 물이 어지러이 흐르는 소리. 渾渾은 큰 모양.
2-7-3 臏[비] : 장대하다. 비대하다.
2-7-4 膿[양] : 살찌다. 곡식이 잘 여물다.
2-7-5 僇[교] : 성대하다.
2-7-6 泡[포] : 성하다.
2-7-7 盛[성] : 성하다.

2-8-1 私[사] : 작다. 미천하다.
2-8-2 策[책] : 작다. 작은 나뭇가지.
2-8-3 纖[섬] : 가늘다. 곱다. 고운비단. 작다. 또한 가는 무늬가 있는 비단.
2-8-4 葹[예] : 풀이 처음 돋아나는 모양.
2-8-5 稺[치] : 어린 벼. 어리다.
2-8-6 杪[묘] : 끝. 나무 끝. 작다. 가늘다. 사물이나 시간 등의 끝.
2-8-7 小[소] : 작다.
2-8-8 綾[릉] : 얇고 가는 비단. 무늬가 있는 비단.
2-8-9 䕷[미] : 세밀하다. 정교하다

2-8-10 篾[멸] : 대나무를 얇게 쪼개 가늘게 만든 대 껍질. 작다.
2-8-11 葼[종] : 나무의 가는 가지. 가늘다.

2-9-1 殗殜[업엽] : 앓다. 병들다. 가벼운 병. 시들시들 앓다.
2-9-2 微[미] : 쇠하다. 미약하다.

2-10-1 臺[대] : 대등하다. 필적하다.
2-10-2 臺敵[대적] : 사물의 힘이 같다. 팽팽히 맞서다.
2-10-3 匹[필] : 필적하다.

2-11-1 抱嬔[포찬] : 짝. 배우자.
2-11-2 嬔[찬] : 짝.
2-11-3 耦[우] : 짝.

2-12-1 倚[의] : 의지하다. 이상해서 어울리지 못하다. 단독으로.
2-12-2 踦[기] : 쌍으로 된 물건의 한쪽. 절뚝발이. 짝짝이.
2-12-3 奇[기] : 기이하다. 한 쪽.

2-13-1 逴[탁] : 멀다. 뛰어넘다. 놀라다. 뛰어나다.
2-13-2 獡[삭] : 서로 놀라는 모양. 獡獡.
2-13-3 透[숙] : 놀라는 모양. 근심스런 모양.
2-13-4 驚[경] : 놀라다.

2-14-1 儀[의] : 오다. 거동. 예의. 풍속.
2-14-2 狢[격] : 오다. 이르다. 오르다.
2-14-3 來[래] : 오다.
2-14-4 懷[회] : ~에 쏠리다. 불러오다.

2-15-1 翻[닐] : 붙다. 찰지다. 아교.
2-15-2 黐[예] : 찰지다.
2-15-3 黏[점(념)] : 붙다.

2-16-1 餬[호] : 바르다. 붙이다. 남의 집에 식객으로 붙어살다.
2-16-2 託[탁] : 부탁하다. 붙다. 붙이다. 의지하다.
2-16-3 庇[비] : 덮다. 보호하다. 그늘. 의탁하다.
2-16-4 寓[우] : 의탁하다. 남에게 의지하여 살다. 붙어살다.
2-16-5 媵[잉] : 부치다. 맡기다. 혼수나 몸종을 딸려서 시집보내다.
2-16-6 寄[기] : 의지하다.

2-17-1 逞[령(정)] : 즐겁다. 느긋하고 기분이 좋다. 왕성하다.
2-17-2 苦[고] : 의미 미상.
2-17-3 了[료] : 기쁘다. 즐겁다. 상쾌하다.
2-17-4 快[쾌] : 기쁘다.

2-18-1 挴[매] : 탐하다. 덮어 가리다. 부끄러워하다.
2-18-2 惄[닉] : 부끄러워하다.
2-18-3 赧[난] : 얼굴을 붉히다. 부끄러워하다. 무안해하다.
2-18-4 愧[괴] : 부끄러워하다.

2-19-1 叨[도] : 탐내다.
2-19-2 惏[람] : 탐하다.
2-19-3 殘[잔] : 탐하다. 해치다.

2-20-1 憑[빙] : 번민하다. 고뇌하다. 분노하다.
2-20-2 齘[계] : 이를 갈다. 근심하다.
2-20-3 苛[가] : 꾸짖다.
2-20-4 怒[노] : 성내다.

2-21-1 憡[책] : 약간 아프다.
2-21-2 剌[랄] : 앓다.
2-21-3 痛[통] : 아프다.

2-22-1 撟捎[교소] : 선택해서 취하다.

2-22-2 選[선] : 선택하다.

2-23-1 撊[한] : 사납다. 성내다. 화내다.
2-23-2 梗[경] : 가시가 있는 나무. 강경하다. 사납다.
2-23-3 爽[상] : 남보다 뛰어나 용맹스럽다.
2-23-4 猛[맹] : 용맹하다.

2-24-1 瞯[한(간)] : 흘겨보다. 엿보다. 곁눈질하다.
2-24-2 睇[제] : 흘끗 보다. 한눈팔다. 바라보다.
2-24-3 睎[희] : 바라보다. 흘끗 보다. 사람을 똑바로 보지 않는 것.
2-24-4 略[락(략)] : 곁눈질 하다. 흘끗 보다.
2-24-5 眄[면] : 곁눈질하다.

2-25-1 餽[식] : 숨. 먹다.
2-25-2 喙[훼] : 숨. 호흡. 부리. 헐떡이다. 피곤하다.
2-25-3 呬[희] : 숨. 숨쉬다. 쉬다.
2-25-4 息[식] : 숨쉬다.

2-26-1 鋠[벽] : 깨지다. 째다. 잘라 나누다.
2-26-2 摫[규] : 마르다. 재단하다.
2-26-3 裁[재] : 자르다. 마르다.
2-26-4 斲[착] : 쪼개다. 깎아내다. 깎다.
2-26-5 鋠鋠[벽벽] : 자르다. 마름질하다. 쪼개다.

2-27-1 鐫[전] : 새기다. 쪼다. 끌.
2-27-2 琢[탁] : 쪼다. 다듬다.

2-28-1 鍇[개] : 단단하다.
2-28-2 鐕[계] : 굳다. 단단하다. 견고하다.
2-28-3 堅[견] : 견고하다. 딱딱하다.

2-29-1 揄鋪[유포] : 튼튼하지 않은 것. 연약한 것.
2-29-2 艦㷠[람무] : 약하다. 무르다. 부서지기 쉽다.
2-29-3 帗縷[불루] : 슬갑. 바지에 껴입는 무릎까지 닿는 가죽옷.
2-29-4 葉褕[엽유] : 짧은 비단.
2-29-5 毳[취] : 연약하다.

2-30-1 孑[혈] : 남다. 남기다.
2-30-2 藎[신] : 나머지. 타다 남은 것.
2-30-3 餘[여] : 남다.
2-30-4 俊[준] : 준걸. 뛰어난 인물.
2-30-5 遵[준] : 좇다. 순종하다. 따르다.

2-31-1 翿[도] : 춤 출 때 쓴 물건. 깃으로 만든 일산.
2-31-2 幢[당] : 기. 의장(儀仗)이나 군에서 지휘용으로 쓰는 기.
2-31-3 翳[예] : 깃으로 꾸민 일산. 임금의 수레에 쓴다. 몸 가리개.

2-32-1 捜[수] : 찾다.
2-32-2 略[략] : 다스리다. 빼앗다. 모으다. 망라하다.
2-32-3 求[구] : 구하다.
2-32-4 攈[군] : 줍다. 주워가지다.
2-32-5 摭[척] : 줍다. 주워 모으다. 습득하다.
2-32-6 取[취] : 취하다.

2-33-1 茫[망] : 황급히. 빠르다.
2-33-2 矜[긍] : 급격하다.
2-33-3 奄[엄] : 문득. 갑자기.
2-33-4 遽[거] : 황급히.

2-34-1 速[속] : 빠르다. 빨리.
2-34-2 逞[령(정)] : 즐겁다. 쾌하다. 굳세다. 방자하다.
2-34-3 搖扇[요선] : 신속하다. 빠르다.

2-34-4 疾[질] : 빠르다.

2-35-1 予[여] : 원수. 적.

2-35-2 賴[뢰] : 원수.

2-35-3 讎[수] : 원수. 적.

2-36-1 恒慨[항개] : 광대함. 대략적임.

2-36-2 蔘綏[삼수] : 넓고 크다. 아래로 늘어뜨린 모양.

2-36-3 羞繹[수역] :

2-36-4 紛毋[분모] :

2-37-1 剿[초] : 교활하다.

2-37-2 蹶[궐] : 교활하다.

2-37-3 獪[회] : 교활하다.

2-37-4 蔿[화] : 교활하다.

2-37-5 姡[활] : 교활하다. 부끄러워하다.

3-1-1 釐孳[리자] : 쌍둥이.

3-1-2 健子[련자] : 쌍둥이.

3-1-3 孿生[산(련)생] : 쌍둥이. 䜌生과 같은 뜻.

3-1-4 嫁子[가자] : 딸을 시집보내다.

3-2-1 壻[서] : 사위. 사나이. 남편.

3-2-2 倩[천] : 사위. 빌다.

3-3-1 娠[진(신)] : 하녀. 여종. 말을 기르는 사람.

3-4-1 亭父[정보] : 정졸(亭卒)과 같은 뜻.

3-4-2 亭公[정공] : 정보(亭父), 정졸(亭卒) 등과 같은 말.

3-4-3 卒[졸] : 보병(步兵). 사병(士兵).

3-4-4 駑父[노부] : 정(亭)에 속한 하례(下隷)르 구도(求盜)라고도 함.
3-4-5 褚[저] : 병졸.

3-5-1 臧[장] : 종. 노예. 노비.
3-5-2 甬[용] : 품팔이하다.
3-5-3 侮[모] : 노비를 얕잡아 부르는 말.
3-5-4 獲[획] : 포로 혹은 전리품. 모욕을 당하다. 노비의 자식.
3-5-5 奴婢[노비] : 노비.
3-5-6 保庸[보용] : 품팔이꾼.

3-6-1 蔿[화] : 변화하다.
3-6-2 譌[와] : 변화하다.
3-6-3 譁[와] : 변화하다.
3-6-4 涅[렬] : 바뀌다. 변화하다. 부화하다.
3-6-5 化[화] : 변화하다.

3-7-1 斟[짐] : 어울리다.
3-7-2 協[협] : 조화시키다. 잘 어울리다. 화합하다.
3-7-3 汁[즙] : 잘 어울리다. 조화롭다.

3-8-1 蘇[소] : 차조기. 야소(野蘇).
3-8-2 芥[개] : 작은 풀.
3-8-3 草[초] : 풀.
3-8-4 莽[무(망)] : 풀. 풀숲. 풀더미. 무성하다. 매우 많다.

3-9-1 蘇[소] : 차조기. 야소(野蘇).
3-9-2 荏[임] : 차조기. 들깨.
3-9-3 公蕡[공비] : 비(蕡)는 삼, 대마, 삼씨의 듯.
3-9-4 害[할] : 차조기. 야소(野蘇).
3-9-5 蘘荼[양유] : 향유. 노야기.

3-10-1 葑[풍] : 순무.

3-10-2 蕘[요] : 순무.

3-10-3 蕪菁[무청] : 순무. 만청(蔓菁)이라고도 함.

3-10-4 大芥[대개] : 무의 별칭이다.

3-10-5 辛芥[신개] : 채소이름. 작은 무.

3-10-6 幽芥[유개] : 순무.

3-10-7 蘆菔[로복] : 무.

3-10-8 菈遝[랍답] : 무.

3-11-1 蔆[역] : 가시연. 수련과의 다년초.

3-11-2 芡[검] : 가시연.

3-11-3 鷄頭[계두] : 가시연을 이르는 말.

3-11-4 鴈頭[안두] : 가시연을 이르는 말.

3-11-5 烏頭[오두] : 가시연을 이르는 말.

3-12-1 茦[재] : 풀의 가시. 풀이나 나무가 사람을 찌르다.

3-12-2 壯[장] : 상하다. 해치다.

3-12-3 梗[경] : 초목의 가지나 줄기. 초목이 사람이나 동물 등을 찌르다.

3-12-4 劌[귀] : 베이거나 찔리거나 하여 다치다.

3-12-5 刺[재] : 찌르다.

3-12-6 棘[극] : 찌르다. 가시가 달린 초목.

3-13-1 瘌[랄] : 독하다. 아프다. 상하다.

3-13-2 癆[로] : 약물에 중독되다. 아프다.

3-13-3 眠[면] : 약물 반응으로 정신이 흐릿하다.

3-13-4 眩[현] : 어지럽다. 현기증 나다.

3-13-5 毒[독] : 해독을 끼치다. 해치다. 격렬하다. 맹렬하다.

3-13-6 痛[통] : 아프다.

3-14-1 逞[령(정)] : 만족스럽다. 마음이 유쾌하다.

3-14-2 曉[효] : 통쾌하다.

3-14-3 恔[교] : 즐겁다. 만족스럽다.
3-14-4 苦[고] : 즐겁다.
3-14-5 快[쾌] : 쾌하다. 통쾌하다.

3-15-1 膠[교] : 속이다.
3-15-2 譎[휼] : 속이다. 거짓말하다.
3-15-3 詐[사] : 속이다. 거짓으로 ~인체 하다. 가정하다.

3-16-1 揠[알] : 뽑다.
3-16-2 擢[탁] : 뽑다.
3-16-3 拂[불] : 뽑다. 빼다.
3-16-4 戎[융] : 뽑아버리다. 제거하다.
3-16-5 拔[발] : 뽑다.

3-17-1 慰[위] : 정착하여 살다. 머물러 살다.
3-17-2 廛[전] : 城 안에서 평민 한 가구가 차지하는 垈地.
3-17-3 度[택] : 자리잡다. 어떤 지위나 자리에 처하다.
3-17-4 凥[거] : 살다. 거주하다.
3-17-5 踐[천] : 지키다. 부임하다. 어떤 지위에 오르다.

3-18-1 萃[췌] : 모이다. 풀이 모이는 모양.
3-18-2 雜[잡] : 만나다. 만나게 하다. 섞다. 뒤섞이다.
3-18-3 集[집] : 모이다.
3-18-4 聚[취] : 모이다. 모으다. 모여들다. 무리.

3-19-1 迨[태] : 이르다. 미치다.
3-19-2 遝[답] : 이르다. 미치다.
3-19-3 及[급] : 미치다. 이르다.

3-20-1 荄[해] : 풀뿌리.
3-20-2 杜[두] : 뿌리.

3-20-3 根[근] : 뿌리.
3-20-4 茇[발] : 풀뿌리.

3-21-1 班[반] : 등급을 나누다. 차례를 정하다.
3-21-2 徹[철] : 배열하다. 정렬하다.
3-21-3 列[렬] : 나열하다.

3-22-1 瘼[막] : 병. 질병. 고통.
3-22-2 癁[복] : 병이 재발하다.
3-22-3 病[병] : 병.
3-22-4 瘎[심] : 병이 나다. 병이 재발하다.

3-23-1 掩[엄] : 모두. 두루.
3-23-2 醜[추] : 모두.
3-23-3 掍[혼] : 한데 합치다. 같게 하다.
3-23-4 綷[졸] : 같다.
3-23-5 同[동] : 같다.

3-24-1 裕[유] : 길. 방법. 계략.
3-24-2 猷[유] : 꾀. 계획. 도. 법칙.
3-24-3 道[도] : 방법. 길.

3-25-1 虔[건] : 살육하다. 탈취하다. 재단하다. 베다.
3-25-2 散[산] : 줄이다. 감쇄하다. 죽이다.
3-25-3 殺[살] : 죽이다.

3-26-1 氾[범] : 물 이름.
3-26-2 浼[매] : 더럽히다. 모욕당하다. 물이 천천히 흐르는 모양.
3-26-3 㵏[염] : 더럽히다.
3-26-4 洼[와] : 깊은 못. 웅덩이.
3-26-5 洿[오] : 물이 흐르지 않다. 고인 물. 더럽다. 더럽히다.

3-27-1 庸[용] : 번갈아 들다. 교대하다. 대체하다.
3-27-2 恣[자] : 경질하다. 교체하다.
3-27-3 比[비] : 배열하다. 차례를 엮다.
3-27-4 侹[정] : 대신하다.
3-27-5 更[경(갱)] : 대신하다. 대체하다.
3-27-6 佚[질] : 갈다. 교체하다.
3-27-7 代[대] : 대신하다. 번갈아.

3-28-1 氓[맹] : 백성.
3-28-2 民[민] : 백성.

3-29-1 杭[구] : 원수 삼다.
3-29-2 仇[구] : 원수. 짝.

3-30-1 寓[우] : 붙다. 얹혀살다. 붙어 살다.
3-30-2 寄[기] : 붙다. 붙어살다. 붙이다.

3-31-1 露[로] : 드러내다. 손상시키다.
3-31-2 敗[패] : 해치다. 손상시키다.

3-32-1 別[별] : 구별하다. 변별하다.
3-32-2 治[치] : 다스리다.

3-33-1 棖[정] : 받쳐주다. 떠받치다. 지주(支柱).
3-33-2 法[법] : 본받다. 법을 지키다.

3-34-1 謫[적] : 꾸짖다. 견책하다.
3-34-2 怒[노] : 노하다.

3-35-1 間[간] : 헐뜯다. 엿보다. 염탐하다. 이간질하다.
3-35-2 非[비] : 비난하다.

3-36-1 格[격] : 바로잡다.
3-36-2 正[정] : 바르다. 바로잡다.

3-37-1 䜣[례] : 수를 세다.
3-37-2 數[수] : 수. 수를 세다.

3-38-1 軫[진] : 빙 돌다. 꼬불꼬불하다.
3-38-2 戾[려] : 굽다. 어긋나다. 어그러지다.

3-39-1 屑[설] : 결백하다.
3-39-2 潔[결] : 깨끗하다.

3-40-1 諄[순] : 忠誠. '죄'라는 뜻은 없음.
3-40-2 罪[죄] : 죄.

3-41-1 俚[리] : 의뢰하다. 의탁하다.
3-41-2 聊[료] : 의지하다. 힘입다.

3-42-1 梱[곤] : 묶다. 다발로 묶다.
3-42-2 就[취] : 성취하다.

3-43-1 苙[립] : 짐승우리.
3-43-2 圂[혼] : 돼지우리.

3-44-1 廋[수] : 숨기다.
3-44-2 隱[은] : 숨기다.

3-45-1 銛[첨] : 잡아서 취하다.
3-45-2 取[취] : 취하다.

3-46-1 棖[정] : 따르다.

3-46-2 隨[수] : 따르다.

3-47-1 儓[대] : 가장 하급의 종(노비)을 지칭하는 말. 농민을 얕잡아 부르는 말.
3-47-2 服[복] : 초나라에서 농부를 얕잡아 이르던 말.
3-47-3 田儓[전대] : 하인을 천하게 부르는 칭호.
3-47-4 辟[벽] : 상인에 대한 거친 칭호.

3-48-1 庸[용] : 게으르다. 태만하다.
3-48-2 倯[송] : 게으르다. 태만하다.

3-49-1 褸裂[루렬] : 옷이 해져서 너덜너덜한 도양.
3-49-2 須捷[수첩] : 의복이 낡고 해어지다.
3-49-3 挾斯[협사] : 의복, 기물이 닳고 해지다.
3-49-4 敗[패] : 낡아서 해어지다.
3-49-5 襤褸[람루] : 옷이 낡아서 너덜너덜한 상태를 형용하는 말.

3-50-1 撲[박] : 拂拭하다. 가볍게 닦다.
3-50-2 鋌[정] : 없어지다. 비다.
3-50-3 澌[시] : 다하다. 없어지다.
3-50-4 盡[진] : 다하다.
3-50-5 賜[사] : 다하다.
3-50-6 空[공] : 비다.

3-51-1 撲[박] : 치다. 때리다.
3-51-2 翕[흡] : 어우러져 한데 모이다. 모으다. 거두어들이다. 화합하다.
3-51-3 葉[엽] : 모이다. 모이다.
3-51-4 聚[취] : 모이다.

3-52-1 斟[짐] : 수익이 늘거나 병세가 호전되다.
3-52-2 益[익] : 더하다.
3-52-3 不斟[불짐] : 병이 좀 나아졌다가 더 심해지다.

3-52-4 何斟[하짐] : 병이 위중해지다.

3-53-1 差[차] : 병이 낫다.
3-53-2 間[간] : 병이 낫다.
3-53-3 知[지] : 병이 낫다.
3-53-4 愈[유] : 병이 낫다.
3-53-5 慧[혜] : 정신이 맑고 상쾌하다.(한의학 용어)
3-53-6 憭[료] : 병이 낫다.
3-53-7 瘳[추] : 병이 낫다.
3-53-8 蠲[견] : 병이 낫다.
3-53-9 除[제] : 치병하다.

4-1-1 襌衣[단의] : 홑옷. 단의(單衣)라고도 함.
4-1-2 褋[접] : 홑옷.
4-1-3 裎衣[정의] : 홑옷. 깃이 없는 홑옷. 앞에 주머니가 달리지 않은 옷.
4-1-4 袏衣[좌의] : 홑옷. 주머니가 달린 옷.
4-1-5 深衣[심의] : 위아래가 연결되어있는 겉에 입는 옷. 오늘날의 長袍와 비슷한 옷.

4-2-1 襜褕[첨유] : 곧은 옷깃의 홑옷으로 고대에 남녀 공용.
4-2-2 襱褣[충용] : 풍신한 홑적삼. 첨유의 별칭.
4-2-3 裋褕[수유] : 첨유 중 짧고 작은 것.
4-2-4 襤褸[람루] : 가선을 대지 않은 낡고 헤진 홑옷.
4-2-5 裗裾[충굴] : 옷단이 없는 짧은 옷. 첨유 중 길이가 짧은 것.
4-2-6 緻[치] : 꿰매다. 깁다.

4-3-1 汗襦[한유] : 땀받이 짧은 옷.
4-3-2 襘[증] : 짧은 속적삼.
4-3-3 衹裯[저도] : 속에 입는 짧은 속옷.
4-3-4 甲襦[갑유] : 속옷.
4-3-5 襜襦[첨유] : 속옷. 내의의 의미로 쓰임.

4-3-6 襌襦[단유] : 속옷으로 입는 셔츠와 비슷한 옷.

4-4-1 帬[군] : 치마. 속옷.
4-4-2 帔[피] : 치마.
4-4-3 襬[피] : 치마.

4-5-1 蔽膝[폐슬] : 무릎을 보호하기 위해 옷 앞에 두르는 수건.
4-5-2 褘[휘] : 조복을 입을 때 무릎을 가리는 천. 폐슬.
4-5-3 袚[발] : 폐슬.
4-5-4 大巾[대건] : 큰 수건.
4-5-5 袡[염] : 폐슬. 옷섶. 활옷.

4-6-1 襦[유] : 저고리. 길이가 무릎 위까지 오는 저고리.
4-6-2 曲領[곡령] : 둥근 옷깃. 옷깃이 둥근 외투.

4-7-1 褌[곤] : 가랑이가 짧은 홑바지. 속옷.
4-7-2 蜙[종] : 잠방이.

4-8-1 袴[고] : 좌우 양쪽 다리를 묶는 덧바지.
4-8-2 褰[건] : 바지. 옷자락을 추어올리다.
4-8-3 襱[롱] : 덧바지. 바지자락.

4-9-1 褕[유] : 짧은 소매 적삼. 겉에 걸치는 홑옷.
4-9-2 袖[수] : 소매. 소매에 숨기다.

4-10-1 衱[겁] : 가슴 앞에 교차시켜 여민 옷깃.
4-10-2 褗[언] : 옷깃.

4-11-1 袿[규] : 옷의 뒷자락. 여자의 웃옷. 소매.
4-11-2 裾[거] : 옷자락. 옷깃.
4-11-3 袪[거] : 옷자락을 추어올리는 모양. 소맷부리.

4-12-1 褸[루] : 옷섶.
4-12-2 衽[임] : 옷깃. 옷섶. 옷깃을 바로잡다.

4-13-1 褸[루] : 남루하다. 헤진 옷을 깁다.
4-13-2 緻[치] : 꿰매다. 깁다.

4-14-1 裯[도] : 떨어진 옷.
4-14-2 襤[람] : 누더기.
4-14-3 褙[태] : 소매 없는 옷.
4-14-4 襣[비] : 쇠코잠방이. 농부가 일할 때 입는 무릎 위까지 올라붙은 짧은 홑바지

4-15-1 襭[초] : 옷섶.
4-15-2 袩[점] : 옷깃. 옷섶.

4-16-1 衿[금] : 옷깃. 옷고름. 매다.
4-16-2 交[교] : 교령交領.

4-17-1 裺[암] : 턱받이.
4-17-2 襦[유] : 턱받이.

4-18-1 襜[첨] : 옷의 겨드랑이 밑. 소매.
4-18-2 裓[액] : 소매. 소매의 솔기.

4-19-1 佩紟[패금] : 옷깃을 여미는 옷고름.
4-19-2 裎[정] : 옥 등의 패물을 차는 끈.

4-20-1 褸[루] : 옷깃.
4-20-2 袩[첩] : 옷깃.

4-21-1 覆裪[복수] : 홑옷.
4-21-2 襌衣[단의] : 홑옷.

4-21-3 偏襌[편단] : 단삼.
4-21-4 襌襦[단유] : 단삼.

4-22-1 礿纏[작전] : 홑옷. 얇은 옷.
4-22-2 襌[단] : 홑옷.

4-23-1 袒飾[단식] : 긴 웃옷 저고리.
4-23-2 直衿[직령] : 옷깃을 곧게 만든 윗옷.

4-24-1 襃明[포명] : 긴 저고리. 포(袍)라고도 함.
4-24-2 袍[포] : 긴 저고리. 도포 따위의 옷.

4-25-1 繞衿[요령] : 치마를 두르다.
4-25-2 帬[군] : 치마. 어깨걸이.

4-26-1 懸裺[현엄] : 옷의 가장자리.
4-26-2 緣[연] : 옷의 가선.

4-27-1 絜襦[결유] : 폐슬.
4-27-2 蔽膝[폐슬] : 무릎을 보호하기 위해 옷 앞에 두르는 수건 또는 옷.

4-28-1 裪橘[도결] : 옷소매.
4-28-2 袖[수] : 소매.

4-29-1 帍裱[호표] : 여자목도리.
4-29-2 被巾[피건] : 목도리.

4-30-1 繞緍[요순] : 등솔기.
4-30-2 襩裺[독엄] : 등솔기.

4-31-1 厲[려] : 허리띠를 아래로 늘어뜨린 도양.

4-31-2 帶[대] : 띠. 띠를 두르다.

4-32-1 襎裷[번권] : 기물을 닦거나 덮는데 쓰는 헝겊이나 천.
4-32-2 幭[멸] : 덮개. 덮어씌우는 것의 총칭.

4-33-1 緊袼[예각] : 턱받이.
4-33-2 福[우] : 턱받이.

4-34-1 襤[람] : 가선을 대지 않은 낡은 옷.
4-34-2 褸[루] : 남루하다. 해진 옷을 깁다. 옷깃.
4-34-3 緻[치] : 꿰매다. 깁다.
4-34-4 裗褔[충굴] : 가선이 없는 짧은 옷.

4-35-1 複襦[복유] : 솜을 넣은 짧은 겹저고리.
4-35-2 襚[수] : 해진 겹옷
4-35-3 筩褹[통예] : 긴소매의 짧은 저고리.

4-36-1 倒頓[도돈] : 큰 덧바지.
4-36-2 校衧[교료] : 작은 바지.

4-37-1 幏[몽] : 수건.
4-37-2 巾[건] : 수건.
4-37-3 帉[분] : 걸레. 행주.
4-37-4 絮[녀] : 걸레. 헌 헝겊.

4-38-1 絡頭[락두] : 고대의 머리 묶는 두건.
4-38-2 帞頭[맥두] : 고대에 남자들이 머리를 묶던 두건.
4-38-3 紗績[사궤] : 두건.
4-38-4 鬢帶[귀대] : 상투를 매던 끈.
4-38-5 檕帶[채대] : 머리를 묶고 상투를 매던 끈.
4-38-6 帑[천] : 남자가 머리를 묶을 때에 쓰는 수건. 두건.

4-38-7 帷[업] : 두건. 머리동이. 남자가 머리를 묶을 때에 쓰는 수건.
4-38-8 幧頭[조두] : 고대 남자들이 머리를 묶던 두건.

4-39-1 覆結[복결] : 상투 위에 덮어 쓰는 위가 뚫린 두건.
4-39-2 幘巾[책건] : 두건. 머리띠.
4-39-3 承露[승로] : 책건. 두건.
4-39-4 覆髼[복채] : 상투를 매고 그 위에 두르는 두건.

4-40-1 屝[비] : 짚신. 거친 신발. 삼으로 만든 신.
4-40-2 屨[구] : 마. 칡 따위로 엮은 신발. 거친 신.
4-40-3 麤[추] : 신. 삼으로 만든 신.
4-40-4 履[리] : 신의 통칭.
4-40-5 複舄[복석] : 나무로 만든 밑창이 겹인 신.
4-40-6 複履[복리] : 複舄.
4-40-7 靴下[완하] : 신.
4-40-8 鞮[제] : 가죽 신.
4-40-9 不借[불차] : 미투리의 다른 이름.
4-40-10 鞅角[앙각] : 옛날 신의 일종.
4-40-11 屦[퇴] : 굵은 삼실로 만든 신.
4-40-12 屌[호] : 신.

4-41-1 緉[량] : 고대 신을 세던 양사.
4-41-2 緛[상] : (신발의) 켤레.
4-41-3 絞[교] : 켤레. 꼬다.

4-42-1 纑[로] : 실. 무명실. 섬유작물의 한 가지. 삼을 누이다.
4-42-2 縝[진] : 삼실.

5-1-1 鍑[복] : 솥. 아가리가 오므라진 솥.
5-1-2 錪[전] : 쇠. 솥. 무겁다.

5-1-3 鉼[병] : 솥. 떡 모양으로 얇고 넓게 조각낸 금속.
5-1-4 錡[기] : 세 발 솥.
5-1-5 鏤[루] : 솥. 새기다.
5-1-6 鬲[력] : 솥. 정(鼎)과 비슷함.

5-2-1 釜[부] : 가마. 발 없는 큰 솥. 용량의 단위.
5-2-2 鍑[복] : 솥. 아가리가 오므라진 솥.

5-3-1 甑[증] : 시루.
5-3-2 甗[언] : 시루.
5-3-3 鬵[심] : 용가마.
5-3-4 酢餾[초류] : 음식을 익히는 도구.

5-4-1 盂[우] : 바리. 사발. 국이나 밥을 담는 그릇.
5-4-2 盌[완] : 주발. 작은 우(盂).
5-4-3 銚鋭[요예] : 냄비.
5-4-4 櫂[도] : 대접·주발 따위의 아가리가 넓은 그릇.
5-4-5 柯[가] : 완(碗)이나 우(盂) 같은 그릇.
5-4-6 盞[권] : 주발. 사발.

5-5-1 盃[아] : 술잔.
5-5-2 椷[감] : 잔. 술잔. 작은 잔.
5-5-3 盞[잔] : 잔. 얕고 작은 잔. 옥으로 만든 술잔. 등잔.
5-5-4 盌[범] : 술잔.
5-5-5 閜[하] : 큰 잔.
5-5-6 櫺[영] : 잔. 국그릇처럼 생긴 큰 잔.
5-5-7 䃺[마] : 잔.
5-5-8 桮[배] : 술잔. 나무를 구부려 만든 그릇.

5-6-1 蠡[례] : 표주박. 바가지.
5-6-2 簞[단] : 대광주리. 대나무로 둥글게 엮어 만든 뚜껑이 달린 그릇.

5-6-3 櫼[희] : 표주박.
5-6-4 瓢[표] : 박. 박으로 만든 그릇. 표주박.

5-7-1 案[안] : 소반. 밥상. 책상. 앉을 때 몸을 기대는 방석.
5-7-2 㯉[새] : 案의 다른 명칭.

5-8-1 桮落[배락] : 술잔을 담는 대그릇.
5-8-2 豆筥[두거] : 물건을 담아두는 둥근 대광주리.

5-9-1 箸筩[저통] : 젓가락을 담는 대나무 통
5-9-2 筲[소] : 대그릇. 수저통. 젓가락 통.
5-9-3 籝[영] : 수저통.
5-9-4 桶檧[통송] : 수저통. 통桶 모양의 작은 대그릇.

5-10-1 瓬[강] : 독. 항아리.
5-10-2 㼖[담] : 기와. 항아리. 작은 항아리.
5-10-3 甒[무] : 주로 술을 담던 옹기. 항아리.
5-10-4 䍃[요] : 질그릇. 옹기.
5-10-5 甈[정] : 항아리. 양병.
5-10-6 甇[장] : 항아리. 물장군.
5-10-7 甀[추] : 독. 항아리. 술 단지.
5-10-8 瓮[옹] : 독. 항아리.
5-10-9 瓿甊[부루] : 작은 항아리. 술 단지.
5-10-10 甇[의] : 큰 독. 양병.
5-10-11 罌[앵] : 작은 항아리. 큰 항아리 모두를 지칭. 질그릇의 총칭.

5-11-1 甇[앵] : 물독. 양병. 방화용 물을 담아두는 물병.
5-11-2 甋[유] : 물장군. 목이 긴 물병.
5-11-3 㼡[수] : 단지. 작은 항아리.
5-11-4 㼚[장] : 병(瓶).
5-11-5 儋[담] : 입이 작고 몸체가 큰 옹기.

5-11-6 甀[추] : 항아리. 앵(罌)이나 옹(甕)과 같은 옹기.

5-12-1 甇[앵] : 물독. 양병. 방화용 물을 담아두는 물병.
5-12-2 甀[비] : 방화수 독. 질그릇.

5-13-1 甕[옹] : 독. 항아리.
5-13-2 甂[사] : 항아리 종류의 질그릇.

5-14-1 缶[부] : 장군. 액체를 담는 질그릇.
5-14-2 瓿甊[부우] : 동이. 몸체가 깊고 입과 발이 둥근 모양.
5-14-3 瓶[병] : 물을 긷는 데 사용하는 몸체가 작은 병. 항아리.

5-15-1 甇甈[앵계] : 질로 만든 병. 깨어진 항아리.
5-15-2 盎[앙] : 동이. 질그릇 중에서 허리가 크고 입이 작은 것.
5-15-3 盆[분] : 동이.
5-15-4 升甌[승구] : 구(甌)는 사발 같은 질그릇. 동이 중에서 작은 것.

5-16-1 甂[변] : 자배기. 질그릇의 한 가지. 입이 크고 낮은 것.
5-16-2 題[제] : 작은 동이. 자배기.
5-16-3 甌[구] : 사발. 중발. 주발.

5-17-1 注斛[주곡] : 곡(斛)은 곡식을 되는 그릇의 총칭.
5-17-2 篙[격] : 대광주리의 일종. 곡식과 쌀을 담는 광주리.
5-17-3 注箕[주기] : 箕는 키.
5-17-4 籮[라] : 키. 광주리. 밑은 네모지고 위는 둥근 대광주리.

5-18-1 炊籅[취욱] : 쌀을 이는 조리. 쌀을 일은 후 옮겨 담아 물을 빼는 그릇.
5-18-2 縮[축] : 조리.
5-18-3 籔[수] : 쌀을 씻는 竹器.
5-18-4 匴[선] : 채반. 채그릇. 쌀을 거르는 조리.

5-19-1 篝[구] : 향기를 쬔 배롱(焙籠). 바구니

5-19-2 牆居[장거] : 옷을 담에 걸어놓고 배롱을 담 밑에 놓아 향기를 쬐게 하기 때문에 牆居라고 함.

5-20-1 扇[선] : 부채. 햇빛을 가리는 의장기인 단선.

5-20-2 箑[삽] : 부채.

5-21-1 碓機[대기] : 방앗공이의 끝 부분.

5-21-2 梴[천] : 디딜방아의 홈통. 또는 디딜방아에서 방앗공이의 끝부분.

5-21-3 磑[애] : 맷돌.

5-21-4 磏[채] : 맷돌.

5-22-1 繘[귤] : 두레박줄.

5-22-2 綆[경] : 두레박줄.

5-22-3 絡[락] : 두레박줄.

5-23-1 櫪[력] : 말구유. 말의 먹이를 담는 그릇. 마판.

5-23-2 樎[숙] : 말구유.

5-23-3 皁[조] : 말구유.

5-24-1 飼馬橐[사마탁] : 말 먹이 여물 주머니.

5-24-2 裺囊[암낭] : 여물 주머니.

5-24-3 裺篼[암두] : 여물 주머니.

5-24-4 樓篼[루두] : 말 먹이 여물 주머니.

5-24-5 帪[진] : 말에 먹이를 주는 자루.

5-25-1 鉤[구] : 갈고랑이. 낫. 창.

5-25-2 鹿觡[록격] : 물건을 거는 고리. 사슴 뿔.

5-25-3 鉤格[구격] : 갈고랑이.

5-25-4 鏾[미] : 갈고리.

5-26-1 臿[삽] : 가래. 괭이.
5-26-2 斛[조] : 가래.
5-26-3 鏵[화] : 가래. 쌍날 가래.
5-26-4 鍏[위] : 보습.
5-26-5 畚[분] : 가래. 삼태기.
5-26-6 喿[소] : 가래.
5-26-7 梩[리] : 가래. 삽 따위의 땅을 파는 기구.

5-27-1 杷[파] : 보리를 걷는 기구. 발고무래. 갈퀴 비슷한 농구의 하나. 곡식을 끌어 모으는 농구. 써레. 큰 빗 모양으로 만들어 갈아놓은 논바닥을 고르는데 쓰는 농구.
5-27-2 渠挐[거나] : 농기구명. 써레.
5-27-3 渠疏[거소] : 농기구명. 써레.

5-28-1 僉[첨] : 연가(連枷). 도리깨.
5-28-2 欇殳[섭수] : 탈곡 기구.
5-28-3 度[도] : 連枷. 탈곡 농구.
5-28-4 棓[방(봉)] : 농구. 連枷. 도리깨.
5-28-5 柫[불] : 連枷. 탈곡 농구. 도리깨.
5-28-6 柍[앙] : 連枷. 탈곡 농구. 도리깨.
5-28-7 桲[발] : 連枷. 탈곡 농구. 도리깨.

5-29-1 刈鉤[예구] : 낫 종류.
5-29-2 鉊[초] : 낫.
5-29-3 鐹[과] : 낫.
5-29-4 鉤[구] : 낫.
5-29-5 鎌[겸(렴)] : 낫.
5-29-6 鍥[결] : 풀을 베는 낫.

5-30-1 薄[박] : 蠶箔. 누에를 키우는 도구.
5-30-2 苗[곡] : 蠶箔. 누에 기르는 채반.
5-30-3 麴[국] : 누룩.

5-30-4 蓬薄[봉박] : 누에 기르는 채반.

5-31-1 橛[궐] : 말뚝. 문지방. 그루터기.
5-31-2 椴[단] : 나무 말뚝.

5-32-1 槌[추] : 누에 채반을 세우는 기둥. 蠶箔을 설치하기 위해서 놓는 나무 말뚝.
5-32-2 植[치] : 잠박을 거는 기둥을 말함.
5-32-3 栚[양] : 잠가의 나무 기둥.
5-32-4 椺[짐] : 蠶箔을 거는 나무 중 가로로 된 것.
5-32-5 槣[대] : 누에 채반을 얹는 나무기둥.
5-32-6 杼[적] : 잠박 시렁의 가로대.
5-32-7 綸[렴] : 잠박을 기둥에 매다는 끈.
5-32-8 繏[선] : 잠박기둥 끈.
5-32-9 繯[환(현)] : 누에 채반을 기둥에 매는 끈.
5-32-10 環[환)] : 잠가에 시렁 대신으로 매는 밧줄.

5-33-1 簟[점] : 삿자리. 대자리. 거적. 멍석.
5-33-2 笙[생] : 대자리. 대자리 중에서 가는 것.
5-33-3 籧篨[거곡] : 대자리.
5-33-4 箈[제] : 대자리. 휘어서 접을 수 있는 대자리.
5-33-5 籧篨[거저] : 거친 대자리.
5-33-6 篕棪[합염] : 대자리.

5-34-1 笐篖[행당] : 대나무로 짠 거친 자리.
5-34-2 倚佯[의양] : 대나무로 짠 거친 자리.
5-34-3 篖[당] : 행당(笐篖).

5-35-1 牀[상] : 침상. 밥상. 책상. 앉고 눕는데 사용하는 도구.
5-35-2 簀[책] : 대오리나 갈대로 엮어 만든 평상 깔개.
5-35-3 笫[자] : 대나무로 엮은 자리. 침상.
5-35-4 榭[수] : 침대머리의 가로대.

5-35-5 杠[강] : 침대머리의 가로대. 침상에 세운 것.
5-35-6 趙[조] : 침상 앞의 횡목.
5-35-7 梓[신] : 침상 앞의 가로대. 평상 바닥. 마루.
5-35-8 牒[첩] : 널빤지.
5-35-9 牑[편] : 평상널.

5-36-1 俎[조] : 적대. 제향 때 희생을 얹는 기구.
5-36-2 几[궤] : 제사나 연향 때에 희생이나 음식을 얹어 놓는 상.
5-36-3 杫[시] : 도마.
5-36-4 桯[정(형)] : 침상 앞에 놓아두는 작은 탁자.
5-36-5 榹[이] : 침상 앞의 작은 탁자.
5-36-6 虡[거] : 책상. 비교적 높은 탁자.

5-37-1 籰[확] : 자새. 둥근 수레 모양으로 만들어 실을 감는 기구.
5-37-2 榬[원] : 얼레. 실을 감는 기구.
5-37-3 絡[락] : 얽어매는 실.
5-37-4 格[격] : 실을 감는 얼레. 실패.

5-38-1 維車[쇄거] : 토리 수레. 물레로 실을 자아놓은 토리.
5-38-2 轣轆車[력록거] : 돌아가는 수레.
5-38-3 道軌[도궤] : 궤도를 거꾸로 한 것.

5-39-1 戶鑰[호약] : 문의 자물쇠.
5-39-2 鍵[건] : 열쇠.
5-39-3 鑰[약] : 열쇠.

5-40-1 簙[박] : 던져 내기 하는 도박놀이.
5-40-2 蔽[폐] : 옛날 도박 도구.
5-40-3 箘[균] : 화살 만들기에 알맞은 대나무.
5-40-4 箭裏[전리] : 이대. 대나무 이름. 화살.
5-40-5 簙毒[박독] : 도박용 놀이기구.

5-40-6 宛專[원전] : 도박을 하는 도구.
5-40-7 㔸璇[전선] : 도박 도구.
5-40-8 棊[기] : 바둑. 도박 도구.
5-40-9 枰[평] : 쌍륙판. 바둑판.
5-40-10 廣平[광평] : 바둑판.
5-40-11 局[국] : 도박기구. 바둑판.
5-40-12 曲道[곡도] : 바둑의 판.
5-40-13 圍棊[위기] : 바둑의 일종.
5-40-14 弈[혁] : 바둑.

6-1-1 聳[송] : 권장하다. 장려하다. 꼬드기다. 부추기다.
6-1-2 將[장] : 권면하다. 장려하다.
6-1-3 欲[욕] : ~하려고 하다.

6-2-1 聳[송] : 태어나면서부터 귀먹다.
6-2-2 聹[재] : 귀가 어둡다. 잘 안 들리다.
6-2-3 聾[롱] : 귀가 어둡다. 귀먹다.
6-2-4 聵[알] : 귀가 전혀 들리지 않다. 귀가 없다.
6-2-5 聉[왈] : 귓불이 떨어지다.

6-3-1 陂[피] : 비탈지다. 편벽되다.
6-3-2 傜[요] : 고르지 않다. 크고 작음이 같지 않다.
6-3-3 衺[사] : 옷에서 띠의 윗부분. 세로길이. 가로길이.

6-4-1 由迪[유적] : 바로잡음.
6-4-2 正[정] : 바르다.

6-5-1 㥏[전] : 부끄러워하다.
6-5-2 恧[뉵] : 부끄러워하다.
6-5-3 慚[참] : 부끄럽다. 부끄러워하다.

6-5-4 䀛[밀(비)] : 부끄럽다. 부끄러워하다.

6-6-1 謇[건] : 어렵다.
6-6-2 展[전] : 어려워하다.
6-6-3 難[난] : 어렵다.
6-6-4 憚[탄] : 어려워하다. 두려워하다.
6-6-5 燀[천] : 어렵다.

6-7-1 胥[서] : 돕다. 보조하다.
6-7-2 由[유] : 돕다. 바로잡다.
6-7-3 輔[보] : 돕다.

6-8-1 蛩烘[공공] : 두려운 마음.
6-8-2 戰慄[전률] : 두려움이나 추위로 부들부들 떨다.
6-8-3 恐[공] : 두려워하다.

6-9-1 鐓[돈] : 무겁다.
6-9-2 錘[추] : 무겁다.
6-9-3 重[중] : 무겁다.

6-10-1 鋡[함] : 받아들이다. 담다.
6-10-2 龕[감] : 받아들이다. 담다.
6-10-3 受[수] : 받다. 받아가지다.
6-10-4 盛[성] : 그릇에 물건을 담다. 받아들이다.
6-10-5 容盛[용성] : 용기에 담다.

6-11-1 矔[관] : 눈을 굴리며 둘러보다. 두리번거리다.
6-11-2 眮[동] : 눈동자를 굴리며 보다. 눈을 부릅뜨다.

6-12-1 逴[탁] : 발을 절다. 절름거리다.
6-12-2 騷[소] : 절뚝거리다.

6-12-3 尯[조] : 절뚝거리다.
6-12-4 蹇[건] : 절뚝발이. 절뚝거리다.

6-13-1 㽄[시] : 목소리가 쉬다. 목이 메다.
6-13-2 嗌[애] : 목이 메다.
6-13-3 噎[예] : 목구멍이 아프다. 목구멍에 생긴 병.

6-14-1 怠[태] : 무너지다.
6-14-2 陁[치] : 무너지다. 阤와 같다.
6-14-3 壞[괴] : 무너지다. 기울어지다.

6-15-1 埕[녈] : 가라앉다. 기둥 아래
6-15-2 墊[점] : 빠져들다. 집 아래
6-15-3 下[하] : 내려가다. 아래.

6-16-1 伆[문] : 동떨어지다. 멀리 떨어지다.
6-16-2 邈[막] : 멀리 떨어지다.
6-16-3 離[리] : 분리되다. 갈라지다.
6-16-4 越[월] : 멀다.
6-16-5 遠[원] : 멀다.

6-17-1 顚[전] : 사물의 맨 위쪽. 꼭대기. 상단.
6-17-2 頂[정] : 꼭대기. 물체의 맨 위쪽.
6-17-3 上[상] : 위.

6-18-1 誣[무] : 없는 일을 있는 것처럼 꾸며대어 말하다. 무함하다.
6-18-2 諳與[엄여] : 헐뜯다.
6-18-3 阿與[아여] : 적대시하다. 증오하다.

6-19-1 掩[엄] : 숨기다. 감추다.
6-19-2 索[색] : 받아내다. 요구하다. 챙기다.

6-19-3 取[취] : 취하다. 싸워서 차지하다.
6-19-4 抯[제] : 가져가다. 건져내다.

6-20-1 睴[언] : 보다.
6-20-2 略[락(략)] : 보다.
6-20-3 視[시] : 보다.

6-21-1 遙[요] : 멀다. 거리가 멀다.
6-21-2 廣[광] : 멀다. 깊다. 거리가 많이 떨어져 있다.
6-21-3 遠[원] : 멀다. 거리가 멀다.

6-22-1 汩[율] : 빨리 가다. 빠른 모양. 급한 모양.
6-22-2 遙[요] : 빨리 가다. 급히 가다.

6-23-1 蹇[건] : 조급하고 소란스럽다.
6-23-2 妯[축] : 슬프고 가슴이 아프다. 비통하다.
6-23-3 擾[요] : 어지럽히다. 소란스럽게 하다.

6-24-1 絓[괘] : 독특하다.
6-24-2 挈[알] : 혼자. 단독.
6-24-3 儝[경] : 외롭다.
6-24-4 介[개] : 홀로. 혼자. 짝이 없는 짐승.
6-24-5 特[특] : 단 하나. 단독. 외톨이.
6-24-6 雙[쌍] : 새 한 쌍. 새 두 마리.
6-24-7 乘[승] : 한 쌍. 넷.

6-25-1 台[이] : 잃다. 잃어버리다.
6-25-2 既[기] : 잃다. 잃어버리다.
6-25-3 失[실] : 잃다.

6-26-1 既[기] : 확정하다. 안정되다.

6-26-2 隱[은] : 편안하다. 안정되다.
6-26-3 據[거] : 안정되다. 안정시키다.
6-26-4 定[정] : 안정되다.

6-27-1 稟[품] : 공경하다.
6-27-2 浚[준] : 공경하다. 삼가다.
6-27-3 敬[경] : 공경하다.

6-28-1 悛[전] : 뉘우쳐 고치다.
6-28-2 懌[역] : 고치다. 변경하다.
6-28-3 改[개] : 고치다.

6-29-1 坻[지] : 개밋둑.
6-29-2 坥[저] : 지렁이의 똥.
6-29-3 場[상] : 부풀은 흙.

6-30-1 徥[시(지)] : 함께 다니는 모양. 걸어 다니는 모양.
6-30-2 用[용] : 행동하다. 행사하다.
6-30-3 行[행] : 행하다.

6-31-1 鋪頒[포반] : 찾다.
6-31-2 索[색] : 찾다.
6-31-3 抖藪[두수] : 샅샅이 뒤짐. 수색함. 손에 들고 먼지를 턺.

6-32-1 參[참] : 나누다.
6-32-2 蠡[려] : 나누다.
6-32-3 分[분] : 나누다.
6-32-4 離[리] : 분리하다. 떨어지다.

6-33-1 廝[시] : 목소리가 쉬다. 목이 잠기다.
6-33-2 披[피] : 갈라지다. 쪼개지다. 찢어지다.

6-33-3 散[산] : 흩어지다. 분산하다.
6-33-4 璺[문] : 갈라진 금이나 무늬.
6-33-5 㽡[비] : 그릇에 금이 가다. 그릇이 깨어지다.

6-34-1 緡[민] : 옷을 벗어서 덮어주다.
6-34-2 緜[면] : 덮어주다.
6-34-3 施[시] : 주다. 베풀다.
6-34-4 緡緜[민면] : 서로 덮어주는 것.

6-35-1 悀[용] : 넘치다. 용솟음치다.
6-35-2 偪[핍] : 차다. 가득하다.
6-35-3 滿[만] : 차다.

6-36-1 傒醯[혜혜] : 물건을 위태롭게 넣다.
6-36-2 冉鎌[염렴(겸)] : 위태로움. 가짜물건.
6-36-3 危[위] : 위태롭다.

6-37-1 紕[비] : 다스리다.
6-37-2 繹[역] : 실을 뽑다.
6-37-3 督[독] : 처리하다. 정리하다.
6-37-4 雉[치] : 다스리다. 공평하게 하다.
6-37-5 理[리] : 다스리다.

6-38-1 矤[신] : 길다.
6-38-2 呂[려] : 길다.
6-38-3 長[장] : 길다.

6-39-1 踊[굴] : 발의 힘이 센 모양.
6-39-2 膂[려] : 힘.
6-39-3 力[력] : 힘.

6-40-1 瘛[예] : 자세히 살펴보다. 구체적으로 관찰하다.
6-40-2 諦[체] : 자세히 살피다.
6-40-3 審[심] : 자세히 살피다.

6-41-1 譩諦[예체] : 살피다.
6-41-2 諟[체] : 살피다.

6-42-1 揞[암] : 감추다. 숨기다.
6-42-2 揜[엄] : 숨기다. 감추다.
6-42-3 錯[조] : 숨어살다. 은거하다.
6-42-4 摩[마] : 숨기다. 감추다.
6-42-5 藏[장] : 감추다.

6-43-1 抾摸[겁모] : 가져가다. 몰아내다.
6-43-2 去[거] : 가져가다. 가다.

6-44-1 舒勃[서발] : 펴다. 펼치다. 펼쳐지다.
6-44-2 展[전] : 펼치다.

6-45-1 摳揄[구유] : 과일이나 곡식이 일찍 익음.
6-45-2 旋[선] : 나무나 농작물이 일찍 여물다.

6-46-1 緪[긍] : 마치다. 다하다.
6-46-2 筳[정] : 마치다.
6-46-3 竟[경] : 끝나다. 끝내다.

6-47-1 紾[염] : 잇다.
6-47-2 剿[첩] : 잇다. 잇대다.
6-47-3 續[속] : 잇다. 계속하다.
6-47-4 擱[염] : 잇다. 계속하다.

6-48-1 擘[벽] : 실을 바늘에 꿰다.
6-48-2 紉[인] : 실을 바늘에 꿰다.

6-49-1 閻苫[염고] : 문을 열다.
6-49-2 開[개] : 열다.
6-49-3 闓[개] : 열다. 열리다.

6-50-1 杼[저] : 미장일을 하다. 흙칠하는 일을 하다.
6-50-2 柚[유] : 나무로 만드는 것.
6-50-3 作[작] : 하다.

6-51-1 厲[려] : 짓다. 만들다. 하다.
6-51-2 印[인] : 하다. 일하다.
6-51-3 爲[위] : 하다.

6-52-1 戲[희] : 노하다.
6-52-2 憚[탄] : 꺼리다. 미워하다.
6-52-3 怒[노] : 분노하다. 화내다.

6-53-1 爰[원] : 속이다. 슬퍼하다. 억지로 응답하다.
6-53-2 喛[환] : 슬퍼하여 성내다.
6-53-3 恚[에] : 분노하다. 원망하다.

6-54-1 傁[수] : 늙은이. 노인. 주로 남자를 이름.
6-54-2 艾[애] : 늙다. 연로하다. 노인.
6-54-3 公[공] : 尊長에 대한 경칭.
6-54-4 翁[옹] : 늙은 남자의 자칭. 남자노인.
6-54-5 父[부(보)] : 나이 많은 남자(男子)에 대한 경칭(敬稱).
6-54-6 父老[부로] : 한 동네에서 나이가 많은 남자(男子) 어른.
6-54-7 媓[황] : 어머니.
6-54-8 母姼[모제] : 장모.

6-54-9 父姼[부제] : 장인.

6-55-1 巍[외] : 높다. 높고 크다.
6-55-2 嶢[요] : 높은 모양.
6-55-3 崝[쟁] : 높고 가파르다.
6-55-4 嶮[험(엄)] : 높고 가파른 모양. 지세가 험준하다.
6-55-5 高[고] : 높다.

6-56-1 猒[염] : 편안하다. 안온하다.
6-56-2 塞[색] : 안정되다.
6-56-3 安[안] : 편안하다.

6-57-1 倰[릉] : 가엾이 여기다.
6-57-2 憮[무(모)] : 불쌍해하다. 어여삐 여기다.
6-57-3 憐[련] : 불쌍히 여기다.

6-58-1 掩[엄] : 가리다. 덮다.
6-58-2 翳[예] : 숨기다. 감추다. 가리다. 덮다.
6-58-3 薆[애] : 가리다. 숨기다.

6-59-1 佚惕[질탕] : 초탈하여 구속됨이 없음. 제멋대로 하여 절제가 없음.
6-59-2 婬[음] : 음탕하다. 음란하다.

7-1-1 諄憎[순증] : 서로 미워하다.
7-1-2 疾[질] : 싫어하다. 미워하다. 원망하다. 앙심을 품다. 비난하다. 헐뜯다.
7-1-3 可惡[가오] : 미워하다. 싫어하다.

7-2-1 杜[두] : 팥배나무의 열매가 껄끄럽기 때문에 유래된 말.
7-2-2 蹻[학] : 껄끄럽다. 또는 건조하고 껄끄러운 모양.
7-2-3 𨂂[삽] : 껄끄럽다. 원만하지 않다.

7-3-1 佻[조] : 걸다. 매달다.
7-3-2 抗[항] : 걸다. 매달다. 들다. 떨치다. 드날리다. 올리다. 바치다.
7-3-3 縣[현] : 드러내다. 나타내 보이다. 현시하다. 공개하다.

7-4-1 發[발] : 벗다. 풀다.
7-4-2 稅[탈] : 벗다. 풀다. 석방하다. 풀어놓다.
7-4-3 舍車[사거] : 수레에 매었던 말을 풀어놓다.

7-5-1 肖[초] : 본받다. 모방하다. 모양이 서로 비슷하다. 닮다.
7-5-2 類[류] : 닮다. 본받다.
7-5-3 法[법] : 본받다. 모방하다.
7-5-4 哨[소] : 개를 부르다. 개를 얼러 부추기다.

7-6-1 憎[증] : 두려워하다. 미워하다. 싫어하다.
7-6-2 懹[양] : 두려워하다.
7-6-3 憚[탄] : 두려워하다. 어려워하다. 꺼리다.

7-7-1 譙[초] : 꾸짖다. 견책하다.
7-7-2 讙[환] : 꾸짖다.
7-7-3 讓[양] : 꾸짖다. 나무라다.
7-7-4 譙讓[초양] : 견책하다.

7-8-1 僉[첨] : 다. 모두. 여러.
7-8-2 胥[서] : 모두. 다. 서로.
7-8-3 皆[개] : 모두. 다.

7-9-1 侔莫[모막] : 힘쓰다. 노력하다.
7-9-2 強[강] : 근면하다. 권면하다. 힘쓰게 하다. 부지런하다.

7-10-1 倮㑊[공송] : 가증스럽다. 얄밉다. 욕으로 이르는 말.
7-10-2 罵[매] : 욕하다.

7-11-1 展[전] : 성실하다. 진실하다.
7-11-2 惇[돈] : 돈독하다. 성실하다.
7-11-3 信[신] : 미덥다. 성실하다. 믿음직하다.

7-12-1 斯[사] : 나누다. 쪼개다. 가르다. 갈라지다. 찢다. 떨어지다.
7-12-2 掬[국] : 두 손으로 움켜 뜨다. 집다.
7-12-3 離[리] : 떠나다. 나뉘다. 분리되다. 헤어져 흩어지다.

7-13-1 蝎[할] : 미치다.
7-13-2 噬[서] : 미치다.
7-13-3 逮[체] : 미치다. 이르다. 따라잡다.

7-14-1 皮傅[피부] : 천박한 말로 견강부회하다.
7-14-2 彈憸[탄섬] : 무리하게 하는 말. 터무니없는 주장.
7-14-3 強[강] : 억지 쓰다. 강박하다. 강요하다.

7-15-1 膊[박] : 사지를 찢어서 널어놓다. 참살하다.
7-15-2 曬[쇄] : 햇볕에 쬐어 말리다. 말리다.
7-15-3 晞[희] : 햇볕을 쬐다. 햇볕에 말리다. 마르다. 건조하다.
7-15-4 暴[포] : 햇볕에 쬐다. 드러내다.

7-16-1 熬[오] : 볶다. 볶은 곡물. 뭉근한 불로 오래 삶거나 끓이다.
7-16-2 聚[초] : 볶다.
7-16-3 煎[전] : 달이다. 끓이다. 볶다. 지지다.
7-16-4 煏[픽] : 불에 말리다. 불에 고기를 말리다.
7-16-5 鞏[공] : 불에 말리다.
7-16-6 火乾[화건] : 불로 말리다. 불에 말리다.

7-17-1 胹[이] : 삶다. 푹 익히다.
7-17-2 飪[임] : 익히다.
7-17-3 亨[팽] : 익히다. 삶다.

7-17-4 爛[란] : 불로 익히다. 음식물이나 과실이 너무 익어서 무르다.
7-17-5 糦[치] : 찌다. 익히다.
7-17-6 酋[추] : 푹 익다. 잘 익다.
7-17-7 酷[혹] : 곡식이 여물다.
7-17-8 熟[숙] : 음식물을 익히다. 과일, 곡식 따위가 익다.

7-18-1 嫢盈[규영] : 성내다. 꾸짖다.
7-18-2 怒[노] : 분개하다. 분노하다. 화내다.

7-19-1 蹑䠊[장무] : 무릎을 꿇고 몸을 꼿꼿이 세우다.
7-19-2 隑企[애기] : 다리를 절뚝거리다.
7-19-3 立[립] : 서다. 세우다. 멈추다. 정지하다.

7-20-1 瀧涿[롱탁] : 이슬이 축축이 젖은 모양.
7-20-2 霑漬[점지] : 더럽히다.

7-21-1 希[희] : 물체가 서로 마찰하다.
7-21-2 鑠[삭] : 갈다.
7-21-3 摩[마] : 갈다.
7-21-4 磨鋁[마려] : 갈다.

7-22-1 平均[평균] : 세금을 매기다.
7-22-2 賦[부] : 거두다. 징수하다. 토지세, 賦稅의 총칭.

7-23-1 羅[라] : 진열하다. 열병하다.
7-23-2 離[리] : 벌여놓다. 진열하다.

7-24-1 釗[소] : 멀다.
7-24-2 超[초] : 멀다. 아득하다.
7-24-3 遠[원] : 멀다. 거리가 멀다.

7-25-1 漢漫[한만] : 번민하다.
7-25-2 賑眩[진현] : 번민하다.
7-25-3 懣[만] : 번민하다. 분개하다.
7-25-4 煩懣[번만] : 번민하다.
7-25-5 顛眴[전현] : 엎어지고 자빠져 눈이 흔 침함. 간질.

7-26-1 憐職[련직] : 서로 사랑하다.
7-26-2 愛[애] : 사랑하다. 친애하다.

7-27-1 茹[여] : 먹다. 삼키다. 말이나 소를 먹이다.
7-27-2 食[식] : 먹다. 먹이다.

7-28-1 竘[구] : 다스리다.
7-28-2 貌[모] : 꾸미다. 치장하다.
7-28-3 治[치] : 다스리다. 용모를 꾸미다.

7-29-1 煦[후] : 따듯하다. 따듯하게 하다.
7-29-2 煆[하] : 불기운이 맹렬하다. 마르다. 건조하다.
7-29-3 熱[열] : 덥히다. 열을 가하다.
7-29-4 乾[건] : 말리다. 건조시키다.
7-29-5 煦煆[후하] : 따듯하게 하다.

7-30-1 攍[영] : 메다. 짊어지다.
7-30-2 膂[려] : 지다. 메다.
7-30-3 賀[하] : 메다. 지다.
7-30-4 艜[등] : 멜대를 메다.
7-30-5 儋[담] : 메다. 걸메다.
7-30-6 負他[부타] : 나귀, 말, 낙타로 물건을 실어 나르는 것.

7-31-1 樹植[수식] : 세우다.
7-31-2 立[립] : 세우다.

7-32-1 過度[과도] : 건너다.
7-32-2 涉濟[섭제] : 물을 건넘.

7-33-1 福祿[복록] : 타고난 복과 나라에서 주는 녹봉.
7-33-2 祓戩[폐전] : 타고난 복과 나라에서 주는 녹봉.

7-34-1 傺[제] : 머무르다.
7-34-2 眙[치] : 주시하다. 직시하다.
7-34-3 逗[두] : 멈추다. 머무르다.

8-1-1 虎[호] : 호랑이.
8-1-2 李父[리부] : 범의 다른 이름.
8-1-3 李耳[리이] : 범의 별칭.
8-1-4 於䖘[오토] : 호랑이.
8-1-5 伯都[백도] : 호랑이.

8-2-1 貔[비] : 범과 비슷한 맹수의 이름.
8-2-2 貍[래(리)] : 살쾡이의 별칭.
8-2-3 豾[비] : 맹수 이름.
8-2-4 狸[리] : 살쾡이.

8-3-1 貛[환] : 돼지.
8-3-2 貒[단] : 돼지.

8-4-1 雞[계] : 닭.
8-4-2 鸊鵄[벽치] : 논병아리.
8-4-3 割雞[할계] : 닭(멧닭).
8-4-4 鏦[종] : 닭.
8-4-5 抱[포] : 부화하다.
8-4-6 鷇[구] : 병아리.

8-4-7 涅[녈] : 부화하다.

8-5-1 豬[저] : 돼지.
8-5-2 豭[가] : 수퇘지. 돼지를 두루 이르는 말.
8-5-3 彘[체] : 돼지. 멧돼지.
8-5-4 豕[시] : 돼지.
8-5-5 豨[희] : 돼지.
8-5-6 豚[돈] : 새끼돼지. 돼지를 두루 이르는 말.
8-5-7 豯[해] : 돼지새끼.
8-5-8 豬子[저자] : 돼지.
8-5-9 橧[증] : 돼지우리. 돼지우리에 깔아주는 검불.

8-6-1 布穀[포곡] : 뻐꾸기. 뻐꾹 하며 파종시기에 울기 때문에 붙여진 이름.
8-6-2 結誥[결고] : 뻐꾸기.
8-6-3 擊穀[격곡] : 뻐꾸기.

8-7-1 鶡鴠[한단] : 새 이름.
8-7-2 定甲[정갑] : 산박쥐.
8-7-3 獨舂[독용] : 새 이름. 산박쥐.
8-7-4 城旦[성단] : 새 이름.
8-7-5 倒懸[도현] : 새 이름.
8-7-6 鶡鴠[갈단] : 새 이름.

8-8-1 鳩[구] : 비둘기.
8-8-2 鵖鷎[랑고] : 비둘기.
8-8-3 鸊鷎[벽고] : 비둘기의 일종.
8-8-4 鵴鳩[국구] : 비둘기.
8-8-5 鳻鳩[반구] : 산비둘기.
8-8-6 鷁鳩[역구] : 작은 비둘기의 일종.
8-8-7 鳺鳩[규구] : 비둘기의 일종.
8-8-8 鵓鳩[부구] : 산비둘기. 염주비둘기.

8-8-9 鶻鳩[골구] : 산비둘기.
8-8-10 鷦[초] : 굴뚝새.

8-9-1 鳲鳩[시구] : 뻐꾸기.(8-6에 해당됨)
8-9-2 鶝鴀[복부] : 후투티. 오디새.
8-9-3 戴鵀[대임] : 오디새. 후투티과에 속하는 개똥지빠귀 비슷한 새.
8-9-4 戴南[대남] : 새 이름.
8-9-5 鵉鸅[방택] : 물새 이름.
8-9-6 戴鳻[대반] : 새 이름.
8-9-7 戴勝[대승] : 후투티. 오디새.
8-9-8 鵀[임] : 후투티. 오디새.
8-9-9 服鶝[복복] : 뻐꾸기.
8-9-10 鵩鶝[복복] : 후투티. 오디새.
8-9-11 鶪[역] : 후투티. 오디새.

8-10-1 蝙蝠[편복] : 박쥐.
8-10-2 服翼[복익] : 박쥐의 다른 이름.
8-10-3 飛鼠[비서] : 편복의 다른 이름.
8-10-4 老鼠[로서] : 쥐.
8-10-5 僊鼠[선서] : 쥐.
8-10-6 蟙蠌[직묵] : 편복의 다른 이름.

8-11-1 鴈[안] : 기러기.
8-11-2 鴚鵝[가아] : 큰 기러기.
8-11-3 鵝[아] : 거위.
8-11-4 倉鴚[창가] : 왜가리. 꾀꼬리.

8-12-1 桑飛[상비] : 새 이름. 뱁새. 굴뚝새.
8-12-2 工爵[공작] : 굴뚝새.
8-12-3 過鸁[과라] : 굴뚝새. 과라.
8-12-4 女鴎[녀장] : 굴뚝새.

8-12-5 鸋鴂[녕결] : 올빼미. 영결.
8-12-6 懱爵[멸작] : 굴뚝새.

8-13-1 驪黃[리황] : 꾀꼬리.
8-13-2 倉庚[창경] : 꾀꼬리.
8-13-3 黃鳥[황조] : 꾀꼬리.
8-13-4 楚雀[초작] : 꾀꼬리.

8-14-1 野鳧[야부] : 물오리.
8-14-2 鷿鷉[벽제] : 야생오리. 오리와 비슷하나 작고 잠수를 잘 함.
8-14-3 鶻蹏[활제] : 물오리.

8-15-1 守宮[수궁] : 도마뱀.
8-15-2 蠦蠦[로전] : 도마뱀의 다른 이름.
8-15-3 蜥易[석역] : 도마뱀.
8-15-4 易蜴[역석] : 도마뱀.
8-15-5 蛇醫[사의] : 蠑螈의 다른 이름.
8-15-6 蠑螈[영원] : 도롱뇽목 영원과의 양서 동물.
8-15-7 蟂蟂[시후] : 도마뱀 붙이.
8-15-8 祝蜒[축연] : 守宮의 다른 이름.
8-15-9 蛤解[합해] : 도마뱀의 일종.

8-16-1 鼠[서] : 쥐.
8-16-2 鼬[추] : 쥐.

8-17-1 雞雛[계추] : 병아리.
8-17-2 雈子[추자] : 병아리.

9-1-1 戟[극] : 미늘창.
9-1-2 釨[걸] : 미늘창. 날이 없는 미늘창.

9-1-3 鍼[인] : 날 없는 창. 長槍.
9-1-4 戈[과] : 끝이 뭉뚝한 창. 고대 무기의 하나.
9-1-5 鏝胡[만호] : 날이 없는 창.
9-1-6 鉤釨鏝胡[구걸만호] : 크게 굽은 모양의 날이 없는 창.

9-2-1 匽戟[언극] : 날이 세 갈래로 갈라진 창.
9-2-2 柲[비] : 자루. 병기.
9-2-3 殳[수] : 세 날로 된 창의 자루.

9-3-1 矛[모] : 창. 긴 장대 끝의 휘어진 쌍날의 칼이 달린 병기.
9-3-2 鍦[사] : 짧은 창.
9-3-3 鋋[선(연)] : 쇠자루로 된 작은 창.
9-3-4 鏦[창(총)] : 작은 창.
9-3-5 矜[긍] : 창자루.

9-4-1 箭[전] : 화살.
9-4-2 矢[시] : 화살.
9-4-3 鍭[후] : 화살이름.

9-5-1 鑽[찬] : 창날. 살촉.
9-5-2 鏅[단] : 작은 창.

9-6-1 矜[긍] : 창자루.
9-6-2 杖[장] : 병기. 지팡이. 몽둥이.

9-7-1 劍削[검삭] : 칼집.
9-7-2 室[실] : 칼집.
9-7-3 廓[곽] : 칼집.
9-7-4 削[삭] : 칼집.
9-7-5 鞞[병] : 칼집.

9-8-1 盾[순] : 방패.
9-8-2 瞂[벌] : 방패.
9-8-3 干[간] : 방패.

9-9-1 䡆[필] : 물렛줄.
9-9-2 綦[기] : 수레의 제어장치.

9-10-1 轊[예] : 굴대의 끝.
9-10-2 轆[룡] : 수레 굴대의 양쪽 머리.

9-11-1 枸簍[구루] : 수레의 덮개.
9-11-2 篏[궤] : 대나무나 나무 활처럼 구부려서 씌운 수레 덮개.
9-11-3 篕籠[공룡] : 활 모양으로 된 수레 덮개의 버팀 살.
9-11-4 箹[착(박)] : 수레의 뜸을 묶는 띠.
9-11-5 篹[멱] : 수레의 뜸을 묶는 띠.
9-11-6 棆[반] : 수레의 뜸.
9-11-7 篷[봉] : 배, 수레 등을 덮어서 비, 바람, 볕을 막는 물건
9-11-8 隆屈[륭굴] : 수레 덮개.

9-12-1 輪[륜] : 수레바퀴.
9-12-2 軑[대] : 수레바퀴.
9-12-3 軧[기] : 바퀴.
9-12-4 輚[종] : 수레바퀴.

9-13-1 軺[윤] : 수레 앞턱의 가로대. 수레의 굴대.
9-13-2 軸[축] : 굴대.

9-14-1 轅[원] : 수레의 끌채(큰 수레의 끌채).
9-14-2 輈[주] : 끌채(전쟁이나 사냥, 장례 등에 쓰이는 작은 수레의 끌채).

9-15-1 箱[상] : 수레의 짐을 싣는 곳.

9-15-2 輫[배] : 수레에서 사람이나 짐을 싣는 곳.

9-16-1 軫[진] : 수레 뒤턱의 가로장.
9-16-2 枕[침] : 수레의 적재함 바닥 앞뒤에 가로 지른 나무.

9-17-1 紂[주] : 차의 껑거리 끈. 밀치끈.
9-17-2 緧[추] : 껑거리끈. 밀치끈.
9-17-3 曲綯[곡도] : 껑거리끈.
9-17-4 曲綸[곡륜] : 껑거리끈.

9-18-1 輨[관] : 바퀴통 끝의 휘갑쇠.
9-18-2 軑[대] : 수레바퀴.
9-18-3 錬鏅[간대] : 수레바퀴 끝의 휘갑쇠. 줏대.

9-19-1 鍋[과] : 수레바퀴의 굴대 구멍에 두른 쇠테.
9-19-2 錕[곤] : 굴대를 꿰는 수레 바퀴통의 쇠테.
9-19-3 釭[강] : 바퀴통 안쪽에 대는 쇠로 만든 원통.

9-20-1 四鐮[사겸(렴)] : 화살촉의 모서리. 모서리가 사각인 화살촉.
9-20-2 鉤腸[구장] : 화살촉 목 부분이 싸여있는 것 가운데 모서리가 정방형의 사각인 것.
9-20-3 羊頭[양두] : 세모꼴의 화살촉.
9-20-4 錍[비] : 화살촉의 하나.
9-20-5 鈀[파] : 화살촉의 하나.
9-20-6 鉀鑪[갑로] : 화살촉 이름.
9-20-7 飛寅[비맹] : 화살이름.
9-20-8 平題[평제] : 화살촉 이름. 날카롭지 않고 밋밋하다.

9-21-1 箙[복] : 전통(箭筒).
9-21-2 弓[궁] : 활.
9-21-3 鞬[건] : 동개.

9-21-4 嬻丸[독환] : 활집. 전통.

9-22-1 鶴膝[학슬] : 병기이름. 창의 일종.
9-22-2 鉤釨[구걸] : 창.
9-22-3 矛[모] : 창.
9-22-4 釨[걸] : 창.
9-22-5 錟[담] : 긴 창.
9-22-6 鈹[피] : 창.
9-22-7 骹[교] : 창의 슴베, 창의 자루 속에 박히는 뾰족하고 긴 부분.
9-22-8 鍪[홍(공)] : 창의 슴베, 창의 자루 속에 들어박히는 뾰족하고 긴 부분.
9-22-9 鐏[준] : 창고달. 물미.
9-22-10 釬[한] : 창의 고달.

9-23-1 船[선] : 배. 선박.
9-23-2 舟[주] : 배.
9-23-3 航[항] : 배.
9-23-4 舸[가] : 큰 배.
9-23-5 艖[차] : 작은 배.
9-23-6 艒艏[목숙] : 작은 배. 거룻배. 배 이름.
9-23-7 艇[정] : 가볍고 편리한 작은 배.
9-23-8 艜[대] : 몸체가 길고 바닥이 얕은 작은 배.
9-23-9 艀[보(부)] : 몸체가 짧고 바닥이 깊은 작은 배.
9-23-10 榘[공] : 작은 배. 쪽배.
9-23-11 欚[례] : 배.

9-24-1 泭[부] : 떼. 뗏목. 뒤에 桴로 씀.
9-24-2 簰[패] : 뗏목.
9-24-3 筏[벌] : 떼. 뗏목.
9-24-4 薦[천] : 漢代에 江, 淮 지역에서 뗏목 위에 거주하는 것을 이르던 말.

9-25-1 方舟[방주] : 두 배를 나란히 함. 뗏목과 배.

9-25-2 潢[횡] : 나룻배. 뗏목.
9-25-3 艁舟[조주] : 배를 한 줄로 나란히 늘어놓아 만든 다리.
9-25-4 浮梁[부량] : 뗏목을 잇대어 놓은 위에 널빤지를 건너질러 놓은 다리.

9-26-1 楫[즙] : 노의 한 종류. 짧은 노.
9-26-2 橈[요] : 배를 젓는 노, 또는 노를 젓다.
9-26-3 櫂[도] : 노, 배를 젓는 기구.
9-26-4 䉶[장] : 노를 고정시키는 작은 말뚝.
9-26-5 緝[집] : 노 끝에 매단 줄.
9-26-6 橰[고] : 상앗대.
9-26-7 維[유] : 밧줄. 매다. 묶다.
9-26-8 鼎[정] : 배를 매는 밧줄.
9-26-9 首[수] : 머리.
9-26-10 閤閭[합려] : 뱃머리. 이물.
9-26-11 艗艏[익수] : 뱃머리. 이물.
9-26-12 舳[축] : 고물. 선미. 배의 키.
9-26-13 僞[와] : 배가 흔들리는 모양.
9-26-14 扤[올] : 배가 흔들리는 모양.

10-1-1 媱[요] : 놀다. 장난하다.
10-1-2 愓[양] : 놀이. 오락.
10-1-3 遊[유] : 놀다. 놀며 즐기다.
10-1-4 嬉[희] : 놀다. 놀이하다. 즐기다.

10-2-1 曾[증] : 무엇. 어떻게. 무슨. 의문을 나타냄.
10-2-2 訾[자] : 무엇. 어떤
10-2-3 何[하] : 무엇. 무슨. 어느. 왜. 어떻게. 어디. 의문대명사.
10-2-4 何爲[하위] : 무엇.

10-3-1 央亡[앙망] : 무리함. 교활함.

10-3-2 嚜杘[묵치] : 교활하고 무례함.
10-3-3 婠[활] : 교활하다. 속이다.
10-3-4 獪[회(괴)] : 교활하다. 간교하다.
10-3-5 無賴[무뢰] : 성품이 막되어 함부로 행동함.
10-3-6 獿[교] : 교활하다.
10-3-7 娗[전] : 속이다. 기만하다.
10-3-8 猾[활] : 교활하다. 간사하다. 간교한 사람.

10-4-1 崽[재] : 아들. 자식.
10-4-2 子[재] : 아들. 자식.

10-5-1 誺[치] : 알지 못하다.
10-5-2 不知[부지] : 알지 못하다.
10-5-3 吂[망] : 마음에 내키지 않는 대답소리.
10-5-4 秕[비] : 쭉정이. 나쁘다. 무너뜨리다.

10-6-1 煤[회(관)] : 불.
10-6-2 火[화] : 불.
10-6-3 焜[훼] : 불.

10-7-1 嘳[귀(괴)] : 가엾다. 불쌍하다.
10-7-2 無寫[무사] : 탈이나 병이 없느냐고 안부를 묻는 말.
10-7-3 憐[련] : 불쌍히 여기다. 동정하다.
10-7-4 思[새] : 모두 서로 만나서 너무 기뻐 다 잊어버리는 것.
10-7-5 人兮[인혜] : '이 사람아!'라는 뜻으로 상대를 가엾게 여길 때 쓰는 말.

10-8-1 婩[안] : 여자의 용모가 단정하고 아름답다.
10-8-2 嫧[책] : 아름답고 좋다.
10-8-3 鮮[선] : 좋다. 아름답다.
10-8-4 好[호] : 여자의 용모가 아름답다.

10-9-1 嘲哰[란로] : 알아들을 수 없는 말.
10-9-2 謰謱[런루] : 수다스럽고 두서없이 떠듦을 형용하는 말.
10-9-3 拏[나] : 말이 중복되어 조리가 없다.
10-9-4 支註[지주] : 말이 수다스럽고 요점이 없음. 말이 많고 흐리멍덩함.
10-9-5 詀謕[잠제] : 말이 많고 수다스럽다.
10-9-6 惹[약(야)] : 헐뜯다. 비방하다.
10-9-7 淹[엄] : 헐뜯다.

10-10-1 㱯[의] : 탐욕스럽다. 인색하다.
10-10-2 嗇[색] : 탐하다. 탐내다.
10-10-3 貪[탐] : 탐하다.
10-10-4 悋[린] : 인색하다.
10-10-5 恨[한] : 한하다. 원망하다. 유감스럽다. 어기다. 거역하다.

10-11-1 遙[요] : 음란하다. 향락에 빠지다.
10-11-2 窕[요] : 요염하다.
10-11-3 淫[음] : 여색을 탐하다. 음탕하다.

10-12-1 潛[잠] : 헤엄쳐 물을 건너다. 물이 땅 속으로 흐르다.
10-12-2 涵[함] : 물기가 많다. 잠기다.
10-12-3 沉[침] : 물에 가라앉다. 물속에 던져 넣다.
10-12-4 遊[유] : 헤엄치다. 유영하다.

10-13-1 家[적] : 적막하고 고요하다.
10-13-2 安[안] : 평온하다.
10-13-3 靜[정] : 평온하다. 안정되다.

10-14-1 拌[반] : 버리다. 내던지다.
10-14-2 棄[기] : 버리다. 포기하다.
10-14-3 敲[고] : 내던지다. 팽개치다.
10-14-4 投[투] : 버려두다. 던지다.

10-15-1 諑[착] : 하소연하다.
10-15-2 愬[소] : 하소연하다. 고발하다.

10-16-1 戲[희] : 발설하다.
10-16-2 泄[설] : 쉬다. 그치다. 발설하다.
10-16-3 歇[헐] : 발설하다.
10-16-4 奄[엄] : 그치다. 쉬다.
10-16-5 息[식] : 멈추다. 정지하다.

10-17-1 攓[건] : 뽑아가지다.
10-17-2 取[취] : 취하다. 손에 쥐다. 받아가지다.

10-18-1 昲[비] : 햇볕에 쪼이다. 햇볕에 말리다.
10-18-2 曬[쇄] : 볕을 쬐다. 햇볕에 쬐어 말리다.
10-18-3 乾物[건물] : 마른 식품. 물건을 말림.

10-19-1 蘖[비] : 갑자기.
10-19-2 猝[졸] : 갑자기. 돌연.
10-19-3 突[돌] : 갑자기. 돌연.

10-20-1 跡跡[적적] : 불안하다.
10-20-2 屑屑[설설] : 부지런히 바쁘게 애쓰는 모양.
10-20-3 不安[불안] : 불안하다.
10-20-4 塞塞[색색] : 이리저리 움직이는 모양.
10-20-5 省省[성성] : 불안한 모양.

10-21-1 潚沭[혁술] : 놀라서 허둥대는 모양.
10-21-2 征伀[정종] : 놀라서 두려워하는 모양. 급히 가는 모양.
10-21-3 遑遽[황거] : 두렵고 불안함.

10-22-1 翥[저] : 높이 날다. 날아오르다.

10-22-2 擧[거] : 들다.

10-23-1 忸怩[뉴(뉵)니] : 부끄러움. 위축되어 나아가지 못하거나 움츠리고 기를 펴지 못하는 모양.
10-23-2 慚歰[참삽] : 부끄럽다. 부끄러워하다.
10-23-3 䀊咨[축자] : 부끄러워하는 모양.

10-24-1 垤[질] : 개밋둑. 蟻封. 작은 구릉. 불룩하게 튀어나오다.
10-24-2 封[봉] : 개밋둑. 蟻封.
10-24-3 場[장] : 부풀은 흙.

10-25-1 讁[적(석)] : 견책하다. 꾸짖다. 결점. 과실.
10-25-2 過[과] : 과실. 실수. 꾸짖다. 나무라다.
10-25-3 䘑[맥] : 脈과 같음.
10-25-4 譓[혜] : 비난하다.

10-26-1 膊[박] : 형.
10-26-2 兄[형] : 형.

10-27-1 謇[건] : 더듬거리다.
10-27-2 極[극] : 말을 더듬거리다.
10-27-3 吃[흘] : 말을 더듬거리다.
10-27-4 軋[알] : 말을 더듬다.
10-27-5 歰[삽] : 말이나 글이 껄끄럽다. 유창하지 못하다.

10-28-1 訾[자] : 모자라다.
10-28-2 矲[패] : 짧다.
10-28-3 短[단] : 짧다.
10-28-4 㷉[제] : 짧다. 또는 약하다.
10-28-5 瘠[제] : 왜소하다.
10-28-6 短矲[단패] : 짧고 작음. 왜소함. 短罷.

10-28-7 疛[부] : 짧다.

10-29-1 鉗[겸] : 나쁘다.
10-29-2 痥[반] : 몹시 미워하다. 심하게 욕하다.
10-29-3 憋[별] : 흉악하다.
10-29-4 惡[악] : 나쁘다.

10-30-1 癡[치] : 어리석다. 미련하다.
10-30-2 騃[애] : 어리석다. 멍청하다.
10-30-3 眲[약] : 얕보다.
10-30-4 斫[작] : 어리석다. 우직한 모양.

10-31-1 惃[곤] : 어지럽다. 혼미하다.
10-31-2 愂[발] : 혼란하다.
10-31-3 頓愍[돈민] : 몹시 피로하여 정신이 흔미한 모양.
10-31-4 惛[혼] : 정신이 멍하다. 흐리멍덩하다.
10-31-5 氐惆[저추] : 혼란하고 불안한 모양. 마음이 답답하고 괴로워 개운하지 않음.
10-31-6 眠眩[면현] : 약의 중독. 머리가 어지럽거나 정신이 몽롱한 상태.

10-32-1 悅[열] : 되살아나다. 소생하다.
10-32-2 舒[서] : 숨을 돌리다.
10-32-3 蘇[소] : 숨을 돌리다. 회복하다.

10-33-1 眠娗[면전] : 조롱하고 속이는 말.
10-33-2 脈蜴[맥석] : 속이다. 또는 얕보고 속이는 말.
10-33-3 賜施[사시] : 기만하다.
10-33-4 茭媞[교제] : 업신여기는 말.
10-33-5 譠謾[탄만] : 속이다.
10-33-6 慴忚[려혜] : 속이다. 기만하다.
10-33-7 欺謾[기만] : 기만하다.

10-34-1 㒹[전] : 이마.
10-34-2 頟[액] : 이마.
10-34-3 顔[안] : 이마.
10-34-4 顙[상] : 이마.

10-35-1 頷[함] : 턱.
10-35-2 頤[이] : 턱. 아래턱.
10-35-3 頜[합] : 턱. 뺨. 볼.

10-36-1 紛怡[분이] : 기쁘다.
10-36-2 喜[희] : 기쁘다. 즐겁다.
10-36-3 巳[이] :

10-37-1 潶[감] : 혹. 혹은. 혹시.
10-37-2 或[혹] : 혹. 혹은.

10-38-1 愮[요] : 치료하다.
10-38-2 療[료] : 치료하다.
10-38-3 治[치] : 치료하다.

10-39-1 芔[훼] : 풀의 총칭.
10-39-2 莽[무(망)] : 풀. 잡초.
10-39-3 草[초] : 풀.

10-40-1 㤕鰓[극새] : 노쇠하다.
10-40-2 乾都[건도] : 노인의 마른 피부색을 형용하는 말.
10-40-3 耇[구] : 늙다. 장수하다. 늙은 사람.
10-40-4 革[혁] :
10-40-5 老[로] : 늙은이.

10-41-1 柲[비] : 손으로 물건을 치다.

10-41-2 扰[담(심)] : 밀치다.
10-41-3 推[추] : 밀다. 밀고 나아가다.
10-41-4 揔[공] : 總과 같다.
10-41-5 攩[황] : 때리다. 치다.

10-42-1 食閻[식염] : 권유함. 종용함.
10-42-2 慫慂[종용] : 옆에서 선동하여 부추김. 권함.
10-42-3 勸[권] : 힘쓰도록 권하다. 권장하다.

10-43-1 欸[애] : 응답하는 소리. 승낙하는 소리.
10-43-2 譽[예] : 응답하는 소리.
10-43-3 然[연] : 허락하다. 그러하다. 승낙하다.

10-44-1 緤[설] : 실마리. 단서.
10-44-2 末[말] : 사물의 끝.
10-44-3 紀[기] : 실마리. 실의 첫머리.
10-44-4 緒[서] : 실마리. 실의 첫머리.
10-44-5 端[단] : 실마리. 두서.

10-45-1 䁓[종] : 엿보다.
10-45-2 貄[려] : 훔쳐보다.
10-45-3 闚[규] : 좁은 틈이나 구멍으로 엿보다 훔쳐보다.
10-45-4 貼[점] : 보다. 또는 엿보다.
10-45-5 占[점] : 보다. 엿보다. 살피다.
10-45-6 伺[사] : 엿보다. 살피다. 노리다.
10-45-7 視[시] : 보다. 살피다.
10-45-8 覗[사] : 훔쳐보다.

10-46-1 䆅[옹] : 많다. 크고 많다.
10-46-2 穠[농] : 많다. 말이 지나치거나 망령되게 시행하다.
10-46-3 晠[성] : 성대하다. 밝다.

10-46-4 多[다] : 많다.

10-47-1 抯[저] : 건져내다.
10-47-2 攎[사] : 취하다. 움켜잡다.
10-47-3 取[취] : 취하다.

10-48-1 伿[범] : 경박하다. 가볍다.
10-48-2 僄[표] : 가볍다. 경박하다.
10-48-3 輕[경] : 가볍다.

11-1-1 蛥蚗[설결] : 매미의 일종.
11-1-2 蟧蠪[혜록] : 매미의 일종. 蟪蛄.
11-1-3 蟪蛄[혜고] : 씽씽매미.
11-1-4 蛉蛄[령고] : 여치의 다른 이름.
11-1-5 虭蟧[조료] : 매미의 일종.
11-1-6 蝭蟧[제료] : 매미의 일종. 일설에는 씽씽매미라고 함.
11-1-7 蜓蚞[정목] : 말매미의 별칭.

11-2-1 蟬[선] : 매미.
11-2-2 蜩[조] : 매미.
11-2-3 螗蜩[당조] : 몸집이 작은 매미의 한 종류.
11-2-4 蜋蜩[랑조] : 매미의 일종.
11-2-5 蚑[기] : 매미.
11-2-6 蟧[료] : 매미.
11-2-7 蝒馬[면마] : 매미의 다른 이름.
11-2-8 麦蚻[맥찰] : 작은 매미.
11-2-9 蜻蜻[정정] : 작은 매미의 일종.
11-2-10 𧉮[질] : 무늬가 있는 암매미.
11-2-11 蝬[잔] : 매미이름.
11-2-12 蜺[예] : 가을매미. 또는 쓰르라미.

11-3-1 蜩蟧[조료] : 매미의 일종.
11-3-2 蝥蜩[모조] : 매미의 일종.

11-4-1 蜓[응] : 쓰르라미.
11-4-2 寒蜩[한조] : 벙어리매미.
11-4-3 瘖蜩[음조] : 찬 이슬이 내릴 때가 되어 우는 매미.

11-5-1 蛄詣[고예] : 땅강아지.
11-5-2 杜蛒[두객] : 땅강아지의 다른 이름.
11-5-3 螻蛭[루질] : 땅강아지.
11-5-4 螻蛄[루고] : 땅강아지.
11-5-5 蟓蛉[상령] : 미상.
11-5-6 杜狗[두구] : 땅강아지의 다른 이름.
11-5-7 蛞螻[괄루] : 땅강아지의 다른 이름.

11-6-1 蜻蛚[청렬] : 귀뚜라미.
11-6-2 蟋蟀[실솔] : 귀뚜라미.
11-6-3 蛬[공] : 귀뚜라미.
11-6-4 蚟孫[왕손] : 귀뚜라미.

11-7-1 螳螂[당랑] : 사마귀. 버마재비.
11-7-2 髦[모] : 사마귀.
11-7-3 虰[정] : 밀잠자리.
11-7-4 蛘蛘[양양] : 사마귀의 다른 이름.

11-8-1 姑螿[고시] : 벌레이름.
11-8-2 強蛘[강양] : 쌀이나 보리 따위에 사는 작고 검은 벌레.

11-9-1 蟒[맹] : 메뚜기.
11-9-2 蟘[대] : 벼메뚜기.
11-9-3 蟅蟒[자맹] : 메뚜기의 일종. 벼메뚜기.

11-9-4 蝆[맹] : 메뚜기.
11-9-5 螣[등] : 풀무치. 메뚜깃과의 곤충.

11-10-1 蜻蛉[청령] : 잠자리. 일설에는 물잠자리.
11-10-2 蝍蛉[즉령] : 잠자리.

11-11-1 舂黍[용서] : 메뚜기과의 곤충.
11-11-2 蜙蝑[종서] : 등에. 나나니벌.

11-12-1 蟦蠀[즉축] : 자벌레.
11-12-2 蚇蠖[척확] : 자벌레.

11-13-1 蠭[봉] : 벌.
11-13-2 蠓螉[몽옹] : 벌.
11-13-3 蠮螉[열옹] : 나나니벌.
11-13-4 蚴蜺[유열] : 나나니벌.
11-13-5 壺蠭[호봉] : 말벌.

11-14-1 蠅[승] : 파리.
11-14-2 羊[양] : 파리.

11-15-1 蚍蜉[비부] : 왕개미.
11-15-2 蚼蟓[구양] : 개미의 다른 이름.
11-15-3 玄蚼[현구] : 왕개미.
11-15-4 蛾蛘[의양] : 개미.
11-15-5 坻[지] : 개밋둑.
11-15-6 垤[질] : 개밋둑.

11-16-1 蠀螬[자조] : 풍뎅이의 애벌레.
11-16-2 蟦[비] : 굼벵이.
11-16-3 蝤蠀[유재] : 나무 굼벵이.

11-16-4 蜷蠋[권촉] : 풍뎅이의 애벌레.
11-16-5 蠸螢[훤곡] : 풍뎅이의 애벌레.
11-16-6 蛒[격] : 풍뎅이의 애벌레.
11-16-7 蝎[갈] : 전갈. 갈호.
11-16-8 蛭蛒[질격] : 그리마.
11-16-9 蠹[두] : 나무좀. 좀.
11-16-10 天螻[천루] :

11-17-1 蚰蜒[유연] : 그리마.
11-17-2 螾螲[인연] : 그리마. 유연.
11-17-3 入耳[입이] : 그리마.
11-17-4 蛖蠝[장려] : 갈거미. 장수갈거미.
11-17-5 蚨虷[부우] : 그리마의 다른 이름.
11-17-6 蚍蜫[뉵니] : 그리마의 다른 이름.

11-18-1 鼅鼄[지주] : 거미.
11-18-2 鼄蝥[주모] : 거미.
11-18-3 蠾蝓[촉유] : 거미의 별칭.
11-18-4 蝳蜍[독여] : 거미.

11-19-1 蜉蝣[부류] : 하루살이.
11-19-2 蟝蟨[거략] : 하루살이.

11-20-1 馬蚿[마현] : 노래기.
11-20-2 蛆蟝[저거] : 노래기.
11-20-3 馬蚰[마축] : 노래기.

12-1-1 爰[원] : 슬퍼하다. 끝없이 슬퍼하다.
12-1-2 喛[환] : 슬퍼하다.
12-1-3 哀[애] : 슬프다. 비통하다.

12-2-1 儒輸[유수] : 오활하고 어리석음.
12-2-2 愚[우] : 어리석다.

12-3-1 儇[현] : 지혜롭다.
12-3-2 諒[량] : 지혜롭다.
12-3-3 知[지] : 알다.

12-4-1 拊[부] : 빠르다.
12-4-2 撫[무] : 빠르다.
12-4-3 疾[질] : 빠르다. 급하다.

12-5-1 菲[비] : 섭섭하다. 실망하다.
12-5-2 惄[녁] : 뜻대로 되지 않다.
12-5-3 悵[창] : 실의하여 한탄하다.

12-6-1 鬱熙[울이] : 융성하다. 성대하다. 성한 기운.
12-6-2 長[장] : 왕성하다. 홍성하다.

12-7-1 娋[초] : 큰누이. 큰언니.
12-7-2 孟[맹] : 맏이. 형제자매 중의 맏이.
12-7-3 姊[자] : 손위 누님. 언니.

12-8-1 築娌[축리] : 형제의 아내끼리 서로 부르는 칭호. 동서.
12-8-2 匹[필] : 짝. 배우자. 배필.

12-9-1 娌[리] : 짝. 둘. 쌍. 동서.
12-9-2 耦[우] : 짝. 배우자.

12-10-1 贏[영] : 연습하다.
12-10-2 裔[예] : 연습하다.
12-10-3 習[습] : 배우다. 연습하다.

12-11-1 躔[전] : 따르다. 발자국. 발자취.
12-11-2 逡[준] : 물러서다. 뒷걸음질하다.
12-11-3 循[순] : 따르다. 준수하다.

12-12-1 躔歷[전력] : 일월성신이 黃道 상에서 운행하다. 또는 그 운행의 궤적.
12-12-2 行[행] : 운행하다. 다니다.

12-13-1 逭[환] : 돌아다니다.
12-13-2 遹[육] : 다니다.
12-13-3 轉[전] : 전전하다. 옮기다.
12-13-4 逭[환] : 걷다. 다니다.
12-13-5 遹[육] : 다니다.
12-13-6 步[보] : 걷다. 다니다.

12-14-1 烽[봉] : 봉화.
12-14-2 虞[우] : 바라다. 기대하다.
12-14-3 望[망] : 바라보다. 기다리다.

12-15-1 揄[유] : 줄다.
12-15-2 墯[타] : 길쭉하다. 초목 따위가 마르다. 민둥민둥하다.
12-15-3 脫[탈] : 떨어지다. 빠지다.

12-16-1 解[해] : 벗다. 풀다. 통달하다.
12-16-2 輸[수] : 다 내놓다. 바치다. 진력하다.
12-16-3 挩[탈] : 벗어나다. 벗다. 해탈하다.

12-17-1 賦[부] : 잡다. 쥐다.
12-17-2 與[여] : 주다. 쓰다. 만들다.
12-17-3 操[조] : 잡다. 쥐다.

12-18-1 盝[록] : 물이 마르다. 목이 마르다.

12-18-2 歇[헐] : 다하다. 없어지다. 초목이 시들다.

12-18-3 涸[학] : 다하다. 물이 마르다.

12-19-1 瀲[폐] : 물이 맑다.

12-19-2 澂[징] : 물이 잔잔하고 맑다.

12-19-3 清[청] : 물이 맑다.

12-20-1 逯[록] : 다니다. 마음 내키는 대로 다니다.

12-20-2 遡[소] : 물을 거슬러 올라가다. 향하다.

12-20-3 行[행] : 다니다.

12-21-1 墾[간] : 맡다.

12-21-2 牧[목] : 통치하다. 일을 주관하는 관리.

12-21-3 司[사] : 맡다. 주관하다.

12-21-4 墾[간] : 관리하다. 경작하다.

12-21-5 力[력] : 힘쓰다.

12-21-6 牧[목] : 가축을 기르다. 가축을 방목하다.

12-21-7 飤[사] : 飼와 같다. 먹이다.

12-21-8 監[감] : 잘 살피다. 비추어 보다. 관찰하다.

12-21-9 牧[목] : 살피다. 시찰하다.

12-21-10 察[찰] : 자세히 살펴보다.

12-22-1 雈[환] : 처음. 비로소.

12-22-2 始[시] : 처음.

12-22-3 雈[환] : 되다. 변화하다.

12-22-4 化[화] : 바뀌다. 변화하다.

12-23-1 鋪[포] : 멈추다.

12-23-2 脾[비] : 그치다.

12-23-3 止[지] : 그치다.

12-24-1 攘[양] : 멈추다. 그치다.

12-24-2 掩[엄] : 그치다. 멈추다.

12-24-3 止[지] : 그치다.

12-25-1 幕[막] : 덮다. 가리다. 뒤덮다.

12-25-2 覆[부] : 가리다. 덮어 감추다. 보호하다.

12-26-1 侗[통] : 모양. 형상.

12-26-2 胴[동] : 형상. 곧은 모양.

12-26-3 狀[상] : 모양. 형태.

12-27-1 尐[절] : 작다.

12-27-2 杪[초] : 작다. 사소하다.

12-27-3 小[소] : 작다.

12-28-1 屑[설] : 부지런히 애쓰는 모양.

12-28-2 往[왕] : 수고하다. 노력하다.

12-28-3 勞[로] : 힘쓰다. 노력하다.

12-28-4 屑[설] : 교활하다.

12-28-5 惟[왕] : 교활하다.

12-28-6 獪[회] : 교활하다. 간교하다.

12-29-1 效[효] : 밝다. 명백하다.

12-29-2 烓[계] : 밝다. 빛나다.

12-29-3 明[명] : 밝다.

12-30-1 潹[주] : 위엄.

12-30-2 將[장] : 위엄과 무력. 또는 위풍당당하다.

12-30-3 威[위] : 위엄. 존엄하다. 무력.

12-31-1 嫢[규] : 매우 교활하다.

12-31-2 娗[정] : 속이다. 기만하다.
12-31-3 㛹[변] : 속이다.

12-32-1 儇[현] : 간사하다. 교활하다.
12-32-2 虔[건] : 간교하다.
12-32-3 謾[만] : 속이다.

12-33-1 佻[조] : 날쌔다. 재빠르다.
12-33-2 疾[질] : 민첩하다. 날렵하다. 빠르다.

12-34-1 鞅[앙] : 승복하지 아니하다.
12-34-2 侼[발] : 굳세다. 패려궂다.
12-34-3 強[강] : 강하다.
12-34-4 鞅[앙] : 불만스러워하다.
12-34-5 侼[발] : 원망하다. 원한을 품다.
12-34-6 懟[대] : 원망하다.

12-35-1 追[추] : 뒤따르다. 추격하다.
12-35-2 末[말] : 따르다.
12-35-3 隨[수] : 추종하다. 따르다.

12-36-1 僉[첨] : 지나치다. 과다하다.
12-36-2 怚[저] : 심하다.
12-36-3 劇[극] : 심하다. 대단하다.
12-36-4 僉[첨] : 많다.
12-36-5 夥[화] : 많다.

12-37-1 夸[과] : 행위가 법도에 지나치다. 벗어나다.
12-37-2 烝[증] : 손윗사람과 간통하다. 어머니뻘 되는 여자와 간통함.
12-37-3 婬[음] : 음탕하다. 음란하다.

12-38-1 䚥[비] : 불만을 품다. 불만스러워하다.
12-38-2 頻[빈] : 번민하다.
12-38-3 懣[만] : 번민하다. 분개하다.

12-39-1 熒[경] : 물이 맑고 흐름이 빠르다.
12-39-2 激[격] : 물결이 솟구치다. 몹시 빠르다.
12-39-3 清[청] : 물이 맑다.

12-40-1 紓[서] : 느슨하다. 늦추다. 완만하다.
12-40-2 退[퇴] : 줄어들다. 감퇴하다. 멈추다.
12-40-3 緩[완] : 느슨하다. 느리다.

12-41-1 清[청] : 급하다.
12-41-2 躡[섭] : 급하다.
12-41-3 急[급] : 몹시 빠르다. 위급하다.

12-42-1 抒[서] : 느슨하게 풀다.
12-42-2 瘛[혜] : 풀다. 풀어지다.
12-42-3 解[해] : 풀다. 벗다.
12-42-4 蒧[천] : 마치다. 해결하다.
12-42-5 逞[령(정)] : 풀다. 누그러트리다.
12-42-6 解[해] : 해결하다.

12-43-1 抵[저] : 저촉하다.
12-43-2 柲[비] : 찌르다.
12-43-3 刺[자(척)] : 찌르다.

12-44-1 倩[천] : 빌다. 빌리다.
12-44-2 荼[도] : 빌리다.
12-44-3 借[차] : 빌다. 빌리다. 꾸다.

12-45-1 蹷朴[벽박] : 빠르다.
12-45-2 猝[졸] : 황급하다. 급작스럽다.

12-46-1 麋[미] : 눈썹.
12-46-2 棃[리] : 나이가 많다. 연로하다.
12-46-3 老[로] : 늙다. 나이가 많다.

12-47-1 萃[취] : 기다리다. 그치다. 멈추다.
12-47-2 離[리] : 기다리다.
12-47-3 待[대] : 기다리다.

12-48-1 漢[한] : 분노하다.
12-48-2 赫[혁] : 노하다.
12-48-3 怒[노] : 분노하다. 화내다.
12-48-4 赫[혁] : 내다. 발하다.
12-48-5 發[발] : 짜증을 내다. 화를 내다.

12-49-1 譕[화] : 응답하는 소리.
12-49-2 吁[우] : 응답하는 소리.
12-49-3 然[연] : 그러하다. 인정하다.

12-50-1 猜[시(채)] : 혐오하다. 시기하다. 원망하다.
12-50-2 忦[개] : 원망하다.
12-50-3 恨[한] : 한하다. 원망하다.

12-51-1 艮[간] : 단단하다. 견고하다.
12-51-2 磑[애] : 맷돌. 갈다.
12-51-3 堅[견] : 견고하다.

12-52-1 烎[임] : 빛나다.
12-52-2 眼[안] : 눈. 보다.

12-52-3 明[명] : 밝다.

12-53-1 怤愉[부유] : 기뻐하다. 즐겁다. 기쁘다.
12-53-2 悅[열] : 기쁘다. 즐겁다.

12-54-1 郇[즉] : 나아가다. 다가가다. 접근하다. 반. 절반.
12-54-2 圍[위] : 나아가다.
12-54-3 就[취] : 나아가다. 향하다. 가다. 다가가다.
12-54-4 即[즉] : 반. 절반.
12-54-5 半[반] : 반. 절반.

12-55-1 惙[철] : 근심하다. 걱정하다.
12-55-2 怞[출(줄)] : 근심하다. 걱정하다.
12-55-3 中[중] : 근심하다.

12-56-1 幬[주] : 덮다.
12-56-2 蒙[몽] : 덮다. 가리다.
12-56-3 覆[부] : 가리다. 덮다. 감추다.
12-56-4 戴[대] : 위에 얹다. 씌우다.

12-57-1 堪[감] : 맡아할 수 있다. 견디어내다.
12-57-2 輂[국] : 싣다.
12-57-3 載[재] : 실어 나르다. 타다.

12-58-1 搖[요] : 올라가다. 휘날리다.
12-58-2 祖[조] : 빙빙 돌며 올라가다.
12-58-3 上[상] : 올라가다.
12-58-4 轉[전] : 돌다. 회전하다. 전달하다.

12-59-1 括[괄] : 막히다. 묶다. 구속하다.
12-59-2 關[관] : 닫다. 잠그다.

12-59-3 閉[폐] : 덮다. 막다. 닫다.

12-60-1 衝[충] : 움직이다.
12-60-2 俶[숙] : 움직이다.
12-60-3 動[동] : 움직이다.

12-61-1 羞[수] : 익힌 음식물.
12-61-2 厲[려] : 익히다. 위험하다. 위태하다.
12-61-3 熟[숙] : 음식을 익히다.
12-61-4 今(矜)[긍] : 위험하다. 위태롭다.

12-62-1 備[비] : 다. 모두.
12-62-2 該[해] : 전부. 모두. 다.
12-62-3 鹹(咸)[함] : 다. 모두. 전부.

12-63-1 噬[서] : 씹다. 먹다.
12-63-2 食[식] : 먹다.
12-63-3 噬[서] : 근심하다. 걱정하다.
12-63-4 憂[우] : 근심하다. 걱정하다.

12-64-1 愱[구] : 가슴이 두근거리다. 두려워하다.
12-64-2 悸[계] : 가슴이 두근거리다.

12-65-1 虜[로] : 약탈하다. 강탈하다.
12-65-2 鈔[초] : 갈취하다. 강탈하다.
12-65-3 強[강] : 거칠고 사납다.
12-65-4 鹵[로] : 약탈하다. 포로로 잡다. 사로잡다.
12-65-5 奪[탈] : 빼앗다. 박탈하다.

12-66-1 鑈[녑] : 바르다.
12-66-2 正[정] : 바르다.

12-67-1 蒔[시] : 세우다.
12-67-2 植[식] : 세우다. 수립하다.
12-67-3 立[립] : 서다.
12-67-4 蒔[시] : 옮겨 심다. 모종하다.
12-67-5 更[경(갱)] : 바꾸다.

12-68-1 鬌[추] : 다하다.
12-68-2 尾[미] : 다하다. 마치다. 끝내다.
12-68-3 梢[초] : 사물의 끄트머리나 시간의 마지막.
12-68-4 盡[진] : 다하다.
12-68-5 尾[미] : 말단. 끝.
12-68-6 梢[초] : 말단. 끝.

12-69-1 豫[훼] : 지치다. 피곤하다.
12-69-2 倆[각(극)] : 지치다. 게을러지게 되다.
12-69-3 倦[권] : 고달프다. 피곤하다.

12-70-1 鼃[와] : 처음. 시초. 시작하다.
12-70-2 律[률] : 비롯하다.
12-70-3 始[시] : 시작하다. 비롯하다.

12-71-1 蓐[욕] : 두텁다. 빽빽하다.
12-71-2 臧[장] : 두텁다.
12-71-3 厚[후] : 두텁다. 두껍다.

12-72-1 遵[준] : 좇다. 뒤를 밟아 따르다.
12-72-2 遂[언] : 걸어가는 모양.
12-72-3 行[행] : 가다.

12-73-1 饡[휴] : 술을 땅에 부어 강신하다.
12-73-2 餟[체] : 제사를 지낼 때 술을 땅에 부어 강신하다.

12-73-3 餽[궤] : 제사를 지내다.

12-74-1 餼[희] : 배부르다.
12-74-2 餳[영] : 배부르다. 가득하다.
12-74-3 飽[포] : 배부르다. 배불리 먹이다.

12-75-1 惵[접] : 가득하다. 남다.
12-75-2 耇[구] : 늙다. 장수하다. 경험이 많고 노련한 사람.
12-75-3 嬴[영] : 남다. 가득 차다.

12-76-1 趙[조] : 작다.
12-76-2 肖[초] : 작다. 미세하다.
12-76-3 小[소] : 작다.

12-77-1 蚩[치] : 어리석다. 소란스럽다.
12-77-2 愮[요] : 현혹하다. 미혹하다.
12-77-3 悖[패] : 마음이 어지럽다. 정신이 미혹되다.

12-78-1 吹[취] : 돕다.
12-78-2 扇[선] : 부채질하다.
12-78-3 助[조] : 돕다.

12-79-1 焜[혼] : 환하게 밝다. 환히 비추다.
12-79-2 曅[엽] : 밝다. 빛나다.
12-79-3 晠[성] : 밝다.

12-80-1 苦[고] : 몹시. 매우.
12-80-2 翕[흡] : 왕성하다.
12-80-3 熾[치] : 홍성하다. 번창하다.

12-81-1 蘊[온] : 숭배하다.

12-81-2 崇[숭] : 숭배하다. 받들다.
12-81-3 蘊[온] : 쌓아두다.
12-81-4 嗇[색] : 쌓다. 저축하다.
12-81-5 積[적] : 모아서 쌓아두다.
12-81-6 嗇[색] : 합하다.
12-81-7 彌[미] : 합하다.
12-81-8 合[합] : 합하다.

12-82-1 翬[휘] : 빠르게 날다.
12-82-2 翹[교] : 날다.
12-82-3 飛[비] : 날다.

12-83-1 憤[분] : 가득 쌓임. 충만하다. 왕성하다.
12-83-2 自[재] :
12-83-3 盈[영] : 가득 차다. 넘치다.

12-84-1 譟[조] : 고함치다. 떠들썩하다.
12-84-2 諻[횡] : 말소리.
12-84-3 音[음] : 소리.

12-85-1 攎[로] : 당기다. 끌다.
12-85-2 遫[칙] : 펼치다.
12-85-3 張[장] : 펴다.

12-86-1 岑[잠] : 크다.
12-86-2 夤[인] : 크다.
12-86-3 大[대] : 크다.
12-86-4 岑[잠] : 높다.
12-86-5 高[고] : 높다.

12-87-1 效[효] : 문채. 무늬.

12-87-2 昈[호] : 문채가 찬란한 모양. 꾸미다. 수식하다.
12-87-3 文[문] : 문채. 무늬.

12-88-1 鈵[병] : 견고하다.
12-88-2 董[동] : 바르다. 감독하다.
12-88-3 固[고] : 단단하다. 견고하다. 확고하다.

12-89-1 扞[한] : 펴다. 펼치다.
12-89-2 搷[전] : 퍼뜨리다.
12-89-3 揚[양] : 드러내다. 널리 퍼뜨리다.

12-90-1 洲[주] : 물 가운데 있는 육지.
12-90-2 淤[어] : 물속의 진흙이 쌓이어 이루어진 작은 섬.
12-90-3 檗[비] : 물 가운데 있는 땅.

12-91-1 翳[예] : 가리다.
12-91-2 幕[막] : 덮다. 가리다.

12-92-1 刳[고] : 긁어내다. 씻어내다. 깨끗이 제거하다.
12-92-2 狄[척] : 도려내다.

12-93-1 揣[단] : 측량하다. 재다. 헤아리다.

12-94-1 跬[규] : 반걸음.

12-95-1 睺[후] : 애꾸. 애꾸눈.

12-96-1 蟠龍[반룡] : 서리고 있는 용.

12-97-1 裔[예] : 변방지역에 사는 민족의 총칭.

12-98-1 考[고] : 맞이하다. 불러들이다. 늙다. 오래 살다.
12-98-2 引[인] : 인도하다. 이끌다. 연장하다.

12-99-1 弼[필] : 높다.
12-99-2 高[고] : 높다.

12-100-1 上[상] : 소중히 여기다. 숭상하다.
12-100-2 重[중] : 중시하다. 숭상하다. 숭배하다.

12-101-1 箇[개] : 대나무 가지. 댓개비.
12-101-2 枚[매] : 나무줄기.

12-102-1 一[일] : 하나.
12-102-2 蜀[촉] : 하나. 단독.
12-102-3 獨[독] : 홀로. 단독. 혼자.

13-1-1 裔[예] : 후손.
13-1-2 歷[력] : 지나가다. 지나온 일.
13-1-3 相[상] : 서로.
13-1-4 旅[려] : 무리. 많은 사람.
13-1-5 末[말] : 끝.

13-2-1 毗[비] : 손상하다. 파괴하다.
13-2-2 緣[연] : 폐하다.
13-2-3 廢[폐] : 폐하다. 그만두다. 없애다.

13-3-1 純[순] : 순수하다.
13-3-2 翟[목] : 좋다. 아름답다.
13-3-3 好[호] : 예쁘다.

13-4-1 藐[막] : 넓다. 조금씩. 점점.
13-4-2 素[소] : 넓다.
13-4-3 廣[광] : 넓다.
13-4-4 漸[점] : 조금씩. 점점.

13-5-1 躪[약] : 뽑다. 빼다. 빼어내다.
13-5-2 抍[승] : 들어 올리다. 건져내다.
13-5-3 拔[발] : 빼다. 빼내다.

13-6-1 炖[돈] : 바람이 불어 불길이 성한 모습.
13-6-2 焃[혁] : 빛나다.
13-6-3 煓[단] : 불꽃이 성하다.
13-6-4 赫[혁] : 불길이 붉은 모습.

13-7-1 憤[분] : 곤궁하다.
13-7-2 竅[규] : 곤궁하다.
13-7-3 阨[액] : 곤액을 당하다. 곤궁하다.

13-8-1 杪[초] : 작다.
13-8-2 眇[묘] : 가늘다. 작다.
13-8-3 小[소] : 작다.

13-9-1 讟[독] : 비방하다. 미워하다.
13-9-2 咎[구] : 비방하다. 미워하다.
13-9-3 謗[방] : 비방하다.

13-10-1 蕆[천] : 경계하다.
13-10-2 敕[칙] : 경계하다. 준비하다.
13-10-3 戒[계] : 준비하다.
13-10-4 備[비] : 준비하다.

13-11-1 摵[축] : 이르다.
13-11-2 撤[치] : 이르다. 도달하다.
13-11-3 到[도] : 이르다. 도달하다.

13-12-1 黶[암] : 잊다.
13-12-2 腆[전] : 잊다.
13-12-3 忘[망] : 잊다.

13-13-1 黮[담] : 사사로이.
13-13-2 黲[망] : 사사로이.
13-13-3 私[사] : 사사로이.

13-14-1 龕[감] : 소리.
13-14-2 喊[함] : 소리.
13-14-3 唬[획] : 소리.
13-14-4 唏[희] : 소리.
13-14-5 聲[성] : 소리.

13-15-1 篨[도] : 자르다. 대나무 껍질을 자르는 것.
13-15-2 箄[비] : 자르다.
13-15-3 析[석] : 자르다.

13-16-1 僞[귀] : 시키다.
13-16-2 宵[소] : 시키다.
13-16-3 使[사] : 시키다.

13-17-1 蠢[준] : 움직이다. 하다.
13-17-2 作[작] : 하다.

13-18-1 忽[홀] : 까끄라기. 털끝.
13-18-2 達[달] : 땅위로 싹이 나오는 모양.

13-18-3 芒[망] : 땅위로 싹이 나오는 모양. 까끄라기. 없애다.
13-18-4 濟[제] : 배척하다. 없애다.
13-18-5 滅[멸] : 죽이다.

13-19-1 劘[곽] : 나누다. 가르다.
13-19-2 劙[리] : 나누다. 가르다.
13-19-3 解[해] : 나누다. 가르다.

13-20-1 魏[위] : 능하다. 잘하다.
13-20-2 能[능] : 능하다. 잘하다.

13-21-1 㪔[체] : 새기다.
13-21-2 刻[각] : 새기다.

13-22-1 聳[송] : 공경하다. 삼가다.
13-22-2 悚[송] : 공경하다. 경건히 하다.

13-23-1 跌[질] : 넘다. 넘어지다.
13-23-2 蹷[궐] : 쓰러지다. 넘어지다.

13-24-1 蘪[미] : 잡초가 우거지다.
13-24-2 蕪[무] : 잡초가 우거지다.

13-25-1 漫[만] : 부서지다. 손상되다. 습기에 물건이 상하다.
13-25-2 淹[엄] : 부서지다. 손상되다. 물에 물건이 상하다.
13-25-3 敗[패] : 부서지다. 손상되다.

13-26-1 㦒[리] : 탐하다.
13-26-2 㙁[매] : 탐하다.
13-26-3 貪[탐] : 탐하다.

13-27-1 摬[경] : 경계. 땅의 끝.
13-26-2 挻[연] : 땅의 팔방 가장자리.
13-26-3 竟[경] : 경계. 땅의 끝.

13-28-1 譴喘[견천] : 돌다.
13-28-2 轉[전] : 돌다.

13-29-1 困[곤] : 달아나다.
13-29-2 胎[태] : 달아나다.
13-29-3 健[달] : 달아나다.
13-29-4 逃[도] : 달아나다.

13-30-1 隋[타] : 허물을 벗다. 털갈이하다.
13-30-2 毻[타] : 바꾸다. 떨어지다. 벗기다.
13-30-3 易[역] : 바꾸다.

13-31-1 姚[요] : 예쁘다. 기뻐하다.
13-31-2 娧[태] : 예쁜 모습.
13-31-3 好[호] : 예쁘다. 기뻐하다.

13-32-1 憚[탄] : 꺼리다. 싫어하다.
13-32-2 怛[달] : 꺼리다. 싫어하다.
13-32-3 惡[오] : 싫어하다.

13-33-1 吳[오] : 크다. 떠들썩하다. 크게 말하다.
13-33-2 大[대] : 크다.

13-34-1 灼[작] : 놀라다. 두려워하다.
13-34-2 驚[경] : 두려워하다.

13-35-1 賦[부] : 움직이다. 동원하다.

13-35-2 動[동] : 움직이다. 동원하다.

13-36-1 瘃[궤] : 피곤하다.
13-36-2 極[극] : 피곤하다. 지치다.

13-37-1 煎[전] : 다하다. 없어지다.
13-37-2 盡[진] : 다하다. 없어지다.

13-38-1 爽[상] : 지나치다. 어긋나다. 틀리다.
13-38-2 過[과] : 지나치다.

13-39-1 蟬[선] : 해악. 악.
13-39-2 毒[독] : 독. 해악.

13-40-1 僇[참] : 나쁘다. 거만하다.
13-40-2 惆[추] : 악하다. 추하다
13-40-3 惡[악] : 악하다. 추하다.

13-41-1 還[환] : 쌓다.
13-41-2 積[적] : 쌓다.

13-42-1 宛[완] : 쌓다.
13-42-2 蓄[축] : 쌓다.

13-43-1 類[류] : 비슷하다. 본받다.
13-43-2 法[법] : 본받다.

13-44-1 翭[후] : 뿌리. 새의 깃털 뿌리.
13-44-2 本[본] : 뿌리.

13-45-1 懼[구] : 병. 근심. 두려움.

13-45-2 病[병] : 병. 근심.
13-45-3 驚[경] : 두려움.

13-46-1 葯[약] : 묶다. 묶어서 싸다.
13-46-2 纏[전] : 묶다.

13-47-1 膸[선] : 짧다.
13-47-2 短[단] : 짧다.

13-48-1 掊[부] : 깊다.
13-48-2 深[심] : 깊다.

13-49-1 涅[녈] : 물에 빠지다.
13-49-2 休[닉] : 물에 빠지다.

13-50-1 撈[로] : 취하다.
13-50-2 取[취] : 취하다. 건져내다.

13-51-1 摸[막] : 어루만지다. 누르다.
13-51-2 撫[무] : 누르다.

13-52-1 由[유] : 따르다.
13-52-2 式[식] : 본받다.

13-53-1 猷[유] : 속이다.
13-53-2 詐[사] : 속이다. 말을 꾸미다.

13-54-1 茥[광] : 따르다.
13-54-2 隨[수] : 따르다. 크고 작은 것을 따르다.

13-55-1 揣[췌] : 미루어 헤아리다.

13-55-2 試[시] : 미루어 헤아리다.

13-56-1 顈[금] : 성내다.
13-56-2 怒[노] : 성내다. 화내다.

13-57-1 埝[념] : 가라앉다. 빠지다.
13-57-2 下[하] : 내려가다.

13-58-1 讚[찬] : 해석하다. 명확하게 밝히다.
13-58-2 解[해] : 해석하다.

13-59-1 賴[뢰] : 취하다.
13-59-2 取[취] : 취하다.

13-60-1 扲[금] : 일.
13-60-2 業[업] : 일.

13-61-1 帶[대] : 가다.
13-61-2 行[행] : 가다.

13-62-1 康[강] : 텅 비다. 집이 텅 빈 것.
13-62-2 空[공] : 비다.

13-63-1 湛[담] : 편안한 모양.
13-63-2 安[안] : 편안하다.

13-64-1 嘆[건] : 즐기다.
13-64-2 樂[락] : 즐기다.

13-65-1 俒[원] : 기뻐하다.
13-65-2 歡[환] : 기뻐하다.

13-66-1 衎[간] : 안정되다.
13-66-2 定[정] : 안정되다.

13-67-1 膞[이] : 군살. 굳은살.
13-67-2 腮[식] : 군살. 굳은살.

13-68-1 讟[독] : 괴롭히다. 아프다. 비방하다 원망.
13-68-2 痛[통] : 아프다.

13-69-1 鼻[비] : 처음. 시작. 코.
13-69-2 始[시] : 처음.
13-69-3 首[수] : 머리.
13-69-4 初[초] : 처음.
13-69-5 祖[조] : 처음.
13-69-6 居[거] : 처음.

13-70-1 充[충] : 기르다.
13-70-2 養[양] : 기르다.

13-71-1 翳[예] : 가리다.
13-71-2 掩[엄] : 가리다.

13-72-1 臺[대] : 지탱하다.
13-72-2 支[지] : 지탱하다.

13-73-1 純[순] : 어울리다. 아름답다.
13-73-2 文[문] : 무늬.

13-74-1 祐[우] : 복.
13-74-2 亂[란] : 어지럽다.

13-75-1 恌[조] : 정리(情理).
13-75-2 理[리] : 정리(情理).

13-76-1 蘊[온] : 성하다.
13-76-2 晠[성] : 성하다.

13-77-1 搪[당] : 펴다. 펼치다.
13-77-2 張[장] : 펼치다.

13-78-1 惲[운] : 꾀하다. 계획하다.
13-78-2 謀[모] : 꾀하다. 논의하다.

13-79-1 陶[도] : 도야하다. 화육하다.
13-79-2 養[양] : 기르다.

13-80-1 㨴[금] : 울짱. 사립짝.
13-80-2 格[격] : 격자.

13-81-1 朏[비] : 밝다.
13-81-2 曉[효] : 밝다.
13-81-3 明[명] : 밝다.

13-82-1 扱[급] : 취하다. 잡다. 끌어들이다.
13-82-2 擭[획] : 잡다. 취하다.

13-83-1 扶[부] : 보호하다.
13-83-2 護[호] : 돕다. 보호하다.

13-84-1 淬[쉬(쵀)] : 차갑다. 춥다.
13-84-2 寒[한] : 차다. 한랭하다.

13-85-1 湊[상] : 싸늘한 모양.
13-85-2 凈[정] : 차다. 맑다.

13-86-1 漉[록] : 물이 마르다.
13-86-2 極[극] : 다하다.

13-87-1 枚[매] : 모두. 합계.
13-87-2 凡[범] : 모두. 합계.

13-88-1 易[역] : 바꾸어 새로 시작하다.
13-88-2 始[시] : 시작. 처음.

13-89-1 逭[환] : 둘레. 주위.
13-89-2 周[주] : 주위.

13-90-1 黯[혁] : 색. 붉고 검은 모양.
13-90-2 色[색] : 색.

13-91-1 恬[념] : 고요하다.
13-91-2 靜[정] : 고요하다.

13-92-1 禔[지] : 복. 기쁨.
13-92-2 福[복] : 복.
13-92-3 喜[희] : 기쁘다.

13-93-1 擷[랄] : 부서지다.
13-93-2 隓[휴] : 무너지다.
13-93-3 壞[괴] : 무너지다.

13-94-1 息[식] : 쉬다.
13-94-2 歸[귀] : 쉬다.

13-95-1 抑[억] : 편안하다.
13-95-2 安[안] : 편안하다.

13-96-1 潛[잠] : 잠기다.
13-96-2 亡[망] : 달아나다. 도망하다.

13-97-1 曉[효] : 지나치다. 넘쳐나다.
13-97-2 過[과] : 지나치다.
13-97-3 嬴[영] : 넘쳐나다.

13-98-1 黜[철] : 짧다.
13-98-2 短[단] : 짧다.

13-99-1 隑[개] : 사다리.
13-99-2 陭[의] : 사다리.

13-100-1 远[항] : 길다.
13-100-2 長[장] : 길다.
13-100-3 跡[적] : 자취. 흔적.

13-101-1 賦[부] : 취하다. 수렴하다.
13-101-2 臧[장] : 거두다.

13-102-1 蘊[온] : 쌓다. 저축하다.
13-102-2 饒[요] : 많다. 넉넉하게 하다.

13-103-1 芬[분] : 향기롭다. 부드럽다.
13-103-2 和[화] : 조화롭다.

13-104-1 擣[도] : 찧다.
13-104-2 依[의] : 의지하다.

13-104-3 祿[록] : 녹봉. 녹을 주다.

13-105-1 晠[성] : 성하다. 살찌다.
13-105-2 腯[돌] : 살지고 튼튼하다. 살찌다.

13-106-1 鹽[고] : 갑자기.
13-106-2 雜[잡] : 갑자기.
13-106-3 猝[졸] : 갑자기.

13-107-1 躡[약] : 다니다.
13-107-2 行[행] : 다니다.

13-108-1 鹽[고] : 잠깐. 잠시.
13-108-2 且[차] : 잠깐. 우선. 잠시.

13-109-1 抽[추] : 뽑다.
13-109-2 讀[독] : 읽다.

13-110-1 媵[잉] : 媵과 같다. 보내다.
13-110-2 託[탁] : 맡기다.

13-111-1 適[적] : 만나다.
13-111-2 牾[오] : 만나다.

13-112-1 埤[비] : 더하다.
13-112-2 予[여] : 주다.

13-113-1 彌[미] : 봉합하다. 붙이다.
13-113-2 縫[봉] : 합하다.

13-114-1 譯[역] : 통역하다. 보이다.

13-114-2 傳[전] : 전하다.
13-114-3 見[견] : 보이다.

13-115-1 梗[경] : 대강. 대개. 대략.
13-115-2 略[략] : 대략.

13-116-1 臆[억] : 마음 . 생각.
13-116-2 滿[만] : 가득 차다.

13-117-1 隲[마] : 더하다.
13-117-2 益[익] : 더하다.

13-118-1 空[공] : 비다. 없다. 모자라다.
13-118-2 待[대] : 기다리다.

13-119-1 珇[조] : 예쁘다. 아름답다.
13-119-2 好[호] : 예쁘다.
13-119-3 美[미] : 아름답다.

13-120-1 嫗[구] : 따뜻하다.
13-120-2 色[색] : 얼굴빛. 예쁜 용모.

13-121-1 閻[염] : 문을 열다.
13-121-2 開[개] : 열다.

13-122-1 摩[마] : 갈다.
13-122-2 滅[멸] : 없애다.

13-123-1 菲[비] : 엷다.
13-123-2 薄[박] : 엷다.

13-124-1 腆[전] : 두텁다.
13-124-2 厚[후] : 두껍다.

13-125-1 媟[설] : 깔보다. 익숙하다.
13-125-2 狎[압] : 익숙하다. 가벼이 보다.

13-126-1 芋[후] : 크다.
13-126-2 大[대] : 크다.

13-127-1 煬[양] : 불을 때다. 말리다.
13-127-2 翕[흡] : 많은 것이 한꺼번에 일어나다.
13-127-3 炙[자(적)] : 불에 굽다.
13-127-4 烈[렬] : 세차다.
13-127-5 暴[폭] : 햇볕에 쬐다.

13-128-1 馺[삽] : 말이 달리다.
13-128-2 馬馳[마치] : 말이 달리다.

13-129-1 選[선] : 두루. 모두.
13-129-2 延[연] :
13-129-3 遍[편] : 널리. 두루.

13-130-1 澌[시] : 다하다. 없어지다.
13-130-2 索[색] : 다하다.

13-131-1 晞[희] : 마르다. 말리다.
13-131-2 燥[조] : 마르다. 말리다.

13-132-1 梗[경] : 굳세다.
13-132-2 覺[각] : 곧다. 바르다.

13-133-1 萃[췌] : 모이다.
13-133-2 集[집] : 모이다.

13-134-1 睨[예] : 밝다.
13-134-2 睪[역] : 눈이 밝다.
13-134-3 明[명] : 밝다.

13-135-1 暟[개] : 비추다. 비치다.
13-135-2 臨[림] : 임하다. 보다.
13-135-3 照[소] : 비추다. 비치다.
13-135-4 美[미] : 아름답다.

13-136-1 箄[비] : 작은 대바구니.
13-136-2 簍[루] : 대 채롱.
13-136-3 籅[여] : 대상자.
13-136-4 箈[도] : 마소의 구유.
13-136-5 篆[거] : 둥근 대그릇.
13-136-6 牛筐[우광] : 소의 먹이광주리.

13-137-1 籠[롱] : 대그릇.
13-137-2 篣[방] : 키.
13-137-3 筱[뇌] : 새장.

13-138-1 簇[려] : 떡을 담는 대그릇.
13-138-2 筲[소] : 대그릇.
13-138-3 筶簇[거려] : 떡을 담는 대그릇.

13-139-1 錐[추] : 송곳.
13-139-2 鍣[조] : 송곳.

13-140-1 無升[무승] : 의미 미상.

13-140-2 刁斗[조두] : 작은 방울로 궁중에서 밤에 소리를 내서 알리는 방울.

13-141-1 匕[비] : 숟가락.
13-141-2 匙[시] : 숟가락.

13-142-1 盂[우] : 바리.
13-142-2 櫃[진] : 바리.
13-142-3 盌𥂕[안잔] : 주발. 바리때.
13-142-4 椀[완] : 주발. 음식을 담는 작은 그릇.
13-142-5 盉[교] : 그릇. 바리. 주발.
13-142-6 銚鋭[요예] : 쟁개비. 냄비.
13-142-7 梋柍[견결] : 주발.

13-143-1 餌[이] : 떡.
13-143-2 餻[고] : 떡.
13-143-3 粢[자] : 기장쌀로 만든 떡.
13-143-4 飵[령] : 떡.
13-143-5 餣[업] : 인절미 떡.
13-143-6 餛[원] : 떡. 경단.

13-144-1 餅[병] : 떡.
13-144-2 飥[탁] : 떡. 수제비.
13-144-3 餦餛[장혼] : 떡. 일설에는 만두.

13-145-1 餳[성] : 엿.
13-145-2 餦餭[장황] : 엿. 유과.
13-145-3 飴[이] : 엿.
13-145-4 餀[개] : 엿.
13-145-5 餯[월(울)] : 엿과 콩가루를 섞어 간든 소. 콩소.
13-145-6 餹[수] : 콩엿.
13-145-7 餹[당] : 엿. 굳힌 엿.

13-146-1 麴[곡] : 떡 누룩.

13-146-2 麳[재] : 누룩.

13-146-3 麧[할] : 누룩.

13-146-4 麰[모] : 보리. 대맥.

13-146-5 麴[비] : 누룩. 밀가루 떡.

13-146-6 麳[몽] : 누룩.

13-146-7 麴[화] : 통밀로 만든 누룩.

13-146-8 麴[국] : 누룩. 술.

13-147-1 屋梠[옥려] : 처마 끝의 서까래를 받치기 위해 가로 놓는 나무.

13-147-2 欞[령] : 격자창. 추녀. 처마.

13-148-1 瓴[와] : 용마루.

13-148-2 甋[류] : 용마루.

13-149-1 冢[총] : 무덤.

13-149-2 墳[분] : 무덤.

13-149-3 培[배] : 북돋우다.

13-149-4 堬[유] : 무덤.

13-149-5 埰[채] : 무덤. 영지.

13-149-6 埌[랑] : 무덤. 분묘.

13-149-7 壠[롱] : 언덕. 무덤.

13-149-8 丘[구] : 언덕. 무덤.

13-149-9 塿[루] : 언덕. 흙.

13-149-10 墓[묘] : 무덤. 묘지.

13-149-11 墲[무] : 묏자리. 묘지를 재어 정하다.